Probleme der finanzpolitischen Willensbildung in Europa

Antje Draheim

Probleme der finanzpolitischen Willensbildung in Europa

Eine kritische Analyse der europäischen Haushalts- und Finanzverfassung

PETER LANG
Europäischer Verlag der Wissenschaften

Bibliografische Information Der Deutschen Bibliothek
Die Deutsche Bibliothek verzeichnet diese Publikation in der Deutschen Nationalbibliografie; detaillierte bibliografische Daten sind im Internet über <http://dnb.ddb.de> abrufbar.

Zugl.: Speyer, Dt. Hochsch. für Verwaltungswiss., Diss., 2003

ISSN 0170-8252
ISBN 3-631-51983-4

www.peterlang.de

Meinen Eltern

Inhalt

Vorwort

Das Jahr 2004 wird eine weitere Herausforderung für die Europäische Union sein: nie zuvor wollten so viele Staaten auf einmal der Europäischen Union beitreten. Gleichzeitig wird um eine gemeinsame Verfassung für die Europäische Union gerungen und es wird versucht, Europa ein echtes außenpolitisches Gewicht zu geben.

Die Frage nach der Ausgestaltung der europäischen Haushalts- und Finanzverfassung tritt scheinbar hinter diese Themen zurück. Dies verwundert umso mehr, als dass die grundlegenden Fragen der EU wie Erweiterung und Vertiefung und eine Verfassung ganz eng mit finanz- und haushaltspolitischen und -verfassungsrechtlichen Fragen verbunden sind. In dieser Arbeit wird durch einen weiten, interdisziplinären Ansatz versucht, die komplexen, in einer Vielfalt von Rechtsquellen begründeten, Willensbildungsprozesse der europäischen Haushalts- und Finanzverfassung darzustellen und die Akteure und Spielregeln, also die Institutionen, in den Vordergrund der Untersuchung zu stellen.

Die vorliegende Arbeit wurde 2003 von der Deutschen Hochschule für Verwaltungswissenschaften Speyer als Dissertation angenommen. Mein erster und besonderer Dank gilt meiner Doktormutter Frau Prof. Dr. Gisela Färber, die mich zu dieser Arbeit ermutigt und mich durch wertvolle Anregungen und konstruktive Kritik sehr intensiv begleitet hat. Ich danke außerdem Herrn Prof. Dr. Heinrich Siedentopf, der trotz vielfältiger anderer Verpflichtungen die Zweitbegutachtung übernommen hat.

Herzlichen Dank schulde ich zudem Herrn Werner Scholz, Frau Elisabeth Werner, Herrn Eric Paradis und Herrn Eberhard Haug-Adrion von der Europäischen Kommission, die mir in vielen Detailfragen zur Seite standen. Danken möchte ich ebenfalls den Mitgliedern des Haushaltsausschusses und des Haushaltskontrollausschusses der Europäischen Union, insbesondere Frau Jutta Haug, Herrn Markus Ferber und Herrn Joan Colom i Naval für ihre tatkräftige Unterstützung.

Ein lieber Dank auch an Katharina Lies für ihre Motivationskünste und die Korrekturlesungen, an Regina Betz für die Klausuren in "Witti", an Clemens Esser für die fruchtbaren Diskussionen, an Birgit Nagel für die unschätzbare Hilfe beim Layout und das Europabüro der Stadt Mannheim für die Hilfe bei den Recherchen.

Und nicht zuletzt danke ich der Deutschen Hochschule für Verwaltungswissenschaften Speyer, dem Forschungsinstitut für Verwaltungswissenschaften bei der DHV Speyer und der Friedrich Ebert Stiftung für die finanzielle Unterstützung, ohne die die Fertigstellung der Dissertation kaum so schnell gelungen wäre.

Januar 2004 | Dr. Antje Draheim

1. Einleitung

1.1 Problemstellung

> "Das Feilschen der Mitgliedstaaten um finanzielle Vorteile und die mangelnde Transparenz des Finanzgebarens, die sprunghafte Entwicklung der Ausgaben und ihre mangelhafte Kontrolle, die hohen Kosten einer umstrittenen Agrarpolitik und die Skepsis der Verbraucher gegenüber dem grünen Europa, die vernachlässigte soziale Komponente des Integrationsprozesses und die zunächst einseitige Entwicklung der Gemeinschaftsaktivitäten, das Demokratiedefizit auch in der Finanzverfassung, die mangelnde Strenge des Haushaltsgebarens und die systematische Vorlage von Nachtragshaushalten, die den Bürgern fremdgebliebene europäische Bürokratie und der mangelhafte Informationsgrad über europäische Zusammenhänge, haben in der Öffentlichkeit ein Klima geschaffen, das eine vorurteilslose Betrachtung des 'öffentlichen Aufwandes Europas' sehr erschwert." (*Erwin Reister*)[1]

Diese Situationsbeschreibung der europäischen Haushalts- und Finanzverfassung scheint hochaktuell. Aber Erwin Reister verfasste diese Zeilen bereits 1968 – lange vor der Schaffung eines europäischen Binnenmarktes. Nach dessen Vollendung geht es auch innerhalb der Europäischen Union immer mehr um allgemeine Rechtsetzung, Leistungsbereitstellung und Umverteilungsentscheidungen. Unter dem Begriff des "Subsidiaritätsprinzips" wird erneut heftig diskutiert, welche Probleme überhaupt von der EU-Ebene gelöst werden sollen und können.

Die jetzt schon große Heterogenität der einzelnen nationalstaatlichen Präferenzen wird durch die Osterweiterung weiter zunehmen. Infolgedessen sind bedeutsame Rückschnitte und ein ordnungspolitischer Systemwechsel, insbesondere bei der Agrarförderung und den Strukturfonds, notwendig. Die wachsende Divergenz der Wirtschaftskraft der Mitgliedsstaaten als Folge des Beitritts stark unterdurchschnittlich entwickelter Volkswirtschaften stellt allerdings auch das gesamte System der politischen Willensbildung im Ministerrat und in den verschiedenen Fachministerräten, der Kommission und des Parlaments vor neue Probleme, weil eben Verlierer von Reformen nicht mehr mit neuen dauerhaften Subventionstöpfen "abgefunden" werden können.

Ausgehend von der Überlegung, dass die Osterweiterung die Finanzen der EU nachhaltig verändern und schon allein durch die größere Anzahl von "Spielern" auf der europäischen Ebene institutionelle Reformen notwendig machen wird, stellt sich deshalb die Frage, ob die in der Agenda 2000 zusammengefassten Vorschläge überhaupt ausreichen werden, um die Defizite zu beheben. Dies setzt voraus, dass

---

1 *Reister, Erwin:* Haushalt und Finanzen, S. 17, Baden-Baden 1975.

man sich darüber klar ist, wie eine europäische Haushalts- und Finanzverfassung denn "idealerweise" auszusehen hätte. Verschiedene wissenschaftliche Disziplinen beschäftigen sich seit langem mit dieser Frage. Ökonomische Arbeiten konzentrieren sich dabei zumeist auf die Suche nach einem "optimalen" Einnahmensystem[2], die Notwendigkeit von Finanztransfers (Finanzausgleich)[3] oder einzelne Budgetprobleme, wie z.B. die Haushaltsdisziplin oder die Finanzkontrolle[4]. Die Rechtswissenschaft versucht, die EU zwischen Staatenbund und Bundesstaat einzuordnen und daraus einen Rahmen abzuleiten.[5] Auch einzelne grundsätzliche Fragestellungen, wie z.B. die Rechtsbindung durch Interinstitutionelle Vereinbarungen[6], spielen hier eine Rolle. Die Politikwissenschaft geht fast gar nicht auf den Bereich der Haushalts- und Finanzverfassung ein. Sie streift – wenn überhaupt – nur am Rande das Thema z.B. in Zusammenhang mit Legitimationsfragen.[7]

Viele Kritikpunkte an der europäischen Haushalts- und Finanzverfassung sind seit langem bekannt und vielfach dargestellt.[8] Jedoch besteht ein Mangel an Arbeiten, die die Wirkungen von Institutionen in der Haushalts- und Finanzverfassung

---

2 Z.B. *Biehl, Dieter / Winter, Horst*: Europa finanzieren – ein föderalistisches Modell, Gütersloh 1990; *Mallossek, Jörg*: Zur Finanzverfassung der EU – Lehren aus dem fiskalischen Föderalismus, S. 221–255, in: Beihefte zur Konjunkturpolitik 49 S. 221ff. Köln 1999; *Böker, Kathrin:* Das Einnahmensystem der Europäischen Gemeinschaften, Nürnberg 1994.

3 Z.B. *Folkers, Cay*: Welches Finanzausgleichssystem braucht Europa? S. 87–108, in: *Karl, Helmut; Henrichsmeyer, Wilhelm*: Regionalentwicklung im Prozess der Europäischen Integration, Bonn 1995; *Seidel, Barbara*: Die Einbindung der Bundesrepublik Deutschland in die Europäischen Gemeinschaften als Problem des Finanzausgleichs, Frankfurt a.M. 1992; *Waldhoff, Christian*: Probleme des europäischen Finanzausgleichs im Lichte der Erweiterung der Europäischen Union, S. 201–242, ZEUS 2000, Heft 2; *Erlei, Mathias*: Finanzausgleich in der Europäischen Union, S. 215–243, in: *Kantzenbach, Erhard / Molitor, Bruno / Mayer, Otto*: Hamburger Jahrbuch für Wirtschafts- und Gesellschaftspolitik, 43. Jahrgang, Tübingen 1998.

4 Z.B. *Wenzler, Hariolf*: Institutionenökonomik und öffentliche Finanzkontrolle: eine Analyse am Beispiel der Europäischen Union, Frankfurt a.M. u.a. 1997; Konrad-Adenauer-Stiftung (Hrsg.): Finanzkontrolle und Betrugsbekämpfung in der EU, Sankt Augustin 1996; *Kuhlmann, Kirsten*: Die Haushaltsdisziplin in den Europäischen Gemeinschaften, Sinzheim 1997.

5 Z.B. *Bothe, Michael:* Die Kompetenzstruktur des modernen Bundesstaates in rechtsvergleichender Sicht, Berlin/Heidelberg, 1977; *Everling, Ulrich*: Zur föderalen Struktur der Europäischen Gemeinschaft, S. 179–198, in: *Hailbronner, Kay*: Staat und Völkerrechtsordnung; Festschrift für Karl Doehring, Berlin/Heidelberg, 1989; *Isensee, Josef:* Der Föderalismus und der Verfassungsstaat der Gegenwart, S. 248–280, in: Archiv des Öffentlichen Rechts (AöR).

6 Z.B. *Gauweiler, Marijke*: Die rechtliche Qualifikation interorganschaftlicher Absprachen im Europarecht, Mainz 1988; *Kuhlmann, Kirsten:* aaO, S. 45ff.

7 Z.B. *Bach, Maurizio:* Transnationale Institutionenpolitik: Kooperatives Regieren im politisch-administrativen System der Europäischen Union, S. 178–199, in: *König, Thomas*: Europäische Institutionenpolitik, Bd. 2, Mannheimer Jahrbuch für europäische Sozialforschung, Frankfurt a.M. 1997; *Höreth, Marcus*: Die Europäische Union im Legitimationstrilemma, Baden-Baden 1999.

8 Vgl. die gute Übersicht bei: *Heinemann, Friedrich*: EU-Finanzreform 1999: Eine Synopse der politischen und wissenschaftlichen Diskussion und eine neue Reformkonzeption, Gütersloh 1999.

thematisieren, die finanzpolitische Willensbildungsprozesse untersuchen und die den institutionellen Einfluss des bestehenden Einnahmensystems auf den Haushalt (Ausgabenseite) analysieren.[9] Dabei ist insbesondere die Bedeutung der Haushalts- und Finanzverfassung für die Erweiterung und Vertiefung der EU hervorzuheben.

Finanzpolitische Fragen werden so erstmals auch im Hinblick auf die bevorstehende, erhebliche Weiterentwicklung der EU diskutiert. Die finanzielle Lastenverteilung ist schon in der heutigen EU nicht unumstritten.[10] Nach der Osterweiterung, so wird befürchtet, werden einige Länder ausschließlich Nettozahler (vor allem die heutigen EU-Mitglieder), andere ausschließlich Nettoempfänger (vor allem die heutigen Beitrittskandidaten) sein.[11] Als mögliche Konsequenz dieser wirtschafts- und finanzpolitischen Ungleichgewichte werden andere Formen der Zusammenarbeit in der EU, z.B. in Form eines Kerneuropas oder nach dem "Modell der verschiedenen Geschwindigkeiten" in den Mittelpunkt gestellt.[12]

Alle diese Problemlagen berühren indes die Haushalts- und Finanzverfassung immanent. Ein künftiger Binnenmarkt mit bis zu 500 Millionen EU-Bürgern wird eine andere regionale Ausrichtung und wirtschaftliche Binnenstruktur haben als die bisherige EU. Dies kann auf der Ausgabenseite z.B. Auswirkungen auf die verschiedenen Fonds, wie den Europäischen Fonds für regionale Entwicklung, haben. Da die meisten Beitrittskandidaten Länder mit niedrigem Pro-Kopf-Einkommen sind und ihre Infrastruktur nicht mit derjenigen der jetzigen EU-Länder verglichen werden kann, ist darüber nachzudenken, ob z.B. die Ausgaben der Fonds insgesamt erhöht oder aber im bestehenden Rahmen anders verteilt werden (müssen).

Als überwölbend erscheint hier aber der grundsätzliche Vorwurf an die bisherige institutionelle Ausgestaltung der EU. Die Institutionen der EU seien weder ausreichend demokratisch, noch transparent, noch effizient genug, um für Beitritte gleich welcher Zahl wirklich gerüstet zu sein.[13] In einem Protokoll zum Amster-

---

9 So auch *Spahn, Paul Bernd / Föttinger, Wolfgang*: Fiskalische Disziplin und institutionelle Budgetkoordination, S. 143 (140–159) in: *König, Thomas*: Bd. 2, aaO.

10 Z.B. *Auswärtiges Amt*: Haushalt und Finanzen der EU – Deutschland – Zahlmeister Europas (http://www.auswaertiges-amt.de/4_europa/11/4–11a.htm); *Eckhoff, Rolf*: Lastenverteilung in der Europäischen Gemeinschaft, S. 220–237, in: *Birk, Dieter*: Handbuch des Europäischen Steuer- und Abgabenrechts, Herne/Berlin 1995; *Brok, Elmar*: Alle Jahre wieder: die Geschichte vom Nettozahler, S. 63–72, in: *Konrad-Adenauer-Stiftung*: Das Finanzsystem der EU: Neue Ansätze und Perspektiven, Interne Studien 142/1997, Sankt Augustin 1997.

11 Z.B. *Busch, Berthold*: Zur künftigen Finanzierung der EU, Beiträge zur Wirtschafts- und Sozialpolitik Nr. 242, Institut der deutschen Wirtschaft Köln, 3/98.

12 Z.B. *Franzmeyer, Fritz*: Osteuropa, Kerneuropa, Währungsunion – Zentrale Weichenstellungen in der Integrationspolitik, S. 592–599, in: *Hrbek, Rudolf / Jopp, Matthias / Lippert, Barbara / Wessels, Wolfgang*: Die Europäische Union als Prozess: Verfassungsentwicklung im Spiegel von 20 Jahren der Zeitschrift Integration, Bonn 1998.

13 Z.B. *Berg, Hartmut / Schmidt, Frank*: Vorschläge zur institutionellen Reform einer erweiterten Europäischen Union, Wirtschaftswissenschaftliches Studium (WiSt), Heft 4, 1997, S. 170–174, *Franßen-de la Cerda, Boris*: Institutionelle und konstitutive Aspekte der Weiterbildung der EU, Zeitschrift für Politik (ZfP), 2000, Heft 2, S. 539–583 (542) m.w.N.

damer Vertrag[14] wird auch seitens der Mitgliedstaaten die Reformbedürftigkeit der institutionellen Strukturen anerkannt. Die europäischen Institutionen sind in den 50er Jahren entstanden, sie waren für nur sechs Mitgliedstaaten konzipiert. In einer größeren Union muss vorrangiges Ziel sein, die Entscheidungsfähigkeit der Institutionen zu erhalten und ihre Entscheidungsstrukturen demokratischen Grundsätzen zu unterwerfen.

Dies wird auch innerhalb der europäischen Institutionen diskutiert, allerdings mit Blick auf die allgemeinen Strukturen.[15] Vornehmlich wird unter dem Stichwort "Institutionenreform" die Veränderung oder Anpassung der Zusammensetzung der Kommission, des Ministerrats und des Europäischen Parlaments an eine größere Mitgliederzahl verstanden. Auch die Anwendung von Einstimmigkeits- und/oder Mehrheitsregeln und die Form von Beschlussverfahren stehen zur Debatte.

Allerdings werden die spezifischen institutionellen Strukturen der Haushalts- und Finanzverfassung fast vollständig in diesen Diskussionen ausgeblendet, ohne dass ein Grund dafür ersichtlich ist. Werden doch gerade der Haushalts- und Finanzverfassung in hohem Maße intransparente Entscheidungsabläufe, umständliche Verfahrensarten, undemokratische Entscheidungsstrukturen und eine dramatische Verschwendung von Steuermitteln vorgeworfen.[16] Mögliche Beitritte werden die bestehenden Probleme verschärfen, zumal die institutionelle Strukturen auch für den Entscheidungsinhalt und das Entscheidungsergebnis von großer Bedeutung sind. Eine grundlegende Reform der europäischen Haushalts- und Finanzverfassung könnte vor diesem Hintergrund nachgerade der entscheidende Impuls für umfassende institutionelle Reformen in Europa sein.

1.2 Ziele der Arbeit und Vorgehensweise

Die vorliegende Arbeit will einen Beitrag für diese grundlegende Reform der Haushalts- und Finanzverfassung der EU leisten. Das einschlägige europäische Institutionengefüge und die in ihm betriebenen Prozesse stehen im Mittelpunkt der vorliegenden Arbeit.

14 Protokoll über die Organe im Hinblick auf die Erweiterung der Europäischen Union, im Anhang zum Amsterdamer Vertrag.

15 Z.B. *Barnier, Michael*: Institutionelle Reform für eine erfolgreiche Erweiterung, Brüssel 05/2000 und *ders.*: Zwei Phasen und drei Wege für Europa, 06/2000 (http://europa.eu.int/comm/igc2000/dialogue/info/offdoc/index_de.htm#respons).

16 Z.B. *Arbeitskreis Europäischer Integration*: EU-Finanzen und Strukturfonds vor der Reform – Finanzverfassung und Strukturpolitik der EU, Integration 1997, Heft 3, S. 180ff.; *Biehl, Dieter*: Die EG-Finanzverfassung: Struktur, Mängel und Reformmöglichkeiten, S. 355–391, in: *Wildenmann, Rudolf*: Staatswerdung Europas, Baden-Baden 1991, *Caesar, Rolf*: Haushalts- und Finanzwirtschaft, S. 281ff., in: *Hrbek, Rudolf*: Die Reform der Europäischen Union, Baden-Baden 1997.

Dabei wird ein weiterer Ansatz als üblich gewählt. Denn erstens werden die Begriffe der Finanzverfassung und der Haushaltsverfassung in einem Gesamtzusammenhang betrachtet. Oft wird unter Finanzverfassung nämlich nur die Einnahmenseite öffentlicher Haushalte und ihre Institutionen verstanden, während mit der Haushaltsverfassung auf die Ausgabenseite und deren Instrumente rekurriert wird. Die meist ausgeklammerte Einnahmenseite bei der Beschreibung des europäischen Haushalts wird hier in den Analyserahmen integriert, und die Probleme der politischen Willensbildung, insbesondere die unvollständigen Rechte des Europäischen Parlaments, werden zunächst von der Seite der theoretischen Anforderungen an die Funktionsfähigkeit der haushalts- und finanzpolitische Prozesse unter dem Ziel effizienten und effektiven Mittelverwendung aufgearbeitet.

Zweitens wird in der Arbeit ein multidisziplinärer Ansatz verfolgt. Juristische, politikwissenschaftliche und ökonomische Beschränkungen werden so überwunden. Normativ theoretischer Ausgangspunkt der Arbeit sind die Demokratie in haushalts- und finanzpolitischen Prozessen und die Effizienz der europäischen öffentlichen Finanzen, die als Teil einer Gesamtverfassung Voraussetzung, Mittel und Gegenstand öffentlichen Handelns sind. Demokratie und Rechtsstaatlichkeit sind die Grundmerkmale eines modernen Gemeinwesens, in welchem die Präferenzen des Bürgers als Referenzmaßstab für öffentliches Handeln dienen. Dadurch spielen das ökonomische Prinzip und das Prinzip der Bedarfsdeckung eine große Rolle. Effizienzgesichtspunkte gewinnen zudem gerade in Zeiten knapper öffentlicher Mittel an Bedeutung.

Der Analyseschwerpunkt dieser Arbeit liegt auf die Institutionen, Regeln und Prozessen der europäischen Haushalts- und Finanzverfassung, da sie die Umsetzungsdimensionen der Demokratie- und Effizienzanforderungen darstellen und des weiteren den Rahmen bilden, in welchem die Akteure der Haushalts- und Finanzverfassung agieren.

Operationalisierte Instrumente sind die modifizierten Budgetfunktionen – d.h. auf Europa umgeschriebenen –, die im Licht der normativen Demokratie- und Effizienzanforderungen neu interpretiert werden. Neben der ökonomischen Theorie der Politik und des Fiskalföderalismus werden Ansätze der Neuen Institutionenökonomik herangezogen und daraufhin überprüft, inwieweit sie den Inhalt der sogenannten Budgetfunktionen und Haushaltsgrundsätze der klassischen Finanzwissenschaft stützen oder modifizieren und wie sie im besonderen politischen Gefüge der EU einzuordnen sind.

Im einzelnen werden im **zweiten Kapitel** der Arbeit die Besonderheiten der Europäischen Union allgemein dargestellt, da es notwendig ist, gleich zu Beginn der Arbeit diejenigen institutionellen Besonderheiten herauszuarbeiten, die die Europäische Union z.B. von einem Nationalstaat klassischer Prägung unterscheiden.

Die Europäische Union wird in vielen wissenschaftlichen Disziplinen als ein “System suis generis” angesehen, welches nicht mittels herkömmlicher Methoden betrachtet werden könne. Dies trifft aber nur insoweit zu, als die Europäische Union historisch eben nicht als politisches "Staatssystem" angelegt war. So ist ein institutionelles Gefüge entstanden, dass gerade diesem Defizit Rechnung trägt. Die Kennzeichnung der EU als Mehrebenensystem ist ein Instrument, um die vielschichtigen Beteiligungen der Akteure aufzuzeigen. Daneben wird auf das Konzept des Verwaltungsföderalismus eingegangen, das den Rahmen für die besondere "Arbeitsteilung" zwischen der EU und den Mitgliedstaaten bildet. Diese Besonderheit föderaler Ausgestaltung hat vor allem für das institutionelle Gefüge Konsequenzen. Und schließlich werden im zweiten Kapitel kurz und grundlegend Aufgaben, Zusammensetzung und Kompetenzen der EU-Organe und ihre Interessenlagen dargestellt.

Im **dritten Kapitel** der Arbeit werden die Anforderungen an eine europäische Haushalts- und Finanzverfassung entwickelt. Dabei steht der europäische Bürger als Souverän, Wähler und Steuerzahler im Mittelpunkt.

Eine europäische Haushalts- und Finanzverfassung muss daher gewährleisten können, dass die Präferenzen der Bürger für bestimmte europäische öffentliche Güter umgesetzt werden. Die Schwierigkeit besteht darin, die Güter nicht nur auf demokratische, sondern auch auf effiziente Weise bereitzustellen. Ist eine Haushalts- und Finanzverfassung Teil einer Gesamtverfassung eines modernen Gemeinwesens, gelten auch für sie das Demokratie- und das Effizienzziel.

Demokratische Strukturen haben verschiedene Funktionen: sie gewährleisten Präferenzaufdeckung, verschaffen Legitimation und dienen zugleich der Machtbeschränkung und Kontrolle. Demokratie mit Blick auf die Haushalts- und Finanzverfassung lässt sich so multidisziplinär darstellen. Auch das Effizienzziel kann aus verschiedenen Blickwinkeln betrachtet werden. Für den wohlfahrtstheoretischen Effizienzbegriff liefert z.B. die Theorie des Fiskalföderalismus mit dem Modell des Steuer-Ausgaben-Mechanismus (Autonomie, Konnexität, fiskalische Äquivalenz) einen Arbeitsansatz, der sich auch für die EU als föderal aufgebaute EU eignet. Betrachtet man die institutionelle Ausgestaltung eines Systems, ist mit Effizienz vor allem die Verfahrenseffizienz gemeint. Dabei geht es darum, wie Entscheidungen unter dem Gebot der Minimierung der Entscheidungskosten getroffen und umgesetzt werden können.

Um die Demokratie- und Effizienzanforderungen in zielführende Institutionen umsetzen zu können, ist es notwendig, die theoretischen Grundlagen von Institutionen (Regeln und Organe) und der handelnden Akteure zu erarbeiten. In den klassischen Betrachtungen über Haushalts- und Finanzverfassungen spielen die Fragen der institutionellen Ausgestaltung selten eine Rolle, obwohl viele beschriebene Probleme einer Haushalts- und Finanzverfassung genau darauf zurückzuführen sind. Hier stehen zwei theoretische Ansätze der Neuen Institutionenökonomie im Vordergrund: das Konzept der property rights (Verfügungsrechte) und der Transaktionskosten sowie der Prinzipal-Agent-Theorie. Politische (und finanzielle) Macht im öffentlichen Sektor wird als ein Bündel von Verfügungsrechten definiert, bei deren Nutzung, Tausch oder Veränderung Transaktionskosten entstehen. Institutionen werden als Instrumente verstanden, Transaktionskosten zu senken und Unsicherheiten zu mindern. Mit Hilfe des Prinzipal-Agent-Ansatzes können die Interaktionen zwischen den Akteuren auf typische Probleme hin untersucht werden.

Die Berücksichtigung der Akteure im europäischen Willensbildungsprozess und die Frage nach den Funktionen, die eine europäische Haushalts- und Finanzverfassung haben sollte, erlauben eine andere Art von Problemanalyse als bisher. Schließlich soll dabei auch gezeigt werden, wie die Regeln und Organe verzahnt sein sollten, um die Ausgaben- und Einnahmenseite der europäischen Haushalts- und Finanzverfassung als Prozess interdependenter Akteure und Verfahren verstehen zu können.

Die Ergebnisse aus diesen Betrachtungen werden in einem weiteren Abschnitt der Arbeit mit den normativen Anforderungen (Demokratie/Effizienz) am Ende des Theoriekapitels zusammengeführt. Dazu wird auf die klassischen Budgetfunktionen einer Haushalts- und Finanzverfassung (politische Programmfunktion, politische Kontrollfunktion, administrative Lenkungs- und Kontrollfunktion, volkswirtschaftliche Lenkungsfunktion, finanzwirtschaftliche Ordnungsfunktion) zurückgegriffen. In ihnen lassen sich die aus den Demokratie- und Effizienzüberlegungen und den institutionellen Untersuchungen erarbeiteten Ergebnisse interpretieren und zugleich auf ihre Anwendbarkeit auf den EU-Haushalt hin untersuchen.

Diese europäischen Budgetfunktionen bilden den Untersuchungsmaßstab für das folgende **empirische Kapitel (Kap. 4)**. Hier wird die derzeitige europäische Haushalts- und Finanzverfassung dargestellt und bewertet.

Zunächst wird ein kurzer Gesamtüberblick über die europäische Haushalts- und Finanzverfassung gegeben, bevor in der Reihenfolge des europäischen Haushaltskreislaufs die einzelnen Verfahren und Institutionen dargestellt werden. Im Haushaltskreislauf lassen sich sowohl die Verzahnung der Akteure als auch die einzelnen Verfahren und ihre zeitliche Abfolge übersichtlich darstellen. Im Anschluss an die Darstellung des jeweiligen Verfahrens wird die Leistungsfähigkeit dieses Verfahrens untersucht. Dabei werden die demokratie-, effizienz- und institutionentheoretischen Probleme herausgearbeitet und untersucht, inwiefern sich das jeweilige Verfahren zur Erreichung des Demokratie- und Effizienzziels eignet. Dies lässt eine Bewertung der Umsetzung der europäischen Budgetfunktionen zu.

Insgesamt stellte es sich als schwierig dar, die Fülle an Rechtsquellen verschiedener Normstufen für den empirischen Teil der Arbeit zu systematisieren und auszuwerten. Zahlreiche Berichte und Dokumente der europäischen Organe wurden zugrunde gelegt. Leider ist es fast unmöglich, zeitnahe und aussagefähige Dokumente des Ministerrates, des Ausschusses der Ständigen Vertreter bzw. des Europäischen Rates zu erhalten. Daher wurde in dieser Arbeit oft mit Rückschlüssen aus den Stellungnahmen der anderen Organe gearbeitet.[17] Für die Erstellung dieses Kapitels waren zusätzlich einige eigene Recherchen notwendig (Fragebögen, Interviews, Anfragen), deren Ergebnisse in die Arbeit einflossen.

In der Zusammenfassung der Ergebnisse der Untersuchung anhand der Budgetfunktionen werden – ausgehend von den Defiziten bei der Umsetzung der Budgetfunktionen – die wesentlichen Ursachen für diese Defizite herausgearbeitet. Hier erfolgt die Rückkoppelung in die theoretischen Kapitel der Arbeit. Es werden die Folgen, die sich aus den festgestellten Ergebnissen ergeben, beschrieben und die Konsequenzen für Reformen abgeleitet.

Da es zur Zeit verschiedene, sich in den Gesetzgebungs- bzw. Ratifizierungsverfahren befindliche Vorschläge der europäischen Ebene für Reformen der europäischen Haushalts- und Finanzverfassung gibt, werden diese kurz vorgestellt und ebenfalls anhand der Budgetfunktionen bewertet **(fünftes Kapitel)**. Insbesondere soll untersucht werden, ob die dargestellten Defizite der europäischen Haushalts- und Finanzverfassung durch die Vorschläge behoben werden können. Im Anschluss daran werden dann die weiterführenden Reformvorschläge aus der wissenschaftlichen Literatur und der politischen Praxis zur Reform der Einnahmen, der Ausgaben und der Institutionen untersucht. Für ihre Systematisierung wird ebenfalls auf die Budgetfunktionen zurückgegriffen.

Schließlich wird ein eigener mittelfristiger Reformpfad erarbeitet, der einen Ausweg aus dem institutionellen Dilemma der europäischen Haushalts- und Finanzverfassung anbieten soll. Ziel der Reformvorschläge ist dabei die Erfüllung der erarbeiteten europäischen Budgetfunktionen. Dabei steht die Realisierungschance der gemachten Vorschläge im Vordergrund. Berücksichtigt man dies, stößt man sehr schnell an die Grenzen der Reformierbarkeit der europäischen Haushalts- und Finanzverfassung. Dies ist der Grund dafür, warum nur ein mittelfristiger Reformpfad mit den wesentlichen Eckdaten und Optionen für Übergangsregelungen aufgezeigt wird. Wichtiger als die Darstellung eines kompletten Reformkonzepts scheint jedoch die Forderung, dass bei jeder Reform – ob nun im Großen oder Kleinen – die vielfältigen institutionellen Wechselwirkungen mit dem bestehenden System beachtet werden müssen, will man eine weitere Verflechtung und Intransparenz verhindern.

Das **sechste Kapitel** fasst die wesentlichen Ergebnisse der Arbeit nochmals zusammen. Da insbesondere innerhalb des vierten Kapitels (empirischer Teil der Arbeit) immer wieder die zahlreichen wesentlichen Ergebnis zusammengefasst werden, beschränkt sich das sechste Kapitel auf eine knappe Darstellung. Am Ende dieses Kapitels steht ein Ausblick, der versucht, einen Blick in die Zukunft der europäischen Haushalts- und Finanzverfassung zu werfen.

---

17 Ein großer Teil der Dokumente ist über die Internetseiten der Europäischen Union zugänglich. Soweit keine andere Quelle benannt werden konnte, wird auf diese verwiesen.

1.3 Abgrenzung des Untersuchungsgegenstandes "Europäische Haushalts- und Finanzverfassung"

In vielen demokratischen Verfassungen der Welt sind Vorschriften über die finanzpolitischen Bewegungsspielräume des Staates enthalten.[18] Diese werden zumeist mit dem Begriff Finanzverfassung[19] umschrieben. Dabei umfasst eine Finanzverfassung "die Gesamtheit aller rechtlichen Regelungen und Maßnahmen des staatlichen Finanzwesens, die auf die finanzwirtschaftlichen Rahmendaten einwirken. Innerhalb dieser Rahmendaten vollzieht sich der Einsatz finanzpolitischer Instrumente zur Erreichung staatlicher Ziele."[20] Da es dabei um öffentliche Finanzen geht und dieser Bereich besonders anfällig für Machtmissbrauch und Einflussnahme ist, haben die Regeln Verfassungsrang. Finanzverfassungen[21] enthalten aber nicht nur Regelungen über die Verteilung der Aufgaben, der Ausgaben und die Zuordnung der Einnahmen zwischen den föderativen Ebenen und Regelungen zum Finanzausgleich.[22] Die Finanzverfassung enthält auch die Grundlagen der Haushaltswirtschaft, der Staatsverschuldung und grundlegende Vorschriften über diejenigen Institutionen, die die Finanzverfassung sichern sollen. Diese Gesamtheit der Regelungen kann besser mit dem Begriff der Haushalts- und Finanzverfassung beschrieben werden. Dabei enthält die Haushaltsverfassung die "Grundordnung der staatlichen und para-staatlichen Haushalte einschließlich der Vermögens- und Schuldenwirtschaft sowie seiner Kontrolle und der Einbeziehung der Haushaltsgebarung in das gesamtwirtschaftliche Gleichgewicht".[23]

Eine besondere Stellung erhält dieser umfassende Begriff in föderativen Verfassungen. Dort trägt er der gegenständlichen und kompetenzrechtlichen Zweiteilung[24] – Finanzverfassung und Haushaltsverfassung – Rechnung. Denn anders als in zentral organisierten Gemeinwesen müssen in föderativen Gemeinwesen die Beziehungen zwischen den einzelnen Gliedern auch finanzverfassungsrechtlich

18 So z.B. in den Verfassungen der Mitgliedstaaten der EU, in denen der USA, Kanada, der Schweiz.

19 *Schubert, Klaus / Klein, Martina*: Das Politiklexikon, S. 103, Bonn 1997; *Dickertmann, Dietrich*: Finanzwissenschaft: eine Einführung in die Institutionen, Instrumente und ökonomischen Ziele der öffentlichen Finanzwirtschaft, S. 44f., Berlin/Herne 2000.

20 *Zimmermann, Horst / Henke, Klaus-Dirk*: Finanzwissenschaft – Eine Einführung in die Lehre von der öffentlichen Finanzwirtschaft, S. 42, 8. Aufl., München 2001.

21 Ausführlich zur Weite der Begriffsbestimmungen der Finanzverfassung: *Jörg, Alexander*: Finanzverfassung und Föderalismus in Deutschland und in der Schweiz, S. 29–33, Baden-Baden 1998.

22 Dazu vgl. *Färber, Gisela*: Finanzverfassung. Unbestrittener Reformbedarf – divergierende Reformvorstellungen; in: Bundesrat (Hrsg.): 50 Jahre Herrenchiemseer Verfassungskonvent – Zur Struktur des deutschen Föderalismus, Bonn 1999, S. 89–131.

23 *Stern, Klaus*: Das Staatsrecht der Bundesrepublik Deutschland, Bd. II – Staatsorgane, Staatsfunktionen, Finanz- und Haushaltsverfassung; Notstandsverfassung, § 45 II 3 b, München 1980 ; *Henneke, Hans-Günter*: Öffentliches Finanzwesen, § 3 I Rn. 42, Heidelberg 1990.

24 *Stern, Klaus:* aaO, § 45 II 3 b.

abgesichert sein. Dies muss im Rahmen der Gesamtverfassung geschehen, regelt diese doch auch die grundsätzlichen Beziehungen der Glieder untereinander. Ist die "Finanzverfassung" also "Spiegelbild der Staatsverfassung"[25], muss sie auch die finanziellen Beziehungen der Glieder zueinander regeln.[26] Aus dem gleichen Grund muss eine föderative Finanzverfassung die Verteilung der Ausgabelasten und Einnahmen, die Steuergesetzgebungshoheit und die Organisation der Finanzverwaltung enthalten.[27] Hinzukommen dann noch die finanziellen Regelungen, die ausschließlich die obersten Ebene (wie z.B. in Deutschland die des Bundes) betreffen. Die Intensität und Reichweite der Regelungen in den Verfassungen hängt also davon ab, inwieweit es sich um ein zentral oder föderal gegliedertes Gemeinwesen handelt.

In föderativen Gemeinwesen verfügen die Glieder über mehr oder weniger Autonomie, sie regeln ihre eigenen finanziellen Angelegenheiten selbst. Daher enthält eine Haushaltsverfassung z.B. die allgemeinen Haushaltsgrundsätze, Regelungen über den Etat des Gesamtstaates, der Haushaltswirtschaft und über Fragen des Staatsvermögens und der Staatsverschuldung. Je nachdem, wie weit die Autonomie der Glieder reicht, finden sich Abgrenzungsregelungen der Gesamtebene zu den Gliedern. Die Bundesrepublik Deutschland als repräsentativ-parlamentarische Demokratie mit Zweikammersystem und föderaler – bundesstaatlicher – Struktur hat z.B. umfangreiche Kompetenzverteilungsnormen, Steuererhebungsrechte, Kontrollmechanismen, Regelungen über den Finanzausgleich und Haushaltsvorschriften in ihrem Grundgesetz.

Vor allem in föderativen Haushalts- und Finanzverfassungen wird sichtbar, dass von einem "logischen Primat der staatlichen Aufgabenverteilung"[28] ausgegangen wird. Die Haushalts- und Finanzverfassung ist demnach zumeist funktional an den staatlichen Aufgaben ausgerichtet gestaltet. Dies wird in ihrer verfassungsrechtlichen Abgrenzung hier nicht mehr thematisiert. Insoweit stellt diese Arbeit auf die bestehende Aufgabenverteilung ab und nimmt auf sie nur noch dann Bezug, wenn sich aus ihr besondere Probleme für die Haushalts- und Finanzverfassung ergeben.

In der vorliegenden Arbeit wird die Europäische Union als strukturföderales System verstanden. Die Finanzverfassung und die Haushaltsverfassung werden als

---

25 *Schmölders, Günter*: Finanzpolitik, S. 22, Berlin 1970.

26 Vergleiche hier insbesondere die Aufteilung des X. Abschnittes des Grundgesetzes: in Art. 104a GG ist die Ausgabenverteilung und in Art. 105 GG die Einnahmenverteilung geregelt, dem folgen die Regelungen über den Finanzausgleich (Art. 107 GG), der Finanzverwaltung und Finanzgerichtsbarkeit (Art. 108 GG), die Grundlagen der Haushaltswirtschaft (Art. 109–114 GG) und die Kreditaufnahme (Art. 115 GG).

27 *Henneke, Hans-Günter*: aaO, § 3 I Rn.41.

28 *Renzsch, Wolfgang*: Reform der Finanzverfassung zwischen ökonomischer Effizienz, bundesstaatlicher Funktionalität und politischer Legitimität, S. 41 (39–56) in: *Büttner, Thies*: Finanzverfassung und Föderalismus in Deutschland und Europa, ZEW-Wirtschaftsanalysen, Baden-Baden 1999.

Einheit betrachtet[29], was nicht allein auf die oben beschriebenen Definitionsinhalte zurückzuführen ist. Haushaltsverfassung und Finanzverfassung greifen ständig ineinander und ihre Akteure sind teilweise identisch. Die Zuordnung von Kompetenzen auf die jeweiligen Akteure bestimmt deren Handlungsspielraum in der Haushalts- und/oder Finanzverfassung. Nur in der einheitlichen Betrachtung wird deutlich, inwieweit eine Wechselwirkung stattfindet und ob die Haushalts- und Finanzverfassung insgesamt in der Lage ist, ihren Zwecken zu genügen.

Dabei muss eine funktionale Einschränkung erfolgen. Die Europäische Union ist bisher kein Bundesstaat nach herkömmlichem Verständnis. Das hat Folgen für die europäische Haushalts- und Finanzverfassung, denn anders als in föderalen Nationalstaaten sind die Kompetenzen (noch) nicht einer oder mehrerer Ebenen fest zugewiesen. Diese dynamische Komponente bestimmt ganz wesentlich Inhalt und Zwecke der europäischen Haushalts- und Finanzverfassung. Der ständige Vertiefungsprozess der europäischen Integration geht zudem einher mit einer Erweiterung der Europäischen Union in territorialer Hinsicht. Unterschiedliche Strukturen und Traditionen müssen in diesem Prozess berücksichtigt werden. Das bedingt eine Offenheit und Flexibilität einer europäischen Haushalts- und Finanzverfassung, die mit dem auf den Nationalstaat bezogenen Verfassungsverständnis nur schwer vereinbar scheint. Die europäische Haushalts- und Finanzverfassung muss so einerseits den "traditionellen" Anforderungen an föderale Haushalts- und Finanzverfassungen genügen und andererseits den Entwicklungsprozess der Europäischen Union gemäß den politischen Zielen unterstützen.

29 Sie umfaßt damit die Grundsätze der Einnahmenerhebung und der Ausgabenbewirtschaftung, die Organisation der Finanzverwaltung, die Verteilung der Ausgabelasten und der Steuergesetzgebungshoheit, die Verteilung der Einnahmen und Aufteilung der Finanzverwaltung, die Verankerung von Haushaltsgrundsätzen und des Haushaltsplans der Europäischen Union sowie die Grundsätze der Haushaltswirtschaft.

2. Die Besonderheiten des europäischen Institutionengefüges

Um die speziellen Anforderungen an eine europäische Haushalts- und Finanzverfassung aufzuarbeiten, ist es zuvor notwendig, auf die Besonderheiten des europäischen Institutionengefüges einzugehen. Denn diese Grundentscheidungen des Institutionengefüges im Rahmen der "europäischen Gesamtverfassung" prägen auch die Haushalts- und Finanzverfassung erheblich. Insoweit steht die Funktionalität der europäischen Haushalts- und Finanzverfassung in engem Zusammenhang mit der Konstruktion des gesamten Institutionengefüges und den Regeln der politischen Willensbildung und kann diesen auch prinzipiell nicht "entgegen" konstruiert werden. Es werden deshalb im Folgenden drei zusammenhängende Komplexe europäischer formeller und informeller "Besonderheiten" behandelt:

1. die Rechtsnatur der Europäischen Union (Kap. 2.1),
2. die föderative Grundkonzeption zwischen der Europäischen Union und den Mitgliedstaaten (Kap. 2.2) und
3. die "Zweiteilung" der europäischen Willensbildung in eine europäische und eine mitgliedstaatliche, die sich aus der Konstruktion der wichtigsten europäischen Institutionen ergibt (Kap. 2.3).

2.1 Die Rechtsnatur des Systems "sui generis": Supranationalität und Parastaatlichkeit

Unterschiedliche Disziplinen versuchen das europäische Institutionengefüge als "System sui generis" in bisherige Erklärungsmuster einzuordnen, die Literatur dazu ist sehr zahlreich und unübersichtlich. Nähert man sich dem Begriff des Systems "sui generis" aus rechtswissenschaftlicher Sicht, so ist zunächst auf die rechtliche Unterscheidung der Europäischen Gemeinschaft (EG) und der Europäischen Union hinzuweisen (EU).[1] Während die EG eine rechtsfähige Körperschaft

1 Dieser Punkt findet in den meisten politikwissenschaftlichen und ökonomischen Überlegungen zum Kompetenzgefüge der EG/EU zu wenig Berücksichtigung. Oft wird nicht einmal klar, ob von der EU, der EG oder beiden als EU die Rede ist. Dazu kann man sich das EU-System als einen Tempel vorstellen, dessen Dach von drei Säulen getragen wird. In der ersten Säule finden sich die Europäisch*en* Gemeinschaft*en* (Europäische Gemeinschaft, Europäische Atomgemeinschaft, Europäische Gemeinschaft für Kohle und Stahl). In der zweiten Säule ist die Gemeinsame Außen- und Sicherheitspolitik enthalten und in der dritten Säule die Zusammenarbeit in den Bereichen Justiz und Inneres. Über den drei Säulen thront als "Dach" die Europäische Union. Nur die in der ersten Säule verankerte Europäische Gemeinschaft ist hier gemeint, wenn von der EG die Rede ist.

darstellt[2], ist die Rechtsnatur der EU umstritten[3]. Die Einordnung der EU reicht dabei von einer bloßen "materiell-rechtlichen Abstimmungsverpflichtung"[4] über die Annahme einer "rechtsfähigen Körperschaft"[5] bis hin zu einer "gestuften internationalen Organisation"[6].

In der deutschen Literatur wird zumeist über die klassische Einordnung: Staatenbund-Bundesstaat-Internationale Organisation versucht, den Status der "Union" zu erklären. Dabei besteht (bisher) weitestgehend Einigkeit darüber, dass die EU (und auch die EG) kein Staat sei und demnach auch kein Bundesstaat sein könne.[7]

Die EU wird meist als supranationale Organisation bezeichnet. In Abgrenzung zum Begriff der "Internationalen Organisation"[8] haben supranationale Organisationen die Fähigkeit, in eigenen Organen einen eigenständigen Willen bilden zu können. Sie können ihre Mitgliedstaaten auch gegen deren Willen binden und können völkerrechtlich als Organisation rechtswirksam handeln.[9] "Dabei versteht man heute unter Supranationalität das Recht einer internationalen Organisation, in bestimmten – ursprünglich in der Souveränität bzw. Hoheitsgewalt der MS stehenden – Bereichen Mitgliedstaaten auch ohne deren ausdrückliche Zustimmung (...) zu verpflichten."[10]

---

2 *Hrbek, Rudolf*: Deutungen und Perspektiven aus politikwissenschaftlicher Sicht, in: "Die Entwicklung der EG zur Politischen Union und zur ...", Baden-Baden 1993, S. 81–91 (84); *Bleckmann, Albrecht:* Europarecht, 6. Aufl., Köln/Berlin/Bonn u.a. 1997, RN 164ff.

3 Also die Frage, ob die EU selbst Rechtspersönlichkeit besitzt.

4 Sogenannte Trennungsthese, vgl. *Pechstein, Matthias*: Rechtssubjektivität für die Europäische Union?, Europarecht 1996, 137ff; *Pechstein, Matthias*: Rechtspersönlichkeit für die Europäische Union, Europäische Zeitschrift für Wirtschaftsrecht 1997, S. 225, Rn. 93; *Wichard, Johannes Christian*, in: *Callies, Christian / Ruffert, Matthias*: Kommentar des Vertrages über die Europäische Union und des Vertrages zur Gründung der Europäischen Union, Neuwied 1999, Art. 1, RN 17.

5 Sogenannte Einheitsthese vgl. *Bogdandy, Armin von / Nettesheim, Martin:* Die Verschmelzung der Europäischen Gemeinschaft in der Europäischen Union, Neue Juristische Wochenschrift 1995, S. 2324; *dies.*: Die Europäische Union: Eineinheitlicher Verband mit eigener Rechtsordnung, Europarecht (EuR) 1996, S. 3.

6 *Wichard, Johannes Christian*, in: *Callies, Christian / Ruffert, Matthias*: aaO, Art. 1 EGV, RN 19ff.

7 *Grams, Hartmut A.*: Zur Gesetzgebung der Europäischen Union: Eine vergleichende Strukturanalyse aus staatsorganisatorischer Sicht, Neuwied 1998, S. 20f. mit weiteren Nachweisen.

8 Eine internationale Organisation ist: "ein durch völkerrechtliche Willenseinigung geschaffener, auf Dauer angelegter mitgliedschaftlicher Verband, der zur Wahrnehmung bestimmter Aufgaben mit eigenen Organen ausgestattet ist." Vgl. *Wichard, Johannes Christian:* aaO, Art. 1, Rn.2.

9 *Wichard, Johannes Christian*: aaO, Art. 1, Rn.6.

10 *Schweitzer, Michael / Hummer, Waldemar*: Europarecht: Das Recht der Europäischen Union, 5. Aufl. Berlin 1996, S. 275. Eine solche Organisation verfügt über horizontale und vertikale Strukturen, sie hat Rechtsetzungskompetenz mit Durchgriffswirkung und verfügt statt über eine Schiedsgerichtsbarkeit über eine zentrale, monopolistische Kontrollinstanz. Vgl. *Grams, Hartmut A.:* aaO, S. 11ff.

Die Funktionen der EU gehen weit über die von internationalen Organisationen hinaus.[11] Sichtbar wird dies schon durch den Aufgabenkatalog der EU und zwar sowohl hinsichtlich der Anzahl an Aufgaben, als auch hinsichtlich des Umfangs von Kompetenzen.[12] Die EU ist gerade nicht bloß die Gesamtheit aus Mitgliedstaaten und Union; sie ist eine eigene Organisation mit eigenen Zielen und Aufgaben: "Nach wie vor bewegt sich die EU zwischen dem Ufer der Internationalen Organisation, das sie längst verlassen hat, und dem Ufer der Staatlichkeit, das sie noch nicht erreicht hat."[13]

Weiterentwickelt als die Internationale Organisation ist der Staatenbund.[14] Auch ein Staatenbund verfolgt aber mitnichten so eine Bandbreite an Aufgaben wirtschaftlicher und politischer Natur wie die EU. In einem Staatenbund hat der Gesamtstaat keine Rechtspersönlichkeit[15], ist kein Völkerrechtssubjekt. Mit der Wortschöpfung "Staatenverbund" hat nicht zuletzt das deutsche Bundesverfassungsgericht deutlich gemacht, dass die EU ein Staatenbund jedenfalls nicht ist.[16]

Die Annäherung an den Begriff "Bundesstaat"[17] fällt vielen Rechtswissenschaftlern im Zusammenhang mit der EU deshalb so schwer, weil sie von den tradierten Vorstellungen eines "Staates" ausgehen, die ein gemeinsames Staatsvolk, ein Staatsgebiet und Staatsgewalt umfassen.[18] Hier verfügt nur der Staat als einziger Garant von Grundrechten, Demokratie und Rechtsstaatlichkeit über ausreichende Legitimation. Diese Auffassung hat daher zwangsläufig Schwierigkeiten mit der Einordnung neuer Formen des Regierens und der Ausübung von Hoheitsgewalt.[19]

Der "Bundesstaat" als Ausdruck einer "föderalen Ordnung" kann aber – zunächst ohne Prüfung klassischer staatsrechtlicher Voraussetzungen – zur Herausstellung der Gemeinsamkeiten zwischen den Strukturen eines Bundesstaates und der EU

---

11 So im Ergebnis auch: *Apolte, Thomas:* Die ökonomische Konstitution eines föderalen Systems: Dezentrale Wirtschaftspolitik zwischen Kooperation und institutionellem Wettbewerb, Tübingen 1999, S. 198.

12 Siehe Art. 2 EUV, Art, 3, 4 EGV.

13 *Wichard, Johannes Christian:* aaO, Art. 1 Absatz 2, Rn.7.

14 Damit ist eine lockere Verbindung selbständiger Nationalstaaten gemeint, die einige ihrer Aufgaben an gemeinsame Organe zur Besorgung übertragen haben. Vgl. *Creifelds, Carl* (Hrsg.): Rechtswörterbuch, 15. Aufl., 1999, Stichwort: Staatenbund, S. 1195.

15 Rechtspersönlichkeit heißt aber, dass der Verband, die Organisation als Völkerrechtssubjekt Rechte und Pflichten wahrnimmt, das Handeln ihrer Organe wird ihr zurechenbar. Vgl. *Dörr, Oliver:* Zur Rechtsnatur der Europäischen Union, Europarecht 1995, Heft 4 S. 334–348 (S. 338).

16 BVerfGE 89, 155 vom 12.10.1993.

17 Dessen oberste Ebene über Rechtspersönlichkeit verfügt.

18 Sog. Drei-Elementen-Lehre, vgl. *Jellinek, Georg*: Allgemeine Staatslehre, 3. Aufl. Berlin 1928/1960, S. 337ff.

19 Zum Teil wird in der deutschen Staatsrechtswissenschaft mit der sogenannten "Mittelbarkeitslehre" die Legitimät begründet. Danach sind die Staatsvölker und nicht die EU-Bürger die Legitimätsgrundlage. Vgl. u.a. *Gusy, Christoph:* Demokratiedefizite postnationaler Gemeinschaften unter Berücksichtigung der EU, S. 278ff., Zeitschrift für Parlamentsfragen, Heft 3, 1998.

genutzt werden.[20] Längst wird die EU auch von einigen Rechtswissenschaftlern als oberste Ebene eines föderalen Systems angesehen.[21] Die immer umfangreicheren Kompetenzverlagerungen auf die europäische Ebene, die einheitliche Rechtsordnung, die auf jeder Ebene vorhandenen Organe, eine oberste Ebene in der Rechtsprechung und nicht zuletzt auch das Vorhandensein von mittelfristig feststehenden Eigenmitteln und eines (wenn auch rudimentären) vertikalen Finanzausgleichs. So kommt denn GRAMS auch zu dem Schluss: "Die EU befindet sich in einer fortgeschrittenen Metamorphose über den faktischen und juristisch partiellen zum rechtlichen Bundesstaat."[22]

BOGDANDY[23] sieht die Bedingungen der Drei-Elementen-Lehre sogar als erfüllt an, allerdings modifiziert er den Begriff des "Staatsvolkes": Es sei allein vom Individuum auszugehen.[24] BOGDANDY führt weiter aus, dass die Integration neuer Mitglieder der EU über den territorialen Beitritt erfolge: Ein "Staatsgebiet" sei also klar definiert und die EU verfüge auch über Hoheitsgewalt. Der Staat sei nicht nur allein als Träger eines Gewaltmonopols zu sehen, sondern auch und gerade heute als "Organisator des Allgemeinen". BOGDANDY vermeidet aber konsequent den Begriff des "Staates" und bezeichnet die EU als "supranationale föderale Organisation".

Dieser Auffassung wird hier gefolgt. Der Begriff "föderal" wird als Strukturmerkmal aufgefasst. Es sind verschiedene Handlungsebenen mit verschiedenen Akteuren und Instrumenten vorhanden, die obere Ebene ist zur Rechtsetzung über das gesamte Territorium mit Durchgriffswirkung befugt.[25] Es lässt sich argumentieren, dass die klassische Form des Staates für das Ausüben von Hoheitsgewalt und das Vorhandensein von (ausreichend) Legitimation und Demokratie ebenso wenig zwingend notwendig ist. Die territoriale Begrenzung des Verbandes definiert zudem

---

20 So sieht z.B. ISENSEE eine Analogie zwischen den staatsinternen und dem supranationalen Föderalismus, in *Isensee, Josef:* Der Föderalismus und der Verfassungsstaat der Gegenwart, aaO, S. 268f., vgl. auch *Grams, Hartmut A.:* aaO, S. 24, der den deutschen Bundesverfassungsgerichtsbegriff "Staatenbund" als bloße Wortschöpfung bezeichnet.

21 Vgl. z.B. *Grams, Hartmut A.:* aaO, S. 24; *Everling, Ulrich*: Vom Zweckverband zur Europäischen Union: Überlegungen zur Struktur der Europäischen Gemeinschaft, S. 595, in: Festschrift Ipsen, 1977; *Bogdandy, Armin v.*: Supranationaler Föderalismus als Wirklichkeit und Idee einer neuen Herrschaftsform, Baden-Baden, 1999; *Hallstein, Walter:* Der unvollendete Bundesstaat, Düsseldorf/Wien 1969.

22 *Grams, Hartmut A.:* aaO, S. 24.

23 Hierzu und zum Folgenden: *Bogdandy, Armin von*: Supranationale Union als neuer Herrschaftstypus in: *Hrbek, Rudolf / Jopp, Matthias / Lippert, Barbara / Wessels, Wolfgang*: Die Europäische Union als Prozess, Bonn 1998, S. 509.

24 Andere Autoren weisen daraufhin, dass nicht nur ein Volk im Sinne eines homogenen, kulturgeschichtlichen Verbandes legitimationsstiftend für eine Föderation sein können, sondern auch Einzelvölker dem Ausdruck gebündelter Volkssouveränität genügen. Vgl. *Rummer, Anne*: Die Europäische Union nach Amsterdam, Zeitschrift für europarechtliche Studien, Heft 2/2000, S. 270.

25 Die nur teilweise und funktionale Ausrichtung dieser Kompetenzen hindert die Verwendung des Begriffes "föderal" nicht, ist doch gerade die Aufteilung von Kompetenzen zwischen mehreren Ebenen klassisches Merkmal von Föderationen.

auch die unterworfenen Mitglieder dieses Verbandes. Da letztlich der Wähler als Souverän sich hoheitlicher Macht unterwerfen muss, kommt es allein auf seine Legitimation der Hoheitsgewalt an. Provokativ kann deshalb formuliert werden: Nicht der Staat definiert, wer seine Staatsangehörigen sind, sondern die Staatsangehörigen definieren ihren Staat. Bezogen auf die Haushalts- und Finanzverfassung wird jedoch primär auf die Ähnlichkeit der Strukturen und die auch hierfür erforderliche Legitimation abgestellt. Auf der EU-Ebene findet die Finanzierung letztlich aus Zwangsabgaben statt und auch hier gibt es kollektive Entscheidungen über ihre Verwendung.

Die Europäische Union ist als Rechtsgemeinschaft angelegt.[26] Die ihr zugrundeliegenden Verträge gelten unbefristet und man kann ihr beitreten, ein Austritt ist nicht vorgesehen.[27] Die Rechtssätze der europäischen Ebene greifen in einer Weise in innerstaatliche Rechtsverhältnisse ein, wie bisher nur das nationale Recht. Die europäische Ebene setzt mittlerweile selbst viel Recht, schafft einheitliche Standards demokratischer Rechtsstaatlichkeit für alle Hoheitsträger und verfügt über Sanktionsgewalt gegenüber den Mitgliedstaaten (Art. 6, 7 EUV). Zwar ist die EU ein Mischsystem aus supranationalen und suprantional-intergouvernementalen Elementen, doch es findet eine immer größere Einheitsbildung mit einem verstärkt einheitlichen institutionellen Rahmen statt.[28]

Streitigkeiten der Mitgliedstaaten und der Union innerhalb ihres organschaftlichen Verhältnisses lösen nicht etwa die Mitgliedstaaten als "Herren der Verträge", sondern der Europäische Gerichtshof, ein europäisches, unabhängiges Organ, dessen Urteile quantitativ und substantiell bis in hochpolitische Bereiche hineinwirken und auch anerkannt werden.

Hinzu kommt, dass die Verfassungen der Mitgliedstaaten und die der EU nur "fragmentarische Ordnungen"[29] sind. Keine dieser Verfassungen regelt mehr die Gesamtheit der Hoheitsausübung gegenüber ihren Bürgern. Allerdings bestehen die Mitgliedstaaten als eigenständige Völkerrechtssubjekte fort, dies zeigt sich in der normativen Unabhängigkeit ihrer Rechtsordnungen.[30] Dies ist ein wichtiger Unterschied zur Struktur von Bundesstaaten klassischer Prägung.

---

26 Der EuGH sieht die EU allerdings als Rechtsgemeinschaft und betont den Verfassungscharakter der Verträge, die Geltung des Demokratieprinzips, föderativer Grundsätze, die Einheit und der Vorrang des Gemeinschaftsrechts und die Fortschreibung des Grundrechtsschutzes sowie sozialer Grundsätze. Vgl. *Zuleeg, Manfred*: Die Rolle der rechtsprechenden Gewalt in der europäischen Integration, Juristenzeitung 1993, S. 6.

27 *Janning, Josef*: Frieden in Europa, S. 378, in: *Weidenfeld, Werner (Hrsg.)*:Europa-Handbuch, Bonn 1999.

28 *Bogdandy, Armin von*: Supranationale Union als neuer Herrschaftstypus, aaO S. 509.

29 *Frowein, J.A.*: Die Verfassung der Europäischen Union aus Sicht der Mitgliedstaaten, Europarecht 1995, 315ff.

30 *Bogdandy, Armin von*: Supranationaler Föderalismus, aaO, S. 12ff.

Gleichzeitig gerät die europäische Ebene – gerade wegen ihres rechtlichen Status als supranationale Ebene – auch in den Fokus der Bürger: als verantwortlich zu machende Ebene, als Kostenfaktor, als Regulator und Ansprechpartner für Probleme, die z.B. die nationale Ebene (vermeintlich) nicht lösen kann. Der Bürger hat einen eigenen Unionsbürgerstatus und wird auch als Rechtssubjekt wahrgenommen.[31] Daneben ist er über Wahlen an der Zusammensetzung des Europäischen Parlaments beteiligt und wird über die Verlagerung von nationalen Politikentscheidungen auf die europäischen Ebene politisiert. Ein weiterer Aspekt ist die Entwicklung der Europäischen Union von einer "Europäischen Wirtschaftsgemeinschaft" (EWG) hin zur auch politischen Union, deren Mitglieder sich nicht funktional integrieren, sondern über den Beitritt ihres staatlichen Territoriums zur Europäischen Union.[32]

Die EU wird deshalb hier als eigener Typus einer föderalen, bundesstaatsähnlichen Organisation verstanden.[33] Allerdings bleibt die rechtlich-formale Unterscheidung zwischen EU und EG bedeutsam, weil die EG und die EU über unterschiedliche Kompetenzumfänge verfügen und ihre Akteure dementsprechend unterschiedlich handeln können. Das muss auch bei der Erarbeitung der Anforderungen an eine europäische Haushalts- und Finanzverfassung berücksichtigt werden.

Im Folgenden wird dennoch aus Vereinfachungsgründen von der "Europäischen Union" geredet, wenn die EU/EG in Form der ersten Säule gemeint ist.[34]

2.2 Mehrebenenmodelle und Verwaltungsföderalismus

In der jüngeren Forschung wenden sich vor allem Politologen, aber auch Finanzwissenschaftler verstärkt der (überwiegend) positiven Analyse der EU aus Sicht der Entscheidungsprozesse und der in ihnen involvierten Akteure zu. Ein hohes Maß

31 *Bogdandy, Armin von:* Supranationaler Föderalismus, aaO, S. 29f.

32 *Bogdandy, Armin von*: Supranationaler Föderalismus, aaO S. 62. BOGDANDY spricht vor allem aufgrund dieses Merkmals vom supranational-föderalen Charakter der Europäischen Union.

33 So im Ergebnis auch *Bogdandy; Armin von:* Supranationaler Föderalismus, aaO; *Trüe, Christiane:* Rechtspersönlichkeit der Europäischen Union nach den Vertragsänderungen von Amsterdam, Zeitschrift für europarechtliche Studien, Heft 2/2000, S. 129–176 (175); inkonsequent aber PECHSTEIN, der für das Innenverhältnis der EU Rechtspersönlichkeit zuspricht, für das Außenverhältnis aber nur im Verhältnis zu Drittstaaten, vgl. *Pechstein, Matthias:* Das Kohärenzgebot als entscheidende Integrationsdimension der EU, in: Europarecht 1995, Heft 3, S. 247–258 (S. 249); *di Fabio, Udo:* Ist die Staatswerdung Europas unausweichlich?, Frankfurter Allgemeine Zeitung vom 02.02.2001, S. 8.

34 Dabei werden die intergouvernementalen Aspekte des "Daches EU" ausgeklammert, an entsprechenden Stellen wird auf die Probleme der intergouvernementalen Bereiche gesondert eingegangen.

an Verflechtung von Kompetenzen und Entscheidungsabläufen scheint danach kennzeichnend für die EU zu sein. Je nachdem, welcher Ansatz verfolgt wird, werden unterschiedliche Erklärungsmuster für diese Beobachtungen angeboten. Dabei spielt das Maß der Verflechtung sowohl aus Sicht der Mehrebenendiskussion als auch aus Sicht des "administrative federalism" eine entscheidende Rolle. Diese Verflechtungen sind einerseits für den institutionellen Aufbau an sich und andererseits für das Handeln der einzelnen Akteure evident von Bedeutung. Im Folgenden sollen daher einige Ansätze näher beleuchtet werden, es soll überprüft werden, inwieweit sie die "klassisch juristische Einordnung" der EU ergänzen oder gar überflüssig machen und/oder sich neue Erkenntnisse für die institutionelle Gestaltung ergeben.

2.2.1 Die EU/EG als Mehrebenensystem

Das "System Europa" besteht aus verschiedenen Handlungsebenen. Einerseits gibt es die Nationalstaaten, die als Mitgliedstaaten der EU/EG als Akteure auf der europäischen Ebene auftreten. Andererseits fungieren sie gleichzeitig als innerstaatliche Akteure. Sie handeln zusätzlich intergouvernemental, d.h. als Vertreter ihrer jeweiligen Regierungen agieren sie mit anderen staatlichen Akteuren. Neben der Ebene der Nationalstaaten gibt es diesen untergeordnete subnationale Ebenen, wie z.B. die deutschen Bundesländer, die massiv von europäischen Handlungen betroffen sind und nicht nur über den Ausschuss der Regionen ihre Interessen wahrnehmen.[35] Schließlich handeln eigenständige Organe der europäischen Ebene, die sich in verschiedener Weise aus den Mitgliedstaaten rekrutieren.

In der neueren – vor allem politikwissenschaftlichen Forschung – wird dafür der Begriff des "dynamischen Mehrebenensystems"[36] verwendet, da die konstitutionell-funktionalistischen[37], integrationstheoretischen[38], (neo)funktionalen[39] und inter-

35 Z.B. durch die Neuregelungen der EU-Ebene in den Bereichen Energie und ÖPNV.

36 *Jachtenfuchs, Markus:* Die Europäische Union – Ein Gebilde sui generis, S. 17 in: *Wolf, Klaus Dieter:* Projekt Europa im Übergang? Baden Baden 1997.

37 Die konstitutionellen Föderalisten gingen davon aus, dass für eine echte europäische Integration eine Verfassung geschaffen werden müssen, die den Kompetenztransfer auf die europäische Ebene absichere ("function follows form"). Ein so entstehender europäischer Föderalstaat orientiere sich an den existierenden Bundesstaaten.

38 Die Verfassung als Voraussetzung einer Integration wurde demgegenüber von den Integrationstheoretikern abgelehnt, sie begriffen den Föderalismus als überstaatliches Ordnungsprinzip und prognostizierten eine langsame Föderalisierung der EU durch die Entwicklung der Entscheidungsstrukturen.

39 Der (Neo)Funktionalismus sah in den sich allmählich entwickelnden europäischen Institutionen den Grundstein einer neuen, den Nationalstaaten in der Problemlösung überlegenen Ordnung ("form follows function"). Vor allem die Neofunktionalisten gehen davon aus, dass die Bereitschaft zu kooperativen Zusammenarbeit als Ergebnis eines Lernprozesses der Akteure auf der EU-Ebene zunimmt und von den ursprünglich technisch-ökonomischen Bereichen immer mehr auf die politischen Bereiche übergreift.

gouvernementalen[40] Erklärungsmuster die vielfältige Machtdifferenzierung nicht mehr hinreichend beschreiben und erklären können.[41]

Während der Blick dieser Theorien[42] in der Regel von europäischen oder nationalen Akteuren ausging, versuchen die Mehrebenenansätze die verschiedenen Akteure gleichwertig zu betrachten und ihr Handeln als ein "Regieren jenseits der Staatlichkeit"[43] zu verstehen. Denn die analytischen und deskriptiven Vergleiche mit der Struktur des Regierens in Nationalstaaten können viele spezifischen Probleme der EU nicht erklären, so z.B. das Integrationstempo, die Motivation aller beteiligten Akteure und die gegenseitige Abhängigkeit von Akteuren und Institutionen. Das abgrenzende Neue der Mehrebenenansätze ist im Wesentlichen die These, dass es faktisch keine festen Entscheidungszentren und Hierarchien gibt, sondern dass in wechselnden Foren/Arenen über Verhandlungen regiert wird.

GRANDE unterscheidet für die Definition eines Mehrebenensystems zwei Ansätze: einen institutionellen und einen funktionalen.[44] Der institutionelle Ansatz betrachtet dabei die Ebenen des Handelns und unterscheidet zwei (Europa, Mitgliedstaat) oder drei (Europa, Mitgliedstaat, subnationale Ebene/n) Ebenen. In der EU/EG findet sich eine nicht-hierarchische Anordnung der Handlungs- und Entscheidungsebenen. Institutionell gibt es "Entscheidungsprozeduren und -prozesse(n) zur Problembearbeitung, die durch Verschränkung von Akteuren gekennzeichnet sind und durch Konkordanzgebot und Konsenszwang geprägt"[45] sind. GRANDE spricht deshalb von einem "verflochtenen Mehrebenensystem, in erster Linie ein Verhandlungssystem". Der funktionelle Ansatz geht von den verschiedenen Akteuren aus, ein Mehrebenensystem "konstituiert sich dann aus formal indepedenten, aber funktional interdependenten Akteuren und Politikarenen."[46]

---

40 Die Intergouvernementalisten sehen die EU als gemeinschaftliche Institution der Nationalstaaten. Der zentrale Akteur seien die Nationalstaaten, die EU ist immer nur das Produkt intergouvernementalen Handelns.

41 *Schneider, Gerald*: Auswege aus der Verflechtungsfalle?, in: *König, Thomas:* Das Europäische Mehrebenensystem, Bd. 2: Europäische Institutionenpolitik, Frankfurt 1997, S. 165.

42 Einen ausführlichen Überblick über die verschiedenen Theorien und ihre Varianten findet sich bei: *Höreth, Markus*: aaO, S. 104–129.

43 *Jachtenfuchs, Markus / Dietz, Thomas / Jung, Sabine:* Regieren jenseits der Staatlichkeit? Legitimitätsideen in der Europäischen Union, Arbeitspapiere, Arbeitsbereich III/Nr. 15, Mannheimer Zentrum für Europäische Sozialforschung, Universität Mannheim 1996.

44 Hierzu und zum folgenden *Grande, Edgar:* Regieren im verflochtenen Mehrebenensystem: Forschungsstand und Forschungsbedarf; Referat für die gemeinsame Tagung des Arbeitskreises "Integrationsforschung" und der Sektion "Staatslehre und politische Verwaltung" der DVPW am 29.-31.10.1998 in München, S. 5ff.

45 *Hrbek, Rudolf*: Nationalstaat, aaO S. 102, Baden-Baden 1993.

46 *Grande, Edgar*: Regieren im verflochtenen Mehrebenensystem, aaO, S. 5ff.

Diese Sichtweise ist besonders deshalb interessant, weil die Akteure durch unterschiedliche Interessenkonstellationen, Handlungsorientierungen und -strategien und durch institutionelle Strukturen wechselseitig beeinflusst werden.[47]

WESSELS beschreibt die Besonderheiten dieses Mehrebenensystems anhand der Zunahme von sektoriellen[48], prozeduralen[49], institutionellen[50], akteursbezogenen[51] und vertikalen[52] Differenzierungstendenzen innerhalb der EU[53]. Er sieht den Grund für die Zunahme von Differenzierungen vor allem darin, dass über die Vielzahl von Koordinationsmechanismen Einfluss ausgeübt werden kann und dadurch der (auch nur vermeintliche) Verlust an Autonomie einzelner Ebenen durch Fusionierung kompensiert werden kann.[54]

MARKS schlussfolgerte aus den Beobachtungen des EU-Systems, dass es in solchen Verhandlungssystemen entscheidend darauf ankommt, wie der Einfluss der verschiedenen Akteure verschiedener Ebenen in der jeweiligen Phase der Entscheidungsfindung ausgestaltet ist.[55] Dieser Einfluss ist von verschiedenen Komponenten bestimmt: Einmal ist die Ausgestaltung der institutionellen Struktur von Bedeutung. Damit ist z.B. die Zusammensetzung von Organen genauso angesprochen wie die Ausgestaltung von Willensbildungsprozessen. Zu fragen ist, ob diese anders gestaltet sein müssen als in "klassischen" Systemen. Die vielfältigen Verflechtungen in Mehrebenensystemen erfordern darüber hinaus einen erhöhten Koordinationsbedarf staatlicher Politik und auch eine neue Art von politischen Akteuren mit neuen Fähigkeiten und Qualifikationen.[56]

Die in Mehrebenensystemen vorherrschenden Koordinationsmechanismen Verhandlung und Kooperation werfen die Frage auf, ob diese Mechanismen effizientere und demokratischere Lösungen zeitigen als klassische Problemlösungsverfahren (z.B. Hierarchie und Abstimmung). Zum anderen ist der Akteur zu hinterfragen: Braucht er andere, zusätzliche Kompetenzen und Restriktionen als ein herkömm-

47 *Benz, Arthur*: Entflechtung als Folge von Verflechtung, in: *Grande, Edgar / Jachtenfuchs, Markus*: Wie problemlösungsfähig ist die EU? Regieren im europäischen Mehrebenensystem, Baden-Baden 2000, S. 2.

48 Zunahme der sektoriellen Politikbearbeitung.

49 Zunahme von Art und Anzahl der Entscheidungsverfahren.

50 Zunahme der Institutionen.

51 Vielzahl verschiedener Akteure und ihr zunehmender Einfluß in die Entscheidungsfindung.

52 Einbeziehung aller Ebenen in die Entscheidungsfindung, Zunahme horizontaler Koordinierungsverfahren.

53 *Wessels, Wolfgang*: EU-Politik-Koordination zwischen Brüssel und Bonn, Bamberg 1997, S. 2.

54 *Wessels, Wolfgang:* Staat und westeuropäische Integration – Die Fusionsthese, S. 40, in: *Kreile, Michael:* PVS-Sonderheft 23, S. 36–61.

55 *Marks, Gary*: Politikmuster und Einflußmuster in der Strukturpolitik, S. 338 in: *Jachtenfuchs, Markus / Kohler-Koch, Beate*: Europäische Integration, Opladen 1996.

56 Dazu und zum Folgenden: *Grande, Edgar:* Regieren im verflochtenen Mehrebenensystem, aaO, S. 11f.

licher Akteur? Welche Interessen haben die verschiedenen Akteure? Welche Mittel setzen sie ein, um ihre Interessen zu verfolgen?

Die Verflechtungen zwischen den Akteuren haben Folgen für die Ausgestaltung von "checks and balances" und der Legitimation dieser Macht. Auch diese Sichtweise geht weit über die bisherigen Erklärungsansätze für das Handeln europäischer Akteure hinaus. Kompensieren solche Verflechtungen tatsächlich mangelnde Autonomie oder führen nicht gerade sie erst zu einem Autonomieverlust?

Die Betrachtung der EU/EG als ein Mehrebenensystem bringt also den großen Vorteil, das Zusammenwirken verschiedener EU-Organe und der einzelnen Akteure der anderen Ebenen[57] nicht mehr nur als klassisches Staatshandeln zu betrachten[58], sondern im Rahmen von Verflechtungs- und Verhandlungsmodellen ergänzend zu hinterfragen. Auch aus der Betrachtung der EU/EG als ein Mehrebenensystem ist die EU jedenfalls etwas anderes als ein Staat oder eine internationale Organisation, zumindest aber ein föderales Regierungssystem.[59]

2.2.2 Verwaltungsföderalismus

Eine weitere Besonderheit besteht im europäischen Mehrebenensystem deshalb, weil die Verteilung von Kompetenzen nach dem Modell des sogenannten Verwaltungsföderalismus konzipiert ist.[60] Während in den meisten föderalen Systemen[61] die Verwaltungskompetenzen den Gesetzgebungskompetenzen folgen, sind z.B. in Deutschland und Österreich die Gesetzgebungs- und Verwaltungskompetenzen in wesentlichen Bereichen getrennt.[62] Systeme des "Vollzugsföderalismus"[63] unterscheiden sich mehr oder weniger von unverflochtenen föderativen Systemen nach FÄRBER wie folgt :[64]

- Trennung der Gesetzgebungs- und Verwaltungskompetenz mit unterschiedlich weiten Regeln für die Aufgabenerfüllung,

57 *Schneider, Gerald:* aaO, S. 173.

58 *Lorenz, Esther:* Das EP auf dem Vormarsch – Initiative für ein Europa im Wandel: Eine empirische Studie zur Übereinstimmung von Parlament und Kommission in politischen Sachfragen, Stuttgart 2000, S. 45.

59 *Grande, Edgar:* Regieren im verflochtenen Mehrebenensystem, aaO, S. 7.

60 *Färber, Gisela:* Effizienzprobleme des Verwaltungsföderalismus, Die Öffentliche Verwaltung 2001, S. 485–496 (S. 485).

61 USA, Kanada, Australien.

62 In diesem Verwaltungsföderalismus ist die übergeordnete Ebene Inhaberin der Gesetzeskompetenz, die nachgeordneten Ebenen sind für den administrativen und gerichtlichen Vollzug zuständig. Vgl. *Mazan, Stefan:* Das föderative Prinzip in der EU, Schriften zum Europarecht Bd. 19, Zürich 1996, S. 25.

63 *Mazan, Stefan:* Das föderative Prinzip in der EU – insbesondere die föderativen Strukturelemente des europäischen Gemeinschaftsrechts, Schriften zum Europarecht, Bd. 19, Zürich 1996, S. 25, FN 100.

64 *Färber, Gisela:* Effizienzprobleme des Verwaltungsföderalismus, aaO, S. 486f.

- die nachgeordneten Einheiten sind über ihre Regierungen als gliedstaatliche Vertretung an der Gesetzgebung beteiligt, dabei kann die erste oder zweite Kammer dominieren,
- es gibt typischerweise einen hohen Regulierungsgrad der Vollzugsverfahren,
- die Verflechtung der Finanzverfassung:
  - über die Ausgabenkompetenzen,
  - das Konnexitätsprinzip ist nach der Vollzugskausalität gestaltet,
  - es gibt einen Mangel an autonomen Steuerquellen, während die Einnahmen aus den großen Steuerquellen unter mehreren föderalen Ebenen geteilt werden, und
  - es existiert ein horizontal ausgleichender Finanzausgleich.

In der EU sind ebenfalls Merkmale des Verwaltungsföderalismus auszumachen.[65] Für den Vollzug europäischer Rechtsakte (Gesetzeskompetenz) sind in der Regel die Mitgliedstaaten zuständig.[66] Die EU verfügt im eigentlichen Sinne über keinen eigenen Verwaltungsunterbau. Dies erklärt FÄRBER damit, dass die EU als bloße Zoll- und Wirtschaftsunion gegründet wurde, "ein eigenständiger supranationaler Einfluss Europas qua Verwaltungsvollzug (war) weder vonnöten noch erwünscht."[67] Denn über das Instrument des Vollzugs erschließt sich so eine eigene Machtressource. Die Entstehung des EU-Systems als "diplomatische Gründung von oben"[68] ähnelt darüber hinaus derjenigen des deutschen Kaiserreichs, welches ähnliche Merkmale in der Art der Vertretungen, des Finanzwesens und des Verwaltungsvollzugs aufwies.[69]

Die Regierungen der EU-Mitgliedstaaten sind über den Ministerrat direkt an der Gesetzgebung der supranationalen Ebene beteiligt[70], wobei hier der Ministerrat dominiert.[71] Aufgrund unterschiedlicher Traditionen der Systeme der Mitgliedstaaten sind die Regulierungen des Vollzugs[72] etwas anders gestaltet als in staatlichen Föderationen.

65 *Färber, Gisela:* Effizienzprobleme des Verwaltungsföderalismus, aaO, S. 485f.

66 Art. 274 EGV.

67 *Färber, Gisela*: Effizienzprobleme des Verwaltungsföderalismus, aaO, S. 485.

68 *Abromeit, Heidrun:* Föderalismus: Modelle für Europa, Österreichische Zeitschrift für Politikwissenschaft 1993 Heft 2, S. 207–220 (S. 210).

69 Es standen sich Bundesrat (Versammlung der Fürsten bzw. ihrer Regierungen) und Reichstag (Volksvertretung) gegenüber – beide mußten zu Reichsgesetzen zustimmen. Das Reich hatte nur Einnahmen aus Zöllen, speziellen Verbrauchssteuern und dem Postwesen, die Finanzautonomie lag ansonsten bei den Ländern. Das Reich verfügte zunächst über keinerlei eigene Reichsverwaltung, sondern war für den Vollzug auf die Länderverwaltungen angewiesen.

70 Da die Gesetzgebungskompetenz auf der übergeordneten Ebene angesiedelt ist, haben die nachgeordneten Einheiten kompensatorische Mitbestimmungsrechte. *Mazan, Stefan:* aaO, S. 30f.

71 *Färber, Gisela*: Effizienzprobleme des Verwaltungsföderalismus, aaO, S. 486.

72 Unterschieden werden muss an dieser Stelle zwischen den Säulen der EU. Grundlage des Vollzugs in der zweiten und dritten Säule ist völkerrechtliches Vertragsrecht, nur in der ersten Säule finden gemeinschaftsrechtliche Vollzugsregeln Anwendung. Vgl. *Schweitzer, Michael:* Staatsrecht III: Staatsrecht, Völkerrecht, Europarecht, Heidelberg 2000, 7. Aufl., Rn. 516.

Der gemeinschaftsunmittelbare Vollzug wird durch gemeinschaftliche Organe wahrgenommen. Dabei wird nochmals unterschieden in interne und externe Vollzugsbefugnisse. Interne Vollzugsbefugnisse sind die Ausnahme, sie existieren hauptsächlich in den Bereichen Personal, Wettbewerb und Haushalt. Externe Vollzugskompetenzen hat die Gemeinschaft vor allen bei den Fonds[73] und im Bereich der Hilfsorgane, Satelliten, Agenturen[74] etc.

Die dezentrale Verwaltung, also der unmittelbare Vollzug von Gemeinschaftsrecht durch die Mitgliedsstaaten wird nach nationalem Recht abgewickelt.[75] Dadurch ist die EU-Ebene aber auf eine besonders starke Kooperationsbereitschaft der Mitgliedstaaten angewiesen.[76] Im Falle des mittelbaren mitgliedschaftlichen Vollzugs muss das Gemeinschaftsrecht zuvor vom nationalen Gesetzgeber umgesetzt werden, bevor es vollzogen werden kann.[77] Dies trägt einmal der Aufteilung des Europarechts in das primäre und sekundäre Gemeinschaftsrecht Rechnung[78] und berücksichtigt darüber hinaus auch die besonderen Handlungsformen des Sekundärrechts.[79]

Verwaltungsföderalistische Systeme weisen jedoch Probleme auf.[80] Während eine dezentrale Verwaltung “Möglichkeiten für eine effiziente und versorgungsoptimale Bündelung öffentlicher Leistungen” schafft, sind die Möglichkeiten der politischen und demokratischen Kontrolle das größte Manko des Verwaltungsföderalismus.[81] Hinzukommen Vollzugsblindheit des Gesetzgebers und die ungleichgewichtige Umsetzung durch die Verwaltung, welche positiv (als Wettbewerbselement) und/oder negativ (Einheitlichkeit der Aufgabenerfüllung, Mindeststandards) gesehen werden kann.

73 Europäischer Sozialfonds (ESF); Europäischer Ausrichtungs- und Garantiefonds für die Landwirtchat (EAGFL); Europäischer Regionalfonds (EFRE); Kohäsionsfonds; Europäischer Entwicklungsfonds (EEF).

74 Z.B. Europäische Investitionsbank; Europäische Umweltagentur.

75 *Schweitzer, Michael / Hummer, Waldemar:* aaO, RN 427, 437.

76 *Decker, Frank*: Demokratie und Demokratisierung jenseits des Nationalstaats: Das Beispiel der Europäischen Union, S. 615f. (585–629)in: Zeitschrift für Politik, Heft 2, 2000.

77 *Schweitzer, Michael / Hummer, Waldemar*: aaO, Rn. 428.

78 Im Primärrecht können unmittelbar geltende Normen direkt vollzogen werden, ansonsten bedarf es nationalen, europarechtlicher oder völkerrechtlicher Durchführungsvorschriften. Dazu: *Schweitzer, Michael*: aaO, RN 520, 522a.

79 So kann eine Verordnung direkt vollzogen werden, eine Richtlinie aber nur dann, wenn sie unmittelbare Geltung erlangt. Ansonsten bedarf die Richtlinie der Umsetzung.

80 Wobei FÄRBER ausdrücklich darauf hinweist, “dass beide Ansätze (Verwaltungsföderalismus und unverflochtene Systeme – A.d.A.) konzeptionelle Stärken und Schwächen aufweisen” und das Konzept des Verwaltungsföderalismus den zentralisierten Verwaltungskonzepten nicht per se unterlegen sei. *Färber, Gisela*: Effizienzprobleme des Verwaltungsföderalismus, aaO, S. 496.

81 *Färber, Gisela*: Effizienzprobleme des Verwaltungsföderalismus, aaO, S. 493.

2.2.3 Kompetenzteilung und Verflechtung zwischen den Ebenen

Aufgrund dieser Mehrebenenstruktur, des fehlenden Verwaltungsunterbaus und der Beteiligung verschiedener und mit unterschiedlichen Handlungsinstrumenten ausgestatteter Akteure wird daher oft gefragt, ob die von SCHARPF[82] prognostizierte "Politikverflechtungsfalle" zutrifft. Die Politikverflechtungsfalle bezeichnet "eine zwei oder mehr Ebenen verbindende Entscheidungsstruktur, die aus ihrer institutionellen Logik heraus systematisch ineffizient und problematisch-unangemessene Entscheidungen erzeugt, und die zugleich unfähig ist, die institutionellen Bedingungen ihrer Entscheidungslogik zu verändern (...)."[83] Dieses von SCHARPF diagnostizierte Phänomen bezog sich ursprünglich auf Entscheidungssituationen unter der Einstimmigkeitsregel. Mittlerweile findet eine grundsätzliche Ausweitung dieser Fragestellung auf Mehrebenensysteme überhaupt statt, so dass heute von "föderaler Politikverflechtung"[84] oder aber auch "europäischer Politikverflechtung"[85] die Rede ist.

Primär bedingt ist diese Verflechtung durch die Aufgabenverteilung zwischen den einzelnen Ebenen. Dabei gilt zwar grundsätzlich für die supranationale Ebene das *Prinzip der begrenzten Einzelermächtigung*, dieses kann aber durch implied-power-Kompetenzen an Konturen verlieren. Nach dem Prinzip der begrenzten Einzelermächtigung (Art. 5 Abs. 1 EGV) ist grundsätzlich für jedes Handeln der europäischen Ebene eine ausdrückliche Rechtsgrundlage in den Verträgen nötig. Fehlt eine ausdrückliche oder subsidiäre Rechtsgrundlage, kann der EG-Ebene die Handlungskompetenz nach herrschender Lehre auch kraft Sachzusammenhangs erwachsen (implied powers).[86] Aus der Zuweisung von Einzelkompetenzen wird teilweise auch gefolgert, "dass je stärker und tiefer ein Akt der EG in die Souveränität der Mitgliedstaaten oder in die Grundrechte der Individuen eingreift, desto 'dichter' und präziser die Rechtsgrundlage im Vertrag"[87] sein müsse. Damit eng zusammen hängt das *Subsidiaritätsprinzip*. Hat die EG-Ebene nicht die ausschließliche Kompetenz inne, so wird die EG nur dann tätig, "sofern und soweit die Ziele der in Betracht gezogenen Maßnahmen auf Ebene der Mitgliedstaaten nicht ausreichend erreicht werden können und daher wegen ihres Umfangs oder ihre Wirkungen besser auf Gemeinschaftsebene erreicht werden können" (Art. 5 Abs.

82 *Scharpf, Fritz W.*: Die Politikverflechtungsfalle: Europäische Integration und deutscher Föderalismus im Vergleich, PVS 1985, Heft 26, S. 323–356.

83 *Scharpf, Fritz W.*: Die Politikverflechtungsfalle, aaO, S. 350.

84 *Scharpf, Fritz W.:* Föderale Politikverflechtuing: Was muss man ertragen, was kann man ändern?, Max-Planck-Institut für Gesellschaftsforschung, Köln; Working paper 99/3, April 1999.

85 *Grande, Edgar*: aaO, in: *Jachtenfuchs, Markus / Kohler-Koch, Beate*: aaO, S. 382.

86 *Lenz, Carl Otto*: Kommentar zu dem Vertrag der Europäischen Gemeinschaften, 2. Aufl., Köln 1999, RN.8 zu Art. 5 EGV.

87 *Bleckmann, Albert:* aaO, RN 384.

2 EGV). Dieses Prinzip kann politisch[88], rechtswissenschaftlich[89] oder auch ökonomisch[90] verstanden werden. Es ist aber im konkreten Aussagegehalt umstritten, da seine zentralen Begriffe auslegungsbedürftig sind.[91] Seinem Sinn nach stützt die Aufnahme des Subsidiaritätsprinzips jedoch den föderalen Grundgedanken der EU, denn eine Kompetenzabgrenzung zwischen zentralen und dezentralen Kompetenzen ist nur dort nötig, wo mehrere Ebenen eines Gemeinwesens hoheitlich tätig werden. Das Subsidiaritätsprinzip, welches in die Verträge aufgenommen wurde, um Kompetenzabgrenzungen zu vereinfachen, scheint diesem Anspruch nicht gerecht werden zu können.[92]

In diesen Kontext ist auch das *Prinzip der Gemeinschaftstreue* einzuordnen. Es kann als ergänzende Kompetenzausübungsschranke verstanden werden. Ausdrücklich in die Verträge aufgenommen wurde dieses Prinzip nicht. Dennoch gibt es Autoren, die dieses Prinzip als ungeschriebenen Grundsatz für die EU ansehen[93] oder ihn aus Art. 10 EGV herleiten[94]. Der EuGH hat die Geltung dieses Prinzips als allgemeinen Rechtsgrundsatz für die EU anerkannt.[95] Der Begriff der Gemeinschaftstreue erinnert an den Begriff der "Bundestreue", wie er im deutschen Föderalismus verwandt wird.[96] Lehnt man die Auslegung der "Gemeinschaftstreue"

---

88 Z.B. als "politische Vernunftprinzip", so *Gaster, Jens:* Das Subsidiaritätsprinzip im Gemeinschaftsrecht. In: *Timmermann, Heiner (*Hrsg.): Subsidiarität und Föderalismus in der EU, Berlin 1998, S. 19–40 (S. 38).

89 Als justiziables Rechtsprinzip, vgl. *Magiera, Siegfried*: Föderalismus und Subsidiarität als Rechtsprinzipien der Europäischen Union, in: *Scheider, Heinrich / Wessel, Wolfgang*: Föderale Union-Europas Zukunft? München 1994; *König, Thomas*: Intergouvernementalismus zum Parlamentarismus? Eine institutionelle Analyse der europäischen Mehrkammer-Gesetzgebung, S. 70–98 (S. 79) in: *König, Thomas u.a.:* Das europäische Mehrebenensystem, Bd. 1, Frankfurt 1996.

90 *Heinemann, Friedrich*: Die ökonomische Föderalismustheorie und ihre Botschaft für die Kompetenzaufteilung im Mehrebenensystem der Europäischen Union, S. 118, in: *König, Thomas:* Das europäische Mehrebenensystem, Bd. 1, aaO, S. 117–132.

91 Z.B. *Bieber, Roland:* Das Subsidiaritätsprinzip im europäischen Gemeinschaftsrecht, S. 161–171, in: *Evers, Tilman*: Chancen des Föderalismus in Deutschland und Europa, Baden-Baden, 1994; *von Borries, Reimer:* Das Subsidiaritätsprinzip im Recht der EU; Europarecht 1994 Heft 4, S. 263–300*; Gaster, Jens:* aaO, S. 38; *Blumenwitz, Dieter*: Das Subsidiaritätsprinzip und die Stellung der Länder und Regionen in der Europäischen Union, in: *Randelzhofer, Albrecht / Scholz, Rupert / Wilke, Dieter (Hrsg.)*: Gedächnisschrift für Eberhard Grabitz, München 1995, S. 1–15 (S. 8).

92 So z.B. *Heinemann, Friedrich*: in: *König, Thomas*: Das europäische Mehrebenensystem, aaO, S. 118; *Magiera, Siegfried:* Föderalismus und Subsidiarität, S. 186–196, in*: Schneider, Heinrich / Wessels, Wolfgang* (Hrsg.): Föderale Union – Europas Zukunft?, München 1994.

93 *Bleckmann, Albert*: Europarecht, aaO, RN 697ff.

94 *Oppermann, Thomas:* Europarecht, 2. Aufl., München 1999, RN 486, 522, 1705, 1708, 1710, 1738.

95 Vgl. *Oppermann, Thomas:* aaO, RN 486.

96 Dazu z.B. *Stern, Klaus*: Das Staatsrecht der Bundesrepublik Deutschland, Bd. I, S. 703*; Katz, Alfred*: Staatsrecht, RN 246ff. *Degenhart, Christoph*: Staatsrecht, Bd. I, Staatsorgan. R, 18. Aufl., Heidelberg 2002, RN 225a.

daran und an Art. 10 EGV an, darf sich das interessengerichtete Handeln eines Mitgliedstaates nicht gegen die Ziele der Europäischen Union richten. Die Mitgliedstaaten wären auch zu einer Art "gemeinschaftsfreundlichem Verhalten" verpflichtet.[97] Das Funktionieren der EU-Ebene ist durch das Verhalten der einzelnen Mitgliedstaaten zu gewährleisten. Gleichzeitig ist auch die EU verpflichtet, sich mitgliedsstaatsfreundlich zu verhalten. Die EU und ihre Mitgliedstaaten wären danach mehr als eine bloße Zweckgemeinschaft, sie wären vielmehr auch eine Solidargemeinschaft, in der gegenseitige Information, Rücksichtnahme, Hilfe und das Einstehen füreinander als wesentlich angesehen werden.

In diesem Verflechtungssystem werden Entscheidungen als Verkettungen von Handlungen verstanden. Entscheidungen werden in eine Vielzahl von einzelnen Entscheidungspunkten zerlegt, die zeitlich vor der (letztendlichen) Entscheidung stattfinden.[98] Damit einher geht eine institutionelle Arbeitsteilung, bei der unterschiedliche Akteure unterschiedlicher Handlungsebenen aktiv werden. Diese Akteure in den Willensbildungsprozessen der EU unterliegen einer besonderen Interessenstruktur, auf die nachfolgend eingegangen wird.

2.3 Die Zweiteilung der europäischen Willensbildung: Europäische versus nationale Interessen

Die verschiedenen Organe der EU (EG) sollen sich in ihrem Verhältnis zueinander nach dem *Prinzip des institutionellen Gleichgewichts* richten. Dieses Prinzip wurde vom EuGH entwickelt und bedeutet, "dass jedes Organ seine Befugnisse unter Beachtung der Befugnisse der anderen Organe ausübt"[99]. Diese Begriffsnormierung ist die Folge dessen, dass in den europäischen Verträgen das Gewaltenteilungsprinzip nicht ausdrücklich niedergelegt ist. Inhaltlich fordert es eine Gleichrangigkeit der Organe, die an ihre Aufgabenzuweisungen gebunden sind und deren Gewichtung zueinander zu wahren ist.[100]

Eine spezifische Besonderheit der Europäischen Union ist aber die Verteilung der Interessenlagen der einzelnen Institutionen, die sich aus der Struktur und der Zusammensetzung der Organe ergeben. Dabei ist die Besonderheit nicht in der grundsätzlichen Zweiteilung der Willensbildung zu sehen – diese findet sich definitionsgemäß in allen föderalistischen Systemen (z.B. Länderinteressen und

97 So auch *Oppermann, Thomas*: aaO, RN 367.

98 *Eichener, Volker*: Das Entscheidungssystem der EU – Institutionelle Analyse, Opladen 2000, S. 140ff.

99 EuGH, Urteil vom 22.05.1990, Rs. C 70/88 "Parlament gegen Rat", EuZW 1990, S. 221f.

100 *Klein, Eckart:* in: *Hailbronner, Kay / Klein, Eckart / Magiera, Siegfried / Müller-Graf, Peter-Christian:* Handkommentar zum Vertrag über die EUV/EGV, Bd. 1, 1998, Köln, RN 11, 13f. zu Art. 4.

Bundesinteressen), sondern in der "Janusköpfigkeit der Interessen" innerhalb der einzelnen Organe der europäischen Ebene. Diese "Janusköpfigkeit der Interessen" zeigt sich darin, dass das betreffende Organ zwar einen europäisch ausgerichteten Auftrag zum Handeln hat, aber aufgrund seiner Struktur auf nationale Interessen ausgerichtet ist. Diese Diskrepanz ist in den verschiedenen Institutionen unterschiedlich stark ausgeprägt, was nicht zuletzt an der institutionellen Stellung des Organs insgesamt als auch an seinem institutionellen Verhältnis zu den anderen Organen liegt. Im Folgenden soll aufgezeigt werden, in welchen Organen welche Interessen vertreten werden und wo sich daraus Konfliktsituationen ergeben.[101] Aber nicht nur die Organe selbst sind hier von Bedeutung, sondern wegen der Entscheidungsvorbereitung und der Vorfestlegung innerhalb des Verhandlungssystems sind vor allem auch "Vorfeldorganisationen" (z.B. Arbeitsgruppen, Ausschüsse) und Interessengruppen mit in den Blickwinkel der Betrachtung zu nehmen.

Auf der supranationalen Ebene werden eine Vielzahl verschiedener Akteure tätig, die durch ihre institutionelle, politische, kulturelle, wirtschaftliche und sprachliche Heterogenität gekennzeichnet sind. Die Verträge benennen 7 supranationale Organe: den Europäischen Rat (Art. 4 EUV), das Europäische Parlament (Art. 5 EUV, Art. 189ff. EGV), den Ministerrat (Art. 5 EUV-A, Art. 202ff. EGV), die Kommission (Art. 5 EUV-A, Art. 211ff. EGV), den Gerichtshof (Art. 5 EUV-A, Art. 220 EGV)[102] und den Rechnungshof (Art. 5 EUV-A, Art. 246ff. EGV).

Neben diesen Organe existieren offizielle Ausschüsse, wie z.B. der Ausschuss der Ständigen Vertreter (AstV, Art. 207 I EGV), der Wirtschafts- und Sozialausschuss (WSA, Art. 257ff. EGV) und der Ausschuss der Regionen (AdR, Art. 263ff. EGV). Hier sind (sub)nationale Akteure versammelt, die auf der supranationalen Ebene agieren. Daneben gibt es Arbeitsgruppen des AStV[103] und der Kommission[104], in denen ebenfalls (sub)nationale Akteure in der supranationalen Ebene tätig werden. Hinzukommen eine Vielzahl von Netzwerkakteuren, offiziellen und inoffiziellen Beratungsrunden, Interessengruppen und sonstige Vertreter der (sub)nationalen Ebenen.

---

101 Natürlich handeln auch in den Organen die einzelnen Individuen. Da aber in Bezug auf die Stellung des Organs relativ homogene Interessenstrukturen unterstellt werden können, werden die Organe und Ausschüsse hier als Inhaber "eines" Interesses analysiert.

102 Da dieser nicht zu den primären Akteuren der Haushalts- und Finanzverfassung gehört, wird auf ihn in dieser Arbeit nur punktuell eingegangen.

103 So waren 1990 bereits ungefähr 270 Arbeitsgruppen, pro Woche tagten ca. 40 dieser Gruppen. Die Zusammensetzung und Zahl der Arbeitsgruppen ist von der jeweiligen Präsidentschaft abhängig. Vgl.: *Wessels, Wolfgang:* Verwaltung im EG-Mehrebenensystem, S. 173, in: *Jachtenfuchs, Markus; Kohler-Koch-Beate*: aaO.

104 Ende der 80er Jahre gab es ca. 600 dieser Gruppen, in denen sich pro Jahr 17.000 nationale Beamte und 10.000 andere Sachverständige zusammenfanden. Vgl.: *Wessels, Wolfgang*: Verwaltung im EU-Mehrebenensystem: Auf dem Weg zur Megabürokratie?, in: *Jachtenfuchs, Markus / Kohler-Koch, Beate*: Europäische Integration, Opladen 1996 , S. 171.

Im Folgenden werden die für die europäische Haushalts- und Finanzverfassung wichtigsten Akteure, zu denen auch die Europäische Investitionsbank (EIB, Art. 266 EGV) gehört, kurz dargestellt. Dabei wird jeweils auf ihre Struktur und Zusammensetzung (a), ihre Befugnisse (b) und auf die in diesen Organen vertretenen Interessen eingegangen (c).

2.3.1 Der Europäische Rat

a) Struktur und Zusammensetzung: Der Europäische Rat setzt sich aus den Staats- und Regierungschefs der Mitgliedstaaten sowie dem Präsidenten der Kommission zusammen. Die Einordnung dieses Organs ist strittig. Dabei wird nach überwiegender Auffassung der Europäische Rat als Organ der EU (also des "Daches" und nicht der ersten Säule) gesehen.[105]

b) Befugnisse: Der Europäische Rat gibt die "politische Impulse" für das Handeln innerhalb der EU/EG (Art. 4 EUV). Ganz explizit wird dies in den Fällen sichtbar, in denen er in Personalunion als Rat der im Rat vereinigten Vertreter der Regierungen[106] handelt. Der Europäische Rat hat quasi eine "Richtlinienkompetenzen", jedenfalls insofern, als er "Grundsatzentscheidungen für die Europäische Union formulieren, neue Gemeinschaftsaufgaben initiieren und im Rahmen der Gemeinsamen Außen- und Sicherheitspolitik weltpolitisch aktiv werden "[107] kann. "Wenige Artikel (in den Verträgen – Anm. des Verfassers) betreffen dieses Organ, dessen Autorität sich schwer zeitbedingten, präzisen und verbindlichen Vorschriften und Definitionen unterwerfen lässt."[108] Mit Blick auf die Haushalts- und Finanzverfassung ist besonders von Interesse, dass der Europäische Rat auch finanzwirksame Beschlüsse fassen kann, die als "Schlussfolgerungen des Rates" eine "Quasi-Innenbindung" der europäischen Organe entfalten. Insbesondere im Finanzbereich entscheidet der Europäische Rat Probleme, für die es aus seiner Sicht im Ministerrat keine Lösung zu geben scheint.[109] Im Europäischen Rat gilt das Konsensprinzip. Der Europäische Rat wird vorbereitet vom Ministerrat "Allgemeine

105 *Schweitzer, Michael / Hummer, Waldemar*: Europarecht, aaO, RN. 189f.

106 Neben dem Europäischen Rat gibt es noch den Rat der "Regierungen der Mitgliedstaaten auf der Ebene der Staats- und Regierungschefs. Auch der "Rat in Zusammensetzung der Staats- und Regierungschefs" (ohne den Präsidenten der Kommission) ist etwas anderes als der Europäische Rat. Vgl. *Europäischer Rat*: Der Europäische Rat, Ziffer I.C., (http://ue.eu.int/de/Info/eurocouncil/sommet.htm, Stand 22.01.2003).

107 *Bohnet-Joschko, Sabine:* Leviathan Europa? Föderalistische und institutionelle Aspekte der Staatswerdung Europas, Marburg 1996, S. 244.

108 *Europäischer Rat*: Der Europäische Rat, Ziffer I.C. (http://ue.eu.int/de/Info/eurocouncil/sommet.htm, Stand 22.01.2003).

109 *Europäischer Rat*: Der Europäische Rat, Ziffer I.A.2. (http://ue.eu.int/de/Info/eurocouncil/sommet.htm, Stand 22.01.2003).

Angelegenheiten"[110]. Diesem arbeitet wiederum der AStV zu, so dass hier die diplomatische Ebene einen großen Einfluss hat.[111]

c) **Interessen:** Die Staats- und Regierungschefs repräsentieren als Angehörige der nationalen Exekutive ihr Mitgliedsland und ihre Handlungsorientierungen sind national geprägt. Neben der Erarbeitung der politischen Leitlinien ("Schlussfolgerungen des Rates" – als Ergebnisse der in der Regel zweimal jährlich stattfindenden Sitzungen) ist der Europäische Rat vor allem dann gefragt, wenn es um ressortübergreifende Lösungen geht, die in der Form sogenannter "Paketlösungen"[112] unter Ausschaltung der Fachministerräte erarbeitet werden.[113] Bedeutsame und schwierige Entscheidungen werden von der Ebene der Ministerräte auf den Europäischen Rat verschoben. Nach seinem eigenen Selbstverständnis ist "allein der Europäische Rat (...) derzeit wirklich in der Lage, der Europäischen Union Dynamik zu verleihen (...). Dies erklärt sich hauptsächlich aus der Legitimität, die den Staats- und Regierungschefs eigen ist, jedoch auch daraus, dass der Europäische Rat einen gewissen Abstand hat und (...) nicht an jedem Schritt der täglichen Entscheidungsprozesse beteiligt ist."[114] Im Europäischen Rat zeigt sich eine Diskrepanz zwischen der national ausgerichteten Zusammensetzung (und den daraus folgenden national ausgerichteten Interessen) und der im Kontext der EU gestellten europäisch ausgerichteten Aufgaben des Europäischen Rates (und den daraus folgenden europäischen Interessen).

Der Europäische Rat unterliegt keiner direkten Kontrolle – weder auf der nationalen Ebene (z.B. durch nationale Parlamente und Regierungen) noch auf der europäischen Ebene (z.B. durch das Europäische Parlament). So besteht die Möglichkeit, unliebsame Aufgaben, die die Staats- und Regierungschefs in ihren Staaten nicht oder nur gegen großen Widerspruch (verbunden mit einem "Imageverlust") durchsetzen können, auf die EU-Ebene zu verschieben ("Tendenz zugunsten der höheren Ebene"[115]).

---

110 Art. 2 II GO Rat v. 5. Juni 2000, Abl. Nr. L 149/21–35.

111 *Europäischer Rat*: Der Europäische Rat, Ziffer II.A.2. (http://ue.eu.int/de/Info/eurocouncil/sommet.htm, Stand 22.01.2003).

112 Z.B. die Delor-I- und Delor-II-Pakete.

113 *Wilming, Claudia:* Institutionelle Konsequenzen einer Erweiterung der Europäischen Union, S. 48, Baden-Baden 1995.

114 *Europäischer Rat*: Der Europäische Rat, Ziffer I.A.1. (http://ue.eu.int/de/Info/eurocouncil/sommet.htm, Stand 22.01.2003).

115 *Falkner, Gerda*: Supranationalität trotz Einstimmigkeit: Entscheidungsmuster der EU am Beispiel Sozialpolitik. Institut für Europäische Politik (Hrsg.), Bonn 1994, S. 244.

2.3.2 Der Ministerrat und die Fachministerräte

a) Struktur und Zusammensetzung: Der Ministerrat ist ein Kollegialorgan, dessen Mitglieder von der nationalen Ebene weisungsabhängig sind.[116] Der Ministerrat, der aus je einem Vertreter jedes Mitgliedstaates auf Ministerebene besteht, tagt seit 1960 in der Form der Fachministerräte.[117] Die einzelnen Fachminister bilden sektorale Ministerräte. Es gibt also nicht den "einen Ministerrat", sondern eine Vielzahl an Fachministerräten. Eine den Fachministerräten übergeordnete, ressortübergreifende Institution auf Ministerebene – ähnlich wie ein nationales Regierungskabinett – gibt es auf europäischer Ebene nicht. Die jeweiligen Minister der Mitgliedstaaten sind das Entscheidungsgremium auf der EG-Ebene. Denn – wie bereits angesprochen – der Europäische Rat ist kein Organ der EG, sondern der EU. Die jeweiligen Fachministerräte haben weitreichende Legislativbefugnisse. Eine Sonderrolle nehmen der "Allgemeine Rat" (das ist der Rat der Außenminister), der ECOFIN-Rat (Wirtschafts- und Finanzministerrat) und der Rat der Außen- und Finanzminister auf ihrer gemeinsamen Tagung ein.[118] Der Ministerrat tagt grundsätzlich nichtöffentlich[119] und entscheidet – sofern nichts anderes vertraglich vorgesehen ist – nach Art. 205 EGV mit der Mehrheit seiner Mitglieder, wobei für die einfache Mehrheit jedem Staat eine Stimme zukommt und beim Erfordernis qualifizierter Mehrheit eine Stimmgewichtung vorgenommen wird. In der Praxis wird zudem oft eine Stimmabgabe "ad referendum" vorgenommen, dass heißt, die Stimmabgabe vom Zustimmungsvorbehalt der jeweiligen Regierung abhängig gemacht.[120]

Neben seiner Rolle als Gemeinschaftsorgan kann der Ministerrat aber auch als Regierungskonferenz auftreten, nämlich in Form der im "Rat vereinigten Vertreter der Mitgliedstaaten"[121]. In dieser Form fasst der Ministerrat die sogenannten "unechten"[122] bzw. "uneigentlichen"[123] Ratsbeschlüsse.

b) Befugnisse: Der Ministerrat ist für den überwiegenden Teil der Rechtsetzung zuständig. Er hat (Quasi-)Initiativbefugnisse (Aufforderung der Kommission), Koordinationsbefugnisse (z.B. für die Wirtschaftspolitik der Mitgliedstaaten) und

116 *Wilming, Claudia*: aaO, S. 21.
117 *Bohnet-Joschko, Sabine*: aaO, S. 222.
118 *Bohnet-Joschko, Sabine*: aaO, S. 222.
119 Gemäß Art. 5 der Geschäftsordnung des Rates vom 05. Juni 2001, Abl. Nr. L 149/21–35, sind die Sitzungen grds. nicht öffentlich. Art. 9 der Geschäftsordnung ist zwar mit "Öffentlichkeit der Beratungen" überschrieben, dort werden jedoch nur die Fälle geregelt, in denen die Abstimmungsergebnisse und einige Erklärungen veröffentlicht werden, Art. 9 I, II. In Art. 9 III finden sich Kann-Bestimmungen zur Veröffentlichung, auf Antrag des AStV oder nach einstimmigem (!) Beschluß des Rates.
120 *Schweitzer, Michael / Hummer, Waldemar*: Europarecht, aaO, RN 170.
121 Z.B. vorgesehen in den Fällen der Art. 214 II, 223 I, 289 EGV.
122 Beziehen sich auf das Gemeinschaftsrecht.
123 Beschlüsse, die sich auf Bereiche außerhalb des EG-Rechts beziehen.

leitet die Arbeit der Kommission. Er ist das handelnde Organ in den Außenbeziehungen (neben der Kommission) und ernennt die Mitglieder von beratenden Ausschüssen, des Rechnungshofes und des Ausschusses der Regionen. Eine wesentliche Rolle kommt ihm innerhalb der Haushalts- und Finanzverfassung zu: er entscheidet über die Einnahmen (in Zusammenarbeit mit den Mitgliedstaaten) und ist Mitgesetzgeber für den Haushalt (Art. 269, 272, 279 EGV).

In der Zusammensetzung des Ministerrates als der im "Rat vereinigten Vertreter der Regierungen der Mitgliedstaaten" ist er zuständig für die Ernennung der Kommission (in Zusammenarbeit mit der Kommission und dem Parlament), des Gerichtshofes und für die Vertragsänderungen.

c) Interessen: Der einzelne Minister unterliegt wegen des Weisungsrechtes grundsätzlich den nationalen Interessen, d.h. der Ratsvertreter wird primär die "Souveränitätsrechte" seines Mitgliedsstaates verteidigen. Der Ministerrat in seiner Gesamtheit wird sich also eher gegen Kompetenzausweitungen für die europäische Ebene aussprechen.

Es sind jedoch Fälle denkbar, in denen trotzdem Kompetenzverlagerungen an die supranationale Ebene stattfinden: Zum einen soll die EU oft als "Sündenbock" für unpopuläre Maßnahmen herhalten. Hier werden Probleme auf die europäische Ebene verlagert, deren nationalstaatliche Lösung – z.B. aufgrund der innenpolitischen Situation – durch die jeweiligen Regierungen der Mitgliedstaaten nicht in Angriff genommen werden. Die Verlagerung auf die EU-Ebene erweist sich auch für nationale Minister als vorteilhaft, denn durch die nichtöffentlichen Sitzungen wird für den (nationalen) Wähler und die (nationalen) Parlamente nicht sichtbar, welcher Minister wie abgestimmt hat. In diesem Kontext ist weiter von Bedeutung, dass hohe Rückflüsse an finanziellen Mittel aus EU-Töpfen oft nur über die Verlagerung immer komplexerer Politikfelder auf die supranationale Ebene erreicht werden kann. Kompetenzverlagerungen finden auch im Falle der Bildung von Umverteilungskoalitionen statt sowie oft am Ende der Amtszeit von Politikern, die bestimmte Probleme dann ihren Nachfolgern überlassen. Und schließlich können Kompetenzverlagerungen aufgrund von "Fachministerkumpanei" beobachtet werden. Dies wird durch die Herauslösung der Minister aus der Ressortdisziplin möglich. Eine klare Trennung der Motivationen für Kompetenzverlagerungen ist oft nicht möglich, da es erstens an Transparenz mangelt und zweitens auch Verknüpfungen von Motiven vorliegen können. Allerdings werden insbesondere durch kleinere Mitgliedstaaten in Einzelfragen auch "europäische Interessen" vertreten[124], wobei jedoch anzumerken ist, dass dies oft nur aus Demonstrations- und Macht-

124 Dies vor allem dann, wenn klar ist, dass man sich nicht durchsetzen wird können (Mehrheitsentscheidungen) oder erhebliche Kompensationsleistungen erhalten möchte (Einstimmigkeitsentscheidungen).

fragen heraus geschieht.[125] Die "Entkoppelung politischer Entscheidungen von nationaler demokratischer Kontrolle"[126] hat ihren Grund vor allem darin, dass eine der nationalen Kontrolle gleichwertige Kontrollmöglichkeit der Ministerratsvertreter auf europäischer Ebene fehlt.

Die persönlichen Interessen der Ministerräte bestehen vor allem in der Einflusserweiterung innerhalb des Ministerrates und gegenüber den anderen Organen, der Forcierung ihrer Aufstiegsmöglichkeiten und – damit verbunden – der Vergrößerung ihres Einkommens.[127] Diese Ziele erreichen sie über immer größere Entscheidungsbefugnisse – also der Erweiterung ihrer Kompetenzen, durch Begünstigung einflussreicher Interessengruppen und die Beibehaltung der nichtöffentlichen Sitzungen. Die Fachministerräte arbeiten, wie auch die Minister auf nationaler Ebene, nach dem "Ressortprinzip", d.h. ihre inhaltlichen Kompetenzen sind fachbezogen. Den "Ressortinteressen" (die insoweit persönliche Interessen sind, als sie der Erweiterung eigener Kompetenzbereiche und damit von Macht, Einfluss und Einkommen dienen) steht anders als auf der nationalen Ebene aber kein ministeriales "Kollegialprinzip" gegenüber. Ein solches bedeutet, dass auf nationaler Ebene die Minister einer Regierung in einem Kollegium zur gemeinsamen Entscheidungsfindung über wesentliche Bereiche zusammenkommen und kann so zu einem Ausgleich der Ressortinteressen führen. Die Interessen nach Ressorterweiterung und Machtvergrößerung finden ihren Grenzen an den Interessen der anderen Minister. Auf der Ebene der EU entscheiden die sektoralen Ministerräte (z.B. Agrarministerrat, Umweltministerrat) innerhalb ihrer Zusammensetzung ohne die Konsultation aller anderen Räte.

Auch im Ministerrat zeigt sich deutlich eine Diskrepanz der Interessen, die sich aus der nach den Verträgen europäischen Aufgabenstellung und der national ausgerichteten Zusammensetzung ergeben.

2.3.3 Der Ausschuss der Ständigen Vertreter und die Ratsgruppen

a) Zusammensetzung und Struktur: Die Fachministerräte werden vom Ausschuss der Ständigen Vertreter (AStV[128]) unterstützt, dessen Mitglieder sind politische Beamte. Der AStV teilt sich in den AStV I und II und bereitet die gesamte Ministerratstätigkeit formal und inhaltlich vor. Die Ausschussmitglieder sind den Mitgliedstaaten gegenüber weisungsgebunden[129], sie arbeiten jedoch kreativ und

125 *Bolesch, Cornelia:* Held im Aufstand der Kleinen, Nizza: Die Rolle des Belgiers, Süddeutsche Zeitung vom 12.12.2000, S. 3.
126 *Bohnet-Joschko, Sabine:* aaO, S. 262.
127 *Bohnet-Joschko, Sabine:* aaO, S. 228.
128 Oder im Französischen: COREPER = Comité des Représentants Permanents.
129 *Grabitz, Eberhard / Hilf, Meinhard:* Kommentar zur Europäischen Union, RZ. 7, 8.

sind vor allem meinungsbildend. Der AStV besteht aus Botschaftern und ihren Stellvertretern, sie werden über nationale Verfahren ernannt.[130]

Weiter wird der Ministerrat von diversen Ausschüssen betreut, die vom Ministerrat selbst mit Zustimmung des AStV oder vom AStV selbst einberufen werden können.[131] Neben diesen Ausschüssen[132] gibt es circa 270 sogenannte "Ratsgruppen" (Arbeitsgruppen), die den AStV I und II unterstützen.[133] Diese Ratsgruppen setzen sich aus Fachbeamten der Ständigen Vertretungen und nationalen Ministeriumsvertretern zusammen. Diese Ratsgruppen können kurzzeitig oder auch längerfristig eingesetzt werden.

b) Befugnisse: AStV und Ratsgruppen haben unterstützende Befugnisse. Wird in den Sitzungen des AStV und in den zuständigen Ratsgruppen in bestimmten Themenbereichen Einigkeit erzielt, legt der AStV dem Ministerrat diese als A-Punkte vor. Im Bereich der A-Punkte muss sich der Ministerrat nur noch über regelungstechnische Fragen klar werden. Fragen, die nicht geklärt werden konnten, werden als B-Punkte dem Ministerrat zur politischen Diskussion vorgelegt. Der AStV bemüht sich jedoch, so viele Punkte wie möglich als A-Punkte vorzulegen. Das führt dazu, dass die eigentliche Beschlussfassung des Ministerrates in vielen Fragen eine Formsache ist.[134] So fallen ca. 80% der Entscheidungen in den Arbeitsgruppen und ca. 20% Entscheidungen auf der Ebene der Botschafter. Nur ein sehr kleiner Teil der Entscheidungen gelangt damit überhaupt auf die Ebene der Minister.[135] Im jeweiligen Ministerrat selbst wird dann nur noch über Formulierungen gestritten.[136]

---

130 Der AStV II betreut den Allgemeinen Rat (Außenministerrat), den ECOFIN-Rat (Wirtschafts- und Finanzministerrat), den Justiz- und Innenministerrat, den Entwicklungsministerrat und ist für den Rat auch im Bereich Haushalt zuständig. Der AStV II setzt sich aus den Botschaftern (Ständige Vertreter) zusammen. Der AStV I besteht aus den Stellvertretern der Ständigen Vertreter und betreut die Fachräte in folgenden Bereichen: Arbeit/Soziales, Verkehr, Fischerei, Forschung, Umwelt, Bildung, Jugend, Binnenmarkt, Industrie, Verbraucherschutz, Kultur, Audiovisuelle Medien, Telekommunikation, Energie, Gesundheit und Landwirtschaft.

131 Art. 5, 19 III GO des Rates v. 05. Juni 2000, Abl. Nr. L 149/21–35.

132 Zur Zeit existieren folgende ständige Ausschüsse: Besonderer Ausschuß "Artikel 113"; Sonderausschuß Landwirtschaft; Ständiger Ausschuß für Beschäftigungsfragen; Haushaltsausschuß; Ausschuß für wissenschaftliche und technische Forschung (CREST); Ausschuß für Bildungsfragen; Ausschuß für Kulturfragen; Engerer Ausschuß Kooperationsabkommen der Mitgliedstaaten mit Drittländern; Energieausschuß; Ständiger Ausschuß für Urananreicherung (Copenur). *Rat der Europäischen Union (Ausschuß der Ständigen Vertreter):*IDEA (Dienstverzeichnis des AstV) (http://europa.eu.int/idea//bin/dispent.pl?lang=.de&entity_id=3760).

133 Art. 19 III GO des Rates v. 05.Juni 2000, Abl. Nr. L 149/21–35, Anzahl der Ratsgruppen bei *Wessels, Wolfgang*: Verwaltung im EU-Mehrebenensystem, aaO, S. 173.

134 Vgl. "Wo Europa gemacht wird", *Handelsblatt* vom 24.04.02, S. 10.

135 "Wer regiert Europa? (I): Der Ministerrat in Brüssel: Im Wunderland der Bürokratie", Süddeutsche Zeitung vom 18.06.02, S. 3.

136 *Grams, Hartmut A.*: aaO, S. 162.

Zwar ist der AStV kein Organ der EU/EG und auch kein Beschlussfassungsgremium, jedoch hat er sich in der Praxis zu einem "De-facto-Entscheidungsgremium"[137] entwickelt. Der große "Unterbau" der Räte verdeutlicht die national orientierte Interessenlage der Räte. Problematisch ist die mangelnde Kontrolle des AStV, der allenfalls einer indirekten Kontrolle durch die nationalen Regierungen unterliegt.

c) **Interessen:** Die Vertreter des AStV vertreten die Interessen ihrer Mitgliedstaaten. Sie haben außerdem ein großes sektorales Fachwissen. Die AStV-Mitglieder bezeichnen sich selbst als "janusköpfig"[138] im Hinblick auf ihre institutionelle Stellung und den im AStV vertretenen Interessen. Sie spielen eine große Rolle bei der Präferenzenbildung, -formulierung und -umsetzung der Nationalstaaten im Hinblick die nationalen Präferenzen, die auf der EU-Ebene jeweils vertreten werden sollen.[139] Zum anderen vertreten sie EU-Interessen (Einigung im Ministerrat) in einem institutionellen Sinn. Denn sie sind ein wichtiger Mechanismus bei der Vermeidung von "Entscheidungsfallen" (Blockadesituationen), da sie im Vorfeld die verschiedenen Standpunkte diskutieren, ausloten und Entscheidungsalternativen aufzeigen.[140]

2.3.4 Das Europäische Parlament

a) **Struktur und Zusammensetzung:** Das Europäische Parlament (EP) wird seit 1979 alle 5 Jahre direkt gewählt, es entscheidet in der Regel durch Mehrheitsbeschluss. Es hat einen Präsidenten und 14 Vizepräsidenten (Präsidium als administratives Leitungsorgan[141]). Das Präsidium wird für die Dauer von 2½ Jahren gewählt. Der Präsident (die Präsidentin) des EP und die Fraktionsvorsitzenden bilden die Konferenz der Präsidenten, das politische Leitungsorgan des EP.

Es gibt 626 Abgeordnete im EP. Fast alle Abgeordneten sind Mitglieder in den sieben übernationalen Fraktionen (die lose Dachverbände nationaler Parteien sind). Innerhalb einer Fraktion können die politischen Auffassungen zum Teil sehr differieren.[142] Daher identifizieren sich die Abgeordneten eher über Ländergruppen innerhalb des EP, wobei die Parteizugehörigkeit der Gruppenidentität nachrangig zu sein scheint.

---

137 *Lewis, Jeffrey:* The Institutional Problem-Solving Capacities of the Council: The Committee of Permanent Representatives and the Methods of Community, MPIfG Köln, Discussion Paper 98/1, S. 1, 7.

138 *Lewis, Jeffrey*: aaO, S. 7.

139 *Lewis, Jeffrey*: aaO, S. 42.

140 *Lewis, Jeffrey*: aaO, S. 43.

141 Diesem Präsidium gehören darüberhinaus noch 5 Quästoren an, die beratende Stimmen haben und die mit Fragen des Status, der Verwaltung und den Finanzfragen der Mitglieder betraut sind.

142 Mehr als 100 nationale Parteien sind in den Fraktionen vertreten.

Das EP verfügt über einen eigenen Verwaltungsunterbau. Im EP gibt es siebzehn reguläre Ausschüsse und eine Vielzahl von Unter- und Untersuchungsausschüssen.[143] Daneben gibt es informelle Gremien im EP, die sogenannten "Koordinatorenrunden", die die Aufgabe haben, "schon in den Ausschüssen Konflikte, die sich zwischen der Fraktionsmehrheit und einer Minderheit anbahnen, frühzeitig zu erkennen."[144]

b) Befugnisse: Das EP ist zwar ein legislatives Organ, verfügt aber nicht über das parlamentarische Initiativrecht. Innerhalb der Rechtsetzungsbefugnisse unterscheidet sich die Stellung des EP je nach Verfahren erheblich. Man unterscheidet hat Anhörungs-, Zusammenarbeits-, Mitarbeits- und Zustimmungsbefugnisse. Eine Sonderstellung ist im Bereich des Haushalts gegeben. Das Parlament teilt sich im Haushaltsverfahren die Befugnisse mit dem Ministerrat, allerdings verabschiedet es den Haushalt eigenständig und ist für die Entlastung der Kommission zuständig (Art. 272, 276 EGV). Im Rahmen dieser Aufgaben sind der Haushaltsausschuss und der Haushaltskontrollausschuss von Bedeutung. Der Haushaltsausschuss ist für die Fragen in Zusammenhang mit der Ausübung der Haushaltsrechte des Europäischen Parlaments, insbesondere der Aufstellung und Verabschiedung der Haushaltspläne und der Finanzplanung zuständig.[145] Der Haushaltskontrollausschuss ist für die Fragen der Kontrolle der finanziellen, haushaltspolitischen und administrativen Maßnahmen im Rahmen der Haushaltspläne von EG und EGKS zuständig. Er kontrolliert die Tätigkeit der EIB und ist für die Bereiche Rechnungslegung und -abschluss, Evaluierung der Finanzierungsinstrumente und für die Bekämpfung der Unregelmäßigkeiten und Betrügereien im EU-Haushalt verantwortlich.[146]

Darüber hinaus verfügt das EP über Zustimmungsbefugnisse (z.B. beim Beitritt neuer Mitglieder oder bei der Ernennung des Kommissionspräsidenten), Kontrollbefugnisse (z.B. Misstrauensantrag, Interpellationsrecht), Anhörungsbefugnisse (z.B. bei der Ernennung des Rechnungshofes) und hat des Recht, einen Bürgerbeauftragten zu ernennen.[147]

c) Interessen: Alle Abgeordneten befinden sich nach NEßLER in einem "Europäischen Interessendreieck":[148] Europäische Interessen – Parteiinteressen – nationale Interessen. Das "Europäische Interesse" des Europäischen Parlaments als Gesamtheit sieht NEßLER darin, "vor den anderen Organen und den Interessengruppen in einem "guten Licht" zu stehen, um die Chancen erweiterter Gesetz-

143 *Vgl. Europäisches Parlament* (http://www.europarl.eu.in/committees/home.de.htm, Stand 22.01.2003).
144 *Neßler, Volker*: Europäische Willensbildung: die Fraktionen im EP zwischen nationalen Interessen, Parteipolitik und europäischer Integration, Berlin 1997 (S. 181).
145 Ziffer II, Anlage VI der Geschäftsordnung des Europäischen Parlaments, 1999.
146 Ziffer III, Anlage VI der Geschäftsordnung des Europäischen Parlaments, 1999.
147 *Schweitzer, Michael / Hummer, Waldemar*: aaO, RN 229ff.
148 *Neßler, Volker:* Europäische Willensbildung, 1997, aaO, S. 175.

gebungsbefugnis nicht zu verringern."[149] Evident ist hier jedoch, dass diese Interessen primär ein Kompetenzerweiterungsinteresse in einem institutionellen Sinn sind. Nur dadurch, dass sich die Kompetenzerweiterung auf die europäische Ebene bezieht, bekommen diese Interessen ein eigenständiges europäisches Moment.

Die Parteiinteressen des EP ergeben sich aus der Verpflichtung jedes Abgeordneten gegenüber seiner Partei, die ihn auf den nationalen Listen (z.B. in Deutschland) als Kandidat präsentiert und auch monetär unterstützt. Da es bisher keine echten europäischen Parteien gibt und innerhalb des EP auch keine Regierungsmehrheit oder -minderheit, verhalten sich die einzelnen Abgeordneten nicht in derselben Weise wie auf nationalstaatlicher Ebene.[150] Die Fraktionen und Abgeordneten können daher eher unterschiedliche Sachpositionen beziehen und sind von keinem Regierungs- oder Oppositionswillen abhängig. Die nationalstaatlich geäußerten, parteipolitischen Präferenzen sind für den Abgeordneten maßgeblich, da er wiedergewählt werden will. Die Karriere der Abgeordneten hängt von den nationalen Parteien ab und nicht von dem, was sie auf europäischer Ebene leisten.[151]

Der Abgeordnete wird daher primär den Interessen seiner Partei folgen.[152] Je mehr Befugnisse das Parlament bekommt, desto mehr wird auch das europäische Interesse des Abgeordneten in den Vordergrund rücken. Denn nur wenn das Parlament über eine echte Entscheidungsbefugnis verfügt, kann der Abgeordnete auch die Interessen seiner Wähler umsetzen.

Ein zweiter wichtiger Aspekt ist das Interesse des EP an einer Machterweiterung gegenüber dem Ministerrat. Je mehr alleinige Befugnisse das EP erhält, desto weniger Befugnisse wird der Ministerrat haben. Daher wird der Abgeordnete gegenüber seinem Wähler für eine "Beseitigung des Demokratiedefizits", also in seinem Sinne der Stärkung des EP, eintreten. Gegenüber dem Ministerrat wird die Strategie freilich eine andere sein: da momentan der Ministerrat Inhaber der meisten und wichtigsten legislativen Befugnisse ist, wird das EP versuchen, sich gegenüber dem Ministerrat kooperativ zu zeigen, um wenigstens eine Teilung der Kompetenzen zu ermöglichen. Bei den Befugnissen, die Ministerrat und EP heute schon gemeinsam ausüben, ist das EP bestrebt, über seine eigenen Befugnisse informell zu einer Machtausweitung zu gelangen. Nur dort, wo der Ministerrat explizit auf die Zustimmung bzw. Mitwirkung des EP angewiesen ist, kann das EP

149 *Leschke, Martin*: Zur institutionellen Ausgestaltung der EU, in: *Streit, Manfred / Voigt, Stefan (Hrsg.)*: Europa reformieren, Baden Baden 1996, S. 100ff. (S. 106).

150 *Scharpf, Fritz*: Regieren in Europa: Effektiv und demokratisch? Frankfurt a.M. 1999, S. 75; *Neßler, Volker:* Europäische Willensbildung, aaO, 1997, S. 159.

151 *Neßler, Volker:* Europäische Willensbildung, 1997, aaO, S. 180.

152 Das liegt auch daran, dass wegen des mangelnden Einflusses das EP nicht ernst genommen wird und europäische Themen in den national orientierten Wahlen keine Rolle spielen. Vgl. "In Amsterdam war Gott auf der Seite des Europa-Parlaments", *Die Woche* vom 11.06.1999, S. 27, Ressort Ausland.

über Vetopositionen eine Kompetenzerweiterung erlangen. Auch das EP ist in Bezug auf seine Interessen also als "janusköpfig" anzusehen – allerdings in anderer Weise als der Europäische Rat, der Ministerrat oder der AStV. Seine "nationalen" Interessen kommen weniger stark zum Tragen, weil es mit Blick auf sein Verhältnis zum Ministerrat vor allem auf die Vertretung der "europäischen" Interessen angewiesen ist.

2.3.5 Die Europäische Kommission

a) Struktur und Zusammensetzung: Die Kommission besteht aus den Kommissaren (politische Beamte) und den Kommissionsbeamten. Letztere sind insgesamt ca. 15.000 Bedienstete, von denen 1/5 im Übersetzungsdienst tätig sind. Das politische Gremium Kommission besteht aus 20 Kommissaren. Jeder Kommissar steht bestimmten Politikbereichen (Generaldirektionen) vor. Allerdings können sich diese Politikbereiche hinsichtlich der Sachgebiete überschneiden.

Jedem Kommissar steht ein sechsköpfiges Kabinett zur Seite. Die Kabinette sind Hilfsgremien, die unterstützend tätig werden. Ihre besondere Bedeutung liegt darin, dass hinsichtlich der Vorbereitung von Entscheidungen der Kommissare ein ähnliches Verfahren wie zwischen AStV und Ministerrat angewandt wird. Die Beschlusssachen werden ebenfalls in A- und B-Punkte unterteilt. Stimmen die Kabinettchefs in ihrer Sitzung einem A-Punkt zu, so ist in der Regel auch die Zustimmung der Kommissare zu erwarten.[153]

Der Präsident der Kommission wird von den Regierungen der Mitgliedstaaten nach Zustimmung des Parlaments benannt. In Einvernehmen mit dem neuen Kommissionspräsidenten werden die übrigen Mitglieder von den Regierungen der Mitgliedstaaten ernannt. Als Kollegium benötigt die Kommission die Zustimmung des Parlaments.

Die administrative Kommission besteht aus 36 Generaldirektionen und Fachdiensten.[154] Diese werden von hohen Beamten geleitet. Die Generaldirektionen sind nach einzelnen Sachgebieten hierarchisch aufgebaut. Innerhalb der Generaldirektionen ist eine funktionale Sachgebietsverteilung auszumachen.[155] So haben z.B. 4 Generaldirektionen (GD) Bezüge zur Haushalts- und Finanzverfassung: die GD Steuern und Zollunion, die GD Wirtschaft und Finanzen, die GD Haushalt und die GD Finanzkontrolle. Die Kommission hat eine multinationale Personalzusammensetzung und rekrutiert ihr Personal selbst.[156] Sie muss dabei Proporz (Repräsentation der Mitgliedstaaten), verschiedene Verwaltungskulturen und -traditionen berücksichtigen.

153 *Schweitzer, Michael / Hummer, Waldemar:* aaO, RN 201.
154 http://www.europa.eu.int/comm/dgs_de.htm, Stand 22.01.2003.
155 *Schweitzer, Michael / Hummer, Waldemar*: aaO, RN 218.
156 *Bach, Maurizio*: Transnationale Institutionenpolitik, S. 182.

Die Kommission verfügt über einen “guten Draht” zum Ministerrat. Dies erklärt sich aus dem Fehlen eines echten Verwaltungsunterbaus für die gesamte Kommission. Die Rechtsakte der Kommission werden nämlich vom AStV und den Arbeitsgruppen des Ministerrates vorbereitet.

b) **Befugnisse:** Die Kommission hat eine starke Stellung. Sie besitzt das alleinige Initiativrecht im Rechtsetzungsbereich[157] und kann darüber einen Teil ihrer Aufgaben selbst definieren.[158] Sie hat außerdem eigene Rechtsetzungsbefugnisse im EGKSV. Sie hat Entscheidungs-, Kontroll- und Sanktionsbefugnisse, so z.B. in den Bereichen Wettbewerbs- und Beihilfenpolitik. Die Kommission ist auch zuständig für die Fondsverwaltung und das Erstellen des Gesamtberichts über die Tätigkeiten von EG/EU. Zudem übernimmt sie die gerichtliche Vertretung der EG und tritt als Verhandlungspartner in Fragen der Außenbeziehungen auf. Eine wichtige Rolle spielt sie auch in der dritten Säule, im Bereich Justiz und Inneres.[159] Im Bereich der Haushalts- und Finanzverfassung ist die Kommission für das Aufstellen des Haushaltsvorentwurfs, die Ausführung des Haushaltsplans und die Rechnungserstellung zuständig (Art. 272, 274, 275 EGV).

Im Gesamtgefüge der EU ist die Kommission das zentrale Entscheidungsvorbereitungs-, Formulierungs- und Verhandlungsorgan. Die Kommission kann darüber hinaus auch als legislativ-eklektisches Organ[160] charakterisiert werden, denn Vorschläge der Kommission werden zunächst in themenbezogene, beratende Ausschüsse eingebracht, in denen noch nicht über sie entschieden wird. Dadurch finden hier additive Vorgänge statt, die Kommission ist nachher “nur” gehalten, einen konkreten Vorschlag daraus zu extrahieren.

c) **Interessen:** Hier muss zwischen der politischen Ebene und der administrativen Ebene unterschieden werden.

Das Interesse der Kommissare liegt in der Ausweitung ihrer Kompetenzen, da sie dann noch mehr nationale Interessen begünstigen können. Diese Interessen sind vergleichbar mit den Ressortinteressen eines nationalen Ministers. Die Kommissare sind zwar weisungsunabhängig und nur der EU verpflichtet, verstehen sich jedoch aufgrund ihrer Rekrutierung in der Regel als “nationale Kommissare” und vertreten insofern auch wieder spezifisch nationale Interessen. Dies zeigt sich immer wieder dann, wenn die Kommission neu besetzt wird und es ein “Gerangel” um die Ressorts gibt, die den einzelnen Mitgliedstaaten vermeintlich am meisten nützen.[161]

157 Von der Aufforderung des Rates gegenüber der Kommission zum Tätigwerden abgesehen.
158 *Wenzler, Hariolf M.*: aaO, S. 215.
159 *Schweitzer, Michael / Hummer, Waldemar*: aaO, RN 202f.
160 *Eichener, Volker*: Die Rückwirkungen der europäischen Integration, 249–280 (272), in: *Jachtenfuchs, Markus / Kohler-Koch, Beate*: Europäische Integration, Opladen 1996.
161 *Ulrich, Stefan:* “Unwürdiges Gerangel um Brüsseler Spitzen-Posten”, Süddeutsche Zeitung vom 13.01.1999.

Andererseits versteht sich die (politische) Kommission als "echtes europäisches Organ", sie kann kraft ihres Initiativrechtes auch inhaltliche Akzente setzen. Zudem vermittelt sie institutionell (informell) zwischen Ministerrat und Parlament, wenn diese sich in bestimmten Verfahren nicht einigen können.

Die Mitarbeiter der administrativen Kommission (die Generaldirektionen und Dienste) verfügen über spezialisierte Fachkompetenzen. Hier macht sich das Fehlen eines echten Verwaltungsunterbaus bemerkbar. Die Generaldirektionen sind stark auf die nationalen Verwaltungen angewiesen. Deshalb werden sie versuchen, die dortigen einflussreichen Gruppen zu bevorzugen. Das Zusammenspiel mit den nationalen Verwaltungen erfolgt institutionell über das sogenannte "Komitologie-Verfahren" im Bereich des Sekundärrechts.[162] Darin arbeitet die Kommission mit den sogenannten Verwaltungsausschüssen[163] zusammen, die mit nationalen Exekutivvertretern besetzt sind. Dabei unterscheidet sich die Stellung der Kommission je nachdem, mit welchem Ausschuss sie zusammenarbeitet, erheblich. In der Zusammenarbeit mit Beratenden Ausschüssen ist die Kommission nicht an die Stellungnahme des Ausschusses gebunden.[164] Auch im Falle der Verwaltungsausschüsse[165], die den Erlass von Durchführungsverordnungen vorbereiten, kann die Kommission das Votum der Ausschüsse missachten. Dies führt aber dazu, dass die Kommission die Kompetenz für den Erlass der Vorschriften an den Ministerrat verliert.[166] Bei der Zusammenarbeit mit Regelungsausschüssen[167] ist die Kommission von vornherein von der Zustimmung der Ausschüsse abhängig.[168] Die schwächste Stellung hat die Kommission in der Zusammenarbeit mit den Ausschüssen in Schutzmaßnahmeverfahren. Dort kann der Ministerrat die Beschlüsse der Kommission bestätigen, ändern oder sogar aufheben.[169]

Auch bei der Kommission ist feststellen, dass die Durchsetzung "nationaler" und/oder "europäische" Interessen stark von der institutionellen Position im Verhältnis zum Ministerrat oder zum Parlament abhängig ist.

2.3.6 Der Europäische Rechnungshof

a) Struktur und Zusammensetzung: Der Rechnungshof besteht aus 15 Mitgliedern, die vom Ministerrat nach Anhörung des EP ernannt werden und wieder

---

162 Beschluß des *Rates* zur Festlegung der Modalitäten für die Ausübung der der Kommission übertragenen Durchführungsbefugnisse (87/373/EWG) vom 13. Juli 1987; Abl. 1987 Nr. L 197/33–35.

163 Ca. 280 Durchführungsausschüsse. Vgl.: *Wessels, Wolfgang*: Verwaltung im EU-Mehrebenensystem, aaO, S. 178 FN 9.

164 *Schweitzer, Michael / Hummer, Waldemar*: aaO, RN 933.

165 Von denen es allgemeine und besondere gibt.

166 *Schweitzer, Michael / Hummer, Waldemar*: aaO, RN 934.

167 Auch hier gibt es allgemeine und spezielle Ausschüsse.

168 *Schweitzer, Michael / Hummer, Waldemar*: aaO, RN 935.

169 *Schweitzer, Michael / Hummer, Waldemar*: aaO, RN 936.

ernennbar sind.[170] Sie haben eine unabhängige Stellung inne und beschließen Berichte, Sonderberichte und Stellungnahmen mit der Mehrheit der Mitglieder.[171] Als Kollegialorgan wählt der Rechnungshof aus seiner Mitte einen Präsidenten.

b) Befugnisse: Der Rechnungshof hat sehr eng umgrenzte Befugnisse. Insbesondere ist er zuständig für die Prüfung der Einnahmen und Ausgaben der Gemeinschaft und jeder Gemeinschaftseinrichtung, es sei denn, dies ist ausdrücklich ausgeschlossen.[172] Der Rechnungshof hat darüber hinaus Informationsbefugnisse, die er aber nicht selbst regeln kann. Vielmehr entscheidet er über sie gemeinsam mit der Kommission und den betroffenen Einrichtungen.[173]

c) Interessen: Die Mitglieder des Rechnungshofes werden zwar über den Ministerrat (Vertreter nationalen Regierungen) bestellt. Man könnte ihnen insofern ein nationales Interesse zusprechen. Jedoch sind sie Personen, die ähnliche Tätigkeiten schon auf den nationalen Ebenen ausgeübt haben und fühlen sich daher den Traditionen der Unabhängigkeit der Rechnungshöfe in gewisser Weise verbunden. Sie neigen außerdem dazu, das Interesse des europäischen Wählers stärker zu vertreten als das "ihrer" Regierungen.[174]

2.3.7 Die Europäische Investitionsbank (EIB)

Obwohl die EIB (Art. 266 EGV) nicht den bereits genannten Organen gleichzustellen ist, spielt sie im Rahmen der Haushalts- und Finanzverfassung eine Rolle. Daher soll sie an dieser Stelle mit vorgestellt werden.

a) Struktur und Zusammensetzung: Die EIB ist eine mit Rechtspersönlichkeit ausgestattete und formal unabhängige Institution mit Sitz in Luxemburg und hat eine Satzung, in der ihre Organe und die nähere Aufgabenbeschreibungen enthalten sind (Art. 266 EGV). Mitglieder der EIB sind die Mitgliedstaaten. Diese stellen auch das gezeichnete Kapital der EIB zur Verfügung, welches 1999 schon 100 Mrd. € betrug.[175] Die Zeichnung der Mitgliedstaaten richtet sich dabei nach der jeweiligen Finanzkraft.

Die Aufgaben der EIB werden im Wesentlichen von vier Gremien wahrgenommen, die einer funktionalen Aufgabenverteilung unterliegen.

- **Rat der Gouverneure:** Er ist das oberste Organ der EIB (Art. 9 Satzung EIB). Jeder Mitgliedstaat entsendet einen Minister in den Rat, sie werden namentlich

170 Art. 247 EGV.
171 Art. 248 Abs. 4 EGV.
172 Art. 248 Abs. 1 EGV.
173 Art. 248 Abs. 3 EGV.
174 *Wenzler, Hariolf:* aaO, S. 226f.
175 Art. 4 Satzung EIB; vgl. *Oppermann, Thomas:* Europarecht, aaO, Rn. 438.

benannt. In der Regel entspricht die Zusammensetzung des Rates der Gouverneure dem des ECOFIN-Rates der EU.[176] Der Rat der Gouverneure legt die allgemeinen Richtlinien für die Kreditpolitik und die Ziele der Fördertätigkeit mit einfacher Mehrheit fest.

- **Verwaltungsrat:** Dieser hat 25 Mitglieder, die vom Rat der Gouverneure für 5 Jahre bestellt werden. Deutschland, Frankreich, Italien und Großbritannien entsenden je drei, Spanien zwei und alle anderen Mitgliedstaaten je einen Vertreter in den Verwaltungsrat. Ein weiteres Mitglied des Verwaltungsrats wird von der Kommission benannt (GD Wirtschaft und Finanzen). Nach Art. 11 Satzung EIB sind die Mitglieder zwar unabhängig, jedoch handelt es sich in der Regel um Ministerialbeamte der Mitgliedstaaten und Vertreter von öffentlich-rechtlichen Kreditinstituten. Der Verwaltungsrat ist das eigentliche Beschlussorgan der EIB. Er stimmt in der Regel mit einfacher Mehrheit über die Darlehens- und Bürgschaftsanträge, die Aufnahme von Anleihen und die Zinsfestsetzungen und Provisionen ab.

- **Direktorium der EIB:** Es ist als hauptamtliches Kollegialorgan für die laufenden Geschäfte der EIB zuständig. Es besteht aus einem Präsidenten, acht Vizepräsidenten und wird vom Rat der Gouverneure auf Vorschlag des Verwaltungsrates für sechs Jahre bestellt. Die Wiederernennung ist möglich. Die vier größten Anteilseigner der EIB stellen in der Regel je ein Mitglied (darunter den Präsidenten). Die anderen Mitgliedsstaaten schicken in einem "inoffiziellen Rotationssystem" die restlichen Mitglieder.

- **Prüfungsausschuss:** Dieser ist der für die Prüfung der EIB-Geschäfte zuständig.

b) Befugnisse: Die EIB erfüllt verschiedene Aufgaben (Art. 267 EGV). Ohne auf einen Erwerbszweck ausgerichtet zu sein, unterstützt sie Vorhaben :
- zur Erschließung der weniger entwickelten Gebiete in der EU (im Rahmen der europäischen Regionalpolitik),
- zur Modernisierung oder Umstellung von Unternehmen bzw. zur Schaffung von Arbeitsplätzen und
- von gemeinsamen Interesse für mehrere Mitgliedstaaten.

c) Interessen: In der EIB dominieren eindeutig die nationalen Interessen. Der Rat der Gouverneure ist ein politisches Gremium (Minister) mit nationalen Interessen. Die Tätigkeit der Mitglieder des Verwaltungsrats ist nur eine nebenberufliche und so ist die Unabhängigkeit der Mitglieder sehr zweifelhaft. Das Direktorium wird ebenfalls über die Mitgliedstaaten besetzt. Den Mitgliedern des Verwaltungs-

---

176 Hierzu und zum Folgenden: *Föcking, Jürgen*: Die Darlehenspolitik der EIB, Europäische Hochschulschriften, Reihe V, Bd. 2715, Frankfurt a.M. 2001, S. 8, 11–13.

rates und des Direktoriums können überwiegend nationale Interesse unterstellt werden.

2.4 Zusammenfassung

Die Europäische Union ist ein besonderer Typus einer föderalen, bundesstaatsähnlichen Organisation mit folgenden Merkmalen:[177]

- Mischcharakter der Europäischen Union aus teils rein supranationalen und teils supranational-intergouvernementalen Elementen
- Entwicklung der Bürger der Mitgliedstaaten zu Unionsbürgern als auch der EU politisch unterworfenen Subjekten mit Rechten und Pflichten, die zunehmend mehr wahrgenommen werden,
- Entwicklung der Europäischen Union von einem funktionalen hin zu einem territorialen Verband,
- immer größere Vereinheitlichung, die Europäische Union als Organisation mit einem verstärkt einheitlich institutionellem Rahmen,
- nicht mehr nur bloße wirtschaftspolitische Kompetenzen für das Handeln der EU/EG und
- Herausbildung einer Grundordnung für die kollektive Ordnung aller Mitgliedstaaten durch die Vertragsänderungen von Maastricht und Amsterdam.

Als "dynamisches Mehrebenensystem" ist sie durch Verflechtung der institutionellen Ebenen und der handelnden Akteure gekennzeichnet. Verhandlung und Kooperation sind die überwiegenden Mechanismen der Entscheidungsfindung in Mehrebenensystemen. Die Frage ist, ob sie den "klassisch staatlichen" Mechanismen wie z.B. Hierarchie und Zwang überlegen sind oder ob sie als "Vorformen" des klassischen Handeln nicht gerade deshalb erforderlich sind, weil die EU eben gerade (noch) nicht einen im klassischen Sinne staatlichen Charakter hat.

Die Ausgestaltung der EU als verwaltungsföderalistisches System bietet die Chance, durch die dezentrale Verwaltung Effizienzvorteile zu gewinnen. Normative und empirische Untersuchungen nationalstaatlicher Vollzugsföderationen haben aber politische und demokratische Kontrolldefizite in verwaltungsföderalistischen Systemen offengelegt. Es wird zu untersuchen sein, inwieweit auch die EU diesen Nachteilen unterliegt. In jedem Fall ist zu berücksichtigen, welche konkreten Auswirkungen die dezentrale Vollzugsgestaltung auf die Ausgestaltung der Haushalts- und Finanzverfassung hat.

Und schließlich ist festzustellen, dass die Organe der EU grundsätzlich janusköpfig in ihrer Interessenausrichtung sind: es gibt nationale und europäische Interessen. Dies ist in einem föderalen System zunächst nicht verwunderlich. Allerdings

177 Angelehnt an *Bogdandy, Armin von:* Supranationaler Föderalismus, aaO, S. 64ff.

ist – ganz allgemein – zu beobachten, dass bestimmte institutionelle Strukturen zum Überwiegen des einen oder des anderen Interesses führen. Es zeigt sich, dass die in ihrer institutionellen Grundstruktur eher "intergouvernemental" angelegten Institutionen (Europäischer Rat, Ministerrat und AStV) aufgrund ihrer Stellung im Institutionengefüge den nationalen Interessen stärker folgen können, als die Europäische Kommission oder das Europäische Parlament. In letzteren Institutionen werden die nationalen Interessen aufgrund der Organbeziehungen zurückgedrängt. Die "Janusköpfigkeit der Interessen" zeigt sich somit unterschiedlich stark. Da die handelnden Organe auch für die Haushalts- und Finanzverfassung zuständig sind, wird zu überprüfen sein, inwiefern dies auch im Rahmen finanz- oder haushaltsrechtlicher/politischer Entscheidungen festzustellen ist.

3. Anforderungen an eine europäische Haushalts- und Finanzverfassung

Ob die Besonderheiten der Institutionen der Union positive oder negative Auswirkungen auch auf die europäische Haushalts- und Finanzverfassung haben, die sie von nationalstaatlichen Haushalts- und Finanzverfassungen unterscheiden, ist nur dann feststellbar, wenn anhand normativer Gesichtspunkte Kriterien zur Beurteilung der europäischen Haushalts- und Finanzverfassung erarbeitet werden. Dies ist ebenfalls Voraussetzung für die Beurteilung der Frage, wie die europäische Haushalts- und Finanzverfassung zu *bewerten* ist. Grundlage für eine Bewertung der europäischen Haushalts- und Finanzverfassung ist die Erarbeitung von Anforderungen, die den ökonomischen, rechtlichen und politischen Rahmen für konkrete Beurteilungskriterien vorgeben.

Die Haushalts- und Finanzverfassung ist Teil eines hoheitlichen Regelsystems, welches an den ökonomischen, politischen und rechtlichen Zielen des Gemeinwesens orientiert ist (Kap. 3.1). Sie soll gewährleisten, dass die Präferenzen der Wähler in öffentliche Güter umgesetzt werden. Daher wird ein Kompetenzrahmen benötigt, in dem die Akteure der Haushalts- und Finanzverfassung agieren (Kap. 3.2). Voraussetzung dafür sind demokratische Verfahren der Präferenzaufdeckung, ausreichende Legitimationsgrundlagen für das Handeln der Akteure und die Beschränkung und Kontrolle hoheitlicher Macht.

Die Haushalts- und Finanzverfassungen moderner Gemeinwesen unterliegen daher demokratischen und rechtsstaatlichen Anforderungen (Kap. 3.2.1). Öffentliche Güter sollen aber nicht nur auf demokratische Weise, sondern auch effizient bereitgestellt werden. Hoheitliche Effizienz ist aber nur indirekt bestimmbar und kann unter verschiedenen Aspekten definiert werden (Kap. 3.2.2). Dabei spielt der Steuer-Ausgaben-Mechanismus in Verbindung mit den fiskalföderalistischen Kompetenzzuordnungskriterien eine wesentliche Rolle.

Diese Demokratie- und Effizienzbedingungen bilden den äußeren Rahmen einer Haushalts- und Finanzverfassung. Ihre Darstellung ist auch deshalb notwendig, weil sie erhebliche Rückwirkungen auf die institutionelle Ausgestaltung der Haushalts- und Finanzverfassung (Kap. 3.3) haben. Die Neue Institutionenökonomie und die Theorie der Politik bieten Analyseinstrumente zur Aufarbeitung der spezifischen institutionellen Probleme. Dabei kann die Institution an sich, aber auch der in einer Institution handelnde Akteur und sein Zusammenwirken mit anderen Akteuren betrachtet werden.

Die normativen, eher allgemein auf das hoheitliche Handeln bezogenen Maßstäben der Demokratie und Effizienz und den spezifischen Charakteristika von Institutionen können im Rahmen der Budgetfunktionen operationalisiert werden

(Kap. 3.4). Für die europäischen Budgetfunktionen sind die bis dahin erarbeiteten Anforderungen an den Kompetenzrahmen und die Institutionen zu beachten.

Während davon ausgegangen werden kann, dass sich hinsichtlich der Demokratie- und Effizienzanforderungen eine nationalstaatliche Haushalts- und Finanzverfassung nicht wesentlich von einer europäischen Haushalts- und Finanzverfassung unterscheidet, ist jedoch sowohl bei der Umsetzung dieser Anforderungen in konkrete Institutionen und bei der Frage nach den Aufgaben des Budgets die EU-Ebene speziell mit in den Blickwinkel der Betrachtung zu nehmen. Hier wird dann die Frage aus dem Vorkapitel nach den Auswirkungen der Besonderheiten der EU wieder aufgegriffen.

3.1 Haushalts- und Finanzverfassungen in demokratischen Gemeinwesen

Die Haushalts- und Finanzverfassung ist als "integrierender Bestandteil"[1] der Gesamtverfassung zugleich "Folgeverfassung" der Gesamtverfassung. Der Inhalt einer Haushalts- und Finanzverfassung bestimmt sich durch die Aufgaben der Gesamtverfassung.[2]

Die öffentlichen Finanzen, die in der Haushalts- und Finanzverfassung geregelt sind, sind Voraussetzung, Mittel und Gegenstand des staatlichen Handelns.[3] Denn zur Erfüllung der öffentlicher Aufgaben benötigt ein Gemeinwesen Einnahmen, die Finanzen wiederum sind Mittel der Ausübung von hoheitlicher Gewalt und die Verfügung über diese Finanzen beinhaltet Macht.

In föderalen Haushalts- und Finanzverfassungen spiegeln die Verteilung der Kompetenzen und das Gewährleisten der gefundenen Regeln zudem nur die allgemeinen Probleme eines über mehrere Ebenen geregelten Gemeinwesens wider: "Der einzelne Staat, der sich durch seine Verfassung konstituiert, ist gezwungen, seine Finanzverfassung unter der Dynamik des politischen Geschehens in den Rahmen seiner Staatsverfassung einzufügen; infolge der vielseitigen Strömungen und Tendenzen eines föderalistischen Staates trägt die Finanzverfassung dabei nur allzu oft die Züge eines Kompromisses."[4]

Föderale Haushalts- und Finanzverfassungen müssen also die Aufgaben, die eine Ebene wahrnehmen soll, klar von denen einer anderen Ebene abgrenzen. Sie müssen die daraus resultierenden Ausgaben auf die jeweiligen Ebenen zuordnen und die gesamtstaatlichen Einnahmen so verteilen, dass jede Ebene ihren Aufgaben

1 *Stern, Klaus*: Staatsrecht, Bd. I, 20, § 45 I 3 c.
2 *Dickertmann, Dietrich / Gelbhaar, Siegfried*: Finanzwissenschaft, Herne/Berlin 2000, S. 46.
3 *Vogel, Klaus.*: Die Finanzverfassung, in: *Isensee, Josef / Kirchhof, Paul:* Handbuch des Staatsrechts der Bundesrepublik Deutschland, Bd. IV, Regensburg 1996 § 87 I, RN 1.
4 *Schmölders, Günter*: Finanzpolitik, aaO, S. 58.

entsprechend mit öffentlichen Mitteln ausgestattet ist. Jede einzelne Ebene hat dabei folgende grundlegenden Maximen zu erfüllen:

- Demokratie und Rechtsstaatlichkeit und
- Effizienz des öffentlichen Handelns.

3.1.1 Demokratie und Rechtsstaatlichkeit

Die Freiheit der Selbstbestimmung und Mitbestimmung sowie ihre rechtsstaatliche Gewähr sind Grundpfeiler moderner Gemeinwesen. Diese Freiheiten finden sich im Demokratieprinzip wieder, welches auch für die Haushalts- und Finanzverfassung als Teil der Gesamtverfassung gelten muss.[5] Gerade die kollektiven Entscheidungen über Ausgaben und Einnahmen als Folge öffentlicher Ausgabenerfüllung bedürfen demokratischer Organe und Verfahren. Zur Finanzierung öffentlicher Aufgaben müssen Einnahmen erhoben werden, die dem Individuum, dem Bürger "entzogen" werden. Solche Eingriffe in das Eigentum müssen besonders legitimiert und gegen Missbrauch geschützt sein.

Das Demokratieprinzip lässt sich interdisziplinär interpretieren. Entscheidungen in Gemeinwesen sind weder ausschließlich die Konsequenz ökonomisch rationalen Verhaltens, noch allein durch die Politik oder die rechtlichen Restriktionen geprägt. Bei den Theorieansätzen ist zwischen normativen und positiven Theorien zu unterscheiden.

- **Normative, traditionelle ökonomische Ansätze:** Hier werden Politik und rechtliche Restriktionen als nicht veränderbarer "Datenkranz" angesehen.[6] Der Inhalt des Demokratieprinzips wird als gegeben vorausgesetzt und spielt daher selbst keine Rolle. Die ökonomischen Wohlfahrtstheorien stellen primär auf die Präferenzen der Bürger und deren möglichst optimale Gewährleistung ab. Dabei wird davon ausgegangen, dass die Menge eines perfekten öffentlichen Gutes so hoch sein sollte, dass die Grenzkosten der Produktion (bzw. die Grenzrate der Transformation eines privaten Gutes in ein öffentliches Gut) der Summe der Grenzraten der Substitution aller Bürger entsprechen sollte. Geht man davon aus, dass die Präferenzen der Bürger und ihr Finanzierungsanteil (Steuer) für das öffentliche Gut gleich sind, findet man in der Demokratie genau das effiziente Ergebnis. Da in der Realität die Präferenzen aber nicht identisch sind und bei gleichen Finanzierungsanteilen einige Bürger zu viel oder zu wenig zahlen, sollte sich der "Steuerpreis", den jeder Bürger für ein bestimmtes öffentliches Gut zahlt, nach der Stärke der jeweiligen Präferenz richten. Dies ist natürlich bei

---

5 Diese Forderung findet sich im "Bericht des *Rates* über das Funktionieren des Vertrages über die Europäische Union" vom 05.April 1995, Dok. 5082/95, S. 10 (Rat der europäischen Union).

6 *Eucken, Walter*: Grundsätze der Wirtschaftspolitik, Bern/Tübingen 1952, S. 331f.

einer Vielzahl von öffentlichen Gütern und der Problematik, wie die unterschiedlichen Präferenzen "gemessen" werden können, schwierig.

- **Rechtswissenschaften:** Eine weit verbreitete Auffassung definiert Demokratie über den Begriff der Volkssouveränität, der bedeutet, "dass das Volk Träger der Staatsgewalt ist, Staatsgewalt nur vom Volke ausgehen darf, die Willensbildung im Staat sich im Prinzip von unten nach oben vollzieht"[7], hier wird also an den Staatsbegriff angeknüpft. Die Aufgaben des Demokratieprinzips in einem Staat werden danach wie folgt beschrieben: die Errichtung einer pluralen Herrschaftsordnung zur bestmöglichen Lösung und Erfüllung der "Gemeinwohlaufgaben" unter weitestgehender Gewährleistung der individuellen Freiheit und bestmöglicher gleicher Beteiligung des Einzelnen an staatlicher Entscheidungsfindung.[8] Individuelle Freiheit und staatliche Demokratie können aber nur dann gewährleistet werden, wenn das Rechtsstaatgebot greift, d.h. wenn das Primat des Rechts für die gesamte hoheitliche Tätigkeit festgeschrieben ist.[9] Dies bedeutet vor allem Gerichtsschutz, Gewaltenteilung, Vorrang und Vorbehalt des Gesetzes und Rechtssicherheit – als Schutzmechanismen vor staatlichen Eingriffen in die Freiheiten des Bürgers.

- **Neue Politische Ökonomie (NPÖ):** Als positive Theorie macht sie auch die Ordnung selbst zum Inhalt ihrer Untersuchungen. Das ökonomische Verhaltensmodell wird zur Analyse des politischen Prozesses instrumentell angewendet. Die Neue Politische Ökonomie betrachtet politische und rechtliche Aspekte unter der Prämisse, dass die Gewährleistung individueller Freiheit gerade zur Verwirklichung individueller Präferenzen beitragen kann. Freiheit setzt insofern die Beteiligung des Individuums an der staatlichen Entscheidungsfindung voraus, geht also nicht von der Annahme eines "weisen Diktators" aus. Die Gewährleistung von Freiheit trägt dabei zur Effizienz bei, sie ermöglicht die präferenzgerechte Bereitstellung öffentlicher Güter. So untersuchte DOWNS (1968) die Zusammenhänge von Wahlentscheidungen und öffentlichem Güterangebot.[10] Durch Wahlen können Präferenzen der Bürger offengelegt und ein effizientes Angebot öffentlicher Güter und Leistungen bestimmt werden. Dabei kommt es erheblich auf die Form der Demokratie an, d.h. vor allem auf Fragen der Partizipation, der Repräsentation und der gewählten Verfahren. Aber auch die Neue Politische Ökonomie betrachtet "Demokratie" nicht als bestimmenden Input in die Entscheidungsprozesse, sondern lediglich als Mittel zum Zwecke der Effi-

---

7 *Katz, Alfred:* aaO, RN 139.

8 *Katz, Alfred:* aaO, § 9 RN 139.

9 *Degenhart, Christoph*: Staatrecht I, 2002, RN 233, 310.

10 Vgl. *Downs*, Anthony: Eine ökonomische Theorie der Demokratie. Rudolf Wildenmann (Hrsg.). Tübingen 1968.

zienz.[11] Demokratie hat jedoch auch einen Eigenwert, der sich aus politischen und rechtlichen Funktionen ableiten lässt.

- **Politikwissenschaften:** Auf verschiedene Weise wird versucht, Demokratie als Frage der Legitimation und Repräsentation im Verhältnis von Herrschenden und Beherrschten zu definieren.[12] Demokratie beinhaltet bestimmte Vorstellungen über "Volkssouveränität, Gleichheit, Partizipation, Mehrheitsherrschaft, Toleranz, Herrschaftslimitierung und -kontrolle, Grundrechte, Gewaltenteilung, Rechts- und Sozialstaatlichkeit, Mehrparteiensystem, allgemeine Wahlen, Öffentlichkeit, Meinungswettbewerb, Pluralismus u.a.m."[13] Demokratie lässt sich zudem verstehen als "government of the people, by the people, for the people"[14]. Damit sind insbesondere die politischen Merkmale Legitimation und Verantwortlichkeit und die rechtlichen Merkmale Gewaltenteilung und Repräsentation angesprochen.

Einzelne Aspekte des Demokratiebegriffes finden sich in allen Disziplinen wieder. So sind z.B. die Lösung und Erfüllung der "Gemeinwohlaufgaben" und die geringstmögliche Beschränkung der individuellen Freiheit sowohl Gegenstand ökonomischer, politischer als auch juristischer Überlegungen.

Da das Demokratieprinzip in modernen Verfassungen als unabdingbar gilt, sind seine Grundsätze auch für die Haushalts- und Finanzverfassung zu normieren. Dies gilt insbesondere für die Regeln und Organe, die für die präferenzgerechte Bereitstellung öffentlicher Güter (z.B. mittels der Festlegung des Budgets und der für die Aufgabenerfüllung notwendigen Einnahmen) und die damit korrespondierende Steuerbelastung notwendig sind. Versteht man den Begriff der "Demokratie" interdisziplinär und würdigt die Schwerpunkte der einzelnen Disziplinen, so sind folgende Aspekte des Demokratieprinzips für die Haushalts- und Finanzverfassung von herausragender Bedeutung:

(1) die Präferenzaufdeckungsfunktion demokratischer Entscheidungen,
(2) die Legitimation und Verantwortlichkeit der Akteure der Haushalts- und Finanzverfassung,
(3) die Repräsentation und Partizipation aller Wähler auch in den Verfahren und Organen der Haushalts- und Finanzverfassung sowie
(4) die politische und administrative Kontrolle der Verwendung öffentlicher Mittel und Rechtsstaatlichkeit der Verfahren.

---

11 Demokratie wird hier am Output eines politischen Systems gemessen. So: *Vatter, Adrian*: Eigennutz als Grundmaxime in der Politik, Bern/Stuttgart 1994, S. 337.

12 Stellvertretend für viele andere: *Kielmannsegg, Peter Graf:* Integration und Demokratie, S. 47–71, in: *Jachtenfuchs, Markus / Kohler-Koch, Beate:* Europäische Integration, Opladen 1996.

13 N*ohlen, Dieter / Schultze, Rainer-Olaf*: Lexikon der Politik, Bd. I: Politische Theorien; München 1995, Begriff: Demokratie/Demokratietheorien, S. 36.

14 *Lincoln, Abraham*, zitiert nach: *Nohlen, Dieter / Schultze, Rainer-Olaf*: Lexikon der Politik, Bd. I, aaO, S. 37.

3.1.2 Effizienz der Ressourcenverwendung

Auch die Haushalts- und Finanzverfassung eines Gemeinwesens ist Instrument zur Herstellung einer gesamtwirtschaftlich "effizienten Ressourcenverwendung bei bestmöglicher Befriedigung der Konsumentenbedürfnisse."[15] Dass es sich dabei nicht um die Güter und Leistungen handelt, die über den Markt bereit gestellt werden, ist konstitutives Kriterium staatlicher Aufgabenerfüllung. D.h. es geht um die effiziente Bereitstellung öffentlicher Güter. Neben diesem Allokationsziel haben öffentliche Haushalte außerdem eine Verteilungs- und Stabilisierungsfunktion.[16]

Nach der Wohlfahrtstheorie soll der Staat öffentliche Güter entsprechend den Präferenzen seiner Bürger bereitstellen. Effizienz heißt hiernach, dass bei feststehendem Ressourcenvolumen eine möglichst große Menge an öffentlichen Leistungen seitens des öffentlichen Sektors angeboten werden sollte, die sich weitestgehend an den Präferenzen orientiert, oder dass eine gegebene Menge öffentlicher Güter zu den geringstmöglichen Kosten angeboten werden kann.[17] Das ökonomische Prinzip und das Prinzip der Bedarfsdeckung spielen somit eine große Rolle, denn die knappen Ressourcen eines Gemeinwesens müssen effizient im Verhältnis zum Bedarf an öffentlichen und privaten Gütern genutzt werden.[18] Unwirtschaftlichkeit im Umgang mit den Ressourcen kann auch dazu führen, dass die Präferenzen der Individuen im Hinblick auf Art und Umfang öffentlicher Güter zwar umgesetzt werden, aber der dafür zu entrichtende "Steuerpreis" aus Sicht der Individuen zu hoch ist.

Schwierigkeiten bereitet die Herstellung des Zusammenhangs zwischen Präferenzgerechtigkeit und Steuerpreis. Die Nutzenfunktionen einzelner Individuen sind schwer messbar. Sie werden bei öffentlichen Gütern nicht umfassend aufgedeckt. Außerdem verschleiert die Entkoppelung von öffentlichem Gut und Steuerpreis in den öffentlichen Budgets, die regelmäßig viele öffentliche Güter enthalten, welche über wenige Steuerquellen finanziert werden, die Transparenz der Entscheidungssituation. Zudem bestehen für die beteiligten Gruppen an den staatlichen Ent-

---

15 *Musgrave, Richard A. / Musgrave, Peggy B. / Kullmer, Lore*: Die öffentlichen Finanzen in Theorie und Praxis, Bd. 1–5, Tübingen 1990; Bd. 1, S. 78 (I, 32).

16 Allgemeines Allokationsziel: (1) mit den vorhandenen Produktionsfaktoren ein Maximum an Gütern und Leistungen herzustellen und (2) diese Produktion möglichst nah an den Präferenzen der Wirtschaftssubjekte auszurichten, vgl. *Fischer-Menshausen, Herbert:* Finanzausgleich I: Wirtschaftstheoretische Grundlagen, in: *Albers, Willi / Born, Karl Erich / Dürr, Ernst / Hesse, Helmut u.a. (Hrsg.):* Handwörterbuch der Wirtschaftswissenschaften, Tübingen u.a. 1981, S. 611.

17 Effizienz kann dabei mittels der Erfüllung einer gesellschaftlichen Wohlfahrtsfunktion gemessen werden. Dazu ist es notwendig, die individuellen Nutzen zu aggregieren und gegebenenfalls eine Abfolge von Rangordnungen zu bestimmen, in denen der "Gewinn" einiger Individuen und der "Verlust" anderer Individuen eine Gewichtung erfahren. vgl. *Musgrave, Richard A. / Musgrave, Peggy B. / Kullmer, Lore*: aaO, Bd. 1, S. 96f.

18 *Schmidt, Kurt*; Finanzwirtschaft, in: *Albers, Willi / Born, Karl Erich / Dürr, Ernst / Hesse, Helmut u.a.*: Handbuch der Wirtschaftswissenschaften, 3. Bd., 1981, S. 144.

scheidungsprozessen systematische Anreize, das öffentliche Güterangebot zugunsten ihrer Interessen zu beeinflussen: Bürokraten streben die Maximierung ihrer Budgets an[19], Politiker nutzen z.B. die Ungleichheit der Einkommensverteilung zu ausbeutenden Umverteilungskoalitionen[20], mangelnder Wettbewerb im Staatssektor verhindert kostenminimale Produktion[21]. Insoweit ist immer davon auszugehen, dass öffentliches Handeln nicht effizient ausfällt.

Für die Haushalts- und Finanzverfassung lässt sich das Effizienzziel folgendermaßen operationalisieren:

(1) Soll die Haushalts- und Finanzverfassung die Präferenzgerechtigkeit des öffentlichen Güterangebots eines Gemeinwesens in Art und Umfang unterstützen und zur Lösung der Probleme des jeweiligen Kollektivs beitragen, so ist zu berücksichtigen, dass ein effizientes öffentliches Güterangebot nur indirekt bestimmt werden kann. Es ist abhängig davon, ob innerhalb des öffentlichen Sektors Verantwortlichkeiten/ Kompetenzen so auf die verschiedenen Entscheidungsträger/Agenten verteilt sind, dass sie in der Lage sind und durch einschlägige Anreize auch dazu angehalten werden, an der Bereitstellung eines effizienten Gesamtangebots mitzuwirken. Hier setzt die institutionenökonomische Analyse an. Da ein Urteil über die Effizienz des Staatssektors immer nur indirekt abgegeben werden kann, wird der Effizienzbegriff zerlegt: Mithilfe von Ressourcen werden Maßnahmen durchgeführt, welche ihrerseits politische Ziele erreichen sollen. Die Effizienz des Ressourceneinsatzes zur Durchführung der Maßnahmen lässt sich eher messen als das "Gesamtaggregat"; ebenso lässt sich die Effektivität (Zielerreichung durch eine Maßnahme) separat messbar machen. Zugleich ist die Wirtschaftlichkeit im Sinne einer kostenminimalen Produktion der jeweiligen Güter anzustreben.

(2) Die Haushalts- und Finanzverfassung sollte zudem institutionell die Verfahrenseffizienz der politischen Willensbildung und Verwaltungsprozesse sicherstellen. Dies ist ein anderer Blickwinkel, der die Organisation in den Mittelpunkt stellt. Dabei geht es darum, wie Entscheidungen unter dem Gebot der Minimierung der Entscheidungskosten getroffen und umgesetzt werden könnten. Eine solche Effizienzdefinition vernachlässigt die Berücksichtigung der individuellen Präferenzen, da sie nur auf das Binnenhandeln innerhalb staatlicher/hoheitlicher Organisationen bezogen wird.

(3) Die Haushalts- und Finanzverfassung muss auch die Anpassungsfähigkeit an veränderte Rahmenbedingungen gewährleisten, welche notwendigerweise ein

19 *Niskanen, William A.:* Ein ökonomisches Modell der Bürokratie, in: *Frey, Bruno S. / Pommerehne, Werner:* Ökonomische Theorie der Politik, Heidelberg/New York 1979.

20 *Mueller, Dennis C.:* Public Choice II, Cambridge University, Press, Cambridge 1989.

21 *Leibenstein, Harvey:* Allocative Efficiency vs. X-Efficiency, American Economic Review 56, 1966, S. 392–415.

in Umfang, Struktur und "Produktionsweise" verändertes Angebot der jeweiligen öffentlichen Güter nach sich ziehen muss. Hierbei geht es um die dynamische Effizienz im Sinne der Anpassungsfähigkeit einer Organisation auf veränderte Umweltbedingungen. Sie ermöglicht Erkenntnisse über spezielle Effizienzaspekte. Politische und ökonomische Prozesse sind regelgesteuert und unterliegen vielfältigen Interdependenzen. Deshalb müssen die Flexibilität von Institutionen und ihre Innovationsfähigkeit ebenfalls beachtet werden. Regeln und Organisationen sind danach effizient, wenn sie sich gut und schnell an veränderten Rahmenbedingungen anpassen können und diese sogar positiv unterstützen.

(4) Ein anderes Verständnis von Effizienz bietet die politikwissenschaftliche Perspektive. Danach ist Effizienz global die "Problemlösungsfähigkeit politischer Systeme", d.h. die "Fähigkeit, durch kollektives Handeln und mit den Ressourcen des Gemeinwesens jene Problem wirksam zu bearbeiten, die in modernen Gesellschaften weder vom einzelnen Bürger selbst noch vom Markt noch durch freiwillig-gemeinsames Handeln bewältigt werden können."[22]

3.2 Notwendiger Kompetenzrahmen einer europäischen Haushalts- und Finanzverfassung

Um dem Demokratie- und Effizienzgebot für die Haushalts- und Finanzverfassung gerecht werden zu können, stellt sich die Frage, welche Mindestanforderungen aus diesen Geboten für die Gestaltung einer Haushalts- und Finanzverfassung abgleitet werden können. Dazu sollen im folgenden Kapitel die einzelnen Aspekte näher konkretisiert werden.

Einen einheitlichen Demokratiebegriff gibt es nicht. Daher ist zu überlegen, welche Aspekte der Demokratie insbesondere für die Haushalts- und Finanzverfassung von entscheidender Bedeutung sind (Kap. 3.2.1). Die Bereitstellung öffentlicher Güter vollzieht sich in Demokratien über den Mechanismus der Wahl. Dieses Verfahren hat dabei die Funktion, die Präferenzen der Wähler aufzudecken (Kap. 3.2.1.1). Gleichzeitig legitimiert es die Akteure. Legitimation ist jedoch kein Selbstzweck, sie ist vor allen Dingen in indirekten Demokratien ein politischer Grundwert (Kap. 3.2.1.2). Nur solange gewährleistet ist, dass die Wähler hoheitliches Handeln anerkennen und "gutheißen", erhält hoheitliches Handeln seine Rechtfertigung. Dafür ist einmal Voraussetzung, dass Verantwortungslinien in den hoheitlichen Handlungsspielraum eingebaut werden, die einen Zusammenhang zwischen Erledigung einer Aufgabe und dem Akteur herstellen. Zum anderen muss sich der Wähler im hoheitlichen Handeln repräsentiert finden. Der Wähler benötigt

22 *Scharpf, Fritz W.*: Föderale Politikverflechtung, aaO, S. 3.

darüber hinaus Mechanismen, die ihm die Beschränkung hoheitlichen Handelns und seine tatsächliche Kontrolle ermöglichen (Kap. 3.2.1.3). Nur dann wird er bereit sein, seine Entscheidungsrechte auf einen Repräsentanten zu übertragen.

Sind die Präferenzen der Wähler aufgedeckt, muss überlegt werden, wie eine optimale Umsetzung der Präferenzen erreicht werden kann (Kap. 3.2.2). Hier zeigt sich die Verbindung zwischen dem Demokratiegebot und dem Effizienzgedanken. Der Steuer-Ausgaben-Mechanismus (Kap. 3.2.2.1), dessen Notwendigkeit aus den fiskalföderalistischen Kompetenzzuordnungsprinzipien Autonomie, Konnexität und fiskalischer Äquivalenz resultiert, sorgt dafür, dass der Wähler zur Ermittlung seiner Präferenz auch die Finanzierungsseite öffentlicher Güter im Blick behält. In jüngster Zeit wird zudem auch eine Nachhaltigkeit des Handelns gefordert. Öffentliche Ausgaben und Einnahmen sollen auf ein schonendes Wirtschaften ausgerichtet sein, sie sollen das Wirtschaftswachstum anregen und die konkrete Haushaltspolitik soll den langfristigen Handlungsspielraum hoheitlicher Gemeinwesen möglichst nicht einschränken (Kap. 3.2.2.2).

3.2.1 Das Demokratiegebot

Die im Rahmen der Haushalts- und Finanzverfassung getroffenen politischen Entscheidungen unterliegen auch allgemeinen politischen Anforderungen, von denen die Demokratie nicht nur ein Wert an sich ist, sondern auch in einem funktionalen Zusammenhang große Bedeutung zukommt. Da demokratische Verfahren zudem nicht eindimensional sind – wie z.B. früher im Kanton Appenzell mit ausschließlich direkter Demokratie –, hängt von der Ausgestaltung der demokratischen Willensbildung und -prozesse auch ab, inwieweit sie für das Teilsystem der Haushalts- und Finanzverfassung in der Lage sind diese Funktionen zu unterstützen und zu erfüllen. Im einzelnen handelt es sich um
- die Präferenzaufdeckungsfunktion,
- die Legitimationsfunktion sowie
- die Machtbeschränkungsfunktion.

3.2.1.1 Demokratie als Mittel der Effizienz: Präferenzaufdeckungsfunktion

In der ökonomischen Theorie der Politik lassen sich grundsätzlich zwei Arten von Mechanismen zur Präferenzaufdeckung für öffentliche Güter unterscheiden: "Exit" (Wanderung[23]) und "Voice" (Wahl[24]). Zwar können auch EU-Bürger auswandern,

23 Mit der Wanderung als Präferenzaufdeckungsmechanismus beschäftigte sich schon Tiebout (*Tiebout, Charles M.:* 1956, A pure theory of local expenditures, in: The Journal of Political Economy 64, S. 416–424) sehr intensiv. Vgl. auch *Pommerehne, Werner W.*: Präferenzen für öffentliche Güter, S. 76ff.

24 *Hirschman, Albert O.*: Abwanderung und Widerspruch, Tübingen 1974.

wenn ihnen das Angebot an öffentlichen Gütern "nicht passt". Indes erscheint es wichtiger, die Funktionsfähigkeit des Voice-Mechanismus auszuloten, um hier eine wirksame Entscheidungsunterstützung für Art und Umfang öffentlicher europäischer Güter zu gewährleisten. Hinter dem Voice-Mechanismus stehen Stimm- und Beteiligungsrechte des Einzelnen, die ihm seine Präferenzoffenbarung und das Sanktionieren des Abweichens der Repräsentanten von seinen Präferenzvorstellungen ermöglichen, wie z.B. mittels Wahl, durch Beteiligung in politischen Parteien und Bürgerbewegungen, durch Proteste und Demonstrationen, durch den Kontakt zu Abgeordneten usw.[25] Wahlen sind dabei der "in der Realität am häufigsten anzutreffende Mechanismus, um a) die Präferenzen der Bürger zu erheben und b) die Einzelentscheidungen der Bürger zu einem politischen Gesamtergebnis zusammenzufassen ..."[26]

Im Modell der indirekten parlamentarischen Demokratie[27] vertreten Repräsentanten die Interessen (Präferenzen) von Wählern. Wähler können ihre Präferenzen dadurch offen legen, dass sie bestimmte Programme, Parteien und damit auch die Repräsentanten wählen, von denen sie glauben, dass jene ihre Interessen am besten durchsetzen werden. Wahlen tragen dadurch auch erheblich zur Effizienz politischer Systeme bei, denn wenn der Repräsentant wiedergewählt werden will, wird er bemüht sein, das Angebot öffentlicher Güter für "seine" Wähler optimal zu gestalten und die Mehrheit der Stimmen zu erhalten.

Andere Prozeduren und Institutionen sind aber ebenso notwendig, um effektive Partizipationsrechte zu verankern, ein hohes Maß an Information zu gewährleisten und eine stabile und pluralistische Gesellschaftsstruktur zu erhalten, da erst sie den Wahlmechanismus zur Aufdeckung der Präferenzen in der indirekten, repräsentativen Demokratie wirksam machen können. Sind diese anderen Voice-Möglichkeiten eingeschränkt oder die Voraussetzungen für die Wahl defizitär und zudem noch durch sachfremde "cleavages"[28] überdeckt (z.B. Nationalität), ist die Präferenzaufdeckung über die Wahlen unbefriedigend. Daher werden direkt-demokratische Elemente zur Kompensation dieser Defizite verstärkt diskutiert.[29]

25 *Richter, Rudolf / Furubotn, Eirik G.*: Neue Institutionenökonomik: eine Einteilung und kritische Würdigung, 2. Aufl. Tübingen 1999, S. 462.

26 *Erlei, Matthias / Leschke, Martin / Sauerland, Dirk*: Neue Institutionenökonomik, Stuttgart 1999, S. 319f.

27 Die Variante der direkten Demokratie wird an dieser Stelle nicht näher betrachtet, da sowohl in den Mitgliedstaaten der EU als auch die Entscheidung auf europäischer Ebene indirekte Demokratiemodelle vorherrschend sind.

28 Zum Problem von "cleavages" siehe: *Hix, Simon:* Public Opinion and Political Cleavages, 133–165, in: *Hix, Simon* (Hrsg.): The Polical System of the European Union, London 1999.

29 Vgl. *Abromeit, Heidrun*: Ein Vorschlag zur Demokratisierung des europäischen Entscheidungssystems, Politische Vierteljahresschrift, Heft 1 1998, S. 80–90; *Epiney, Astrid / Siegwart, Karin*: Direkte Demokratie und Europäische Union, Freiburg 1997; *Zürn, Michael:* Über den Staat und die Demokratie im europäischen Mehrebenensystem, Politische Vierteljahresschrift, Heft 1, 1996, S. 27–55; *Eichenberger, Reiner / Frey, Bruno S.* : Ein neuer

3.2.1.2 Demokratie als politischer Grundwert: Legitimation und "accountability"

Herrschaft über andere mittels einer bestimmten Ordnung bedarf einer Rechtfertigung, einer Legitimation.[30] Begriff und Inhalt von Legitimation[31] lassen sich von verschiedenen Standpunkten aus betrachten. Dabei kann z.B. eine Ordnung als Gesamtsystem betrachtet werden, der einzelne Akteur in einer Ordnung nach seiner Legitimation oder es können bestimmte Einzelentscheidungen hinterfragt werden.[32]

Geht man davon aus, dass Legitimation bedeute, dass ein politisches System die "freiwillige Folgebereitschaft in Form passiver Hinnahme oder aktiver Unterstützung der Mehrzahl seiner Bürger" garantieren kann[33], werden im Folgenden einige Aspekte von Legitimation dargestellt.[34] In diesem Zusammenhang ist auch die Frage nach der Verantwortlichkeit, der Rechenschaftspflicht, der "accountability"[35] zu stellen.

Legitimation eines Gemeinwesens kann auf verschiedene Weise erreicht werden. Dabei spielen neben der Möglichkeit des Handelns durch Repräsentanten vor allem (a) die Anerkennung der Ordnung an sich aufgrund eines Wertekonsens, die gewählten Verfahren und Institutionen sowie (b) die Frage eine Rolle, inwieweit die handelnden Akteure für ihr Handeln verantwortlich zu machen sind und Verantwortung übernehmen.

a) Legitimation durch Wertekonsens, Verfahren und Institutionen: Legitimation im soziologischen Sinne wird erlangt durch die Anerkennung einer politischen Ordnung durch die Bürger.[36] In einer gesellschaftlichen Ordnung bilden die

---

demokratischer Föderalismus für Europa, S. 21–43, in: *König, Thomas:* Mannheimer Jahrbuch für Europäische Sozialforschung, Vorstand des Mannheimer Zentrums für Europäische Sozialforschung (Hrsg.), Bd. 3: Europa der Bürger, Frankfurt a.M., New York 1998.

30 Zur gesamten Problematik siehe auch: *Koller, Peter*: Grundlagen der Legitimation und Kritik staatlicher Herrschaft, S. 739–769, in: *Grimm, Dieter*: Staatsaufgaben, 1. Aufl., Baden-Baden 1996.

31 In der vorliegenden Arbeit werden die Begriffe Legitimation und Legitimität synonym verwendet.

32 Die politikwissenschaftliche, theoretische Literatur zum Begriff der Legitimität (und/vs. Legitimation) ist derart umfangreich, dass hier nur einige Aspekte und Überlegungen zum Tragen kommen können.

33 *Mazan, Stefan:* aaO, S. 35 mit weiteren Nachweisen.

34 Legitimation ist dabei kein eindimensionaler Begriff, je nach disziplinärem Standpunkt und Wertigkeit der Ziele gibt es eine Vielzahl von Legitimitationsgründen. Vgl. hierzu z.B. *Mazan, Stefan:* aaO, S. 35; *Pfahl, Stefanie,* u.a.: Institutionelle Herausforderungen im Neuen Europa: Legitimität, Wirkung und Anpasung, Opladen 1998.

35 Dieser Begriff findet sich vor allem in der politikwissenschaftlichen Agency-Forschung, in letzter Zeit wird er aber auch in der Rechts- und Wirtschaftswissenschaft vermehrt in demokratietheoretischen Zusammenhängen verwendet.

36 *Mandl, Hella:* Legitimität (Stichwort), S. 284–297, in: *Nohlen, Dieter / Schultze, Rainer Olaf (Hrsg.):* Lexikon der Politik, Bd. 1: Politische Theorien, München 1995.

gesellschaftlichen Wertvorstellungen[37], die Sitten und Gebräuche dabei zunächst eine Basis für das interkollektive Handeln. Diese Wertvorstellungen wandeln sich im zeitlichen Verlauf nur langsam und sind von historischen und kulturellen Bedingungen abhängig. Diese Wertvorstellungen werden als "übergeordnete Ziele" einer Gesellschaft übersetzt[38] und zum Teil in Verfassungstexten normiert.

Verfahren übernehmen in komplexen Sozialsystemen die Funktionen "der kooperativen Wahrheitssuche von divergierenden Standpunkten aus und (...) des Darstellens und Austragens von Konflikten." Verfahren machen – bis zu einem gewissen Grad – Verhaltenserwartungen verbindlich, sie konstituieren Recht.[39] Sie schaffen Akzeptanz auch bei denjenigen, deren Präferenzen nicht zum Zuge kommen. Aus dieser rechtlicher Verfasstheit als solcher erwächst dann Legitimation, die Individuen anerkennen dies, indem sie die gemäß der Ordnung gesetzten Regeln einhalten.[40]

Für die demokratische Herrschaftslegitimation sind zum einen die Mechanismen (die Verfahren) der Wahl und Ernennung von entscheidender Bedeutung.[41] Die Wahl der Herrschenden durch die Bürger und die Rückkoppelung der Ausübung ihrer Herrschaftsmacht führen zu demokratischer Legitimation in Form einer ununterbrochenen Legitimationskette.[42] Die Wahl ist dann "eine generalisierte Bereitschaft, inhaltlich noch unbestimmte Entscheidungen innerhalb gewisser Toleranzgrenzen hinzunehmen."[43] Daneben ermöglicht das Wahlrecht "dem einzelnen Wahlberechtigten ein effektives Recht auf Teilhabe an der Legitimation und Kontrolle der öffentlichen Gewalt."[44] Die Wahl ist somit wichtigste rechtlich-formale Bedingung demokratischer Herrschaftslegitimation.[45]

Zu anderen sichern auch andere Verfahren neben dem Wahlmechanismus Legitimität. Denn durch das Festschreiben von Handlungs- und Entscheidungsabläufen werden gleichförmige und wiederholbare Verfahren geschaffen, die den Akteuren Rechte und Pflichten zuweisen, so z.B. auch in der Haushalts- und Finanzverfassung. Die Verfahren über die Verteilung der Ausgaben und die Erhebung der Einnahmen, der Kontrolle der Akteure sind in der Regel keine ad-hoc-Verfahren, sondern konstitutionell abgesichert. Diese Sicherung ist als "Spiegelbild" des Wahlmechanismus notwendig, um eine Rückkoppelung an den Wähler zu errei-

37 Ethische und moralische Anschauungen.

38 Z.B. der normative "Gemeinwohl-Begriff" (Output-Legitimität, government for the people), *Höreth, Markus*: aaO, S. 85f.

39 *Ders.*: S. 50, 143.

40 *Bogdandy, Armin von*: Supranationale Union als neuer Herrschaftstypus, aaO, S. 517.

41 *Kluth, Winfried*: Die demokratische Legitimation der EU-Eine Analyse der These vom Demokratiedefizit, Schriften zum Europäischen Recht, Bd. 12, Berlin 1995, S. 40.

42 *Rummer, Anne*: aaO, S. 254.

43 *Luhmann, Niklas*: Legitimation durch Verfahren, 3. Aufl., Darmstadt/Neuwied 1978 S. , 28.

44 *Huber, Peter M:* Die parlamentarische Demokratie und europäische Integration; in: *Huber, Peter:* Das Ziel der europäischen Integration, Berlin 1996, S. 15.

45 *Kluth, Winfried*: Die demokratische Legitimation der EU, aaO, S. 40.

chen. Dadurch, dass das moderne Gemeinwesen die Durchsetzung und die Gleichförmigkeit dieser Verfahren garantiert, erhält die Haushalts- und Finanzverfassung eine große Bedeutung. Mittels formell-verfahrensmäßiger Regeln werden die Grundwerte eines Gemeinwesens somit für alle sichtbar gemacht und verbindlich.[46] Durch die Anerkennung dieser Verfahren legitimiert der Einzelne die Ordnung.[47] Verfahren sind somit die Form, "in der das politische System zu seiner eigenen Legitimation beiträgt".[48]

Auch politische Institutionen selbst bedürfen einer Legitimation und tragen zugleich zur Legitimation des Gemeinwesens bei. Mit politischen Institutionen sind an dieser Stelle "Regelsysteme zur Herstellung und Durchführung verbindlicher, gesamtgesellschaftlich relevanter Entscheidungen und Instanzen der symbolischen Orientierungsleistungen einer Gesellschaft"[49] gemeint. Die Frage, wann Institutionen als legitim gelten, wird jedoch nicht einheitlich beantwortet. Einige Autoren betrachten eine politische Institution als legitim, "weil und solange man sich durch ihre Existenz mehr Vorteile verspricht, als wenn sie nicht vorhanden wäre."[50] Eine solche Institution ist beispielsweise ein Rechnungshof. Durch Wahl stimmt der Einzelne dem Verfahren (der Einrichtung/Unterhaltung) über die Institution zu, also somit auch den Resultaten, die diese Institution erzielt.[51] Institutionen werden aber auch deshalb als legitim betrachtet, weil sie "da sind". Die Individuen haben sich an sie gewöhnt. Die Frage, ob man überhaupt noch Vorteile aus ihr zieht, tritt zurück. Zudem bestimmen zunächst Werte die Grundlegitimation der Institutionen: das Vertrauen in die Leitidee und die (gesicherte) Verfahrensordnung der Institution. Dieses kann z.B. verloren gehen, wenn einzelne Personen die Institution dominieren, also die Leitidee der Person die Leitidee der Institution überlagert.[52]

Durch ihre Legitimation rechtfertigen politische Institutionen zudem ihre Entscheidungen nach außen hin. Durch Wahl entscheidet der Einzelne nicht nur über eine Institution, sondern auch über die politischen Akteure. Der einzelne Politiker bietet ein Programm an, wird er gewählt, sind sowohl Politiker als auch Programm dem Grunde nach legitimiert. Dieser bestimmt dann innerhalb eines Verfahrens z.B. den Finanzminister oder die Mitglieder des Rechnungshofes.

---

46 *Mazan, Stefan*: Das föderative Prinzip in der EU, S 37f.

47 Ein anderer Begriff für diese Form der Legitimation ist "Input-Legitimation" (government by the people), siehe auch *Höreth, Markus*: aaO, S. 83–85.

48 *Luhmann, Niklas*: aaO, S. 199.

49 *Göhler, Gerhard*: Wie verändern sich Institutionen, in : *Göhler, Gerhard:* Institutionenwandel, Leviathan Sonderheft 16, S. 27 (21–56).

50 *Schmitz, Sven-Uwe / Pfahl, Stefanie*: Die Legitimität von Institutionen; in: *Pfahl, Stefanie / Matthes, Claudia / Schultz, Elmar / Sell, Kathrin*: Institutionelle Herausforderung im neuen Europa: Legitimität, Wirkung und Anpassung, Opladen 1998, S. 31–56 (S. 44).

51 *Schmitz, Sven-Uwe / Pfahl, Stefanie*: aaO, S. 45.

52 *Lepsius, Rainer:* Vertrauen zu Institutionen, S. 285, 288, in: *Hradil, Stefan*: Differenz und Integration, Dresden 1997, S. 283–293.

Legitimation durch Wertekonsens, Verfahren und Institutionen bilden ein "Legitimationstrias", welches auch für die Haushalts- und Finanzverfassung Geltung beansprucht. Dabei ist darauf zu achten, dass alle drei Legitimationsbestandteile vorhanden sind. Ist beispielsweise der Legitimationsbaustein Wertekonsens schwach, ist zu fragen, ob die anderen Legitimationsarten dieses kompensieren können und umgekehrt.

b) Legitimation durch politische Verantwortung und Kontrollierbarkeit ("accountability"): "Accountability is a notoriously imprecise term"[53]. Zumeist werden Begriff und Inhalt im Zusammenhang mit Legitimationsfragen untersucht.[54] Ausgegangen wird dabei von der Delegation von Entscheidungsrechten, zumeist über Wahlen.

Auch hier wird der Grundgedanke der Demokratie als "Selbstregierung und Selbstbestimmung des Volkes"[55] zugrundegelegt. Bedient sich der Wähler nun Informationsmittlern (Parteien), übernehmen Wahlen neben der Präferenzaufdekkungsfunktion auch die Funktion der Kontrolle der Anbieter von politischen Programmen. Da Wahlen periodisch durchgeführt werden, ist die Frage nach der Verantwortung für das Handeln der Politiker und vor allem nach der Durchsetzbarkeit dieser Verantwortung ein wichtiger Bestandteil des demokratischen Systems.[56]

Verantwortlichkeit ist also die Kehrseite der Delegation von Entscheidungsrechten und der Legitimation zu Handeln: "The chain of delegation is paralleled by a set of accountabilities running in the reverse direction."[57] Nur wenn der Wähler bestimmtes Handeln des Repräsentanten diesem auch wirklich zurechnen kann, ist davon auszugehen, dass der Repräsentant die Interessen des Wählers auch wirklich vertritt.

Nicht nur im Verhältnis Wähler-Abgeordnete ist eine solche Verantwortung einzufordern. Überall dort, wo durch Delegation Entscheidungsrechte übertragen werden, muss Kontrolle möglich sein und für die Ergebnisse des Handelns Rechenschaft abgelegt werden: "Demokratische Verantwortlichkeit wird definiert als ein Mechanismus zwischen Trägern übertragener Macht und denjenigen, die die gesetzliche Befugnis besitzen, die Träger zu ersetzen"[58]. Problematisch für die

53 *Mulgan, Richard*: Comparing accountability in the public an private sectors, in: Australian Journal of Public Administration, 59, March 2000; S. 87–97 (87).

54 Stellvertretend für viele z.B. *Majone, Giandomenico:* The regulatory state and ist legitimacy problems", in: West European Politics, Vol. 22, No. 1 (Januar 1999), S. 1–24; *Strøm, Kaare:* Delegation and accountability in parliamentary democracies, in: European Journal of Politics Research 37, 2000, S. 261–289.

55 *Kluth, Winfried:* aaO, S. 30.

56 *Rummer, Anne*: aaO, S. 252.

57 *Bergmann, Torbjörn / Müller, Wolfgang C. / Strøm, K.:* Parliamentary democracy and the chain of delegation, S. 257 (255–260) in: European Journal of Political Research 37, 2000.

58 *Gormley, Laurence W.*: Europäische Währungsunion und Demokratieprinzip, Zentrum für Europäisches Wirtschaftsrecht, Vorträge und Berichte Nr. 90, Bonn 1997, S. 1.

politische Verantwortlichkeit ist der Bewertungsmaßstab für "gute" oder "richtige" Entscheidungen. Dieser bleibt allein dem Wähler überlassen.[59]

Da auch die Entscheidungsbefugnisse innerhalb der Haushalts- und Finanzverfassung durch Delegation auf die Akteure übertragen wurden, müssen diese für ihr Handeln sowohl verantwortlich sein als auch in die Verantwortung genommen werden. Dieser Gedanke bekommt besondere Bedeutung, wenn man die Unsicherheit der Wähler hinsichtlich dessen berücksichtigt, was nach der Wahl – also in der Zukunft – passiert. "Accountability" ist dann vor allem ein ex post-Mechanismus zur Relativierung der ex ante- Unsicherheit. Dabei unterscheiden sich "accountability"-Strukturen in einem föderalen System erheblich von denen eines nur horizontalen Systems. Verantwortlichkeit und Rechenschaftspflicht müssen auch vertikal angebunden sein. Die Rückkoppelung an die unterste bzw. jeweilige Delegationsebene ist zu gewährleisten.

Die generelle *politische "accountability"*, die sich aus der Delegation von Entscheidungsbefugnissen ergibt, kann weiter spezifiziert werden. Eine Zuordnung kann zwischen Funktion und Funktionsträger vorgenommen werden. Eine solche *funktionale "accountability"* bedeutet dann, dass der Inhaber einer Entscheidungsbefugnis im gleichen Maß Rechenschaft über sein Handeln abzulegen hat, wie er in der Lage ist, seine Entscheidungen autonom zu treffen. Je mehr Entscheidungsrechte ihm zustehen, desto größer ist seine funktionale "accountability". Nicht nur der, der sich direkt dem Wähler verantworten muss, unterliegt einer Rechenschaftspflicht, sondern jeder, der im öffentlichen System eine Funktion wahrnimmt.[60] In diesem Kontext ist auch die Gewährleistung von Handlungsfähigkeit der Institution als solche Teil der funktionalen "accountability". Die Übernahme von Verantwortung soll gerade die Handlungsfähigkeit der Institutionen ermöglichen, nicht sie behindern.[61] Für die Haushalts- und Finanzverfassung heißt das, dass zunächst eine klare funktionale Zuordnung innerhalb der Haushalts- und Finanzverfassung vorgenommen wird. Es sind also – der Aufgabenverteilung folgend – die jeweiligen Kompetenzen einer bestimmten Gebietskörperschaft, einem Aufgabenträger zuzuordnen. Für diese sind – sowohl gegenüber dem Wähler als auch innerhalb des Funktionsträgers – Rechenschaftspflichten festzuschreiben, die sich in ihrer Qualität und ihrem Umfang nach an den delegierten Entscheidungsrechten orientieren.

Insbesondere mit Blick auf die Haushalts- und Finanzverfassung heißt "accountability" aber auch *finanzielle "accountability"*. Drückt sich in der Wählerstimme

59 *Masing, Johannes:* Politische Verantwortlichkeit und rechtliche Verantwortlichkeit, S. 37, Zeitschrift für Rechtspolitik 2001, Heft 1, S. 36–42.

60 "... independence from direct political control does not mean independence from public accountability" *Majone, Giandomenico:* aaO, S. 11.

61 Ein negatives Beispiel für den Zusammenhang von Verantwortungsübernahme und Handlungsfähigkeit sind die Ereignisse innerhalb der Santer-Kommission, die letztlich zum Rücktritt derselben 1999 führten.

nämlich die Präferenz des Einzelnen für bestimmte Programme (Aufgaben) aus, beinhaltet dies im Idealfall auf der anderen Seite auch die (mehr oder weniger große) Bereitschaft des Wählers, für die Finanzierung dieser Aufgaben aufzukommen. Derjenige, der die finanziellen Mittel zur Verfügung stellt, muss damit auch die Möglichkeit haben, die Verwendung der Mittel direkt oder indirekt zu kontrollieren.

Schließlich muss es auch eine *juristische "accountability"* geben. Die Rechenschaftspflicht und Verantwortung muss an rechtsstaatlichen Grundsätzen messbar und überprüfbar sein.[62] Die bloße politische "accountability" gegenüber dem Wähler ist nicht ausreichend. Der Verlust eines politischen Mandats ist nämlich nicht gleichzusetzen mit der Verantwortung vor der rechtsstaatlichen Kontrolle. Dem liegt der Grundgedanke des Schutzes des Einzelnen vor hoheitlicher Gewalt zugrunde, eine solche juristische "accountability" ist dann "gesetzlich bemessene Verantwortung"[63]. Juristische "accountability" verlangt auch, dass das finanzielle Gebaren der öffentlichen Hand voll rechtsstaatlich überprüfbar und auch sanktionierbar ist. Es sind durchschaubare, mit wirksamen Kontroll- und Sanktionsrechten ausgestattete Institutionen (Verfahren, Organisationen) einzurichten und in der Hauhalts- und Finanzverfassung niederzulegen.

3.2.1.3 Demokratie als rechtliche Sicherung: Repräsentation und Gewaltenteilung

Neben der politisch zu gewährleistenden Legitimation eines Systems (government of the people) und Verantwortlichkeit der Handelnden muss ein demokratisches Ordnungssystem auch Teilhabe an der Herrschaft garantieren (government by the people). Denn im modernen Verfassungsstaat ist "das Volk" Inhaber der Souveränität und damit Legitimationsquelle für Herrschaft. Dieser Grundsatz findet sich im Repräsentationsprinzip wieder (a). Der zweite Aspekt (government for the people) besteht neben der schon angeführten "accountability" in der rechtlichen Normierung der Gewaltenteilung (b). Um staatliches Handeln abzusichern, bedarf es des weiteren des Grundsatzes der Gesetzmäßigkeit (c).

a) Das Prinzip der Repräsentation: Ausgehend von der Idee der politischen Selbstbestimmung des Volkes[64] repräsentieren gewählte Vertreter das Volk[65],

62 *MASING* spricht insoweit von einer "gesetzlich bemessenen Verantwortung", vgl. *Masing, Johannes*: aaO, S. 36.

63 *Masing, Johannes*: aaO, S. 36.

64 *Kaufmann, Marcel*: Europäische Integration und Demokratieprinzip, 1. Aufl., Baden-Baden 1997, S. 227.

65 Hier wird davon ausgegangen, dass es für eine Demokratie mit einer Verfassungsgebung nicht notwendigerweise eines vorgegebenen Volkes bedarf, sondern, dass sich "Menschen in einem abgegrenzten Territorium als Volk, Nation oder Bürger in einer bestimmten politi-

welches Inhaber der Souveränität ist. Repräsentanten des Volkes handeln – und das ist ein fundamentaler Unterschied zur Privatwirtschaft – ohne konkrete Weisungen der Repräsentierten.[66] Diese auftragsfreie Repräsentation soll sowohl die Unsicherheit hinsichtlich zukünftiger Entscheidungen berücksichtigen als auch Gestaltungsspielraum für Kompromisse und die Abkoppelung von bestimmten Einzelinteressen gewährleisten.

Dem Souverän wird durch seine Repräsentationsorgane – gerade auch in Bezug auf die öffentlichen Finanzen- "in beträchtlichem Ausmaß das Gesetz des Handelns aus der Hand genommen". Insofern ist eine Rückkoppelung des Handelns der Repräsentanten notwendig, dies geschieht letztlich durch regelmäßig stattfindende Wahlen und das Vorhandensein von Alternativen an Repräsentanten. Repräsentation setzt sich nach oben fort, was meint, dass die gewählten Vertreter ihrerseits wiederum in Institutionen und Verfahren repräsentativ vertreten (durch Wahl oder Ernennung) sind. Die rechtliche Absicherung des Repräsentationsprinzipes sichert neben der politischen (und rechtlich garantierten) Teilhabe auch die Möglichkeit der Kontrolle der Repräsentanten. Dadurch wird Verantwortlichkeit für und Zurechenbarkeit des Handelns normiert.

In föderalen Systemen kommt dem Repräsentationsprinzip eine weitere Bedeutung zu. Die Idee, dass Bürger in föderalen Systemen sowohl Bürger der unteren als auch der oberen Ebene sind und somit Bürger zweier "Völker" sind, zeigt sich in der Doppelrepräsentation:[67] Hier sind nicht nur die Wähler zu repräsentieren, sondern auch die einzelnen Einheiten. Alle föderalen Systeme verfügen deshalb auf der obersten Ebene sowohl über ein unitarisches Organ (Volksvertretung) als auch über ein föderales Organ (gliedstaatliche Vertretung)[68], wobei die Beziehungsstrukturen dieser Organe untereinander sehr unterschiedlich ausgeprägt sein können. Das unitarische Repräsentationsprinzip (als Ausfluss der "Einheit") verwirklicht dabei das Mehrheitsprinzip im Gesamtsystem, während das föderale Repräsentationsprinzip die Teilhabe der einzelnen Einheiten (als Ausfluss der "Vielfalt") garantiert.[69]

Die Organisation des föderalen Organs ist wiederum unterschiedlich möglich. Einerseits können die Repräsentanten der Einheiten direkt durch den Bürger oder durch die Parlamente gewählt werden (sog. Senatsmodell[70]), andererseits können

---

schen Organisation selbst definieren." *Pernice, Ingolf*: Der europäische Verfassungsverbund auf dem Wege der Konsolidierung, in Jahrbuch des Öffentlichen Rechts, Bd. 48, S. 205–232 (214), 2000.

66 Hierzu und zum Folgenden: *Zippelius, Reinhold:* Allgemeine Staatslehre, München 1991, S. 175, 195ff.

67 *Kielmannsegg, Peter Graf*: Integration und Demokratie; in: *Jachtenfuchs, Markus / Kohler-Koch, Beate*: aaO, S. 47–71 (S. 63).

68 *Mazan, Stefan*: aaO, S. 30ff.

69 *Mazan, Stefan*: aaO, S. 30ff.

70 Wie z.B. in den USA.

die Repräsentanten der Einheiten durch ihre Regierungen in das föderale Organ entsandt werden (sog. Bundesratsmodell[71]).[72]

Unabhängig vom gewählten Modell ist jedoch darauf zu achten, dass alle Einheiten bzw. Bürger gleichmäßig repräsentiert werden, da ansonsten "Ausbeutungskoalitionen"[73] begünstigt werden, die zum Nachteil der am wenigsten repräsentierten Ebenen bzw. Bürger Ausgaben und Einnahmen beschließen. Da sich selbst bei gleichmäßiger Repräsentation "Ausbeutungskoalitionen" finden können, die zu Lasten der Minderheit finanzwirksame Entscheidungen treffen, ist es zudem notwendig, dem Repräsentationsprinzip weitere verfassungsrechtlich gesicherte Schutzmechanismen zur Seite zu stellen, wie z.B. Nichtdiskriminierungsregeln oder Quoren für Abstimmungen. Gleichmäßigkeit der Repräsentation ist ein besonderes Problem vor allen in den zweiten Kammern. So wird in den föderalen Organen jeder Einheit ein Vertreter zugesprochen.[74] Damit soll die Gleichheit der Einheiten betont werden. Diese kann allerdings durch bestimmte Stimmengewichtungsmodelle modifiziert werden.

b) Das Prinzip der Gewaltenteilung: Formelle und materielle Anforderungen des Rechtsstaates werden in modernen Nationalstaaten verfahrensmäßig-organisatorisch verwirklicht durch das Prinzip der Gewaltenteilung.[75] Diesem Prinzip liegt die gegenseitige Kontrolle der Organe und die Mäßigung hoheitlicher Herrschaft zugrunde. Gewaltenteilung soll auch dafür sorgen dass die Entscheidungen der Hoheitsträger "möglichst richtig, das heißt von den Organen getroffen werden, die dafür nach ihrer Organisation, Zusammensetzung, Funktion und Verfahrensweise über die besten Voraussetzungen verfügen".[76]

Das Prinzip der Gewaltenteilung kann einmal in der Zuordnung der Gewalten (Legislative, Exekutive, Judikative) nach den ausführenden Organen (Regierung/Verwaltung, Parlament, Gerichtshof) und andererseits nach der Funktionsaufteilung (Gesetzgebung, Vollzug, Rechtsprechung) realisiert werden. Allerdings kann nur von den Funktionen her auf die Funktionsträger (Organe, Organgruppen) geschlossen werden, daher findet sich in den westlichen Demokratien die Aufteilung der Gewalten überwiegend nach Funktionen. Diese Gewaltenteilung dient vor allem

71 Wie in der Bundesrepublik Deutschland.

72 Zu den Vor- und Nachteilen der Modelle und ihrer Modifikationen siehe vertiefend: *Apolte, Thomas:* Die ökonomische Konstitution, S. 193f.; *Kielmannsegg, Peter Graf:* Vom Bundestag zum Bundesrat, 43–61, in: Bundesrat (Hrsg.): Vierzig Jahre Bundesrat, 1. Aufl., 1989.

73 *Heinemann, Friedrich:* Der Kompensationsfond: Eine neue Finanzverfassung für die EU der 21+, in: Wirtschaftsdienst 1999/V, S. 293–299 (S. 296).

74 So sowohl im Senats- als auch Bundesratsmodell.

75 *Degenhart, Christoph:* Staatsrecht, Bd. I, S. 86f.

76 So das deutsche Bundesverfassungsgricht, Beschluss des Zweiten Senates vom 17.07.1996, abgedruckt in: Entscheidungen des Bundesverfassungsgerichts, Bd. 95, Nr. 1; Tübingen 1997 (BverfGE 95/1).

der Gewaltenhemmung[77] und Kontrolle, ermöglicht zugleich aber auch ein Mehr an Effizienz (ökonomische Konsequenz[78]), weil voneinander unabhängige Gewalten nicht bestrebt sind, sich gegenseitig zu bevorteilen, sondern ihre eigenen Präferenzen umzusetzen. Wenn es diese Form der Machtbeschränkung nicht gäbe, müssten die Bürger oder Gemeinwesen zudem in einem Konfliktfall höhere Kosten, einen größeren Zeitaufwand und mehr Eigeninitiative aufwenden, um ihre Rechte zu schützen und durchzusetzen.[79]

Man spricht von horizontaler Gewaltenteilung, wenn Funktionen innerhalb einer Ebene eines Gemeinwesens aufgeteilt werden, von vertikaler Gewaltenteilung, wenn sich die Funktionenteilung auch zwischen den Ebenen eines mehrstufigen Gemeinwesens wiederfindet. Dies gilt auch für die Haushalts- und Finanzverfassung, um Machtmissbrauch gerade in dem sensiblen Bereich der öffentlichen Finanzen zu verhindern.[80] Horizontale Gewaltenteilung in einer Haushalts- und Finanzverfassung kann zum Beispiel dadurch erreicht werden, dass die Legislative für die Beschlussfassung über Ausgaben und Einnahmen zuständig ist, die Exekutive für die Ausführung der Ausgaben und die Judikative (Rechnungshof) einen Teil der Kontrolle der Verwendung der öffentlichen Mittel übernimmt. Vertikal zeigt sich die Gewaltenteilung z.B. in den Beteiligungsrechten einer zweiten Kammer bei finanzwirksamen Beschlüssen der oberen Ebene, die auch die nachgeordneten Ebenen betreffen.

c) **Der Grundsatz der Gesetzmäßigkeit:** Neben der horizontalen und vertikalen Gewaltenteilung bedarf es in einem Gemeinwesen weiterer Mechanismen, die die Gewalten binden. Die Gewaltenteilung selbst führt ja primär zunächst nur zu einer Binnenbeschränkung der Macht, also zwischen den Funktionen und den Organen. Hoheitliches Handeln muss aber auch nach außen wirksamer Kontrolle unterliegen. Daher unterstellt man es dem Primat des Rechts, also der Gesetzmäßigkeit allen staatlichen Handelns.

In klassischen Nationalstaaten wird dies zum einen durch den Vorrang der Verfassung (und der daraus ableitbaren Normenhierarchie) und zu anderen durch den Vorrang und den Vorbehalt des Gesetzes umgesetzt.[81] Der Vorrang des Gesetzes postuliert, dass staatliches Handeln nicht gegen höherrangiges Recht verstoßen darf. Inhalt des Gesetzesvorbehaltes ist es, dass staatliches Handeln nur aufgrund eines Gesetzes erfolgen kann. Darin zeigt sich auch die Gewaltenteilung, denn das Recht zur Setzung allgemein verbindlicher Normen steht nur der Legislative zu – die Exekutive soll daher nicht ohne einen Rechtsbefehl tätig werden.

77 *Stern, Klaus*: Das Staatsrecht, aaO, Bd. II, § 36 I 4.
78 *Persson, Torsten / Roland, Gerard / Tabellini, Guido*: Seperation of Powers and Political Accountability, Quarterly Journal of Economics, November 1997, S. 1163–1202.
79 *Biehl, Dieter / Winter, Horst (Hrsg.)*: Europa finanzieren, aaO, S. 30.
80 *Schmölders, Günter*: Finanzpolitik, aaO, S. 23.
81 *Katz, Alfred*: aaO, RN 189f.; *Degenhart, Christoph*: aaO, RN 310.

Das Handeln der Akteure innerhalb der Haushalts- und Finanzverfassung kann z.B. dadurch nach außen gebunden werden, indem die Einnahmenerhebung nur aufgrund eines Gesetzes erfolgen darf (v.a. Gesetzmäßigkeit der Besteuerung) oder man die Verwaltung bei der Einnahmen- und Ausgabenbewirtschaftung an legislative Vorgaben bindet. Auf der Aufgabenseite kann dies z.B. heißen, dass die Verwaltung keine Ausgabe tätigen darf, die nicht zuvor im Haushaltsplan und durch Rechtsakt ausgewiesen ist.

3.2.1.4 Zusammenfassung

Es gilt: "Das Demokratieprinzip prägt ebenfalls die Verteilung der Finanzverantwortung, denn die Finanzverfassung soll politische Autonomie und Eigenverantwortlichkeit ermöglichen. (...) Demokratische Legitimationskette und finanzielle Verantwortungslinie setzen voraus, dass jedem Staatsorgan die Folgen seiner eigenen Entscheidung zugerechnet werden und spürbar sein müssen. (...)"[82].

Aus dem Zielkriterium "Demokratie" lassen sich Anforderungen an eine Haushalts- und Finanzverfassung stellen:

(1) Nach dem Prinzip der Gewaltenteilung sind die legislativen Kompetenzen (Gesetzgebung über Einnahmen und Ausgaben) von den Vollzugskompetenzen (Ausführung der Einnahmen und Ausgaben) zu trennen – dies muss sowohl funktionell als auch hinsichtlich der Organe vorgenommen werden.

(2) In föderativen Systemen ist diese Kompetenztrennung auch vertikal vorzunehmen. Für die Kompetenzverteilung ist weiter zu fordern, dass die Gesetzgebungshoheit bei den Organen der Haushalts- und Finanzverfassung anzusiedeln ist, die funktionell am ehesten eine direkte Rückkoppelung an den Bürger herstellen können.

(3) Die Gesetzmäßigkeit des Handelns ist für alle drei Gewalten zu normieren.

(4) Gleichmäßige Repräsentation und Partizipation aller Bürger und Ebenen ist (in den Verfahren der Haushalts- und Finanzverfassung) zu gewährleisten.

(5) Es müssen klare funktionelle und vor allem finanzielle "accountability"-Strukturen eingebaut werden, unter der Beachtung des Grundsatzes: Je mehr Entscheidungsmacht, desto mehr Verantwortlichkeit.

(6) Schließlich bedarf es starker Kontrollstrukturen, die aufgrund des Gewaltenteilungsprinzips und der Forderung nach "accountability" – von den Legislativ- und Exekutivbefugnissen zu trennen sind.

---

82 *Kirchhof, Ferdinand*: Empfehlen sich Maßnahmen, um in der Finanzverfassung Aufgaben- und Ausgabenverantwortung von Bund, Ländern und Gemeinden stärker zusammenzuführen? Gutachten D zum 61. Deutschen Juristentag in Karlsruhe 1996: Ständige Deputation des Deutschen Juristentags (Hrsg.), München 1996, S. D 53, 54.

3.2.2 Fiskalföderalismus und Effizienzgebot

Präferenzaufdeckung wird durch demokratische Wahlen ermöglicht. Aus ökonomischer Sicht wird gefragt, wie im öffentlichen Sektor eine optimale Orientierung an den Präferenzen der Bürger erreicht werden kann. Die Binnendifferenzierung des öffentlichen Sektors in verschiedene selbständige Gebietskörperschaften ist der Lösungsansatz des Fiskalföderalismus (fiscal federalism), bei dem die Verteilung von öffentlichen Aufgaben auf die einzelnen föderativen Ebenen diskutiert wird.[83] Abgeleitet aus dem Allokationsziel kommt der Fiskalföderalismus zu dem Schluss, dass ein hoher Grad an Dezentralisation in bestimmten Aufgabenbereichen die Bedarfsorientierung öffentlicher Leistungen am besten gewährleistet. Die Vorteile der Dezentralisierung ergeben sich daraus, dass hierdurch regional unterschiedliche Präferenzen für lokale öffentliche Güter (Güter mit einem kleinen räumlichen Nutzenkreis) berücksichtigt werden können und über das Güterangebot genau diejenigen entscheiden, die den Nutzen daraus ziehen und dessen Finanzierung zu tragen haben. Diese Sichtweise ist zugleich eine analytische Konkretisierung des Subsidiaritätsprinzips.[84]

Spillover-Effekte setzen einer Dezentralisierung Grenzen. Haben öffentliche Güter nämlich räumliche Nutzenwirkungen über das Gebiet eines Gemeinwesens hinaus, bestehen Anreize unter den betroffenen Gemeinwesen, über eine andere Bereitstellungsform zu verhandeln.[85] Sind nun die Kosten dieser Verhandlungen geringer als die Kosten aus einer suboptimalen Bereitstellung, wird die Bereitstellung des öffentlichen Gutes koordiniert. Wenn dann aber die Verhandlungen zu teuer werden bzw. aus anderen Gründen undurchführbar sind, ist die Bereitstellung des öffentlichen Gutes zu zentralisieren. Auch im Falle von Skaleneffekten kann eine zentrale Bereitstellung öffentlicher Güter sich als vorteilhaft erweisen. Können z.B. bestimmte Güter gar nicht in kleinen Einheiten bereitgestellt werden, wäre ihre Produktion zu teuer oder sind bestimmte Güter nur in nicht aufbrechbarer Kuppelproduktion zu realisieren, kann eine zentrale Lösung vorzuziehen sein.[86]

Ihre Wirksamkeit für ein auch regional ausdifferenziertes öffentliches Güterangebot realisiert eine föderale Ordnung über den Steuer-Ausgaben-Mechanismus. Die Kompetenzzuordnung in einem föderativen Staat wird über die Prinzipien der Konnexität, der (fiskalischer) Äquivalenz und der Autonomie vorgenommen. Aus ihnen resultiert die Notwendigkeit, dass jede Gebietskörperschaft über den Steuer-Ausgaben-Mechanismus verfügen muss (Kap. 3.2.2.1). Dieses Güterangebot ist aber so bereitzustellen, dass nicht nur nachfolgende Generationen belastet werden und

83 Dezentralisierungstheorem von OATES in: *Oates, Wallace E.:* Fiscal Federalism. New York, NY: Harcourt/Brace/Jovanoeid 1972, S. 35ff.

84 *Heinemann, Friedrich*: Die ökonomische Föderalismustheorie, aaO, S. 118.

85 *Heinemann, Friedrich*: Die ökonomische Föderalismustheorie, aaO, S. 121.

86 *Blankart, Charles Beat:* Öffentliche Finanzen in der Demokratie, 3. Aufl., München 1998, S. 528f.

die Handlungsfähigkeit des Gemeinwesens erhalten bleibt (Kap. 3.2.2.2). Damit ist insbesondere die Frage der Verschuldung öffentlicher Gemeinwesen angesprochen.

3.2.2.1 Die Funktion des Steuer-Ausgaben-Mechanismus bei der Bereitstellung eines effizienten öffentlichen Güterangebots

Der Steuer-Ausgaben-Mechanismus führt in Verbindung mit Wahlen von PolitikerInnen mit Wiederwahlmotiv zur Präferenzaufdeckung der Wähler in allen Staatsformen. Für eine rationale Entscheidung muss der Wähler nicht nur votieren, welche öffentlichen Güter in welchem Umfang durch die staatliche Ebene bereitzustellen sind, sondern auch wissen, welcher "Preis" für diese Güter mittels Steuern zu entrichten ist. Ist der Wähler auch der Nutzer des staatlichen Angebots, bleibt die Steuerzahlung so nicht anonyme Zahllast, sondern wird innerhalb des jeweiligen Kollektivs mit dem konkreten Güterangebot verknüpft. Diese Verknüpfung wird dann erreicht, wenn die Höhe der Steuerbelastung mit den Kosten der Aufgabenerfüllung in einer Gebietskörperschaft in Zusammenhang steht. So wird einerseits Transparenz für den Wähler geschaffen und ihm andererseits gleichzeitig ein Anreiz zur Kontrolle der Verwendung der Steuermittel gesetzt.[87]

Wenn der Mechanismus der Wahl auch auf der EU-Ebene ein Instrument zur Präferenzaufdeckung ist (da die EU-Ebene selbst europäische öffentliche Güter bereitstellt[88]), wäre der Steuer-Ausgaben-Mechanismus auch hier nicht nur Regulierungsinstrument für ein öffentliches Güterangebot, sondern zugleich auch Kontrollinstrument für den Wähler. Der europäische Wähler kann seine Präferenzen jedoch nur dann klar festlegen, wenn sein Wunsch nach öffentlichen Gütern mit seiner maximalen Zahlungsbereitschaft für dieselben zusammengeführt wird. Bei unvollständigen Ausgestaltungen kommt es dazu, dass ein Teil der mit weitreichenden Handlungskompetenzen ausgestatteten Politiker der EU-Ebene, deren Interessen überwiegend national ausgerichtet sind, nicht über europäische Wahlen bestimmt werden. Diese können – wenn der Steuer-Ausgaben-Mechanismus nicht hinreichend implementiert ist – die Interessen der nationalen Nutzer europäischer Leistungen sowie ihre Eigeninteressen durchsetzen. Auch steigt die Nachfrage nach öffentlichen Gütern, wenn Fiskalillusionen über die Finanzierung der öffentlichen Güter bei den Wählern bestehen oder gar nationale oder regionale öffentliche Güter über die EU finanziert werden, deren Finanzierung dann allen EU-Bürgern auferlegt wird. Durch die Verknüpfung von "Steuerpreis" und Bereitstellung des öffentliches

87 Vgl. dazu: *Färber, Gisela*: Finanzverfassung, Besteuerungsrechte und Finanzausgleich, S. 125–166, in: *Färber, Gisela / Fisch, Stefan / von Arnim, Hans Herbert:* Föderalismus: Hält er noch, was er verspricht? Seine Vergangenheit, Gegenwart und Zukunft, auch im Lichte ausländischer Erfahrungen, Berlin 2000, S. 130ff.

88 Wenn auch die tatsächliche "Produktion" durch die mitgliedstaatlichen Verwaltungen durchgeführt wird.

Gutes sowie die gleichmäßige Berücksichtigung von Nutzern und Zahlern wäre auch auf EU-Ebene ein effizienteres Güterangebot zu erreichen.

Erreicht wird die Verankerung des Steuer-Ausgaben-Mechanismus über die Verwirklichung der Prinzipien der Autonomie (a), der Konnexität (b) und der fiskalischen Äquivalenz (c).

a) **Das Prinzip der Autonomie:** Dieses Prinzip ist die Grundlage der Finanzhoheit, das heißt der "Befugnis zur autonomen Regelung der eigenen Finanzwirtschaft"[89] unter gleichzeitiger Gewährleistung, dass andere Körperschaften keinen Zugriff auf die eigenen finanzwirtschaftlichen Rechte haben. Die Finanzhoheit ist das Recht einer Gebietskörperschaft, ihre Angelegenheiten im finanzwirtschaftlichen Sektor selbst zu regeln (Gesetzgebungshoheit, Ertragshoheit, Verwaltungshoheit, Ausgabenhoheit). Die Gewährleistung von Autonomie ist auch in diesem Bereich unabdingbare Voraussetzung für "accountability".

In Einheitsstaaten wird Finanzautonomie als Ausfluss der inneren Staatssouveränität aufgefasst.[90] In föderalen Staaten stellt sich – schon definitionsgemäß – die Problematik der Autonomie viel ausgeprägter: handelt es sich doch dort darum, wie verschiedene Kompetenzen aufgeteilt werden (sollen). Die Gesamtmenge an politischen Gestaltungskompetenzen zwischen den föderalen Ebenen ist also ein "Paket" an Rechten, das unter den einzelnen Mitgliedern der Föderation oder den dezentralen Einheiten aufgeteilt werden muss. Dies gilt auch für die EU.

Erstes Element des Autonomieprinzips ist die Haushaltsautonomie. Haushaltsautonomie bedeutet, dass ein selbständiges Budget – unabhängig von den Budgets anderer Ebenen – vorhanden ist und der Vollzug und die Kontrolle dieser Budgets durch autonome Regeln und Organe geschehen.[91] Haushaltsautonomie bezeichnet das Recht, über die Verwendung der Mittel für die Erfüllung der Aufgaben frei zu bestimmen. Für die EU-Ebene bedeutet dies einmal, dass andere föderative Einheiten die Mittelverwendung nicht (wesentlich) beeinflussen können (Haushaltsplanung, Haushaltsverabschiedung) und umgekehrt. Das Recht zur Gesetzgebungshoheit bezieht sich hier auf das autonome Erlassen von Regelungen für die Abwicklung der mit dem Budget zusammenhängenden Prozesse. Insbesondere ist hier das meist durch Gesetz ausgestaltete Haushaltsrecht im engeren Sinne gemeint, also z.B. Haushaltsgesetz/ -ordnung und Durchführungsbestimmungen. Hier anzusiedeln sind auch die autonome Ausgestaltung, Verwirklichung und Einhaltung der Haushaltsprinzipien.

---

89 *Gabler Wirtschaftslexikon,* Bd. E-J, 15. Aufl., Wiesbaden 2000, S. 1090, Stichwort "Finanzhoheit"; *Gabler Volkswirtschafts Lexikon*, Bd. A-K, Wiesbaden 1996, Stichwort "Finanzhoheit", S. 350.

90 *Fugmann, Friedrich:* Der Gesamthaushalt der EG: Bedeutung, rechtliche Struktur, Vollzug, Notwendigkeit und Möglichkeit einer Reform, Sindelfingen 1992, S. 71.

91 *Ders.*: aaO, S. 74.

Im Rahmen der Haushaltsautonomie ist sicherzustellen, dass das für den Haushalt zuständige Organ "den Vollzug von beschlossenen Haushaltsansätzen anhand der dafür geltenden Rechtsregeln beherrscht."[92] Ein dritter Punkt im Rahmen der Haushaltsautonomie bezieht sich auf die Kontrollautonomie. Danach müssen die europäischen Organe die europäische Ausgabenbewirtschaftung kontrollieren; relevant ist hierbei auch der Status des Kontrollorgans im Verhältnis zu den anderen Organen.

Auf der Einnahmenseite des europäischen Budgets ist wesentlicher Inhalt der Finanzautonomie die Steuerautonomie. Dieser Autonomiebegriff umfasst die Gesetzgebungshoheit (Objekthoheit, Gestaltungshoheit), die Ertragshoheit und die Durchführungshoheit (Verwaltungshoheit).[93] In einem Einheitsstaat sind diese Hoheiten "in einer Hand". In einem föderativen Staat sind diese Hoheiten hingegen vielfach unterschiedlich zugeordnet, damit Verwerfungen, die durch unkoordinierten Zugriff auf die Steuerquellen oder durch Besteuerungsprozesse entstehen können, vermieden werden.

Fehlt es den verschiedenen Ebenen eines Mehrebenensystems an Haushalts- oder Steuerautonomie, sind z.B. ein erhöhter Koordinationsbedarf, die Anpassung der Aufgabenerfüllung an die Ausgabengestaltung[94], nicht abgestimmte Steuersysteme[95] und steuerliche Mehrfachbelastungen zu beobachten.

b) Das Konnexitätsprinzip: Als allgemeine finanzwissenschaftliche Regel regelt dieses Prinzip, wer für die Finanzierung einer öffentlichen Aufgabe zuständig ist. Konnexität bezeichnet hier zunächst nur die Verknüpfung von Aufgaben und Ausgaben im Sinne eines Verantwortungsprinzips.[96] Es soll das Ziel verfolgt werden, Aufgabenzuständigkeit und Ausgabenverantwortung in einer Hand zu vereinen[97], was damit begründet wird, "dass die parlamentarische Kontrolle nur ggü. einer Verwaltung möglich ist, die für die Erfüllung der Aufgaben und die Verausgabung der dafür erforderlichen Ausgaben Verantwortung trägt."[98] Neben der parlamentarischen Kontrolle wird auch die Kontrolle durch den Bürger (Wähler) hierdurch gewährleistet. Des weiteren wird argumentiert, dass eine Gebietskörperschaft mit einer hohen finanziellen Selbstverantwortung eher bereit und in

92 *Ders.*: aaO, S. 75.

93 *Zimmermann, Horst / Henke, Klaus-Dirk:* Finanzwissenschaft, 8. Aufl., München 2001, S. 187.

94 *Kraff, Manfred:* Der Finanzausgleich in der EU, Bonn 1997, S. 167, 168.

95 Dazu vgl. *Andel, Norbert*: Finanzwissenschaft, 4. Aufl., Tübingen 1998, S. 510.

96 *Henneke, Hans-Günther*: aaO, R. 206.

97 *Fischer-Menshausen, Herbert*: Art. 104a-109 GG, in: *Münch, Ingo von:* Grundgesetz-Kommentar , Bd. 3, 2. Aufl., München 1983, Art. 104a, RN 3; *Kirchhof, Ferdinand*: DJT-Gutachten, aaO, S. D 15.

98 *Peffekoven, Rolf:* Finanzausgleich I, in: *Albers, Willi / Born, Karl Erich / Dürr, Ernst / Hesse, Helmut* u.a. (Hrsg.): Handwörterbuch der Wirtschaftswissenschaften, Bd. 2, Tübingen 1981, S. 617.

der Lage ist, den Erfordernissen einer geordneten und wirtschaftlichen Haushaltsführung Geltung zu verschaffen.[99]

In föderativen Systemen wird das Konnexitätsprinzip üblicherweise nach der sogenannten Gesetzeskausalität gestaltet. Dabei trägt diejenige Gebietskörperschaft die Ausgaben, die die Entscheidungen über die Erfüllung der Aufgaben und die damit zusammenhängenden Ausgaben getroffen und verantwortet hat.[100] Die Anbindung der Finanzierungsverantwortung an die Gesetzgebungskompetenz wird damit begründet, dass nur die Gesetzeskausalität gewährleisten kann, dass diejenige Ebene die Ausgaben trägt, die die Entscheidungen über das Anfallen der Ausgaben getroffen hat "weil dann der Ausgabenverursacher die Kostenfolgen im eigenen Haushalt spürt und verantworten muss."[101] Es wird die Stelle zur Finanzierung herangezogen, die über öffentliche Aufgaben entscheidet und auch den Inhalt dieser Aufgaben materiell steuern kann.[102] Außerdem kann dadurch vermieden werden, dass z.B. die EU-Ebene der mitgliedstaatlichen Ebene Aufgaben setzt, die diese dann zu finanzieren hat (Lastenverschiebungsverbot). Die EU-Ebene könnte unter diesen Bedingungen zudem zu Lasten der tatsächlich finanzierenden Ebene ihren Haushalt konsolidieren.[103]

Die konkrete Ausgestaltung des Konnexitätsprinzips wird in föderalen Systemen immer dann schwierig, wenn Gesetzgebungskompetenz und Ausführungskompetenz auseinanderfallen.[104] Hat z.B. – wie in der EU für bestimmte Bereiche – die obere Ebene die Gesetzgebungskompetenz und die nachgeordneten Ebenen die Ausführungskompetenz (Verwaltungsföderalismus), können unterschiedliche Ebenen für die Finanzierung der Aufgaben zuständig gemacht werden. Die Entscheidung sollte sich danach richten, ob Anreize gesetzt werden können, die zu einem effizienten Umgang mit den öffentlichen Mitteln anhalten.

Die Finanzierungsverantwortung wird im Verwaltungsföderalismus üblicherweise an die Ausführungskompetenz der Verwaltung geknüpft (sogenannte Vollzugskausalität). Dazu wird argumentiert, dass erst durch das tatsächliche Ausführen von Gesetzen die Kosten entstünden – solange man also nicht verwalte, entstünden auch keine Kosten. Die Finanzierungsverantwortung knüpft hier an die zeitlich letzten Entscheidung an. Allerdings ist dies im Grunde nur die erste Stelle, an der

99 *Fischer-Menshausen*: Finanzausgleich II. In: *Albers, Willi / Born, Karl Erich / Dürr, Ernst / Hesse, Helmut* u.a. (Hrsg.): Handwörterbuch der Wirtschaftswissenschaften, Bd. 2, Tübingen 1981, S. 643.

100 *Färber, Gisela:* Finanzverfassung, Besteuerungsrechte und Finanzausgleich, aaO, S. 127.

101 *Kirchhof, Ferdinand*: DJT-Gutachten, aaO, S. D 66.

102 *Kirchhof, Ferdinand*: aaO, S. D 56, D 60.

103 Sog. "kalter Finanzausgleich", vgl. *Lenk, Thomas / Schneider, Friedrich:* Zurück zu mehr Föderalismus: Ein Vorschlag des Finanzausgleichs in der BRD, unter besonderer Berücksichtigung der neuen Bundesländer (http://economics.uni-linz.at/members/Schneider/Finanz98.html, 2000, S. 8).

104 So z.B. in Deutschland, Österreich.

die Kosten überhaupt sichtbar werden. Die wesentliche Ursache der Kostenentstehung, die Aufgabenbegründung durch Rechtsakt, bleibt dabei außen vor. Die Anbindung der Finanzierung an die Vollzugskausalität kann aber für die nachgeordneten Ebenen (Mitgliedstaaten), ein Anreiz für eine effiziente Verwaltung darstellen, da sie auch die Kosten tragen müssen. Bei durch die EU bestimmten öffentlichen Aufgaben, kann dies aber dazu führen, dass sich entweder die EU von jedweder Finanzierungsverantwortung entlastet oder die mitgliedstaatliche Ebene zu Verschwendung neigt (und umgekehrt!), da es an der notwendigen Verbindung von Entscheidungsgewalt und Finanzierungslast – die sich schon aus dem Demokratieprinzip herleitet[105] – fehlt. Gegen eine Vollzugskausalität spricht weiter, dass die Regulierung des Vollzugs über die obere Ebene (EU) erfolgt. Dadurch können vielfach ineffiziente Verwaltungslösungen entstehen. Die nachgeordneten, mitgliedstaatlichen Ebenen haben keine oder nur geringe Möglichkeiten, überhaupt die Kosten zu beeinflussen. Zudem unterliegt die obere Ebene sehr oft dem Phänomen der "Vollzugsblindheit".

Eine dritte Möglichkeit ist, sowohl den Gesetzgeber als auch den Träger des Vollzugs in die finanzielle Verantwortung zu nehmen. Dabei ist es jedoch schwierig, den Kostenanteil für den einen oder anderen genau zuzuordnen. Daher greift man in der Regel auf Interessenquoten zurück, die den Finanzierungsanteil an das Interesse an der Aufgabenerfüllung der jeweiliger Ebene knüpfen. Durch die Aufteilung der Finanzierungslasten (Mischfinanzierungen) werden die Beteiligten die Mittel nicht so sparsam wie bei eigener Finanzierung verwenden, die Steuern verlieren ihre Preisfunktion.[106] Gleichzeitig ist die Kostenaufteilung ein Instrument der Ebene, die die grundsätzliche Entscheidung über die Kostenteilung fällt, um die jeweils andere Ebene an sich zu binden. Durch eine bestimmte staatliche Rahmensetzung und finanzielle Anreize (Kostenteilung) kann so eigenes Handeln fremdbestimmt werden ("Goldener Zügel").

c) **Das Prinzip der fiskalischen Äquivalenz:** Um eine effiziente Allokation der Ressourcen innerhalb einer Gebietskörperschaft zu erreichen, müssen der Nutzer, der Zahler und der Entscheider deckungsgleich sein.[107] BLANKART nennt diese Deckung "institutionelle Kongruenz"[108]. Nur wenn jede Gebietskörperschaft sich selbst finanziert und ihre eigenen Probleme löst, ist auch das Prinzip der fiskalischen Äquivalenz erfüllt. Nimmt man an, dass die Aufgaben des Staates den Institutionen (Entscheidern) so zugeordnet sind, dass diese Institutionen mit den

105 *Kirchhof, Ferdinand:* DJT-Gutachten, aaO, S. D 55.

106 *Blankart, Charles Beat*: Öffentliche Finanzen in der Demokratie, 3. Aufl. München 1998, S. 553.

107 *Schmidt, Kurt:* Finanzwirtschaft, Öffentliche, I. Allgemeines, S. 149 in: *Albers, Willi / Born, Erich / Dürr, Ernst / Hesse, Helmut:* Handwörterbuch, aaO, Bd. 3.

108 Anderer Begriff bei *Biehl, Dieter / Winter, Horst:* Die EG-Finanzverfassung aus föderalistischer Perspektiv, S. 51ff, in: *Biehl, Dieter / Winter, Horst:* aaO: Korrespondenzprinzip.

Nutzern übereinstimmen, stellt die Anbindung der Finanzierungsverantwortung an die Gesetzeskausalität institutionelle Kongruenz her.[109]

Effizienzprobleme entstehen jedoch, wenn der Nutzen und auch die Kosten von öffentlichen Gütern unterschiedlich streuen. Hinzu kommen Interdependenzen zwischen den Entscheidungsebenen und regionalen Spillover-Effekte. Das hat zur Folge, dass "Entscheidungs-, Kosten- und/oder Nutzenkollektive (...) nicht völlig kongruent"[110] sind. Dabei kann das Gebiet der Nutzenstreuung sowohl zu klein, als auch zu groß sein. Hier können u.a. Finanzausgleichslösungen Abhilfe schaffen.

3.2.2.2 Das Nachhaltigkeitskriterium: Verschuldung und Verschuldungsgrenzen öffentlicher Haushalte

Der Begriff Nachhaltigkeit hat in den letzten Jahren in der Wissenschaft und der Politik unterschiedliche Definitionen erfahren. Bezogen auf die öffentlichen Finanzen meint Nachhaltigkeit zunächst, dass die öffentliche Aufgabenerfüllung nicht nur demokratisch und präferenzgerecht erfolgen muss, sondern dass sie so umgesetzt werden sollte, dass künftige Generationen nicht vom Haushaltsgebahren der derzeitigen Generation negativ belastet sind. Es ist somit genau genommen ein Kriterium zeitlich definierter Effizienz. Es geht dabei um ein Konzept von intertemporal neutraler Haushaltsdisziplin und Haushaltskonsolidierung.[111]

Angesprochen sind damit sowohl intergenerative Verteilungsprobleme als auch intragenerative Auseinandersetzungen gesellschaftlicher Gruppen. Eine nachhaltige Finanzpolitik soll folgende Elemente[112] beinhalten:[113]

- Die Haushaltspolitik darf keine langfristige Belastungen generieren, die den Handlungsspielraum öffentlicher Gemeinwesen in der Zukunft einschränken.
- Niveau und Struktur der Einnahmen und Ausgaben sind darauf abzustimmen, dass ein langfristiges Wirtschaftswachstum ermöglicht wird.

Damit ist vor allem das Problem der Defizitfinanzierung (Verschuldung) öffentlicher Haushalte angesprochen. Dabei kann die Kreditaufnahme durchaus unterschied-

---

109 *Blankart, Charles B.*: aaO, S. 533.

110 *Kirsch, Guy:* Föderalismus: Die Wahl zwischen ..., S. 13, in: *Schmidt, Kurt (Hrsg.)*: Beiträge zu ökonomischen Problemen des Föderalismus, Schriften des Vereins für Sozialpolitik, Bd. 166 N.F.

111 *Wissenschaftlicher Beirat beim Bundesministerium für Finanzen*: Gutachten: Nachhaltigkeit in der Finanzpolitik, Konzepte für eine langfristige Orientierung öffentlicher Haushalte, 07.12.2001, S. 6.

112 Nicht denselben Rang wie die nachfolgenden Forderungen nehmen fachpolitische Forderungen ein. Daher sei darauf an dieser Stelle hingewiesen: Die Finanzpolitik sollte externe Effekte des Umweltverbrauchs internalisieren und auf ein Wirtschaften ausgerichtet sein, welches den schonenden Umgang mit den natürlichen Ressourcen fördert.

113 *Wissenschaftlicher Beirat beim BMF*: Gutachten vom 07.12.2001, aaO, S. 7f.

lichen Zielen dienen[114], z.B. als Instrument zur Herstellung einer effizienten Allokation, zur Herstellung eines temporären Kassenausgleichs oder des Ausgleichs nichtkonjunkturell bedingter Trendabweichungen (fiskalische Ziele) sowie der intergenerativen Lastenverteilung (pay-as-you-use-Prinzip).[115]

Das Kriterium der Nachhaltigkeit hat jedoch zusätzlich eine politische Dimension. Öffentliche Schulden bedeuten Zins- und Tilgungslasten in künftigen Haushaltsperioden. Damit werden zukünftige Generationen belastet, die sich zur Zeit der Schuldenaufnahme nicht politisch artikulieren können und die auch nicht politisch repräsentiert werden. Dieses Verständnis ist "Ausdruck der Demokratie als 'Macht auf Zeit' ".[116] Kreditaufnahme bedeutet deshalb grundsätzlich Lastenverschiebung zwischen heutigen Nutzern (Wählern) und zukünftigen Zahlern. Die Wirkung des Steuer-Ausgaben-Mechanismus wird eingeschränkt, denn der unmittelbare Zusammenhang zwischen der Programmentscheidung und der Finanzierungsbereitschaft wird gebrochen.

Im Fall des pay-as-you-use-Prinzips wird allerdings argumentiert, dass es bestimmte staatliche Investitionen gäbe, die einen langfristigen Nutzen entfalten und die auch von zukünftigen Generationen genutzt werden. Daher sei eine intergenerative Lastenverteilung bei solchen öffentlichen Gütern nachgerade einzufordern. Das Problem ist jedoch auch hier, dass man die Präferenzen zukünftiger Generationen heute nicht kennt und sie demzufolge nicht fragen kann, ob sie eine bestimmte Investition wollen. Selbst unter der Annahme langfristiger und stabiler Präferenzen können die positiven oder negativen gesamtwirtschaftlichen Auswirkungen und das künftige Ausmaß der Belastungshöhe nicht wirklich abgeschätzt werden.[117]

Ist in einem Gemeinwesen die Kreditaufnahme als Form der Einnahmenbeschaffung zulässig, so ist die Höhe der Verschuldung problematisch. Nach HEINEMANN ist eine öffentliche Schuld dann tragbar im Sinne eines Nachhaltigkeitskriteriums, "wenn erwartet werden kann, dass irgendwann in der Zukunft Budgetüberschüsse erzielt werden, aus denen die Schuld getilgt werden kann"[118] Daher ist für eine

---

114 Hierzu und zum Folgenden: *Gwosć, Christoph*: Ein Verschuldungsrecht für die EU?, in: Europäische Hochschulschriftenreihe V: Volks- und Betriebswirtschaft Bd. 2717, Frankfurt a.M. u.a. 2001, S. 50f.

115 Weitere Ziele: zur optimalen zeitlichen Verteilung der verzerrten Wirkungen von Steuern und der daraus entstehenden Zusatzlasten (tax smoothing), der personellen Umverteilung (Transferansatz) oder des Ausgleichs von Konjunkturschwankungen genutzt werden. Vgl. *Richter, Wolfram / Wiegard, Wolfgang*: Zwanzig Jahre 'Neue Finanzwissenschaft', Teil II: Zeitschrift für Wirtschafts- und Sozialwissenschaften, 1993, S. 337–400 (S. 381f.).

116 *Isensee, Josef*: Verfassungsrechtliche Würdigung der Schuldengrenze nach Art. 115 Grundgesetz, S. 113–135, in: *Müller, Udo*: Haushaltsreform und Finanzkontrolle, 1. Aufl., Baden-Baden 1997, S. 114.

117 *Richter, Wolfram / Wiegard, Wolfgang*: Zwanzig Jahre 'Neue Finanzwissenschaft', Teil II: aaO, S. 381f.

118 *Heinemann, Friedrich:* Staatsverschuldung, Beiträge zur Wirtschafts- und Sozialpolitik, 214, Institut der Deutschen Wirtschaft Köln, 1994, S. 12.

nachhaltige Finanzpolitik auch einzufordern, dass grundsätzlich Zinsen und Tilgung als künftige Belastungen in die künftige Einnahmen- und Ausgabenplanung miteinbezogen werden müssen. Die Gebietskörperschaft muss zugleich über ihre Einnahmen und Ausgaben autonom bestimmen können, damit sie zum Abbau der Verschuldung auch einnahme- oder ausgabeseitig reagieren kann und eine realistische Chance zu deren Abbau besteht. Es bedarf ebenfalls einer ausreichenden Transparenz der Verschuldung. Denn anders als bei der steuerfinanzierten Staatsausgaben kennt der Einzelne im Falle der Verschuldung nicht den von ihm zu tragenden Finanzbeitrag, dies kann zu Schuldenillusionen führen.[119]

3.2.3 Zusammenfassung

Für die Umsetzung des Effizienzgebotes in der europäischen Haushalts- und Finanzverfassung sind verschiedene Kompetenzabgrenzungen durch den Steuer-Ausgaben-Mechanismus und das Nachhaltigkeitskriterium festzuschreiben:

(1) Das Konnexitätsprinzip erfordert die Vereinigung der Aufgabenzuständigkeit und der Ausgabenverantwortung in einer Hand. Die Finanzierungskompetenz ist an die Gesetzeskompetenz anzubinden. Nur über Konnexität und Autonomie ist eine klare Lastenverteilung auf alle Ebenen zu gewährleisten.

(2) Um fiskalische Äquivalenz zu erreichen, sollte einmal das Gebiet der Nutzenstreuung des angebotenen öffentlichen Gutes weitmöglichst dem Hoheitsgebiet der Gebietskörperschaft (EU) entsprechen und andererseits sollen sowohl europäische Steuerzahler als auch europäische Nutzer öffentlicher Güter über die Bereitstellung der öffentlichen Güter entscheiden.

(3) Jeder Ebene muss das volle Haushaltsrecht zustehen, das heißt das eigene Recht, die Gesetzgebungshoheit, die Vollzugshoheit und die Kontrollhoheit über das Budget wahrzunehmen. Dazu muss jede Ebene – auch die der EU-zunächst über ein eigenes Budget verfügen können, sie muss ein autonomes Haushaltsrecht haben und eine eigene Ausgabenbewirtschaftung.

(4) Auch auf der Einnahmenseite müssen die Gesetzgebungshoheit, die Ertragshoheit und die Verwaltungshoheit an die Aufgabenverteilung gekoppelt sein (Autonomieprinzip). Die EU-Einnahmenseite sollte so gestaltet sein, dass die EU ihre Aufgaben aus eigenen Mitteln bestreiten und auch variieren kann.

(5) Jeder Gebietskörperschaft, die eigene öffentliche Aufgaben erfüllt, müssen autonome Steuerfindungs- und Steuersetzungsrechte zustehen. Diese müssen nicht vollständig und vollumfassend sein, aber eine optimale Aufgabenerfüllung gewährleisten und Flexibilität und Anpassungen ermöglichen.[120] Daher

119 Dazu vgl. *Stauffer, Thomas*: Instrumente des Haushaltsausgleichs – Ökonomische Analyse und Rechtliche Umsetzung, Freiburg 2001, S. 31f.

120 *Färber, Gisela*: Finanzverfassung, Besteuerungsrechte und Finanzausgleich, aaO, S. 131.

sind auch für die EU-Ebene eigene Steuerfindungs- und Steuersetzungsrechte zu fordern.

(6) Die Ausgaben- und Einnahmewirtschaft öffentlicher Gemeinwesen hat so zu erfolgen, dass Verschuldungen sehr restriktiv zu handhaben sind. Dabei ist größtmögliche Transparenz der Belastungen einzufordern und deren Berücksichtigung schon bei der Planung der Ausgaben und Einnahmen.

3.3 Institutionenökonomische Grundlagen einer europäischen Haushalts- und Finanzverfassung

Die normativen Voraussetzungen für eine effiziente und demokratische Bereitstellung europäischer öffentlicher Güter in föderalen Systemen sind in Institutionen umzusetzen, die ihre Erfüllung gewährleisten. In klassischen Betrachtungen über eine Haushalts- und Finanzverfassung spielen Fragen der institutionellen Ausgestaltung selten ein Rolle, obwohl doch die konkreten Institutionen der Haushalts- und Finanzverfassung die Anforderungen an Demokratie und Effizienz operationalisieren. Institutionelle Arrangements sind dabei nicht nur deshalb von Interesse, weil sie Demokratie- und Effizienzanforderungen in konkrete Regelsysteme umsetzen, sondern sie können bei einer unvollständigen Umsetzung dieser Anforderungen die Mängel daraus noch verstärken.

In den folgenden Abschnitten werden daher die für die Arbeit wesentlichen Ansätze der Neuen Institutionenökonomie[121] und der Neuen Politischen Ökonomie kurz dargestellt. Insbesondere geht es darum, die spezifischen Probleme aufzuzeigen, die sich aus der Gestaltung und der Existenz von Institutionen ergeben. Die Institutionen der Haushalts- und Finanzverfassung unterliegen spezifischen ökonomischen und politischen Funktionen (Kap. 3.3.1), die bei der Ausgestaltung beachtet werden müssen. Diese sind bei der Ausgestaltung der Verfügungsrechte, der Transaktionskosten und der Prinzipal-Agent-Verhältnisse (Kap. 3.3.2) sowie der politökonomischen Restriktionen (Kap. 3.3.3), die aus Gruppeninteressen und Koordinationsformen kollektiven Handelns ergeben, zu berücksichtigen.

Und schließlich wirken sich auch die Besonderheiten der europäischen Ebene auf eine institutionenspezifische Weise aus. In den meisten der europäischen Organe ist eine Zweiteilung der Interessen festzustellen, die bei der Ausgestaltung der europäischen Haushalts- und Finanzverfassung von erheblicher Bedeutung ist (Kap. 3.3.4)

Den institutionen- und politökonomischen Ansätzen liegen die Annahmen des methodologischen Individualismus zugrunde. Danach gehen gesellschaftlichen Interaktivitäten auf individuelles Handeln zurück. Die Qualität des individuellen

121 Begriff von *Williamson, Oliver*: Markets and Hierarchies: Analysis and Antitrust Implications. A Study in the Economics of International Organization, S. 1, New York, London, 1975.

Handelns bestimmt also die Ergebnisse. Dabei wird davon ausgegangen, dass das Individuum rational handelt und sich nutzenmaximierend verhält. Nutzen heißt hier Vorteilserlangung, also die möglichst optimale individuelle Befriedigung von Bedürfnissen.[122] Rationales Verhalten meint begrenzt rationales Handeln.[123] Dieser eingeschränkte Rationalitätsbegriff berücksichtigt, dass das Individuum aufgrund von Informationsbeschaffungskosten und eingeschränkter Informationsverarbeitungskapazitäten nur begrenzt rational handeln kann.[124] Das Individuum wird – nach dem Wissensstand, den es hat – rational handeln und damit nur die beste Alternative wählen, die sich in dieser Situation erschließen lässt (insofern folgt daraus auch eine beschränkte Nutzenmaximierung). Auf das Verhalten der Individuen kann mittels systematischer Anreize Einfluss genommen werden. Das bedeutet, dass bestimmte Anreize geschaffen werden können, um das Verhalten der Individuen in eine gewünschte Richtung zu lenken. Der Anreiz kann also bestimmte Motivationen der Individuen verstärken – vorausgesetzt, die Individuen können dadurch ihren Nutzen maximieren. Verhalten gegen eine Norm, eine Regel, löst dabei "Unwohlsein" beim Individuum aus, so die Grundannahme der Institutionenökonomie.

Mit Hilfe der Neuen Institutionenökonomie lassen sich einmal die ökonomischen Wirkungen erklären, die von Institutionen der Haushalts- und Finanzverfassung ausgehen (Institutionen als exogene Variable). Zum anderen ist es aber auch möglich, die Entstehung und den Wandel von Institutionen zu erklären (Institution als endogene Variable).[125] Dabei stehen hier die Übertragung von Verfügungsrechten vom Wähler auf die staatlichen Akteure und die Zuordnung der Verfügungsrechte in der Haushalts- und Finanzverfassung sowie die Anreiz- und Kontrollprobleme, die sich aus Informationsasymmetrien zwischen dem Prinzipal und dem Agenten in der Haushalts- und Finanzverfassung ergeben, im Mittelpunkt.

Mit Hilfe der Neuen Institutionenökonomik kann man relativ genau vorhersagen, wie sich verschiedene Akteure verhalten, wenn sie in einer gegebenen Verfügungsrechts-Struktur agieren. Im Umkehrschluss lässt sich aber daraus auch ableiten, wie die Verfügungsrechte verteilt sein müssen, um ein bestimmtes Handlungsergebnis zu erzielen.[126] Zur Erweiterung dieser Ansätze wird im Rahmen der Neuen Politischen

122 Diese Bedürfnisse können bei jedem Individuum andere sein; auch das, was ein Individuum unter Nutzen versteht, oder die Frage, wann es seine Nutzengrenze erreicht hat, sind sicher bei den einzelnen Individuen unterschiedlich zu beantworten.

123 *Wenzler, Hariolf M.:* aaO, S. 83.

124 Die Aufgabe der neoklassischen Annahme einer Null-Transaktionskosten-Welt (vollkommene Rationalität) führt daher zwingend zu einem eingeschränkten Rationaliätsbegriff. Dazu siehe auch: *Richter, Rudolf / Furubotn, Erik G.:* aaO, S. 34.

125 *Löchel, Horst*: Ökonomische Institutionen als das Ergebnis von Verteilungskonflikten, Wirtschaftswissenschaftliches Studium, 1996, S. 275–278, S. 275.

126 *Richter, Rudolf / Bindseil, Udo:* Neue Institutionenökonomik, Wirtschaftswissenschaftliches Studium (WiSt), 24. Jg. 1995, S. 132–140 (136).

Ökonomie kurz auf die Interessen der am Willensbildungsprozess der Haushalts- und Finanzverfassung beteiligten Akteure eingegangen. Ein zweiter Problemkreis betrifft die Koordinationsmechanismen, die für kollektive Entscheidungen der Haushalts- und Finanzverfassung genutzt werden.

Die Verknüpfung der Neuen Institutionenökonomie mit der Neuen Politischen Ökonomie kann zeigen, dass die Präferenzen des Wählers eben nicht nur deshalb verzerrt umgesetzt werden, weil multiple Prinzipal-Agent-Strukturen den "Souverän" immer mehr vom Agenten entfernen. Der Prinzipal wird so zum rein "formalen" Auftraggeber, Auftrag und Ergebnis stehen kaum miteinander in Beziehung. Das Ausnutzen diskretionärer Spielräume erfolgt mit Blick auf bestimmte Nutzenmaximierungstrategien der Agenten. Dies muss Konsequenzen für die Anreizsteuerung der Akteure in der Haushalts- und Finanzverfassung haben. Es ist zu fragen, ob sich die Zweiteilung der Interessen innerhalb der europäischen Institutionen auch in der Haushalts- und Finanzverfassung wiederfindet und welche der Interessen durch Institutionen wie verfolgt werden können.

Dabei ist hier schon zu erwähnen, dass es eine Vielzahl institutioneller Mechanismen gibt, die jeweils für verschiedene Probleme der Haushalts- und Finanzverfassung eine Lösung aufzeigen. Jedoch kann erst aus einer genauen Analyse der Ist-Situation der europäischen Haushalts- und Finanzverfassung geschlussfolgert werden, welche konkrete Institution zur Zielerreichung geeignet ist. Dabei muss die jeweils gewählte Institution nicht die beste aller möglichen Lösungen sein, sondern nur die relativ beste für den jeweiligen Akteur.

3.3.1 Ökonomische und politische Funktionen von Institutionen einer europäischen Haushalts- und Finanzverfassung

Eine Institution wird definiert als ein "auf ein bestimmtes Zielbündel abgestelltes System von Normen einschließlich deren Garantieinstrumente mit dem Zweck, das individuelle Verhalten in eine bestimmte Richtung zu steuern."[127] Dieses Normensystem, diese Ordnung[128] sind Regeln, die notwendig sind, um das Zusammenleben von Menschen zu erleichtern.[129]

Der Grund für die Entstehung von Regeln liegt darin, dass Information kein freies Gut ist, Information muss erzeugt, entdeckt, erfunden, ermittelt werden und kann ggf.

---

127 *Richter, Rudolf / Furubotn, Erik G.*: aaO, S. 513.

128 Unterschieden wird zunächst nach spontanen und konstruierten Ordnungen (Menger, Hayek). Eine spontane Ordnung ist ohne legislativen Zwang und freiwillig errichtet. Dagegen ist eine konstruierte Ordnung das Ergebnis eines zielgerichteten Entwurfs. Die konstruierten Ordnungen teilen sich in formale und informelle Institutionen. Formale Institutionen gibt es einmal im Sinne von objektivem Recht und einmal im Sinne von subjektiven Recht." *Richter, Rudolf / Furubotn, Erik G:* aaO, S. 17.

129 *Sauerland, Dirk*: Föderalismus zwischen Freiheit und Effizienz, Berlin 1997, S. 212.

getauscht werden. Regeln müssen zudem glaubhaft oder glaubwürdig sein[130], wenn sie durchsetzbar sein sollen. Regeln haben zur Folge, dass Individuen bestimmte Erwartungen an das Verhalten anderer Individuen stellen. Durch die Regelbefolgung stellt man sich und die anderen im Idealfall besser. Der Zustand, der bei einer Regelbefolgung durch alle eintritt, hat dann den Charakter eines Kollektivgutes[131].

Regeln gibt es im Wirtschaftssystem und auch im politischen System.[132] "Politische Regeln bestimmen in großen Zügen die hierarchische Ordnung des Gemeinwesens, die Grundstruktur seiner Willensbildung und die ausdrücklichen Merkmale der inhaltlichen Abgrenzung solcher Willensbildung."[133] Regeln koordinieren gegebenenfalls Rechte neu, es werden Rechtspositionen verändert.[134] Dabei unterscheidet man zwischen formgebundenen (formalen) und formungebundenen (informellen) Regeln.

Institutionen haben ein Abbild in Organisationen.[135] Organisationen sind Institutionen und die daran beteiligten Personen, die ein gemeinsames Ziel anstreben.[136] Auch bei Organisationen wird zwischen formalen und informellen Organisationen unterschieden. Organisationen werden meist mit dem Begriff "Organ" gekennzeichnet. In Abgrenzung zum allgemeinen Begriff der Organisationen[137] ist hier eine formale Institution gemeint, die in der Regel aufgrund von Funktionenteilung und oft hierarchischer Anordnung als übergeordnete und/oder koordinierende Institution entstanden ist. Solche Organe sind – auf die Haushalts- und Finanzverfassung bezogen – zum Beispiel die Haushaltsbehörde und der Rechnungshof.

Die Neue Institutionenökonomik vergleicht die Vorgänge innerhalb eines politischen Systems, einer Ordnung mit denen des Marktes. Der Staat kann als "Netzwerk" relationaler Prinzipal-Agent-Verhältnisse aufgefasst werden. Sein Ziel ist die Optimierung des allgemeinen Wohls unter Anwendung oder Androhung von Zwang, "d.h. der Zuteilung, Verwaltung und Transaktion politischer Verfügungsrechte."[138]

Eine Haushalts- und Finanzverfassung ist eine komplexe Ordnung, ein Normensystem, welches die Verfügungsrechte über die finanzwirksamen Aktivitäten eines

130 *Richter, Rudolf / Furubotn, Erik G:* aaO, S. 293.

131 *Elsner, Wolfram:* Institutionen und ökonomische Institutionentheorie, Wirtschaftswissenschaftliches Studium 1987, Heft 1, S. 6.

132 *Richter, Rudolf / Furubotn, Erik G*: aaO, S. 25.

133 *North, Douglass C.:* Institutionen, institutioneller Wandel und Wirtschaftsleistung, Tübingen 1992, S. 56.

134 *Wenzler, Hariolf M.:* aaO, S. 85.

135 *Erlei, Mathias / Leschke, Martin / Sauerland, Dirk*: aaO, S. 65; zum Unterschied zwischen Regel und Organisation: *North, Douglass C.:* aaO.

136 *Arrow, Kenneth J.*: Essays in the Theory of Risk-bearing, S. 224. Amsterdam 1970; *North, Douglass C.:* aaO, S. 5.

137 Z.B. internationale Organisationen wie die UNO.

138 *Richter, Rudolf / Furubotn, Erik G:* aaO, S. 455f., 301.

Gemeinwesens koordiniert. Der Name Verfassung deutet schon darauf hin, dass es sich um explizite, allgemeine Regeln handelt, deren "handlungskanalisierende Wirkungen auf Dauer angelegt sind"[139], die per Kollektiventscheidungen festgesetzt werden und eine Überwachungs- und Durchsetzungsstruktur[140] enthalten.

Dabei sind Institutionen zunächst alle formalen Regeln, die in der Haushalts- und Finanzverfassung niedergelegt werden, z.B. die Verfahren zum Erheben einer Steuer, ihrer Verwaltung und der Verteilung der Erträge, die Ausgabengesetze oder die Verfahren zum Aufstellen, Beschließen, Vollziehen und Kontrollieren des Etats eines Gemeinwesens. Aber auch die informellen Regeln, also die, die nicht durch eine Form gebunden sind, fallen darunter. Dies können Verhaltensregeln, Verfahrensabsprachen oder stillschweigend implizierte Verhandlungsregeln sein.

Institutionen, seien es nun Regeln oder Organisationen, schaffen Rahmenbedingungen, in denen Individuen agieren. Gleichzeitig gestalten diese Individuen Institutionen, und so beeinflussen sich Institutionen und Individuen wechselseitig.[141] Institutionen haben bestimmte Funktionen, die sie erfüllen sollen. Institutionen resultieren aus dem Risiko der Übervorteilung.[142] Institutionen vermindern die Unsicherheit der Vertragsparteien, sie wirken erwartungsstabilisierend[143], und sie schaffen Richtlinien für die soziale Interaktion:

- **Verringerung der Unsicherheit:** Dadurch werden einerseits die Transaktionskosten insgesamt (also für alle Beteiligten) gesenkt. Gleichzeitig wird die "Gesamtmenge an Transaktions- und Transformations- (d.h. Produktions-)kosten einer Wirtschaft" bestimmt. Institutionen ordnen, sie schaffen den Rahmen für den Tausch. Erwartungsstabilisierend wirken Institutionen dadurch, dass soziale Interaktionen berechenbarer werden. Da die Verletzung von Institutionen in der Regel Sanktionen nach sich zieht, was wiederum mit Kosten verbunden ist, wird das Individuum bemüht sein, sich regelgerecht zu verhalten.

- **Flexibilität der sozialen Interaktion:** Institutionen werden nur solange akzeptiert, wie Leistung und Gegenleistung (Tausch) als gleichwertig akzeptiert werden, wenn dies nicht mehr der Fall ist, werden die Institutionen verändert.[144] Durch die dauerhafte Zuordnung von Verfügungsrechten entsteht eine bestimmte Kultur an sozialer Interaktion. Darüber hinaus tragen Institutionen zur Glaub-

139 *Pies, Ingo*: Vertrag oder Verfassung- Institutionenökonomische Perspektiven für die europäische Union, S. 35, in: *Streit, Manfred E. / Voigt, Stefan (Hrsg.)*: Europa reformieren: Ökonomen und Juristen zur zukünftigen Verfaßtheit Europas, Baden-Baden 1996, S. 32ff.

140 *Richter, Rudolf / Furubotn, Erik G:* aaO, S. 301.

141 *Bohnet-Joschko, Sabine:* aaO, S. 198.

142 *Czada, Roland:* Institutionelle Theorien der Politik, S. 209; in : *Nohlen, Dieter*: Lexikon der Politik, Bd. 1, aaO.

143 Hierzu und zum Folgenden: *North, Douglass C.:* aaO, S. 4, 6, 40.

144 *Wenzler, Hariolf M.*: aaO, S. 94.

haftigkeit von Verpflichtungen bei[145] und konstituieren und legitimieren Akteure.[146]

Führt man diese Funktionen von Institutionen nun mit den Anforderungen an ein Regelwerk zusammen, die sich aus demokratie- und effizienztheoretischer Sicht ergeben, kann man bezogen auf eine europäische Haushalts- und Finanzverfassung wie folgt zusammenfassen:

Notwendig ist zunächst eine klare Zuweisung und Koordination von Verfügungsrechten (Festlegung des Handlungsrahmens) für die Akteure der Haushalts- und Finanzverfassung, die der Umsetzung der Präferenzen des Wählers dienen. Diese Zuteilung der Verfügungsrechte sichert zudem den Schutz der individuellen Freiheiten und die finanzielle Autonomie der Gebietskörperschaften. Durch die Schaffung dauerhafter Regeln für den Willensbildungsprozess in der Haushalts- und Finanzverfassung kann eine Verringerung der Unsicherheit der Vertragsparteien (sowohl im Verhältnis Wähler-Abgeordneter als auch innerhalb der beteiligten Organe) erreicht werden. Diese Regeln müssen Partizipation und Repräsentation (durch Verfahren) aller Nutzer und Zahler öffentlicher Güter ermöglichen und die Legitimation und die Konstituierung der Akteure in der Haushalts- und Finanzverfassung sicherstellen.

Ein solches Regelwerk kann die Transaktionskosten hinsichtlich der Bereitstellung öffentlicher Güter senken, indem sie z.B. Anreize für die sparsame und wirtschaftliche Mittelverwendung für die Akteure der Haushalts- und Finanzverfassung setzt und den politischen und institutionellen Wettbewerb bei der Bereitstellung von öffentlichen Gütern gewährleistet. Transaktionskostensenkend wirken sich auch Regeln aus, die der Sicherstellung von Verfahrenseffizienz und der Anpassungsfähigkeit der Institutionen der Haushalts- und Finanzverfassung dienen.

Und schließlich können die Institutionen zur Kontrolle, Transparenz und Rechenschaftslegung über die Verwendung öffentlicher Mittel zur Bereitstellung öffentlicher Güter innerhalb der Haushalts- und Finanzverfassung Erhöhung der Glaubhaftigkeit von Verpflichtungen (seitens des Staates als Schutz vor dem "Leviathan") dienen.

3.3.2 Verfügungsrechte, Transaktionskosten und Prinzipal-Agent-Beziehungen in der europäischen Haushalts- und Finanzverfassung

Für die europäische Haushalts- und Finanzverfassung spielen insbesondere die Konzepte der Verfügungsrechte verbunden mit dem der Transaktionskosten (Kap. 3.3.2.1) sowie der Prinzipal-Agent-Ansatz (Kap. 3.3.2.2) eine besondere Rolle.

145 *Richter, Rudolf / Furubotn, Erik G:* aaO, S. 459.
146 *Czada, Roland*: in: *Nohlen, Dieter*: Lexikon der Politik, aaO, S. 205.

3.3.2.1 Verfügungsrechte und Transaktionskosten in der europäischen Haushalts- und Finanzverfassung

These der Neuen Institutionenökonomik ist, dass die Art und Weise der Ausgestaltung und Zuweisung der Verfügungsrechte und die Art und Höhe der Transaktionskosten einen erheblichen Einfluss auf die Gestaltung politischer Institutionen haben.[147]

Ökonomische Vorgänge können als Koordinationsmechanismen über Ressourcen angesehen werden. Ressourcen sind knapp und an Ressourcen bestehen Verfügungsrechte (property rights). Einzelne Individuen sind Eigentümer dieser Ressourcen und haben dadurch wirtschaftlichen Einfluss. Sie verkaufen, sie kaufen, sie verändern, sie tauschen, sie gebrauchen, sie *verfügen* also über die Ressourcen. Aber auch Verhaltenserwartungen an andere und Ansprüche sind Verfügungsrechte. Ist der Markt durch Konkurrenzpreise gesteuert, führt ein freier Transfer von Verfügungsrechten zu einer effizienten Allokation von Ressourcen.[148] Das Recht, über eine Ressource zu verfügen, wird dem Individuum durch eine Ordnung zugewiesen. Eine solche kann eine Verfassung sein, das Privatrecht, Betriebsordnungen oder individuell durch Vertrag geregelt werden.[149] Dabei ist ein Vertrag das rechtliche Medium zur Koppelung von Individualentscheidungen und eine Verfassung das rechtliche Medium für Kollektiventscheidungen.[150]

Diese Formen der Ordnung garantieren den Bestand der Verfügungsrechte, sie geben dem Individuum die Möglichkeit, über die Verwendung der Rechte zu entscheiden (usus), seine Rechte auf dem Markt zu veräußern (abusus),sie zu verändern (transfer), und sich die "Gewinne und Erträge" aus dem Recht anzueignen (usus fructus).[151] Wenn einzelne Teile eines Verfügungsrechts auf verschiedene Akteure verteilt sind, nennt man dies auch "verdünnte" Verfügungsrechte. Liegen alle Rechte bei einer Person, handelt es sich um spezifizierte Verfügungsrechte.

Im institutionellen, staatlichen Sektor (indirekte repräsentative Demokratie) sind Verfügungsrechte die Handlungskompetenzen und Handlungsmöglichkeiten, die den Akteuren von den Bürgern eingeräumt werden. Diese Handlungskompetenzen können z.B. in konkreten rechtlichen Regeln, in der Einräumung von Ermessen-

---

147 *Richter, Rudolf*: Sichtweise und Fragestellung der Neuen Institutionenökonomik, Zeitschrift für Wirtschafts- und Sozialwissenschaften (ZWS) 110, S. 571–591 (579), 1990; *ders.:* Institutionen ökonomisch analysiert: zur jüngsten Entwicklung auf einem Gebiet der Wirtschaftstheorie, Tübingen 1994, S. 15.

148 *Richter, Rudolf*: Institutionen, aaO, S. 14.

149 *Richter, Rudolf*: Institutionen, aaO, S. 11, 12.

150 *Pies, Ingo*: S. 32f., in: *Streit, Manfred / Voigt, Stefan (Hrsg.):* aaO.

151 Zur Entwicklung der property rights theory siehe die Überblicke bei: *De Alessi, L.*: The Economics of Property Rights: A Review of Evidence, Research in Law and Economics 1980, 2, S. 1–47, und *Furubotn, Erik G. / Pejovitch, S. :* Property Rights and Economic Theory: A Survey of Recent Literature, Journal of Economic Literature, 1972, 10 S. 1137–1162.

spielräumen bei der Auswahl von Handlungsalternativen zur Erreichung eines bestimmten Ziels oder in der Übertragung der Kompetenz zum Erlass formaler/informeller Regeln bestehen. Die Zuteilung und der Umfang politischer Verfügungsrechte können aber in einer Demokratie nicht auf Dauer garantiert werden, denn sie stehen bei jeder Wahl neu zur Disposition.[152]

Diese Verfügungsrechte ermöglichen es den staatlichen Akteuren zu planen, zu organisieren und zu kontrollieren. Sie erhalten Entscheidungs- und Kontrollkompetenzen (usus). In einem eingeschränkten Umfang können die staatlichen Akteure diese Kompetenzen auch verändern (transfer) und veräußern (abusus). Jedoch stehen die "Gewinne und Erträge" aus den Verfügungsrechten (usus fructus) den ursprünglichen Eigentümern zu (Wählern).

PAPPENHEIM unterscheidet die Verfügungsrechte noch in formelle und materielle Verfügungsrechte. Der Inhaber eines formellen Verfügungsrechts hat die letzte Entscheidungsbefugnis über die Durchführung einer konkreten politischen Maßnahme. Der Inhaber des materiellen Verfügungsrechts hat dagegen de facto die Kontrolle über die Entscheidung, er kann dadurch "den Lauf der Dinge (...) präjudizieren". Beide Verfügungsrechte können zusammenfallen. Bei der Betrachtung von Institutionen sind aber vor allem die Fälle interessant, in denen das formelle und materielle Verfügungsrecht auseinanderfallen und sich daraus Probleme ergeben.

Im staatlichen Sektor gibt es drei grundsätzliche Arten der Übertragung von politischen Verfügungsrechten (politische Transaktionen):

- die Wahl, bei der das politische Verfügungsrecht vom Souverän auf den Repräsentanten übergeht,
- das Gesetzgebungsverfahren, durch welches politische Programme (die der Souverän präferiert) verwirklicht werden sollen und
- die Durchführung der beschlossenen Gesetze (Verordnungen etc.).

Verfügungsrechte der Haushalts- und Finanzverfassung sind also diejenigen Handlungskompetenzen, die sich auf die Entscheidungs- und Kontrollkompetenzen hinsichtlich der Einnahmen und Ausgaben des öffentlichen Sektors beziehen. Ein solches "usus"-Recht ist zum Beispiel die Entscheidung über die Verteilung der Ausgaben auf verschiedene staatliche Aufgaben und das Recht, die dazu notwendigen Einnahmen zu erheben. Den verschiedenen Akteuren werden diese im Detail unterschiedlich gestalteten Verfügungsrechte durch die Haushalts- und Finanzverfassung zugewiesen.

Auf nationaler Ebene sind die Verfügungsrechte in den Haushalts- und Finanzverfassungen "abgeleitet", denn der Wähler räumt nicht beispielsweise einem Finanzminister Gesetzgebungs- und Vollzugskompetenzen für eine konkrete Steuer

152 Hierzu und zum nachfolgenden: *Pappenheim, Rainer*: Neue Institutionenökonomik und politische Institutionen, in: Europ. Hochschulschriftenreihe V: Volks- und Betriebswirtschaft, Bd. 2733, Frankfurt a.M. u.a. 2001, S. 201, 111ff.

ein, sondern der Wähler hat einer Regierung per "Globalverfügung" ein ganzes Bündel an Handlungskompetenzen eingeräumt. Diese global verfügten Handlungskompetenzen an die Regierung sind allerdings nicht dauerhaft, sondern zeitlich begrenzt übertragen. Sie werden innerhalb bestehender Strukturen auf verschiedene Akteure verteilt. Dabei kommt es entscheidend darauf an, wer diese einzelnen Verfügungsrechte wie verteilen kann und wie sie abänderbar sind. Die Zuordnung der Verfügungsrechte ist insoweit der institutionelle Ausdruck von funktionaler "accountability".

Der Wähler ist in föderalen Systemen wie der Europäischen Union Mitglied mehrerer Jurisdiktionen. Dadurch wird die Verteilung von Verfügungsrechten (Handlungskompetenzen) zum Problem der Gestaltung der föderalen Systeme. In Bezug auf die nationale Ebene wählt der Wähler eine Regierung (direkt/ indirekt), deren Minister sind ressortbezogen im Ministerrat der EU vertreten. In Bezug auf die europäische Ebene bestimmt der Wähler durch die Wahl der europäischen Abgeordneten einen weiteren Teil der Akteure. Neue Verfügungskompetenzen kann er ihnen nicht übertragen, denn über die "europäische Verfassung" (die Verträge) haben die Mitgliedstaaten das Verfügungsrecht der Gestaltung der Haushalts- und Finanzverfassung und auch der Aufgabenzuweisung inne (materielles Verfügungsrecht). Der endgültige konstitutionelle Rahmen der EU (der Verfügungsrechte) wird über nationale Ratifizierungsverfahren legitimiert (formelles Verfügungsrecht). Im Rahmen dieser so beschlossenen Gesamtverfassung werden auch die Verfügungsrechte innerhalb der europäischen Haushalts- und Finanzverfassung verteilt. Dieses bildet dann den Rahmen für ein Anreizsystem des Handelns der Akteure.

Die verschiedenen Verwendungsmöglichkeiten von Verfügungsrechten verursachen Transaktionskosten. Dies sind z.B. "Such- und Informationskosten, Verhandlungs- und Entscheidungskosten, Überwachungs- und Durchsetzungskosten"[153]. Transaktionskosten entstehen nicht nur in Wirtschaftssystemen, sondern auch in staatlichen, in hoheitlichen Systemen, weil "reale Ressourcen erforderlich sind, um eine Institution (oder Organisation) zu schaffen, und zu betreiben und die Einhaltung ihrer Regeln zu sichern"[154]. Kosten entstehen auch bei der Veränderung und Umorganisation von Institutionen. Im Staatssystem nennt man diese Kosten "politische Transaktionskosten".[155] Sie lassen sich einteilen einerseits in die Kosten der Einrichtung, Erhaltung, Veränderung formaler und informeller Ordnung und andererseits in die "Betriebskosten" des Gemeinwesens.[156] Auch die Haushalts- und Finanzverfassung verursacht Transaktionskosten, z.B. für die Einrichtung und Unterhaltung ihrer Organe und Verfahren. Die Höhe der Transaktionskosten ist von verschiedenen Determinanten abhängig. Solche sind zum Beispiel: die Anzahl und

153 *Richter, Rudolf / Furubotn, Erik G*: aaO, S. 35.
154 *Richter, Rudolf / Furubotn, Erik G:* aaO, S. 9.
155 Hierzu und zum vorgehenden: *Richter, Rudolf*: Institutionen, aaO, S. 8.
156 *Richter, Rudolf / Furubotn, Erik G:* aaO, S. 54.

Stabilität von Verfahren (Halbwertzeit von Normen), die Länge des einzelnen Verfahrens (einzelne Entscheidungsschritte), die Anzahl der Akteure und der beteiligten Ebenen sowie die benötigte Informationsmenge. Aber nicht nur die Einrichtung und Unterhaltung von Institutionen verursacht Kosten, sondern auch die Regeländerung. Diese können sich noch erhöhen, wenn eine gegenseitige Abhängigkeit zwischen einzelnen Regeln besteht.[157]

Sind die Transaktionskosten für eine bestimmte Transaktion, z.B. Kontrolle der Bürokratie, zu hoch, wird die Transaktion nicht oder nicht vollständig durchgeführt. Hier kommt es also darauf an, Verfahren und Regeln zu finden, die nicht so transaktionskostenintensiv sind und dennoch die gewünschten Ergebnisse zeitigen.

Probleme können sich aus der Abstufung der einzelnen Verfügungsrechte ergeben (immer in Bezug auf eine bestimmte Art der politischen Transaktion). Steht z.B. das formelle "usus"-Recht einem anderen Inhaber zu als das materielle "usus"-Recht oder sind einzelne formelle oder materielle Verfügungsrechte mehreren Inhaber gleichzeitig zugeordnet, müssen mehr Informationen zwischen den Verfügungsrechtsinhabern ausgetauscht werden, zusätzliche Transaktionskosten entstehen und ein erhöhter Koordinationsbedarf ist notwendig. Gleichzeitig sinkt die Transparenz der Verfügungsrechteausübung, es wird nicht immer deutlich, welcher Akteur wann welches Verfügungsrecht wahrnimmt. Dies können die Inhaber der Verfügungsrechte zu ihren Gunsten ausnutzen.

3.3.2.2 Prinzipal-Agent-Beziehungen in der europäischen Haushalts- und Finanzverfassung

Die Beziehungen zwischen den Akteuren der europäischen Haushalts- und Finanzverfassung können als Prinzipal-Agent-Beziehungen betrachtet werden. Solche Beziehungen sind dadurch gekennzeichnet, dass ein Auftraggeber (Prinzipal) einen Auftragnehmer (Agenten) mit der Durchführung einer bestimmten Aufgabe betraut. Der Prinzipal bedient sich in der Regel des Agenten, weil dieser z.B. aus Spezialisierungsgründen die gestellte Aufgabe besser erledigen kann als der Prinzipal selbst. Die Prinzipal-Agent-Beziehungen sind grundsätzlich durch Informationsasymmetrien gekennzeichnet. Der Agent hat ein größeres Wissen als der Prinzipal. Dadurch kann der Agent mit seinem Verhalten aber nicht nur das Nutzenniveau des Prinzipals, sondern auch sein eigenes beeinflussen.[158] Für den Prinzipal ergeben sich daraus verschiedene Probleme.

In der Haushalts- und Finanzverfassung sind verschiedene Ebenen von Prinzipal-Agenten-Verhältnissen zu beachten. Die erste Ebene ist diejenige zwischen Wähler (Prinzipal) und Abgeordneten (Agent), die zweite Ebene diejenige, in der diese

157 *Martiensen, Jörn*: Institutionenökonomik, München 2000, S. 342.
158 *Wenzler, Hariolf M.*: aaO, S. 97.

Agenten wiederum als Prinzipale auftreten (gleichzeitige/multiple Prinzipal-Agenten-Verhältnisse), z.B. gegenüber der Bürokratie. Während es in der ersten Ebene (a) um die grundsätzliche Gestaltung einer Haushalts- und Finanzverfassung als Instrument zur demokratischen und effizienten Präferenzumsetzung der Wähler geht, betrachtet die zweite Ebene (b) die "Binnenorganisation" der ausführenden Institutionen.

a) Erste Ebene der Delegation von Verfügungsrechten: Vor Vertragsschluss (Wahl) weiß der Prinzipal (Wähler) nicht genau, über welche Qualifikationen und Eigenschaften der Agent (Abgeordnete) verfügt, welche Motivation ihn antreibt, welche Beziehungen er zu anderen Abgeordneten, zu Regierungsmitgliedern, zur Bürokratie hat oder haben wird (*hidden characteristics*). Dieses kann dazu führen, dass der Agent seine Tätigkeit nur aus persönlichem Gewinnstreben ausübt, ohne tatsächlich den Anforderungen des Prinzipals zu entsprechen (*adverse selection*). Hier muss der Prinzipal Qualifikationsstandards und Mindestanforderungen zur Verringerung seines Informationsdefizits setzen.

Der Prinzipal (Wähler) weiß ebenfalls nicht, ob der Agent (Abgeordnete) sich über die gesamte Wahlperiode (Vertragszeit) in seinem Sinne verhalten wird, oder ob er nicht zu einer anderen Partei, Fraktion wechseln wird, aufgrund persönlicher Verfehlungen sein Amt aufgibt oder ähnliches (*hidden intention*). Er kann den Agenten zwar beobachten, kann aber nichts mehr gegen das Verhalten des Agenten tun *(hold up)*. In den Fällen der hidden intention kann der Prinzipal Anreize setzen, um das Verhalten des Agenten zu steuern. Diese Anreize kann er institutionalisieren, dabei stellt schon die Zuordnung der Verfügungsrechte selbst ein bestimmtes Anreizsystem dar. Gegen hold up-Situationen kann sich der Prinzipal durch sanktionsbewehrte Kontrollmechanismen und Erfolgsbeteiligungen schützen.

Nach Vertragsschluss kann der Prinzipal zwar die Ergebnisse des Agenten sehen, weiß aber nicht, in welchem Umfang der Agent tatsächlich durch seine Handlungen oder Informationen dazu beigetragen hat *(hidden action/hidden information)*. Hier benötigt der Prinzipal ebenfalls Kontrollmechanismen, die abweichendes Verhalten sanktionieren. Um das Handlungsergebnis für den Prinzipal nicht nur sichtbar zu machen, sondern auch einer fachlichen Bewertung zu unterziehen und weil der Prinzipal nicht in der Lage ist, jederzeit über jedes Verhalten selbst die Kontrolle auszuüben, bedient er sich Institutionen, die dies übernehmen.

b) Verfügungsrechte in der Binnenorganisation: Multiple Agenten finden sich einmal in der horizontalen Binnenstruktur einer Jurisdiktion, aber auch in vertikal gestaffelten Systemen, wie z.B. Föderationen. Auch in den multiplen Prinzipal-Agent-Strukturen finden sich die bereits skizzierten Probleme aus Informationsasymmetrien wieder.

- **Horizontale Strukturen:** Im Binnenverhältnis sind teilweise sehr lange horizontale Prinzipal-Agent-Ketten zu beobachten. So erarbeitet z.B. die *Kommission* als

Agent einen Gesetzgebungsvorschlag, der durch *Ministerrat* und *Parlament* (Prinzipale) in einem mehrstufigen Verfahren verabschiedet wird. Die *Kommission* ist dann wiederum als Agent für die Umsetzung zuständig. Diese Ketten werden noch zusätzlich verlängert, weil in den einzelnen Institutionen noch weitere Akteure (z.B. *Arbeitsgruppen und Ausschüsse*) als Agenten fungieren. Dadurch wird der ursprüngliche Prinzipal (Wähler) zu einem rein "formalen" Auftraggeber. Es sind zusätzliche Anreiz- und Kontrollstrukturen anderer Art und Weise notwendig, denn die direkte Rückkoppelung an den ursprünglichen Prinzipal (Wähler) fehlt. Je länger die Kette Prinzipal-Agent/Prinzipal-Agent/Prinzipal ... usw. ist, desto stärker muss der letzte Agent in die Kontrolle genommen werden können, denn er der ursprüngliche Prinzipal hat keinen direkten Zugriff auf ihn. Daher muss jedes Organ, das als Prinzipal tätig ist, "seine" Agenten kontrollieren können. Dies gilt auch für die horizontale Struktur der europäischen Ebene, vor allem, da es aufgrund der institutionellen Ausgestaltung auch "*geteilte Prinzipale*" (Ministerrat und Europäisches Parlament), z.B. aufgrund geteilter Legislativbefugnisse, gibt. Diese Prinzipale können zudem in verschiedenen Konstellationen zueinander stehen. So ist in bestimmten Fällen (z.B. Beitritt neuer Staaten) eine gemeinsame Zustimmung von Ministerrat und Parlament vorgesehen, im Verfahren des Art. 251 (Verfahren der Mitentscheidung) hat das Parlament quasi ein Vetorecht und im Verfahren des Art. 252 EGV (Verfahren der Zusammenarbeit) kann das Parlament gemeinsam mit der Kommission festlegen, ob der Rat mit qualifizierter Mehrheit oder einstimmig entscheiden muss.

- **Vertikale Strukturen:** In der EU kommen die vertikalen institutionellen Strukturen der Gliederungen zu den horizontalen Prinzipal-Agent-Beziehungen hinzu. So wird der *Ministerrat* nicht vom europäischen, sondern vom nationalen Wähler bestimmt. Dabei ist er einmal der Agent der *Regierungen* (Prinzipal) der Mitgliedstaaten, die wiederum ihren *Parlamenten* (Prinzipal) gegenüber rechenschaftspflichtig sind. Die *Parlamente* (Agenten) sind dem *Souverän* (Prinzipal) verpflichtet. Zum anderen ist der *Ministerrat* indirekt Agent des Souveräns der EU-Ebene. In solchen föderativen Systemen hat der Souverän (Wähler) somit zwei unterschiedliche Prinzipalstellungen: sowohl gegenüber der EU- als auch der Mitgliedstaatsebene, wobei die Agenten unterschiedlich legitimiert sind.
  Eine weitere Einbindung vertikaler Akteure findet sich in den verwaltungsföderalistischen Systemen. Diese multiplen Prinzipal-Agent-Strukturen entstehen durch die Trennung von Gesetzgebungs- und Ausführungskompetenzen[159]. Hier nimmt die *mitgliedstaatlichen Ebene* als Agent (Verwaltung) eine Aufgabe des

159 Vgl. dazu grundsätzlich: *Huber, Bernd / Lichtblau, Karl*: Die Reform der deutschen Finanzverfassung – die Rolle des Konnexitätsprinzips, in: Hamburger Jahrbuch für Wirtschafts- und Gesellschaftspolitik, 44. Jg., Hamburg 1999, S. 69–93.

Prinzipals *EU-Ebene* (Vollzug) wahr, obwohl eine direkte Auftragsbeziehung nur zwischen dem Prinzipal (*europäischer Wähler*) und dem Repräsentanten (*EU-Abgeordneter* als Agent) der EU-Ebene besteht. Die Selbständigkeit des Vollzugs ist dadurch intendiert. Für den Prinzipal wird diese "Verkettung der Agenten" nicht immer sichtbar und es stellt sich die Frage, wie hier Verantwortlichkeiten zugeordnet und kontrolliert werden können. Auf der Ebene der handelnden Institutionen fallen unter Umständen hohe Koordinierungs- und Verhandlungskosten (Transaktionskosten) an, die mögliche Effizienzvorteile wieder "auffressen" können. Ähnliches gilt für Mischfinanzierung, bei denen sowohl über die Art der mischfinanzierten Aufgaben, als auch über Höhe, Bewilligung und Kontrolle der Ausgaben in Verhandlungsrunden erst Einigung zwischen den beteiligten Ebenen erzielt werden muss.

3.3.3 Politökonomische Restriktionen

Auf der europäische Ebene ist schon die Übertragung der Verfügungsrechte vom Prinzipal (Souverän) auf den Agenten zweigeteilt (erste Ebene der Delegation von Verfügungsrechten). Einerseits findet eine Übertragung von Verfügungsrechten direkt durch den Wähler auf den EU-Abgeordneten statt, andererseits werden Verfügungsrechte von den mitgliedstaatlichen Regierungen auf den Ministerrat und Europäischen Rat übertragen. Letztere Übertragung ist nur sehr mittelbar auf den Souverän zurückzuführen, bei der Wahl der mitgliedstaatlichen Regierung handelt der Souverän als Wähler einer anderen Jurisdiction.

Aus institutionenökonomischer Sicht können sich die EU-Abgeordneten als Agenten des Souveräns diese Situation zur Nutzenmaximierung verwenden, indem sie sich diskretionäre Spielräume erarbeiten. Diese diskretionären Spielräume entstehen aus dem geringen "Wahlnutzen" (Parlament allenfalls *Mit*gesetzgeber) und den hohen Informationskosten (auch zum Zwecke der Kontrolle) beim Wähler. Da die Abgeordneten daran interessiert sind, ihre Wiederwahl zu sichern, werden sie versuchen, "ihren Wählern" bestimmte Nutzenvorteile über die gezielte Bereitstellung öffentlicher Güter zukommen zu lassen. Zur Finanzierung dieser Güter werden die Einnahmen verwendet, diese stehen jedoch nicht unbegrenzt zur Verfügung. Da verschiedene Wählergruppen für verschiedene Abgeordnete von Interesse sind, können die Abgeordneten entweder durch Wettbewerb untereinander "ihre Wählergruppe" zu begünstigen, oder aber das Budget insgesamt zu vergrößern, so dass alle Abgeordneten davon profitieren.

Die Mitglieder des Ministerrats und Europäischen Rats profitieren ebenfalls von diskretionären Spielräumen. Diese können sie sich sowohl im Verhältnis zum europäischen als auch zum nationalen Wähler erarbeiten. Sie unterliegen keiner Kontrolle durch den europäischen Wähler. Der nationale Wähler wird in der Regel bei den nationalen Wahlen seinen nationalen Präferenzen folgen und den Zusammenhang zwischen einem nationalen Minister und den Verfügungsrechten auf der EU-Ebene eher selten herstellen.

Durch die Übertragung eines Bündels von "Globalverfügungsrechten" auf die Agenten, haben diese die Möglichkeit, die Binnenorganisation der Institutionen zu gestalten, die für die Bereitstellung öffentlicher Güter notwendig sind (zweite Ebene der Delegation von Verfügungsrechten). Dabei werden Verfügungsrechte auch an die Bürokratie übertragen. Auf der EU-Ebene kann man innerhalb der Bürokratie einmal nach "Beamten" (Mitarbeiter der Kommission) und "politischen Beamten" (Kommissare) unterscheiden. Während sich ein Kommissar oft wie ein Politiker (Stimmenmaximierung) verhält, ist das klassische Bürokratenverhalten (Budgetmaximierung) nach NISKANEN[160] vor allem bei den europäischen Beamten zu beobachten. Die Kommissare sind zur Stimmenmaximierung nicht auf den europäischen Souverän angewiesen, sie werden von den nationalen Regierungen ernannt. Die Kommissare sind zusätzlich an Budgetmaximierung interessiert, denn sie können ihren Einfluss und ihr Gewicht durch die Größe ihres Budgets an ihre nationalen Regierungen signalisieren. Beide Gruppen von Bürokraten kennen zudem – anders als die Politiker – die Kosten der bürokratischen Produktion öffentlicher Güter. Gleichzeitig sind sie über die Zahlungsbereitschaft der Wähler informiert (über die Politiker). Daher können sie den Politikern, die über die Kosten der bürokratischen Produktion nicht bzw. nicht so gut informiert sind, entweder eine zu große Gütermenge oder aber eine Gütermenge zu einem überhöhten Preis anbieten[161].

Innerhalb der Binnenorganisation von Institutionen können kollektive Entscheidungen über die Bereitstellung öffentlicher Güter durch verschiedene Koordinationsformen erfolgen: Wettbewerb, Abstimmung, Verhandlung und Hierarchie.[162] Dabei ist die Wahl des Koordinationsmechanismus von Bedeutung, denn er kann den Akteuren unterschiedliche strategische Möglichkeiten bieten, die sie zur Interessenbefriedigung ausnutzen können.

Sind diese Mechanismen als formale Regeln zur kollektiven Entscheidungsfindung ausgestaltet, bieten sie den Akteuren ein Handlungsumfeld, in welchem sie ihre Verfügungsrechte ausüben können. Dabei kann die Wahl des Koordinationsmechanismus aus institutionenökonomischer Sicht die diskretionären Spielräume

160 *Niskanen, William A.*: Bureaucracy and Representativ Government, Chicago 1971, S. 38f.: Danach kann ein Bürokrat seinen Nutzen maximieren, wenn er das Budget seines Büros maximiert, denn in seine Nutzenfunktion fließen nicht nur sein direktes Einkommen, sondern auch seine Stellung in der Hierarchie, die Reputation und der Einfluß des Büros mit ein. Später übernahm Niskanen dann den Ansatz, dass der Bürokrat nicht an einer generellen Budgetmaximierung interessiert sei, sondern an der Maximierung des diskretionären Budgets. vgl. *Niskanen, William A.*: Bureaucrats and Politicians, in: Journal of Law and Economics, Vol. 18, S. 617–643, S. 618f.

161 *Gwosć, Christoph:* aaO, S. 116ff.

162 Einteilung bei *Bohnet-Joschko, Sabine:* aaO, S. 200.

der Akteure vergrößern. Dies ist vor allem im öffentlichen Sektor ein Problem, da dort diejenigen Akteure über die Institutionen entscheiden, die von diesen Institutionen dann betroffen sein werden. Diese Akteure werden versuchen, Strukturen zu schaffen, die gegen künftige Einflussnahme Dritter (vor allem gegen die Einflussnahme von Prinzipalen) abgesichert sind. Institutionelle Vorkehrungen zur Begrenzung der Handlungsspielräume sollten vor allem dann auf konstitutioneller Ebene abgesichert sein, wenn der Wähler (Prinzipal) nur auf diese Ebene tatsächlich Einfluss hat.

Die Frage des "richtigen" Koordinationsmechanismus aus Sicht des Agenten spielt auch für die europäische Haushalts- und Finanzverfassung eine große Rolle.

- **Wettbewerb:** Eine Form wettbewerbsähnlichen Verhaltens innerhalb des öffentlichen Sektors ist der Föderalismus, auch in seiner Ausprägung als Verwaltungsföderalismus, wie er sich im Verhältnis EU-Mitgliedstaaten darstellt. Hier wird die Produktion öffentlicher Güter den nachgeordneten Ebenen überlassen. Gebietskörperschaften können so ihre Angebote an den regionalen Präferenzen ausrichten und miteinander um das "beste" Angebot konkurrieren.

- **Abstimmungen:** Sie sind die häufigste Koordinationsform im öffentlichen Sektor. Sie produzieren – eine Null-Transaktionskostenwelt vorausgesetzt – pareto-effiziente Ergebnisse, wenn sie unter der Bedingung der Einstimmigkeit gefällt werden. Nur das einstimmige Votum garantiert, dass per Saldo niemand schlechter gestellt wird – ansonsten würde er sein Veto einlegen.[163] Einstimmigkeit lässt sich in der Realität selten verwirklichen, da sie hohe Entscheidungsfindungskosten verursacht. Daher werden für viele Entscheidungen auch Mehrheitsregeln vereinbart.[164] Abstimmungen bergen jedoch verschiedene Probleme strategischen Verhaltens in sich. So kann die Möglichkeit, die Tagesordnung kraft Initiativ- oder Vorlagerechten zu seinem eigenen Nutzen zu beeinflussen ("agenda setting"), insbesondere dann eine Rolle spielen, wenn – bei mehrgipfligen Präferenzen- in Mehrheitsabstimmungen bestimmte Reihenfolgen einer Abstimmung von vornherein festgelegt und dadurch das Ergebnis beeinflusst werden kann (Arrow-Paradoxon)[165]. Auch der explizite (logrolling"[166]) und

163 *Blankart, Charles B.:* Knut Wicksells Finanztheoretische Untersuchungen 1896–1996. Ihr Bedeutung für die moderne Finanzwissenschaft., Finanzarchiv, N.F: Bd. 52, Heft 4, 1995, S. 437–457 (S. 443f.); *Buchanan, James M:* An Economist's approach to 'scientific politics', S. 77–88 in: Malcolm B. Parsons: "Perspectives in study of Politics, Chicago 1968.

164 *Buchanan, James M.:* Die Grenzen der Freiheit, zwischen Anarchie und Leviathan, Tübingen 1984, S. 60ff.

165 Wegen des "Arrow-Paradoxons": Arrow fand heraus, dass in bestimmten Konstellationen von Mehrheitswahlentscheidungen bei gegebenen Präferenzen eine eindeutige kollektive Präferenzreihenfolge nicht ableitbar ist und demzufolge die Reihenfolge der Abstimmung das Ergebnis bestimmt. Vgl. *Zimmermmann, Horst / Henke, Klaus-Dirk:* aaO, S. 63ff.

166 Hierzu und folgendes: *Zimmermann, Horst / Henke, Klaus-Dirk:* aaO, S. 67; *Blankart Charles B.:* Öffentliche Finanzen, aaO, S. 228.

implizite ("package voting") Stimmentausch sind Möglichkeiten, den Koordinationsmechanismus Abstimmung für seine eigenen Interessen auszunutzen. Beim "package voting" – wie auch beim "logrolling"[167]- besteht dabei die Tendenz, dass sich die öffentlichen Ausgaben erhöhen, da eine Einigung der Verfügungsrechtsinhaber oft über die Vergabe von zusätzlichen Programmen erfolgt, um alle Interessen auch wirklich zu befriedigen.

- **Verhandlung:** Dieser Koordinationsmechanismus findet sich oft als (formelle/ informelle) Vorstufe zu Abstimmungsprozessen oder in vorgeschalteten Gremien (z.B. Kabinette, Ausschüsse), in Entscheidungsprozessen, in denen mehrere Akteure gemeinsam ein Verfügungsrecht innehaben oder über ähnliche Handlungskompetenzen verfügen und in der Regel auch dann, wenn klare formelle Regeln fehlen. Grundsätzlich sind Verhandlungsprozesse auf eine Kompromissbildung ausgerichtet. Die Verhandlungsmacht der einzelnen Akteure (Verteilung der Verfügungsrechte – formell oder materiell –, Informationsassymetrien, Transaktionskostenhöhe, Zusammenschluss mehrerer Akteure) entscheidet dabei über das Ergebnis. Der Entscheidungsprozess wird auch hier durch strategische Information beeinflusst. Für die europäische Haushalts- und Finanzverfassung spielen Verhandlungen als Koordinationsmechanismus vor allem dann eine Rolle, wenn formale Regeln zu einzelnen Bereichen nicht durch die Verträge vorgegeben sind oder wenn institutionelle Konstellationen ohne Verhandlungen zur gegenseitigen Blockade führen würden. Durch den Koordinationsmechanismus Verhandlung können auf der europäischen Ebene auch formale Regeln umgangen oder ersetzt werden. Grundsätzlich ist bei Verhandlungen die Kontrolle ein Problem. Das betrifft sowohl das Zustandekommen der Ergebnisse als auch den "Input" der jeweiligen Akteure. Sind dann die Verhandlungen auch noch nichtöffentlich (wie z.B. die Sitzungen des Ministerrats), wird nach außen immer nur das Ergebnis der Verhandlung sichtbar und kann nicht zugerechnet werden.
- **Hierarchie:** Dies ist die typische Koordinationsform innerhalb bürokratischer Organisationen, auf europäischer Ebene also die der Kommission. Durch Befehl einer übergeordneten Ebene (Kommissare, Generaldirektoren, Abteilungsleiter) wird das Verhalten der subordinierten Ebene (Generaldirektoren, Abteilungsleiter, Mitarbeiter) gesteuert. Kontroll- und Sanktionsmechanismen müssen diese Koordinationsform absichern, da es sich in der Regel um eine Zwangskoordination handelt. Bürokraten können ihr Informationsmonopol nutzen, um Kooperationsprozesse zu beeinflussen (z.B. Aufstellung des Haushaltsvorentwurfs).

Um die diskretionären Spielräume der Agenten zu begrenzen und die Transaktionskosten insgesamt zu senken, ist es also für die Entscheidung der Gestaltung einer

167 *Petersen, Hans-Georg:* Finanzwissenschaft, Bd. 2: Spezielle Steuerlehre – Staatsverschuldung – Finanzausgleich, Stuttgart 1998, II.2.4.3.

Institution (oder ihrer Veränderung) wichtig zu wissen, welcher Koordinationsmechanismus welchem Akteur strategische Möglichkeiten eröffnet. Entweder kann man schon über die Wahl eines anderen Mechanismus die Akteure stärker binden oder man muss die Kontrolle und die Sanktionen verschärfen. So können über den Mechanismus der Verhandlung eher Widerstände gegen bestimmte Maßnahmen abgebaut werden als über eine bloße Abstimmung. Bei letzterer wird zwar auch ein Ergebnis erzielt, dieses ist aber für die "Verlierer" der Abstimmung in der Regel unbefriedigend und kann sich auf weitere kollektive Entscheidungen negativ auswirken.

Außerdem kommt es darauf an, welcher Akteur welches Verfügungsrecht (formelles oder materielles) innehat. Hat der materielle Verfügungsrechtsinhaber – also der, der letztlich die Entscheidung dominiert – die Möglichkeit, über informelle Verhandlungen ein Ergebnis zu präjudizieren, ist das Zustandekommen und der "politische Preis" dafür intransparent und der Akteur schwerlich dafür zur Verantwortung zu ziehen.

3.3.4 Die Zweiteilung der europäischen Willensbildung aus institutionenökonomischer Perspektive

Die Verfügungsrechte für die Akteure der Haushalts- und Finanzverfassung werden durch die Europäischen Verträge zugewiesen. Gibt es nun in den Institutionen – wie im Falle der EU – zwei potentiell mögliche Interessenrichtungen (national/europäisch), sind die Verteilung der Verfügungsrechte, die Anbindung der Akteure und die auf der jeweiligen Ebene entstehenden Transaktionskosten die entscheidende Motivation/Nichtmotivation für die Bevorzugung des einen oder anderen Interesses. Die Akteure werden sich in der Regel für das Interesse entscheiden, bei dem sie ihren eigenen Nutzen am besten maximieren können. Für die europäische Haushalts- und Finanzverfassung ist daher an dieser Stelle kurz zu untersuchen, welchem Interesse die Vertreter im Europäischen Rat (a), die Minister (b), die Abgeordneten (c), die Kommissare (d) und die Beamten der Exekutive (e) aufgrund der grundsätzlichen Verfügungsrechtestruktur folgen werden.

a) Vertreter im Europäischen Rat: Der Europäische Rat ist zwar kein unmittelbarer Akteur der europäischen Haushalts- und Finanzverfassung, nimmt aber durch seine "Schlussfolgerungen des Rates" eine Aufgabendefinierung für die europäische Ebene vor (Inhaber des materiellen Verfügungsrechts), die teilweise mit erheblichen finanziellen Auswirkungen verbunden ist. Als leitende Mitglieder nationaler Exekutiven sind die Staats- und Regierungschefs einerseits Agenten der nationalen Parlamente (in parlamentarischen Demokratien) oder des Souveräns (in Präsidialdemokratien), andererseits Prinzipale der nationalen Bürokratien. Über das Organ "Europäischer Rat" erhalten sie zudem in der horizontalen Binnenorganisation eine "Quasi-Prinzipalstellung" für die anderen europäischen Organe, insbesondere für den Ministerrat. Sie haben ebenfalls Anreize, sich für die Erledigung nationaler Aufgaben der europäischen Ebene zu bedienen, da die Aufgaben dieser Ebene durch den europäischen Steuerzahler finanziert werden und eine Kontrolle durch den europäischen Steuerzahlers derzeit kaum möglich ist.

b) Minister: Die Vertreter im Ministerrat sind Agenten der nationalen Regierungen und Prinzipale gegenüber der nationalen Verwaltungen. Zugleich sind sie europäische Prinzipale gegenüber der Kommission und "Quasi-Agenten" des Europäischen Rats. Da eine direkte Legitimation durch den europäischen Souverän und ein Wiederwahl-/Wiederernennungsinteresse auf europäischer Ebene fehlt, hat er kaum Anreize, europäische Interessen zu vertreten. Er wird seine Vormachtstellung ebenfalls zur Befriedigung der nationalen Interessen ausnutzen. Das kann er auch deshalb, weil er – außer im Verhältnis zum Europäischen Rat – in keiner Weise als europäischer Agent (des Souveräns) in das institutionelle System eingebunden ist. Dem Ministerrat kommt dabei zugute, dass er die jeweiligen nationalen Kompetenzbereiche über die EU-Ebene auszuweiten und so auch nationale Kontrollmechanismen aushebeln kann. Wenn er dabei den Koordinationsmechanismus der Verhandlung benutzt, kann er zudem sein Verhalten intransparent gestalten und eine mögliche Kontrolle umgehen. Dabei kommt ihm die mangelnde Ressortdisziplin zugute, denn die einzelnen Fachministerräte agieren weitgehend unabhängig voneinander.

c) Abgeordnete: Die Politiker im Parlament sind als Agenten des Souveräns und teilweise als Prinzipal tätig. Im Falle der Haushalts- und Finanzverfassung bestehen die Gewinne bei den Abgeordneten vor allem in der Zurechnung der Ausgaben für bestimmte Gruppen als Leistung des Politikers. Da die Abgeordneten nicht an europäische Parteien angebunden sind, sondern ihre Wiederaufstellung als Kandidaten für das Europäische Parlament an den nationalen Parteien hängt, werden die Abgeordneten versuchen, vorrangig ihre nationalen Wählergruppen und Parteien zu begünstigen. Hat das Parlament aber keine eigenständigen Verfügungsrechte, ist es gezwungen zu kooperieren, um seine Interessen durchzusetzen. Teilt sich das Parlament z.B. bestimmte Verfügungsrechte mit dem Ministerrat, wird es den Ministerrat immer dann unterstützen, wenn es seinen eigenen Interessen nutzt. Gleichzeitig ist das Parlament bestrebt, seine Handlungskompetenzen zu erweitern. Dies kann es vor allem über den Mechanismus der Verhandlung oder über Veto-Abstimmungen kompensatorisch erreichen.

d) Kommissare: Sie sind politische Beamte. Ihre Ernennung ist von den Mitgliedstaaten abhängig, zwar kann das Europäische Parlament ein Veto einlegen, aber nur gegen die Kommission als Ganzes. Die Kommissare werden versuchen, ihre Ressortinteressen (Budgetmaximierung) zu verfolgen. Das geht entweder durch

Ressortwettbewerb innerhalb der Kommission oder durch die Verlagerung von Kompetenzen auf die EU-Ebene. Letzteres können die Kommissare vor allem dann, wenn sie die ihren Ressorts entsprechenden Ministerräte hinter sich wissen. Die Kompetenzvergrößerung erweitert auch die Initiativbefugnis der Kommission als solche, da ihr im Gesetzgebungsprozess in der Regel das Initiativrecht zusteht. Daher werden die Kommissare nationale Interessen eher als europäische Interessen befriedigen, obwohl sich die Kompetenzvergrößerung auf der EU-Ebene nach außen als die Vertretung "europäischer" Interessen darstellt. Die Motivation der Kommissare wird aber nicht durch die Präferenzen des europäischen Souveräns, sondern durch die Präferenzen der nationalen Regierungen bestimmt.

e) Beamte der Exekutive: Die Beamten der europäischen Kommission (Bürokraten) sind für den größten Teil des Budgets Prinzipale gegenüber den nationalen Verwaltungen. Gleichzeitig sind sie horizontal Agenten der Kommissare und auch des Ministerrats sowie des Europäischen Parlaments. Sie können die direkte Verwendung der Ressourcen in der Regel nicht beeinflussen. Daher werden die Beamten der Kommission bestrebt sein, ihre Handlungskompetenzen auszubauen. Das können sie dann, wenn ihnen z.B. das Verfügungsrecht des Vollzugs vollständig übertragen wurde. Unterstützt wird dies dann, wenn der Koordinationsmechanismus der Hierarchie z.B. durch den der Verhandlung ersetzt wird und die Bürokraten gegenüber denjenigen, die ihre Budgetgröße bestimmen, erhebliche Informationsvorteile erlangen. Während die Hierarchie nämlich eine Weisungsabhängigkeit (und somit quasi eine "Vorabanbindung" an den Prinzipal) bedeutet, intendiert der Mechanismus der Verhandlung einen größeren Ermessens- und Gestaltungsspielraum. Die Bindung an die (politischen) Kommissare oder an den Ministerrat und das Parlament ist schwächer. Daher müssten die Kontroll- und Sanktionsmöglichkeiten verstärkt werden, wenn der Mechanismus der Verhandlung als Koordinationsform für die Bürokraten gewählt wird.

Diese kurze Darstellung zeigt, dass eine bestimmte Struktur der Verfügungsrechte (z.B. Ministerrat alleiniger Verfügungsrechtsinhaber), die Ausgestaltung der Prinzipal-Agent-Beziehungen (z.B. keine direkte Anbindung des Ministerrats an den europäischen Prinzipal) und die Höhe der Transaktionskosten (die Kontrolle des Ministerrats über die nationalen Regierungen und Parlamente durch den nationalen Souverän verursacht andere Kosten als eine direkte Kontrolle des Ministerrats durch den europäischen Souverän) Anreize bietet, nicht europäische, sondern überwiegend nationale Interessen zu verfolgen.

3.3.5 Zusammenfassung

Institutionen übernehmen auch in der Haushalts- und Finanzverfassung grundlegende Funktionen bei der Bereitstellung öffentlicher Güter im Sinne der Wählerpräferenzen. Dabei kommt es entscheidend auf die Allokation der Verfügungsrechte und die Ausgestaltung der Prinzipal-Agent-Verhältnisse an. Unter Verfahrenseffizienzgesichtspunkten spielen auch die Transaktionskosten eine Rolle bei der Frage, welche konkrete Institution zu präferieren ist.

Die getrennte Zuordnung von formellen und materiellen Verfügungsrechten ("verdünnte" Verfügungsrechte) kann zu Problemen führen, da sich die Agenten den Nutzen aus den Rechten (usus fructus) aneignen können. Dies kann durch das Auseinanderfallen von formellen und materiellen Verfügungsrechtinhabers ("doppelt verdünnte" Verfügungsrechte) noch verstärkt werden. Viel grundsätzlicher stellen sich dann Kontrollprobleme der Agenten, da sich die Informationsstrukturen stärker verflechten und Anreize für mehrere Agenten zu setzen sind, die unter Umständen gegenläufige Interessen haben, aber gemeinsam Inhaber eines (formellen oder materiellen) Verfügungsrechts sind.

In föderal gestalteten Strukturen ist neben der horizontalen Ebene auch die vertikale Ebene mit zu berücksichtigen. Die verschiedenen Delegationsstränge in der EU können – mit Blick auf einen Agenten – zu unterschiedlichen Prinzipalstellungen führen. Die Prinzipale haben gegebenenfalls unterschiedliche Interessen, was sich wiederum auf die Anbindung des Agenten auswirkt. Hinzu kommen die verwaltungsföderalistischen Besonderheiten, die für den Prinzipal die "Verkettung der Agenten" verschleiern können.

Die getrennte Zuordnung von Verfügungsrechten ("verdünnt" und "doppelt verdünnt"), die Vielzahl der Agenten, die unterschiedlichen Prinzipale und die verwaltungsföderalistischen Strukturen können zudem einen hohen Koordinations- und Informationsbedarf bedingen. Die Wahl des Koordinationsmechanismus sollte die Vielfalt der strategischen Möglichkeiten in solchen Strukturen berücksichtigen. Eine bestimmte Struktur von Verfügungsrechten, die Ausgestaltung der Prinzipal-Agent-Beziehungen und die Höhe der Transaktionskosten kann darüber hinaus eine spezifische Interessenverfolgung präjudizieren, unterstützen oder ermöglichen. Daher sollte die Wahl der Institution immer unter Berücksichtigung aller dieser Aspekte erfolgen.

3.4 Funktionen einer europäischen Haushalts- und Finanzverfassung

Die Haushalts- und Finanzverfassung hat nicht nur im Rahmen der Gesamtverfassung den benannten Demokratie- und Effizienzanforderungen zu entsprechen. Die Institutionen der Haushalts- und Finanzverfassung legen die Art und Weise der konkreten Budgetgestaltung und Budgetumsetzung fest. Das staatliche Budget erfüllt verschiedene Aufgaben, die bei der Gestaltung der Haushalts- und Finanzverfassung berücksichtigt werden sollten. Traditionell werden sie mit den von der Finanzwissenschaft entwickelten Budgetfunktionen beschrieben. Diese Anforderungen wurden jedoch für nationale Haushalts- und Finanzverfassungen entwickelt. Im folgenden Abschnitt wird untersucht, ob und inwieweit die klassischen Budgetfunktionen auf die EU angewandt werden können. Dazu ist eine Darstellung und moderne Interpretation dieser klassischen Funktionen notwendig (Kap. 3.4.1–3.4.5). Wenn man berücksichtigt, dass die EU mehr ist als eine internationale Organisation – wenn auch (noch) kein Staat im klassischen Sinne – könnte sich dieses "Werden der EU" auch in den Funktionen des Budgets niederschlagen. Es wird zudem aufgezeigt, dass die Budgetfunktionen eben nicht nur für die Ausgabenseite als Handlungsanleitung für die Verwaltung relevant sind, sondern prozessuale Vorgaben für die Gestaltung der Ausgaben- und Einnahmenbewirtschaftung machen und dabei zugleich auch den Demokratie- und Effizienzanforderungen unterliegen. In einem weiteren Abschnitt wird dann untersucht, welche konkreten Verfahrens- und Verhaltensregeln sich aus den Budgetfunktionen ergeben (Kap. 3.4.6).

In den meisten wissenschaftlichen Arbeiten und juristischen Kommentaren zum europäischen Haushalt/Haushaltsrecht werden die klassischen Budgetfunktionen auf den Haushalt der EU fast deckungsgleich angewendet.[168] Dieses wird – wenn überhaupt – damit begründet, dass über den europäischen Haushalt – in mehr oder weniger großem Umfang – öffentliche Güter bereitgestellt werden[169], der Haushalt "in Zielsetzung und Umfang an staatliche Haushalte zumindest heranreicht"[170] und das EU-Haushaltsverfahren mit denen der Mitgliedstaaten vergleichbar sei[171]. Dabei wird selten untersucht, ob nicht unter dem Blickwinkel der Historie der EU, ihrer (ursprünglichen und heutigen) Zielrichtungen und Aufgaben weitere Funktionen des EU-Budgets hinzutreten oder einer besonderen Interpretation bedürfen.

Betrachtet man den Haushalt nur als Voranschlag aller Einnahmen und Ausgaben eines Staates innerhalb einer bestimmten Periode[172], wird der unmittelbare Zusammenhang zwischen Aufgaben, Ausgaben und Einnahmen einer Gebietskörperschaft allenfalls "buchhalterisch" sichtbar. Der Haushalts ist das finanzielle Spiegel-

---

168 Z.B. *Groeben, Hans van der / Thiesing, Jochen / Ehlermann, Claus-Dieter*: Kommentar zum EU/EG-Vertrag, Bd. 4, 5. Aufl., Baden-Baden 1997, Vorbem. zu Art. 199–209, RN 18ff.; *Noll, Michael*: Haushalt und Verfassung, Stuttgart, Berlin, Köln 2000, S. 152f.

169 Zur Diskussion zu den europäischen öffentlichen Gütern siehe z.B.: *Der Wissenschaftliche Beirat beim Bundesministerium für Wirtschaft:* Ordnungspolitische Orientierung für die Europäische Union (S. 1693–1790) S. 1749ff., in: *Bundesministerium für Wirtschaft:* Gutachten vom August 1994 bis Juni 1997, Göttingen 1997; *Heinemann, Friedrich:* EU-Finanzreform 1999, aaO, S. 31ff; *Apolte, Thomas:* Vertikale Kompetenzverteilung in der Union (S. 13–29) S. 14ff., in: *Streit, Manfred E. / Voigt, Stefan (Hrsg.):* Europa reformieren, aaO.

170 *Groeben, Hans van der / Thiesing, Jochen / Ehlermann, Claus-Dieter*: aaO; Vorbem. zu den Art. 199–209, RN 16.

171 *Ternes, Stefan Johannes:* Die Finanzkontrolle in der Europäischen Gemeinschaft, Hochschulschriften, Reihe II, Rechtswissenschaft, Frankfurt a.M., S. 30.

172 Bei *Stern, Klaus*: aaO, S. 1193f.

bild öffentlicher Aufgabenerfüllung. Der Umfang der Aufgaben bestimmt die Höhe der Ausgaben und die wiederum bestimmen die notwendigen Einnahmen. Damit ist der Haushalt mehr als ein Ordnungs- und Mittelbewirtschaftungsinstrument, eine Handlungsanleitung für die Verwaltung. Er ist das jährlich neu zu erarbeitende Kernstück der Politik Europas. Deshalb ist die Frage nach den Funktionen (den Zwecken) eines Budgets so wichtig. Diese Funktionen sind die politische Programmfunktion (Kap. 3.4.1), die politische Kontrollfunktion (Kap. 3.4.2), die finanzwirtschaftliche Ordnungsfunktion (Kap. 3.4.3), die administrative Lenkungs- und Kontrollfunktion (Kap. 3.4.4) und die volkswirtschaftliche Lenkungsfunktion (Kap. 3.4.5). Diese Funktionen wiederum sind untrennbar mit der Entwicklung der modernen Staaten und ihrer Verfassungen, mit der Entwicklung der Demokratie und der Forderung nach Effizienz öffentlichen Handelns verbunden.

3.4.1 Die politische(n) Programmfunktion(en) des Budgets

In der wissenschaftlichen Literatur findet sich meist nur die klassische Interpretation dieser Funktion als "politische Programmfunktion" auch für den Haushalt der EU.[173] Eine Präzisierung in zwei Richtungen ist jedoch notwendig. Zum einen geht der Inhalt dieser Funktion über einen rein programmatischen Charakter hinaus und zum anderen bedarf die politische Programmfunktion des Budgets, bezogen auf den EU-Haushalt, einer inhaltlichen Erweiterung um die *Integrations-* und die *Kompensationsfunktion* (Kap. 3.4.1.2–3.4.1.3). Diese resultieren aus der Besonderheit der Aufgaben der Europäischen Union und ihrer noch unvollständigen Staatlichkeit.

3.4.1.1 Die "moderne" Programmfunktion

Die Entwicklung der Nationalstaaten im 20. Jahrhundert und die Festigung der parlamentarischen Demokratie als vorherrschende Staatsform in Europa veranlassten SENF (1969, 1977) und RÜRUP (1971) zu der Feststellung, dass die politische Funktion des Etats die wichtigste sei. RÜRUP sah in der Budgetwirklichkeit allerdings, dass der "historische Budgetzweck" (Verwaltungskontrolle) auch in den 70er Jahren noch den Haushalt dominierte.[174] SENF bezeichnete alle anderen

173 So erkennt ROSSI (ähnlich BIEBER) die Übertragbarkeit der Budgetfunktionen "dem Grundsatz nach" an, nimmt aber keine spezifischen Modifizierungen darüber hinaus vor. WALDHOFF hebt ausdrücklich die Ähnlichkeit zwischen einem Staatshaushalt und dem EU-Haushalt hervor und leitet daraus eine Parallelität zwischen den Funktionen ab (außer für die finanzwirtschaftliche Ordnungsfunktion). Vgl. *Rossi, Matthias:* Europäisches Parlament und Haushaltsverfassungsrecht, Berlin/Baden-Baden 1997, S. 167f.; *Bieber, Roland*: Vorbemerkung zu den Art. 199–209a, RN 18, aaO, in: *Groeben, Hans von der / Thiesing, Jochen / Ehlermann, Claus-Dieter:* Kommentar zum EU/EG-Vertrag, Bd. 4, 5. Aufl., Baden-Baden 1997; *Waldhof, Christian*: Art. 268, RN 10, aaO.

174 *Rürup, Bert:* Die Programmfunktion des Bundeshaushaltsplans, Berlin 1971, S. 28.

Budgetfunktionen als lediglich "verschiedene Aspekte ein und derselben Sache"[175], RÜRUP sah in den anderen Budgetfunktionen bloße Unterfunktionen der politischen Funktion[176]. Die politische Funktion wurde zur politischen *Programm*funktion, durch welche der Aufgabeninhalt und -umfang sowie das Maß staatlicher Verantwortung definiert wird.

Die heutige Bedeutung der Programmfunktion wird durch die verschiedenen Dimensionen dieser Funktion deutlich. Zum einen wird durch die programmatische Ausrichtung des Etats eine Verknüpfung von Delegation (Wahl) und Verantwortung der Repräsentanten ermöglicht. Zugleich dient der Etat der Steuerung der Verwaltung durch die Politik. Diese Dimension stellt also auf die Verdeutlichung der Rolle von (Wähler) Parlament und Verwaltung und auf die Rückkoppelung der Informationen an den Wähler ab. Mit dieser Dimension ist die Bedeutung des Entstehungsprozesses des Budgets angesprochen, die Art und Weise der Konsensfindung, der Prioritätensetzung, der Offen- und Festlegung der Ziele.

Die programmatische Prioritätensetzung im Haushalt ist die Voraussetzung funktionaler Verantwortlichkeit ("accountability"). In parlamentarischen Demokratien zeigt sich in der Verabschiedung des Haushalts die Manifestation der Verantwortung der politischen Spitze der Verwaltung für die tatsächliche Umsetzung *dieses* Haushalts. Der Haushalt dient als "tool of management"[177] und verschafft zugleich dem Wähler eine Informationsbasis (Transparenz des Programms). Durch die Schwerpunktfestlegung übernimmt der Programmaufsteller die Verantwortung, die ihm durch die Delegation von Entscheidungsrechten eingeräumt wurde. Die Zuweisung spezifischer Verantwortlichkeiten über das Budget ist zudem Voraussetzung für die politische Kontrollfunktion des Budgets.

Die politische Programmfunktion ist auch im Sinne einer politischen Entscheidungs-, Ausgleichs- und Planungsfunktion[178] zu verstehen und wird im Zusammenspiel der beteiligten Organe an der Willensbildung in der Haushalts- und Finanzverfassung sichtbar. Der Haushalt ist das Ergebnis einer Kompromissfindung im politischen Willensbildungsprozess (Ausgleich).[179] Europäisches Parlament, der Ministerrat und die Kommission haben im Vorfeld des Legislativprozesses über den Haushalt mannigfaltige Vorstellungen über die Gestaltung der öffentlichen Aus-

175 *Senf, Paul:* Kurzfristige Haushaltsplanung, S. 371–425 (374), in: *Gerloff, Wilhelm / Neumark, Fritz:* Handbuch der Finanzwissenschaft, Bd. 1, 3. Aufl., 1977.

176 *Rürup, Bert*: aaO, S. 17.

177 *Ders.:* aaO, S. 19.

178 *Koller, Heinrich:* Der öffentliche Haushalt als Instrument der Staats- und Wirtschaftslenkung: ein Beitrag zur politischen und rechtlichen Bedeutung des haushaltsrechtlichen Instrumentariums und zum Wandel der Haushaltskompetenzen von Parlament und Regierung, Basel/Frankfurt a.M. 1985, S. 179.

179 Das Verfahren der Meinungsbildung bekommt ein eigenständiges Gewicht, *Borrmann, Gero-Falk / Schwanenberg, Manfred*: Öffentliche Finanzwissenschaft, Köln, Berlin, Bonn 1992, S. 73; *Senf, Paul:* aaO, S. 375.

gaben und Einnahmen der EU, wobei sie die Präferenzoffenlegung der Wählermehrheit berücksichtigen sollten. Im Haushaltsverfahren wird durch politische Auslese und Konsenssuche bestimmt, welche Ausgaben und Einnahmen denn nun realisiert werden sollen (Planung/Entscheidung). Da die Ressourcen knapp sind, ist ein politischer Auswahlprozess notwendig. Alle Akteure müssen im Budgetprozess ihre spezifischen politischen Ziele konkretisieren und äußern[180], genauso so wie ihre Positionen zur Finanzierung derselben. Hier zeigt sich die Bedeutung der öffentlichen Haushaltswirtschaft als Instrument zur finanziellen Absicherung der verschiedenen politischen Zielvorgaben.[181] Dabei ist zwischen "fixen Ausgaben" (wie z.B. die laufenden Staatskosten) und variablen Mitteln zu unterscheiden. Nur über letztere kann im Rahmen des jährlichen Budgetprozesses gestaltend entschieden werden. "Fixe Ausgaben", die einen Haushalt über mehrere Jahre gleichermaßen belasten, sind dagegen in der Regel nicht jährlich verhandelbar. Sie entstehen nicht mit dem konkreten jährlichen Budget, sondern durch die Vorgaben der Gesetzgebung und bei der Aufgaben- und Finanzplanung.[182] Daher wird in Nationalstaaten auch der Finanzplan als "Regierungsprogramm in Zahlen" und der Haushaltsplan als "ziffernmäßig exakter Ausdruck des politischen Handlungsprogramms der Regierung" bezeichnet.[183] Bejaht man aber das Vorhandensein einer politischen Grundaufgabe des Budgets, welche auch die Planung beinhaltet, sind die langfristigen Ausgabenplanungen und ihrer Finanzierungsgrundlagen mit dem jährlichen Willensbildungsprozess in Einklang zu bringen. Diese Finanzplanung – die Ausgaben und Einnahmen umfassen muss – kann dann nicht losgelöst von der kurzfristigen Haushaltsplanung betrachtet werden. Das hat Konsequenzen vor allem für die Kompetenzverteilung für jährlichen Haushalt und die Finanzplanung. Das Parlament, welches durch seinen Beschluss den Budgetentwurf in ein konkretes Budget umwandelt, muss auch in die Prozesse der Finanzplanung und Einnahmengestaltung in derselben Weise eingebunden sein. Nur so kann eine Kohärenz der Entscheidungen erreicht werden.

Die politisch-*programmatische* Dimension im engeren Sinn ist von der allgemeineren politischen Dimension des Repräsentantenhandelns abzugrenzen. Sie bezieht sich nur auf das ausgabenwirksame Programm der EU. Es gibt viele politische Aufgabenbereiche, die keine unmittelbaren bedeutenden finanziellen Auswirkungen haben, sich also deshalb nicht adäquat im Haushalt wiederfinden. Zu denken ist zum Beispiel an die europäische Harmonisierungs- und Regulierungspolitik, z.B. in den Bereichen Wettbewerb oder Verbraucherschutz. Die politisch-programmati-

180 So schon *Senf, Paul*: aaO, S. 374.

181 *Kisker, Gunter*: Staatshaushalt, § 89, S. 242, in: *Isensee, Josef, Kirchhof, Paul*: Handbuch des Staatsrechts der Bundesrepublik Deutschland, Bd. IV: Finanzverfassung – Bundesstaatliche Ordnung, Heidelberg 1999.

182 *Koller, Heinrich*: aaO, S. 181.

183 *Ders.:* aaO, S. 181.

sche Dimension wird im konkreten Inhalt des Haushalts sichtbar, sie findet sich in den niedergelegten Schwerpunkten der ausgabenwirksamen Aktivitäten und in den zur Deckung der Ausgaben zu erhebenden Steuern (Art und Umfang).[184] Im Haushalt zeigt sich, wie die verfügbaren Ressourcen zwischen dem öffentlichen und privaten Sektor aufgeteilt sind und wie die vom öffentlichen Sektor beanspruchten Mittel innerhalb des Staatssektors verteilt werden. Dabei spielt programmatische Ausrichtung des Haushaltsgesetzgebers eine wesentliche Rolle.

3.4.1.2 Integrationsfunktion

Der EU-Haushalt hat darüber hinaus eine politisch motivierte Dimension, die hier Integrationsfunktion genannt wird. Diese resultiert aus der Aufgabe der EU, dem Daseinszweck, "die europäische Integration voranzutreiben"[185]. Die Integrationsfunktion ist Teil der politischen Funktion des Haushalts, da die Integration der Mitgliedstaaten in die EU erklärtes politisches Hauptziel der EU ist.[186] Das Ziel der europäischen Integration erklärt sich aus dem historischen Kontext Europas nach dem zweiten Weltkrieg[187]: Verflechtung zuvor kriegswichtiger Ressourcen, Zusammenarbeit früherer Gegner, Bündelung von Souveränität und Wohlstandsentwicklung (Zollunion, Wirtschaftsunion, Währungsunion). Hintergrund dieser Zielsetzungen war und ist vor allem[188], dass durch eine derartige Integration der Mitgliedstaaten in einen gemeinsamen politischen, wirtschaftlichen und rechtlichen Rahmen das Risiko gewaltsamer Auseinandersetzungen zwischen den Nationalstaaten minimiert werden kann.[189] Oft wird der Inhalt dieser Integration mit den beiden Begriffen Vertiefung (des integrationspolitischen Ist-Standes innerhalb der EU) und Erweiterung (Aufnahme neuer Mitgliedstaaten in die EU) benannt.[190] Dies sind prägnante Beschreibungen der Binnen- und Außenwirkung der Integrationsfunktion.

Teilweise findet sich diese Integrationsfunktion auch bei anderen Autoren, jedoch des öfteren anders benannt bzw. anders als hier begründet. So sind OPPER-

184 *Noll, Michael:* aaO, S. 32.
185 Präambel des EUV (dreizehnter Absatz).
186 So ausdrücklich in der Präambel des EUV (z.B. erster Absatz) und in Art. 1 Abs. 2, Art. 2 EUV festgelegt.
187 *Janning, Josef:* Frieden in Europa, S. 371f., in: *Weidenfeld, Werner (Hrsg.):* aaO.
188 Zur Geschichte der europäischen Integration und der politischen Union: vgl. *Beutler, Bengt / Bieber, Roland / Pipkorn, Jörn / Streil, Jochen*: Die Europäische Union, 5. Aufl., Baden-Baden 2001, S. 38ff., S. 50f.
189 *Wissenschaftlicher Beirat beim Bundesministerium für Wirtschaft*: Ordnungspolitische Orientierung, aaO, S. 1693f., 1700ff.
190 *Wessels, Wolfgang:* Das politische System der EU, in: *Weidenfeld, Werner (Hrsg.):* Europa-Handbuch, aaO, S. 333ff.

MANN[191] und ROSSI[192] der Ansicht, der Haushalt habe die Aufgabe, strukturelle Veränderungen in den Mitgliedstaaten auszulösen. Dies schaffe der Haushalt, indem er Ressourcen zwischen den Volkswirtschaften der Mitgliedstaaten transferiere. ROSSI trennt dies von einer allokativen Lenkungsfunktion (der Programmfunktion) des Haushalts, da dieser zwar das (gemeinschaftliche) Bruttosozialprodukt nicht beeinflusse, aber eine Einteilung der Mitgliedstaaten nach "Nettoempfänger/ Nettozahler" vornehme. ROSSI bezeichnet dies als "Umverteilungsfunktion"[193] des EU-Haushalts und ordnet sie unter die wirtschaftspolitische Funktion eines Haushalts.[194] Diese inter-nationale Umverteilungsaufgabe sei ein in den Verträgen angelegter begrenzter Finanzausgleich innerhalb einzelner Politikbereiche[195], denn in der Präambel sei das Ziel "den Abstand zwischen den einzelnen Gebieten und den Rückstand weniger begünstigter Gebiete (zu) verringern" (sog. "Kohäsionsziel") festgelegt.[196] Nach OPPERMANN besteht darin sogar die "Grundaufgabe des EU-Haushalts"[197]. Diese Verteilungsfunktion habe der EU-Haushalt schon lange.[198] Für OPPERMANN ist dies "eine Art vorbundesstaalicher europäischer Solidarität"[199].

Das Kohäsionsziel der Europäischen Union ist aber nur ein Aspekt des Vertiefungsprozesses, also die horizontale Annäherung der Mitgliedstaaten der EU. Integrationspolitische Vertiefung wird nicht nur über wirtschaftliche und finanzielle Umstrukturierungen erreicht. Auch ist das Kohäsionsziel in seinen Wirkungen aber nicht mit einem horizontalen Finanzausgleich auf mitgliedstaatlicher Ebene zu vergleichen[200] (dessen Aufgaben können z.B. sein: der Ausgleich der unterschied-

---

191 *Oppermann, Thomas*: aaO, § 10, RN 814.

192 *Rossi, Matthias*: aaO, S. 174.

193 Eine andere "Umverteilungsfunktion" findet sich in nationalen Haushalten. Sie folgt aus "der Erkenntnis, dass der Staat erhebliche Mittel den anderen Sektoren der Volkswirtschaft (...) entzieht". Diese Mittel verwendet der Staat eben nicht nur für die Bereitstellung öffentlicher Güter, sondern auch für private Haushalte und Unternehmen, denen der Staat die Mittel in Form von Transferleistungen wieder zuführt. Vgl. *Heller, Robert:* Haushaltsgrundsätze für Bund, Länder und Gemeinden, Heidelberg 1998, S. 86.

194 *Rossi, Matthias:* aaO, S. 175, so auch *Bieber, Roland:* in: *Groeben, Hans van der / Thiesing, Jochen / Ehlermann, Claus-Dieter*: aaO, Vorbem. zu Art. 199–209, RN16.

195 Vgl. auch FÄRBER, die den Strukturfonds indirekt Finanzausgleichsaufgaben zuspricht: *Färber, Gisela:* Anmerkungen zur Politik der europäischen Strukturfonds, S. 94, in: *Schmähl, Winfried / Rische, Herbert (Hrsg.):* Europäische Sozialpolitik, Baden-Baden 1997, S. 91–108 oder ERLEI, der im Kohäsionsfonds einen impliziten Finanzausgleich sieht: *Erlei, Mathias:* S. 215, in: *Kantzenbach, Erhard*: aaO.

196 Vgl. *Mallossek, Jörg*: aaO, S. 231.

197 *Oppermann, Thomas*: aaO, § 10, RN 814.

198 *Ders.:* so schon implizit in der Auflage 1974, so im Ergebnis auch: *Noll, Michael*: aaO, S. 32 für den deutschen Haushalt, auf S. 153 konstatiert er dieselben Funktionen auch für den EU-Haushalt.

199 *Ders.:* aaO, RN 883, S. 332; so auch *Bieber, Roland:* in: *Groeben, Hans von der / Thiesing, Jochen / Ehlermann, Claus-Deter*: aaO, Vorbem. zu Art. 199–209, RN 29.

200 *Thomas, Ingo P.*: Finanzausgleich und Kohäsion in der EU, S. 472; *Siuts, Carl-Gustav:* Die öffentlichen Finanzen der Europäischen Union, S. 123, Frankfurt a.M. 2001.

lichen realen Finanzkraft der Länder, ein allgemeiner Lastenausgleich zum Ausgleich überdurchschnittlicher Belastungen einzelner Gebietskörperschaften oder auch spezielle Lastenausgleichssysteme[201]). Denn über das Kohäsionsziel wird zunächst eine interregionale Umverteilung angestrebt[202], die das Ziel hat, den wirtschaftlichen und sozialen Zusammenhalt weiter zu stärken und "die Unterschiede im Entwicklungsstand der verschiedenen Regionen und den Rückstand der am stärksten benachteiligten Gebiete oder Inseln, einschließlich der ländlichen Gebiete, zu verringern."[203]

Aber auch mit Blick auf die Außenwirkung kann die Integrationsfunktion nicht auf einen bloßen Finanzausgleich reduziert werden. LIPPERT bezeichnet die Integration als den "zentralen Transformationsrahmen aller Beitrittskandidaten"[204]. Die Integration sei nicht nur der außenpolitische "Sicherheitsanker"[205] dieser Länder, sondern unterstützt diese Staaten auch bei ihrer Binnenmodernisierung und Binnendemokratisierung. Gleichzeitig stehen die Beitrittskandidaten in einem Wettbewerb untereinander und zu dem Mitgliedstaaten der Europäischen Union (benchmarking-Effekt).

Denkbar ist, dass die Funktion des Haushalts eines Tages entfällt: Nämlich dann, wenn in allen Regionen ein politisch gewollter wirtschaftlich-sozialer Standard erreicht wird und/oder die Europäische Union ihre – bezogen auf die Mitgliedstaaten – gewollte Größe erreicht hat und/oder eine allgemeine Staatlichkeit erreicht ist.

3.4.1.3 Kompensationsfunktion

Unter die politische Funktion des EU-Haushalts ist ein weiterer Aspekt zu subsumieren: die Kompensation. Die Kompensationsfunktion wird hier als Kehrseite, als "Schatten" der Integrationsfunktion verstanden. Zwischen der Integrations- und der Kompensationsfunktion wird in der Literatur oft weder begrifflich noch in der Begründung klar unterschieden. So wird teilweise argumentiert, dass die Kompensationen der "Preis für die europäische Integration"[206] seien oder die Kompensationsfunktion "in der Schaffung der Bedingungen für Integrationsmaßnahmen

---

201 Vgl. dazu auch: *Färber, Gisela*: Finanzverfassung, Besteuerungsrechte und Finanzausgleich, aaO.

202 *Caesar, Rolf*: Benötigt die europäische Wirtschafts- und Währungsunion eine "Transferunion"?, in: List Forum für Wirtschafts- und Finanzpolitik, Bd. 25, 1999, Heft 2, S. 138ff. (140ff.).

203 Art. 2 EUV, Art. 158 EGV, Amsterdamer Fassung.

204 *Lippert, Barbara:* EU-Osterweiterung als doppelte Reifeprüfung", S. 21, in: *Lippert, Barbara (Hrsg.):* Osterweiterung der Europäischen Union – die doppelte Reifeprüfung, Bonn 2000, S. 17–27.

205 *Dies.*: aaO, S. 24.

206 *Thomas, Ingo P.*: aaO, S. 258.

besteht"[207]. FOLKERS sieht die Ursachen für das Anwachsen des europäischen Haushalts darin, dass aufgrund eines steigenden Integrationsgrades (Vertiefung), divergierender Wirtschaftsstrukturen (Erweiterung) und der steigenden Anzahl von Integrationspartnern (Erweiterung) immer mehr zusätzliche Kompensationsleistungen notwendig werden.[208]

Während der Haushalt der EU im Lichte der Integrationsfunktion z.B. u.a. das Ziel hat, benachteiligte Regionen zu fördern und besser in das politische und wirtschaftliche System zu integrieren, geht es bei der Kompensationsfunktion aber darum, diejenigen zu entschädigen, die durch die Integration Nachteile erlitten haben oder erleiden werden. Solche Nachteile können tatsächliche wirtschaftliche Nachteile (z.B. Verschlechterung der heimischen Beschäftigungslage[209]) sein, aber auch einfach institutionelle Positionen im Willensbildungsprozess der EU (Veto-Macht) und das Verlangen einer Kompensation, weil ein Mitgliedstaat auf die Ausübung nationaler Kompetenzen verzichtet (Kompetenztransfer)[210].

Dabei ist die Zahlung von Kompensationen zunächst kein Spezifikum der Ebene der Europäischen Union. Direkte oder indirekte Transferleistungen werden grundsätzlich als Mittel der Konsensherstellung im politischen Prozess benutzt. Auch in der EU werden in der Regel politische Fortschritte nur dann erzielt, wenn die Zustimmung aller erreicht wird. Aufgrund der institutionellen Struktur im Ministerrat (z.B. findet bei Vertragsänderungen die Einstimmigkeitsregel Anwendung) wird der Vetospieler heraus gekauft.[211] Diese institutionell motivierten Kompensationen sind Bestandteil der allgemeinen politischen Funktion von öffentlichen Haushalten und können zu den Entscheidungsfindungskosten gerechnet werden.

Kompensationen im Sinne der Kompensationsfunktion sind dagegen politisch zielgerichtet angelegt und können unter die Integrationskosten subsumiert werden. Schwierigkeiten bereitet die Abgrenzung dieser Kompensationen von den institutionell motivierten Kompensationen des politischen Alltagsgeschäfts dann, wenn z.B. über bestimmte Fragen im Paket verhandelt wird und die institutionelle Situation zu Lasten der Integration "ausgenutzt" werden soll. Auch gibt es im Kontext der Integrationsziele und -verhandlungen institutionelle Kompensationen. Daher werden die institutionellen Kompensationen und die Kompensationen aus Gründen des Kompetenztransfers hier mit zu den integrationspolitischen Kompensationen gezählt, solange sich diese Kompensationen nicht eindeutig anders zurechnen lassen.

---

207 *Folkers, Cay*: in: *Karl, Helmut / Heinrichsmaier, Wilhelm:* aaO, S. 93; vgl. auch *ders.:* Die Kompensationsfunktion des Europäischen Haushalts, Zur ökonomischen Analyse de EU-Finanzen im Integrationsprozess (insbes. S. 47), Institut für Europäische Wirtschaft Ruhr-Universität Bochum (Hrsg.), Diskussionsbeitrag Nr. 4, Bochum 1994.

208 *Ders.*: in : *Karl, Helmut / Heinrichsmaier, Wilhelm:* aaO, S. 95.

209 *Erlei, Mathias*: aaO, S. 220f.

210 *Thomas, Ingo P.* : aaO, S. 480.

211 *Heinemann, Friedrich*: in: *König, Thomas:* Bd. 1, aaO, S. 127.

Dadurch, dass die Integrationsaufgabe ein langfristig angelegter und teilweise mit Kompetenzverlagerungen verbundener Prozess ist, ist die inhaltliche "Kompensationsmasse" umfangreicher als z.B. in den Nationalstaaten mit einer festgefügten Kompetenzstruktur. Dabei ist hier schon festzuhalten, dass das "Werden der EU" – also die Verschiebung von Kompetenzen und Neuordnung von Aufgaben zwischen EU und den Mitgliedstaaten (politische Tauschobjekte)- sowie bestimmte institutionelle Strukturen (z.B. Einstimmigkeitsregel) Kompensationsgeschäfte attraktiv machen. Insbesondere die Zweiteilung der Interessen in den Organen kann sich hier negativ auswirken. Durch das Übergewicht der nationalen Interessen werden Forderungen nach Kompensationen (z.B. bei der Abgabe nationaler Kompetenzen an die EU-Ebene) noch verstärkt. Das bedeutet, dass schon durch eine Veränderung der Interessenstruktur in den einzelnen Organen hin zur Dominanz europäischer Interessen der Umfang der Kompensationen (sowohl Anzahl als auch Höhe) vermutlich eingeschränkt werden könnten. Problematisch ist zudem, dass nationale Kompensationsinteressen (die z.B. mittels Veto im Ministerrat deutlich gemacht werden) nicht unbedingt den Interessen der europäischen Zahler entsprechen. Hier ist vielmehr davon auszugehen, dass der Nutzerkreis (der Kompensationen) wesentlich kleiner ist als der Zahlerkreis. Auch die institutionellen Strukturen (z.B. Einstimmigkeitsregel, Dominanz einer legislativen Kammer) können den eigentlichen Zweck von Kompensationsleistungen konterkarieren. So können z.B. Empfänger von Kompensationszahlungen in der EU dieselben Regionen sein, die nach der Integrationsfunktion des EU-Haushalts gefördert werden; es können aber aufgrund institutioneller Regelungen auch z.B. "Veto-Spieler" oder – bei qualifizierten Mehrheiten – auch "Ausbeutungskoalitionen" anderer Mitgliedstaaten sein. Gerade auf europäischer Ebene, auf der es noch keine dauerhaft gültigen Regeln zur Entscheidungsfindung gibt, können so allgemeine politische Kompensationen (Entscheidungsfindungskosten) nicht sauber von den integrationspolitisch motivierten Kompensationen getrennt werden. Kompensationsleistungen werden also in der Regel aus bestimmten institutionellen Bedingungen heraus möglich, währenddessen Integrationszahlungen sich aus der im weitesten Sinne finanziellen und wirtschaftlichen Situation der Beteiligten ergeben.

HEINEMANN ist der Ansicht, dass eine Kompensation aus integrationspolitischen Gründen zwar aus theoretischer Sicht nicht zu kritisieren sei, dieses jedoch unter minimalen Kosten umgesetzt werde müsse. Nach dem "Kaldor-Hicks-Kriterium" können solche Kompensationszahlungen dann effizient sein. Sind Wohlfahrtsgewinne aus einer bestimmten Maßnahme der EU in einigen Regionen größer als die Wohlfahrtsverluste in anderen Regionen, können letztere aus den Wohlfahrtsgewinnen entschädigt werden.[212] Die "Verlierer" befänden sich dann in derselben

---

212 *Kaldor, Nicholas*: Welfare Propositions in Economics, Economic Journal, Vol. 49, 1939, S. 549ff.; *Hicks, John* R.: The Foundation of Welfare Economics, Economic Journal, Vol. 49,

Situation wie diejenigen, die weder gewinnen noch verlieren würden und daher den Maßnahmen gegenüber indifferent sind. Sind die "Gewinner" auch nach einer potentiellen Entschädigung noch bessergestellt, werden sie die Maßnahme (trotz Entschädigungszahlung) befürworten.[213] Zudem lassen sich durch Kompensationszahlungen in bestimmten institutionellen Konstellationen Lösungen finden, die es ohne die Kompensationszahlungen nicht gäbe. Aus institutionen- und politökonomischen Sicht ist jedoch anzufügen, dass die Agenten der Wähler versuchen werden, über die reine Entschädigung hinaus einen Teil der erwarteten Netto-Vorteile auf sich zu ziehen.[214] Bestimmte institutionelle Konstellationen können zudem einen Anreiz geben, ein gezieltes rent-seeking zu betreiben.

Diese Kompensationsleistungen haben distributive Wirkungen und sind insoweit von wirtschaftspolitischer Bedeutung, als dass die Kompensationszahlungen erhebliche Rückwirkungen auf die jeweiligen nationalen Haushalte haben.[215] Diese Wirkungen sind jedoch strukturell und auch ökonomisch anders einzuordnen als die direkte Einflussnahme eines Haushalts auf die gesamtwirtschaftliche Lage der EU. Daher ist die Kompensationsfunktion von der volkswirtschaftlichen Lenkungsfunktion klassischer Prägung zu trennen.[216] Sie ist gerade deshalb unter die politische Funktion zu subsumieren, weil sie vor allem aus dem Willensbildungsprozess innerhalb der Frage der Verteilung der Ausgaben resultiert.

Deshalb müssen auch Kompensationszahlungen von den Mitteln zur Bereitstellung öffentlicher Güter getrennt werden, dies muss sich im Haushalt widerspiegeln. Für den Steuerzahler muss erkennbar sein, welche Kosten die kollektive Einigung verursacht. Denn dann kann er auch (z.B. über den Mechanismus der Wahl) entscheiden, ob die Bereitstellung bestimmter öffentlicher Güter auf der europäischen Ebene nicht (für ihn) zu hohe Kompensationskosten verursacht und er deshalb eventuell sogar auf die Bereitstellung eines bestimmten öffentlichen Gutes verzichtet. Zugleich ermöglicht die gesonderte Ausweisung dieser Mittel auch eine engere Anbindung des Agenten an den Prinzipal. Der Agent gerät unter einen Rechtfertigungsdruck über die Art und Höhe der Mittel (Verantwortlichkeitsfunktion). Dies kann z.B. auch dazu führen, dass seitens der Agenten überlegt wird, bestimmte institutionelle Strukturen zu verändern, bevor eine Erhöhung der Mittel für Kompensationen vorgeschlagen wird. Es kann somit institutioneller Veränderungsdruck erzeugt werden.

1939, S. 696ff.; vgl. auch *Sohmen, E.:* Allokationstheorie und Wirtschaftspolitik, Tübingen 1976, S. 309ff.; *Sen, A.*: Collective Choice and Social Welfare, 1970, S. 30f.

213 *Brümmerhoff, Dieter*: aaO, S. 195.

214 *Erlei, Mathias*: aaO, S. 221.

215 Anders als bei HEINEMANN (S. 12) wird hier nicht davon ausgegangen, dass nur transferbedürftige Staaten Kompensationsleistungen erhalten, sondern die Kompensationszahlung Ergebnis einer Verhandlungsposition ist.

216 So im Ergebnis auch: *Erlei, Mathias*: aaO, S. 240.

3.4.2 Politische Kontrollfunktion

Als "Kehrseite" des politischen Programms ermöglicht der Etat auch die politische (vorherige und nachträgliche) Kontrolle und Zurechenbarkeit der Verantwortung der Handelnden. Damit unterliegen zugleich alle Teilfunktionen der politischen Programmfunktion – also auch die Integrations- und Kompensationsfunktion – der politischen Kontrolle.

Die politische Kontrollfunktion wird sehr oft als ein Aspekt der klassischen politischen Programmfunktion betrachtet. Dem wird hier nicht gefolgt.[217] Ihre Eigenständigkeit ergibt sich sowohl aus einer funktionalen als auch einer historischen Betrachtungsweise.

Eindeutiger Adressat dieser Programmfunktion auf nationalstaatlicher Ebene (parlamentarische Demokratie) ist heute die Regierung – ihre Schwerpunktsetzung soll für den Bürger deutlich werden. Die politische Kontrolle ist jedoch vorrangig Aufgabe des Parlaments, dem funktionalen Gewaltenteilungsprinzip folgend kontrolliert es die Exekutive (und damit auch die Regierung als politische Spitze der Exekutive). Die Entwicklung des Budgetsrechts[218] und vor allem des Parlamentarismus zeigt, dass ursprünglich in Nationalstaaten das Parlament aus Gründen der Spezialisierung, Arbeitsüberlastung und Mehrheitssicherung bestimmte legislative Aufgaben an die Regierung übertragen hat.[219] Die Regierung war demnach im legislativen Bereich nur "Hilfsorgan" des Parlaments. Überträgt man dies auf das Budgetrecht, dann ist

217 Entgegen der früheren Auffassung. *Draheim, Antje:* Der Vorschlag der Europäischen Union für eine neue EG-Haushaltsordnung, Teil 1, S. 150, Verwaltung & Management Heft 3/2002, S. 150–156.

218 *Stern, Klaus:* aaO, § 49 Abs. 1, Satz 2–4, S. 1190ff., § 49 Abs. 3, 4, S. 1203ff.

219 Im "klassischen Parlamentarismus" des 19. Jahrhunderts (Anfänge der parlamentarischen Demokratie), diente die Rekrutierung der Regierung durch das Parlament dem Zweck, der im Parlament vertretenen Elite den Zugriff auf den Machtapparat zu sichern. Gleichzeitig konnte sowohl der Einfluß des Monarchen eingeschränkt werden als auch das "breite Volk" von der Teilhabe an der Macht ausgeschlossen werden. Mit dem Ausbau der Staatstätigkeit, dem Anwachsen der Aufgaben des Staates war eine Spezialisierung angesichts des Aufgabenumfangs im Parlament notwendig. Das Ausschußwesen entstand und ein Teil der Legislativaufgaben des Parlaments wurde auf die Regierung übertragen. Erst mit der Entstehung starker Parteien und dem Hervorgehen der Regierung aus der Parlamentsmehrheit veränderten sich die Beziehungen zwischen Parlament und Regierung erneut. Die Legislativfunktion des Parlaments wurde allerdings nie in Frage gestellt, da die gesetzgebende Funktion in einer Demokratie demjenigen zukommen sollte, der "am besten", also direkt legitimiert war. In präsidentiellen Demokratien gestaltet sich die Situation etwas anders. Dort gibt es in der Regel zwei direkt legitimierte Letztentscheidungsorgane, die im Wege der Kompromißfindung zusammenarbeiten müssen. In beiden Systemen steht demnach nur direkt gewählten Organen das Recht zu, den Wählerwillen umzusetzen. Das bedeutet, ein direkt gewähltes Organ kann (aus legitimatorischen Gründen) nur dann einen Teil seiner Aufgaben einem nicht direkt legitimierten Organ überlassen, wenn ihm tatsächlich die Kontrolle über dieses andere Organ zusteht. Vgl. dazu und zum Folgenden: *Steffani, Winfried*: Parlamentarische und präsidentielle Demokratie: strukturelle Aspekte westlicher Demokratien. Opladen 1979, S. 119–160.

ursprünglicher Adressat der politischen Funktion das Parlament als Gesetzgeber in der Haushalts- und Finanzverfassung. Versteht sich das Parlament als Agent des Wählers, ist das Budgetrecht und damit auch die *inhaltliche* Bestimmung des Budgets das Königsrecht des Parlaments. Hat es Teile dieser Aufgaben auf andere Organe delegiert (Exekutive), muss es spiegelbildlich zum Umfang der Delegation Kontrollrechte besitzen. Die starke Vorprägung eines öffentlichen Haushalts durch die Exekutive (Delegation des Rechts zur Erarbeitung eines Haushaltsvorentwurfs) lässt sich so erklären. Nur weil das Parlament starke politische Kontrollrechte gegenüber der Regierung besitzt, spricht man heute vom Haushalt als "ziffernmäßig exakter Ausdruck des politischen Handlungsprogramms der Regierung"[220]. Es zeigt sich, dass die Regierungen in den Nationalstaaten mit parlamentarischer Demokratie die konkrete Programmaufstellung also nicht kraft ihrer Funktion als Regierung übernehmen, sondern dass sich – gerade umgekehrt – ihre Funktion im Haushaltsbereich aus der Überlassung dieses legislativen Rechts entwickelte.

Auf der EU-Ebene zeigt sich hier der enge Zusammenhang und zugleich der deutliche Unterschied zwischen der politischen Programmfunktion und der politischen Kontrollfunktion. Letztere hat die Legislative (im Haushaltsbereich sind dies Ministerrat und Parlament) nämlich nur dann inne, wenn es die Programmaufstellung[221] an ein indirekt legitimiertes Organ übertragen hat. Sonst wird die politische Kontrolle direkt vom Wähler (Souverän) – über das Instrument der Wiederwahl – ausgeübt. Diese Trennung von Aufstellung/ Vollzug und Kontrolle sichert die Machtbalance zwischen den beteiligten Institutionen und ist Gewähr für eine echte gegenseitige Kontrolle. In Systemen, die über zwei (oder mehr) legislative Institutionen verfügen ist daher zu fragen, welche der Institutionen denn die politische Verantwortung für die öffentlichen Finanzen, d.h. für deren Aufstellung, Verabschiedung, Vollzug und Rechnungsabschluss (-legung) übernimmt. Führt man die Überlegungen aufgrund der funktionalen und finanziellen "accountability" mit denen multipler Prinzipal-Agent-Ketten zusammen, kann nur derjenige tatsächlich in die Verantwortung genommen werden, der zuvor auch die Möglichkeit hatte, auf die Mittelverwendung in irgendeiner Form Einfluss zu nehmen. In parlamentarischen Demokratien, in denen dem Parlament seitens der Wähler die Entscheidungsrechte übertragen wurden und das Parlament wiederum Teile dieser Kompetenzen an andere Organe delegiert (z.B. Aufstellung und Vollzug des Haushalts an die Exekutive), muss dem Parlament die Kontrolle obliegen. Denn andernfalls kann es keine Verantwortung übernehmen und auch schwerlich in die Verantwortung genommen werden. Auch auf europäischer Ebene ist also zu prüfen, ob das Organ, welchem die grundsätzlichen Entscheidungsrechte eingeräumt wurden, Teile dieser Kompetenzen an andere abgegeben hat. Für diesen Fall sind spiegelbildlich in

220 Vgl. *Koller, Heinrich*: aaO, S. 181.
221 Haushaltsvorentwurf/-entwurf.

gleichem Umfang Kontrollrechte gegenüber diesen anderen Organen einzufordern. Zu sichern ist aber die Trennung der Gewalten, denn nur der, der nicht selbst ausführt, kann die Ausführung auch wirksam kontrollieren.

Die politische Kontrollfunktion ist aber nicht nur deshalb von politischer Funktion und Kontrollfunktion von anderen Budgetfunktionen abzugrenzen. Hat die Legislative die politische Kontrollfunktion inne, manifestiert sich mit der Verabschiedung des Haushalts ihre Verantwortung. Die Herstellung von Verantwortlichkeit, Öffentlichkeit und Transparenz sind auch auf der EU-Ebene der Kontrollfunktion wesensimmanent. Anhand des Etats kann überprüft werden, ob derjenige, dem die Mittel anvertraut wurden, auch im Interesse des Steuerzahlers damit umgegangen ist (Ausdruck finanzieller Verantwortlichkeit). Zudem hat die politische (vorherige wie nachträgliche) Kontrolle auch für den Wähler einen besonderen Stellenwert, weil es ihm Information über das Handeln der Repräsentanten (z.B. mittels Verfolgen der öffentlichen Haushaltsdebatten) und damit Transparenz ermöglicht. Die politische Kontrollfunktion ist demnach als eigenständige Funktion zu betrachten.[222] Sie ist das Spiegelbild der politischen Programmfunktion und bezieht sich somit auch auf die politische Kontrolle der Integrations- und Kompensationsfunktion. Bei den Integrationsausgaben kann gefragt werden, ob die Ziele der Integration tatsächlich erreicht wurden. Die Kompensationsausgaben können politisch z.B. hinsichtlich der "Gewinner"- oder "Verlierer"-Position hinterfragt werden, und über ihre Höhe lassen sich eventuell künftige institutionelle Veränderungsvorschläge begründen.

Da die Exekutive in parlamentarischen Demokratien in der Regel für die Aufstellung des Haushaltsvorentwurfs und die Ausführung des Haushalts zuständig ist, bedarf es auch unterschiedlicher Arten von Kontrolle. Die in parlamentarischen Demokratien übliche Verabschiedung des Haushalts ist im Lichte der politischen Kontrollfunktion ein "Genehmigungsvorbehalt" (vorherige Kontrolle – bezogen auf die tatsächliche Verwendung der Gelder). Das Parlament behält sich die Letztentscheidung über die Verwendung der vom Steuerzahler zur Verfügung gestellten Ressourcen vor. Auch während des Vollzugs (begleitende Kontrolle) und im Anschluss an den Vollzug (nachträgliche Kontrolle) übt das Parlament seine ihm übertragenen Aufgaben aus.

Auch auf der europäischen Ebene gibt es die Trennung der Zuständigkeiten für den Haushalt. Die Ausführung der Haushalts- und Finanzmaßnahmen obliegt in erster Linie der Europäischen Kommission. Horizontal wird die Kontrollfunktion in der Kontrolle des Vollzuges sichtbar. Dabei wird in der Regel zwischen einer ex-

222 So z.B. auch *Rürup, Bert / Körner, Heiko*: Finanzwissenschaft: Grundlagen der öffentlichen Finanzwirtschaft, 2. Aufl., Düsseldorf 1985, S. 44; *Dickertmann, Dietrich / Gelbhaar, Siegfried:* Finanzwissenschaft: eine Einführung in die Institutionen, Instrumente und ökonomischen Ziele der öffentlichen Finanzwirtschaft, Herne/Berlin 2000, S. 83.

ante-Kontrolle und einer ex-post-Kontrolle unterschieden.[223] In dieser auf den Kontrollzeitpunkt abstellende Sicht heißt ex-ante-Kontrolle z.B., dass der Programmaufsteller der Legislative den Haushaltsentwurf zur Beschlussfassung vorzulegen hat, damit diesem das Letztentscheidungsrecht über Ausgaben und die dafür aufzubringenden Einnahmen erhalten bleibt (Aufstellung, Beratung, Feststellung). Der Programmaufsteller ist wie in den Mitgliedstaaten die Verwaltung, die gleichzeitig für den Vollzug zuständig ist. Daher ist es notwendig, eine ex-ante-Kontrolle der Exekutivtätigkeit vorzunehmen. Ex-post-Kontrolle meint vor allem die politische Entlastung der Verwaltung durch die Legislative. Zudem ist die politische ex-post-Kontrolle der einzige Zeitpunkt im Haushaltsjahr, an welchem alle Ausgaben und Einnahmen tatsächlich gegenübergestellt werden.[224] Politische ex-post-Kontrolle ist dabei auch die Kontrolle "der zahlenmäßigen und rechnerischen Richtigkeit, der Vorschriftsmäßigkeit, der budgetären Richtigkeit, der Verfassungsmäßigkeit sowie der Wirtschaftlichkeit und Sparsamkeit der Haushaltsführung"[225]. Nicht nur die Grenzkosten und -nutzen der unterschiedlichen Ausgabenzwecke, "sondern üblicherweise auch die Grenzausgabenwirkungen mit dem Nutzenentzug bzw. den Wählerstimmenverlusten durch die zur Finanzierung notwendige (Grenz-)Steuererhebung" werden verglichen.[226] Die ex-post-Kontrolle ist mithin auch die "ständige empirische Überprüfung der Wirkung der Budgetmaßnahmen"[227]. Dadurch wird zudem der Zusammenhang zur nächsten Budgetperiode (und in einem umfassenderen Sinne zur mittel- und langfristigen Programmplanung) deutlich, denn diese Kontrolle ist Voraussetzung für die weitere Planung.

Der Umfang und die Bedeutung der ex-post-Kontrolle hängt dabei aber auch vom Umfang und der Bedeutung der ex-ante-Kontrolle und der begleitenden, politischen Kontrolle ab. So stellte schon VIALON fest, dass bei einer umfangreichen laufenden Kontrolle die ex-post-Kontrolle eher Züge einer rechnenden Revision annimmt.[228] Die begleitende Kontrolle schafft zudem eine viel stärkere zeitliche Nähe zu den tatsächlichen Budgetmaßnahmen (engere Bindung der Agenten). Eine starke Vorab-Steuerung des Budgets (ex-ante-Kontrolle) macht außerdem eine möglichst genaue ex-post-Kontrolle erst möglich. Dabei gibt es verschiedene Möglichkeiten der ex-ante-Kontrolle. Wird ex-ante z.B. über tiefgegliederte Haushaltsansätze gesteuert,

223 Zusätzlich kann noch von "begleitender Kontrolle" gesprochen werden, diese kann jedoch ebenfalls entweder der ex-ante-Kontrolle oder der ex-post-Kontrolle zugeordnet werden, vgl. *Albers, Willi / Born, Karl Erich / Dürr Ernst / Hesse, Helmut* (Hrsg.): Handwörterbuch der Wirtschaftswissenschaften – zugleich Neuauflage des Handwörterbuchs der Sozialwissenschaften – (HdWW), Tübingen, Stuttgart, New York; Göttingen, Zürich, Bd. V, Öffentlicher Haushalt III: Kontrolle, S. 586.

224 *Blankart, Charles B.*: aaO, S. 377.

225 *Patzig, Werner*: Haushaltsrecht des Bundes und der Länder, Bd. I, RN 78, S. 104, Baden-Baden 1981.

226 *Färber, Gisela*: Verwaltungsföderalismus, aaO, S. 493.

227 *Patzig, Werner*, aaO, RN 78f., S. 104f.

228 *Vialon, Friedrich Karl*: Haushaltsrecht, 2. Aufl., Berlin 1959, S. 49f.

beschränkt sich die politische Kontrolle (wie auch die Rechnungsprüfung) in der Regel auf die tatsächliche Umsetzung dieser Ansätze. Wird ex-ante aber z.B. über Zielvorgaben und Globalbudgets gesteuert, tritt zur Rechnungsprüfung (welche sich im Wesentlichen auf die Missbrauchskontrolle beschränkt) eine politische Zielerreichungskontrolle. Die ex-ante-Fragen: Was soll erreicht werden und auf welche Weise (Vorgaben aus der politischen Funktion, insbesondere der Programmfunktion) können dann mittels einer rationalen politischen ex-post-Kontrolle beantwortet werden.[229]

3.4.3 Finanzwirtschaftliche Ordnungsfunktion

Nach der ***finanzwirtschaftlichen Ordnungsfunktion*** soll ein öffentlicher Haushalt einen Überblick über die Einnahmen und Ausgaben der zukünftigen Periode enthalten. Das schließt die Feststellung, wie die geplanten Ausgaben durch Einnahmen gedeckt werden sollen, mit ein. Der Etat dient damit der planvollen Bedarfsdeckung, der Sicherung des finanziellen Gleichgewichts und der Liquidität des öffentlichen Gemeinwesens – also der Vorsorge für eine geordnete und wirtschaftliche Haushaltsführung. Die Umsetzung der finanzwirtschaftlichen Ordnungsfunktion heißt aber nicht nur, dass rationale Überlegungen im Sinne eines buchhalterischen Planens angestellt und danach entschieden wird. Vielmehr kommt es für den Inhalt der finanzwirtschaftlichen Ordnungsfunktion auch darauf an, welche politischen Ziele den Rahmen für das finanzwirtschaftliche Handeln bilden (Rückkoppelung v.a. zur politischen Programmfunktion).

Aus dem Gebot der planmäßigen Haushaltsführung erwächst auch die Regelmäßigkeit der Aufstellung des Haushaltsplans und dessen zeitliche Begrenzung, also die Unterscheidung zwischen kurzfristiger, mittel- und langfristiger Haushaltsplanung.[230] Durch die regelmäßige Gegenüberstellung von Ausgaben und Einnahmen wird zudem Legitimation (durch gleichförmige, sich wiederholende Verfahren) erreicht. Die Erwartungen an die Ausgaben und Einnahmen einer zukünftigen Periode werden verbindlich und bilden den Rahmen für das Verhalten der Akteure (Anbindung der Repräsentanten an die Repräsentierten). Gleichzeitig zeigt sich in der Bedarfsplanung und Bedarfsdeckung ein Aspekt des Autonomieprinzips einer Gebietskörperschaft, denn Finanzhoheit macht die Planung der eigenen Angelegenheiten im finanzwirtschaftlichen Sektor erst möglich. Bekommt eine öffentliches Gemeinwesen seine Mittel nur zugewiesen, verringert sich zwar die Gefahr einer verminderten Einnahmenentwicklung aus autonomen Einnahmequellen (wie z.B. bei Steuereinnahmen mit stark schwankendem Aufkommen). Gleichzeitig kann

229 So schon *Wittmann, Walter*: Einführung in die Finanzwissenschaft, III.Teil, S. 37f., Stuttgart 1972, der daher die politische Kontrollfunktion in eine ex-ante und begleitende Planungsfunktion (Zielfunktion, Programmfunktion) und eine ex-post Analysefunktion unterteilte.

230 *Senf, Paul*: aaO, S. 373, in: Handbuch der Finanzwissenschaften, Bd. I, aaO.

jedoch keine echte "Bedarfsplanung" stattfinden, weil sich die Ausgaben an dem fixen Einnahmenrahmen orientieren und so die Aufgaben präjudizieren.

Die Gegenüberstellung von Ausgabenansätzen und Einnahmen (auch bei zugewiesenen Mitteln) ist zur Sicherung der Liquidität eines öffentlichen Haushalts aber grundsätzlich notwendig. Dieser "Bedarfsdeckungsfunktion" unterliegt auch der EU-Haushalt. Immer dann, wenn öffentliche Mittel einem "Treuhänder" anvertraut werden, muss sichergestellt werden, dass der "Treuhänder" mit den zur Verfügung gestellten Mitteln im Sinne des Steuerzahlers haushaltet.[231] Dies kann nur dann geschehen, wenn der Verausgabung und Vereinnahmung von Mitteln eine finanzwirtschaftliche Planung vorausgeht und ein geordneter Vollzug des Finanzgebahrens ermöglicht wird. Letzteres hat vor allem Rückwirkungen auf die Ausgestaltung des Handlungsrahmens der Verwaltung, also z.B. auf die Mittelübertragungsrechte von einem Ausgabeposten auf einen anderen oder auf folgende Haushaltsperioden.

Damit die finanzwirtschaftliche Ordnungsfunktion ihren Aufgaben gerecht werden kann, müssen sich die Anforderungen an sie auch in der formalen Präsentation der Einnahmen und Ausgaben widerspiegeln. Es sind also Einnahmen- und Ausgabenpläne zu erstellen, die möglichst genau und vollständig sämtliche Einnahmen und Ausgaben enthalten. Dies bedingt auch, dass die Verbindlichkeiten und Forderungen, genaue Anweisungen für das Ausgabeverhalten während des Vollzugs sowie eine über das jährliche Budget hinausgehende Planung enthalten ist.

In einem Mehrebenensystem kann die finanzwirtschaftliche Ordnungsfunktion neben den üblichen Zwecken auch dem Zweck dienen, die verflochtenen Ebenen haushaltstechnisch zu trennen und so eine Übersicht über die eigenen Mittel zu gewährleisten. Das heißt zum Beispiel, dass Zuweisungen anderer Ebenen oder Ausgaben, die für andere Ebenen getätigt werden (bzw. von anderen Ebenen im eigenen Interesse), gesondert präsentiert werden. Durch finanzwirtschaftlich geordnete Budgets in Mehrebenensystemen können Mehrfachausgaben für bestimmte einzelne Zwecke vermieden werden und durch die Abstimmung der Instrumente (z.B. ausgabenwirksame Programme) eine optimale Ressourcenausnutzung erreicht werden. Das ist gerade in vollzugsföderalen Systemen von Bedeutung, da dort der Vollzug zum Teil über nachgeordnete Ebenen gesteuert wird.[232]

231 Dabei muss bei zugewiesenen Mitteln dann sehr wohl die Frage gestellt werden, in wessen Interesse die Mittel eigentlich verantwortungsvoll verausgabt werden sollten. Hier liegt dann eine Inkongruenz zwischen Zahlern und Nutzern vor, wenn der Nutzer über die Ausgaben und der Zahler über die Einnahmen entscheidet bzw. weder Nutzer noch Zahler entscheiden können.

232 Wobei es hier wiederum ganz erheblich auf die Ausgestaltung des Konnexitätsprinzips ankommt.

3.4.4 Administrative Lenkungs- und Kontrollfunktion

Die Exekutive hat die Aufgabe, den politischen Willen der Legislative (politische Funktion) zu vollziehen und dabei die erforderlichen Maßnahmen organisatorisch und wirtschaftlich zweckmäßig umzusetzen.[233] Der Etat ist dabei die gesetzliche Bewirtschaftungsgrundlage der Verwaltung. Durch ihn werden den einzelnen vollziehenden Verwaltungszweigen die Ausgabenermächtigungen erteilt. Die Lenkungsfunktion zeigt quantitativ und qualitativ die Grenzen der Verantwortlichkeit der Verwaltung in Abgrenzung zur Legislative auf und führt bei Nichtbefolgung zu Konsequenzen.[234] Grundsätzlich kann eine qualitative Lenkung des Vollzugs über die Ausweisung der Mittel im Haushaltsplan in Form von konkreten Zuweisungen (Artikel, Posten, Kapitel) geschehen. Quantitative Lenkung bedeutet die Festlegung des zeitlichen Rhythmus der Verausgabung der Mittel. Eine funktionale Aufteilung der Mittel (z.B. nach dem "Ressortprinzip") kann darüber hinaus noch eine funktionale Verantwortlichkeit der Vollziehenden herstellen.

Zudem wird durch die rechtliche Bindung der ausführenden Organe die vorherige und die nachträgliche wirtschaftliche *Kontrolle* durch externe und interne Prüfstellen ermöglicht (juristische Verantwortlichkeit).[235] Die administrative Kontrolle erbringt den Nachweis, dass sich die Verwaltung an die Ermächtigungen der Legislative gehalten hat. Sie ist zugleich auch Vorbedingung für die administrative Lenkungsfunktion und steht in einer ständigen Wechselwirkung mit der politischen Programmfunktion. Die Kontrolle der Wirtschaftlichkeit und der Zielkonformität administrativen Handelns legt Fehlsteuerungen und Schwachstellen offen, die in künftigen Perioden korrigiert werden können. Jede Verwaltung bringt Ausgaben mit sich und macht Einnahmen erforderlich. Daher muss die Verwaltung durch die Stelle kontrolliert werden, die über die Ausgaben und Einnahmen entscheidet.[236]

Die Bindung der Verwaltung an die Vorgaben der Legislative wird durch die Beschlussfassung der Legislative über den Haushalt erreicht.[237] Dies ist Ausdruck der Gewaltenteilung. Intern wird die Kontrolle in der Regel in Form von "Revisionsorganen" vorgenommen, die selbst dem zu kontrollierenden Organ angehören. Die externe Kontrolle wird durch ein funktional von der Verwaltung getrenntes Organ (in der Regel: Rechnungshof) vorgenommen, doch ist dieses nur "Hilfs-

233 *Senf, Paul*: aaO, S. 368.
234 *Koller, Heinrich*: aaO, S. 253.
235 Daher wird diese Funktion oft auch als "rechtliche Funktion" bezeichnet. Vgl. z.B. *Köckritz, Sieghardt von / Dittrich, Norbert / Lamm, Christel*: Bundeshaushaltsordnung, Kommentar, § 2 BHO, Rn. 3; Loseblattsammlung (Stand 01.09.2000) München/Berlin; *Koller, Heinrich*: aaO, S. 253.
236 *Jezé, Gaston / Neumark, Fritz*: Allgemeine Theorie des Budgets. Tübingen 1927, S. 40.
237 Unter anderem deshalb wird und wurde diese Budgetfunktion teilweise auch unter die "rechtliche Funktion" des Budgets subsumiert Vgl. z.B. *Wiesner, Herbert*: Öffentliche Finanzwirtschaft I- Haushaltsrecht, 1981, Heidelberg 8. Aufl., S. 38–42.

person" für Legislative und Exekutive (funktionale Verantwortlichkeit). Diese Art der Kontrolle hat einen dienenden Charakter und ist daher keine – wie die politische Kontrolle – eigenständige Dimension. Die Bindung der Exekutive ist darüber hinaus unter Informations- und Anreizaspekten von Bedeutung. Durch gezielte institutionelle Steuerung kann der Wähler den Repräsentanten (und dieser die Exekutive) anweisen, bestimmte Dinge so und nicht anders auszuführen, zugleich können Anreize für regelgerechtes Verhalten gesetzt werden. Aus der ex-post-Sicht wird dem Wähler durch die nachträgliche, unabhängige Kontrolle der Exekutive die Möglichkeit gegeben, die vorhandenen Defizite aufzudecken und für zukünftige Planungsperioden die Anreiz-, Informations- und Kontrollstrukturen zu verändern.

Für die europäische Haushalts- und Finanzverfassung sind jedoch zwei Problemkreise zu unterscheiden. Da der Vollzug des Haushalts sowohl unmittelbar (also durch Gemeinschaftsorgane) als auch mittelbar (durch die Mitgliedstaaten) geschieht, müssen Lenkung und Kontrolle der jeweiligen Exekutive dieser Zweiteilung Rechnung tragen.

Bei der Lenkung und Kontrolle der europäischen Verwaltung muss zwischen gemeinschaftsunmittelbarem und mittelbarem Vollzug unterschieden werden. Es sind unterschiedliche Lenkungs- und Kontrollmechanismen notwendig. Da beim mittelbaren Vollzug die europäische Verwaltung nur als Prinzipal der nationalen Verwaltung auftritt[238], die europäische Verwaltung selbst wiederum aber Agentin europäischer Organe ist (multiple – fast zirkuläre – Prinzipal-Agenten-Kette mit den beschriebenen Problemen), braucht die europäische Verwaltung ausreichende Befugnisse gegenüber den nationalen Verwaltungen. Hier steht die Frage im Mittelpunkt, wie der mittelbare Vollzug durch die Mitgliedstaaten durch die europäische Ebene gesteuert und kontrolliert werden kann. Dabei sind verschiedene Möglichkeiten der Lenkung des mittelbaren Vollzugs möglich[239], z.B. die Festlegung des Versorgungsgrades mit öffentlichen Gütern, die konkrete Gestaltung der öffentlichen Leistungen, über die Zuständigkeiten und Verfahren[240]. Um sich mögliche Effizienzvorteile des mittelbaren Vollzugs zu sichern (z.B. optimale Berücksichtigung regionaler Präferenzen, Kostenminimierung öffentlicher Güter, Innovationswettbewerb, Flexibilität), sind zu starke Regulierungen zu vermeiden. Eine zu starke Lenkung der nachgeordneten Verwaltungen führt auch zu einem Autonomieverlust dieser Ebenen und setzt zudem wenig Anreize für ein wirtschaftliches Umgehen mit EU-Mitteln. Beschränkt sich die EU-Ebene auf das Setzen von Rahmenregelungen für den mittelbaren Vollzug, muss die Kontrolle verstärkt werden.

238 Dagegen ist die Kommission beim gemeinschaftsunmittelbaren Vollzug selbst Agent.
239 Da auf der EU-Ebene – wie im Kap. 2.2.2 dargestellt – andere Begriffe verwandt werden, ist der Begriff "dezentral" von FÄRBER hier dem Begriff "mittelbar" gleichzusetzen.
240 Hierzu und zum Folgenden: *Färber, Gisela*: Effizienzprobleme des Verwaltungsföderalismus, aaO, S. 487ff.

Eine weitere Frage ist, wem die Lenkung und die Kontrolle des mittelbaren Vollzugs auf der europäischen Ebene obliegt. So erreicht die Legislative in den Mitgliedstaaten die Lenkung durch die rechtliche Bindung der Exekutive an den (beschlossenen) Haushalt. Dies ist auch auf der EU-Ebene so, diese Bindungswirkung gilt aber nur im Binnenverhältnis, also auf jeweiligen horizontalen Ebene. Die europäische Legislative kann daher versuchen, über eine Gesamtverantwortlichkeit der europäischen Exekutive für den (unmittelbaren und mittelbaren) Vollzug, diese Binnenanbindung auszudehnen. Dann müssen der europäischen Exekutive zugleich starke Kontrollrechte (die auch durchsetzbar sind) gegenüber den nachgeordneten Verwaltungen eingeräumt werden, damit sie dieser Verantwortung auch gerecht werden kann.

Zusätzlich dazu muss dem externen, unabhängigen Kontrollorgan ein Durchgriffsrecht auf die Informationen und Ergebnisse der nachgeordneten Ebenen zustehen. Diese Rechte braucht z.B. der Europäische Rechnungshof nicht nur im Rahmen der Prüfung der Ordnungsmäßigkeit der Verwendung der EU-Mittel, sondern auch bei der Erfolgskontrolle: Wenn nur der Rechnungshof der EU-Ebene den unmittelbaren Vollzug und der Rechnungshof der nachgeordneten Ebene den mittelbaren Vollzug überprüft, bleiben die Prüfungen unvollständig, da die Wirtschaftlichkeit der einen Ebene ohne die der anderen schwer festzustellen ist.[241] Die externe Kontrollinstanz hat ein weiteres Problem. Sie sieht sich unterschiedlichen, nationalen Verwaltungstraditionen gegenüber. Nationale Kontrollorgane haben deshalb unterschiedliche Kompetenzumfänge, ihre Kontrollen unterliegen unterschiedlicher Intensität, Technik, Häufigkeit. Daher ist schon aus Gründen einer ex-post-Kontrolle für die administrative Lenkung zu fordern, einheitliche Rahmenvollzugsregeln für EU-Gelder zu schaffen.

Ein weiteres Problem vertikaler Kontrolle sind die Konsequenzen aus festgestelltem Fehlverhalten, also Sanktionsmöglichkeiten der internen oder externen Kontrolle. Eine Kontrolle ohne Sanktionsmöglichkeiten bleibt wirkungslos, wenn man Sanktionen als Mittel zur Steuerung hin zu zukünftig gewünschtem Verhalten versteht. Die Frage, die sich für die EU-Ebene stellt, ist die nach der Kompetenz für etwaige Sanktionsmöglichkeiten. Solche müssen aufgrund des Gewaltenteilungs- und Demokratieprinzip grundsätzlich dem Vertreter des Souveräns, also der Legislative, zustehen.

3.4.5 Volkswirtschaftliche Lenkungsfunktion

Der Etat hat des weiteren Einfluss auf die gesamtwirtschaftliche Nachfrage (*volkswirtschaftliche Lenkungsfunktion*). Öffentliche Ausgaben und öffentliche Einnahmen beeinflussen wirtschaftliches Wachstum, die Einkommensverteilung und

241 *Färber, Gisela*: Verwaltungsföderalismus, aaO, S. 494.

die Konjunkturentwicklung. Die jüngste der Budgetfunktionen hat in einem auf das Sozialstaatsprinzip verpflichteten Nationalstaat (wie z.B. der Bundesrepublik) eine große Bedeutung. So kann ein öffentlicher Haushalt auch das Ziel haben, Preisniveaustabilität, einen hohen Beschäftigungsstand, ein außenwirtschaftliches Gleichgewicht und ein stetiges Wirtschaftswachstum anzustreben.[242]

Mit dem Amsterdamer Vertrag verpflichteten sich die Mitgliedstaaten und die Gemeinschaft zur Einführung einer Wirtschaftspolitik (Art. 4 Abs. 1 EGV). Diese besteht aber nicht in der Zentralisierung aller wirtschaftspolitischen Kompetenzen auf Gemeinschaftsebene, sondern aus einer engen Koordinierung der Wirtschaftspolitik aller Mitgliedstaaten, dem Binnenmarkt und der Festlegung gemeinsamer Ziele. Alle Mitgliedstaaten verpflichten sich dem Grundsatz der offenen Marktwirtschaft mit freiem Wettbewerb. Dieses sind erste Ansätze einer gemeinsamen Wirtschaftspolitik. Art. 4 EGV kann insoweit als "Wirtschaftsverfassung" angesehen werden. In Art. 4 Abs. 2 EGV werden die Grundsätze der Währungspolitik (Geld- und Wechselkurspolitik) beschrieben, deren Vergemeinschaftung schon mit der Einheitlichen Europäischen Akte 1986 begann. So wird die Aufgabe der Gewährleistung von Preisniveaustabilität inzwischen von der Europäischen Zentralbank wahrgenommen[243]. Im Bereich der Beschäftigung ist die Entwicklung einer koordinierten Beschäftigungsstrategie gerade erst nach der letzten Vertragsrevision Ziel der EG geworden.[244] Die klassischen ordnungspolitischen Ziele haben somit auch auf der europäischen Ebene Einzug gehalten, auch wenn die tatsächlichen Handlungskompetenzen teilweise "nur" aus Koordinierungskompetenzen bestehen.

Deutlichere Unterschiede zwischen den Nationalstaaten und der EG sind in Bezug auf den Einfluss des Haushalts auf die wirtschaftspolitische Gesamtsituation festzustellen. So erreichen die öffentliche Haushalte in den Mitgliedstaaten 30–60% des jeweiligen nationalen Bruttosozialprodukts, die öffentlichen Ausgaben der EG aber machen im Jahre 2001 nur 1,06% des gemeinschaftlichen Bruttosozialprodukts aus.[245] Zudem hat die EG keine konjunkturpolitische Kompetenz.[246] Eine direkte Einflussnahme des EG-Haushalts auf die gesamtwirtschaftliche Lage der EG ist so kaum möglich. Die Funktion der volkswirtschaftlichen Lenkung im klassischen Sinne ist daher für den EG-Haushalt – wenn überhaupt – nur sehr eingeschränkt zu

242 *Wiesner, Herbert*: Haushaltswesen, 4. Aufl., 1973, S. 33.
243 Art. 105ff. EGV.
244 Art. 125ff. EGV.
245 (http://europa.eu.int/comm/budget/index_de.htm) Zum Vergleich: Der Haushalt der BRD hatte 2000 einen Umfang von 470 Mrd. DM, der Haushalt der EU einen Umfang von 186 Mrd. DM. Vgl. auch *Schreyer, Michaele* (EU-Haushaltskommissarin) (http://www.whi-berlin.de/schreyer.htm, RN 4).
246 *Schmidt-Bleibtreu, Bruno / Klein, Franz*: Kommentar zum Grundgesetz, 9. Aufl., Neuwied/Kriftel 1999, S. 951.

bejahen.[247] Hier kann sich aber in wenigen Jahren eine andere Beurteilung ergeben.

3.4.6 Die Umsetzung der Funktionen in Regeln und Organe

Die Budgetfunktionen werden in konkreten Regeln operationalisiert. Dabei kann man zwischen Verfahrensregeln und Verhaltensregeln unterscheiden.

- Verfahrensregeln verzahnen die einzelnen Anforderungen an die Akteure zu einem budgetären Prozess.
- Die Verhaltensregeln normieren Grenzen des Handelns innerhalb der Haushalts- und Finanzverfassung. Verhaltensregeln sind dabei nicht solche, die nur für ein Organ gelten, sondern diejenigen Regeln, die die Grenzen des Handelns aller beteiligten Organe beschreiben.

3.4.6.1 Verfahrensregeln

In nationalen Haushalts- und Finanzverfassungen wird der Prozess über Ausgaben und Einnahmen durch den sogenannten "Haushaltskreislauf" beschrieben. Dieser soll das Verhältnis der einzelnen Institutionen zueinander und die Kompetenzen der Organe festschreiben, um Konflikte zu vermeiden. Der Haushaltskreislauf teilt sich klassischerweise in Aufstellungs-, Verabschiedungs-, Vollzugs- und Kontrollphase. Diese Reihenfolge ergibt sich aus der Anwendung der Budgetfunktionen.[248]

Auf der nationalen Ebene haben sich Verfahren für die Ausgaben- und Einnahmenbestimmung entwickelt, die versuchen, die einzelnen Akteure einzubinden und zu kontrollieren. Die Ausgestaltung dieser Verfahren ist – je nach institutioneller Grundstruktur des Staates – jedoch unterschiedlich. Die einzelnen Verfahren werden im Haushaltskreislauf zusammengefasst. Dieser ist in seiner konkreten Ausformung immer abhängig von der jeweiligen institutionellen Grundentscheidung.

Dabei spielen die Verfügungsrechtsverteilung und die Ausgestaltung der Prinzipal-Agent-Strukturen eine entscheidende Rolle. In der Regel sind für die

247 Allerdings ist die volkswirtschaftliche Lenkungsfunktion eine Funktion "im Werden". Je weiter die Vertiefung voranschreitet, also je besser die Integrationsfunktion des Haushalts umgesetzt werden kann, desto mehr Bedeutung wird der volkswirtschaftlichen Lenkungsfunktion vielleicht künftig zukommen. Vgl. auch *Draheim, Antje*: Der Vorschlag der Europäischen Kommission für eine neue EG-Haushaltsordnung, Teil 1, S. 150f., Verwaltung & Management, Heft 3, 2002, S. 150–156; *Bieber, Roland*: Vorbem. zu den Art. 199–209, RN 16, in: *Groeben, Hans van der / Thiesing, Jochen / Ehlermann, Claus-Dieter:* aaO.

248 So erfolgt z.B. in der Aufstellungsphase die Programmplanung (politische Programmfunktion). Dabei ist Voraussetzung, dass zunächst Ziele und Kriterien im Sinne einer Output-Steuerung erarbeitet werden. Die Verabschiedungsphase ist Ausdruck der politischen Kontrollfunktion, denn sie dient der Verantwortungsübernahme der Legislative über den konkreten Haushalt. In der Vollzugsphase zeigt sich dagegen die Umsetzung der administrativen Lenkungsfunktion und der finanzwirtschaftlichen Ordnungsfunktion.

einzelnen Phasen des Haushaltskreislaufs verschiedenen Institutionen jeweils die entsprechenden Verfügungsrechte zugeteilt. So hat in der Regel das Parlament das Verfügungsrecht in der Verabschiedungsphase und die Verwaltung ist Verfügungsrechtsinhaber im Vollzug. Die Verfahren des Haushaltskreislaufs sollen eine Verzahnung dieser Verfügungsrechte ermöglichen und den jeweiligen Prinzipalen in der Binnenstruktur Kontrolle ermöglichen. Da die Verfügungsrechte nur derivativ sind, muss letztlich über den Haushaltskreislauf die Rückkoppelung an den Souverän erfolgen. Die Verfahrensregeln sind insbesondere dann von großer Relevanz, wenn die Verfügungsrechte geteilt und/oder beschränkt sind. Dies kann sich in der Trennung und/oder Beschränkung von formellen und materiellen Verfügungsrechten zeigen, aber auch in der Zuweisung eines (materiellen oder formellen) Verfügungsrechts an mehrere Verfügungsrechtsinhaber. Je mehr die einzelnen Verfügungsrechte geteilt/beschränkt sind und/oder mehreren Inhabern zustehen, desto mehr ineinandergreifende Verfahren sind notwendig, um die einzelnen Verfügungsrechte zu verzahnen. Die Verfahren müssen die optimale Ausübung aller Verfügungsrechte zugunsten des Souveräns (der dieses ja übertragen hat) gewährleisten. Je mehr Verfahren notwendig sind, desto intransparenter wird der budgetäre Prozess für den Souverän (hohe Informations- und Kontrollkosten) und die Koordinations- und Entscheidungskosten der beteiligen Institutionen steigen.

3.4.7.2 Verhaltensregeln

Budgetfunktionen werden durch Verhaltensregeln, die sogenannten Budgetgrundsätze, operationalisiert. Die Budgetgrundsätze sind die institutionellen Instrumente, um den Haushaltsfunktionen Geltung zu verschaffen und gelten in verschiedenen zeitlichen Phasen der Haushalts- und Finanzverfassung. Budgetgrundsätze sind "Regeln des Wohlverhaltens für den budgetären Willensbildungs- und Entscheidungsprozess sowohl der Exekutive als auch der Legislative ..."[249]. Viele der in dieser Arbeit genannten demokratietheoretischen, fiskalföderalistischen und institutionenökonomischen Forderungen finden sich hier in Regeln konkretisiert. Dabei ist jedoch zu betonen, dass die Budgetgrundsätze eben nicht nur bloße Bewirtschaftungsregeln für den Haushaltsvollzug darstellen, sondern sich auf die gesamte Ausgaben- und Einnahmentätigkeit der öffentlichen Hand beziehen.

Ebenso wie bei den Budgetfunktionen ist zu fragen, ob die in den Mitgliedstaaten verwendeten Budgetgrundsätze auch im Haushaltssystem der EU Anwendung finden. Auch diese Frage wird von den meisten Autoren wie selbstverständlich bejaht.[250] Unter Berücksichtigung der oben erarbeiteten Bedeutung der Funktionen

249 *Senf, Paul*: aaO, S. 391.

250 Z.B. schon *Heinig, Kurt*: Das Budget, Bd. 1: Die Budgetkontrolle, Tübingen 1949, S. 15; aber auch *Schwarze, Jürgen*: EU-Kommentar, Baden-Baden 2000, Art. 268, RN 10; *Callies, Christian / Ruffert, Matthias*: Kommentar des Vertrages über die Europäische Union und

eines *europäischen* Haushalts sind jedoch auch die Budgetgrundsätze hinsichtlich ihres Inhalts und ihrer Bedeutung zu hinterfragen. Dabei kann zunächst davon ausgegangen werden, dass diejenigen Budgetgrundsätze, die primär der finanzwirtschaftlichen Ordnungsfunktion und der administrativen Lenkungsfunktion dienen, auch auf der EU-Ebene Anwendung finden. Denn diese Funktionen haben auf der EU-Ebene dieselben Zielsetzungen wie in nationalen Haushalten.

a) **Grundsatz der Einheit des Budgets:** Dieser Grundsatz ist zunächst Ausdruck der finanzwirtschaftlichen Ordnungsfunktion. Auch die Zuordnung von Verantwortlichkeiten wird in einem Dokument eher sichtbar als in vielen verschiedenen Dokumenten. Daher müssen alle finanziellen Vorgänge, also Einnahmen und Ausgaben, in einem einzigem Text (dem Haushaltsplan) zusammengefasst werden und die Legislative muss darüber abstimmen. Der Grundsatz der Einheit enthält dadurch implizit das Verbot von Sonderfonds und Nebenbudgets.[251] Dies vermindert diskretionäre Spielräume der Akteure und Schattenfinanzierungen. Das zeigt, dass der Grundsatz der Einheit für die Erfüllung der politischen Funktion und der politischen Kontrollfunktion nicht nur nebensächliche Bedeutung hat.[252] Diesem Grundsatz muss daher auch der europäische Haushalt genügen.

b) **Grundsatz der Vollständigkeit des Budgets:** Ein einheitliches Budget ist nur dann vollständig, wenn alle Ausgaben und Einnahmen in einem Budget zusammengefasst sind. Dieses "papierende Gleichgewicht"[253] diente ursprünglich der Vermeidung von Haushaltsungleichgewichten[254], also der Erfüllung der finanzwirtschaftlichen Ordnungsfunktion. Jedoch besaß und besitzt er Bedeutung auch bei der Erfüllung aller anderen Budgetfunktionen. Im Lichte der Kontrolle hängt er eng mit dem Grundsatz der Einheit zusammen: Was nützt ein einheitliches Budget dem (politischen oder administrativen) Kontrolleur, wenn die Angaben in ihm nicht vollständig sind? Nach modernem Verständnis liegt der Schwerpunkt dieses Grundsatzes jedoch in der Erfüllung der politischen Programmfunktion.[255] Nur ein vollständiges Budget kann echte Präferenzensetzung leisten, nur aus einem vollständigen Budget werden diese auch für den Prinzipal (Wähler) sichtbar. Dies gilt auch

---

des Vertrages zur Gründung der Europäischen Gemeinschaft, Neuwied 1999, Art. 268 EWGV, RN 19; *Bieber, Roland:* in: *Groeben, Hans van der / Thiesing, Jochen / Ehlermann, Claus-Dieter*: aaO, Art. 199, RN2; *Strasser, Daniel*: Die Finanzen Europas, 3. Aufl., Brüssel/ Luxemburg 1991, S. 43ff.

251 *Dies.*: aaO.

252 RÜRUP geht davon aus, dass der Grundsatz der Einheit die Erfüllung der politischen Programmfunktion gar nicht berührt. Vgl. *Rürup, Bert / Körner, Heiko*: aaO, S. 47.

253 *Schmölders, Günter*: aaO, S. 65.

254 *Stahl, Gerd*: Haushaltsrechtliche Grundsätze der Europäischen Gemeinschaften unter vergleichender Heranziehung des deutschen Rechts, Heidelberg 1966, S. 98.

255 So auch *Borrmann, Gero-Falk / Schwanenberg, Manfred:* aaO, S. 166, der dies auch für den Grundsatz der Einheit feststellt. Letzterem wird hier nicht gefolgt, da ein auch ein nicht einheitliches Budget Planung ermöglicht, wenngleich mit Abstrichen.

für die Integrations- und vor allem für die Kompensationsfunktion. Zugleich erfüllt ein vollständiges Budget die von RÜRUP geforderte Management-Aufgabe: es ermöglicht die Abstimmung einzelner Maßnahmen aufeinander.

c) **Grundsatz des Haushaltsausgleichs:** Formell bedeutet er lediglich die zahlenmäßige Übereinstimmung von Ausgaben und Einnahmen im Haushaltsplan. Materieller Ausgleich hingegen heißt, dass die Ausgaben die Einnahmen nicht übersteigen sollen und umgekehrt.[256] Der Grundsatz des Haushaltsausgleichs dient zunächst der finanzwirtschaftlichen Ordnungsfunktion.[257] Ein liquider Haushalt ist mittelbar auch Voraussetzung für das Umsetzen der politischen Programmfunktion.

d) **Grundsatz der Jährlichkeit:** Einnahmen und Ausgaben müssen nach diesem Grundsatz jährlich bewilligt und im Bewilligungszeitraum ausgeführt werden. RÜRUP geht davon aus, dass der Grundsatz der Jährlichkeit eine reine Zweckmäßigkeitserwägung ist und keiner Budgetfunktion bei der Erfüllung hilft. Die Jährlichkeit ermögliche kaum langfristige Planung über eine Legislaturperiode, sie unterlaufe die Konjunkturzyklen und mache die Berücksichtigung der Folgekosten unmöglich.[258]

Dem ist zu widersprechen. Eine zeitlich befristete Planung ermöglicht eine enge Anbindung der Agenten an die Prinzipale und vor allem die zeitnahe Kontrolle der Agenten (Verantwortlichkeit). Der Jährlichkeitsgrundsatz wird daher auch "als Gewaltenteilungsprinzip auf finanziellem Gebiet"[259] bezeichnet. Sowohl Programmplaner als auch Programmumsetzer werden so jährlich gezwungen, Rechenschaft vor dem jeweiligen Prinzipal abzulegen. Aus politischer Sicht erhöhen zeitlich begrenzte Kredite den politischen Wert des Budgets.[260] Gleichzeitig dient die jährliche Budgetverabschiedung einem ständigen Informationsfluss zwischen Agenten und Prinzipalen, aber auch zwischen den Agenten. Dieser vorwiegend auf Kontrolle gerichteter Grundsatz hat für den Haushalt der EU dieselbe Bedeutung wie auf den nationalen Ebenen.[261]

256 Ganz entscheidend hängt die Auslegung des materiellen Ausgleichsgebots von der Definition des Begriffes der Einnahmen und Ausgaben ab. Zählen Kredite auf der Einnahmen- und Ausgabenseite dazu, ist der Ausgleichsgrundsatz ein rein formaler – jedenfalls solange, bis die Grenzen der Staatsverschuldung nicht erreicht sind. (Vgl. *Rürup, Bert / Körner, Heiko:* aaO, S. 46) Zählen Kredite nicht zu den Einnahmen und Ausgaben, verstoßt jede Defizitdekkung durch Kredite gegen das Ausgleichsgebot.

257 Zählen die Krediteinnahmen zu den Einnahmen kann der Wähler durch die Darstellung der Staatsschulden allerdings prüfen, inwieweit sich die Politiker z.B. an Verschuldungsrestriktionen gehalten haben.

258 *Rürup, Bert / Körner, Heiko:* aaO, S. 46, anders in der Grafik S. 47.

259 *Stahl, Gerd:* aaO, S. 66.

260 *Jezé; Gaston / Neumark, Fritz*: aaO, S. 181.

261 Zum Problem einem möglichen Wahlnachfolger politische und finanzielle Spielräume zu lassen siehe: *Rossi, Matthias:* aaO, S. 201.

e) Grundsatz der Spezialität: Das Spezialitätsprinzip findet sich in drei Ausprägungsformen. Qualitativ bedeutet es, dass eine Anbindung der Ausgaben an die Zweckbestimmung im Budget erfolgt. Klare Zweckbestimmungen der Ausgaben sind daher notwendig. In quantitativer Hinsicht wird eine Bindung auch an die bewilligte Ausgabenhöhe erreicht. Diese beiden Spezialitätsformen nennt man auch sachliche Spezialität. Sie dienen primär dazu, den Handlungsspielraum der Bürokratie einzuschränken, aber auch dazu, den Gesetzgeber zu klaren Vorgaben anzuhalten. Und schließlich gibt es eine temporäre Spezialität: nur die im Bewilligungszeitraum bewilligten Ausgaben sollen getätigt werden. Dies korrespondiert mit der Jährlichkeit des Budgets.[262]

Die einzelnen Spezialitätsgrundsätze dienen vor allem der politischen Kontrollfunktion und der administrativen Lenkungs- und Kontrollfunktion. Eine Willkür in der Mittelbewilligung soll vermieden werden, denn man habe nur dann den Respekt der Verwaltung, wenn Kontrolle des Vollzugs gegenwartsnah und erfolgsorientiert erfolge.[263] Insbesondere die sachliche Spezialität ist Ausfluss der politischen Programmfunktion, denn ein "politisches Programm zeigt sich nicht nur in der Höhe des HH-Volumens, sondern auch in der Struktur, also der Art der Zusammensetzung"[264]. Damit hat dieser Grundsatz mittelbar auch für die Integrations- und Kompensationsfunktion Bedeutung, denn werden auch diese Kosten nach dem Spezialitätsprinzip sichtbar gemacht, entfaltet das Budget auch Transparenz nach außen – die unterschiedlichen Mittelarten werden auch für den Wähler sichtbar.

f) Grundsatz der Wahrheit, Klarheit und Genauigkeit: Die Forderung nach Wahrheit und Genauigkeit des Budgets bezieht sich auf den Inhalt (Eindeutigkeit der Benennung, Quantität der Budgetpositionen), die Forderung nach Klarheit auf die Form des Budgets (Transparenz, Systematik). Nur ein "wahres" Budget macht Programmplanung und Bedarfsdeckung möglich. Zudem kann nur ein möglichst genaues Budget echte Kontrolle ermöglichen und verhindert Mittelhortung.[265] Diese Budgetgrundsätze sind zudem Voraussetzung für die Wirksamkeit aller anderen Grundsätze.[266]

g) Grundsatz der Vorherigkeit: Um die Verwendung von Mitteln für die öffentliche Aufgabenerfüllung zu planen, ist die Vorherigkeit des Budgets eine Selbstverständlichkeit. Eine vorherige Planung dient sowohl der Bedarfsdeckungsfunktion als auch der politischen Programmfunktion (einschließlich der Kompensations- und vor allem der Integrationsfunktion). Der Steuerzahler hat ein Recht zu wissen, wie viel der Mittel auf die Bereitstellung öffentlicher Güter

---

262 *Stahl, Gerd*: aaO, S. 65.
263 *Senf, Paul*: aaO, S. 413.
264 *Ders.*: aaO, S. 410.
265 *Stahl, Gerd*: aaO, S. 110.
266 *Jezé, Gaston / Neumark, Fritz*: aaO, S. 215.

(sozusagen als "Gegenleistung" für seine Steuern) und wie viel auf angleichende Maßnahmen (Integration) oder Kompensationen (als "politische" Kosten) entfallen.

Der im Vorfeld des konkreten Haushaltszeitraums beschlossene Etat ist politisch gesehen zudem die Ausgabenbewilligung für die Exekutive[267] und ermöglicht den Einfluss der Legislative auf die Exekutive. Erst durch diese Bewilligung steht der Exekutive das Recht zu, den Haushalt zu vollziehen. Dieses gilt auch für den Haushalt der EU.

h) Grundsatz der Gesamtdeckung: Die Entwicklung des Grundsatzes der Gesamtdeckung (alle Einnahmen stehen für alle Ausgaben zur Verfügung) ging einher mit dem Prinzip der fiskalischen Kasseneinheit (Zentralisierung des Kassenwesens).[268] Die Non-Affektation hatte die Aufgabe, die Verschwendung öffentlicher Gelder durch den König zu verhindern.[269] Heute manifestiert sich in ihm politisch vor allem das Budgetrechts des Parlaments. Gleichzeitig hilft es bei der Bekämpfung des Ressortegoismus der Exekutive.[270]

Das Zweckbindungsverbot ist als materieller Grundsatz zu sehen, Ausnahmen sind in der Haushaltswirklichkeit nicht zu vermeiden. Zudem gibt es auch gute Argumente für eine Zweckbindung. "Der Widerstand gegen eine Zahlung von Steuern wird sich in dem Umfang vermindern, wie die Zahlungspflicht gegen eine Leistung des Staates aufgerechnet werden kann."[271] Zugleich dienen bestimmte Ausgabenbindungen auch einer zukünftigen Liquidität, denn die Absicherung dieser Ausgaben ist nicht von politischen "Ad hoc-Entscheidungen" abhängig. Ihre Rationalität ist aber unter dem Aspekt der Haushaltsautonomie ständig zu überprüfen, um Ausgabeautomatismen vorzubeugen. Insbesondere mit Blick auf die Kompensationsfunktion kann die Zweckbindung von Einnahmen sinnvoll sein. Der Steuerzahler ist in der Regel nicht bereit, mehr als einen bestimmten Prozentsatz der Einnahmen für solche Kompensationszahlungen zur Verfügung zu stellen. Eine Zweckbindung einer bestimmten Einnahme käme einer Deckelung dieser Ausgaben gleich.[272]

i) Das Bruttoprinzip: Alle Einnahmen und Ausgaben sollen in voller Höhe getrennt voneinander, also ohne Verrechnung im Haushaltsplan aufgeführt werden.

---

267 *Stahl, Gerd*: aaO, S. 70.

268 *Borrmann, Gero-Falk / Schwanenberg*, Manfred: aaO, S. 172, RN 301.

269 *Jezé, Gaston / Neumark, Fritz*: aaO, S. 105; Bis in das 19. Jahrhundert hinein dominierte das "Prinzip dezentraler Fondsbildung". Solchen Fonds wurden zweckgebundene Einnahmen zugewiesen, sie unterlagen nicht der Kontrolle der Parlamente. (Vgl. *Müller, Erika*: Theorie und Praxis des Staatshaushalts im 19. Jahrhundert, Opladen 1989, S. 124–131) So diente das Verbot der Zweckbindung vor allem der Kontrollfunktion und nach der Zentralisierung des Kassenwesens vorrangig der Bedarfsdeckung.

270 *Stahl, Gerd*: aaO, S. 121.

271 *Dickertmann, Dietrich / Gelbhaar*, Siegfried: Finanzwissenschaft, aaO, S. 89.

272 Ähnliches ließe sich aber auch mit einer absoluten oder prozentualen Ausgabengrenze für Kompensations-zahlungen erreichen.

Nicht nur bei der Aufstellung ist dies zu beachten. Die Einhaltung des Grundsatzes auch während der Ausführung des Haushalts zeigt "dem Budgetträger und der Budgetprüfung nicht nur das Endergebnis einer Verwaltungsmaßnahme oder der Summe solcher Maßnahmen (...), vielmehr zwingt er die Verwaltung, die einzelnen Planposten in voller Höhe und getrennt nach Einnahmen und Ausgaben zu enthüllen"[273]. Dies nimmt der Exekutive die Möglichkeit, das bewilligte Budget durch Nebeneinnahmequellen zu erhöhen.[274]

Im Lichte der politischen Programmfunktion liegt die Bedeutung des Bruttoprinzips vor allem darin, dass keine Ausgaben oder Einnahmen der politischen Entscheidung entzogen werden (können). Klarheit und Transparenz werden zudem erhöht.

j) **Grundsatz der Öffentlichkeit:** Die Forderung nach Öffentlichkeit ist die deutlichste Ausprägung des Demokratieprinzips in den Haushaltsgrundsätzen. Es ermöglicht permanente Information der Beteiligten und des Prinzipals und erfüllt somit gewichtige Aspekte der politischen Programmfunktion. Die Offenlegung der Verwendung der Steuermittel erhöht die Dispositionssicherheit auch der privaten Wirtschaftssubjekte[275] und zeigt dem Wähler den Steuer-Ausgaben-Mechanismus auf. Der Wähler soll als Zahler der staatlichen Mittel erfahren, wie diese Mittel verwendet werden.[276]

k) **Grundsatz der Wirtschaftlichkeit und Sparsamkeit:** Dieser Grundsatz hat erst in jüngster Zeit in dieser Form Eingang in das Haushaltsrecht gefunden. Dabei ist umstritten, inwieweit dieser Grundsatz nur der Erfüllung der finanzwirtschaftlichen Ordnungs- und administrativen Lenkungsfunktion[277] oder in erster Linie der politischen Programmfunktion[278] dient. Diese zum Teil gegenläufigen Aussagen sind auf das Grundproblem dieses Grundsatzes zurückzuführen: seine Definition. Eine Reduzierung auf das ökonomische Prinzip, nämlich ein bestimmtes Ergebnis mit möglichst geringem Einsatz von Mitteln (Minimalprinzip) oder bei gegebenen Mitteln das bestmögliche Ergebnis zu erreichen (Maximalprinzip)[279], wird als unzureichend angesehen.[280] Es fände nur eine begrenzte Zähmung der Politik durch Wettbewerb im öffentlichen Sektor statt und da der "Staat" zuallererst Treuhänder

273 *Stahl, Gerd*: aaO, S. 103.
274 *Jezé, Gaston / Neumark, Fritz*: aaO, S. 222.
275 *Dickertmann, Dietrich / Gelbhaar, Siegfried:* Finanzwissenschaft, aaO, S. 89.
276 *Blankart, Charles B.*: Öffentliche Finanzen, aaO, S. 397.
277 So *Rürup, Bert / Körner, Heiko:* aaO, S. 47 und *Borrmann, Gero-Falk / Schwanenberg, Manfred:* aaO, S. 127 RN 206.
278 So *Stern, Klaus:* aaO, § 50 III 11, S. 1251; demgegenüber sieht RÜRUP überhaupt keinen Berührungspunkt dieses Grundsatzes mit der politischen Programm- oder Kontrollfunktion, vgl. *Rürup, Bert / Körner, Heiko:* aaO, S. 47.
279 *Wiesner, Herbert*: Haushaltsrecht, 8. Aufl., S. 102.
280 *Senf, Paul:* aaO, S. 387.

von Steuermitteln sei, ergebe sich schon allein daraus eine Verpflichtung des Programmplaners, diesen Grundsatz zu befolgen. Aber auch die "bloße" Anwendung des ökonomischen Prinzips setzt eine echte Programmplanung voraus, die Ziele definiert und Finanzierungs- und Durchführungsalternativen anbietet. Dabei sollte sich die Planung am Output orientieren, so dass auch für den Wähler (Steuerzahler) sichtbar wird, was geleistet wurde. Eine Vorabdefinition der Ziele von Vollzugsmaßnahmen, Kosten-Nutzen-Rechnungen und eine ex post-Evaluierung dieser Maßnahmen sind Mittel, um eine Output-Steuerung zu erreichen. Dies gilt vor allem in Hinblick auf die Integrationsfunktion. Das Ziel der Integration wird um so eher erreicht, als klare Kriterien definiert werden und deren Erreichung überprüft wird. Der Grundsatz der Wirtschaftlichkeit und Sparsamkeit ist daher nicht nur an die Verwaltung zu adressieren.

Nicht immer ist die wirtschaftlichste und sparsamste Lösung zugleich insgesamt die "beste" Lösung. Dies zeigt sich gerade am Beispiel der Kompensationsfunktion. Hier werden "politische Kosten" entschädigt in der Hoffnung, weitere Vorteile aus der gemeinsamen Zusammenarbeit zu erzielen (auch unter dem Aspekt der Verfahrenseffizienz). Inwieweit diese Kompensationskosten aber wirtschaftlicher und sparsamer sind als z.B. die ansonsten anfallenden Entscheidungskosten (Nichtentscheidungskosten), stellt sich meist erst in einem späteren Zeitverlauf heraus.

l) Grundsatz der Konsequenz von Fach- und Ressourcenverantwortung: Die Forderung nach einer klaren Zuordnung von Verantwortung wurde schon mehrfach erhoben. Indirekt steht diese Forderung auch hinter einigen der genannten Budgetgrundsätze.[281] Anerkennt man jedoch die Dominanz von politischer Programm- und politischer Kontrollfunktion, reicht eine nur implizite Berücksichtigung nicht aus. Aus politökonomischer und demokratietheoretischer Sicht ist das Verantwortungsprinzip eines der wichtigsten Voraussetzungen für effiziente Leistungen. Dabei richtet sich dieser Grundsatz sowohl an die Politiker als auch an die Verwaltung als auch an die Kontrollorgane. Es muss klar und offensichtlich sein, wer für das Budget die politische Verantwortung trägt, wer innerhalb der Verwaltung für einzelne Bereiche zuständig und verantwortlich ist und wer die Kontrolle ausübt.

m) Grundsatz der institutionellen Autonomie: Dieser Grundsatz ist die "Übersetzung" der Gewaltenteilung in einen Haushaltsgrundsatz. In einem Verhandlungs- und Mehrebenensystem wie der EU agieren die Akteure auf verschiedenen Ebenen und in verschiedenen Politikarenen. Dies darf jedoch nicht zu einer totalen Verflechtung sämtlicher Organe in der Hinsicht führen, dass ein Organ vom anderen abhängig ist. Nur Autonomie des Organs gewährleistet, dass das Interesse des Organs an der Kontrolle eigener Rechte bestehen bleibt und das Organ versucht, sich gegen andere Organe abzugrenzen. Je mehr (personelle und institutionelle)

281 Z.B. Klarheit, Wahrheit, Genauigkeit.

Verschränkungen zwischen verschiedenen Funktionsträgern stattfinden, desto eher besteht die Gefahr der Kartellbildung zum Nachteil des Steuerzahlers. Gerade im Bereich öffentlicher Finanzen kann dies dazu führen, dass die beteiligten Akteure zum Zwecke ihrer Macht- und Budgetausweitung zusammenwirken, anstatt sich gegenseitig zu kontrollieren.

3.4.7 Zusammenfassung

Bei der Bestimmung der europäischen Budgetfunktionen kann von den klassischen ausgegangen werden. Diese müssen allerdings stärker "modern" und mit Blick auf die Spezifika des europäischen Mehrebenensystems interpretiert werden.

Die ursprünglich überwiegend auf die Verwaltung und die Kontrolle ausgerichteten Funktionen sind heute vor allem aus der Sicht der Souveräns und Steuerzahlers zu interpretieren. Das Augenmerk ist gezielter auf die politische Funktionen zu richten. Diese politische Funktionen sind für den EU-Haushalt um die Integrationsfunktion und die Kompensationsfunktion zu erweitern. Beide können auf das politische Konzept des "Werdens der EU" zurückgeführt werden. Während die Integrationsfunktion stark programmatische Züge enthält und die Vorbedingungen für eine echte politische Union schaffen soll, ist die Kompensationsfunktion der Tatsache geschuldet, dass im europäischen Mehrebenensystem Kompetenzverschiebungen von der nationalen Ebene auf die europäische Ebene oder umgekehrt stattfinden. Die in den meisten Organen vorherrschenden nationalen Interessen verstärken die Bedeutung der Kompensation noch.

Das hat auch die politische Kontrolle durch die legitimierten Organe zu berücksichtigen. Insbesondere deshalb sind die herkömmlichen Budgetgrundsätze um den Grundsatz der Fach- und Ressourcenverantwortung und den Grundsatz der institutionellen Autonomie zu erweitern.

Die administrative Lenkungs- und Kontrollfunktion verändert sich in ihrer Zielrichtung ebenfalls. Es ist nicht allein "irgendein" sparsames und effizientes Wirtschaften mit den zur Verfügung gestellten Mitteln zu erreichen, sondern es ist vielmehr zu fragen, ob die politischen Vorgaben durch die Präferenzaufdeckung des Souveräns durch die Verwaltung so sparsam und zielgerichtet wie möglich erreicht werden können.

Finanzwirtschaftliche Ordnung ist in einem europäischen Mehrebenensystem kein Selbstzweck. Sie ist vielmehr Voraussetzung für die Erfüllung aller anderen Funktionen. Zugleich dient sie der Abgrenzung der verschiedenen Ebenen des Systems.

Der volkswirtschaftlichen Lenkungsfunktion kommt im Hinblick auf den EU-Haushalt bisher nur eine sehr eingeschränkte Funktion zu. Daher wird sie im weiteren Verlauf der Arbeit ausgeblendet. Ihre Prüfung würde zudem voraussetzen, die sonstigen Instrumente wirtschafts(politischer) Lenkung mit einzubeziehen, z.B.

das Wirtschafts- und Währungssystem. Dessen Wechselwirkungen mit dem Haushalt müssten genauer untersucht werden. Dies ist aber nicht Ziel dieser Arbeit. Dabei wird keineswegs verkannt, dass bereits der heutige Haushalt der EU Einfluss vor allem auf die nachgeordneten Haushalte der Mitgliedstaaten ausübt. Das Ziel dieser Arbeit, die institutionellen Wirkungen innerhalb der europäischen Haushalts- und Finanzverfassung zu untersuchen, wird durch das Ausblenden der volkswirtschaftlichen Lenkungsfunktion aber nicht beeinträchtigt. Deshalb wird der Schwerpunkt der nachfolgenden Untersuchungen auf den anderen Budgetfunktionen liegen.

4. Die europäische Haushalts- und Finanzverfassung im Lichte der Budgetfunktionen

In den vorhergehenden Kapiteln wurden die Demokratie- und Effizienzbedingungen sowie die institutionen- und politökonomischen Voraussetzungen für die europäischen Haushalts- und Finanzverfassung erarbeitet. Es wurde untersucht, inwiefern klassischen Budgetfunktionen aufgrund dieser Voraussetzungen und der Besonderheiten der EU auf die Zwecke einer europäischen Haushalts- und Finanzverfassung angewendet werden können. Nun muss gefragt werden, ob die bestehenden Institutionen in der Lage sind, die theoretisch entwickelten Budgetfunktionen in der Praxis auch umzusetzen. Dabei werden die jeweiligen Institutionen auch polit- und institutionenökonomisch bewertet. Hier geht es vor allem um die Einschätzung der Steuerungsfähigkeit dieser Institutionen, also nicht nur um die Frage, ob die Budgetfunktionen umgesetzt werden, sondern vor allem darum, ob die vorhandenen Institutionen überhaupt in der Lage sind, die Umsetzung der Budgetfunktionen zu gewährleisten. Es soll aufgezeigt werden, dass die institutionelle Anbindung der Agenten und die Funktionsfähigkeit der multiplen Prinzipal-Agenten-Verhältnisse in der Binnenstruktur sehr große Auswirkungen auf die Umsetzung der Budgetfunktionen haben. Und schließlich kann untersucht werden, inwieweit die bekannten Mängel der europäischen Gesamtverfassung sich in der europäischen Haushalts- und Finanzverfassung niederschlagen. Hierbei wird das Hauptaugenmerk auf der Verteilung der Verfügungsrechte liegen.

Es wird mit einem Überblick über die europäische Haushalts- und Finanzverfassung begonnen (Kap. 4.1). Die einzelnen Verfahrensabschnitte sind durch eine Vielzahl von Einzelregelungen ausgestaltet, die die gesamte europäische Haushalts- und Finanzverfassung sehr intransparent und schwer fassbar machen. Zur besseren Verständlichkeit wird daher ein Überblickskapitel vorangestellt. Auf die historische Entwicklung der europäischen Haushalts- und Finanzverfassung kann in dieser Arbeit nicht eingegangen werden.[1] Soweit einzelne Entwicklungsetappen für bestimmte Verfahren Bedeutung haben, wird an den entsprechenden Stellen darauf verwiesen.

Nach diesem Überblick werden die einzelnen Verfahren und Organe der europäischen Haushalts- und Finanzverfassung konkret untersucht (Kap. 4.2–4.7). Dabei wird in der Reihenfolge des Haushaltskreislaufs vorgegangen, um die Verzahnung der jeweiligen Verfahrensregeln darstellen zu können. Denn es kommt darauf an, "in welcher Reihenfolge Entscheidungen getroffen werden, die das Ergebnis des Prozesses

1 Zur historischen Entwicklung vgl. *Fugmann, Friedrich / Theato, Diemut* R. in: *Dauses, Manfred* (Hrsg.), Handbuch des EU-Wirtschaftsrechts; München Stand 1997, A.III.; *Rossi, Mathias*: aaO, S. 5–56; *Strasser, Daniel*: aaO, S. 23–42.

bestimmen oder zumindest beeinflussen."[2] Innerhalb der einzelnen Phasen des Kreislaufs wird jeweils eine institutionelle Kritik (insbesondere zur Verteilung der Verfügungsrechte und den bestehenden Interessenlagen der handelnden Akteure) vorgenommen. Diese ist in die Bewertung der Verfahren dieser Phase anhand der Budgetfunktionen integriert. Im Kap. 4.8 werden die Bewertungen anhand der Budgetfunktionen zusammengefasst, um einen Gesamteindruck von der Leistungsfähigkeit der europäischen Haushalts- und Finanzverfassung zu erhalten.

4.1 Überblick über die europäische Haushalts- und Finanzverfassung

Bevor die einzelnen Regeln (Institutionen) und die Befugnisse der jeweiligen Organe innerhalb der Haushalts- und Finanzverfassung ausführlich dargestellt werden, soll das folgende Kapitel einen Überblick über die Rechtsgrundlagen der Haushalts- und Finanzverfassung, die Einnahmen- und Ausgabenstruktur der EU und den Haushaltskreislauf geben. Da die einzelnen Verfahren und Befugnisse sehr komplex sind und ineinander greifen, ihre Rechtsgrundlagen teilweise unsystematisch und auf verschiedenen Stufen der Normenhierarchie angesiedelt sind, ist eine kurze Darstellung des gesamten Systems zum besseren Verständnis notwendig. Dabei werden zunächst die Rechtsquellen der europäischen Haushalts- und Finanzverfassung (Kap. 4.1.1), die Einnahmen und Ausgaben des Gesamthaushalts (Kap. 4.1.2–4.1.3) sowie die der Nebenhaushalte (Kap. 4.1.4) dargestellt. Im Anschluss daran folgen die drei Steuerungsinstrumente des Haushaltsrechts: die Haushaltsordnung mit den Haushaltsgrundsätzen, die prozeduralen Regeln des Haushaltskreislaufs und die formale Präsentation des Haushalts (Kap. 4.1.5).

4.1.1 Die Rechtsquellen der europäischen Haushalts- und Finanzverfassung

Die Rechtsquellen für die europäische Haushalts- und Finanzverfassung unterscheiden sich in primär- und sekundärrechtliche Quellen:[3]

- **Primärrecht:**[4] In den Verträgen über die Europäische Union (EUV), zur Gründung der Europäischen Gemeinschaft (EGV), zur Gründung der Gemeinschaft für Kohle und Stahl (EGKSV) und zur Errichtung einer Europäischen Atomgemeinschaft (EAGV) finden sich die grundlegenden Normen zur Haushalts- und Finanz-

2 *Stanowsky, Jürgen*: Budgetprozesse und Budgetdisziplin: Kontrolle staatlicher Defizite, Frankfurt 1997, S. 29.
3 Hier werden die Vertragstexte von Amsterdam zugrunde gelegt, da der Vertrag von Nizza noch nicht in Kraft getreten ist (das Ratifizierungsverfahren ist aber bereits abgeschlossen).
4 Hierzu gehören auch die allgemeinen Grundsätze der gemeinsamen Verfassungsüberlieferungen und des Völkerrechts. Vgl. *Beutler, Bengt / Bieber, Roland / Pipkorn, Jörn / Streil, Jochen*: Die Europäische Union aaO, RN 368ff.

verfassung. So heißt es in Art. 6 Abs. 4 EUV: *"Die Union stattet sich mit den Mitteln aus, die zum Erreichen ihrer Ziele und zur Durchführung ihrer Politiken erforderlich ist."* Im fünften Teil, Titel II des EGV finden sich die Finanzvorschriften der EG: die Haushaltsprinzipien[5], die Ermächtigung für die Einnahmen (Art. 269 EGV), die Befugnisse der Organe im Haushaltsverfahren (Art. 272, 273 EGV), die Befugnisse für den Haushaltsvollzug (Art. 274 EGV) und die Haushaltskontrolle (Art. 275, 276 EGV), die Gesetzgebungsbefugnisse im Haushaltsbereich (Art. 279 EGV) sowie die Befugnisse zur Betrugsbekämpfung und zum Schutz der finanziellen Interessen der Union (Art. 280 EGV). Auch die Eigenmittelbeschlüsse der Union, die "zur Erhebung der Einnahmen" dienen[6], sind "quasi-primärrechtliche" Normen, denn sie entfalten ähnliche Rechtswirkungen.[7]

- **Sekundärrecht**: Für die europäische Haushalts- und Finanzverfassung gibt es umfangreiche Sekundärnormen, die sich auf viele einzelne Rechtsquellen verteilen und daher sehr unübersichtlich sind:
  - Das Sekundärrecht für die Einnahmen besteht zum einen aus den Eigenmittelverordnungen Nr. 1150/2000[8] und Nr. 1552/89[9], aus agrarmarktlenkenden Regelungen[10], aus der Richtlinie zum Vollzug der BSP-Eigenmittel[11] und vielen weiteren Einzelvorschriften[12].
  - Wesentliche sekundärrechtliche Vorschriften für die Einnahmen und Ausgaben sind in der bisherigen Haushaltsordnung[13] und ihrer Durchführungsverordnung[14] niedergelegt. Eine neue Haushaltsordnung ist am 01.01.2003 in Kraft getreten. Deren Änderungen in Bezug auf die bisher geltende Fassung werden im Kap. 5.1.2 dieser Arbeit ausführlich dargestellt.
  - Einzelvorschriften des Sekundärrechts für die Ausgaben finden sich zudem in den für den Agrarsektor erlassenen speziellen Marktordnungsverordnungen,

5 Art. 268 Abs. 1, 3; Art. 270; Art. 271 Abs. 1; Art. 272 Abs. 1; Art. 277 EGV.

6 Es gab bisher 5 Eigenmittelbeschlüsse: 1970, 1985, 1988, 1994, 1999.

7 *Fugmann, Friedrich / Theato, Diemut R.*: aaO, Art. III, RN 20.

8 Verordnung (EG, Euratom) Nr. 1150/2000 des *Rates* vom 22. Mai 2000 zur Durchführung des Beschlusses 94/728/EG, Euratom über das System der Eigenmittel der Gemeinschaften Abl. L 130 vom 31.05.2000 S. 1.

9 Verordnung (EWG, Euratom) Nr. 1552/89 des *Rates* vom 29. Mai 1989 zur Durchführung des Beschlusses 88/376/EWG, Euratom über das System der Eigenmittel der Gemeinschaften Abl. L 155 vom 07/06/1989 S. 1–8.

10 Z.B. VO des *Rates* Nr. 974/71, VO Nr. 1979/77.

11 Richtlinie des *Rates* 89/130/EWG, Abl. 1989 L 49/26.

12 Dazu siehe *Fugmann, Friedrich / Theato, Diemut R.*: aaO, A.III., RN 23.

13 Abl. L 356/1 v. 31.12.1977, die letzte Änderung, die sich auf die dem empirischen Teil zugrunde gelegte Fassung der HO bezieht, geht auf die VO 762/2001, in Abl. L 111/1 v. 20.04.01 zurück.

14 Verordnung (EURATOM, EGKS, EG) Nr. 3418/93 der Kommission vom 09.12.1993 mit Durchführungsbestimmungen zu einigen Vorschriften der Haushaltsordnung vom 21.12.1977, Abl. L 315 vom 16.12.1993, S. 1.

in den für die strukturpolitischen Maßnahmen erlassenen Strukturfondsverordnungen und den für die anderen Politikbereiche erlassenen Regelungen[15].

- Schließlich gibt es noch eine Vielzahl von Interorgan- und Intraorganregeln, die Vorschriften zur Haushalts- und Finanzverfassung enthalten. Die wichtigste Quelle in diesem Bereich ist die Interinstitutionelle Vereinbarung (IIV) vom 06.05.1999[16], die mehrere ältere Regelungen ersetzt[17] und dazu dienen soll, die Haushaltsdisziplin zu gewährleisten und den Ablauf des Haushaltsverfahrens zu verbessern.

Das Primärrecht berechtigt und verpflichtet in erster Linie die Mitgliedstaaten und ihre Institutionen unmittelbar. Eine Wirkung gegenüber Privaten wird dem Primärrecht nur in Einzelfällen zuerkannt.[18] Das Sekundärrecht entfaltet – je nach Rechtsakt – unterschiedliche Wirkungen.[19] In Konfliktsituationen, in denen das Primärrecht oder Sekundärrecht mit gleichlautenden oder inhaltlich ähnlichen Normen der Mitgliedstaaten korrespondiert, gilt der Vorrang des Gemeinschaftsrechts.[20]

4.1.2 Die Einnahmen der Europäischen Union

Die unterschiedlichen Gemeinschaften (EG, EGKS, EAG)[21] werden teilweise auch unterschiedlich finanziert. Die Einnahmen sind entweder Eigenmittel und sonstige Einnahmen (EG, EAG) oder Umlagen (EGKS).

4.1.2.1 Die Eigenmittel der EG/EAG

Weder das Primär- noch das Sekundärrecht enthalten eine Definition der Einnahmen. In Art. 6 EUV heißt es "Mittel", Art. 269 EGV spricht von "Eigenmitteln". Nach BIRK sind Eigenmittel diejenigen Einnahmen, die von der Gemeinschaft dem

---

15 Dazu siehe *Fugmann, Friedrich / Theato, Diemut R.*: aaO, A.III. RN 35ff.

16 *Europäisches Parlament, Rat, Kommission:* Interinstitunelle Vereinbarung vom 06.05.1999 über die Haushaltsdisziplin und die Verbesserung des Haushaltsverfahrens, Abl. 1999 C 172, S. 1ff. (IIV 1999).

17 Sie ersetzt die "Gemeinsame Erklärung" von 1982 (Abl. 1982 C 194), die IIV 1993 (Abl. 1993 C 331), die Erklärung 1995 (Abl. 1996 C 102), die "Gemeinsame Erklärung" 1996 (Abl. 1997 C 20), die Interinstitutionelle Vereinbarung von 1997 (Abl. 1997 C 286) und die Interinstitutionelle Vereinbarung von 1998 (Abl. 1998 C 344).

18 *Beutler, Bengt / Bieber, Roland / Pipkorn, Jörn / Streil, Jochen:* aaO, RN 419ff.

19 Verordnungen (EG, EAG) und Allgemeine Entscheidungen (EGKS) sind für die Mitgliedstaaten und Gemeinschaftsangehörige in allen Teilen verbindlich. Entscheidungen (EG, EAG) und Individuelle Entscheidungen (EGKS) sind für bestimmte Mitgliedstaaten oder Personen in allen Teilen verbindlich. Richtlinien (EG, EAG) und Empfehlungen (EGKS) sind für die jeweiligen Mitgliedstaaten nur hinsichtlich des Ziels verbindlich. Empfehlungen, Stellungnahmen (EG, EAG) und Stellungnahmen (EGKS) sind grundsätzlich unverbindlich.

20 *Beutler, Bengt / Bieber, Roland / Pipkorn, Jörn / Streil, Jochen*: aaO, RN 158ff.

21 Dies ist die "erste Säule" der EU-Tempelkonstruktion.

Grunde und der Höhe nach beschlossen werden sowie diejenigen Einnahmen, "die kraft europarechtlicher Regelungen nicht mehr (...) der Bereitstellung und der Kontrolle der Mitgliedstaaten unterliegen und die im Verfahren nach Art. 201 EGV *(Anm.: Art. 269 EGV neu)* beschlossen werden."[22]

Nach Ansicht der EUROPÄISCHEN KOMMISSION sind Eigenmittel die "Steuereinnahmen, die der Gemeinschaft ein für allemal zur Finanzierung ihres Haushalts zugewiesen werden und ihr automatisch zufließen, ohne dass es eines weiteren Beschlusses der einzelstaatlichen Behörden bedarf"[23]. Diese beiden Definitionen offenbaren schon den grundsätzlichen Konflikt um die Einnahmen der EU. Sowohl BIRK, der auf das vertragliche Verfahren und die Kontrolle der Mitgliedstaaten verweist[24], als auch die KOMMISSION, die von "zugewiesenen" Steuereinnahmen spricht[25], stellen einen Abhängigkeitszusammenhang zwischen der EU und den Mitgliedstaaten bezüglich der Finanzierung der EU her.

Es werden drei Eigenmittelarten sowie die sonstigen Einnahmen in der EU unterschieden:

- **Traditionelle (originäre) Eigenmittel (TEM):** Sie sind aus Zöllen und Agrarabgaben zusammengesetzt. Die Zölle sind fiskalische Einnahmen auf Grundlage des Gemeinsamen Zolltarifs, der unmittelbar in allen Mitgliedstaaten gilt. Seit dem 1. Juli 1995 werden die bislang erhobenen Agrarabschöpfungen aufgrund der im GATT getroffenen Vereinbarungen allmählich durch Agrarzölle ersetzt. Daneben werden Zucker- und Isoglukoseabgaben aufgrund der gemeinsamen Marktorganisation für Zucker erhoben (Produktionsabgaben, Lagerkostenabgaben und Ergänzungsabgaben).

- **Mehrwertsteuer-Eigenmittel (MwSt-EM):** Diese Eigenmittel werden anhand der Mehrwertsteuer-Nettoeinnahmen eines Mitgliedstaates pro Jahr berechnet. Für die MwSt-EM gibt es seit 1977 eine gemeinsame Bemessungsgrundlage. Es ist den Mitgliedstaaten überlassen festzulegen, aus welchen Mitteln der nationalen Haushalte sie ihren MwSt-EM-Anteil leisten[26].

- **Bruttosozialprodukt-Eigenmittel (BSP-EM):** Diese jüngste Eigenmittelart wurde 1988 eingeführt. Sie sind Einnahmen, die sich aus der Anwendung eines bestimmten Satzes auf die Summe des BSP aller Mitgliedstaaten ergeben.

22 *Birk, Dieter*: Handbuch des Europäischen Steuer- und Abgabenrechts, Herne/Bln. 1995 (HdBEStR), RN 32 zu § 5.

23 *Eckhoff, Rolf*: RN 7 zu § 7 in: *Birk, Dieter*: HdBEStR, aaO.

24 *Birk, Dieter*: HdBEStR, RN 32 zu § 5.

25 *Europäische Kommission*: Mitteilung der Kommission an den Rat vom 23.11.1978, Bulletin EG-Beilage 8/78, III, RN 2 (wiedergegeben nach: *Fugmann, Friedrich*: aaO, S. 154).

26 Deutschland zahlt z.B. die MwSt-EM aus dem nationalen MwSt-Aufkommen.

- **Sonstige Einnahmen:** Dies sind diejenigen, die nicht unter die o.g. Definitionen fallen. Sie stammen aus verschiedenen Einnahmequellen:
  - Erträge aus den Steuern auf die Gehälter, Löhne und Bezüge der Bediensteten der EU,
  - Beiträge zur Versorgung der Bediensteten der EU,
  - Krisenabgabe auf Dienstbezüge,
  - Veräußerungserlöse,
  - Erträge aus Bankzinsen,
  - Vergütungen auf entgeltliche Leistungen, laufende Verwaltungstätigkeit,
  - Beiträge zu Programmen und Erstattungen,
  - Überschüsse aus dem vorhergehenden Haushaltsjahr.

Der Gesamtbetrag der Ausgaben minus die sonstigen Einnahmen ist durch Eigenmittel zu decken, dabei wird ein zweistufiges Verfahren angewendet. Nur der Teil der Ausgaben, der nicht aus den TEM, den MwSt-EM und den sonstigen Einnahmen gedeckt werden kann, wird über die BSP-EM finanziert.

Seit der Einführung der BSP-EM sind diese Einnahmen immer bedeutender für die Finanzierung der EU geworden (vgl. Abb. 1). Waren 1971 die sonstigen Einnahmen mit 44,4%, 1975 die TEM mit 49,3%, 1981 die MwSt-EM mit 48,6% jeweils die wichtigsten Einnahmen bezogen auf die Gesamteinnahmen, so bilden seit 1999 die BSP-EM mit 43–47% der Gesamteinnahmen die wichtigste Einnahmequelle der EG/EAG.

Abb. 1: **Die Zusammensetzung der Einnahmen der EU 1971–2003 (in Prozent an den Gesamtausgaben)**

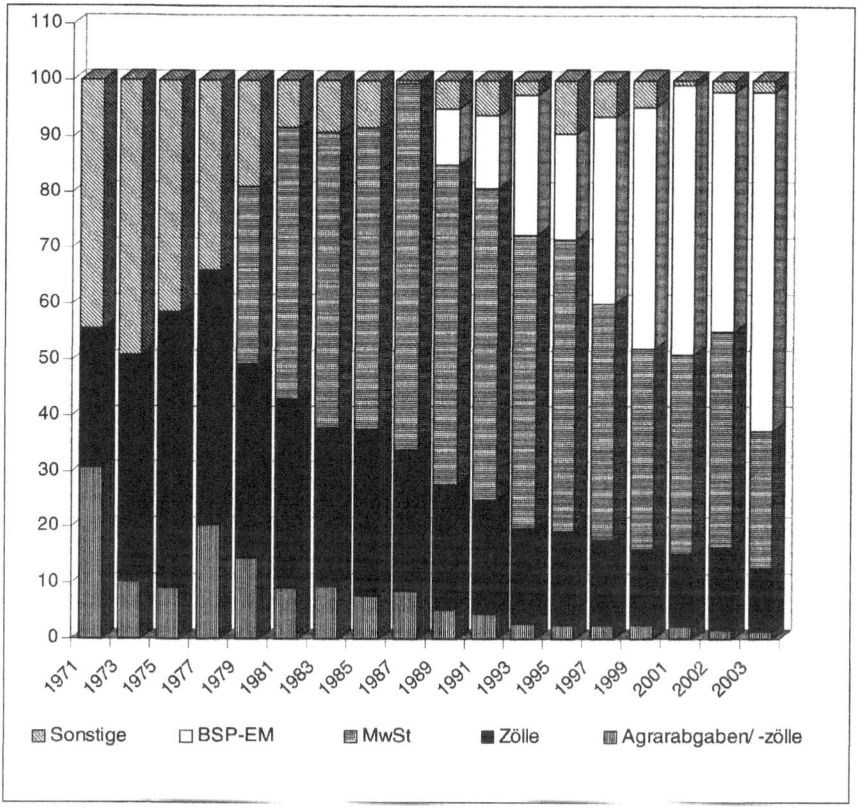

Quelle: Angaben bis 2001: Europäische Kommission, Haushaltsvademekum 2000, Tab. 4 (Angaben für 2001: HVE 2001), Angaben für 2002: Gesamthaushaltsplan 2002[27], 2003: Gesamthaushaltsplan 2003[28]

Dabei sind die Gesamteinnahmen der EU kontinuierlich gestiegen (vgl. Abb. 2). Beliefen sich die Gesamteinnahmen 1971 noch auf 2329,3 Mio. €, waren es 1979 bereits 14.891,5 Mio. €. 1991 lagen die Einnahmen erstmals über 50.000 Mio. €, im Jahr 2003 werden die Gesamteinnahmen mit 97.502,9 Mio. € fast bei 100 Mrd. € liegen.

27 Der Gesamthaushaltsplan der Europäischen Union für das Haushaltsjahr 2002, Übersicht in Zahlen, S. 23, Brüssel 2002

28 Der Gesamthaushaltsplan der Europäischen Union für das Haushaltsjahr 2003, Übersicht in Zahlen, S. 18, Brüssel/Luxemburg, 2003

Abb. 2: **Die Entwicklung der Einnahmen der EU 1971–2003 (in Mio. €)**

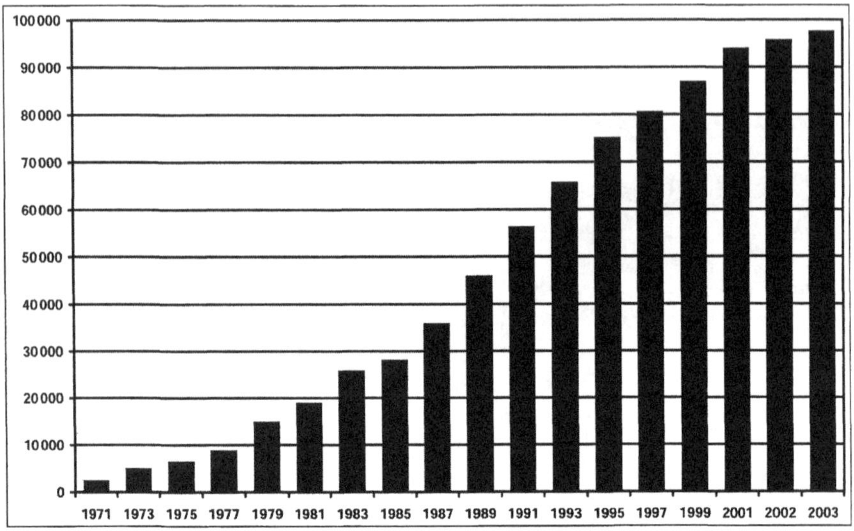

Quelle: Angaben bis 2001: Europäische Kommission, Haushaltsvademekum 2000, Tab. 4 (Angaben für 2001: HVE 2001), Angaben 2002/2003: Gesamthaushaltsplan 2003[29]

4.1.2.2 Die Umlagen der EGKS

Die EGKS finanzierte sich bis zum Auslaufen des EGKS-Vertrages Mitte 2002 durch Umlagen auf die Erzeugung von Kohle und Stahl. Bei den Umlagen auf Kohleprodukte/-erzeugung entsprach der Anteil der einzelnen Mitgliedstaaten dem Anteil der jeweiligen Montanindustrie an den Volkswirtschaften. Bei den Umlagen auf die Stahlerzeugung gab es unterschiedliche Anteile für die einzelnen Länder.[30] Die Kommission (= Hohe Behörde) konnte die Bemessungsgrundlage und die Steuerhöhe (für die Umlagen) selbst festlegen (vgl. Tab. 1). Es gab eine eigene Finanzverwaltung. Die Umlage konnte man als erste wirkliche Gemeinschaftssteuer bezeichnen. Sie wurde nach einem jährlichen Durchschnittswert der Kohle- und Stahlproduktion festgelegt.

---

29 Der Gesamthaushaltsplan der Europäischen Union für das Haushaltsjahr 2003, Übersicht in Zahlen, S. 18, Brüssel/Luxemburg, 2003.

30 *Strasser, Daniel*: aaO, S. 78ff.

Tab. 1: **Entwicklung der EGKS-Umlagesätze**[31]

Jahre	1953–1956	1957–1971	1972–1978	1980–1990	1991–1997	1998–2002
Umlagesätze	0,3 – 0,9%	0,35 – 0,2%	0,29%	0,31%	0,29-0,17%	0%

Seit 1998 wurde der Umlagesatz aber auf 0% festgesetzt, da die in der EGKS-Vermögensübersicht vom 31.12.1997 ausgewiesenen Rückstellungen ausreichend erschienen, um die Tätigkeit der EGKS bis zum Jahr 2002 fortzusetzen (vgl. Tab. 2). Die Einnahmen dieses Zeitraums sind also ein "Nettoüberschuss der jährlichen Finanztätigkeiten", d.h. Zinsen aus Kapitalanlagetätigkeiten, Reserven und Rückstellungen. Die EGKS hatte kein Grundkapital, vielmehr wurde aus den Umlagen ein Garantiefonds eingerichtet. Dieser setzte sich aus einem bestimmten Grundbetrag plus einem Teil der Zinserträge aus Gesamtanleihen zusammen. Die Mittel aus Garantiefonds konnten erst verwendet werden, wenn alle anderen Rücklagen ausgeschöpft waren.[32]

Tab. 2: **Entwicklung des EGKS-Vermögens in Millionen ECU**[33]

1995	1996	1997	1998	1999	2000	2001	2002
2217,6	2165,4	2148,1	2049	1883	1692	1519	1454

Neben den Umlagen gab es Einnahmen aus den Anlagemitteln:[34] Laut EGKS-Vertrag war die Europäische Kommission berechtigt, Anleihen aufzunehmen, sofern diese ausschließlich zur Gewährung von Darlehen bestimmt sind. Insgesamt hat die EGKS bis zum Jahre 1992 Anleihen in Höhe von 1474,4 Millionen ECU aufgenommen und 1486,2 Millionen ECU an Darlehen vergeben. Da der EGKSV ausläuft, wurde die Anleihetätigkeit mittlerweile eingestellt.[35]

---

31 Vgl. *Bardong, Otto*: Die Einnahmen für den EU-Gesamthaushalt, EGKS-Haushalt und Europäischer Entwicklungsfonds (http://www.europarl.eu.int/ppe/cdu-csu/themen/Haushalt_003.htm, Stand: 23.01.03).

32 *Strasser, Daniel*: aaO, S. 85ff.

33 Vgl. *Bardong, Otto* (MdEP): aaO.

34 Art. 41, 51 EGKS.

35 Die Anleiheemissionen der EU betrugen 1999 ca. 28,5 Mrd. € und 2000 ca. 29,2 Mrd. €. Vgl. *Europäische Kommission:* Bericht der Kommission an den Rat und das Europäische Parlament über die Anleihe- und Darlehenstätigkeit der Gemeinschaft im Jahr 2000 vom 26.07.2001, KOM (2001) 435/endg., S. 4 und Tab. 2–1.

4.1.3 Die Ausgaben der Europäischen Union

Auch hier muss zwischen den Ausgaben der EG, der EAG und der EGKS unterschieden werden.

4.1.3.1 Die Ausgaben der EG

Die Ausgaben werden nach sieben Ausgabenbereichen systematisiert, die sich historisch entwickelt haben:
- Agrarausgaben (a),
- Strukturausgaben (b),
- Ausgaben für interne Politiken (c),
- Ausgaben für externe Politiken (d),
- Verwaltungsausgaben (e),
- Ausgaben für Reserven (f) und
- Ausgaben für die Beitrittskandidaten (g).

Die Ausgaben der EU haben sich im Laufe der Entwicklung der Union von der Europäischen Wirtschaftsgemeinschaft hin zur Europäischen Union quantitativ und qualitativ erheblich verändert.[36]

a) Ausgaben für die Gemeinsame Agrarpolitik (GAP): Der Ministerrat hat für den Bereich der Agrarpolitik eine umfassende Rechtsetzungskompetenz (Art. 33ff. EGV). Zur Koordinierung der Agrarpolitik erlässt er umfangreiche europäische Marktordnungen, gemeinsame Wettbewerbsregeln und Koordinierungsvorschriften für nationale Marktordnungen. Jährlich ergehen Tausende Rechtsakte in diesem Bereich. Die Ausgaben für den Agrarsektor werden nach dem "Grundsatz der Gemeinsamen finanziellen Solidarität"[37] getragen.

Die Ausgaben im Bereich der GAP bestehen überwiegend in Ausgaben des Europäischen Ausrichtungs- und Garantiefonds für die Landwirtschaft (EAGFL), der 1962 eingerichtet wurde. Der EAGFL ist Bestandteil des Gesamthaushaltsplans der EG und wurde 1964 in zwei Teile aufgespalten: die Gemeinschaftsausgaben (Garantien) im Rahmen der Preis- und Marktpolitik (EAGFL-G) und die Gemeinschaftsausgaben (Ausrichtung) im Rahmen der Agrarstrukturpolitik (EAGFL-A). Nur die Ausgaben des EAGFL-G fallen unter den Ausgabenbereich der GAP. Über den EAGFL-G werden folgende Maßnahmen finanziert:
- Erstattungen bei der Ausfuhr von Agrarerzeugnissen in Drittländer,
- Interventionsausgaben auf den Agrarmärkten,
- marktgebundene Maßnahmen zur Entwicklung des ländlichen Raums,

36 Vgl. *Europäische Kommission:* Haushaltsvademekum, SEC (2000)1200-DE, Luxemburg 2000, S. 25–26.

37 *Oppermann, Thomas*: aaO, RN 1370ff.

- Maßnahmen zur Betrugsbekämpfung im Agrarsektor,
- flankierende Maßnahmen zur Reform der Gemeinsamen Agrarpolitik (GAP), z.B. Vorruhestandsregelungen, Berücksichtigung des Umweltschutzes,
- Ausgaben für Flächenstillegungen[38],
- Einkommensbeihilfen[39],
- und Ausgaben für den Fischerei-Garantiefonds.

Die Agrarausgaben im Bereich der GAP sind einer der größten Ausgabenposten der EU, dabei wachsen sie (in absoluten Zahlen) kontinuierlich an (vgl. Abb. 3). Wurden 1966 in der EG der sechs Gründerstaaten 50,7 Mio. € ausgegeben, so waren es im Jahr 2001 bereits 44.600,2 Mio. €. Diese Ausgaben sollen im Jahr 2003 auf 47.378 Mio. € ansteigen.

Die nachstehende Abbildung stellt das Anwachsen der absoluten Zahlen der GAP-Ausgaben dem jeweiligen Prozentteil der GAP-Ausgaben an den Gesamtausgaben gegenüber. Die Zahlen über den Ausgabensäulen bilden den Prozentsatz an den Gesamtausgaben ab. Es zeigt sich, dass trotz des Ansteigen der Agrarausgaben insgesamt ihr Anteil an den Gesamtausgaben im Zeitverlauf erheblich gesunken ist.

Abb. 3: **Die Ausgabenentwicklung im Bereich GAP 1966–2003 in absoluten Zahlen und in Prozent der Gesamtausgaben**

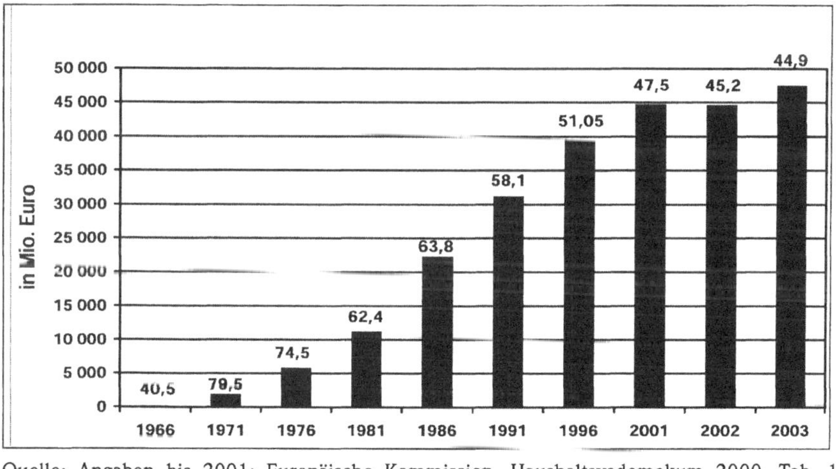

Quelle: Angaben bis 2001: Europäische Kommission, Haushaltsvademekum 2000, Tab. 1; Angaben 2002: Gesamthaushaltsplan 2002[40]; Angaben für 2003: Gesamthaushaltsplan 2003[41]

38 Bis 1992 wurden diese Ausgaben hälftig aus dem EAGFL-A finanziert.

39 Bis 1992 wurden diese Ausgaben im Rahmen der Strukturpolitik finanziert.

40 Der Gesamthaushaltsplan der Europäischen Union für das Haushaltsjahr 2002, Übersicht in Zahlen, Luxemburg 2002, S. 7.

41 Der Gesamthaushaltsplan der Europäischen Union für das Haushaltsjahr 2003, Übersicht in Zahlen, Brüssel/Luxemburg 2003, S. 12.

b) Ausgaben für strukturpolitische Maßnahmen: Die Ausgaben für die Strukturpolitik werden über "Fonds" finanziert. Neben den vier Strukturfonds (Europäischer Fonds für Regionale Entwicklung EFRE, Europäischer Sozialfonds ESF, Europäischer Ausrichtungs- und Garantiefonds EAGFL-A, Finanzierungsinstrument für die Ausrichtung der Fischerei FIAF) gibt es seit 1992 noch den Kohäsionsfonds. Letzterer wurde eingerichtet, um Umweltmaßnahmen und die Entwicklung Transeuropäischer Netze (TEN) in Gebieten zu fördern, deren BIP weniger als 90% des gemeinschaftlichen BIP-Durchschnitts beträgt. Die Fonds sind in den Strukturfonds-Verordnungen geregelt, die für bestimmte Zeiträume gelten. Die derzeitigen Fonds laufen von 2000–2006, ihre Vorgänger hatten eine Laufzeit von 6 Jahren (1994–1999).

Die Strukturfonds definieren Ziele, die durch das Bereitstellen von Fördergeldern umgesetzt werden sollen. Die Implementierung dieser Ziele erfolgt in der Regel über mehrjährige Programme. Grundprinzipien für die Programme sind die Additionalität (Kofinanzierung) und das Prinzip der Partnerschaft. Letzteres ist die Grundlage für die sogenannte Gemeinsame Programmplanung, d.h. Mitgliedstaaten und EU planen und entwickeln gemeinsam die für die Umsetzung der Ziele notwendigen Programme. Dafür stehen ihnen zwei wesentliche Instrumente zur Verfügung, die sich nach der Verantwortlichkeit der Planer unterscheiden:

- ca. 90% der Mittel der Strukturfonds werden innerhalb von "Gemeinschaftlichen Förderkonzepten" vergeben. Diese werden aufgrund nationaler Initiativen entwickelt. Die Mitgliedstaaten erarbeiten Entwicklungspläne, die sie der Kommission zur Genehmigung vorlegen.
- ca. 9% der Mittel werden über "Gemeinschaftsinitiativen" vergeben. Hier entwickelt die EU die Konzepte, die Mitgliedstaaten sind für deren Umsetzung und Verwaltung zuständig.

Die Strukturausgaben sind der zweite große Ausgabenbereich der EU. Hier sind Zuwächse sowohl in absoluten (vgl. Abb. 4) als auch in relativen Zahlen (vgl. Abb. 7) zu verzeichnen. 1971 machten sie nur 5,4% der Gesamtausgaben aus. 1991 betrug ihr Anteil schon 26,1% und 2001 erreichten sie ihren bisher größten Anteil von 34,2% an den Gesamtausgaben. Die nachstehende Grafik verdeutlicht die absoluten Zahlen und die Zahlen im Verhältnis zu den Gesamtausgaben.

Abb. 4: **Die Ausgabenentwicklung in der Strukturpolitik 1966–2003, absolut und in Prozent der Gesamtausgaben**

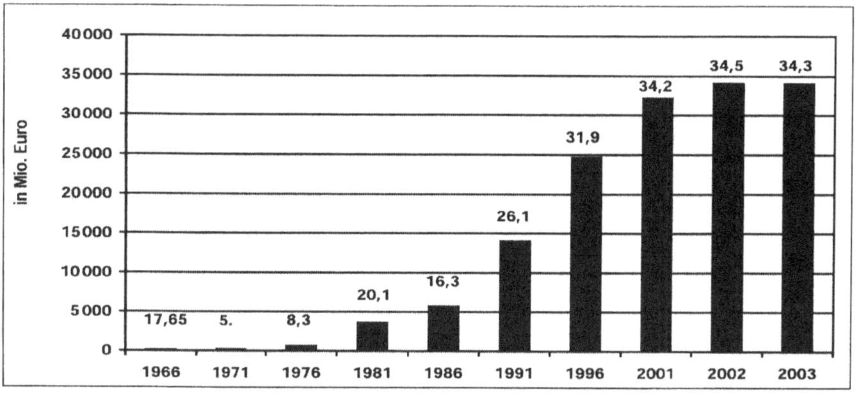

Quelle: Europäische Kommission: Haushaltsvademekum 2000, Tab. 1; Angaben 2002: Gesamthaushaltsplan 2002[42]; Angaben für 2003: Gesamthaushaltsplan 2003[43]

c) Ausgaben für interne Politiken: Neben den beiden großen Ausgabeblöcken Agrar- und Strukturpolitik verteilen sich 6,5% der Ausgaben im Jahr 2002 auf eine Vielzahl von einzelnen Politikfeldern.[44] Innerhalb dieser Politikbereiche findet eine Finanzierung nach dem Prinzip der Kofinanzierung über Programme statt. Diese Programme werden von der EU entwickelt.[45] Der wesentliche Unterschied zu den strukturpolitischen Programmen ist der jeweilige Adressat. Während in der Strukturpolitik die Mitgliedstaaten/Regionen in ihrer Eigenschaft als öffentliche Stellen angesprochen sind, richten sich die Programme der internen Politikbereiche direkt an Einzelpersonen, Institutionen, Firmen, Vereine etc. in den Mitgliedstaaten. Diese wenden sich dann mit ihren Projektideen in der Regel direkt an die EG.

Die größten Ausgabeposten waren 1999 die Bereiche Forschung und Entwicklung (14.960 Mio. €), Transeuropäische Netze TEN (585 Mio. €), Allgemeine und berufliche Bildung und Jugend (486,7 Mio. €) und der Umweltschutz (184 Mio. €).[46] Auch der Bereich "Binnenmarkt" gehört in die internen Politiken. Da

42 Der Gesamthaushaltsplan der Europäischen Union für das Haushaltsjahr 2002, Übersicht in Zahlen, Luxemburg 2002, S. 7.

43 Der Gesamthaushaltsplan der Europäischen Union für das Haushaltsjahr 2003, Übersicht in Zahlen, Brüssel/Luxemburg 2003, S. 12.

44 Vgl. *Europäische Kommission:* Haushaltsvademekum 2000, aaO, SEC (2000)1200-DE, Tab. 37.

45 So gibt es z.B. im Bereich Allgemeine und berufliche Bildung und Jugend zur Zeit vier Programme: SOKRATES (allgemeine Bildung), LEONARDO DA VINCI (Berufsbildung), Jugend für Europa (Förderung von Jugendlichen) und den Europäischen Freiwilligendienst (Austauschprogramme im Rahmen der Ausbildung).

46 Vgl. *Europäische Kommission*, Haushaltsvademekum 2000, aaO, SEC (2000)1200-DE, Tab. 23, 25–26.

der Binnenmarkt als vollendet gilt, sind die Ausgaben hier relativ gering. Dies liegt auch daran, dass sich die Maßnahmen hier überwiegend auf Harmonisierung von Vorschriften oder Regulierung von Normen beziehen, die in der Regel weniger ausgabenintensiv sind.

d) **Ausgaben für externe Politiken:** 1999 beliefen sich die Ausgaben auf 6544,1 Mio. €, sie nehmen seit Jahren kontinuierlich zu (vgl. Abb. 5). Bis 1971 hatten diese Ausgaben einen Anteil von weniger als 1% an den Ausgaben des Gesamthaushalts. Zwischen 1976–1996 schwankte ihr Anteil zwischen 2,7 und 5% an den Gesamtausgaben. Seitdem sind diese Ausgaben auf einen Anteil von 6,8% an den Gesamtausgaben gestiegen (2001). Die Ausgaben für externe Politiken werden bis 2003 auf einen Anteil von 8,5% ansteigen. Die nachstehende Grafik verdeutlicht stellt die absoluten Zahlen dem jeweiligen Anteil am Gesamthaushalt (in Prozent) gegenüber. Diese Ausgaben verteilten sich im Wesentlichen auf vier Bereiche:

- **Zusammenarbeit der EU mit bestimmten geografischen Gebieten:** Die Gebiete und die Art der Zusammenarbeit werden über Programme näher definiert. So gab es z.B. 1999 das Programm PHARE, welches Hilfsmittel für den Wiederaufbau der Mittel- und Osteuropäischen Länder (MOEL) bereitstellte oder das Programm OBNOVA für den Wiederaufbau des Kosovo.
- **Horizontale Kooperations- und Hilfsmaßnahmen:** Neben diesen länderspezifischen Programmen gibt es besondere Hilfsprogramme, wie z.B. die Humanitäre Hilfe (Agentur ECHO) oder bestimmte Förderprogramme für Investitionen der Gemeinschaft in Asien, Lateinamerika oder Südafrika.
- **Sonstige Maßnahmen:** Der dritte Ausgabenbereich enthält z.B. die Förderung grenzüberschreitender Projekte im Umweltschutz oder die Entwicklung der Demokratie in einigen Ländern.
- **Gemeinsame Außen- und Sicherheitspolitik (GASP):**[47] Nach Art. 28 EUV gehen die Verwaltungsausgaben und die operationellen Ausgaben (mit Ausnahme der Militär- und Verteidigungsausgaben sowie der Ausgaben, zu denen der Ministerrat etwas anderes beschließt) zu Lasten des EG-Haushalts.[48]

47 Also die "2. Säule des EU-Tempels".

48 Auch ein Teil der Ausgaben für die Zusammenarbeit im Bereich Justiz und Inneres (Art. 41 EUV) fällt unter diese Rubrik. Da sich dieser Ausgabenbereich aber nicht klar abgrenzen läßt, wird er hier nicht extra aufgeführt.

Abb. 5: **Die Ausgabenentwicklung im Bereich der externen Politiken absolut und in Prozent der Gesamtausgaben 1966–2003**

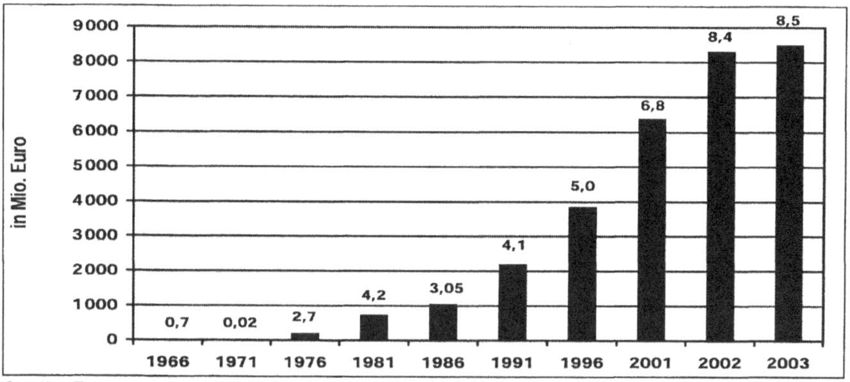

Quelle: Europäische Kommission, Haushaltsvademekum 2000, Tab. 1; Angaben 2002: Gesamthaushaltsplan 2002[49]; Angaben für 2003: Gesamthaushaltsplan 2003[50]

e) Verwaltungsausgaben: Ein weiterer recht kleiner Ausgabenblock (vgl. Abb. 7) sind die Verwaltungsausgaben. Ihr Anteil an den Gesamtausgaben liegt seit Gründung der EG zwischen 4,4 und 6,1%. Sie werden für die Selbstverwaltung der Union, d.h. die Zahlung von Gehältern, Ruhegeldern, den Kauf oder die Miete von Gebäuden und Sachmittel ausgegeben.

f) Reserven und Garantien: Ein Teil der Ausgaben wird für Reserven und Garantien ausgegeben. Sie werden im Haushaltsplan in einem extra Teileinzelplan ausgewiesen und umfassen die Garantie für Anleihen und Darlehen, die zur Deckung des Haushaltsdefizit des Vorjahres notwendigen Ausgaben und die Reserven und Rückstellungen.

g) Ausgaben für Heranführungshilfen, spezielle Struktur- und Agrarprogramme für die Beitrittskandidaten der Mittel- und Osteuropäischen Länder (MOE-Staaten): Bei jeder Erweiterung der EU wurden spezifische Ausgaben zur Heranführung der zukünftigen Mitgliedstaaten getätigt. Solche Ausgaben gibt es auch für die Vorbereitung der Osterweiterung. Erstmals im Zuge der Osterweiterung hat man damit begonnen, diese Ausgaben extra auszuweisen (also nicht den einzelnen Ausgabebereichen zuzuordnen).

Die Gesamtausgaben der EU sind seit Beginn der europäischen Einigungsbemühungen in absoluten Zahlen kontinuierlich angewachsen (vgl. Abb. 6). Zwar ist ihr

49 Der Gesamthaushaltsplan der Europäischen Union für das Haushaltsjahr 2002, Übersicht in Zahlen, Luxemburg 2002, S. 7.

50 Der Gesamthaushaltsplan der Europäischen Union für das Haushaltsjahr 2003, Übersicht in Zahlen, Brüssel/Luxemburg 2003, S. 12.

Anteil relativ gering – gemessen am Bruttosozialprodukt der EU waren dies im Jahr 2001 1,09%[51] –, in absoluten Zahlen betrugen die Ausgaben aber mittlerweile immerhin in 2001 102.281 Mio. €[52]. 2002 waren die Ausgaben knapp unter der 100 Mio. €-Grenze und sollen es auch in 2003 bleiben.

Abb. 6: **Die Gesamtausgabenentwicklung der EU 1971–2003 (in Mio. €)**

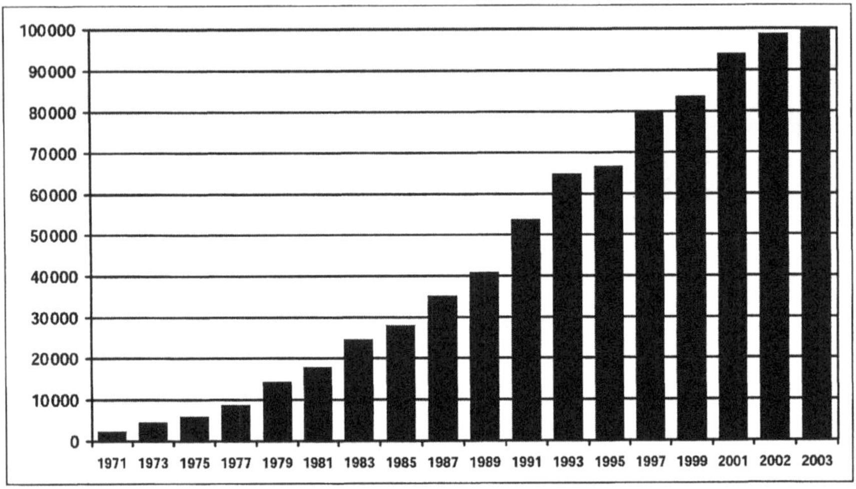

Quelle: Europäische Kommission, Haushaltsvademekum 2000, Tab. 1; Angaben 2002: Gesamthaushaltsplan 2002[53]; Angaben für 2003: Gesamthaushaltsplan 2003[54]

Die nachstehende Abb. 7 verdeutlicht, wie sich die einzelnen Ausgabenbereiche innerhalb der Gesamtausgaben aufteilen. Dabei wird ebenfalls sichtbar, dass trotz des absoluten Wachsens der Agrarausgaben ihr relativer Anteil an den Gesamtausgaben abnimmt. Gleichzeitig nimmt die Bedeutung der strukturpolitischen Maßnahmen – in Ausgaben ausgedrückt – zu. Dies ist aber nur der Teil der Strukturausgaben, der durch die EU finanziert wird. Hinzu kommen nochmals 15–50% dieser

51 Vgl. *Europäische Kommission:* Haushaltsvademekum 2000, aaO, (SEC (2000)1200-DE), Tab. 3.

52 Bereitstehende Mittel für Zahlungen in 2002, vgl. *Europäische Kommission*: Haushaltsvademekum 2000, aaO, (SEC (2000)1200-DE), Tab. 37.

53 Der Gesamthaushaltsplan der Europäischen Union für das Haushaltsjahr 2002, Übersicht in Zahlen, Luxemburg 2002, S. 7.

54 Der Gesamthaushaltsplan der Europäischen Union für das Haushaltsjahr 2003, Übersicht in Zahlen, Brüssel/Luxemburg 2003, S. 12.

Summe[55], die von den Mitgliedstaaten nach dem Prinzip der Kofinanzierung aufgebracht werden.

Abb. 7: **Die Zusammensetzung der Gesamtausgaben der EU**

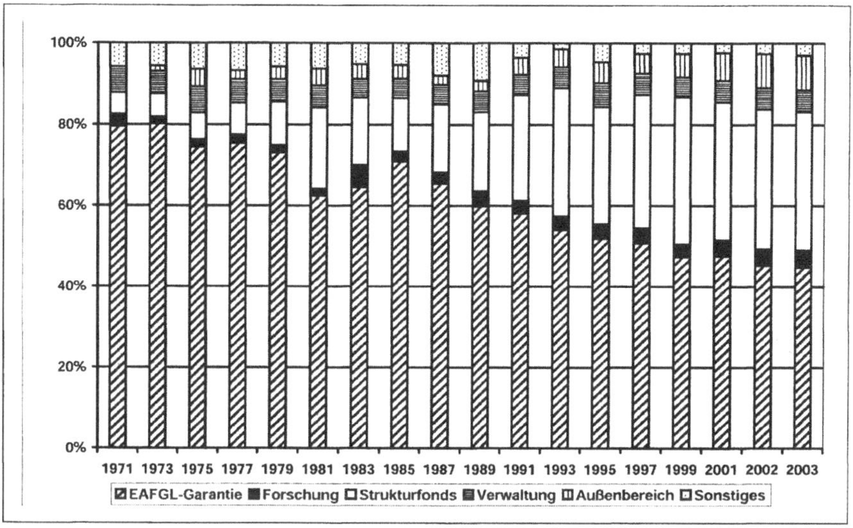

Quelle: Europäische Kommission, Haushaltsvademekum 2000, Tab. 1; Angaben 2002: Gesamthaushaltsplan 2002[56]; Angaben für 2003: Gesamthaushaltsplan 2003[57]

4.1.3.2 Die Ausgaben der EAG und EGKS im Gesamthaushalt

Während die Ausgaben der EAG und die Verwaltungsausgaben der EGKS mit dem Haushalt der EG einen Gesamthaushaltsplan bilden, gab es bis 2002 einen extra Funktionshaushalt der EGKS. Die EGKS tätigte neben den Verwaltungsausgaben verschiedene Beihilfen und Zuschüsse, die der Forschung im Bereich Kohle und Stahl, der Unterstützung von Umstrukturierungsmaßnahmen der Industrien und bestimmten Investitionsvorhaben dienten. Die EAG hat neben den Verwaltungsausgaben ihre Schwerpunkte in der Finanzierung von Forschungsprojekten im Kern-

55 Die konkrete Höhe der durch die Mitgliedstaaten zu tragenden Ausgaben ist vom jeweiligen Fonds abhängig.

56 Der Gesamthaushaltsplan der Europäischen Union für das Haushaltsjahr 2002, Übersicht in Zahlen, Luxemburg 2002, S. 7.

57 Der Gesamthaushaltsplan der Europäischen Union für das Haushaltsjahr 2003, Übersicht in Zahlen, Brüssel/Luxemburg 2003, S. 12 (Für 2003 sind für den Bereich der Gemeinsamen Außen- und Sicherheitspolitik 14,2% der Gesamtausgaben angegeben, aber in absoluten Zahlen nur 47,5 Mio. €. Dies scheint ein Druckfehler zu sein, der hier nicht berücksichtigt wurde. Vgl. Tab. S. 12).

energiebereich, von Investitionsunterstützungen beim Bau von Kernkraftwerken und vergibt ebenfalls Umstrukturierungsbeihilfen.

4.1.4 Die Nebenhaushalte der EU

Nicht im Gesamthaushalt der EU enthalten sind verschiedene finanzwirksame Tätigkeiten der EU bzw. der EG. Dazu gehörten bzw. gehören der Funktionshaushalt der EGKS, der Europäische Entwicklungsfonds und die EIB.

4.1.4.1 Der Haushalt der Europäischen Gemeinschaft für Kohle und Stahl (EGKS)

Der Funktionshaushaltsplan der Europäischen Gemeinschaft für Kohle und Stahl (EGKS) wurde von der Kommission nach Stellungnahme des Parlaments und Unterrichtung des Ministerrates angenommen. Der EGKS-Haushaltsplan war kein klassischer Haushaltsplan, da er ein reiner Funktionshaushaltsplan war, der lediglich auf Schätzwerten beruhte. Er drückte den voraussichtlichen Finanzbedarf an finanziellen Interventionen im folgenden Haushaltsjahr aus.

Die Ausgaben der EGKS teilten sich in Verwaltungsausgaben[58], Wiedereingliederungsbeihilfen[59], Forschungsbeihilfen[60] und Zinszuschüsse[61] auf. Dabei sind die Mittelansätze seit 1993 kontinuierlich gesunken, weil man auf die Vermögensrücklagen zurückgreifen konnte (vgl. Tab. 3).

---

58 Sie sind in Art. 50 EGKSV und in Art. 20 des Fusionsvertrags geregelt. Durch einen Beschluss des Ministerrates vom 21.11.1977 belaufen sich die Verwaltungsausgaben auf eine Pauschale von jährlich 5 Mio. €. Dies ist ein Beitrag an den Haushalt der EG.

59 Diese Ausgaben dienten dazu, EGKS-Arbeitnehmern die soziale Anpassung für den Fall, dass Kohle- und Stahlunternehmen ihre Produktion aufgeben, begrenzen oder sich strukturell verändern in neue oder veränderte Arbeitsumfelder zu erleichtern. Allerdings war Voraussetzung für eine Sozialbeihilfe, dass der jeweilige Mitgliedstaat einen mindestens gleich hohen Sonderbeitrag leistet. Die Beihilferegelungen wurden in bilateralen Abkommen mit den Mitgliedstaaten niedergelegt. Die Sozialinterventionen der EGKS kommen gegebenenfalls zu den im Rahmen der Gemeinschaftlichen Förderkonzepte (Strukturpolitik) gewährten Hilfen und Darlehen hinzu.

60 Dies waren Ausgaben für technische Forschungen in beiden Bereichen. Im Stahlsektor wurden z.B. Forschungsarbeiten zu Fragen der Verringerung der Produktionskosten, der Ausdehnung der Anwendungsbereiche oder der Umweltauflagen bei Produktionsverfahren gewährt. Im Kohlesektor ging es z.B. um Forschungsarbeiten zur Verbesserung der Sicherheit und der Arbeitsbedingungen oder zu Fragen der umweltgerechteren Kohlenutzung.

61 Bisher wurden sie für Umstellungsdarlehen zugunsten von arbeitsplatzschaffenden Investitionen in den von der Schrumpfung von EGKS-Tätigkeit betroffenen Regionen vergeben. Zwar sollten nach einem Beschluss der Kommission vom 22. Juni 1994 die Beihilfen in Form von Zinszuschüssen enden, um die Anleihe- und Darlehenspolitik der EGKS im Hinblick auf das Auslaufen des EGKS-Vertrags im Jahr 2002 anzupassen. Jedoch wurden noch 1998 30 Mio. ECU vergeben. Vgl. *Europäische Kommission* (http://www.europa.eu.int/comm/budg/egks); *Bardong, Otto* (MdEP): aaO.

Tab. 3: **Entwicklung der Mittelansätze im EGKS-Haushaltsplan**[62]

Jahr	**1986**	**1993**	**2002**
Mittelansätze	330 Mio. ECU	596 Mio. ECU	vorauss. 88 Mio. ECU

Der EGKS-Vertrag ist Mitte des Jahres 2002 ausgelaufen. Die Europäische Kommission legte 1997 unter Berücksichtigung der Leitlinien des Europäischen Rates von Amsterdam ein globales Konzept vor, wie die Bereiche Kohle und Stahl in den EG-Vertrag einbezogen werden könnten. Dabei wurden ein "Phasing-out" und ein "Phasing-in" vorgeschlagen. Das "Phasing-out" bezieht sich auf die seit 1998 allein aus Rücklagen vorgenommene Finanzierung der EGKS. Hinsichtlich des "Phasing-in" vereinbarten die Mitgliedstaaten, dass das Aktiv- und Passivvermögen bei Ablauf des EGKS-Vertrags auf die weiterbestehenden Gemeinschaften übergeht. Bereits im Jahre 1999 wurden daher 60 Mio. € der EGKS in den Vorentwurf der Einnahmen des Haushaltsplans der EU aufgenommen. Die verbleibenden Gemeinschaften (also EG und EAG) werden durch die Kommission vertreten. Die Kommission muss das EGKS-Vermögen als Vermögen der "in Auflösung befindliche EGKS" gesondert ausweisen, verwalten und für noch nicht bis 2002 abgeschlossene Vorgänge die Weiterbearbeitung übernehmen.[63]

Die Mitgliedstaaten beschlossen, dass
- die Guthaben der EGKS an die EG übergehen (ca. 1,6 Mrd. €) und von der Kommission deren Verwaltung übernommen wird,
- die Nettoeinnahmen (ca. 45 Mio. € pro Jahr) dem Gesamthaushaltsplan der EG als zweckgebundenen Einnahmen zugewiesen werden und
- die Erträge aus dem EGKS-Vermögen als zweckgebundene Mittel bei den Einnahmen im Haushalt der EU ausgewiesen werden und jede Zweckänderung einen einstimmigen Beschluss der Mitgliedstaaten erfordere[64].

Die Einnahmen sollen für Forschungsprogramme der Kohle und Stahlindustrie zur Verfügung stehen. Diese Programme soll ähnlich wie das bestehende Forschungsprogramm nach Maßgabe mehrjähriger Forschungsleitlinien durchgeführt werden. Sie werden von der Kommission und den beteiligten Industrien ausgearbeitet und vom Ministerrat verabschiedet.

62 Vgl. *Bardong, Otto* (MdEP): aaO.

63 Zum Abwicklungsverfahren siehe: *Europäische Kommission:* Ablauf der Geltungsdauer des EGKS-Vertrags im Jahre 2002, BUDG/2000/860 vom 30.09.2000.

64 Beschluss der im Rat vereinigten Vertreter der Regierungen der Mitgliedstaaten vom 27.02.02 über die finanzielle Folgen des Ablaufs der Geltungsdauer des EGKS-Vertrags, Abl. Nr. L 79/2002 vom 22.03.02, S. 42ff.

4.1.4.2 Der Europäische Entwicklungsfonds (EEF)

Der EEF dient der finanziellen und technischen Zusammenarbeit mit den sogenannnten AKP-Staaten (Staaten in Afrika, im karibischen Raum und Pazifischen Ozean), die durch Kooperationsabkommen vereinbart wurde. Zur Zeit läuft der neunte EEF.[65] Jedes Abkommen enthält ein Finanzprotokoll, welches sowohl die Mittel des EEF als auch die Mittel der Europäischen Entwicklungsbank (EIB) ausweist.

Der EEF ist vom Gesamthaushaltsplan der EU völlig getrennt, aber er unterliegt der externen Kontrolle durch den Rechnungshof. Die klassischen Haushaltsgrundsätze gelten für die Mittel des EEF nicht. Daher kann sich die Abwicklung seiner Ausgabenverpflichtung über mehrere Kalenderjahre erstrecken (da der Jährlichkeitsgrundsatz hier nicht greift). Nach Abwicklung des jeweiligen EEF wird eine Bilanz der Einnahmen und Ausgaben erstellt. Nicht in Anspruch genommene Mittel werden automatisch auf das nächste Haushaltsjahr übertragen. Dies führt unter anderem dazu, dass gleichzeitig mehrere EEF parallel laufen.

Der EEF arbeitet mit fünf spezifischen Instrumenten:
- *Stabex* dient dazu, Erlöseinbußen bei den Ausfuhren von Agrarerzeugnissen durch Finanztransfers auszugleichen,
- *Sysmin* stützt in Schwierigkeiten befindliche Bergbauunternehmen,
- die *Soforthilfe* wird gewährt, wenn in Katastrophenfällen besondere Unterstützung notwendig ist,
- *Flüchtlingsbeihilfe* und
- *Zinsvergütungen* für die bei der EIB aufgenommene Anleihen.

Durch interne Abkommen werden nach einem Ad-hoc-Aufbringungsschlüssel die Beiträge der Mitgliedstaaten verteilt. Der EEF wird ausschließlich durch solche Beiträge finanziert.[66]

4.1.4.3 Die Tätigkeit der Europäischen Investitionsbank (EIB)

Die EIB vergibt im Rahmen ihrer Aufgaben Darlehen innerhalb und außerhalb der EU[67], sie verwaltet die Darlehens- und Anleihetätigkeit der EU[68], ist am Euro-

65 1. EEF 1959–1964; 2. EEF: 1964–1970 (Abkommen von Jaunde I); 3. EEF: 1970–1975 (Abkommen von Jaunde II); 4. EEF: 1975–1980 (Abkommen von Lomé I); 5. EEF: 1980–1985 (Abkommen von Lomé II); 6. EEF: 1985–1990 (Abkommen von Lomé III); 7. EEF: 1990–1995 (Abkommen von Lomé IV); 8. EEF: 1995–2000 (Abkommen von Lomé V).

66 Die Kommission schlug 1973 und 1979 vor, den EEF in das Eigenmittelsystem einzubeziehen, der Rat lehnte dies ab. Die Ablehnung 1979 war unter anderem Auslöser der schweren Haushaltskrise der Gemeinschaft, denn das Parlament lehnte den Haushaltsplan 1980 daraufhin ab. Vgl. *Strasser, Daniel*: aaO, S. 210ff.

67 So unterzeichnete die EIB z.B. im Jahre 2000 Darlehensbeträge mit den MOE-Staaten in Höhe von 1484 Mio. €, mit dem Mittelmeerraum in Höhe von 1193 Mio. €, mit asiatischen

päischen Investitionsfonds (EIF)[69] beteiligt und sie übernimmt im Auftrag Dritter treuhänderisch für die Institutionen der EU die Vergabe von Fördermitteln. Größere Darlehen werden dabei in der Regel als Einzeldarlehen, kleinere und mittlere Darlehen als Globaldarlehen vergeben. Aufgrund der Gewährträgerhaftung durch die Mitgliedstaaten genießt die EIB eine sehr große Bonität und kann (mangels Gewinnabsicht) sehr günstige Darlehenskonditionen anbieten.

Die EIB erfüllt mehrere Funktionen im Rahmen der EU.[70] So dient sie als Finanzierungsinstrument, denn die EU (bzw. die Kommission) kann selbst keine Kredite aufnehmen. Über die Kooperation mit der Europäischen Zentralbank bzw. den nationalen Zentralbanken hat sie auch Zugang zu Notenbankgeschäften. Die EIB ist ebenfalls ein Förderinstrument der EU. Durch die Mitwirkung der EIB können staatliche Entscheidungsträger eine regionale und sektorale Strukturpolitik betreiben. Die EIB ist auch Dienstleister, denn sie stellt besonderer Fazilitäten für die Mitgliedstaaten bzw. einzelne Projekte zur Verfügung. Darüber hinaus dient sie als Sanktionsinstrument zur Vermeidung übermäßiger Defizite im Rahmen der Währungsunion (Art. 104 EGV), denn der Ministerrat der EU kann die EIB auffordern, ihre Darlehensvergabe zu überdenken.

4.1.5 Der haushaltsrechtliche Rahmen: Der "Trilog" der Steuerungsinstrumente

Die finanzwirksame Tätigkeit der Europäischen Union wird von drei wesentlichen Instrumenten gesteuert:

---

und lateinamerikanischen Staaten in Höhe von 532 Mio. € und mit Südafrika in Höhe von 140 Mio. €. Vgl. *Europäische Kommission*: Bericht über die Anleihe- und Darlehenstätigkeit 2000, aaO, S. 9ff.

68 1999 nahm die EU Darlehen in Höhe von 28,5 Mrd. €, im Jahr 2000 in Höhe von 29,2 Mrd. € auf. (*Europäische Kommission*: Bericht über die Anleihe- und Darlehenstätigkeit 2000, aaO, Tab. 2–1) Die Kommission nimmt die Anleihen auf und zahlt sie bei der EIB ein. Die EIB verwaltet diese im Namen, auf Rechnung und Gefahr der EG. Die Finanzierungsanträge werden bei der Bank und der Kommission eingereicht. Die Kommission entscheidet über die Berücksichtigung der Projekte, die EIB über die Darlehensgewährung und die Darlehensbedingungen.

69 Der EIF hat ebenfalls eigene Rechtspersönlichkeit, ist formal unabhängig und wickelt seine laufende Geschäfte über die EIB ab. Die Anteilseigner des EIF sind zu 40% die EIB selbst, zu 30% die EU-Kommission und zu 30% private Banken und Finanzinstitute. Der EIF kann Eigenkapitalbeteiligungen vornehmen und Garantien übernehmen. Er verfolgt im Gegensatz zur EIB Erwerbszwecke. Seine Aufgabe ist es, Privatkapital für TEN- und KMU-Projekte zu beschaffen. Vgl. *Föcking, Jürgen*: aaO, S. 31; *Oppermann, Thomas*: aaO, RN 440.

70 Dazu und zum Folgenden siehe: *Dickertmann, Dietrich / Gelbhaar, Siegfried*: Die Europäische Investitionsbank, Arbeitspapier Nr. 51, Universität Trier, Fachbereich IV, Trier 1998, abgedruckt in gekürzter Version auch: *Dickertmann, Dietrich / Gelbhaar, Siegfried*: Die EIB – Öffentliche Kreditwirtschaft im Schatten des Europäischen Haushalts, S. 185–227, in: Cox, Helmut (Hrsg.): Daseinsvorsorge und öffentliche Dienstleistungen in der EU, Baden-Baden 2000.

- der interinstitutionellen Finanzplanung und dem Eigenmittelbeschluss,
- den Verfahren zur Erhebung der Eigenmittel,
- der Haushaltsordnung, die
  - die Haushaltsgrundsätze,
  - die prozeduralen Regeln zum Haushaltskreislauf für das jährliche Haushaltsverfahren und
  - die formalen Präsentationsvorschriften für die Ausgaben und Einnahmen

  enthält bzw. die in den Verträgen niedergelegten Vorschriften dazu konkretisiert.

4.1.5.1 Finanzplanung und Eigenmittelbeschaffung der EU

Der jährliche Haushaltskreislauf ist eingebettet in eine Finanzplanungsphase[71], die einen Zeitraum von sieben Jahren abdeckt. Sie umfasst zwei wesentliche Entscheidungsverfahren: den Eigenmittelbeschluss und die "Finanzielle Vorausschau":

- Über die konkreten Regelungen innerhalb der Finanzplanungsphase wird meist im Paket verhandelt und zwar zunächst auf der Ebene des Europäischen Ministerrates. Der Eigenmittelbeschluss ist die Rechtsgrundlage für die Einnahmenseite. Auf Vorschlag der Kommission fasst der Ministerrat einen Beschluss über die Arten, Höhe und die zeitliche Geltung der Einnahmen. Diesen Beschluss empfiehlt der Ministerrat den Mitgliedstaaten zur Annahme. Ein Ratifizierungsverfahren ist hierfür notwendig.[72]
- Die "Finanzielle Vorausschau" ist das Instrument zur Planung der Ausgaben über den gesamten Sieben-Jahreszeitraum. In ihr werden die Ausgaben verbindlich bestimmten Ausgabenrubriken zugeordnet und die Ausgaben plafondiert. Die "Finanzielle Vorausschau" ist Teil einer Interinstitutionellen Vereinbarung zwischen Ministerrat, Parlament und Kommission.[73]

4.1.5.2 Die Verfahren der Eigenmittelerhebung

Die Mitgliedstaaten sind für die Feststellung der Eigenmittel selbst zuständig und ziehen diese in eigenen Namen ein. Für die verschiedenen Eigenmittel gibt es unterschiedliche Erhebungsverfahren. Die Mitgliedstaaten übermitteln zunächst Schätzung für die verschiedenen Eigenmittel bzw. ihre Bemessungsgrundlagen an die EU, diese ermittelt daraus die Soll-Eigenmittel, die sie den Mitgliedstaaten dann in Rechnung stellt.

---

71 Siehe Grafik zur Finanzplanung in Anhang A dieser Arbeit.

72 Art. 269 EGV.

73 Interorganrecht (Sekundärrecht), die Rechtsverbindlichkeit über die Bindung der Organe hinaus ist umstritten. Dazu siehe Kap. 4.2.2.

4.1.5.3 Die Haushaltsordnung, Haushaltsgrundsätze und Haushaltskreislauf

Die Haushaltsordnung enthält teilweise die Haushaltsgrundsätze (a), die wesentlichen Vorschriften des Haushaltskreislaufs (b) und der formalen Präsentation (c).

Neben den primärrechtlichen Vertragsvorschriften bestimmen vor allem die sekundärrechtlichen Normen der Haushaltsordnung und ihrer Durchführungsverordnung die europäische Haushalts- und Finanzverfassung.

Nach Art. 279 EGV beschließt der Ministerrat auf Vorschlag der Kommission, nach Anhörung des Parlaments und Stellungnahme des Rechnungshofs einstimmig über die Haushaltsordnung. Die Haushaltsordnung muss laut Vertrag insbesondere die Vorschriften zur Aufstellung, zur Ausführung und zur Rechnungslegung und -prüfung enthalten. Diesen Vorschriften in der Haushaltsordnung vorangestellt sind die Haushaltsgrundsätze.[74]

Die Haushaltsordnung besteht aus drei Teilen: den Bestimmungen für den Gesamthaushaltsplan (Art. 1–133 HO), den Bestimmungen für die Anleihe- und Darlehensoperationen (Art. 134–137 HO) und den Übergangs- und Schlussbestimmungen (Art. 138–143 HO). Im ersten Teil (Bestimmungen für den Gesamthaushaltsplan der EG) finden sich die Vorschriften über die:

- Haushaltsgrundsätze,
- Gliederung und Darstellung des Haushaltsplans,
- Aufstellung, die Verabschiedung, den Vollzug und die Kontrolle des Haushaltsplans,
- Auftragsvergabe,
- Verantwortlichkeit der am Vollzug beteiligten Akteure und
- verschiedene Sonderbestimmungen für einzelne Politikbereiche.

a) **Haushaltsgrundsätze:** Zu den einzelnen Haushaltsgrundsätzen finden sich in der Haushaltsordnung teilweise auch die jeweiligen Ausnahmen, teilweise sind diese Ausnahmen auch in anderen Vorschriften normiert.[75] Aus rechtlicher Sicht gibt es vier Arten von Haushaltsgrundsätzen:

- **Haushaltsgrundsätze, die nur im EGV geregelt sind:** Nur im Vertrag selbst sind die Grundsätze des Haushaltsausgleichs (Art. 268, 270 EGV) und der Haushaltsdisziplin (Art. 270 EGV) geregelt. Der Grundsatz des Haushaltsausgleichs dient primär der finanzwirtschaftlichen Ordnungsfunktion. Durch die auch materielle Definition dieses Grundsatzes soll implizit die Verankerung eines Kreditfinanzierungsverbotes erreicht werden.[76] Die Kommission wird damit verpflichtet, keine Vorschläge für Rechtsakte der Gemeinschaft oder Durch-

74 *Rossi, Matthias*: aaO, S. 167f., ausführliche Darstellung der Grundsätze: S. 177ff.
75 An den entsprechenden Stellen wird darauf zurückzukommen sein.
76 So z.B. *Waldhoff, Christian*: Art. 268, RA 25, in: *Callies, Christian / Ruffert, Matthias:* aaO; *Fugmann, Friedrich*: aaO, S. 86f.; *Rossi, Matthias*: aaO, S. 220f.

führungsmaßnahmen zu erlassen, die nicht im Rahmen der Eigenmittelbeschlüsse finanziert werden können. Damit dient diese Vorschrift zum einen der administrativen Lenkungsfunktion, die Kommission wird in ihrer Vollzugstätigkeit an die Einnahmen gebunden. Zum anderen dient sie der finanzwirtschaftlichen Ordnungsfunktion, denn kraft ihrer (sekundärrechtlichen) legislativen Befugnisse und ihres Initiativrechts könnte die Kommission sonst die Einnahmengrenzen der Eigenmittelbeschlüsse umgehen.

- **Haushaltsgrundsätze, die sowohl im EGV als auch in der Haushaltsordnung geregelt sind:** In beiden Rechtsquellen sind die Grundsätze der Einheit des Haushalts (Art. 268 EGV, Art. 1 Abs. 1 HO), der Jährlichkeit (Art. 268, 271 EGV, Art. 1 Abs. 2 HO), der Wirtschaftlichkeit und Sparsamkeit (Art. 274 EGV, Art. 2 HO), der Vollständigkeit (Art. 268 EGV, Art. 4 Abs. 1 HO) und der sachlichen Spezialität (Art. 271 EGV, Art. 26 HO) niedergelegt.
- **Haushaltsgrundsätze, die nur in der Haushaltsordnung geregelt sind:** Ausschließlich in der Haushaltsordnung aufgeführt sind die Grundsätze der Vorherigkeit (Art. 1 Abs. 1 HO), der Bruttoveranschlagung (Art. 4 Abs. 1 HO) und der Nonaffektation (Art. 4 Abs. 2 HO).[77]
- **Haushaltsgrundsätze, die gar nicht geregelt sind, sondern als allgemeine Grundsätze Geltung finden:** Nicht geregelt, aber dennoch als prägende Haushaltsgrundsätze anerkannt sind der Grundsatz der Klarheit und Wahrheit und der Grundsatz der Öffentlichkeit.[78]

Die Haushaltsgrundsätze, die sich in den Verträgen selbst finden, stehen im Rang über den sekundärrechtlichen Regelungen. Ihre Änderung kann nur durch eine Vertragsänderung erfolgen. Die Haushaltsgrundsätze, die in der Haushaltsordnung niedergelegt sind, können dagegen durch die normale Gesetzgebung geändert werden. Damit ergibt sich eine "Rangfolge" der Haushaltsgrundsätze. Die in beiden zuerst genannten Arten von Haushaltsgrundsätze genießen eine stärkere rechtliche Stellung als die beiden zuletzt genannten Grundsätze, da das Primärrecht dem Sekundärrecht vorgeht.

b) Haushaltskreislauf: Die Ausgaben werden – ähnlich wie in den Mitgliedstaaten – im Rahmen des Haushaltskreislaufs den einzelnen Politikbereichen zugeordnet. Dabei sind jedoch Besonderheiten zu beachten. In der EU gibt es eine gemeinsame Haushaltsbehörde, die aus dem Ministerrat und dem Parlament besteht.

77 Dieser findet sich auch in Art. 6 Eigenmittelbeschluss (Beschluß des Rates 2000/597 EG/Euratom, vom 29.09.2000 über das System der Eigenmittel der Europäischen Gemeinschaft, Abl. L 253/42 vom 07.10.2000).

78 *Rossi, Matthias*: aaO, S. 231f.; *Bieber, Roland*: Art. 199, RN 19, 20f., in: *Groeben, Hans van der / Thiesing, Jochen / Ehlermann, Claus-Dieter:* aaO.

Unterstützt von der Kommission, die auch im Haushaltsverfahren das Initiativrecht innehat, nimmt die Haushaltsbehörde ihre, je nach Verfahren sehr unterschiedlichen, Befugnisse innerhalb der Haushalts- und Finanzverfassung wahr.

In den Rahmen des ratifizierten Eigenmittelbeschlusses des Ministerrates und der Interinstitutionellen Vereinbarung mit der "Finanziellen Vorausschau" sind die jährlichen Haushaltskreisläufe eingebettet. Ein Haushaltskreislauf lässt sich in ähnliche Phasen wie in den Mitgliedstaaten einteilen: Aufstellungsphase, Verabschiedungsphase, Vollzugsphase und Kontrollphase.[79]

- **Aufstellungsphase:**[80] Sie beginnt im Dezember des Vorjahres mit der Debatte über die Haushaltsprioritäten in der Kommission. Sie stellt Anfang April offiziell den Haushaltsvorentwurf (HVE) der EU auf.

- **Verabschiedungsphase:**[81] Maßgebend für die Phase ist das sog. "Navette-Verfahren", d.h. der wechselseitigen Beteiligung von Ministerrat und Parlament. In seiner ersten Beratung stellt der Ministerrat den Haushaltsentwurf (HHE) auf. Dieser ist dann die Grundlage für die weiteren Beratungen. Die Befugnisse von Ministerrat und Parlament richten sich dabei nach der seit 1975 geltenden Unterscheidung der Ausgaben in obligatorische und nichtobligatorische Ausgaben.[82] Obligatorische Ausgaben ergeben sich zwingend aus dem Vertrag oder aus den aufgrund des Vertrages erlassenen Rechtsakten. Für diese Ausgaben ist der Ministerrat zuständig. Alle anderen Ausgaben sind nichtobligatorische und fallen in die Zuständigkeit des Parlaments.
  Im Rahmen der Verabschiedungsphase gibt es zudem Interorganvereinbarungen, die bestimmte Kooperationsverfahren (Konzertierung, Trilog) vorsehen. Endgültig festgestellt wird der Haushaltsplan durch das Parlament, es sei denn, es lehnt den gesamten HVE ab. Wird im letzteren Falle ein neuer Haushaltsplan nicht bis zum 01.01. des Jahres, für das der Haushaltsplan gelten soll, beschlossen, greifen die Regeln des Nothaushaltsrechts. Es wird zudem schon bei der Bewilligung von Mitteln zwischen getrennten Mitteln und nichtgetrennten Mitteln bei den Ausgaben unterschieden. Getrennte Mittel sind für Mehrjahresprogramme vorgesehen und teilen sich in Zahlungsermächtigungen (ZE) und Verpflichtungsermächtigungen (VE).

- **Vollzugsphase:**[83] Für den konkreten Ausgabenvollzug ist grundsätzlich die Kommission zuständig (Art. 274 EGV). Innerhalb des Vollzugs sind aber drei

79 Art. 272–276 EGV.
80 Siehe Grafik im Anhang B dieser Arbeit.
81 Siehe Grafik im Anhang C dieser Arbeit.
82 Trotz scheinbarer Klärung besteht über die Einteilung kein Konsens, vgl. *Niedobitek, Matthias*: in: *Streinz, Rudolf*: Kommentar zum EUV/EGV, Art. 272 RN 24, unveröffentlichtes Manuskript.
83 Siehe Grafik im Anhang D dieser Arbeit.

unterschiedliche Vollzugsformen zu unterscheiden: der direkte, der dezentralisierte und der geteilte Vollzug. Im direkten Vollzug nimmt die Kommission selbst die Haushaltsausführung vor. Im dezentralen und geteilten Vollzug teilt sich die Kommission die Implementationsbefugnisse mit den Mitgliedstaaten. Die beiden letzteren Vollzugsformen betreffen ca. 84% der Sachausgaben der EU. Die Vollzugsbefugnisse der Kommission werden durch das sogenannte "Komitologieverfahren" eingeschränkt (Art. 202 EGV). Der Haushaltsvollzug mit dem Haushaltsabschluss und der Rechnungslegung abgeschlossen. Im laufenden Haushaltsjahr findet eine begleitende, interne Kontrolle der Haushaltsausführung durch die Organe selbst statt. Diese Kontrolle wird durch eine externe, begleitende Kontrolle durch den Rechnungshof ergänzt (Art. 246, 248 EGV).

- **Kontrollphase:**[84] Die nachträgliche Kontrolle des Haushalts unterscheidet sich nach der Art der Kontrollorgane. Der Rechnungshof ist für die nachträgliche, externe Kontrolle verantwortlich, seine Prüfergebnisse übermittelt er an alle Organe. Die politische Kontrolle der Haushaltsausführung wird durch das Parlament vorgenommen. Das Parlament erteilt der Kommission die Entlastung für die Haushaltsausführung (Art. 276 EGV). Ministerrat und Parlament prüfen zuvor die Haushaltsrechnung und den Prüfbericht des Rechnungshofes. Im Parlament wird das Entlastungsverfahren im Wesentlichen durch den Haushaltskontrollausschuss vorbereitet. Der Entlastungsbeschluss des Parlaments beendet in formeller Hinsicht den Haushaltskreislauf, in materieller Hinsicht ist er eine politische Bewertung der Tätigkeit der Kommission.

Neben den Vertragsvorschriften sind auch in der Haushaltsordnung Regeln für den Haushaltskreislauf vorgesehen. Dabei sind die Vorschriften in der Haushaltsordnung hierzu um so zahlreicher und detaillierter, je weniger Normen sich in den Verträgen dazu finden.[85]

c) formale Präsentation des Haushalts: Für die europäischen Gemeinschaften (EG, EGKS, EAG) gibt es einen gemeinsamen Haushaltsplan. Dieser Plan enthält die operativen Ausgaben und die Verwaltungsausgaben der EG, die Einnahmen der EG, die Einnahmen der EGKS und die Einnahmen und Ausgaben der EAG. Auch die Verwaltungsausgaben und ein Teil der operativen Ausgaben im Rahmen der Gemeinsamen Außen- und Sicherheitspolitik (GASP) und der Zusammenarbeit im Bereich Inneres und Justiz (ZBIJ) werden aus dem EG-Haushalt finanziert (Art. 28, 41 EUV).

---

84 Siehe Grafik im Anhang E dieser Arbeit.

85 Aufstellungsphase: Art. 12–14, 16 HO; Verabschiedungsphase: Art. 17 HO (Verweis auf den EGV); Vollzugsphase (Art. 21–55 HO, und für die Rechnungsführung: Art. 69–72 HO); Kontrollphase: Art. 73–77 HO (interne Kontrolle) und Art. 78–90 HO (Rechnungslegung und -prüfung).

Der Haushaltsplan gliedert sich in:
- einen Gesamtplan für Einnahmen und Ausgaben,
- einen Einnahmenplan, der neben den Eigenmitteln alle sonstigen Einnahmen der EG erfasst, und
- in einen Ausgabenplan.

Der Ausgabenplan gliedert sich in 6 Einzelpläne, die nach dem Organprinzip strukturiert sind:
- I der Einzelplan des Parlaments ,
- II der Einzelplan des Ministerrates,
- III der Einzelplan der Kommission,
- IV der Einzelplan des Gerichtshofes,
- V der Einzelplan des Rechnungshofes,
- VI der gemeinsame Einzelplan von Wirtschafts- und Sozialausschuss (WSA) und des Ausschusses der Regionen (AdR).

Der Einzelplan III der Kommission enthält neben den Verwaltungsmitteln (Teil A) auch die operativen Mittel der EU (Teil B). Die anderen Einzelpläne enthalten ausschließlich Verwaltungsausgaben.

Der Teil B des Einzelplans III (Kommission) ist in 9 Einzelpläne untergliedert, die Ausgaben werden dabei wie folgt auf die Teileinzelpläne verteilt:[86]
- B 1 Europäischer Ausrichtungs- und Garantiefonds, Abteilung Garantie (EAGFL-G)
- B 2 Strukturmaßnahmen (EFRE, ESF, EAGFL-A, FIAF und Kohäsionsfonds), sonstige landwirtschaftliche Maßnahmen, Verkehr und Fischerei
- B 3 Allgemeine und berufliche Bildung, Jugend, Kultur, audiovisueller Bereich, soziale Angelegenheiten, öffentliches Gesundheitswesen
- B 4 Energie, Umwelt und Euratom-Sicherheitsüberwachung
- B 5 Verbraucherschutz, Binnenmarkt, Industrie, Transeuropäische Netze, Zusammenarbeit im Bereich Inneres und Justiz[87], Betrugsbekämpfung
- B 6 Forschung und technologische Entwicklung
- B 7 Externe Politikbereiche, Heranführungshilfe für die Beitrittskandidaten, wirtschaftliche und finanzielle Zusammenarbeit mit Drittländern, humanitäre Hilfe
- B 8 Gemeinsame Außen- und Sicherheitspolitik (GASP)
- B 0 Garantien und Reserven

Diese Aufteilung erinnert an das Ressortprinzip. In der Kommission werden die einzelnen Ausgabekategorien zwar in der Regel durch mehrere Generaldirektionen

86 *Europäische Kommission* (http://www.europa.eu.int/comm/budget/de/budget/structure.htm, Stand: 28.05.02).

87 Ein Teil dieser Ausgaben findet sich auch in den Teileinzelplänen B 6–7. Vgl. *Europäische Kommission:* Haushaltsvademekum 2000, aaO, SEC (2000) 1200-DE, Tab. 25, S. 88.

verwaltet, doch findet eine formale Präsentation der Ausgaben nach Politikbereichen statt.

An der Systematik des Haushaltsplans zeigt sich, wie sehr die Finanzielle Vorausschau bzw. die in ihr vorgenommene Einteilung der Ausgaben auch die Haushaltssystematik prägt. Dabei zeigt die nachstehende Tab. 4, dass die Klassifizierung der Ausgaben durch die Interinstitutionelle Vereinbarung in obligatorisch und nichtobligatorisch sich formal in den Rubriken der Finanziellen Vorausschau wiederfindet und sich bis in die Einzelpläne der Kommission fortsetzt.

Tab. 4: **Vorprägung der Struktur des Gesamthaushaltsplans**

Klassifizierung nach Interinst. Vereinbarung	**Politiken/ Ausgabenart**	**Zuordnung in der Finanz. Vorausschau**	**Zuordnung im Gesamthaushaltsplan**
obligatorisch	Verwaltungsausgaben	Rubrik 5	Teileinzelpläne I-VI A
obligatorisch	Agrarausgaben	Rubrik 1	Teileinzelplan III B 1
nichtobligatorisch	Strukturpolitik	Rubrik 2	Teileinzelplan III B 2
nichtobligatorisch	interne Politiken	Rubrik 3	Teileinzelpläne III B 3–6
nichtobligatorisch/ obligatorisch	spezifische Ausgaben, externe Politiken, Reserven, Beitritt	Rubriken 4, 6, 7	Teileinzelplan III B 7
nichtobligatorisch	externe Politiken	Rubrik 4	Teileinzelplan III B 8
nichtobligatorisch	Reserven	Rubrik 6	Teileinzelplan III B 0

Eigene Darstellung

Innerhalb dieser Einzel- bzw. Teileinzelpläne gliedern sich die Ausgaben nach Titel, Kapitel, Artikel und Posten (Art. 19 HO). Nur die Gliederung in Kapitel ist zwingend (Art. 271 EGV). Ein konkretes Kapitel kann in Artikel sowie weiter in Posten unterteilt werden. Neben dieser Gliederung wird auch der Begriff der "Haushaltslinie" verwendet.[88] Ganz "untechnisch" ausgedrückt, bezieht sich dieser Begriff auf die kleinste im konkreten Fall tatsächlich gebildete Einheit. Die "kleinste Einheit" kann im jeweiligen Einzelfall entweder ein Kapitel, ein Artikel oder ein Posten sein. Die "kleinste Einheit" ist von großer praktischer Relevanz, weil in ihr eine konkrete Einnahme bzw. Ausgabe tatsächlich sichtbar wird. Mit dem Begriff der "Haushaltslinie" wurde ein allgemeiner Terminus eingeführt, der diese komplexe

88 Z.B. Art. 27 Abs. 2 HO 1977.

Situation in einfacher Form ausdrücken soll.[89] Bezogen auf die Ausgaben heißt dies, dass eine Ausgabe nur getätigt werden kann, wenn dazu die Bewilligung in Form einer Haushaltslinie vorliegt. Zu den einzelnen Haushaltslinien gibt es Kommentare, die Weisungen für die Haushaltsführung enthalten. Diese Kommentare werden zusammen mit den Rechtsgrundlagen der Haushaltslinien im Haushaltsplan abgedruckt und können innerhalb der vorgesehenen Verfahren abgeändert werden. Die Kommission hat die rechtliche Verbindlichkeit dieser Weisungen zwar bestritten, respektiert aber "den darin zum Ausdruck kommenden Willen des Parlaments"[90].

Es wird auch im Haushaltsplan zwischen getrennten und nichtgetrennten Mitteln unterschieden. Getrennte Mittel (Mittel für Zahlungen: ZE/Mittel für Verpflichtungen: VE) gibt es nur bei Mehrjahresprogrammen.[91] Durch Mittelbindungen werden VE, ZE und nichtgetrennte Mittel von reinen Haushaltsermächtigungen zu gebundenen Mittel und können verausgabt werden. Die VE machen es möglich, alle vorhersehbaren Ausgaben zu verbuchen, die ZE erfassen hingegen die tatsächlichen Zahlungen.

Es gibt drei verschiedene Arten, die Mittel in den Haushaltsplan einzusetzen:[92]

- Der Normalfall ist, dass ein bestimmter Betrag bei einer Haushaltslinie eingesetzt wird.
- Dann kann in einer Haushaltslinie ein "p.m.-Vermerk" (zur Erinnerung) vorgesehen sein. Das heißt, dass ein bestimmter Betrag anerkannt worden ist, die konkrete Verausgabung aber noch von weiteren Voraussetzungen abhängt. Solche können das (bisher fehlende) Vorliegen einer Rechtsgrundlage oder die Genehmigung zur Weiterführung einer ausgesetzten Maßnahme sein.
- Die dritte Möglichkeit der Mitteleinsetzung besteht darin, dass eine Haushaltslinie mit einem Gedankenstrich (-) versehen wird. Diese Gedankenstriche bezeichnen nichtoperative Haushaltslinien, die aus haushalts- oder buchtechnischen Gründen im Haushaltsplan beibehalten werden müssen. Ein häufiger Anwendungsfall sind die Zahlungsermächtigungen, die für die Rückzahlungen aus früheren Haushaltsjahren vorgesehen sind (sogenannte "Altlasten").

Seit dem Vorentwurf des Haushalts 2001 wird der Haushalt (neben der herkömmlichen Methode) nach dem sog. "activity based budgeting"-Konzept (ABB) aufgestellt (vgl. Abb. 8).[93] Dieses neue Konzept steht im Zusammenhang mit der inter-

89 Auskunft: *Werner Scholz*, Mitarbeiter der Generaldirektion BUDGET, Europäische Kommission.

90 *Von der Vring, Thomas*: Die Verteilung der budgetären Kompetenzen in der Europäischen Union, S. 203–224 (215), in: Jahrbuch zur Staats- und Verwaltungswissenschaft, Baden-Baden 1996.

91 Art. 1 Abs. 4 HO.

92 *Europäische Kommission:* Haushaltsvademekum 2000, aaO, (SEC (2000) 1200-DE), S. 7.

93 Vgl. dazu ausführlich: *Europäische Kommission*: Activity Based Budgeting, Dokument-Nr. BUDG-1999-00654-01-00-DE-TRA-00 (EN) MLG und die Aufnahme des ABB-Systems in die neue Haushaltsordnung: Kap. 5.1.2.2, Ziff. a.

nen Verwaltungsreform der Kommission, insbesondere mit der "Annual Policy Strategy (APS)" der Kommission.[94] Alle Ausgaben werden bestimmten Politikbereichen zugeordnet[95]. So können z.B. die Gesamtausgaben für den Politikbereich "Landwirtschaft und Entwicklung des ländlichen Raums", die sich auf alle 7 Rubriken der Finanziellen Vorausschau verteilen, insgesamt dargestellt werden.[96] Die gesamte Tätigkeit der Kommission (bisher Einzelplan III) wird in ca. 200 Tätigkeiten gegliedert und diese wiederum zu 29 Politikbereichen zusammengefasst (vgl. Abb. 8). In den Politikbereichen werden alle Ressourcen nach

- Ressourcen für Finanzhilfen,
- Ressourcen für Verwaltungs- und Unterstützungsausgaben und
- Ressourcen für Humankapital

dargestellt, so dass die Unterscheidung nach Teil A und B im Einzelplan der Kommission wegfällt.[97] Ziel des neuen Konzepts ist "das Festlegen von Zielen, die Prioritätensetzung, die Ressourcenallokation, die Planung von Arbeiten sowie die Überwachung und die Berichterstattung (...) innerhalb eines einzigen Rahmens"[98] zu ermöglichen.

Abb. 8: **Gliederung eines Politikbereichs nach Tätigkeiten im ABB-System**

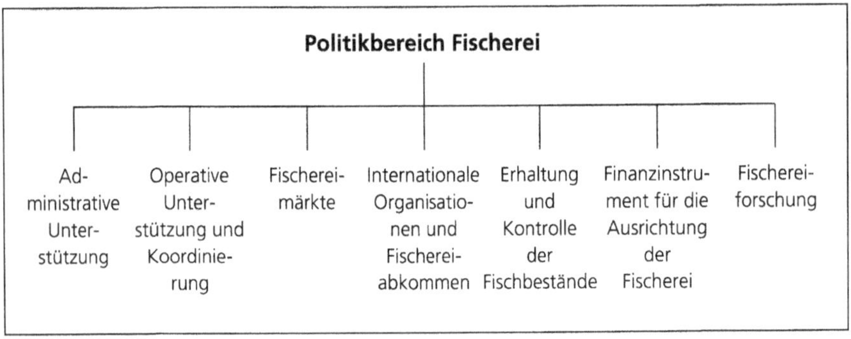

Quelle: nach Europäische Kommission: Acivity Based Budgeting, Darstellung S. 10

Der ABB-Plan wird zudem den Rubriken der Finanziellen Vorausschau gegenübergestellt. Dies ist deshalb wichtig, um die Rubrikenobergrenzen für die

94 Vgl. Kap. 4.4.

95 Schon im Haushaltsjahr 2000 gab es im Rahmen der neuen Strukturfondsverordnungen 2000–2006 für die Strukturmittel (Rubrik B2–1, Strukturfonds) einen neuen Eingliederungsplan, der nicht mehr nach einzelnen Fonds, sondern nach politischen Zielen der Strukturfonds in Kapitel aufgeteilt wurde.

96 Vgl. Anhang F: Das ABB-System.

97 Vgl. Darstellung des Einzelplans III der Kommission, Haushaltsplan 2003, nach Politikbereichen, im Anhang G.

98 *Europäische Kommission*: Activity Based Budgeting, aaO.

7 Politikbereiche der Finanziellen Vorausschau mit den 29 Politikbereichen des ABB-Eingliederungsplans abzugleichen. Langfristig ist geplant, auch die Finanzielle Vorausschau auf dieses ABB-Konzept umzustellen.[99]

4.1.6 Zusammenfassung

Die Europäische Haushalts- und Finanzverfassung lässt sich schon auf den ersten Blick durch einige Merkmale charakterisieren:
- Vielfalt und Zersplitterung der primären und sekundären Rechtsquellen und damit auch der Steuerungsinstrumente der Haushalts- und Finanzverfassung,
- geteilte Haushaltsbefugnisse in einer “Gemeinsamen Haushaltsbehörde”,
- als Eigenmittel bezeichnete Einnahmen der EU,
- starke Prägung der Ausgabenseite durch die Bereiche Landwirtschaft und Strukturpolitik,
- Existenz von Nebenhaushalten und
- eine an Finanzplanung und Ausgabenklassifizierung ausgerichtete formale Präsentation des Haushalts.

Nach diesem kurzen Überblick sollen nun die einzelnen Phasen der Finanzplanung und des Haushaltskreislaufs näher untersucht werden: Die Finanzplanung der EU (Kap. 4.2), die Eigenmittelerhebung (Kap. 4.3), die Aufstellung des EU-Haushalts (Kap. 4.4), die Verabschiedung des EU-Haushalts (Kap. 4.5), der Vollzug des EU-Haushalts (Kap. 4.6) und die nachträgliche Kontrolle des EU-Haushalts (Kap. 4.7). Im Kap. 4.8 erfolgt dann eine Zusammenfassung der Bewertung der europäischen Haushalts- und Finanzverfassung und die Darstellung der Schlussfolgerungen.

4.2 Die Finanzplanung der EU

Die Finanzplanung für Einnahmen und Ausgaben ist ein wesentliches Element nicht nur der öffentlichen Haushaltsführung.[100] Bei der europäischen Finanzplanung wird zwischen der Planung der Einnahmen (Eigenmittelbeschluss, Kap. 4.2.1) und der Planung der Ausgaben (Finanzielle Vorausschau, Kap. 4.2.2) unterschieden. Die beiden Arten der Finanzplanung unterscheiden sich sowohl hinsichtlich der Entscheidungsträger als auch der angewandten Verfahren. Neben der Finanziellen Vorausschau gibt es noch weitere Instrumente der Ausgabenplanung (Kap. 4.2.3).

99 *Europäische Kommission*: Activity Based Budgeting, aaO.

100 Dabei kommen der mittelfristigen Planung mehrere Aufgaben zu. Zum einen dient sie dem Informationsbedürfnis der öffentlichen Institutionen und der privaten Wirtschaft. Zum anderen dient sie der Erleichterung der Beschlußfassung des Haushaltsgesetzgebers, der Zielorientierung öffentlicher Mittel und ermöglicht die Kontrolle der langfristigen Ausgaben. Vgl. *Schmölders, Günter*: aaO, S. 453f.

Am Ende dieses Kapitels wird eine einheitliche Bewertung der Finanzplanung anhand der Budgetfunktionen vorgenommen (Kap. 4.2.4).

4.2.1 Die Festlegung der Einnahmen: Das Verfahren zur Einnahmenbeschaffung der EU

Über die Einnahmen der Union wird für einen bestimmten Zeitraum im Voraus entschieden. Dabei ist zu beachten, dass die unmittelbare Befugnis zur Eigenmittelerhebung aus dem Vertrag herrührt, die konkreten Durchführungsverfahren aber durch Sekundärrecht geregelt werden. Dies hat auch Auswirkungen auf die Befugnisse der jeweils beteiligten Organe der EU.

4.2.1.1 Das Verfahren und die einzelnen Sonderregelungen

Das Verfahren ist in Art. 269 Absatz 2 EGV geregelt: *"Der Rat legt auf Vorschlag der Kommission und nach Anhörung des Europäischen Parlaments einstimmig die Bestimmungen über das System der Eigenmittel der Gemeinschaft fest und empfiehlt sie den Mitgliedstaaten zur Annahme gemäß ihren verfassungsrechtlichen Vorschriften."* Die zur Zeit geltenden Bestimmungen finden sich im Eigenmittelbeschluss 2000/597/EG[101] und werden durch sekundärrechtliche Vorschriften näher spezifiziert.

Die Mitgliedstaaten sind auf Annahme oder Ablehnung beschränkt. Der aus diesem Verfahren entstehende Eigenmittelbeschluss wird als "Gemeinschaftsrechtsakt eigener Art mit der Wirkung primären Gemeinschaftsrechts"[102] bezeichnet. Dies zeigt, dass er sich nicht ohne weiteres in das bestehende System der europarechtlichen Normen einordnen lässt. Das Eigenmittelbeschlussverfahren ist mit dem Verfahren der Vertragsänderungen vergleichbar, auch hier müssen die Mitgliedstaaten selbst ratifizieren.[103]

Zur Finanzierung des Haushalts durch die Eigenmittel wird ein zweistufiges Verfahren angewendet: die Ausgaben werden zunächst durch die Traditionellen Eigenmittel (TEM), die Mehrwertsteuer-Eigenmittel (MwSt-EM) und die sonstigen Einnahmen finanziert, erst wenn diese Einnahmen zur Deckung der Ausgaben nicht ausreichen, findet die Restfinanzierung durch die Bruttosozialprodukt-Eigenmittel (BSP-EM) statt. Dabei greifen verschiedene Regeln, die die Höhe und die Art und Weise der Berechnung der Eigenmittel begrenzen:

---

101 Der Rat hat die Ratifizierung durch alle Mitgliedstaaten am 12.02.2002 festgestellt, vgl. *Rat*: Protokollentwurf der 2407. Tagung des Rates (Wirtschaft und Finanzen), 25.02.02, Dokument 6196/02, Ziffer 6. Damit trat der Eigenmittelbeschluss am 01. März 2002 in Kraft und gilt rückwirkend vom 01. Januar 2002 an (Art. 10 Abs. 1).

102 *Waldhoff, Christian*: Finanzausgleich, aaO, S. 208.

103 Vgl. Art. 48 EUV; NIEDOBITEK ordnet dies sogar ausdrücklich als ein spezielles Vertragsänderungsverfahren ein, vgl. *Niedobitek, Matthias*: Art. 269 RN 11, in: Streinz, Rudolf (Hrsg.): aaO, (Manuskript).

- eine Eigenmittelobergrenze und eine Obergrenze für die Mittel für Verpflichtungen,
- eine Erhebungspauschale für die TEM,
- einen maximalen Abrufsatz für die MwSt-EM,
- eine Kappungsgrenze für die MwSt-EM,
- einen maximalen Abrufsatz für die BSP-EM,
- einen Beitragsrabatt für Großbritannien, den sog. "Briten-Rabatt",
  - eine Finanzierungsregel für den "Briten-Rabatt",
  - Ausnahmen von der Finanzierungsregel für den "Briten-Rabatt",
  - eine Finanzierungsregel für die Ausnahmen von der Finanzierungsregel für den "Briten-Rabatt" und
  - eine Regelung zur Neuausrichtung des "Briten-Rabatts".

Diese Regelungen sollen im Einzelnen kurz dargestellt und ihre gegenseitigen Abhängigkeiten erläutert werden.

- **Jährliche Gesamtobergrenze für die Eigenmittel:** Diese Obergrenze liegt bei 1,27% des gemeinschaftlichen BSP und wird innerhalb des Eigenmittelbeschlusses festgelegt.[104]
- **Erhebungspauschale:** Zur Deckung des Aufwandes für die Erhebung der traditionellen Eigenmittel durch die Mitgliedstaaten gibt es eine 25%ige Erhebungspauschale. Bis zu dem Eigenmittelbeschluss von 2000 war eine 10%ige Pauschale vorgesehen. Die Erhebungspauschale wird von den Mitgliedstaaten mit ihren TEM verrechnet und einbehalten.[105]
- **Der maximale Mehrwertsteuer-Abrufsatz:** Dieser Satz soll die Höhe der MwSt-EM an den Gesamteinnahmen begrenzen. Durch das Inkrafttreten des neuen Eigenmittelbeschlusses wird dieser Satz von bisher 1,27% auf 0,75% für die Jahre 2002 und 2003 und ab 2004 auf 0,50% reduziert.[106] Diese Regelung wurde eingeführt, um eine mögliche regressive Wirkung der MwSt-EM hinsichtlich der horizontalen Lastenverteilung einzugrenzen. Das Argument ist, dass die Einkommensverwendungen in den Mitgliedstaaten voneinander abweichen und in der Tendenz die Bürger in ärmeren Mitgliedstaaten einen größeren Anteil des Einkommens für den Konsum ausgeben müssen, während in den reicheren Mitgliedstaaten ein größerer Teil des Einkommens auch gespart werden kann.[107]

---

104 Davon zu unterscheiden ist die Obergrenze für die Mittel für Verpflichtungen, die auf 1,335% des BSP der Gemeinschaft festgesetzt wurde. Sechster Erwägungsgrund, Einleitung zum Eigenmittelbeschluss 2000, Abl. L 253 v. 07.10.00, S. 42–46. Darauf wird zurückzukommen sein.

105 Für die TEM, die bis zum 28.02.2001 zur Verfügung gestellt werden sollten, gilt weiterhin die 10%ige Pauschale. Vgl. Art. 10 Abs. 2 c Eigenmittelbeschluss 2000, Abl. L 253 v. 07.10.00, S. 42–46.

106 Art. 2 Abs. 4 Eigenmittelbeschluss 2000, aaO, S. 42–46.

107 Dazu siehe: *Messal, Rüdiger*: Das Eigenmittelsystem der Europäischen Gemeinschaft, 1. Aufl., Baden-Baden 1991, S. 73.

- **MwSt-Kappungsgrenze:** Aus demselben Grund gibt es bei den MwSt-EM eine sogenannte "Kappungsgrenze". Der letzte Eigenmittelbeschluss setzte die Bemessungsgrundlage für die MwSt-EM auf 55% des jeweiligen Bruttosozialprodukts zu Marktpreisen fest. Für Mitgliedstaaten, deren Bruttosozialprodukt unter 90% des Gemeinschaftsdurchschnitts war, lag die Kappungsgrenze bei 50%. Unter diese Regelung der Kappungsgrenze fielen im Jahr 2000 7 Länder: Griechenland, Irland, Luxemburg, Niederlande, Portugal, Spanien, Großbritannien.[108] Nach dem neuen Eigenmittelbeschluss von 2000 wird für alle Länder ab 2002 eine einheitliche Kappungsgrenze in Höhe von 50% festgesetzt.[109]
- **Einheitlicher Abrufsatz für BSP-Mittel:** Dieser Satz richtet sich nach dem Mittelbedarf. 1995 waren es 0,339%; 1997 dann schon 0,403% und 1999 stieg er nochmals auf 0,534% an.[110]
- **"Britenrabatt":** Der Beitragsrabatt verringert den Nettobeitrag Großbritanniens an die EU. Er wurde aufgrund von sogenannten "Haushaltsungleichgewichten" Großbritanniens 1984 eingeführt. Schon 1975 beschloss der Rat in Dublin einen Rabatt. In den Genuss dieses Rabatts sollten Mitgliedstaaten kommen, deren pro-Kopf-BIP weniger als 85% des EU-Durchschnitts ausmachte, deren Wachstumsrate weniger als 120% des EU-Durchschnitts betrug und deren Anteil an Eigenmitteln 10% höher als ihr BIP-Anteil war.[111] Der Europäische Rat von Fontainebleau beschloss dann 1984 den "Briten-Rabatt": Der Beitrag von Großbritannien wird um einen Betrag von 66% seines "Haushaltsungleichsgewichts" gekürzt. Dabei wird unter Haushaltsungleichgewicht in diesem Zusammenhang die Differenz zwischen dem prozentualen Anteil Großbritanniens an den Mehrwertsteuer-Eigenmitteln für den EG-Haushalt und dem Anteil an zurechenbaren Ausgaben (Gesamtbetrag aller Zahlungen, die einem einzelnen Land zugerechnet werden können) verstanden. Die Differenz wird dann mit den zurechenbaren Ausgaben multipliziert.[112]

  Die Einführung dieses Rabatts hat weitere Regelungen notwendig gemacht bzw. nach sich gezogen:
  - **Finanzierung des "Briten-Rabatts":** Dieser Rabatt wird durch alle Mitgliedstaaten finanziert. Sie tragen gemäß ihren jeweiligen Anteilen an den Mehrwertsteuer-Zahlungen zur Finanzierung bei.

---

108 *Europäischer Rechnungshof*: Stellungnahme 8/99 zu einem Vorschlag für einen Beschluß des Rates über das System der Eigenmittel der Europäischen Union, Abl. C 310 vom 28.10.1999, FN 3.

109 Neunter Erwägungsgrund, Einleitung zum Eigenmittelbeschluss 2000, aaO.

110 *Europäische Kommission*: Bericht der Europäischen Kommission über das Funktionieren des Eigenmittelsystems vom 07.10.1998, S. 4 KOM(1998)560/endg., (Bericht Eigenmittelsystem).

111 Allerdings profitierte auch damals bereits nur Großbritannien davon. Vgl. *Europäische Kommission*: Bericht über das Funktionieren des Eigenmittelsystems, Anhang 4, S. 2, aaO.

112 *Europäische Kommission*: Bericht über das Funktionieren des Eigenmittelsystems, Anhang 4, S. 3; Art. 4 Eigenmittelbeschluss 2000, aaO.

- **Ausnahmen von der Finanzierungsregel des "Briten-Rabatts":** Zur Zeit gibt es vier Ausnahmen: Deutschland, die Niederlande, Österreich und Schweden. Sie zahlen nur 25% ihres normalen Anteils.[113] Vor dem neuen Eigenmittelbeschluss 2000 kam nur Deutschland in den Genuss dieser Regelung, allerdings zahlte es 2/3 dieses Rabattfinanzierungsbetrags.
- **Finanzierungsregel für die Ausnahmen von der Finanzierungsregel des "Briten-Rabatts":** Die restlichen 75% des ursprünglichen Korrekturbetrages dieser vier Länder werden wie bisher erneut auf alle anderen Mitgliedstaaten entsprechend ihres Mehrwertsteueranteils aufgeschlüsselt.[114]
- **Neuausrichtung des "Briten-Rabatts":** 1988 kam es durch die Einführung der Kappungsgrenze zu Veränderungen der Mehrwertsteuer-Anteile. Daher war Neuausrichtung der Korrekturmechanismus für Großbritannien notwendig. Der Erstattungsbetrag wird so gerechnet, als sei keine Mehrwertsteuer-Kappung vorhanden, von diesem Betrag werden die Einsparungen (britischer Vorteil aus dem neuen Eigenmittelsystem, also die Differenz des Betrags zwischen der Regelung vor und nach 1988) abgezogen.[115]

4.2.1.2 Die Erweiterung des Finanzrahmens durch Kreditaufnahme

Um eine vollständige Deckung des EU-Haushalts zu erreichen, gibt es seit einigen Jahren eine umfangreiche Anleihetätigkeit der EG. In den Verträgen der EGKS und der EAG ist eine Anleihetätigkeit vorgesehen, nicht aber im EGV.[116]

Es werden verschiedene Arten von Anleihen unterschieden. Seit 1974 gibt es Zahlungsbilanzanleihen und seit 1978 das Neue Gemeinschaftsinstrument (NGI), dies sind Anleihen zur Investitionsförderung. Aus den Erlösen dieser Anleihen wurden Darlehen finanziert, die über die EIB im Namen und auf Rechnung und Gefahr der Europäischen Gemeinschaften (EG, EAG, EGKS) verwaltet werden.[117] Die Entscheidungsbefugnisse sind aber getrennt. Die Kommission entscheidet über die Berücksichtigung eines bestimmten Projekts, die EIB aber über die Darlehensgewährung und die konkreten Bedingungen.

Da der Bau von Kernkraftwerken in der EU ausgesetzt (EAG-Anleihen) wurde, das Neue Gemeinschaftsinstrument ausgelaufen ist und die EGKS-Darlehen 2002 eingestellt werden, gibt es zur Zeit keine Anleihetätigkeit der EU und damit laut Kommission "keinen Anlass mehr, den Rat und das Parlament über die Darlehens-

113 Vierzehnter Erwägungsgrund, Einleitung zum Eigenmittelbeschluss und Art. 5 Eigenmittelbeschluss 2000.
114 Art. 5 Eigenmittelbeschluss 2000, aaO.
115 Zur Berechnung der Korrekturbeiträge: Art. 4 Eigenmittelbeschluss 2000, aaO, S. 42–46.
116 *Birk, Dieter:* aaO, RN 46ff. zu § 5.
117 *Strasser,Daniel*: aaO, S. 112ff.

tätigkeit der Gemeinschaft unter Einsatz der innerhalb der EU geltenden Instrumente zu informieren."[118]

Neben der offiziellen Anleihetätigkeit über Zahlungsbilanzanleihen und andere Instrumente gibt es verschiedene Formen der versteckten Kreditaufnahme[119], die einen mehr oder weniger großen Umfang haben: die Tätigkeit der EIB (a), die Kreditaufnahme bei den Mitgliedstaaten (b) und die Kreditaufnahme über den Haushalt selbst (c).

a) Tätigkeit der Europäischen Investitionsbank (EIB): DICKERTMANN/GELBHAAR bezeichnen die EIB als "verlängerten Arm des EU-Haushalts" und damit als eine Form der indirekten, verdeckten Verschuldung der EU.[120] Der Haushalt der EU haftet grundsätzlich für Darlehen der EIB im Auftrag der EU an Drittländer. 65% des derzeitigen Gesamtdarlehensbetrags (18.410 Mio. €) der EIB sind zur Zeit durch eine Globalgarantie der EU gedeckt.[121] Für diese Garantien gibt es jeweils eine Vereinbarung zur Risikoteilung. Bei nichtstaatlichen Projektgarantien werden nur die politischen Risiken abgedeckt, bei staatlichen Projektgarantien hingegen sämtliche Risiken. Zudem werden Zinssubventionen für die EIB-Darlehen aus den Mitteln des EU-Haushalts bereitgestellt (vgl. Tab. 5).

Tab. 5: **Zinszuschüsse im Rahmen verschiedener Gemeinschaftsprogramme in Mio. ECU/Euro**

Jahr/Zuschüsse	innerhalb der EG/EU	außerhalb der EG/EU	Gesamtbetrag
1995	31,1	43,3	74,4
1996	22,3	51	73,3
1997	41	105,1	146,1
1998	22,8	57,5	80,3
1999	72,3	60,3	132,6
2000	55,7	47,2	102,9

Quelle: Tab. 3.-1, S. 23, Europäische Kommission Bericht der Kommission an den Rat und das Europäische Parlament über die Anleihe- und Darlehenstätigkeit der Gemeinschaft im Jahr 2000 vom 26.07.2001, KOM (2001) 435/endg.

118 *Europäische Kommission*: Bericht über die Anleihe- und Darlehenstätigkeit 2000, (KOM (2000) 435 endg.), S. 3.

119 *Caesar, Rolf*: Die Verschuldung als Finanzierungsinstrument der Europäischen Gemeinschaften, S. 211ff., in: *Biehl, Dieter / Pfennig, Gero (Hrsg.):* Zur Reform der EG-Finanzverfassung, Bonn 1990.

120 *Dickertmann, Dietrich / Gelbhaar, Siegfried:* Die EIB, aaO, S. 36, 46.

121 Beschluss des *Rates* 97/256/EWG, Beschluss des *Rates* 2000/24/EG, dazu auch: *Europäische Kommission*: Bericht über die Anleihe- und Darlehenstätigkeit 2000, (KOM (2001) 435/endg.), S. 4ff. (insbesondere S. 9–23).

Und schließlich gibt es im Bereich der Außenhilfen auch eine Kombination aus der Gewährung von Sonderdarlehen und Zinsvergünstigungen durch die EU. Durch die gezielte Förderung bestimmter Projekte dient die EIB dem EU-Haushalt somit als "verdecktes" Finanzausgleichsinstrument.

Immer wieder nimmt auch der Europäische Rat Einfluss auf die Geschäftspolitik der Bank. So gaben Forderungen des Europäischen Rates von Edinburgh 1992 den Ausschlag für eine Darlehensfazilität in Höhe von 5 Mrd. ECU, aufgrund des Europäischen Rates von Essen 1994 wurde eine Liste vorrangiger Projekte im Bereich der Transeuropäischen Netze (TEN) erarbeitet und eine Fazilität bereitgestellt. Der Europäische Rat von Amsterdam 1997 schuf das Sonderaktionsprogramm ASAP, welches unter anderem eine Fazilität für kleine und mittelständische Unternehmen (KMU) enthält. Der Europäische Rat von 1998 (Dezember) beschloss eine Ausweitung der Mittel für Risikokapitalfinanzierungen.[122]

Wohlhabendere Mitgliedstaaten haben über die EIB die Möglichkeit, einen hohen Finanzierungsbetrag für nationale Projekte zu erhalten, ohne auf regionale Bedürftigkeiten Rücksicht nehmen zu müssen. Dies liegt an der Machtverteilung in den Gremien der EIB. Da insbesondere der Rat der Gouverneure und der Verwaltungsrat in hohem Maße nationale Interessen verfolgen, wundert es wenig, dass die Finanzierungen der EIB breit streuen. FÖCKING stellt fest, dass die Mittel für die Regionalpolitik, die direkt über die EU vergeben werden, einen größeren Zusammenhang zwischen dem regionalen Pro-Kopf-Einkommen und der Förderung aufweisen, als die der EIB.[123]

Dies ist deshalb bedenklich, weil die EU grundsätzlich nach dem Grundsatz des Haushaltsausgleichs nicht berechtigt ist, ihre Tätigkeiten über Kredite zu finanzieren. Durch die Schaffung der EIB als "unabhängige" Institution kann die EU aber mittelbar Kredite vergeben.[124] Dies ist der EU auch bewusst, denn seit 1994 hat sie einen Garantiefonds für die eventuelle Inanspruchnahme der Garantien der EU für Darlehen von Drittländern eingerichtet.[125] In diesen Fonds wird ein jeweils bestimmter Prozentsatz von jedem neuen gewährten Darlehens eingezahlt. Seit dem 1. Januar 2000 ist der Prozentsatz auf 9% festgeschrieben. Zusätzlich zu dem Fonds gibt es die in der Interinstitutionellen Vereinbarung geregelte Darlehensreserve.[126]

---

122 Diese erreichten im Jahr 2000 eine Höhe von 30.804 Mio. €. Für die Mittelmeerländer wird dies aus dem EU-Haushalt finanziert, für die AKP-Staaten aus dem EEF. Abgewickelt wird dies über die EIB. Vgl. *Europäische Kommission*: Bericht über die Anleihe- und Darlehenstätigkeit 2000, (KOM (2001) 435/endg.), S. 23.

123 *Föcking, Jürgen*: aaO S. 190–192; anders: OPPERMANN nennt die Tätigkeit der EIB eine dem bundesstaatlichen Finanzausgleich ähnliche Tätigkeit, da eine Entwicklung der ärmeren Länder gefördert werde. Vgl. *Oppermann, Thomas:* aaO, RN 443.

124 Personenidentität zwischen dem Rat der Governeure (EIB) und dem ECOFIN-Rat.

125 VO des *Rates* 2728/94 (EG, Euratom) vom 31.10.1994, zuletzt geändert durch die VO des *Rates* 1149/99 vom 25.05.1999.

126 Teil I A, Ziff. 23 b der Interinstitutionellen Vereinbarung von 1999.

Diese Reserve dient ebenfalls der Absicherung von Schuldnerausfällen und wird jeweils in den EU-Haushalt eingestellt.

b) **Kreditaufnahme über die Mitgliedstaaten:** Dies ist eine weitere Form der versteckten Kreditaufnahme. Dazu können verschiedene institutionelle Regelungen benutzt werden:
- Abruf eines zusätzlichen Zwölftels[127],
- kurzfristige Überschreitungen der Beitragshöhen,
- rückzahlbare oder zu verrechnende Vorschüsse[128],
- Lastenverlagerungen (Ersetzung der Vorschüsse durch Rückerstattungen, z.B. im Agrarsektor).

c) **Kreditaufnahme über den EU-Haushalt selbst:** Hier gibt es ebenfalls verschiedene Möglichkeiten:
- So wird beispielsweise eine Verpflichtungsermächtigung (VE) nicht durch eine entsprechende Zahlungsermächtigung (ZE) im vorgesehenen Haushaltsjahr abgetragen.[129] Wenn für die im Haushaltsjahr der Eingehung nicht liquidierten VE keine Deckung durch übertragene Kassenmittel oder ZE besteht, führt dies zur Bildung von aufgeschobenen Verpflichtungen (sog. "Altlasten").[130]
- Die Kürzung des Beteiligungsbeitrages an den Einkommenshilfen zugunsten der Erzeuger und die Aussetzung der monatlichen Vorauszahlungen im Rahmen des EAGFL-G führt dazu, dass die Mitgliedstaaten entsprechende Beträge vorfinanzieren müssen.[131]
- Nach Art. 82 HO hat die Kommission jährlich mit der Haushaltsrechnung und der Analyse der Haushaltsführung eine Übersicht über das Vermögen und die

127 Art. 10 Abs. 2, 3 VO des *Rates* zur Durchführung des Eigenmittelbeschlusses, 1150/2000, aaO.

128 Z.B. in Art. 10 Abs. 2 VO des *Rates* zur Durchführung des Eigenmittelbeschlusses, 1150/2000.

129 Seit 1988 gibt es zwar eine Vorschrift in der HO, die dies einschränken soll, aber dies kommt immer noch zahlreich vor. Vgl. z.B. *Fugmann, Friedrich / Theato, Diemut R.*: A.III, RN 50, in: *Dauses, Manfred (Hrsg.)* aaO.

130 Diese "reste á liquider" (RAL) sind von den "reste á contracter" (RAC) zu unterscheiden. RAL sind in tatsächliche Zahlungen umzuwandelnde Mittelbindungen, RAC sind Mittelbindungen, die in vertragliche Verpflichtungen umzuwandeln sind. Ende 2000 hatten die RAL ein Volumen von 64 Mrd. € erreicht. 75% dieser Altlasten waren Altlasten aus strukturpolitischen Maßnahmen. Vgl. *Europäische Kommission*: Allgemeine Einleitung zum Vorentwurf des Gesamthaushaltsplans der Europäischen Gemeinschaften für den Haushalt 2002 – Politische Darstellung (Teil I/II), SEC (2001) 949, S. 11, Anhang zum Übermittlungsvermerk der Kommission (Stellvertretender Generalsekretär) an den Generalsekretär des Rates vom 15.06.2001, Dok.-Nr. 10034/01.

131 Der RECHNUNGHOF definiert dies eindeutig als eine "erzwungene Anleihe beim Mitgliedstaat". *Europäischer Rechnungshof*: Sonderbericht 9/99, über Forschungsmaßnahmen im Bereich der Landwirtschaft und der Fischerei, Programm FAIR (Forschung im Bereich der Fischerei, der Landwirtschaft und der Agroindustrie), Abl. C 92 vom 30.03.2000, Ziff. 16–18.

Schulden an Ministerrat und Parlament zu übermitteln. In dieser Vermögensübersicht finden sich ebenfalls Formen der verdeckten Verschuldung über den Haushalt, z.B. unterlassene Wertberichtigungen bei Sachanlagen[132], Überbewertungen des Nettovolumens von Forderungen[133] oder die Überbewertung und Nichtausweisung von Mittelbindungen und potentieller Verbindlichkeiten[134].

4.2.1.3 Probleme des Verfahrens zur Einnahmenbeschaffung der EU

Aufgrund dieser verschiedenen institutionellen Möglichkeiten entstehen verschiedene Probleme, die sich folgenden Kategorien zuordnen lassen:
- Verteilung der Gesetzgebungs- und Ertragshoheit in der EU (a),
- Ausgestaltung der Eigenmittelarten (b),
- Restriktionen aufgrund der Einnahmegrenzen (c),
- verdeckte Verschuldung (d),
- Zweckbindung der Mittel (e) und
- Korrekturmechanismen (f).

Dabei stehen die einzelnen Kategorien miteinander in institutioneller Wechselwirkung.

a) Verteilung der Gesetzgebung- und Ertragshoheit: In den Verträgen findet sich keine Regelung zur Abgabenhoheit bzw. Finanzierungslast. In Art. 269 Abs. 1 EGV ist lediglich geregelt, dass der Haushalt aus "Eigenmitteln" zu finanzieren ist. Die EU selbst hat keine Gesetzgebungshoheit (da eine Ratifizierung der Eigenmittelbeschlüsse durch die Mitgliedstaaten notwendig ist), ebenso ist die Ausgestaltung der Ertragshoheit von den Mitgliedstaaten abhängig. Allerdings hat die EU ein Vorschlagsrecht für die Gesetzgebung. Dieses wirkt sich im Ergebnis als sehr stark aus. Das liegt zum einen daran, dass die Einnahmen im Europäischen Rat vorverhandelt werden und danach der Eigenmittelbeschluss durch den Ministerrat einstimmig gefasst werden muss. Da sowohl die Staats- und Regierungschefs als auch die Minister wissen, dass die Beschlüsse noch durch die nationalen Parlamente ratifiziert werden müssen, ist anzunehmen, dass Einigungs- und Verhandlungs-

132 Vgl. *Europäischer Rechnungshof*: Jahresbericht zum Haushaltsjahr 1998, Zuverlässigkeitserklärung (S. 171ff.), Ziff. 811 a, 8.12f. , Abl. C 349/1 v. 03.12.1999.

133 Für 1998 schätzte der RECHNUNGSHOF die Überbewertung der geschuldeten Eigenmittel beträge auf etwa 1000 Mio. ECU. Vgl. *Europäischer Rechnungshof*: Jahresbericht 1998, Zuverlässigkeitserklärung, Ziff. 8.14f., aaO.

134 Für 2000 stellte der RECHNUNGSHOF eine Überbewertung der bestehenden Mittelbindungen in Höhe von 1680 Mio. € (1998 ca. 660 Mio. ECU), die Nichtausweisung bestimmter Mittelbindungen in Höhe von 213 Mio. € (1998: 352,7 Mio. ECU) und potentieller Verbindlichkeiten in Höhe von mindestens 1343 Mio. € (1998: 2794 Mio. ECU) fest. Vgl. *Europäischer Rechnungshof*: Jahresbericht zum Haushaltsjahr 2000, Zuverlässigkeitserklärung, Ziff. 9.5ff., Abl. C 359/1 v. 15.12.2001 und *Europäischer Rechnungshof*: Jahresbericht 1998, Zuverlässigkeitserklärung, Ziff. 8.11 e-f., aaO.

prozesse mit den nationalen Parlamenten im Vorfeld des Beschlusses durch den Ministerrat schon erfolgten bzw. begonnen haben. In der Regel stimmen die nationalen Parlamente auch ohne weiteres zu.

Eine vertragliche Definition dessen, was Eigenmittel denn eigentlich sind, fehlt völlig. Dadurch ist es den Mitgliedstaaten (Ministerrat) gemeinsam jederzeit möglich, die nur im Eigenmittelbeschluss näher definierten Eigenmittel[135] abzuschaffen, zu ergänzen oder die bestehenden Eigenmittel immer weiter zu verändern. Auch die zeitliche Befristung der Eigenmittelbeschlüsse belegt die mangelnde Autonomie der EU.

Nur bei den Traditionellen Eigenmitteln (TEM) liegt die Ertragshoheit bei der EU (Trennsystem). Bei den MwSt-EM ist die Ertragskompetenz nach einem "Quasi-Verbundsystem"[136] gestaltet, mehrere Ebenen teilen sich den Ertrag einer Steuer bzw. einer Ebene wird ein derivativer Ertragsanteil zugewiesen. Bei den BSP-EM besitzen ebenfalls die Mitgliedstaaten die grundsätzliche Gesetzgebungskompetenz. Auch hier hat die EU eine Ertragskompetenz bis zur jährlichen Obergrenze, allerdings ist dieser nicht als Anteil am Steueraufkommen einer Gebietskörperschaft definiert.

Die MwSt-EM und die BSP-EM der EU sind demnach "nur kaschierte Mitgliedsbeiträge"[137]. Da der größte Teil der Einnahmen aber aus diesen beiden Eigenmittelarten gespeist wird, die TEM nur bei Unternehmen erhoben werden und die sonstigen Einnahmen kaum ins Gewicht fallen, lässt sich feststellen, dass die Einnahmenerhebung eben nicht beim europäischen Bürger, sondern qua Beitragsaufschlüsselung über die Mitgliedstaaten stattfindet. Weil der europäische Bürger von den EU-Ausgaben profitiert, aber nicht direkt zur Finanzierung europäischer Aufgaben herangezogen wird, gibt es auf europäischer Ebene auch keine institutionelle Kongruenz (fiskalische Äquivalenz). Institutionell ergibt sich so eine Konkurrenzsituation zwischen den Verhandlungspartnern gleicher Ebene (Mitgliedstaaten) im Hinblick auf eine andere finanzwirtschaftliche Ebene (EU).[138]

b) Ausgestaltung der Eigenmittelarten: Aus der Gestaltung der Gesetzgebungs- und Ertragshoheit und aus der Art der gewählten Eigenmittel ergeben sich unterschiedliche Probleme der Eigenmittelarten. Dabei ist zwischen den verschiedenen Mechanismen zu unterscheiden:

- **Traditionelle Eigenmittel:** Die TEM sind abhängig von den WTO-Verhandlungen, auf ihre Ausgestaltung hat die EU wenig Einfluss. Die WTO-Verhand-

135 Art. 2 des Eigenmittelbeschlusses von 2000, aaO.

136 *Messal, Rüdiger*: aaO, S. 183.

137 *Waldhoff, Christian:*, aaO, S. 205; *Europäischer Rechnungshof*: Sonderbericht 6/98 über die Bilanz des Systems der MwSt- und BSP-Eigenmittel, Abl. C 241 vom 31.07.1998, Ziff. 3.16; auch die Kommission spricht nur von "*Beitrags*gerechtigkeit", vgl. *Europäische Kommission*: Bericht über das Funktionieren des Eigenmittelsystems, aaO, S. 8.

138 *Messal, Rüdiger*: aaO, S. 176.

lungen sind ein Grund dafür, warum der Anteil der TEM an den gesamten Eigenmitteln immer mehr zurückgeht. Die TEM weisen eine starke Streuung unter den Mitgliedstaaten auf (Rotterdam-Antwerpen-Effekt). Zölle entstehen in der Regel dort, wo ein Produkt die Außengrenzen überschreitet. In der Einnahmenbilanz erfolgt die Zurechnung zum Erhebungsort, d.h. sie werden dem Mitgliedstaat, der sie erhoben hat, als Beiträge angerechnet. Die Produkte werden aber nicht immer dort konsumiert, wo ihre Zölle anfallen. Dies führt zu Verzerrungen, die durch künstlich hochgehaltene Agrar- und Industriegüterpreise noch verstärkt werden. Bei den Zöllen gibt es zudem keine wirklich integrierte Strategie, es dominiert die nationale Sichtweise und die Zollbehörden sind zu wenig koordiniert.[139] Das zweistufige Verfahren bietet zudem institutionell die Möglichkeit, Fehler bei der Berechnung der TEM oder derjenigen Beträge, die von Unternehmen oder Einzelpersonen, die zur Zahlung von TEM verpflichtet sind, nicht gezahlt werden, vom Steuerzahler über die BSP-EM ausgleichen zu lassen.[140]

- **MwSt-Einnahmen:** Auch hier gibt es durch das zweistufige Verfahren einen institutionalisierten Anreiz zum Betrug bzw. zur Hinterziehung[141], da – wie bei den TEM – fehlende MwSt-EM ohne Zurechnung der Verantwortung über BSP-Mittel allgemein ausgeglichen werden. Das heißt, alle Mitgliedstaaten gleichen über ihren jeweiligen Anteil an der Gesamtheit der BSP-EM die fehlenden MwSt-EM aus. Ein weiterer Anreiz zur Hinterziehung der Mehrwertsteuer ergibt sich auch deshalb, weil die Daten, die zur Berechnung der Steuersätze des Steuerpflichtigen notwendig sind, zugleich auch die Grundlage für die Berechnung anderer indirekter Steuern sind.[142]

- **MwSt- und BSP-Einnahmen:** Durch die Kappungsgrenze bei den MwSt-EM, die aufgrund einer BSP-Bemessungsgrundlage berechnet wird, beruhen MwSt- und

139 *Europäisches Parlament, Haushaltsausschuss*: Bericht über den Vorschlag für einen Beschluss des Rates über das System der Eigenmittel der Europäischen Union, PE 231.576/endg. (Haug-Bericht 1999), hier: Stellungnahme des Haushaltskontrollausschusses, Schlussfolgerung C, S. 42.

140 *Europäischen Kommission:* Bericht über das Funktionieren des Eigenmittelsystems, aaO, S. 9f.; *Europäisches Parlament, Haushaltsausschuss:* Haug-Bericht 1999, aaO, S. 13.

141 Der RECHNUNGSHOF geht davon aus, dass die Differenz zwischen dem theoretischen MwSt-Aufkommen (zzgl. Hinterziehung, Schattenwirtschaft) und dem angegebenen MwSt-Aufkommen im Jahresdurchschnitt bei 1% des BSP der Gemeinschaft liegt. Dies entspricht fast dem Umfang des EU-Haushalts! Vgl. *Europäischer Rechnungshof:* Sonderbericht 6/98 aaO, Ziffer 4.17. Für 1999 sind dies in Zahlen ausgedrückt: 80 Mrd. € (berechnet auf Grundlage des BIP für 1999, *Eurostat-Jahrbuch*: 100 ausgewählte Basisindikatoren, S. 23). Die GENERALDIREKTION WISSENSCHAFT des Europäischen Parlaments schätzte den zu Lasten der EU hinterzogenen Betrag im Bereich Zölle und Steuern auf 3,5 Mrd. ECU. Vgl. *Europäisches Parlament, Generaldirektion Wissenschaft*: Betrug im Zusammenhang mit dem EU-Haushalt, Themenblätter, Haushaltsangelegenheiten Nr.1, S. 5. PE 167.114.

142 *Europäischer Rechnungshof:* Sonderbericht 6/98, Ziffer 4.3, aaO.

BSP-EM zu großen Teilen auf denselben Daten.[143] Die Kappungsgrenzen-Berechnung ist kompliziert und erstreckt sich über mehrere Haushaltsjahre, weil sie zunächst vorausgeschätzt, dann revidiert und erst danach endgültig festgestellt wird. Zudem verfehlt die Kappungsgrenze ihr Ziel. So sollte sie ursprünglich als Ausgleichsregel für weniger wohlhabende Mitgliedstaaten greifen. Heute profitieren aber gerade nicht nur diese Mitgliedstaaten von ihr.[144]

Es ist also festzuhalten, dass innerhalb des Eigenmittelsystems erhebliche Anreize zum Betrug bzw. zur Vorenthaltung von Eigenmitteln für die Mitgliedstaaten bestehen. Darüber hinaus tragen die Begrenzungsregeln nicht zu einer gerechten Lastenverteilung bei. Diese wäre aber – wenn schon kein echtes Steuersystem greift – mindestens einzufordern.

c) **Globale Einnahmegrenze:** Die Höhe der Eigenmittel wird nicht durch den zur Finanzierung der Aufgaben der EU benötigten Finanzbedarf und der Finanzkraft der Zahler bestimmt, sondern politisch im Europäischen Rat und im Ministerrat verhandelt. Da der Eigenmittelbeschluss des Ministerrates einstimmig gefällt werden muss, hat jeder Vertreter eines Mitgliedstaates ein Vetorecht, um nationale Interessen durchzusetzen.[145] Zwar ist dem Einstimmigkeitsprinzip mit Blick auf eine Pareto-Effizienz der Vorzug vor einer Mehrheitsregel zu geben, jedoch verursacht die Einstimmigkeit in der Regel hohe Transaktionskosten. Hinzukommt, dass die "Korrekturmechanismen" aufgrund von Vetomöglichkeiten das Gesamtsystem intransparent machen und Verzerrungen hervorrufen, die wiederum durch neue Korrekturen ausgeglichen werden. Die globale Grenze ruft verschiedene Probleme hervor:

- **Kompetenzgrenze:** Dies ist institutionell zugleich eine tatsächliche Beschränkung der Kompetenzen der EU. Denn ohne die notwendigen Finanzmittel kann die EU bestimmte öffentliche Güter nicht bereitstellen. Die einzigen Möglichkeiten, bei einem gegebenen Budget die Kompetenzen zu erweitern, sind der Übergang von der Alleinfinanzierung eines öffentlichen Gutes zur Mischfinanzierung durch mehrere Ebenen (EU und Mitgliedstaaten) oder der Übergang zu regulatorischen Politiken. Solche Versuche hat es immer wieder gegeben, für den ersten Fall zuletzt seitens des Parlaments, welches für den Bereich der GAP eine Kofinanzierung vorschlug.[146] Das offizielle Argument war, die Verantwortlichkeit

143 Hierzu und nachfolgend: *Europäischer Rechnungshof:* Stellungnahme 8/99 aaO, Ziffer 3, 4.
144 *Europäischer Rechnungshof:* Sonderbericht 6/98, Ziff. 3.14, aaO.
145 So gab es z.B. im Rahmen des "Delors-II-Pakets" den Vorschlag der Kommission, den Eigenmittel-Höchstsatz von 1,2% (1993) auf 1,37% (1999) anzuheben. Dagegen protestierten aber die nördlichen Staaten und so wurde die Vorgabe des Europäischen Rates von Edinburgh vom 14.12.92 (Steigerung nur bis auf 1,27% im Jahr 1999) zur Grundlage der Eigenmittelgrenze im Eigenmittelbeschluß. Vgl. *Birk, Dieter*: aaO, RN 30, 31 zu § 5.
146 So Jutta Haug (MdEP und Mitglied des Haushaltsauschusses) in einem selbst durchgeführten Interview am 18.06.2001 in Brüssel.

der Mitgliedstaaten für die GAP zu stärken. Durch eine Kofinanzierung in der GAP würden aber Mittel "frei", die – vorausgesetzt die Eigenmittelgrenze bleibt in gleicher Höhe bestehen – für andere Politikbereiche genutzt werden könnten.[147] Im zweiten Fall versuchen vor allem die Kommission und das Parlament regulatorische Kompetenzen auf die EU-Ebene zu ziehen bzw. bestehende Kompetenzen auszuweiten.

- **"Nettozahlerproblem":** Die zunehmende Abhängigkeit der EU von Mitgliedsbeiträgen der Mitgliedsstaaten führt zudem zu einem "Anspruchsdenken" auf Ausgabenrückflüsse. Die Kehrseite der (institutionalisierten!) Einnahmegrenze ist die Gegenüberstellung der "Beiträge" der Mitgliedstaaten und der Rückflüsse an die Mitgliedstaaten. Dies wird auch regelmäßig bei Verhandlungen im Europäischen Rat getan.[148] Die einzelnen "Netto-Positionen" bzw. erwarteten Verschlechterungen dienen regelmäßig als Begründung für Veto-Positionen[149], wobei dies gleich zweimal greifen kann: Einmal im Ministerrat, der einstimmig entscheiden muss und zum anderen in den nationalen Parlamenten bei der Ratifizierung. Dieses führt dazu, dass der jeweils abstimmende Minister im Rat eng an die Mehrheitsmeinung seines Ratifizierungsorgans gebunden wird. Positiv ist, dass sich so eine Art Kontrolle über das Verhalten im Ministerrat herstellen lässt. Gleichzeitig wird der Druck nationaler Interessen aber noch verstärkt. Zudem ist in den Systemen, in denen der Regierungschef aus der Parlamentsmehrheit hervorgeht bzw. von ihr gewählt wird, dieser "Kontrollmechanismus" nicht unbedingt zu erwarten. Eher ist es so, dass die Parlamentsmehrheit den Vorgaben ihres Regierungschefs im Europäischen Rat folgen wird, einmal um den Regierungschef nicht zu brüskieren und zum anderen aufgrund enger parteilicher Anbindungsstrukturen.

- **Anpassung der Aufgaben:** Durch die Einnahmenlimitierung ist außerdem keine Anpassung an die Ausgabenentwicklung möglich. Dies hat auch Folgen für die Aufgaben: allmählich erfolgt eine Anpassung der Aufgaben an Ausgaben. Flexible Reaktionen sind so kaum möglich.

147 Dieser institutionelle Umgehungsversuch hängt auch mit der Deckelung der Ausgaben und der Verteilung der Haushaltsbefugnisse zusammen.

148 So fühlte sich der Ministerrat auch beim neuen Eigenmittelbeschluss 2000 an die Vorgaben des Europäischen Rates von Berlin 1999 gebunden. Vgl. *Europäisches Parlament, Haushaltsausschuss*: Bericht über die Ergebnisse der Konzentrierung über die gemeinsame Ausrichtung des Rates im Hinblick auf die Annahme eines Beschlusses über das System der Eigenmittel der Europäischen Union, S. 7, PE 289.589 (Konzertierungsbericht 2000).

149 Es gibt allerdings auch positive Beispiel der "Nettozahler-Debatte". So erklärte 1997 Dänemarks damaliger Außenminister Niels Helveg Petersen, dass Dänemark sei bereit, auch mehr als 1,27% an Eigenmitteln zu erheben, da Dänemark ganz besonders von der GAP profitiere. Vgl. *EU-Magazin* 9/1997, S. 22: Haushalt I: Positionsleuchten.

d) **Versteckte Kreditaufnahme:** Die Einnahmenobergrenze ist zudem ein Anreiz, sich der verdeckten Verschuldung zu bedienen. Dieses geht dann, wenn auf der Einnahmen- und Ausgabenseite entsprechende Regeln ein Ausweichen ermöglichen. Es gibt verschiedene Formen der verdeckten Kreditaufnahme:

- **Tätigkeit der EIB:** Da sie außerhalb des Gesamthaushaltsplans angesiedelt ist, läuft sowohl eine parlamentarische (Mit)Gesetzgebung als auch eine parlamentarische Kontrolle der EU leer. Insgesamt fehlt es gänzlich an einer parlamentarischen Kontrolle, weil auch die nationalen Parlamente in keiner Weise eingebunden sind. Die Mitgliedstaaten haben so die Möglichkeit, die Förderung zur Erschließung der weniger entwickelten Gebiete – die den größten Anteil der Förderpolitik der EIB innerhalb der EU ausmacht[150] – stark nach ihren nationalen Interessen auszurichten, und profitieren zusätzlich von den regionalpolitischen Maßnahmen der EU im Rahmen der Strukturfonds. Interessant ist auch, dass die EIB in Rechtsstreitigkeiten vor dem EuGH einem Gemeinschaftsorgan gleichgestellt wird, obwohl sie dies in keiner Weise ist.[151] Das zeigt, dass die Autonomie der EIB im Verhältnis zu den anderen Organen nur eine unter die Vertragsziele untergeordnete Autonomie ist. Die Autonomie der EIB reicht daher nur soweit, "wie dies zur Erfüllung ihrer konkreten Aufgaben erforderlich ist."[152] Nicht zuletzt dies ist ein Grund dafür, dass eine Einbeziehung der EIB in den Gesamthaushalt der EU notwendig wäre.

- **Einnahmenseitige Verschuldung:** Der EU ist es ebenfalls möglich – wenn auch nur kurzfristig – sich bei den Mitgliedstaaten einnahmenseitig zu verschulden. Diese (noch) sehr restriktiven Möglichkeiten verhindern zwar eine übermäßige Verschuldung über die Einnahmen. Das Problem ist aber, dass sich ein Teil der Verschuldungsmöglichkeiten in den sekundärrechtlichen Vorschriften befinden. Durch die "Verlagerung" in dieses Sekundärrecht wird zum einen die Notwendigkeit der Ratifizierung umgangen, zum anderen die Intransparenz des Systems verstärkt. Da aber der Ministerrat deutlich nationale Interessen vertritt, ist eine offensive Ausweitung der Verschuldungsmöglichkeiten auf der Einnahmenseite nicht zu erwarten.

- **Ausgabenseitige Verschuldung:** Hier ist zwischen dem Problem der "Altlasten" und der Vorfinanzierung von Beträgen im Agrarbereich und der Ausweisung von Werten in der Vermögens- und Schuldenübersicht zu unterscheiden. Nur die ersten beiden Formen sind als Reaktion auf die Einnahmenlimitierung anzusehen. Die dritte Form der Verschuldung über den Haushalt geht auf Probleme der administrativen Anbindung zurück.

---

150 *Föcking, Jürgen:* aaO, S. 19ff.
151 *Oppermann, Thomas*: aaO, RN 433.
152 *Beutler,Bengt / Bieber, Roland / Pipkorn, Jörn / Streil, Jochen*: aaO, RN 303.

e) **Zweckbindung der Mittel:** Der Eigenmittelbeschluss beschränkt sich nicht auf die Globalzuweisung einer Gesamtsumme an Mitteln, sondern gibt zum Teil eine Zweckbindung der Mittel vor. Zweckbindungen entsprechen den Interessen derjenigen, die über die Finanzausstattung der EU entscheiden: den Mitgliedstaaten. Über gebundene Mittelzuweisungen (Reserven, Erträge) haben sie die Möglichkeit, den Verwendungszweck der Mittel zu kontrollieren:

- **Reserven:** Obwohl auch Art. 6 des Eigenmittelbeschlusses 2000 den Grundsatz der Gesamtdeckung verankert, steht in derselben Vorschrift, dass die Reserven, die für Darlehensgarantien und Darlehenstransaktionen, für die Währungsreserve EAGFL und die Reserve für Soforthilfe vorgesehen sind[153], erst dann bei den Mitgliedstaaten abgerufen werden, wenn sie benötigt werden.
- **Erträge:** Auch die Einstellung der Erträge aus dem EGKS-Vermögen als zweckgebundene Einnahmen in den Gesamthaushalt verstößt gegen den Grundsatz der Gesamtdeckung. Diese Einnahmen sind für Forschungsprojekte vorgesehen, d.h. sie gehören eigentlich auf der Ausgabenseite zu den nichtobligatorischen Ausgaben, über die das Parlament entscheidet.

Durch die Zweckbindung der Mittel wird aber das Budgetrecht das Parlaments in diesem Bereich ausgehebelt.

f) **Korrekturmechanismen:** Hieraus entstehen folgende Probleme:

- **25%ige Erhebungspauschale:** Diese Pauschale ist kein echtes Leistungsäquivalent, sondern ein – gar nicht so geringer[154] – Korrekturmechanismus auf der Einnahmenseite. Die traditionellen Eigenmittel (TEM) sinken seit Jahren kontinuierlich, das Ansteigen der Pauschale ist also nicht durch einen "Mehraufwand" bei den TEM zu begründen. Die Pauschale soll aber auch für Kosten entschädigen, die den Mitgliedstaaten bei der Betrugsbekämpfung, dem Gesundheitsschutz und der Sicherheitsüberwachung entstehen. Diese Kosten haben nichts mit den TEM zu tun und müssten als ordnungsgemäße Ausgaben auf der Ausgabenseite des Haushalts verbucht werden. Dies ist ein Verstoß gegen das Bruttoprinzip und zugleich auch gegen das Prinzip der Vollständigkeit des Haushalts. Der Europäische Rechnungshof bezeichnet die Pauschale deshalb auch zurecht als erneuten "Beitragsnachlass".[155]
- **"Briten-Rabatt":** Er sollte das spezifische britische Agrarproblem lösen, aber heute haben Deutschland, Niederlande, Schweden und Österreich ebenso große

153 Dies geht zurück auf die VO des *Rates* 1157/2000, Ziff. 17.

154 Wäre der Satz von 25% schon 1998 angewandt worden, hätte sich ein Betrag von insgesamt 3,9 Mrd. € (statt 1,6 Mrd. bei 10%) ergeben. *Europäischer Rechnungshof:* Stellungnahme 8/99, FN 3, S. 3, aaO.

155 *Europäischer Rechnungshof:* Stellungnahme 8/99, Ziff. 15, aaO.

oder größere "Haushaltsungleichgewichte".[156] Schon die Bezeichnung "Briten-Rabatt" macht deutlich, dass es sich auch hier um einen Beitragsnachlass handelt. Dieser kann – wegen des Vetorechts des britischen Vertreters im Ministerrat – auch nicht ohne weiteres abgeschafft werden. Der Korrekturmechanismus war ursprünglich als allgemeiner Mechanismus angelegt. Wäre es ein allgemeiner Mechanismus, gäbe es allerdings weitere Probleme: Denn die Finanzierung dieses Rabatts würde dann den Mitgliedstaaten obliegen, deren BSP unter dem Durchschnitt der EU liegt. Diese hätten aber genau aus diesem Grund Ansprüche auf Strukturfondsmittel auf der Ausgabenseite.[157]

- *Ausnahmen der Finanzierung:* Deutschland konnte schon früh eine Änderung zu seinen Gunsten in Bezug auf den "Briten-Rabatt" aushandeln. Bei den Verhandlungen über den Eigenmittelbeschluss 2000 konnten auch die Niederlande, Österreich und Schweden ihre Haushaltsungleichgewichte geltend machen und so eine Reduzierung ihres Eigenmittelanteils erreichen. Dies zeigt, wie extrem abhängig die einzelnen Regelungen und Ausnahmen voneinander sind. Da der "Briten-Rabatt" nicht ohne die Zustimmung Großbritanniens aufgehoben werden kann bzw. jedes Mal über den Druck des Vetos neu eingefordert wird, sind – da sich die makroökonomischen Rahmendaten seit der Einführung des Rabatts verändert haben – neue, die Verzerrungen des Rabatts ausgleichende, Regelungen notwendig.

Nach Berücksichtigung dieser Ausnahmen ergaben sich für 2001 folgende Finanzierungsanteile der einzelnen Mitgliedstaaten:

Tab. 6: **Finanzierungsanteile für den "Britenrabatt"**

Mitgliedsstaat	Beitrag in Mio. €	in Prozent am Gesamtrabatt
Belgien	304	4,1
Dänemark	195	2,7
Deutschland	1451,8	19,8
Griechenland	147	2
Spanien	710,2	9,7
Frankreich	1664,9	22,7
Irland	116	1,6
Italien	1371,8	18,7
Luxemburg	22,8	0,3
Niederlande	480,9	6,5

156 *Europäische Kommission:* Bericht über das Funktionieren des Eigenmittelsystems, aaO, S. 21–23.

157 *Europäischer Rechnungshof:* Sonderbericht 6/98, Ziff. 3.28, aaO.

Mitgliedsstaat	Beitrag in Mio. €	in Prozent am Gesamtrabatt
Portugal	135,6	1,8
Finnland	152,7	2,1
Schweden	267,6	3,6

Quelle: Europäische Kommission, entnommen aus: Frankfurter Allgemeine Zeitung, "Seit 1984 bekommt London Geld zurück", vom 24.10.2002

Die Korrekturmechanismen (zu denen auch die Kappungsgrenze der MwSt-EM und die maximalen Abrufsätze bei MwSt-EM und BSP-EM gehören) sind ein sichtbares Signal dafür, dass das gesamte System der Einnahmen von den Mitgliedstaaten als ungerecht und unausgewogen verstanden wird und ihnen außerdem institutionell die Möglichkeit gibt, sich über ihre Veto-Position auf Kosten anderer Mitgliedstaaten einen Vorteil zu verschaffen. Jede Änderung einer Regel hat bislang eine Korrektur notwendig gemacht. Vor allem aber zeigen die Korrekturen, dass die Probleme, die auf der Ausgabenseite durch das Einnahmensystem entstehen, nicht über die Ausgabenseite gelöst werden konnten.[158]

4.2.1.4 Zwischenergebnis

Der Europäische Rechnungshof hat wiederholt mit Verwunderung festgestellt, dass das Eigenmittelsystem "paradoxerweise sämtliche Bestandteile eines klassischen, auf Steuereinnahmen beruhenden Haushaltssystems"[159] beinhaltet und ein viel zu kompliziertes System für Einnahmen in dieser (geringen) Höhe ist[160]. Trotz dieses Erscheinungsbildes kann von einer Gesetzgebungshoheit (Objekthoheit) der EU nicht die Rede sein. Durch die Notwendigkeit der nationalen Ratifizierung ist die EU nicht autonom bei der Einnahmenbeschaffung. Auch die Ertragshoheit steht ihr nicht vollumfänglich zu. Dieser Mangel an Autonomie hat institutionelle Ursachen (Verteilung der Verfügungsrechte).

Es handelt sich auf der Einnahmenseite um "verdünnte" property rights für die EU-Ebene. Dabei fallen formelle und materielle Verfügungsrechte auseinander. Während das formelle Verfügungsrecht den Mitgliedstaaten (Ratifizierung) und abgestuft dem Ministerrat (Beschlussfassung über das Eigenmittelsystem) zusteht, haben der Europäische Rat (Finanzpakete: Delors-I, Delors-II, Agenda 2000) und – sehr viel abgeschwächter – die Kommission (Initiativrecht) das materielle Verfügungsrecht inne. Dabei fehlt – wegen der Ausgestaltung als Beitragssystem – eine Anbindung sowohl an einen europäischen als auch an den nationalen Steuerzahler. Der nationale Steuerzahler könnte über die nationalen Parlamente eine Anbindung

158 *Europäischer Rechnungshof*: Stellungnahme 8/99, Ziff. 6, aaO.
159 *Europäischer Rechnungshof*: Sonderbericht 6/98, Ziff. 3.43, aaO.
160 *Europäischer Rechnungshof*, Stellungnahme 8/99, Ziff. 2, aaO.

des Ministerrats an seine Präferenzen erreichen, jedoch haben die nationalen Parlamente nur ein abgeschwächtes formelles Verfügungsrecht. Zudem steht zu vermuten, dass die Präferenzen der nationalen Steuerzahler nicht mit denen eines europäischen Steuerzahlers übereinstimmen. Das führt dazu, dass selbst bei "Fühlbarkeit" der nationalen Beiträge der nationale Steuerzahler kein Interesse an der Finanzierung *europäischer* Aufgaben hat. Es mangelt an einem echten Prinzipal-Agenten-Verhältnis zwischen Steuerzahler und Entscheidungsträger.

Die aus dem Autonomiemangel folgende Verteilung der Verfügungsrechte hat institutionelle Konsequenzen. So wird implizit mit der Festlegung der Einnahmengrenze der Aufgabenumfang festgelegt und die Intransparenz des Einnahmensystems nimmt zu. Die Mitgliedstaaten im Europäischen Rat und Ministerrat fragen bei den Entscheidungen über einen (neuen) Eigenmittelbeschluss immer unterschiedliche, sich zum Teil gegenseitig ausschließenden Korrekturmechanismen nationalen Interesses nach: "Am Eigenmittelsystem sind seit seiner Einführung immer wieder, meist auf Druck von Mitgliedstaaten, Korrekturen und Änderungen vorgenommen worden, die selten zur Konsistenz und Durchschaubarkeit des Systems beigetragen haben, sondern in erster Linie durch die finanziellen Interessen der betreffenden Mitgliedstaaten motiviert waren."[161] Dies können sie deshalb, weil ihnen implizit (Europäischer Rat) und explizit (Ministerrat) die Befugnisse zur Veränderung der Eigenmittel zugewiesen sind.

Gleichzeitig ist aber für jede Veränderung des Eigenmittelsystems Einstimmigkeit nötig, dies führt erneut zu Blockaden[162] und langwierigen Verhandlungen mit hohen Transaktions- und Kompensationskosten[163]. "Die Einstimmigkeit und die Ratifizierung auf nationaler Ebene führen ganz offensichtlich zur Lähmung, wobei weder das Europäische Parlament noch die nationalen Parlamente aktiv an den Debatten beteiligt werden ...".[164]

Mit Blick auf die horizontale Lastenverteilung ist festzustellen, dass immer wieder über die Einnahmenseite "Haushaltsungleichgewichte" in den Mitgliedstaaten berücksichtigt werden. Eine Lastenverteilung mit Blick auf die Aufgabenerfüllung der jeweiligen Ebene wird auch in anderen Gemeinwesen über die Einnahmenseite herbeigeführt (so z.B. in Deutschland). Doch anders als auf nationalen

161 *Europäisches Parlament, Haushaltsausschuss*: Haug-Bericht 1999, Teil B, S. 11, (PE 231.576/endg.), aaO.

162 Vgl. *Europäisches Parlament, Haushaltsausschuss*: Haug-Bericht 1999, Teil B, S. 12.

163 So forderte Spanien im Rahmen der Verhandlungen über die Norderweiterung, dass die Eigenmittel, die durch die neuen Mitgliedsstaaten aufgebracht werden, für die Erhöhung der Strukturfonds (insbesondere Kohäsionsfonds) verwendet werden. Österreich und Schweden forderten erhöhte Rückflüsse an ihre nationalen Haushalte. Im Ergebnis gab es wie bei der Süderweiterung degressiv gestaffelte Erstattungen der Einnahmen für die Beitrittsländer (Beitragsermäßigungen) und eine Erhöhung der Strukturmittel für Spanien. Vgl. *Eckhoff, Rolf:* RN 41ff., in: *Birk, Dieter:* HdBEStR, aaO.

164 *Europäisches Parlament, Haushaltsausschuss*: Haug-Bericht 1999, hier: Stellungnahme des Institutionellen Ausschusses, S. 31.

Ebene geht es auf der EU-Ebene gerade nicht darum, durch den Ausgleich von Lasten auf der Ebene der Mitgliedstaaten diese in die Lage zu versetzen, ihre Aufgaben gleichmäßig gut zu erfüllen. MESSAL stellt zu Recht fest, dass es bei der EU-Ebene um die horizontale Verteilung von Lasten mit Blick auf die nachgelagerten Ebenen einer Zentralebene gehe.[165] Zudem richtet sich der Ausgleich nach der Stärke der Verhandlungsmacht und nicht nach Kriterien wie z.B. Finanzschwäche.

Die Kommission ist in zweifacher Sicht am Eigenmittelbeschlussverfahren beteiligt. Sie ist im Europäischen Rat durch ihren Präsidenten vertreten und erlangt so frühzeitig Informationen über die künftigen Einnahmen der EU. Zum anderen legt sie dem Ministerrat den Vorschlag für ein neues Eigenmittelsystem vor. Sie ist dadurch zum einen "agenda setter" und kann mit ihrem bürokratischen Expertenwissen Einfluss auf die Ausgestaltung des Vorschlags nehmen. Zudem kennt sie aus den Verhandlungen im Europäischen Rat die Konfliktlinien genau und kann dies für sich nutzen.

Dem Europäischen Parlament, welches sich seit langem für eine echte Finanzautonomie einsetzt, wird – auch von Teilen seiner Abgeordneten – vorgeworfen, es sei nur an einer Ausweitung seiner Befugnisse interessiert.[166] Dieser Vorwurf scheint berechtigt, denn eine echte Einnahmenautonomie bedeutet im Regelfall die Beteiligung parlamentarischer Gremien. Neben der Befugniserweiterung des Parlaments hätte ein autonomes Einnahmensystem den Vorteil, dass die Interessen der Steuerzahler bei der Gesetzgebung über die Einnahmen eher berücksichtigt würden als im jetzigen System der Beitragszahlung und Beschlussfassung der Mitgliedstaaten, die sich nicht dem europäischen Steuerzahler gegenüber verantworten müssen.

Der grundlegende Mangel an Einnahmenautonomie hat auch Konsequenzen auf die haushaltsrechtlichen Steuerungsinstrumente. Das Verfahren über die Einnahmen ist außerhalb der Haushaltsordnung geregelt und es kommt zu Verstößen gegen die Haushaltsgrundsätze der Vollständigkeit, der Gesamtdeckung und der Bruttoveranschlagung. Die Regelung des Art. 269 EGV wird daher zu Recht als Schutzmechanismus für die mitgliedstaatliche Finanzsouveränität verstanden.[167]

4.2.2 Die Festlegung der Ausgaben: Finanzielle Vorausschau und Interinstitutionelle Vereinbarung

Die sogenannte "Finanzielle Vorausschau" in der derzeitigen Form ist 1988 in Zusammenhang mit dem Delors-I-Paket entstanden. Sie ist ein mittelfristiges, ver-

165 *Messal, Rüdiger*: aaO, S. 160.

166 *Europäisches Parlament, Haushaltsausschuss*: Haug-Bericht 1999, Mindermeinung Fabre-Aubrespy, S. 20.

167 *Waldhoff, Christian:* Probleme des Finanzausgleichs, S. 208.

bindliches "Instrument der Haushaltsplanung"[168] der Europäischen Union. Zwar gab es das Instrument der Finanziellen Vorausschau schon seit 1971[169], jedoch waren diese von untergeordneter Bedeutung und spielten nicht dieselbe institutionelle Rolle.[170] Mit der Einführung des Instruments der Finanziellen Vorausschau sollte eine bessere Haushaltsdisziplin und eine Verbesserung des Haushaltsverfahren angestrebt werden. Die "Finanzielle Vorausschau" ist nicht in den Verträgen geregelt, sie ist Teil der jeweils geltenden Interinstitutionellen Vereinbarung zur Haushaltsdisziplin. Diese Interinstitutionellen Vereinbarungen enthalten verschiedene Instrumente, die die Einhaltung der Finanziellen Vorausschau gewährleisten sollen (Kap. 4.2.2.1). Das Problem ist, dass die Interinstitutionellen Vereinbarungen neben den anderen Rechtsquellen stehen und direkte Auswirkungen bis in die jährlichen Haushalte haben (Kap. 4.2.2.2). Neben diesen Instrumenten gibt es weitere, außerhalb der Finanziellen Vorausschau stehende Mechanismen der Ausgabenbegrenzung, auf die im Anschluss eingegangen wird (Kap. 4.2.3).

Die Finanzielle Vorausschau enthält eine globale Ausgabenobergrenze für jedes Planungsjahr, die sich an der Eigenmittelobergrenze orientiert. Sie ist eingeteilt in 7 Rubriken, die ihrerseits wiederum für die jeweilige Rubrik und teilweise auch für die Teilrubriken Ausgabenobergrenzen enthalten. Die Finanzielle Vorausschau wird wie folgt eingeteilt:[171]

- Rubrik 1: Ausgaben für die Garantie der Agrarmärkte (EAGFL-G)
- Rubrik 2: Ausgaben für strukturpolitische Maßnahmen
- Rubrik 3: Ausgaben für die internen Politikbereiche
- Rubrik 4: Ausgaben für die externen Politikbereiche
- Rubrik 5: Verwaltungsausgaben
- Rubrik 6: Ausgaben für Reserven
- Rubrik 7: Ausgaben für Ausgleichszahlungen und Erweiterungshilfen.

Die Ausgaben werden in der Finanziellen Vorausschau getrennt in Verpflichtungsermächtigungen (VE) und Zahlungsermächtigungen (ZE) ausgewiesen.[172] Die Gesamtobergrenze der VE ergibt sich durch Addition der Obergrenzen der einzelnen Rubriken. Die jährliche Obergrenze bei den ZE ergibt sich aufgrund einer Schätzung des Verhältnisses zwischen Verpflichtungen und Zahlungen. Die ZE-Obergrenze ist eine globale und wird nicht nach Rubriken aufgeschlüsselt.

---

168 *Tillich, Stanislaw* (MdEP): Der Haushalt der Europäischen Union (http://www.europarl.eu.int/ppe/cdu-csu/themen/Haushalt_001.html, Stand: 03.05.2002), S. 1.

169 Beschluß des *Rates* 70/244/EWG, EGKS, Euratom, Abl. L 94/23 v. 28.4.1970.

170 Vgl. *Kuhlmann, Kirsten*: aaO, S. 45ff.

171 So in der Finanziellen Vorausschau 2000–2006.

172 Der Grund liegt in der Existenz von Mehrjahresprogrammen, für die "getrennte Mittel" (VE/ZE) ausgewiesen werden müssen. Vgl. Art. 1 Abs. 4 HO.

Die momentan geltende Finanzielle Vorausschau 2000–2006 hatte zwei Vorgängerinnen: die Finanzielle Vorausschau 1988–1992 und die Finanzielle Vorausschau 1993–1999. Während die erste Finanzielle Vorausschau noch einen Fünf-Jahreszeitraum umfasste, ist man seit 1993 zu siebenjährigen Planungszyklen übergegangen.

Interinstitutionelle Vereinbarungen (IIV) werden definiert als "Absprachen zwischen mindestens 2 Gemeinschaftsorganen mit dem Ziel prozeduraler, interpretativer oder lückenfüllender Regelungen."[173] Dabei darf eine Interinstitutionelle Vereinbarung keine Regelungsbereiche "extra constitutionem" zum Gegenstand haben. Ihre rechtliche Einordnung ist sehr umstritten.[174] Sie wird teilweise als Interorganvertrag, als eine Vertragsauslegung durch die Organe, als internes Organisationsrecht oder als außerrechtliche Normsetzung eingestuft. Von den Organen der EU haben der Ministerrat und der EuGH zu dieser Problematik Stellung genommen. Der Ministerrat betrachtet eine Interinstitutionelle Vereinbarung als politische Verpflichtungserklärung.[175] Der EuGH geht nicht soweit, er spricht von "politischer Einigung".[176] Das Europäische Parlament und die Kommission haben keine eindeutige Position. Allerdings hat das Europäische Parlament im Art. 54 seiner Geschäftsordnung die Möglichkeit ausdrücklich festgeschrieben, eine solche Vereinbarung zu schließen.

Die Interinstitutionelle Vereinbarung ist ein Instrument, welches überwiegend im Haushaltsbereich zur Anwendung kommt. Sie geht auf einen Ratsbeschluss und den Haushaltsvertrag vom 22.04.1970 zurück.[177] Eine Interinstitutionelle Vereinbarung wird im Verfahren der Mitentscheidung verabschiedet, die Organe können gegebenenfalls auch von ihr zurücktreten.[178]

Es gibt verschiedene Arten von Interinstitutionellen Vereinbarungen im Haushaltsbereich, die entweder die Haushaltsplanung, -finanzierung und -ausführung oder das Haushaltsverfahren betreffen. Der Inhalt der entsprechenden Interinstitutionelle Vereinbarungen wird an der jeweiligen Stelle nochmals ausführlich erläutert.

4.2.2.1 Die einzelnen Instrumente der Interinstitutionellen Vereinbarung von 1999

Die Regelungen über die aktuelle Finanzielle Vorausschau 2000–2006 finden sich im Teil I der Interinstitutionellen Vereinbarung vom 06.05.1999 (IIV

173 *Fugmann, Friedrich / Theato, Diemut R.:* A.III., RN 39, S. 13 in: Dauses, Manfred (Hrsg.): aaO; *Fugmann, Friedrich*: Der Gesamthaushalt der EG, aaO, S. 361.

174 Ausführlich zur rechtlichen Qualifikation und zum Stand in der Literatur und Rechtsprechung: *Kuhlmann, Kirsten:* aaO, S. 118ff.

175 *Kuhlmann, Kirsten:* aaO, S. 127ff.

176 RS C 106/96 (Vereinigtes Königreich vs. Europäische Kommission)Slg. 1998, I-2729.

177 Abl. L 2/1 v. 02.01.1971, dazu siehe *Kuhlmann, Kirsten*: aaO, S. 42–46.

178 *Europäisches Parlament, Haushaltsausschuss:* Bericht über den Vorschlag für eine Verordnung des Rates betreffend die Haushaltsdisziplin 1999, S. 6, PE 231.592/endg. (Averoff-Bericht 1999).

1999)[179], welcher die Festlegung und die Durchführungsmodalitäten der Finanzplanung enthält. Diese Interinstitutionelle Vereinbarung ersetzt die vorhergehende Interinstitutionelle Vereinbarung von 1993[180] und weitere Interinstitutionelle Vereinbarungen zu einzelnen Problemen im Haushaltsbereich[181].

Die über die Finanzielle Vorausschau getroffenen Vereinbarungen in der Interinstitutionellen Vereinbarung enthalten verschiedene Instrumente:
- das Verfahren für die Schaffung einer neuen Finanziellen Vorausschau (a),
- das Anpassungsverfahren der Finanziellen Vorausschau (b),
- das Revisionsverfahren der Finanziellen Vorausschau (c),
- die direkten Ausgabenbegrenzungen in der Finanziellen Vorausschau (d) und
- die Flexibilitätsinstrumente der Finanziellen Vorausschau (e),

die "eine geordnete Entwicklung der Ausgaben der Europäischen Union"[182] gewährleisten sollen.

a) Verfahren für die Schaffung einer neuen Finanziellen Vorausschau: Im Teil IV der Interinstitutionellen Vereinbarung vom 29.10.1993 über die Haushaltsdisziplin und die Verbesserung des Haushaltsverfahrens wurde festgelegt, dass die Kommission vor dem 01.07.1998 Vorschläge zur Schaffung einer neuen Finanziellen Vorausschau vorlegen soll. Das weitere Verfahren über die Verabschiedung einer Interinstitutionellen Vereinbarung (und in diesem Rahmen einer neuen Finanziellen Vorausschau) wird in der Interinstitutionellen Vereinbarung selbst nicht geregelt. Auch in den Verträgen findet sich dazu keine Regelung. Für eine neue Finanzielle Vorausschau nach 2006 legt die Interinstitutionelle Vereinbarung 1999 ebenfalls nur fest, dass die Kommission bis zum 01.07.2005 Vorschläge unterbreitet.[183]

Über die Vorschläge der Kommission wird in den Organen und zwischen den Organen diskutiert. Die Interorganverhandlungen finden in Form des 1982 eingeführten "Trilogverfahrens" statt.[184] In diesen "Sechs-Augen-Gesprächen"[185] tagen der Präsident des Ministerrates, der Parlamentspräsident (vertreten durch den Generalberichterstatter des Parlaments) und der Kommissionspräsident (vertreten durch den Haushaltskommissar) gemeinsam und handeln die neue Interinstitutionelle Vereinbarung (und in deren Rahmen die "Finanzielle Vorausschau") aus. Das

179 Abl. C 172/1 vom 18.06.1999.
180 Abl. C 331/1 vom 07.12.1993.
181 Siehe Ziff. A. 7 der Interinstitutionellen Vereinbarung von 1999.
182 Ziff. A.9 der Interinstitutionellen Vereinbarung von 1999.
183 Ziff. H.26 der Interinstitutionellen Vereinbarung von 1999.
184 Gemeinsame Erklärung über verschiedene Maßnahmen zur Gewährleistung einer besseren Abwicklung des Haushaltsverfahrens, Kap. III. Ziff. 5, Abl. C 194/1 v. 28.7.1982. Dieser Trilog im Rahmen der Finanzplanung ist von den Trilogen in der Verabschiedungsphase des Haushalts zu unterscheiden. Auf die Entstehung und die Einbettung des Trilogverfahrens in die Haushaltskonzertierung wird an späterer Stelle zurückzukommen sein.
185 Hierzu und nachfolgend: *Theato, Diemut R. / Graf, Rainer*: aaO, S. 77.

Verhandlungsergebnis dieses Trilogs muss danach in den jeweiligen Organen nach deren internen Regeln durchgesetzt und abgestimmt werden. Nach der Verabschiedung der Interinstitutionellen Vereinbarung durch die jeweiligen Organe wird die Interinstitutionelle Vereinbarung von den Präsidenten der drei Organe unterschrieben und erlangt so ihre Wirksamkeit.[186] Eine wichtige Rolle für die Inhalte der Finanziellen Vorausschau spielt der Europäische Rat.[187] Er legt die konkreten Ausgabenobergrenzen der jeweiligen "Finanziellen Vorausschau" während seiner Sitzungen fest.[188]

Für den Fall, dass sich die Organe nicht auf eine neue Interinstitutionelle Vereinbarung einigen, gelten die Obergrenzen des letzten Jahres der alten "Finanziellen Vorausschau" nach einer technischen Anpassung fort.[189] Dabei ist der durchschnittliche Steigerungssatz der Beträge der alten Finanziellen Vorausschau zugrunde zu legen, dieser darf jedoch die jährliche Wachstumsrate des BSP der Gemeinschaft nicht überschreiten.

b) Anpassungsverfahren der Finanziellen Vorausschau: In der Interinstitutionelle Vereinbarung von 1999 sind – wie auch in ihrer Vorgängerin von 1993 – verschiedene Anpassungsverfahren geregelt:[190]

- **Das Verfahren der jährlichen Anpassung der Finanziellen Vorausschau an die Preis- und BSP-Entwicklung:** Vor Beginn des Haushaltsverfahrens wird seitens der Kommission die Agrarleitlinie berechnet sowie eine Neufestsetzung der Obergrenzen nach den jährlich aktualisierten Preisen und der Eigenmittelobergrenze vorgenommen. Diese Anpassung ist die sogenannte "technische

---

186 *Strasser, Daniel*: aaO, S. 197.

187 So stellte die Finanzielle Vorausschau 1993–1999 den Bezugsrahmen für die Haushalte dieses Zeitraums dar: "Ihr Inhalt entspricht den vom Europäischen Rat in Edinburgh erarbeiteten Schlußfolgerungen.", vgl. Ziffer I.1, A.5 und A.8 der Interinstitutionellen Vereinbarung vom 29.10.1993, Abl. 1993 C 331/01. Auch für den Zeitraum 2000–2006 hatte der Europäische Rat von Berlin sowohl für die EU-15 als auch für die EU-21 konkrete Tabellen mit den Ausgabenaufteilungen in seinen "Schlußfolgerungen des Rates", die so auch Eingang in die Interinstitutionelle Vereinbarung von 1999 gefunden haben, Teil I-Agenda 2000. I. Die neue Finanzielle Vorausschau, A. Allgemeines und Teil I-Agenda 2000. I. Die neue Finanzielle Vorausschau, C. Grundsätze für eine Erneuerung der IIV. Alle Schlußfolgerungen des Europäischen Rates sind abrufbar über: http://ue.eu.int/Info/eurocouncil/Index.htm (Stand 23.01.03).

188 1993–1999 lagen im Ergebnis die VE um 175 Mio. ECU und die ZE um 120 Mio. ECU geringfügig höher als in der Version, die der Europäische Rat vorschlug. Vgl. *Kuhlmann, Kirsten*: aaO, FN 782, S. 164. Für 2000–2006 wurden die Mittel während der Verhandlungen über die Finanzielle Vorausschau ebenfalls aufgestockt, allerdings um relativ geringe Beträge (1,48 Mrd. € in der Rubrik 3; 1 Mrd. € in der Rubrik 5 und eine Versiebenfachung des Betrags für das Flexibilitätsinstrument). Vgl. *Colom i Naval, Joan* (MdEP) in der Debatte des Europäischen Parlaments vom 05.05.1999 über die Agenda 2000.

189 Ziff. A.26 der Interinstitutionellen Vereinbarung von 1999.

190 Ziff. B.15, B.16, G.25 der Interinstitutionellen Vereinbarung von 1999.

Anpassung". Sie wird innerhalb der Kommission zwischen der Generaldirektion Haushalt und der Generaldirektion ECOFIN (Wirtschaft und Finanzen) abgestimmt. Die Kommission übermittelt dann die neuen Ergebnisse dem Europäischen Parlament und dem Ministerrat.

- **Das Verfahren der Anpassung an die Veränderung der Ausführungsvorschriften:** Die Kommission schlägt dem Ministerrat und dem Parlament Anpassungen vor (z.B. Umstrukturierungen im Haushaltsplan oder Mittelübertragungen auf Folgejahre), die sich aus der Berücksichtigung von Ausführungsbedingungen bei den ZE ergeben, um ein geordnetes Verhältnis zwischen VE und ZE zu gewährleisten. Ministerrat und Parlament müssen vor dem 1. Mai des jeweiligen Haushaltsjahres im Verfahren des Art. 272 Abs. 9 Unterabsatz 5 EGV entscheiden. Der Ministerrat entscheidet mit qualifizierter Mehrheit, das Parlament benötigt zur Zustimmung die Mehrheit der Stimmen der Mitglieder und drei Fünftel der abgegebenen Stimmen.
- **Das Verfahren der Anpassung der Finanziellen Vorausschau an eine erfolgte Erweiterung der EU:** Dieses Verfahren soll einem erhöhten Mittelbedarf durch einen Beitritt eines neuen Mitgliedstaates Rechnung tragen. Auch hier macht die Kommission einen Anpassungsvorschlag, über den wieder nach Art. 272 Abs. 9 Unterabsatz 5 EGV von Rat und Parlament entschieden werden muss. Dabei wird ausdrücklich auf die Einhaltung der Obergrenzen, die sich aus dem indikativen Finanzrahmen EU-21 ergeben, hingewiesen.

c) **Revisionsverfahren der Finanziellen Vorausschau:** Dieses Verfahren soll nur bei "unvorhergesehenen Situationen" angewendet werden und unterscheidet sich in seinem Ablauf danach, wie hoch die Änderungsvorschläge sind:[191]

- Änderungsvorschläge, die 0,03% des BSP der Gemeinschaft nicht überschreiten, unterliegen dem bereits mehrfach erwähnten Verfahren nach Art. 272 Abs. 9 Unterabsatz 5 EGV.
- Änderungsvorschläge, die über 0,03% des BSP der Gemeinschaft hinausgehen, bedürfen eines gemeinsamen Beschlusses von Rat und Parlament, dabei muss der Ministerrat einstimmig entscheiden.[192]

Revisionsvorschläge müssen vor Beginn des betreffenden Haushaltsverfahrens bzw. vor dem ersten der von dieser Änderung betroffenen Haushaltsjahre der Finanziellen Vorausschau vorliegen. Ministerrat und Parlament sind aber vor einer Revision verpflichtet, Mittelumschichtungen innerhalb der zu ändernden Rubrik zu prüfen (außer bei den strukturpolitischen Maßnahmen, Rubrik 2). Auch die Erhöhung der

191 Ziff. C.19–21, D.22 der IIV von 1999.

192 Das bedeutet für das Parlament, dass es gemäß Art. 198 EGV mit der absoluten Mehrheit der abgegebenen Stimmen entscheidet, da nichts anderes vertraglich festgeschrieben wurde.

Obergrenze der Rubrik durch eine Absenkung der Obergrenze einer anderen Rubrik ist möglich. Jedoch sind die Mittel für den Beitritt (Rubrik 7) davon ausgenommen, sie dürfen nicht in andere Rubriken umgeschichtet werden und umgekehrt.

d) **Direkte Ausgabenbegrenzungen:** Dies sind Instrumente, mit denen versucht wird, Haushaltsdisziplin zu erreichen. Dabei können solche Begrenzungen z.B. in jährlichen Zuwachsraten, in bestimmten Prozentsätzen des BSP oder in fixen Ausgabenhöchstbeträgen bestehen.[193] In der EU gibt es folgende Formen von direkten Ausgabenbegrenzungen:[194]

- **Koppelung der Gesamtausgaben an die Eigenmittelgrenze:** Diese globale Ausgabengrenze orientiert sich am BSP der Gemeinschaft und beträgt im Zeitraum 2000–2006 1,27% des BSP der Gemeinschaft und entspricht damit der globalen Eigenmittelgrenze.
- **Jährliche Obergrenzen für Verpflichtungs- und Zahlungsermächtigungen (VE/ZE):** Neben diesen allgemeinen Obergrenzen sind die VE-Obergrenzen zusätzlich für jede Rubrik und einige Teilrubriken (sogenannte "Unterplafonds") festgelegt.[195] Hierbei war lange umstritten, ob die Unterplafonds tatsächlich echte Obergrenzen (so Ministerrat) oder bloße Ausgabenziele (so EP) darstellen. Seit der Interinstitutionellen Vereinbarung 1993 hat man dies klargestellt. Nur der Unterplafond der Rubrik 2 (Strukturmaßnahmen) ist ein Ausgabenziel[196], alles andere sind echte Obergrenzen. Um die Einhaltung dieser Grenzen zu erreichen, findet sich in der Interinstitutionelle Vereinbarung eine ausdrückliche Anerkennung der Organe, dass die Ausgabengrenzen Höchstbeträge darstellen. Eine Ausnahme in Bezug auf die direkten Ausgabengrenzen ergibt sich aus der Weitergeltung der Agrarleitlinie, nach der der Anstieg der Agrarausgaben auf 74% der Wachstumsrate des BSP der Union begrenzt wird.[197] Die Agrarleitlinie, die

193 Vgl. *Kuhlmann, Kirsten*: aaO, S. 27.

194 Ziff. A.9, A.14; A.10, Abs.1; A.11, Abs.1; A.12, Abs.1 der IIV von 1999.

195 So z.B. für den Kohäsionsfonds. Auch bei der Festlegung dieser Grenzen und der Aufteilung auf der Mittel auf die einzelnen Jahre spielt der Europäische Rat eine gewichtige Rolle. Vgl. *Europäischer Rat:* Schlußfolgerungen des Vorsitzes, Rat von Berlin 1999, unter E.Rubrik 2, aaO.

196 Vgl. *Europäische Kommission*: Haushaltsvademekum 2000, (SEC (2000) 1200-DE), S. 10.

197 Ziff. A.10 Abs.6 der Interinstitutionellen Vereinbarung von 1999; Die Agrarleitlinie wurde nach den Schlußfolgerungen des Europäischen Rates von Berlin als Instrument für die Agrarausgaben ausgeweitet und stellt insofern ebenfalls eine direkte Ausgabengrenze dar, vgl. *Europäischer Rat*: Schlußfolgerungen des Europäischen Rates von Berlin 1999, D. Rubrik 1. Die Kalkulation der Agrarleitlinie ist genau festgelegt und an die reale Wirtschaftswachstumsrate gebunden. Sie wird mit 74% der kumulierten Zuwachsrate der realen Bruttosozialprodukte der EU sowie unter Berücksichtigung eines Inflationsdeflators berechnet.

1988 erstmals eingeführt wurde, wird nicht im Rahmen der sonstigen Ausgabenbegrenzungen innerhalb der Finanziellen Vorausschau festgesetzt. Die konkreten Eckdaten für die Agrarleitlinie werden vom Europäischen Rat im Rahmen der Verhandlungen über neue Finanzpakete vorgegeben (bzw. bestätigt) und dann durch den Ministerrat per Verordnung separat beschlossen.[198]

- **Erhöhungssätze für die nichtobligatorischen Ausgaben:** Innerhalb des Haushaltsverfahrens gibt es die sogenannte “Höchstsatzregel” für die nichtobligatorischen Ausgaben.[199] Die Kommission schlägt nach Anhörung des Ausschusses für Wirtschaftspolitik für jedes Haushaltsjahr einen Höchstsatz (im Haushaltsvorentwurf) vor, um den die nichtobligatorischen Ausgaben erhöht werden können.[200] Das Parlament kann die nichtobligatorischen Ausgaben um die Hälfte des Höchstsatzes erhöhen, wenn zuvor der Ministerrat in seiner Lesung die nichtobligatorischen Ausgaben um mehr als die Hälfte des Höchstsatzes erhöht hat. Im Ergebnis kann dies dazu führen, dass der endgültige Erhöhungssatz höher ist, als der zunächst vorgeschlagene. Bleibt der Ministerrat unter der Hälfte des Höchstsatzes, kann das Parlament den Restbetrag ausnutzen. Ministerrat und Parlament können diesen Höchstsatz aber auch gemeinsam neu festlegen.[201] Seit der Gemeinsamen Erklärung der Organe von 1982[202] begrenzen die jeweiligen Interinstitutionellen Vereinbarungen aber diese “Manövriermasse”[203] des Parlaments. In der Interinstitutionellen Vereinbarung von 1999 haben sich Ministerrat und Parlament darauf geeinigt, “für die Geltungsdauer der Finanziellen Vorausschau 2000–2006 die Höchstsätze für die Erhöhung der nichtobligatorischen Ausgaben zu akzeptieren, die aus den im Rahmen der Obergrenzen der Finanziellen Vorausschau aufgestellten Haushaltsplänen hervorgehen werden.”[204]

e) **Flexibilitätsinstrumente:** Aufgrund der engen Restriktionen durch die direkten Ausgabengrenzen wurde es im Laufe der Jahre notwendig, finanzielle Flexibilität in die Finanzielle Vorausschau einzubauen:[205]

- **Eine Marge zwischen der Eigenmittel-Obergrenze und der Obergrenze der Mittel für Zahlungen (ZE):** Sie dient zunächst als Sicherheitsmarge im Zusammenhang mit dem Wachstum des BSP und wird in Anspruch genommen

198 VO des *Rates* Nr. 2040/2000 v. 26.09.2000, Abl. L 244/27 v. 29.09.2000.
199 Art. 272 Absatz 9 EGV.
200 Zum Höchstsatzverfahren siehe auch *Strasser, Daniel*: aaO, S. 190ff.
201 Vgl. Kap. 4.5.2 Ziff. e).
202 Titel IV, Ziff. 1–3 der Gemeinsamen Erklärung über verschiedene Maßnahmen zur Gewährleistung einer besseren Abwicklung des Haushaltsverfahrens, Abl. C 194/1 v. 28.7.1982.
203 *Strasser, Daniel*: aaO, S. 191.
204 Ziff. A.12 der Interinstitutionellen Vereinbarung von 1999.
205 Ziff. A.14; E.23; F.24 der Interinstitutionellen Vereinbarung von 1999.

(bzw. "aufgezehrt"), wenn die Vorausschätzungen für das Wachstum des gemeinschaftlichen BSP zu optimistisch waren. Außerdem kann auf diese Marge zurückgegriffen werden, wenn die Organe Spielraum für unvorhergesehene Ausgaben brauchen.[206] In der nachstehenden Grafik ist der Umfang der Sicherheitsmarge in Prozent des BSP der Gemeinschaft für den Zeitraum von 1988–2006 dargestellt.[207] Für den Gesamthaushalt 2000 (92.253,6 Mio. €) entspricht die Sicherheitsmarge 0,14% des BSP der EU, in Zahlen ausgedrückt: 11.849,1 Mio. €. Auf die Eigenmittelobergrenze von 1,27% des BSP der EU bezogen sind dies fast 11% der gesamten zur Verfügung stehenden Mittel. Würde man den Haushalt um diese Marge erhöhen, entspräche dies einer Aufstockung um fast 13%.

Abb. 9: **Sicherheitsmarge zwischen EM-Obergrenze und der Obergrenze ZE**

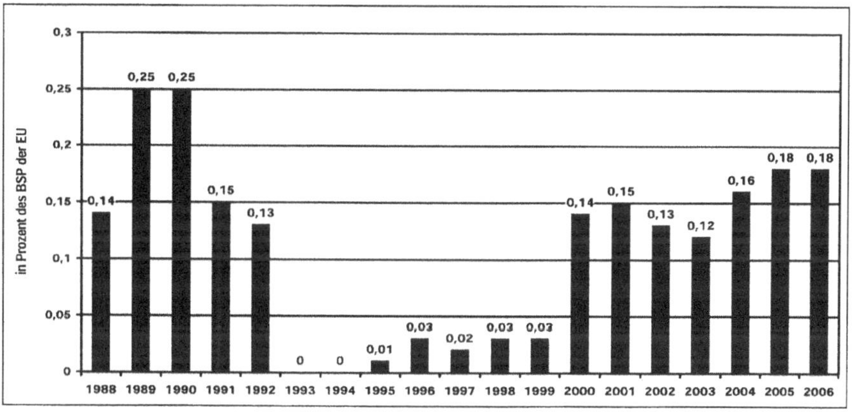

Quelle: Eigene Darstellung, Daten aus: Europäische Kommission, Vademekum Haushalt, 2000 (1998–1992: Tab. 9,11; 1993–1999: Tab. 16; 2000–2006: Finanzielle Vorausschau)

- **Verschiedene Reserven:** Diese werden in den jeweiligen Gesamthaushaltsplan eingestellt:
  - Die Währungsreserve soll noch bis zum Haushalt 2002 die Auswirkungen der €-Dollar-Parität gegenüber der im Haushaltsplan verwendeten Parität im Bereich der Agrarausgaben auffangen. Sie umfasst 500 Mio. ECU, ihre Einsetzung, Verwendung, Finanzierung und Sonderbestimmungen sind im Eigenmittelbeschluss geregelt.

206 *Europäische Kommission:* Haushaltsvademekum 2000, (SEC (2000) 1200-DE), S. 10.

207 Im Zeitraum zwischen 1988 und 1999 lagen die Haushaltspläne mit 110 Mrd. ECU unter der Eigenmittelgrenze. So *Colom i Naval, Joan* (MdEP) in Debatte des Europäischen Parlaments vom 05.05.1999 über die Agenda 2000, alle Parlamentsdebatten können (nach Datum, Redner, Ausschuss usw.) abgerufen werden über: http://www.europarl.eu.int/plenary/default_de.htm.

- Die Reserve zur Sicherung von Darlehen an Drittländer in Höhe von 200 Mio. € ist zur Ausstattung des Garantiefonds und für etwaige Ausfallzahlungen vorgesehen.
- Die Soforthilfereserve in Höhe von 200 Mio.€ soll einen punktuellen Bedarf für solche Ausgaben abfedern, die unvorhergesehen im Bereich der humanitären Hilfe entstehen.

• **Das "Flexibilitätsinstrument" für den Haushalt:** Es hat eine Höhe von 200 Mio. € und soll dazu dienen "in einem gegebenen Haushaltsjahr und im Rahmen der festgelegten Beträge genau bestimmte Aufgaben zu finanzieren, die innerhalb der Obergrenze einer oder mehrerer Rubriken nicht getätigt werden können."[208] Die nicht genutzten Beträge sind übertragbar. Das "Flexibilitätsinstrument" soll in aufeinanderfolgenden Haushaltsjahren nicht für ein und denselben Zweck herangezogen werden. Der Vorschlag für die Inanspruchnahme dieses Instruments kommt von der Kommission und wird im Rahmen eines Konzertierungsverfahrens[209] von Ministerrat und Parlament gemeinsam beschlossen.[210]

4.2.2.2 Die Probleme der verschiedenen Instrumente der Interinstitutionellen Vereinbarung von 1999

Aus den verschiedenen Regelungen in der Interinstitutionellen Vereinbarung ergeben sich unterschiedliche Problemlagen, die
- das Verhältnis zwischen Vertragsrecht und "soft law"[211] (a),
- die Unflexibilität der Finanzplanung (b),
- die Auswirkungen der Plafondierungen auf den Haushalt (c),
- den impliziten und expliziten Stimmentausch (d) und
- die Zweiteilung der Interessen in den Organen (e)

betreffen.

a) Verhältnis zwischen Vertragsrecht und "soft law": Im Primärrecht, d.h. in den Verträgen, ist weder eine mittelfristige Finanzplanung noch der Abschluss von Interinstitutionellen Vereinbarungen vorgesehen. Das Parlament hat in einigen Bereichen weitergehende Kompetenzen im Vertrag[212], in anderen Bereichen

---

208 Ziffer F.24 der Interinstitutionellen Vereinbarung von 1999.

209 Das Konzertierungsverfahren wird im Rahmen der Verabschiedungsphase des Haushalts noch näher erläutert. Vgl. Kap. 4.5.1.

210 Art. 272 Abs. 9 Unterabsatz 5 EGV.

211 Diesen Begriff verwendet z.B. das *Europäische Parlament, Haushaltsausschuss*: Bilanz der aktuellen Stadpunkte von Parlament und Kommission, (Dell'Alba 2000), Arbeitsdokument Nr. 2, 29.02.2000, Ziffer 1b (http://www.europarl.eu.int/meetdocs/, Stand: 12.05.02).

212 Z.B. im Höchstsatzverfahren, Art. 272 Abs.9 Unterabsatz 5 EGV, Vgl. auch *Tillich, Stanislaw*: aaO, S. 7.

weniger Kompetenzen[213] als nach den jeweiligen Interinstitutionellen Vereinbarungen. Auch der Ministerrat muss Veränderungen seiner Kompetenzen durch die Interinstitutionelle Vereinbarung hinnehmen.[214]

TERNES geht davon aus, dass Interinstitutionelle Vereinbarungen im Haushaltsbereich rechtlich unbedenklich sind, "da am Haushaltsverfahren nach den Verträgen ohnehin alle Organe mitbeteiligt sind, so dass eine Verlagerung von Kompetenzen, sollte sie denn überhaupt stattfinden, nicht in einer Weise ins Gewicht fallen kann, die dem in den Gemeinschaften geltenden Prinzip der Gewaltenteilung zuwiderläuft."[215] Dabei verkennt er zum einen, dass es sich bei der Interinstitutionellen Vereinbarung, die die Finanzielle Vorausschau enthält, gerade nicht um das jährliche Haushaltsverfahren, sondern um die mehrere Jahre umfassende Finanzplanung handelt, die in den Verträgen gar nicht geregelt ist. Hier ist zu fragen, ob nicht alle Organe in derselben Weise wie im jährlichen Haushaltsverfahren an der Finanzplanung beteiligt sein müssen und ob nicht gerade die Verbindlichkeit der Finanzplanung das Verhalten der Akteure im jährlichen Haushaltsverfahren präjudiziert. Zum anderen geht er nicht darauf ein, ob die Art und Weise der Beteiligung der Organe im Haushaltsverfahren überhaupt dem Gewaltenteilungsgedanken entspricht. "Klassische" Gewaltenteilung bedeutet eben gerade nicht Gewaltenverschränkung, letzteres wird eher als Ausnahme von der Regel hingenommen.

Nach einer anderen Ansicht ist eine Interinstitutionelle Vereinbarung Ausfluss des Selbstorganisationsrechts jedes Organs und entfaltet daher Bindungswirkungen unter den betroffenen Organen.[216] Ein solch weit reichendes Verständnis eines Selbstorganisationsrechts könnte sämtliche Kontrollregeln der Gewaltenteilung über "informelles" Recht aushebeln. Es wird übersehen, dass es sich gerade nicht um *Intra*organregeln handelt, sondern um Beziehungen zwischen verschiedenen Organen. STORR definiert die Interinstitutionellen Vereinbarungen als "Rechtsakte sui generis", deren Existenz und Rechtfertigung in den Verträgen angelegt sei. Der EGV ist nach seiner Ansicht ein Rahmenvertrag, der für die weitere Gestaltung offen ist. Ihre Rechtsverbindlichkeit ergebe sich somit immer aus der konkreten Vereinbarung "und den maßgeblichen Umständen, insbesondere dem Willen der Parteien"[217]. Eine Verletzung einer rechtsverbindlichen Interinstitutionellen Vereinbarung wäre dann eine echte rechtswidrige Interorgan-Vertragsverletzung. Fraglich ist, ob sich daraus Sanktionsmöglichkeiten ergeben. Zwar sieht Art. 230

213 Z.B. Mitbestimmungsrecht bei den obligatorischen Ausgaben und insgesamt bei der Finanzplanung.

214 So wird die Regel des vertraglichen Höchstsatzverfahrens für nichtobligatorische Ausgaben, die über die Sicherheitsmarge von 0,03% des BSP hinausgehen, verschärft, da der Rat nach Vertrag mit qualifizierter Mehrheit und nach IIV einstimmig entscheiden muß.

215 *Ternes, Stefan Johannes*: aaO, S. 39.

216 Z.B.*Beutler, Bengt / Bieber, Roland / Pipkorn, Jörn / Streil; Jochen*: aaO, RN 356, 402.

217 Storr, Stefan: Die Bewältigung defizitärer Haushaltslagen in der EU, Europarecht, Heft 6/2001, S. 840–871 (S. 857, 853ff.).

EGV eine Zuständigkeit des EuGH für Klagen vor, die die Organe aufgrund bestimmter Vertragsverletzungen oder das Parlament aufgrund einer Rechtsverletzung erheben können. Klagen wegen Verletzung einer Interinstitutionellen Vereinbarung sind jedoch nicht vorgesehen.

Unabhängig davon, welche rechtliche Qualität man den Interinstitutionellen Vereinbarungen zubilligt, gehen die beteiligten Organe in der Praxis zum Teil davon aus, dass die Regelungen der Interinstitutionelle Vereinbarung dem Vertrag in jedem Fall vorgehen: "... gilt der Vertrag als primäres Recht, wenn es neben der Finanziellen Vorausschau nicht zu einer neuen Interinstitutionellen Vereinbarung kommt."[218]

Dieses "soft law" billigt den verschiedenen Akteuren im Haushaltsbereich Rechte und Pflichten zu, an die sich jene (bisher jedenfalls) weitestgehend gebunden fühlen.[219] Solange dies gilt, könnten die Interinstitutionelle Vereinbarungen institutionenökonomisch im Interorganverhältnis als "Selbstverpflichtungen" angesehen werden, die dazu dienen, Konflikte zu regeln. Dies kann solange hingenommen werden, wie nicht neue Konflikte durch dieses informelle Recht geschaffen werden, deren Behebung höhere Transaktionskosten verursachen würde als der ursprüngliche Zustand.

Im Verhältnis nach außen, also gegenüber dem Steuerzahler und Bürger, ist die Situation kritischer einzuschätzen. Zwar kann sich der Bürger und Steuerzahler mittels der Finanziellen Vorausschau ein konkretes Bild von der Situation der Ausgaben über einen längeren Zeitraum machen. Das Zustandekommen dieser Vereinbarungen wird aber zum Teil mit dem Verzicht auf Rechte, die dem einzig direkt legitimierten Organ zur Verfügung stehen, "erkauft" und zum anderen werden Organe an Verfahrensabschnitten beteiligt (z.B. Kommission), was die Verträge so nicht vorsehen. Der Bürger als "Souverän" hat über die Verhandlungen und den Inhalt solcher Interinstitutionellen Vereinbarungen keinerlei Kontrolle, da die Organe, die sich eigentlich kontrollieren sollen, hier zusammen arbeiten. Das Zusammenwirken von Organen kann bei dem wichtigen Thema der öffentlichen Finanzen nicht in einem "Graubereich" stattfinden, es muss aus demokratietheoretischen Gründen (Legitimation der Akteure, Legitimation durch Verfahren) offengelegt werden. Und schließlich lässt sich eine Zuordnung von Verantwortung für den Inhalt der Vereinbarungen nicht vornehmen, da weder fest geregelt ist, wie solche Vereinbarungen zustande kommen, noch mit welchen Mehrheiten.[220] Da die Gewaltenteilung sowohl

---

218 *Tillich, Stanislaw*: Der Haushalt der Europäischen Union (EU), aaO, S. 7.

219 Allgemein zu Organvereinbarungen: *Gauweiler, Marijke*: aaO.

220 So gibt es im Parlament seit Jahren Streit darüber, mit welchen Mehrheiten die Interinstitutionelle Vereinbarung innerhalb des EP abgestimmt wird. Der Haushaltsausschuss ist der Ansicht, dass die qualifzierte Mehrheit notwendig ist und stützt dies auf Art. 272 Abs. 9 UA 4, 5 EGV, vgl. Abl. C 279/254 Ziff. e) Finanzielle Vorausschau 2000–2006,v. 01.10.1999. Der juristische Dienst geht von einer einfachen Mehrheit aus und stützt dies auf Art. 198 EGV, vgl. *Parlament Européen, Service Juridique:* Note sur la majorité requise

dem Innenverhältnis dient als auch Kontrolle nach außen ermöglichen soll (Souverän als Prinzipal), ist gerade für die so langfristige Bindung öffentlicher Mittel das Primat des Rechts (Gesetzmäßigkeit des Handelns) zu fordern.

b) Unflexibilität der Finanzplanung: Das Instrument der direkten Ausgabenbegrenzung zieht zwangsläufig eine gewisse Unflexibilität nach sich. Dies wird vor allem durch die Verbindlichkeit der Finanzplanung und durch die langen Planungszeiträume verstärkt, die verschiedene Probleme verursachen:

- **Anpassung der Finanziellen Vorausschau:** Vor allem wegen der Unterplafondierungen der einzelnen Ausgabenrubriken und der gegenseitigen Nichtübertragbarkeit wird bei jedem über den Plan hinausgehenden Finanzbedarf jedes Mal eine Änderung der Finanziellen Vorausschau nötig.[221] So gab es in der Zeit von 1988–2000 *38 Revisionen* über die jeweilige Finanzielle Vorausschau, es wurden Mittel in Höhe von 7000 Mrd. € "nachgelegt".[222]

- **Zusammenhang zwischen Einnahmen- und Ausgabenobergrenze:** Jede Änderung der Finanziellen Vorausschau bedeutet eventuell auch eine Änderung des Umfangs der Eigenmittel. Diese müsste – wenn sie die Grenzen des Eigenmittelbeschlusses überschreitet – in das Ratifikationsverfahren durch die nationalen Parlamente. Da jedes der Organe dies weiß, wird die globale Ausgabengrenze in der Finanziellen Vorausschau niedriger angesetzt und/oder diese Erhöhungen über die Sicherheitsmarge aufgefangen. Dieses wiederum ist dem Ministerrat und dem Parlament bekannt: Es sind also in der Regel weitere Mittel da, die über die in der finanziellen Planung ausgewiesenen Beträge hinausgehen und die man über ein Revisionsverfahren in Auszahlungsermächtigungen transformieren kann.

- **Ausweichmechanismen:** Ein weiteres Problem der Plafondierung ist das Ausweichen auf "halblegale" Lösungen. So entstanden vor allem im Bereich der Personalausgaben Minibudgets durch die Deckelung der Verwaltungsausgaben. Diese waren schon in der ersten Finanziellen Vorausschau so knapp, dass die Personalkosten nur über Berichtigungshaushalte gezahlt werden konnten.[223]

---

pour le vote du nouvel accord interinstitutionnel sur les perspectives financières, Strassbourg 05.05.1999; *Avis Juridique:* Accord interinstitutionnel du 6 mai 1999 – Révision des perspectives financierès et recours à l'instrument de flexibilité – Majorité requise au sein du Parlament européen, Luxemburg, 07.12.1999.

221 So lagen im Juli des Jahres 1998 die Unterausschöpfungen im Bereich Agrar bereits bei 1.2 Mrd. ECU gegenüber den im Haushaltsplan kalkulierten Mitteln. Vgl.: *Samland, Detlev*: AGENDA 2000 – Das Entscheidungspaket, III. Leitlinien für eine Finanzierung der AGENDA 2000 (http://www.hjmoos.de/archiv/euro99/europapolitik/agenda3.htm, Stand: 23.01.03).

222 *Europäisches Parlament, Haushaltsausschuss*: Arbeitsdokument Nr.1, PE 233.004.

223 *Strasser, Daniel*: aaO, S. 199.

- **Zweckbindungen:** Die Plafondierung selbst ist schon eine Zweckbindung, denn sie weist Mittel verbindlich einzelnen Ausgabekategorien zu (Verstoß gegen den Grundsatz der Non-Affektation). Die Mitgliedstaaten fordern deshalb immer dann eine Zweckbindung neuer Mittel, wenn Mittel für zusätzliche Aufgaben bereitgestellt werden sollen.[224]

- **Reserven:** Die aus der Plafondierung folgende mangelnde Flexibilität der Finanziellen Vorausschau führte zwangsläufig zur Einführung der Reserven. Die Währungsreserve, die Darlehensreserve und die Soforthilfereserve sind jedoch immer zweckgebunden, erst das Flexibilitätsinstrument in Höhe von 200 Mio. € jährlich eröffnet neue strategische Spielräume. Ministerrat, Parlament und Kommission überlegen derzeit beispielsweise, ob das Flexibilitätsinstrument für das Gemeinschaftsprogramm URBAN im Zeitraum 2000–2006 genutzt werden kann, weil die Mittel dafür vermindert wurden.[225] Dies bedeutet eine Umgehung einer echten Ausgabenkürzung in einem Bereich durch die Inanspruchnahme dieses Instruments. Auch in dem Fall, dass ein Plafond nicht ausgenutzt wird, treten Nachteile auf, denn damit werden zugleich auch die globalen Mittel (globale Ausgabenbegrenzung) nicht ausgenutzt.[226]

- **Sicherheitsmarge:** Sie ist ebenso ein sehr unzuverlässiges Instrument. So war infolge des schwachen Wirtschaftswachstums während den Jahren 1993–1996 die in der Finanziellen Vorausschau vorgesehene Marge von 0,01% unzureichend und es gab finanzielle Probleme.[227]

- **Höchstsatzregel:** Die Ausgabenbegrenzung in Form der jährlichen Zuwachsraten im Bereich der nichtobligatorischen Ausgaben (Höchstsatzregel) ist schon lange durch die entsprechende Norm in den Verträgen enthalten.[228] Die Regelung in den jeweiligen Interinstitutionellen Vereinbarungen hat aber "... die Neutralisierung der Höchstsatzregel zur Folge."[229] Nach Aussagen des Parlaments spielt diese Aushebelung der Vertragsnorm keine so große Rolle, da die Obergrenzen der jeweiligen Finanziellen Vorausschau sowieso "häufig über den ... vorgesehenen Höchstsätze(n) für die Erhöhung der nichtobligatorischen Ausgaben" liegen.[230] Liegen die für das kommende Haushaltsjahr durch die Finan-

224 *Von der Vring, Thomas*: aaO, S. 212.
225 Erklärung zur URBAN-Initiative, Anhang zur Interinstitutionellen Vereinbarung von 1999.
226 *Timmann, Hans-Jörg:* Haushaltsdisziplin und politische Entscheidungsmechanismen in der Europäischen Gemeinschaft, Europarecht, Heft 2/1991, S. 121–139 (S. 124).
227 *Europäische Kommission:* Bericht über die Umsetzung der interinstitutionellen Vereinbarung vom 29. Oktober 1993 über die Haushaltsdisziplin und Vorschläge für eine neue Vereinbarung. KOM(98) 165 endg. COS 98/0407, Punkt 3.3.
228 Art. 272 Abs. 9 Unterabsatz 5 EGV, vorher: Art. 203 Absatz 9.
229 *Europäische Kommission*: Haushaltsvademekum 2000, SEC (2000) 1200-DE, S. 10.
230 Bei einer Steigerungsrate von 1,27% stünden der EU ca. 412 Mrd. ECU zur Verfügung, bei Anwendung der Höchstsatzregel wären es aber 425,6 Mrd. ECU. Vgl. *Europäisches Parla-*

zielle Vorausschau gezogenen Ausgabenobergrenzen höher als die sich aus der Anwendung des vertraglichen Erhöhungssatzes auf den Haushalt des laufenden Jahres ergebenden Ausgabengrenzen, gibt es einen Anreiz für das Parlament, auf die Höchstsatzregel zu verzichten. Das heißt, schon über die Plafondierung für die Rubriken mit nichtobligatorischen Ausgaben in den Finanziellen Vorausschauen kann die vertragliche Höchstsatzregelung ausgeschaltet werden. Dabei sollte aber nicht vergessen werden, dass auf die Höhe des jeweiligen Plafonds vor allem die Kommission (Initiativrecht) und der Europäische Rat (durch die Vorgaben seiner Schlussfolgerungen) Einfluss haben.

- **Agrarleitlinie:** Sie hat sich zu einem "wirklich unabhängigen Instrument"[231] entwickelt, das gegenüber der Finanziellen Vorausschau zusätzlichen Spielraum bietet (für das Haushaltsjahr 2000 sind dies immerhin 4000 Mio. €). Damit stehen die Agrarausgaben nach wie vor außerhalb der Finanzplanung. Dadurch, dass die Agrarleitlinie das Ausgabenwachstum für die GAP-Ausgaben vorgibt, ist automatisch der Höchstbetrag der Agrarausgaben in der Finanziellen Vorausschau festgelegt.[232] Die Ausdehnung der Agrarleitlinie auf alle agrarpolitischen Ausgaben[233] ist im Sinne einer Deckelung *aller* Agrarausgaben zwar zu begrüßen, da so auch die Agrarausgaben (wie alle anderen Ausgaben auch) begrenzt werden. Jedoch bestimmt über die Höhe des "Deckels" allein der Ministerrat. Dadurch bezieht sich die gemeinsame Festlegung der Ausgabenplanung durch Kommission, Parlament und Ministerrat in der Finanziellen Vorausschau von vornherein nur auf ca. 53% der Ausgaben.[234] Diese 53% sind überwiegend nichtobligatorische Ausgaben, bei denen das Parlament im Haushaltsverfahren "das letzte Wort" hat. Der Preis für die Zustimmung zur Finanziellen Vorausschau seitens des Parlaments scheint im Verhältnis zum "Gewinn" (Deckelung

---

ment, Haushaltsausschuss: Bericht über das in Anhang II betreffend die interinstitutionelle Zusammenarbeit im Haushaltsbereich zur interinstitutionellen Vereinbarung vom 29. Oktober 1993 über die Haushaltsdisziplin und die Verbesserung des Haushaltsverfahrens vorgesehene "Ad-hoc-Verfahren" für den Haushaltsplan 1998, PE 222.885/endg., Ziff. 2, S. 20 (Tillich-Bericht 1997).

231 *Europäischer Rechnungshof*: Stellungnahme 9/99 zum Vorschlag für eine Verordnung (EG) des Rates betreffend die Haushaltsdisziplin, Abl. C 334/1 v. 23.11.1999, zweiter Erwägungsgrund und S. 2, FN 1.

232 In Teil I.A. Ziff. 10 Absatz 6 der Interinstitutionellen Vereinbarung von 1999 ist die Geltung der Agrarleitlinie festgeschrieben, in Art. 11 ist festgelegt, dass die Agrarleitlinie den jährlichen Höchstbetrag der Agrarausgaben darstellt.

233 Seit 2000 gilt sie zudem auch für die neuen Maßnahmen der Entwicklung des ländlichen Raums, die Veterinär- und Pflanzenschutzmaßnahmen und die Agrarausgaben im Zusammenhang mit dem Beitritt. Vgl. VO des *Rates* (EG) Nr. 2040/2000, vierter Erwägungsgrund, Art. 4, (Abl. L 244/27 v. 29.09.2000), aaO.

234 Gelegentlich wird behauptet, das Parlament hätte durch die Finanzielle Vorausschau mehr Einfluss auf die obligatorischen Ausgaben erhalten, vgl. z.B. *Rossi, Matthias*: aaO, S. 265. Dies trifft – wenn überhaupt – allenfalls marginal auf das jährliche Haushaltsverfahren zu.

der Agrarausgaben, Konzertierungsverfahren) sehr hoch. Zugleich machen die Agrarausgaben den größten Teil der obligatorischen Ausgaben aus. Der Ministerrat kann sich in den jährlichen Haushaltsverhandlungen immer auf die Geltung der Agrarleitlinie beziehen und damit einen Teil der obligatorischen Ausgaben aus der "Tauschmasse" heraushalten.[235]

Von Finanzplanung im Sinne einer programmatischen Prioritätenentscheidung kann mit Blick auf die an das Wirtschaftswachstum angepassten Steigerungen der Agrarausgaben nicht die Rede sein. Es stellt sich nicht mehr die Frage, die Notwendigkeit der Bereitstellung öffentlicher Leistungen im Agrarbereich in einem längerfristigen Rahmen zu überprüfen. Allerdings werden die Agrarausgaben nach dem Beitritt weiterer Mitgliedstaaten vor 2006 nicht über die vorgesehen Rate ansteigen können, ohne die Agrarleitlinie neu zu beschließen. Die Agrarleitlinie erweist sich jedenfalls insofern als ein disziplinierendes Instrument. Es steht jedoch zu befürchten, dass die Agrarleitlinie "rechtzeitig" vor dem Beitritt weiterer Mitgliedstaaten erhöht wird.

c) **Plafondierungen:** Aus ihnen ergeben sich zwangsläufig die größten Auswirkungen auf den jeweiligen Haushalt. Die Verabschiedung eines Haushalts wird so hinsichtlich der Mittel, die für einzelne Ausgabenbereiche zur Verfügung stehen, zur Akklamation dessen, was in der Finanziellen Vorausschau festgeschrieben steht. Die Finanzielle Vorausschau, so konstatierte STRASSER schon nach der Finanziellen Vorausschau 1988–1992, nimmt das Ergebnis künftiger Haushaltsverfahren vorweg.[236] Dies bedeutet, dass das jährliche Haushaltsrecht von Ministerrat und Parlament eingeschränkt ist. Sie können nur noch die Mittel der einzelnen Teilrubriken bis zu ihren in der Finanziellen Vorausschau festgeschriebenen Höchstgrenzen auf die einzelnen Haushaltslinien verteilen. Hiergegen lässt sich argumentieren, dass Ministerrat und Parlament an der Aufstellung der Finanziellen Vorausschau beteiligt sind und insofern der Verlust des umfassenden jährlichen Haushaltsrechts nicht so schwerwiegend erscheint. Jedoch erfolgt durch die Finanzielle Vorausschau eine Bindung künftiger Parlamente, denn die Finanzielle Vorausschau hat einen 7-Jahres-Zeitraum, die Legislaturperiode des Parlaments beträgt nur 5 Jahre.

Die folgende Abb. 10 soll die Auswirkungen einmal optisch verdeutlichen. Es sind die tatsächlichen Einnahmen (Obergrenze Eigenmittel EM minus Obergrenze Zahlungsermächtigungen ZE) und die Begrenzungen der Finanziellen Vorausschau bei den ZE und VE (Verpflichtungsermächtigungen) in Bezug auf zwei Haushaltsjahre dargestellt. Zudem sind auch die tatsächlich in diesen Haushaltsjahren vorgenommenen ZE und VE aufgeführt. Dabei wird deutlich, dass die geplanten VE

235 Vgl. Kap. 4.5.3 Ziff. c).
236 *Strasser, Daniel*: aaO, S. 224.

und auch die tatsächlich getätigten VE in beiden Jahren deutlich über den tatsächlichen Einnahmen gelegen haben, während die ZE die Grenze der Einnahmen knapp unterschritten bzw. nicht überschritten haben. Jedoch blieben auch die VE unterhalb der geplanten VE-Obergrenzen. Die Einnahmen (2000: 89440,6 Mio. € und 2001: 92569,4 Mio. €) blieben dagegen deutlich unter der Eigenmittelgrenze von 1,27% (2000: 102.816 Mio. € und 2001: 108.571 Mio. €[237]). Damit wird deutlich, dass die Sicherheitsmarge tatsächlich ebenfalls eine "Grenze" darstellt.

Abb. 10: **Die Finanzielle Planung: Gegenüberstellung Ausgaben-Einnahmen-Planung 2000–2001**

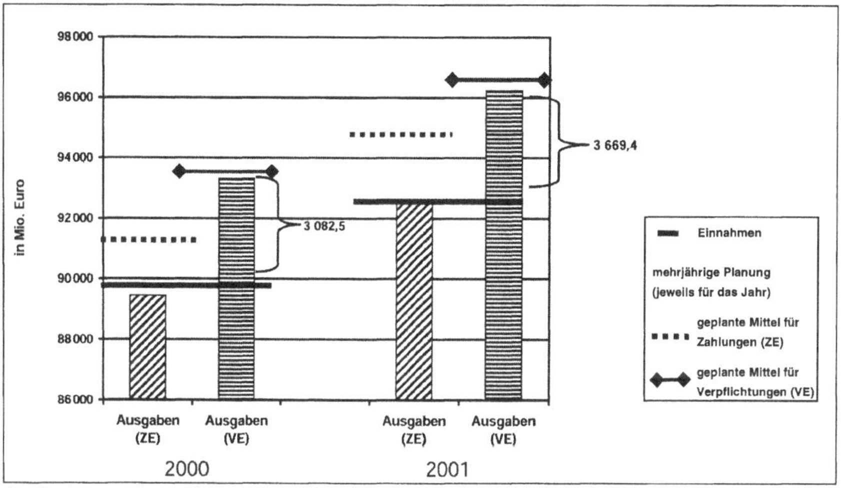

Quelle: Europäische Kommission, Haushaltsvademekum 2000, Tab. 37

Die Anpassungs- und Revisionsverfahren einer Finanziellen Vorausschau erfordern im jeweiligen Haushaltsjahr einen Nachtrags- bzw. Berichtigungshaushalt. Es kommt zu einem Dualismus von Anpassungs-/Revisionsverfahren und Haushaltsverfahren. Insbesondere im Fall der Revision führt dies dazu, "... dass während dieser Verfahren eine Diskussion über Sachfragen (...) nicht mehr stattfindet, sondern die Verhandlungen sich auf finanzielle Forderungen der einen und finanzielle Zugeständnisse der anderen Seite beschränken ...".[238] Je nachdem, welches Organ in welchem Verfahren was fordert, kann es die Forderung mit der Zusage der Zustimmung zur Forderung des anderen Organs verbinden und dadurch über die Revision (das Haushaltsverfahren) Einfluss auf das Haushaltsverfahren (die Revision) nehmen.

Da die jeweilige Finanzielle Vorausschau zudem Teil der Interinstitutionellen Vereinbarung ist, kann sie erst wirksam werden, wenn die Interinstitutionelle

237 Rückrechnung aus *Europäische Kommission*: Haushaltsvademekum 2000, aaO, Tab. 37.
238 *Timmann, Hans-Jörg*: Haushaltsdisziplin, aaO, S. 136.

Vereinbarung beschlossen wurde. In den Zeiträumen 1988–1992 und 1993–1999 traten die Interinstitutionellen Vereinbarungen jeweils fünf bzw. sieben Monate nach dem Beginn des ersten Haushaltsjahres der jeweiligen Finanziellen Vorausschau in Kraft. In der Zwischenzeit ist das Geld nicht freigegeben.

Die Einteilung der Ausgaben in Ausgabenrubriken in der Finanziellen Vorausschau gibt nicht zuletzt auch die Struktur für die Haushaltspläne und der jährlichen Rechnungshofberichte vor. Dies dient der Übersichtlichkeit, da insoweit Finanzielle Vorausschau, Haushaltspläne und Kontrollberichte nach denselben Kategorien gegliedert sind.

d) Impliziter und expliziter Stimmentausch: Die letzten drei Finanziellen Vorausschauen waren nicht nur Teil einer entsprechenden Interinstitutionellen Vereinbarung, sondern zugleich eines größeren "Reformpakets": 1988–1992 Delors-I-Paket; 1993–1999 Delors-II-Paket, 2000–2006 Agenda 2000. Es waren außer den Interinstitutionellen Vereinbarungen noch weitere Regelungen, z.B. die neuen Strukturfonds-Verordnungen und die jeweiligen Eigenmittelbeschlüsse, mit in den "Paketen" und ermöglichten so "package deals".[239]

Diese Paketabsprachen haben zum einen den Nachteil, dass sie für einen langen Zeitraum sowohl die Einnahmen und die Ausgaben festlegen und so asymmetrische Verhandlungsergebnisse festgeschrieben werden. Durch die unterschiedliche Stellung der Organe bei den Einnahmen und Ausgaben[240] herrschen grundsätzlich keine Verhandlungsgleichgewichte. Die Organe, die formell über Einnahmen (Ministerrat) und Ausgaben (Ministerrat und Parlament) nebst der Kommission mit ihrem Initiativrecht entscheiden, werden erst in einem zweiten Schritt in die Verhandlungen einbezogen. Über die Pakete (Interinstitutionelle Vereinbarung mit Finanzieller Vorausschau, Eigenmittelbeschluss) verhandelt zunächst ausschließlich der Europäische Rat, der allerdings – vor allem angesichts dieser Machtfülle – weder ausreichend legitimiert noch hinreichend kontrolliert wird. Hier liegt das eigentliche Problem der europäischen Haushalts- und Finanzverfassung, denn alle nachfolgenden Regelungen zu den (jährlichen) Einnahmen und Ausgaben richten sich nach den Ergebnissen dieser "package deals". Eine institutionelle "Hürde" muss auch der Europäische Rat überspringen: Für die Verabschiedung der Interin-

239 Dazu ein Beispiel aus der Süddeutschen Zeitung vom 08./10./12.03.99, *Andreas Oldag:* Die EU-Finanzminister wollten die Agrarausgaben auf den Niveau von 40,5 Mrd. € in der Finanziellen Vorausschau 2000–2007 "einfrieren". Da jedoch die Garantiepreise für Fleisch, Getreide und Milch gesenkt wurden, waren anderswo Kompensationen nötig, zum Beispiel über die Reform der GAP. Deutschland forderte das Prinzip der Kofinanzierung für den Agrarbereich (dies würde nach deutschen Berechnungen 1,4 Mrd. € Entlastung bei den Beiträgen bringen), scheiterte aber am Widerstand Frankreichs (dessen Rückflüsse aus dem EU-Haushalt seinen Finanzierungsanteil um das Doppelte übersteigen), Frankreich forderte die Erhöhung der "Mutterkuhprämie", Großbritannien die Anhebung der "Prämie für männliche Rinder", Italien die Anhebung der "Prämie für Kälber" ....

240 Vgl. insbesondere Kap. 4.5.3 Ziff. e).

stitutionellen Vereinbarung, in der die "Finanzielle Vorausschau" und wichtige Ausgabenregelungen enthalten sind, braucht es neben dem Ministerrat die Zustimmung von Parlament und Kommission.

e) **Zweiteilung der Interessen:** Bei der Verabschiedung der Interinstitutionellen Vereinbarungen sind die jeweiligen Interessen und Machtpositionen (bzw. das, was als "Verhandlungsmasse" eingebracht werden kann) von entscheidender Bedeutung. Nur auf den ersten Blick sind die Zustimmungen der einzelnen Organe zu den jeweiligen Interinstitutionellen Vereinbarungen seit 1988 unverständlich, da sie doch viele Rechte beschneiden.[241] Sieht man sich die jeweiligen Interessenlagen beim Abschluss der drei Interinstitutionellen Vereinbarungen jedoch an, wird deutlich, dass schon die institutionelle Ausgangssituation einen Anreiz zur Zustimmung gegeben hat.

- **Abschluss der Interinstitutionellen Vereinbarung 1988 (Delors-I- Paket):** Die beteiligten Akteure hatten unterschiedliche Interessen:[242]
  - Die Kommission als Verantwortliche für das Ingangsetzen des Haushaltsverfahrens (Initiativrecht) und Agent von Ministerrat und Parlament bei der Haushaltsausführung wollte ein reibungsloseres Haushaltsverfahren als bisher, vor allem eines, das rechtzeitig abgeschlossen und juristisch nicht angefochten wurde.[243] Sie war als bürokratische Organisation zudem an einer Eigenmittelerhöhung zum Zwecke der "Budgetmaximierung" interessiert (denn dies würde – durch die Koppelung von Einnahmen und Ausgaben – zu einer Budgeterhöhung führen). Eine Eigenmittelerhöhung war aber vom Ministerrat nur bei strenger Haushaltsdisziplin zu bekommen.
  - Der Ministerrat wollte die Beschlüsse von Brüssel 1988 institutionalisieren und die Steigerung der nichtobligatorischen Ausgaben kontrollieren. Dies konnte er bislang allenfalls über die Höchstsatzregel.
  - Das Parlament wollte eine Steigerung der nichtobligatorischen Ausgaben, was gleichbedeutend mit einem Machtzuwachs über die Gesamtausgaben verbunden wäre. Zudem wollte es eine Deckelung der Agrarausgaben (obligatorische Ausgaben), dies sollte aber nicht zu Lasten der nichtobligatorischen Ausgaben gehen.[244]

---

241 Schon vor 1988 gab es Beschlüsse zur Haushaltsdisziplin, die auch direkte Ausgabenbegrenzungen vorsahen. So hat der Europäische Rat von Dublin 1984 z.B. im voraus die Gesamtmenge der Ausgaben für das kommende Haushaltsjahr festgelegt. Vgl. *Theato, Dietmut R. / Graf, Rainer:* aaO, S. 79.

242 *Theato, Dietmut R. / Graf, Rainer:* aaO, S. 82.

243 Zu den Schwierigkeiten der Jahre vor 1988 vgl. *Strasser, Daniel*: aaO., S. 214–216.

244 Eine Begrenzung der Agrarausgaben führt nämlich quasi automatisch – wiederum wegen der Koppelung von Einnahmen und Ausgaben und einem fixen Gesamtbudget- zu mehr Mitteln, die für nichtobligatorische Zwecke zur Verfügung stehen.

Aus dieser Situation heraus entstand die Idee, die Plafondierung der einzelnen Rubriken zur Begrenzung zu nutzen und gleichzeitig die Übertragbarkeit der Mittel von dem einen Plafond in den anderen unmöglich zu machen.[245] Durch die Einbeziehung der Agrarausgaben in die Finanzielle Vorausschau erhielten das Parlament und auch die Kommission Mitspracherechte bei den obligatorischen Ausgaben, jedenfalls soweit es um eine Revision dieser Ausgaben gehen sollte. Gleiches gilt umgekehrt für den Ministerrat und die Kommission bei den nichtobligatorischen Ausgaben.

- **Abschluss der Interinstitutionellen Vereinbarung 1993 (Delors-II-Paket):** Erst nachdem der Europäische Rat von Edinburgh die Eigenmittel-Obergrenze angehoben hatte[246], begannen auch über eine neue Interinstitutionelle Vereinbarung Verhandlungen:[247]
  - Das Parlament wollte einen Kohäsionsfonds errichten, die Hilfe für die MOE-Staaten anheben und war an der Erweiterung der Forschungspolitik interessiert. Das Parlament hatte keine Eile bei den Verhandlungen um die Interinstitutionelle Vereinbarung, da zumindest für 1994 und 1995 das vertragliche Höchstsatzverfahren positiver als die in der Interinstitutionelle Vereinbarung vorgeschlagenen Regelungen waren.[248] Das Parlament war jedoch an einer Ausweitung seiner Befugnisse interessiert, es wollte vor allem am Haushaltsverfahren stärker als bisher beteiligt werden. Diese Forderung führte schließlich zur Einführung des Trilog-Verfahrens und der Konzertierung.
  - Der Ministerrat kürzte vor allem die Gelder, die für die Errichtung des Kohäsionsfonds vorgesehen waren. Der Ministerrat wollte Reserven einführen (Zweckbindung der Mittel).
  - Die Kommission war bestrebt, vor allem das Revisionsverfahren zu ändern, d.h. der Ministerrat sollte künftig nur noch mit qualifizierter Mehrheit abstimmen können.[249] Dieses lag im Interesse der Kommission, denn kraft ihres Initiativrechts profitiert sie bei der Durchsetzung ihrer Interessen von "nur" qualifizierten Mehrheiten (im Vergleich zur Einstimmigkeit).
- **Abschluss der Interinstitutionellen Vereinbarung 1999 (Agenda 2000):** Auch hier waren die Interinstitutionelle Vereinbarung und die Finanzielle

245 *Timmann, Hans-Jörg*: Haushaltsdisziplin, aaO, S. 123.

246 *Timmann, Hans-Jörg*: Haushaltspolitik, S. 131f., 134 (131–138); in: *Weidenfeld, Werner / Wessels, Wolfgang (Hrsg.):* Jahrbuch der Europäischen Integration 1992/1993, Bonn.

247 Bei den Ergebnissen standen die Einnahmen und Ausgaben weniger zur Disposition, denn der Einnahmen- und Ausgabenrahmen war vorgegeben. Die Kommission kam nach Abschluß der Interinstitutionelle Vereinbarung 1993 zu dem Schluß, dass auch diese Interinstitutionelle Vereinbarung bestimmte Probleme nicht lösen konnte. Vgl. dazu *Europäische Kommission*: Bericht über die Umsetzung der interinstitutionellen Vereinbarung, KOM (98) 165 endg. COS 98/0407, Pkt.7ff.

248 *Timmann, Hans-Jörg:* Haushaltspolitik, aaO, S. 137.

249 *Kuhlmann, Kirsten*: aaO, S. 160ff.

Vorausschau wesentliche Bestandteile eines Beschlusspaketes.[250] Dies hatte Einfluss auf die Forderungen der Organe:

- Die Kommission wollte die Vereinheitlichung bzw. Abstimmung der vielzähligen Interinstitutionellen Vereinbarungen mit einer neuen Interinstitutionelle Vereinbarung erreichen. Gleichzeitig verfolgte sie das Ziel, das Konzertierungsverfahren auf den gesamten Haushaltsbereich auszudehnen[251] und forderte mehr Personal[252].
- Das Parlament wollte mehr demokratische Rechte im Haushaltsbereich für sich selbst.[253] Daneben waren bei den nichtobligatorischen Ausgaben die Beibehaltung der bisherigen Ziel-1-Förderung (Strukturfonds)[254] und die Fortführung des Gemeinschaftsprogramms URBAN[255] wichtige inhaltliche Ziele. Zudem wollte es Mittel für den Wiederaufbau im Kosovo.[256]
- Der Ministerrat war vermutlich an der Ausdehnung der Ausgaben bei den externen Politiken interessiert, er wollte genügend Finanzmittel für die Beitrittskandidaten und ansonsten – wie immer – eine rigorose Ausgabenbeschränkung oder zumindest das Einfrieren der realen Ausgaben für den kommenden Jahre erreichen.[257]

---

250 *Erki Liikanen* (MdEP) in Debatte des Europäischen Parlaments vom 05.05.1999 über die Agenda 2000. Hinzu kam, dass die Neuwahl des Parlaments anstand und die Kommission Santer bereits zurückgetreten (wenn auch noch im Amt) war.

251 Damit wollte sie einen Teil der Probleme vor allem bei den nichtobligatorischen Ausgaben, der Klassifizierung der Ausgaben, der Flexibilitätsspielräume und der Finanzierungsregeln im Bereich Fischerei und GASP lösen. Vgl. *Europäische Kommission*: Bericht über die Umsetzung der interinstitutionellen Vereinbarung, KOM(98) 165 endg. COS 98/0407, Pkt.13, 14.

252 *Liikanen, Erki* (MdEP): Debatte des Europäischen Parlaments vom 05.05.1999 über die Agenda 2000.

253 Vgl. *Samland, Detlev*: "Neue Regeln stärken das EP im Haushaltsverfahren: Mehr Kooperation statt Konfrontation", Das Parlament, Nr. 21–22, vom 21./28. Mai 1999, S. 13; "Europaparlament will Mitsprache beim Haushalt erzwingen", Handelsblatt vom 26.11.1998.

254 *Hänsch, Klaus* (MdEP): Debatte des Europäischen Parlaments vom 05.05.1999 über die Agenda 2000.

255 *McCarthy, Arlene* (MdEP): Debatte des Europäischen Parlaments vom 05.05.1999 über die Agenda 2000.

256 Die Finanzplanung bis 2006 wurde vom Europäischen Rat an dem Tag beschlossen, an dem der Kosovo-Krieg ausbrach. Daher waren keinerlei Mittel für den Wiederaufbau in der ursprünglichen Vereinbarung vorgesehen. Vgl. *Schreyer, Michaele*: Die Europäische Finanzverfassung vor der Erweiterung, Rede an der Humboldt-Universität Berlin am 14.01.2000, aaO, RN 15ff. (Stand 23.01.03).

257 Über die Erhöhung der externen Ausgaben kann der Rat sein Renommeé vergrößern, gleiches gilt für die Mittel für die Beitrittskandidaten. Die Kürzung (vor allem der nichtobligatorischen) sonstigen Ausgaben liegt ebenfalls grundsätzlich im Interesse der Mitgliedstaaten (Rat). Da nur sehr wenige Dokumente des Rates zu den Verhandlungen öffentlich zugänglich sind, kann oft nur aus Aussagen anderer Organe mittels Rückschluss auf die Interessen des Rates geschlossen werden. Vgl. daher zu den Interessen des Rates im Rahmen der IIV 1999 z.B. "Parlament übt Kritik: EU/Haushalt für 1998 eingebracht", Handels-

Die Interessen der einzelnen Organe sind beim Abschluss der jeweiligen Interinstitutionellen Vereinbarung demnach stark von den ihnen bis dahin zustehenden Rechten bestimmt. Durch die Nichtöffentlichkeit der Trilogsitzungen und Vorbereitungsrunden der Interinstitutionellen Vereinbarung werden darüber hinaus Absprachen und Paketlösungen möglich, die in einem ordentlichen Haushaltsverfahren nicht – jedenfalls nicht so – zustandekommen würden.

Die stärkste Stellung in dieser Phase hat der Europäische Rat, jenes Organ, welches nur "mittelbar" indirekt legitimiert ist[258], nicht für den Gesamthaushalt zuständig ist und keiner (EU-)Kontrolle unterliegt[259]. Hinsichtlich der konkreten Ausgabengrenzen sind alle anderen Organe: Ministerrat, Parlament und Kommission lediglich Ausführungsorgane. Allerdings wird die Zustimmung der Organe zu der jeweiligen Interinstitutionellen Vereinbarung mit der Aufnahme von zusätzlichen Regeln, die nur mittelbar mit den Ausgabengrenzen zu tun haben, verknüpft. Dadurch haben die Organe erheblichen Einfluss auf den Ablauf der Gestaltung zukünftiger Haushaltskreisläufe. Es gab zwar bereits vor 1988 Versuche seitens des Ministerrats und des Parlaments, auf den Vorentwurf der Kommission Einfluss zu nehmen, doch "gab die Interinstitutionelle Vereinbarung vom Juni 1988 diesen zaghaften Versuchen einen nie gesehenen Aufschwung."[260]

4.2.3 Weitere Instrumente der Ausgabenbegrenzung

Nicht zur Finanzplanungsphase im engeren Sinne gehören die nachfolgenden vier Instrumente:
- Finanzbögen (a),
- die Vorschriften für finanzwirksame Rechtsakte (b),
- die vertraglich geregelt Haushaltsdisziplin (c) und
- die Verordnung des Ministerrates zur Haushaltsdisziplin (d).

Sie werden dennoch an dieser Stelle behandelt, da sie – wie die Interinstitutionelle Vereinbarung 1999 – Instrumente zur Ausgabenbegrenzung darstellen und somit Steuerungsinstrumente für das Haushaltsverfahren darstellen.

---

blatt vom 17.09.1997, S. 10; "Europaparlament will Mitsprache beim Haushalt erzwingen", Handelsblatt vom 26.11.1998; Informationen der EPP-ED Group im Europäischen Parlament zur Interinstitutionellen Vereinbarung und zur Finanziellen Vorausschau (http://epp-ed.europarl.eu.int/Activities/pinfo/info42_de. asp, Stand 23.01.03).

258 Zumindest in den EU-Staaten, in denen die Regierungsmehrheit den Staats- und Regierungschef wählt, ist die Legitimation aus demokratietheoretischer Sicht "schwächer" als in den EU-Staaten, in denen die Bürger ihre Staats- und Regierungschefs direkt wählen.

259 Allenfalls können die nationalen Parlamente gegenüber den Staats- und Regierungschefs Kontrolle ausüben. Hier fehlt dann aber eine Verknüpfung mit der EU-Ebene.

260 *Strasser, Daniel*: aaO, S. 195.

a) Finanzbögen: Seit 1973 besteht die Selbstverpflichtung der Kommission, für jede Haushaltslinie einen Finanzbogen zu erstellen, in welchem die Wirtschaftlichkeit und die Berechtigung des Fortbestehens der Haushaltslinie analysiert wird. Seit 1990 ist dies auch in Art. 3 HO niedergelegt.[261] Die Frage der Finanzbögen ist ebenfalls durch eine Interinstitutionelle Vereinbarung zwischen den Organen geregelt worden.[262] Danach muss die Kommission bei jedem neuen Vorschlag prüfen, ob

- der neue Vorschlag vereinbar mit der bestehenden Finanzplanung ist,
- eine Neuplanung innerhalb der entsprechenden Rubrik der Finanziellen Vorausschau dadurch erforderlich wird und
- der neue Vorschlag einen besonderen Personalbedarf erfordert und wie dieser zu decken ist.

Dieser Finanzbogen geht an den Ministerrat und das Parlament. Alle drei Organe sind verpflichtet, sich in ihren Sitzungen einen Überblick über finanzielle Situation und finanzielle Auswirkungen zu verschaffen. Dadurch wird eine bessere Koordination von Legislativ- und Haushaltsbehörde angestrebt. Gleichzeitig soll verhindert werden, dass Legislativvorhaben angenommen werden, die die finanzielle Situation der EU erheblich beeinträchtigen. Das Verfahren über die Finanzbögen ist vergleichbar mit einem vorherigen Konsultationsverfahren. Trotz dessen hat der Ministerrat mehrfach Beschlüsse gefasst, die erhebliche finanzielle Auswirkungen hatten, ohne dass der Finanzrahmen dies erlauben würde.[263]

Dies liegt unter anderem auch daran, dass die internen Entscheidungsmechanismen im Parlament es dem Haushaltsausschuss, der in dieser Frage zuständig ist, nicht ermöglichen, die Kommissionsvorschläge (sachlich und rechtzeitig) zu bewerten.[264]

Die Regelung besteht zunächst in einer reinen "Berichtspflicht" der Kommission und verpflichtet die anderen Organe nicht. Diese Regelung ist aber geeignet, auf finanzielle Auswirkungen neuer Aufgaben hinzuweisen. Allerdings soll sie ihrem Inhalt nach nur den Abgleich mit der langfristigen "Finanziellen Vorausschau" ermöglichen. Dies ist offensichtlich die Reaktion auf die Unflexibilität verbindlicher Ausgabengrenzen. Diese Vorschrift ist demnach kein echtes Planungsinstrument für Integrationsschritte.

b) Vorschriften zu den finanzwirksamen Rechtsakten: Neben der Interinstitutionelle Vereinbarung zu den Finanzbögen gibt es ein weiteres Verfahren,

261 *Strasser, Daniel:* aaO, S. 151.

262 Interinstitutionelle Vereinbarung vom 14.09.2000 über die Finanzbögen.

263 *Europäisches Parlament, Haushaltsausschuss*: Bericht über die Interinstitutionelle Vereinbarung über die Finanzbögen, S. 9, PE 289.606 (Colom I Naval-Bericht 2000).

264 *Europäisches Parlament, Haushaltsausschuss*: Colom I Naval-Bericht 2000, S. 10, PE 289.606.

welches die Koordination von Legislativ- und Haushaltsbehörde verbessern will.[265] Diese Interinstitutionelle Vereinbarung regelt zwei unterschiedliche Fälle innerhalb der Legislativverfahren:

- **Gesetzesvorschläge über Mehrjahresprogramme, die im Mitentscheidungsverfahren ergehen (also das Parlament beteiligen):** Hier dürfen die Gesetzgeber einen Finanzrahmen in den Gesetzesvorschlag einsetzen. Dieser Betrag dient den Haushaltsorganen als Bezugsrahmen für das jährliche Haushaltsverfahren, stellt eine direkte Ausgabenbegrenzung dar, da sich Ministerrat, Kommission und Parlament verpflichten, von diesem Betrag nicht abzuweichen.
- **Andere Rechtsakte über Mehrjahresprogramme (ohne Beteiligung des Parlaments):** Hier darf der Ministerrat keinen Betrag einsetzen. Sollte der Ministerrat dennoch einen Betrag einsetzen, dann gilt er lediglich als "Absichtserklärung des Gesetzgebers". Damit dieser Betrag zu einer echten Ausgabenbegrenzung wird, ist ein Konzertierungsverfahren gemäß der Gemeinsamen Erklärung vom 04. März 1975 notwendig.[266] Erzielen Ministerrat und Parlament darin über den Betrag Einvernehmen, dann gilt auch dieser Betrag als Bezugsrahmen.

Dies ist die institutionelle Reaktion darauf, dass der Ministerrat über seine Legislativbefugnisse versucht, die Ausgaben, für die das Parlament verantwortlich ist, zu begrenzen.[267] Hier ist also eine "informelle" Regelung (IIV) genutzt worden, um einen diskretionären Spielraum des Ministerrates, den dieser durch die Zuordnung der Verfügungsrechte innehat, zu begrenzen. Die Tatsache, dass nun in bestimmten Fällen eine Konzertierung notwendig wird, deutet darauf hin, dass ein einfaches Verbot der Betragseinsetzung im Legislativverfahren bei Mehrjahresprogrammen seitens des Parlaments nicht durchzusetzen war. Die besonderen Verfahren, die nun vorgesehen sind, haben wieder erhöhte Transaktionskosten zur Folge, was den ursprünglich kostensenkenden Effekt wieder aufhebt.

c) **Haushaltsdisziplin in Art. 270 EGV:** Durch diese Vorschrift wird die Kommission als Inhaberin des Initiativmonopols im Legislativverfahren verpflichtet, keine Vorschläge zu Rechtsakten zu unterbreiten oder ihre Vorschläge zu ändern, wenn diese erhebliche Auswirkungen auf den Haushaltsplan haben.[268] Der Begriff der Haushaltsdisziplin selbst ist nicht definiert, damit gemeint ist wohl in erster Linie "allgemein eine Berücksichtigung der jeweils verfügbaren Eigenmittel"[269].

---

265 Ziff. E der Interinstitutionellen Vereinbarung von 1999, Abl. C 172/1 vom 18.06.1999.

266 In Abl. C 89/1 v. 22.4.1975.

267 Vgl. Kap. 4.5.3.

268 Trotz der eindeutigen Adressierung dieser Vorschrift an die Kommission, wird in der Literatur zum Teil eine Ausdehnung dieser Norm auf alle Organe der EU vorgenommen. Vgl. *Niedobitek, Matthias*: Art. 270 Rn. 9,aaO, Manuskript.

269 *Niedobitek, Matthias*: aaO, Art. 270 RN 7, Manuskript.

In der Praxis ist es schwierig, einen Legislativvorschlag gegen den Willen der Kommission (Initiativmonopol) zu ändern. Daher soll Art. 270 EGV gewährleisten, dass die Ausgabenkontrolle schon bei der Vorbereitung von Legislativakten ansetzt.[270] Die Kommission muss gewährleisten, dass ihre Vorschläge im Rahmen der Eigenmittel finanzierbar sind. Dies trägt der Tatsache Rechnung, dass die Kommission theoretisch Vorschläge machen kann, die die Obergrenzen der Finanziellen Vorausschau übersteigen.[271] Das ist in der Praxis wenig sinnvoll, da die Kommission spätestens bei der Ausführung des Rechtsaktes dann wieder an die Vorschriften der Interinstitutionelle Vereinbarung und an die Vorschriften des Ministerrates zur Haushaltsdisziplin gebunden ist. Das Initiativrecht der Kommission wird also von der Eigenmittelgrenze beschränkt.

Auch dies ist eine Regelung, die nur deshalb notwendig wurde, weil es verbindliche Einnahmen- und Ausgabengrenzen gibt. Das Initiativrecht der Kommission verschafft ihr gegenüber den anderen Organen einen diskretionären Spielraum[272], der so begrenzt werden soll.

d) Die Verordnung des Ministerrates zur Haushaltsdisziplin: Die Tatsache, dass Art. 270 EGV nur die Kommission bindet und für eine (ausgabenbegrenzende) Finanzielle Vorausschau die Zustimmung aller drei Organe notwendig ist, war wohl mit der Grund dafür, warum der Ministerrat seit mehreren Jahren diverse Rechtsakte zur Haushaltsdisziplin erließ. Der neueste Rechtsakt ist die Verordnung des Ministerrates zur Haushaltsdisziplin 2000, in der folgende wesentliche Punkte geregelt sind:[273]

- Der Geltungsbereich der Agrarleitlinie (bisher nur EAGFL-G) wird auf Maßnahmen zur Entwicklung des ländlichen Raums, Maßnahmen des agrarpolitischen Heranführungsinstruments und der im Rahmen des Beitritts anfallenden Beträge im Agrarbereich ausgedehnt.
- Die Legislativmaßnahmen im Haushaltsverfahren und während der Haushaltsausführung sind an die Obergrenzen für die GAP-Ausgaben im Rahmen der Finanziellen Vorausschau gebunden.
- Die Einsetzung der Darlehensreserve, der Soforthilfereserve und der Währungsreserve wird beschlossen.
- Einsparungen im Bereich des EAGFL-G, die in die Währungsreserve übertragen worden sind und die nicht im laufenden Haushaltsjahr genutzt wurden, werden künftig im folgenden Haushaltsjahr als Einnahmen veranschlagt.

270 *Bieber, Roland*: Art. 201a RN 5; in: von der *Groeben, Hans / Thiesing, Jochen / Ehlermann, Claus-Dieter*: Bd. 4, aaO.
271 *Kuhlmann, Kirsten:* aaO, S. 181.
272 Dieses Recht hat die Kommission inne, ohne "echtes" Legislativorgan zu sein.
273 VO des *Rates* Nr. 2040/2000; vgl. jeweils Ziff. 4/Art. 1,4; Ziff. 10/Art. 5; Ziff. 18–20/Art. 9, 15–16; Art. 12 Abs.3.

Damit regelt der Ministerrat die Bereiche, für die er im Rahmen des Haushaltsverfahrens Letztentscheidungskompetenz zu haben glaubt (Agrarausgaben). Allerdings sind die Ausgaben für die Entwicklung des ländlichen Raums und die Heranführungshilfen zum Teil auch nichtobligatorische Ausgaben. Die Klassifizierung der Reserven ist umstritten.[274]

Der Ministerrat ist grundsätzlich befugt, die Vorschriften für den Haushaltsbereich zu erlassen.[275] Allerdings ist hier die Wahl der Rechtsform "Verordnung" von Bedeutung. Vor dieser Verordnung waren alle Rechtsakte des Ministerrates zur Haushaltsdisziplin "Entscheidungen". Die Kommission als Inhaberin des Initiativmonopols schlug nun eine andere Rechtsform vor. Der Haushaltsauschuss des Parlaments vermutete, dass die Kommission den Ministerrat durch die Verordnung enger an die Regeln binden wollte. Doch eine Verordnung bindet auch das Parlament: Daher könne der Ministerrat einen solchen Rechtsakt im Haushaltsbereich nicht einseitig erlassen.[276] Auch hier zeigt sich, dass die Kommission über ihr Initiativrecht versucht, ihre Interessen durchzusetzen.

4.2.4 Die Bewertung der Finanzplanung der EU anhand der Budgetfunktionen

1a) Politische Funktion: Die Finanzplanungsphase erfüllt teilweise eine Entscheidungs- und Ausgleichsfunktion, da sie durch Kompromisse der Entscheidungsträger zustande kommt. Allerdings fehlt es sowohl auf der Einnahmen- als auch auf der Ausgabenseite an der Repräsentation eines Wählers durch die handelnden Organe. Eine zielgerichtete, aufgabenbezogene Planung findet nur unzureichend statt, sondern – wegen der Tauschmöglichkeiten – reine Interessenumsetzung. Die Koppelung der Finanziellen Vorausschau an die Eigenmittelgrenze ist eine Input-Steuerung über die Einnahmen.[277] Input-Orientierung heißt Ausgabenorientierung, es gibt keine Orientierung an den Leistungen (also am Output), die erbracht werden sollen. Die Einbindung in einen längeren Planungshorizont ist durchaus sinnvoll, wenn innerhalb dieses Zeitraums Flexibilität (also gerade keine "festbetonierte" Verbindlichkeit) besteht und den für die kurzfristige Haushaltsplanung zuständigen Organen nicht das Heft des Handeln aus der Hand genommen wird.[278] Die Festlegung der Ausgabengrenzen auch für die verschiedenen Ausgabenkategorien bricht diese ausschließlich einnahmenorientierte – und damit durch nationale Interessen dominierte – Planung in gleicher Weise auf die bereits bestehenden

274 Auf diese Probleme wird im Kap. 4.4.2, Ziff. d) nochmals eingegangen.

275 Art. 279 EGV.

276 Der Grund liegt in den gemeinsamen Befugnissen für das jährliche Haushaltsverfahren. Vgl. *Europäisches Parlament, Haushaltsausschuss:* Averoff-Bericht 1999, PE 231.592, S. 5, aaO.

277 Eine Zielformulierung im Sinne einer langfristigen Output-Steuerung ist allenfalls hinsichtlich der Kosten für erwartete Beitritte festzustellen.

278 Der Zusammenhang zwischen kurzfristiger und mittelfristiger Planung wird im Rahmen des Haushaltskreislaufs noch deutlicher sichtbar.

Ausgabenbereiche herunter. Die Vorgaben des jeweiligen Europäischen Rates dominieren die Verhandlungen und damit auch das Ergebnis, er ist Inhaber der materiellen Verfügungsbefugnis. Dabei versuchen die Staats- und Regierungschef nationale Interessen durchzusetzen. Die Wahl des Koordiniationsmechanismus der Verhandlung ist aufgrund der fehlenden Regelung der Finanzplanung in den Verträgen notwendig, da nicht klar ist, wer für das Setzen dieser Regelungen zuständig ist.

Durch die langfristigen Einnahmen- und Ausgabengrenzen und die teilweise Zweckbestimmung der Einnahmen wird die Finanzplanungsphase nicht nur zur rahmensetzenden, vorbestimmenden Phase für die Haushaltskreisläufe innerhalb des Sieben-Jahreszeitraums, sondern zum "Zügel", durch den Aktionsradius des Parlaments innerhalb der kurzfristigen Haushaltsplanung eingeschränkt wird. Dies wird auch innerhalb des Parlaments deutlich gesehen. Durch eine Interinstitutionelle Vereinbarung "... würde der Rat den Haushalt de facto für sieben Jahre bestätigen. Es gibt keinen politischen Spielraum für das Parlament."[279] Zudem ist ein Teil der Einnahmen über den Eigenmittelbeschluss zweckgebunden und wird so ganz der Mitbestimmung des Parlaments entzogen (Verstoß gegen den Gesamtdeckungsgrundsatz). Hinzu kommt, dass die Finanzplanungsphase in ihrer zeitlichen Dimension nicht mit der parlamentarischen Legislaturperiode korrespondiert.

Instrumente zur Planung sollten an der Planung der finanziellen Umsetzung politischer Programme orientiert sein. Weder der Eigenmittelbeschluss noch die Interinstitutionellen Vereinbarung mit der Finanziellen Vorausschau beziehen sich aber in irgendeiner Weise auf politische Programmprioritäten.[280] Die Höhe der jeweiligen Ausgabenrubrik, die ja eventuell ein Indiz für die Priorität darstellen könnte, wird aber über die Einnahmerestriktionen und durch (institutionelle ermöglichte) Kompensationsverhandlungen bestimmt. Eine Orientierung am Votum der europäischer Wähler und/oder der Steuerzahler ist nicht erkennbar. Selbst wenn man einen programmatischen Aspekt erkennen kann, muss doch konstatiert werden, dass zuallererst der Europäische Rat diesen Aspekt setzt. ROSSI wendet ein, dass die Finanzielle Vorausschau ja durch die Haushaltsorgane revidiert werden könne und somit die Haushaltsbehörde im jährlichen Haushaltskreislauf noch ihr politisches Programm umsetzen könne[281]. Jedoch hat sich seit der Einführung der Interinstitutionellen Vereinbarung und der Finanziellen Vorausschau ein institutionelles Umdenken ergeben: die Organe haben sich mit der Existenz dieser Re-

279 *Colom i Naval, Joan* (MdEP) in der Debatte des Europäischen Parlaments vom 05.05.1999 über die Agenda 2000.

280 So schon *Timmann, Hans-Jörg*: Haushaltsdisziplin, aaO, S. 137. Das läßt sich auch nicht durch eine nachträgliche Aufteilung der Ausgabenrubriken in politische Prioritäten beheben, wie es die Kommission für die Finanzielle Vorausschau langfristig plant.

281 *Rossi, Matthias*: aaO, S. 139.

striktionen abgefunden und das gesamte jährliche Haushaltsverfahren diesen Restriktionen angepasst. Zudem ist ein Revisionsverfahren verfahrenstechnisch nicht gerade einfach.

Vor allem das Parlament sieht sich in einer institutionellen "Sackgasse": Durch die Zustimmung zur Interinstitutionellen Vereinbarung verzichtet es zum Teil auf seine Befugnisse im Haushaltsverfahren (politische Programmfunktion) im Tausch gegen Legislativbefugnisse (sowohl im Haushaltsbereich als auch in anderen Gesetzgebungsbereichen). Europäischer Rat und Ministerrat betrachten die Einnahmenbegrenzung (Eigenmittelobergrenze), die Interinstitutionelle Vereinbarung und die "Finanzielle Vorausschau" als Instrument der "Haushaltsdisziplin". Dies dient vor allem dazu, die Mittel, die die Mitgliedstaaten bereitstellen, nicht übermäßig anwachsen zu lassen.[282] Das ist möglich, weil Europäischer Rat und Ministerrat implizit und explizit die vertragliche Befugnis für die Einnahmen haben und die nationalen Parlamente in ihrer Interessenlage ähnlich orientiert sind. Das formelle Verfügungsrecht der nationalen Parlamente ist daher de facto nicht von Bedeutung. Dabei müssen Europäischer Rat und Ministerrat bei den Entscheidungen über die Einnahmen keine Abwägung zwischen dem zusätzlichen Nutzen für den Wähler durch eine zusätzliche Ausgabeneinheit und dem Nutzenverlust aus der damit verbundenen Steuerzahlung treffen, weil es sich überwiegend um beitragsfinanzierte Einnahmen handelt. Das (teilweise) formelle Verfügungsrecht Gesetzgebungskompetenz bei den Einnahmen ist dabei nur scheinbar ein Indiz für Steuerautonomie, da es dem Ministerrat (bzw. in den Vorverhandlungen als materiell-formelles Recht dem Europäischen Rat) zusteht, dessen Interessen national ausgerichtet sind. Gleichzeitig müssen die beteiligten Organe auch bei der Festlegung der Ausgabengrenzen nicht auf die Präferenzen des Wählers achten, da sie nur unzureichend an den Wähler angebunden sind. Die (formellen und materiellen) Entscheidungskompetenzen liegen also überwiegend bei den Organen, die politisch nicht dem EU-Wähler verantwortlich sind. Der Steuer-Ausgaben-Mechanismus kann so nicht wirksam werden.

Der Ministerrat will grundsätzlich so wenig Ausgaben wie möglich – er macht nur dann eine Ausnahme, wenn es um sein außenpolitisches Renommee geht (vordergründiges "europäisches Interesse", welches letztlich auch ein "nationales Interesse" ist) oder um nationale Sonderinteressen (GAP, Fischerei). Dabei kommt ihm die formelle Verfügungsbefugnis (die er gemeinsam mit den Parlamenten der Mitgliedstaaten innehat) zugute. Gleichzeitig kann er auf die Zustimmungsbereitschaft des Parlaments Einfluss nehmen, da er Inhaber von Legislativbefugnissen ist, die auch das Parlament gern hätte (teilweise materielle Verfügungsrechtsbefugnis).

282 So auch STRASSER, der dazu feststellt: "Nicht ohne Bosheit hat sich vor allem der Rat zum Vorkämpfer der Einhaltung der finanziellen Vorausschau gemacht, ganz gleich, wie begründet die Ausgabenerhöhung sei." Vgl. *Strasser, Daniel*: aaO, S. 199.

In den Verhandlungen haben Ministerrat und Kommission gegenüber dem Parlament strategische Vorteile. Denn die Kommission ist bei den Verhandlungen des Europäischen Rates und der Ministerrat bei der Fassung des Eigenmittelbeschlusses dabei (teilweise materielle Verfügungsrechtsbefugnis).

Das formelle Verfügungsrecht des Ministerrats über die Einnahmen bietet diesem ein Druckmittel gegenüber Parlament und Kommission. Die beiden Organe haben daher nur die Möglichkeit, über interinstitutionelle Vereinbarungen mehr Befugnisse zu erlangen. Das Parlament fühlt sich durch seine institutionelle Stellung gezwungen, zunächst um mehr Beteiligungsrechte für sich selbst zu streiten, anstatt den Interessen der anderen Organe entgegen zu steuern. Für letzteres hat das Parlament institutionell auch keinen Anreiz, da es selbst nationale Interessen vertritt. Dies sieht das Parlament selbst auch so: "Bei einer Revision der EU-Finanzen geht es nicht um eine Aufstockung der Ausgaben, sondern um die Erweiterung der Befugnisse und der Rechte des Europäischen Parlaments".[283]

Budgeterweiterungen sind nur um den Preis weiterer Beschränkungen zu erreichen. Da der europäische Wähler kaum ein Rolle für die Wiederwahl des Parlaments spielt (nationale Wahlverfahren, nationale Wahllisten, nationale Parteianbindung), hat das Parlament auch keinen Anreiz, politische Programme eines europäischen Wählers umzusetzen. Im Lichte der politischen Verantwortlichkeit stellt sich der Ministerrat als bloßes Umsetzungsorgan von Vorgaben des Europäischen Rates dar. Sowohl der Ministerrat als auch Parlament und Kommission müssen der Interinstitutionellen Vereinbarung zustimmen. Es wird nicht klar, wer für welche Regelungen in dieser Vereinbarung zuständig ist. Die Kommission, die laut Vertrag nur das Initiativrecht hat, bekommt dadurch sogar eine stärkere Stellung. Dies ist deshalb problematisch, weil sie auch für den Vollzug des Haushalts zuständig ist. Die politische Verantwortlichkeit kann durch den Prinzipal (Souverän) zudem nicht sanktioniert werden, da er auf das Interorganrecht keinen Zugriff hat. Von einer *eigenverantwortlichen* Planung im Sinne einer präferenzgerechten Aufgabensteuerung der EU-Ebene kann insoweit nicht die Rede sein.

1b) Integrationsfunktion: Die Ausgaben für die integrationspolitische Aufgabe Erweiterung werden in der Finanzplanung gesondert aufgeführt (z.B. Heranführungshilfen für die Beitrittsländer). Dies hat seine Ursache nicht darin, dem europäischen oder nationalen Steuerzahler die Kosten der Erweiterung zu verdeutlichen, sondern dient der Deckelung dieser Ausgaben und hat damit einen gewissen Plancharakter. Eine politische Prioritätensetzung ist insoweit erkennbar, als dass die Ausgaben für die Erweiterung schon seit Jahren mit in die Planung einbezogen werden und für diese explizit Mittel bereit gestellt werden.

Allerdings wird aus der Finanzplanung überhaupt nicht klar deutlich, welche der Ausgaben reinen integrationspolitischen Vertiefungsaufgaben dienen (Kohäsions-

283 *Samland, Detlev*: AGENDA 2000, aaO.

ziel). Ein Beispiel dafür sind die befristeten Eigenmittelbeitrags-Ausgleichszahlungen für die neuen Mitglieder.[284] Hier wird nicht deutlich, ob diese Zahlungen integrationspolitisch intendiert (Kohäsionsziel) oder Folge der Verhandlungspositionen bei Vertragsänderungen aufgrund von Kompetenzverlusten (integrationspolitische Kompensationen) sind. Es fehlt an einer echter Planung jedenfalls insoweit, als dass auch für die Vertiefungsaufgaben verbindliche Ziele definiert werden, die über die Beitrittsvoraussetzungen hinausgehen und für einen bestimmten Zeitraum zur Erreichung eines bestimmten Ziels Ausgaben vorsehen.

Insgesamt ist schon aus der (verbindlichen!) Finanzplanung ersichtlich, dass die Integrationsaufgabe Erweiterung zu Lasten der Integrationsaufgabe Vertiefung geht – jedenfalls soweit sich die Vertiefungskosten sichtbar machen lassen und die Vertiefungsaufgabe nicht nur darin gesehen wird, die dann beigetretenen Mitgliedstaaten auf den Stand der bisherigen Mitgliedstaaten zu bringen. Die gedeckelten Einnahmen werden nicht erhöht, obwohl bereits für 2004 der Beitritt von 10 Staaten zu erwarten ist. Hier kann man argumentieren, dass innerhalb des vorhandenen Ausgabenrahmens Umschichtungen nach Prioritäten vorgenommen und weniger wichtige Aufgaben erst einmal zurück gestellt werden. In den Diskussionen im Vorfeld der Osterweiterung wurde jedoch in der Regel ausschließlich mit der Zahlerposition argumentiert.[285] Da der Ministerrat (und Europäische Rat) die Eigenmittelbeschlüsse fassen, die noch national ratifiziert werden müssen, setzten sich diese Interessen schließlich auch durch.

1c) Kompensationsfunktion: Von einer strategischen Ausrichtung integrationsbedingter Kompensationen kann keine Rede sein. Vielmehr hat die Einführung der Finanziellen Vorausschau (im Rahmen einer Interinstitutionellen Vereinbarung) dazu geführt, dass die Kompensationsforderungen nun direkt mit dem Abschluss von Interinstitutionellen Vereinbarungen verknüpft werden. Zwar gab es schon vor der Einführung der Interinstitutionellen Vereinbarungen Kompensationen.[286] Nun jedoch können die Verhandlungen interinstitutionell als Druckmittel eingesetzt

284 So z.B. Österreich, Finnland und Schweden 1995.

285 Vgl. z.B. *Weise, Christian*: EU-Osterweiterung finanzierbar – Reformdruck wächst, DIW-Wochenbericht 36/01 (http://www.diw.de/deutsch/publikationen/wochenberichte/01-36-1.html, Stand: 22.01.03); "Neuer Streit über Kosten der Erweiterung", Die Welt vom 26.11.2002.

286 So wurde 1975 der EFRE , von dem Dänemark, Irland und Grossbritannien profitierten, als Kompensation dafür eingerichtet, dass andere Mitgliedstaaten stark von der GAP profitierten, eingerichtet. 1986 wurden als Kompensation für die Zustimmung zum Beitritt von Spanien und Portugal die "Integrierten Mittelmeerprogramme" eingerichtet, von denen die französischen, italienischen und griechischen Mittelmeerregionen profitierten. Vgl. *Haverland, Markus*: Europäische Integration im Spannungsverhältnis von Zentralisierung und Dezentralisierung: Die Implementation des Europäischen Fonds für Regionale Entwicklung in Großbritannien und Deutschland, Tübingen 1998, S. 3; *Eichener, Volker*: Das Entscheidungssystem, S. 163 m.w.N.

werden, um immer größere "package deals" zu ermöglichen. Das macht die ohnehin schwierige Abgrenzung von integrationspolitischen und allgemein politisch-institutionellen Kompensationen noch schwieriger. Problematisch ist, dass der Europäische Rat – als nur indirekt legitimiertes und für eine Haushalts- und Finanzverfassung gar nicht zuständiges Organ – die Beschlüsse über die Eigenmittel und die Interinstitutionelle Vereinbarungen in großen Paketen vorverhandelt und festlegt. Über seine "politische Richtlinienkompetenz"[287], die ihm nach Art. 4, 13 EUV zusteht, prägt er in weitem Umfang die Aufgaben der Union. Die Verknüpfung mit der Finanziellen Vorausschau und die Abhängigkeit des Ministerrats von seinen Voten eröffnet ihm die Möglichkeit zum "package voting", wobei die Zustimmung Einzelner oft durch zusätzliche Programme erkauft wird.

Zwar wird schon im Vorfeld des Abschlusses von Finanziellen Vorausschauen (z.B. der Agenda 2000) in der EU diskutiert, wer warum welche Integrations-nach/vorteile hat, die letztliche Höhe der Kompensationen ist vom jeweiligen Verhandlungsgeschick der Beteiligten abhängig und wird in der Öffentlichkeit auch nicht als Kompensation publik gemacht. Diese mangelnde Transparenz macht die Einordnung dieser Kosten schwierig. Hinzu kommt, dass bestimmte aus Kompensationsgründen geschaffene Programme u.ä. langfristig angelegt sind, also weder mit einem Enddatum versehen sind, noch in einem überschaubaren Zeitraum erneut auf den Prüfstand kommen.

Zudem wirken diese Kompensationen restriktiver, da sie nach ihrer Verhandlung in das "Korsett" der bereits vorgeplanten inkrementalistischen Planung eingebaut werden müssen und so entweder eine Eigenmittelerhöhung (was gegen die nationalen Interessen im Ministerrat verstieße) oder die Kürzung von Ausgabenkategorien innerhalb der "Finanziellen Vorausschau" (was gegen die Interessen von Kommission und Parlament verstieße) nach sich ziehen würde. Da zudem die Aufstockung der Eigenmittel schwieriger ist (einstimmiger Eigenmittelbeschluss und Ratifizierung), als die Verabschiedung einer Interinstitutionelle Vereinbarung (hier kann man innerhalb der Organe auf horizontaler Ebene kompensieren[288]), wird eher zum letzteren Mittel gegriffen. Dieses ermöglicht es dem Europäischen Rat und dem Ministerrat ihre Entscheidungen von der nationalen Kontrolle zu entkoppeln.

(2) Politische Kontrollfunktion: Auch diese Funktion ist eingeschränkt. Ohne ein echtes politisches Programm der Finanziellen Vorausschau kann ex-post keine echte politische Kontrolle stattfinden. Ein politisches Programm ist mehr als eine (sehr langsame) allmähliche Abschmelzung des Anteils der Agrarausgaben am

287 Die keine Gesetzgebungskompetenz ist!.

288 Im Rahmen der Agenda 2000-Verhandlungen profitierten so vor allem die Mitgliedstaaten im Kohäsionsfonds, von denen hätten drei nach Auffassung des Parlaments nicht mehr unter die Fondsförderung fallen sollen. Vgl. *Schiedermeier, Edgar Josef* (MdEP) in der Parlamentsdebatte vom 05.05.1999 über die Agenda 2000, aaO.

Gesamthaushalt[289] und dementsprechend eine Aufstockung der Strukturausgaben. Die Finanzplanungsphase prägt insoweit die Möglichkeiten der politischen Kontrolle vor: Die Finanzielle Vorausschau wirkt bis in die politische Kontrollfunktion der kurzfristigen Haushaltsplanung. Die Wirkung des legislativen "Genehmigungsvorbehalts" (Beschlussfassung über den Haushalt) im Haushaltskreislauf durch eine langfristige verbindliche Festlegung der Einnahmen und Ausgaben erheblich eingeschränkt. Dabei ist dem Parlament durchaus bewusst, dass es "... sich damit zufrieden gibt – sagen wir es einmal so – den Traum eines jeden Bürokraten zu erfüllen, nämlich über einen langen Zeitraum hinweg Geld ohne wirksame parlamentarische Kontrolle ausgeben zu können."[290] Damit wird die politische Kontrolle auf die "innere" Verteilung der Mittel innerhalb der globalen Rahmen beschränkt. Darauf wird an späterer Stelle zurück zukommen sein.

Hinsichtlich der Einhaltung der globalen Grenzen in der Finanziellen Vorausschau findet eher eine wechselseitige Kontrolle zwischen Ministerrat (Interesse an der Einhaltung der Eigenmittelgrenze und der Grenze für die nichtobligatorischen Ausgaben) und Parlament (Interesse an der Einhaltung der Agrarleitlinie, obligatorische Ausgaben) statt.[291] Kontrollinstrumente (z.B. rechtliche Sanktionen) sind in der Interinstitutionellen Vereinbarung nicht vorgesehen, so dass auf die Instrumente im jährlichen Haushaltsverfahren bzw. auf die Verweigerung der Zustimmung zu einer nächsten Interinstitutionellen Vereinbarung zurückgegriffen werden muss. Gerade das Parlament befindet sich also in einer Dilemma-Situation: Es kann hinsichtlich der obligatorischen Ausgaben nur über restriktivere Regelungen in einer Institutionellen Vorausschau mehr Kontrolle erhalten, beraubt sich aber über diese Kontrollinstrumente der Möglichkeit, programmatisch tätig zu sein. Da das Parlament keinerlei Einfluss auf einen Teil der obligatorischen Ausgabenhöhe (Agrarleitlinie) hat, verzerrt sich auch diese eingeschränkte Kontrolle. Es findet zudem weder eine Kontrolle der Integrations-, noch der Kompensationsausgaben statt. Dies liegt schon daran, dass diese nicht klar definiert und zumeist nicht extra ausgewiesen sind. Hinzukommt, dass die Kompensationen im Europäischen Rat (nichtöffentlich!) verhandelt werden. So kann das Parlament die Entstehung dieser Ausgaben nicht kontrollieren und in einen planvollen Prozess einbetten. Etwas anderes ergibt sich für den Ministerrat, weil dieser institutionell an den Euro-

289 Wie bereits erwähnt, steigen die Ausgaben für die GAP in absoluten Zahlen weiter an. Ebenso muss berücksichtigt werden, dass ein Großteil der Umstrukturierungsvorhaben in der GAP nicht Gründen einer programmatischen Ausrichtung heraus geschieht (auch wenn dies im Nachhinein oft behauptet wird), sondern weil die bisherigen Nettozahler nicht gewillt sind, auch für eine EU 25 diese Agrarleistungen zu finanzieren und die bisherigen Nettoempfänger keine Nettozahler werden wollen.

290 *Elles, James M.* (MdEP) in der Debatte des Europäischen Parlaments vom 05.05.1999 über die Agenda 2000, aaO.

291 Dies wird aus Sicht des Parlaments durchaus als positiv angesehen. Vgl. *Colom i Naval, Joan* (MdEP) in der Debatte am 05.05.1999 über die Agenda 2000, aaO.

päischen Rat angebunden ist. So findet eine national geprägte politische Kontrolle statt.

(3) Finanzwirtschaftliche Ordnungsfunktion: Die Finanzielle Vorausschau übernimmt unter finanzwirtschaftlichen Ordnungsgesichtspunkten eine herausragende Position. Mehr als vergleichbare Instrumente auf nationaler Ebene ist die mittelfristige verbindliche Finanzplanung der EU darauf angelegt, die Einnahmen und Ausgaben zukünftiger Perioden sichtbar zu machen und die Ausgaben immer unter der Einnahmenobergrenze anzusiedeln – also der Deckung von Ausgaben und Einnahmen gerecht zu werden. Es wird jedoch anders als in vielen Nationalstaaten nicht über den Bedarf (Aufgaben) geplant, sondern über eine vorgegebene fixe Einnahmengrenze. Dies berührt die finanzielle Ordnungsfunktion zunächst nicht. Auch die Tatsache, dass nur ein Teil der Haushaltsbehörde – der Ministerrat (und die nationalen Ratifizierungsorgane)- mit der Frage beschäftigt, in welcher Höhe Einnahmen zur Verfügung stehen und wie die erforderlichen Einnahmen beschafft werden, wirkt sich hier nicht aus. Jedoch zeigt sich in der Planung der EU-Ebene gerade nicht die Autonomie des EU-Ebene, sondern ihre starke Abhängigkeit von den Mitgliedstaaten. Im Eigenmittelbeschluss gibt es zudem Regelungen , die gegen das Bruttoprinzip und den Grundsatz der Vollständigkeit des Budgets verstoßen, was die finanzwirtschaftliche Ordnungsfunktion beeinträchtigt.

(4) Administrative Lenkungs- und Kontrollfunktion: Die rechtliche Verbindlichkeit der Finanziellen Vorausschau bindet zunächst die Verwaltung und dient somit der administrativen Lenkungs- und Kontrollfunktion. Durch die Festlegung der Ausgabenrubriken für einen langen Zeitraum wird auch die Verwaltung an die Einhaltung der Obergrenzen gebunden, dies ist ein qualitativer Aspekt administrativer Lenkung. Eine weitere Bindung wird durch die Zweckbindungen einiger Einnahmen erreicht. Eine funktionale Bindung wird über die Ausgabenrubriken erreicht, wobei aber noch keine ressortbezogene Zuweisung stattfindet.

Jedoch dient diese Funktion grundsätzlich der Aufgabe, die Bindung der Verwaltung an den haushaltspolitischen Willen *der Legislative* zu erreichen, nicht irgendeine Bindung festzulegen. Unter diesem Blickwinkel ist die starke Einbeziehung der Kommission in die Vorbereitung, Verhandlung und auch Abstimmung (zweifaches formelles und auch teilweises materielles Verfügungsrecht) der Finanziellen Vorausschau bedenklich. So wird die Verwaltung zu einem Drittel von sich selbst gebunden. Das hat seinen Grund wohl darin, dass die rechtliche Bindungswirkung nicht so sehr auf die administrative Lenkung und Kontrolle der Exekutive, sondern auf die Lenkung und Kontrolle der Legislative (insbesondere des Parlaments) abzielt. Dagegen kann argumentiert werden, dass die eigentliche spezifische Lenkungs- und Kontrollwirkung erst mit dem jährlichen Haushaltsbeschluss vollständig wirksam wird. Die starke Vorprägung der kurzfristigen Haushaltsplanung durch die Vorgaben der Finanziellen Vorausschau entkräftet dieses Argument wieder. Gerade deshalb sollte die Exekutive eben keinerlei Verfügungsrechte in der Finanzplanungsphase der EU-Ebene haben. Selbst wenn man argumentieren würde, dass in der Mitentscheidung über die finanzielle Vorausschau durch die Kommission eine Art Selbstverpflichtung, Selbstbindung gesehen werden kann, ist dem doch das Initiativrecht der Kommission (Vorschlag der Finanziellen Vorausschau) entgegenzuhalten. Durch ihre starke agenda-setter-Funktion und ihre vermittelnde Stellung zwischen Ministerrat und Parlament im Verhandlungsprozess kann die Kommission den Verlauf und das Ergebnis der Verhandlungen präjudizieren.

Die Finanzplanungsphase erfüllt nur hinsichtlich der finanzwirtschaftlichen Ordnung des Budgets ihren Zweck zufriedenstellend. Dies scheint vordergründig die Hauptaufgabe einer Finanzplanung zu sein. Unter dem Gesichtspunkt eines demokratischen und präferenzgerechten Budgets ist Planung und Ausgleich von Ausgaben und Einnahmen aber kein Selbstzweck, sondern dient der Erfüllung der politischen Funktionen des Budgets. Auch eine politische Planung findet statt, sie ist aber nationalstaatlich und inputorientiert und dient eher dem Fortschreiben alter Ausgabenansätze, als einer programmatisch-präferenzorientierten Aufgabenerfüllung. Während die Integrationsfunktion jedenfalls hinsichtlich der Erweiterungsausgaben und -einnahmen teilweise umgesetzt werden kann, findet eine Planung von Kompensationsausgaben im Sinne der Kompensationsfunktion nicht (bzw. jedenfalls nicht sichtbar) statt. Politische Kontrolle wird ausschließlich über den Ministerrat (und Europäischen Rat) im Sinne nationaler politischer Kontrolle ausgeübt. Eine administrative Lenkung und Kontrolle kann mit dem Mehrjahresbudget zwar ausgeübt werden, am Zustandekommen ist die Kommission aber intensiver als Exekutiven in den Nationalstaaten beteiligt.

Die Gründe für die unzureichende Umsetzung der Budgetfunktionen liegen sowohl auf der Ebene der Delegation von Verfügungsrechten vom Souverän (Prinzipal) auf die Agenten (europäische Organe) als auch in den unzureichenden institutionellen Binnenstrukturen der europäischen Haushalts- und Finanzverfassung. Da bisher das Recht zur Finanzplanung nicht ausdrücklich in den Verträgen niedergelegt ist, kann von einer Delegation dieses Rechts vom Souverän (Prinzipal) auf den Agenten keine Rede sein.[292] Weil es an einem echten Prinzipal-Agent-Verhältnis fehlt, können die Handelnden den Umfang ihrer Rechte selbst bestimmen. Dabei benutzen die Agenten das interinstitutionelle Recht, um auch die letzte Anbindung an einen Wähler (nationale Parlamente) und die Steuerungsmechanismen der Haushaltsordnung auszuschalten.

292 Wobei aus demokratietheoretischer Sicht der Souverän (Bürger) auch in Bezug auf die Vertragsgestaltung wenig zu sagen hat. Die Verträge werden durch die Mitgliedstaaten geschlossen. Allerdings kann hier über die Ratifizierung durch die nationalen Parlamente ein Mindestmaß an Rückkoppelung an jeweiligen nationalen Bürger zugrunde gelegt werden.

Die Einführung der Finanziellen Vorausschau kann jedenfalls dann als transaktionskostensenkend angesehen werden, wenn sich die Finanzielle Vorausschau im Rahmen der Interinstitutionellen Vereinbarung als eine Schließung formaler Regelungslücken darstellt. Dem ist aber nicht so, denn durch die Interinstitutionelle Vereinbarung (*Inter*organvereinbarung) wird eine Vertragsänderung gerade umgangen. Diese setzt nämlich sowohl die Einstimmigkeit der über die Änderung beratenden Regierungskonferenz als auch die Ratifizierung durch die Mitgliedstaaten voraus (formelle Verfügungsbefugnis). Die Beschlussfassung des Ministerrates über die Eigenmittel (Abstimmung nach dem Einstimmigkeitsprinzip) stellt die Anbindung der vorverhandelten Interinstitutionellen Vereinbarung an die Verträge her. Die Einbindung von Kommission, Ministerrat und Parlament in die "Genehmigung" des Verhandlungsergebnisses des Europäischen Rates scheint nicht zufällig. Es liegt im Interesse des Europäischen Rates, seine Verhandlungen durch ein Verfahren, an welchem die zuständigen Haushaltsakteure beteiligt sind, zu legitimieren.

Zudem finden sich in der Interinstitutionellen Vereinbarung Regelungen, die klar den vertraglichen Verfahren entgegenstehen (z.B. Höchstsatzregel). Die drei Organe (Ministerrat, Parlament und Kommission) haben sich die fehlende vertragliche Regelung also zu nutze gemacht, um sich selbst – über das (finanzielle) Verhandlungsergebnis des Europäischen Rates hinaus – institutionelle Regeln im Einvernehmen zu geben. Da die Zustimmung aller drei Organe zu so einer Regelung notwendig ist (denn es werden ja vertragliche Kompetenzen beschnitten oder/und erweitert), finden Tauschgeschäfte statt, um den Abschluss dieser Vereinbarungen jeweils zu ermöglichen.

4.3 Das Eigenmittelerhebungsverfahren

Bevor auf den Haushaltskreislauf selbst eingegangen wird, sind zuvor die Verfahren der Eigenmittelerhebung kurz vorzustellen. Obwohl sich die Eigenmittelerhebung formal unabhängig vom Haushaltskreislauf vollzieht, ist sie doch Voraussetzung für die Ausgabenwirtschaft. Daher sollen die Verfahren und ihre Probleme an dieser Stelle dargestellt werden (Kap. 4.3.1). Sie macht zudem die Verteilung der Verfügungsrechte in Bezug auf die Gestaltungshoheit, d.h. Gesetzgebungshoheit, und die Verwaltungshoheit und deren Folgen für die Budgetfunktionen deutlich (Kap. 4.3.2).

Die Mitgliedstaaten stellen die Eigenmittel (MwSt/BSP-EM) nach ihren Rechts- und Verwaltungsvorschriften fest.[293] Dabei hat die EU keinen Einfluss auf das Entstehen ihrer Forderung. Das heißt, es besteht kein Forderungsverhältnis zwischen dem Abgabenschuldner (z.B. dem Unternehmen) und der EU, sondern nur

293 VO des *Rates* 1150/2000 zur Durchführung des Eigenmittelbeschlusses, aaO.

zwischen dem Mitgliedstaat und der EU.[294] Denn die Mitgliedstaaten ziehen die Forderungen nicht im Auftrag oder im Namen der EU ein, sondern in eigenem Namen. Die Mitgliedstaaten sind insoweit weder der Agent des europäischen Steuerzahlers noch der (vollzugsföderalistische) Agent der EU. Dies ist die Konsequenz daraus, dass die Mitgliedstaaten letztlich die Gesetzgebungshoheit über die Eigenmittel haben.

4.3.1 Die Verfahren der Eigenmittelerhebung und die Probleme

Die Mitgliedstaaten übermitteln im Frühjahr ihre Schätzungen an die Kommission für die Traditionellen Einnahmen (TEM) und die MwSt/BSP-Bemessungsgrundlagen. Auf der Grundlage der MwSt/BSP-Bemessungsgrundlagen wird jeweils ein einheitlicher Satz für BSP/MwSt festgelegt. Diese Sätze werden dann auf die vorausgeschätzten Bemessungsgrundlagen der Mitgliedstaaten bezogen.[295] Daraus ergeben sich die Soll-Eigenmittel-Sätze der Mitgliedstaaten zuzüglich ihrer jeweiligen Beiträge zur Finanzierung des Briten-Rabatts[296], die TEM-Erhebungspauschalen (25%) werden abgezogen und im Haushalt als "Negativeinnahmen" verbucht. Die Bereitstellung der Eigenmittel erfolgt in Form einer Gutschrift der fälligen Beträge auf einem gesonderten Konto der Mitgliedstaaten[297], bei verspäteter Gutschrift muss der Mitgliedstaat Zinsen für Verzug zahlen. Auf den Extra-Konten der Mitgliedstaaten werden die Eigenmittel dann monatlich verbucht.[298] Vor Ende Oktober des laufenden Haushaltsjahres schätzt die Kommission die Eigenmittel, die bis dahin vorliegen und legt sie der Haushaltsbehörde vor. Das institutionelle Bindeglied zwischen den Mitgliedstaaten und der Kommission ist der Beratende Ausschuss für Eigenmittel (BAEM).[299] In ihm sind Vertreter der Mitgliedstaaten versammelt, den Vorsitz führt die Kommission. Der BAEM ist zuständig für Fragen der Umsetzung des Eigenmittelsystems und für die Vorausschätzungen der Eigenmittel in den Haushaltsjahren.

Die Eigenmittelarten unterscheiden sich hinsichtlich der angewandten Verfahren:

- **Traditionelle Eigenmittel:** Nur hier gibt es ein klassisches Erhebungsverfahren mit Festsetzung, Feststellung und Einzug.[300] Die Erhebungskompetenz liegt bei

294 *Fugmann, Friedrich*: Gesamthaushalt, aaO, S. 186.
295 ZU den Verfahren grundlegend und zum Folgenden: *Vogel, Klaus / Rodi, Michael*: Probleme bei der Erhebung von EG-Eigenmitteln aus rechtsvergleichender Sicht, 1. Aufl. Baden-Baden 1995.
296 *Messal, Rüdiger*: aaO, S. 140ff.
297 VO des Rates 1150/2000 zur Durchführung des Eigenmittelbeschlusses, aaO, Ziff. 15, Art. 9.
298 In Deutschland werden die gesamten abgeführten Mittel im Einzelplan 60, Kap. 06, Anlage E ausgewiesen.
299 Art. 20 der VO 1150/2000.
300 *Messal, Rüdiger*: aaO, S. 137.

den Mitgliedstaaten wie auch die Durchführungsautonomie.[301] Dies erinnert an verwaltungsföderalistische Systeme. Allerdings gibt es bei den Zöllen "keine wirklich integrierte Strategie (...), was ebenfalls eine auf den nationalen Raum begrenzte Sichtweise ... *(fördert)* und damit zur Verzettelung von Anstrengungen, zu einer ineffizienten Nutzung der verfügbaren Mittel und letztlich zu unzureichenden Ergebnissen ..."[302] führt. Für die korrekte Erfassung der TEM sind die nationalen Buchführungssyteme von Bedeutung. Arbeiten diese nicht zufriedenstellend, können Fehler bei der Erfassung der TEM und der Weiterleitung der Daten an die Kommission entstehen.[303] Die Kommission ist über die VO 1159/2000 verpflichtet, die Anpassung der innerstaatlichen Rechts- und Verwaltungsvorschriften im Bereich der TEM zu überwachen und hat das Recht, zu deren Verbesserung Vorschläge einzureichen.

- **MwSt-Eigenmittel:** Der Ministerrat hat eine endgültig einheitliche Regelung für die Erhebung der MwSt festgelegt.[304] Bei der Berechnung des Gewogenen Mittleren Satzes (GMS) für die MwSt-Bemessungsgrundlagen müssen jedoch Daten aus dem seit 1999 eingeführten neuen Europäischen System Volkswirtschaftlicher Gesamtrechnungen (ESVGR 1995) herangezogenen und nach den jeweils angewandten Umsatzsteuersätzen aufgeschlüsselt werden (z.B. Konsum der privaten Haushalte). Die Gliederung des ESVGR berücksichtigt aber z.B. nicht das deutsche Umsatzsteuerrecht, so dass Differenzen in den Aggregaten möglich sind.[305] Problematisch ist, dass die endgültige Höhe der MwSt-Abführungen für die Mitgliedstaaten nicht zum Anfang des Haushaltsjahres feststeht. Da die MwSt-Soll-EM höher liegen können als die später festgestellten Ist-EM und die EU die Möglichkeit hat, die MwSt-Sätze bis zur Plafondierung in Anspruch zu nehmen, können die verbleibenden nationalen MwSt-Einnahmen niedriger als geplant ausfallen. Hinzu kommt, dass durch die Regelung, die MwSt nicht bei der Einfuhr der Waren, sondern zu einem späteren Zeitpunkt aufgrund einer periodi-

301 Beispiel Deutschland: Hier sind die einzelnen Zollbehörden zuständig. Diese Behörden sind acht Oberfinanzdirektionen zugeordnet, die die Rechts- und Fachaufsicht über die Hauptzollämter innehaben. Die Oberfinanzdirektionen unterstehen dem Bundesfinanzministerium (Zollabteilung), welches für die kassenmäßige Abwicklung zuständig ist.

302 *Europäisches Parlament, Haushaltsausschuss*: Haug-Bericht 1999, Stellungnahme des Haushaltskontrollausschusses, Schlußfolgerung C, S. 42, aaO.

303 So gibt es z.B. in Deutschland drei verschiedene, nur teilweise koordinierte Buchführungssysteme, die manuell bearbeitet werden und dadurch unzuverlässig sind. Vgl. *Europäischer Rechnungshof*: Jahresbericht 2000, Ziff. 1.14ff.; auch für das Haushaltsjahr 2001 hat der Rechnungshof erhebliche Mängel bei der Bereitstellung der TEM festgstellt – und das, obwohl in Deutschland ein neues System eingeführt wurde. Vgl. *Europäischer Rechnungshof*: Jahresbericht 2001, Ziff. 1.24, 1.27.

304 VO 1553/89.

305 Aussage des Referats EA3 des Bundesfinanzministeriums, welches für die Vorausschätzung der Bemessungsgrundlage in Deutschland verantwortlich ist.

schen Anmeldung des Steuerpflichtigen zu erheben, ein erheblicher Betrugsanreiz gesetzt wird.[306]

- **BSP-Eigenmittel:** Hierfür gibt es keine vollständig harmonisierte Bemessungsgrundlage. Zwar gibt es das neue ESVGR 1995, jedoch sind die Auslegungen, die angewandten Verfahren und die Qualität der Daten national unterschiedlich. Ein großes Problem ist hierbei, dass im Falle der Nichteinziehung hinterzogener oder Differenzen aufgrund fehlberechneter TEM und MwSt-EM eine Aufteilung der Restsumme (bis zur Obergrenze der Eigenmittel) nach dem "Gegenseitigkeitsprinzip" erfolgt. Das heißt, der BSP-Beitrag aller Mitgliedstaaten wird ohne Berücksichtigung der Verantwortlichkeit angepasst[307] (d.h. zu den Soll-BSP-EM hinzugerechnet).

Aus diesen Verfahren resultieren auch unterschiedliche Problemlagen, die teilweise nur "technischer" Natur sind, teilweise aber Anreize zu strategischen Verhalten bieten können:

- **BSP-Grundlage:** Je vollständiger und genauer das nationale BSP berechnet wird, welches die Datengrundlage für die MwSt- und BSP-EM ist, desto mehr Eigenmittel sind an die EU abzuführen. Dies kann die Mitgliedstaaten dazu verführen, ihre Daten nicht "so exakt" zu ermitteln. Die Vorausschätzungen für die MwSt- und BSP-Bemessungsgrundlagen erfolgen im Rahmen des jährlichen Haushaltsverfahrens der EU durch die Kommission (nach Angaben der Mitgliedstaaten).
- **Kostenintensität der Erhebung:** Insbesondere die Erhebung der TEM verursacht einen hohen Verwaltungsaufwand. Gleichzeitig bedingen die zwei Stufen des Eigenmittelsystems (erst TEM, MwSt-EM und sonstige Einnahmen, dann und nur zur "Ergänzung" die BSP-EM) eine sehr aufeinander abgestimmte Erhebung der einzelnen EM-Arten. Denn je weniger TEM- und MwSt-EM erhoben werden, desto mehr BSP-EM werden notwendig.[308] Auch diese Abstimmung ist kostenintensiv. Die Eigenmittelerhebung der EU ist kostenintensiver, als es eine echte (pauschalierte und periodisch fällige) Beitragseinziehung wäre. Der Schein "eigener Einnahmen" rechnet sich aus dieser Perspektive nicht.
- **Qualität der geschätzten Bemessungsgrundlagen:** Die Qualität der Vorausschätzungen ist nicht besonders gut. Nach Berechnungen des Europäischen Rechnungshofes[309] lagen die Abweichungen zwischen den vorausgeschätzten und den tatsächlich später festgestellten Daten im Zeitraum 1989–1995 bei den

306 *Europäischer Rechnungshof*: Sonderbericht 6/98, aaO.
307 *Europäisches Parlament, Haushaltsausschuss*: Haug-Bericht 1999, Stellungnahme des Haushaltskontrollausschusses, S. 44, aaO.
308 Vgl. *Europäisches Parlament, Haushaltsausschuss*: Haug-Bericht 1999, S. 9ff., aaO.
309 Vgl. dazu *Europäischer Rechnungshof*: Sonderbericht 6/98, aaO, Ziffer 3.44.

MwSt-Bemessungsgrundlagen zwischen -0,5% und +9% und bei den BSP-Bemessungsgrundlagen zwischen -6% und +3%. Die Vorausschätzungen werden auch nicht im laufenden Jahr korrigiert und so kommt es zu Verzerrungen.

- **Bereitstellung der Eigenmittel:** Die Mitgliedstaaten müssen in ihren Haushalten den maximalen Satz an Eigenmitteln bereitstellen. In der Regel werden aber nicht alle gebraucht (z.B. 1,27%-Sollsatz und tatsächlich 1,02%). Die Differenzen können daher von den nationalen Finanzministern als innenpolitischer "Dispositionsrahmen"[310] benutzt werden. Dieser Spielraum prägt das Verhalten der Finanzminister im Ministerrat, denn je weniger Mittel auf EU-Ebene in Anspruch genommen werden, desto größer ist der jeweilige nationale Spielraum. Die Finanzminister werden also auf einen Abrufsatz unterhalb der eigentlichen Eigenmittelgrenze hinarbeiten.[311]

4.3.3 Die Bewertung der Eigenmittelerhebung anhand der Budgetfunktionen

(1) Politische Funktion: Eine möglichst vollständige Erhebung aller Einnahmen, die einer Ebene zustehen, ist Voraussetzung für die Aufgabenerfüllung. Auch hier findet sich keine eineindeutige Zuordnung der Verfügungsrechte. Grundsätzlich liegt die Gesetzgebungskompetenz beim Ministerrat (Eigenmittelbeschluss). Die Erhebungs- und Durchführungskompetenz für die Traditionellen Eigenmittel (TEM) haben die Mitgliedstaaten (formelle und materielle Verfügungsbefugnis). Bei den MwSt- und BSP-Eigenmitteln kann die EU Rahmenregeln erlassen und hat so ein teilweises formelles Verfügungsrecht. Dabei gibt sie bei den MwSt-EM einheitliche Vorschriften aufgrund einer harmonisierten Bemessungsgrundlage vor, nur bei der Wahl der konkreten MwSt-Sätze oberhalb von Mindeststeuersätzen sind Mitgliedstaaten frei. Auch bei den BSP-EM besitzt die EU die Gestaltungskompetenz nur bezüglich der Bemessungsgrundlage, die Durchführungskompetenz liegt wiederum bei den Mitgliedstaaten.[312] Das Europäische Parlament hat gar keinen Einfluss auf die Art und Weise der Erhebung. Dies ist die Folge davon, dass es sich eben nicht um Steuerbeträge handelt, die beim Bürger/Unternehmen erhoben werden, sondern um Mitgliedsbeiträge der Staaten.[313] In föderal gegliederten Systemen ist die Trennung von Gesetzgebungs- und Verwaltungskompetenz auf der Einnahmenseite nicht ungewöhnlich. Allerdings dienen die Kompetenzaufteilungen zwischen der EU-Ebene und den Mitgliedstaaten hinsichtlich der EU-Eigenmittel nicht dazu, steuerliche Verwerfungen zu vermeiden. Die Mitgliedstaaten erhalten sich so die

310 *Von der Vring, Thomas*: aaO, S. 217.
311 Art. 7 EMB.
312 *Messal, Rüdiger*: aaO, S. 188.
313 Davon auszunehmen sind die TEM, deren Anteil an den Gesamteinnahmen (2001: 15,4%) aber beständig sinkt.

Kontrolle über die EU-Einnahmen, insbesondere auch über den Umfang und die Qualität.

Die unterschiedlichen Verfahren bei der Erhebung der Einnahmen können dazu führen, dass keine gleichmäßige Einnahmenerhebung über alle Mitgliedstaaten (bzw. alle EU-Bürger) stattfindet. Insoweit kann der "Steuerpreis" für öffentliche Güter in den einzelnen Mitgliedstaaten variieren.

Die Europäische Union hat zudem kein Instrumentarium für den Fall vorgesehen, dass die erhobenen Einnahmen zur Deckung der Ausnahmen nicht ausreichen. Zwar besteht durch die Einnahmen- und Ausgabenobergrenzen ein gewisser Schutz vor dieser Situation. In einem Steuersystem könnte über eine Steuererhöhung oder Kreditfinanzierung auf der Einnahmenseite Abhilfe geschaffen werden. In der EU ist eine Reaktion auf der Einnahmenseite nur über ein Revision des Eigenmittelbeschlusses möglich.[314] Dieses scheint im Lichte der Zweiteilung der Interessen in den Organen der EU und der starken Dominanz der nationalen Interessen bei den Organen, die für die Eigenmittel zuständig sind (Europäischer Rat und Ministerrat) beabsichtigt zu sein. Die Revision eines Eigenmittelbeschlusses ist langwierig, an Einstimmigkeit gebunden, das Parlament hat keine Entscheidungsbefugnis und daher ist sie eine harte Restriktion. So kann der Ministerrat seine Macht über die Einnahmen – und dadurch auch über die Ausgaben – beibehalten. Gleichzeitig wird dadurch eine starke Abhängigkeit der EU-Ebene von einzelstaatlichen Transfers geschaffen, die nicht konfliktfrei ist.[315]

(2) Politische Kontrollfunktion: Eine politische Kontrolle der Eigenmittelerhebung durch die europäischen Legislativorgane scheint kaum möglich. Zwar gibt der Ministerrat über seine teilweise Gesetzgebungskompetenz den Rahmen für die Erhebungsverfahren vor. Jedoch kommen hier die unterschiedlichen Interessenlagen innerhalb des Organs Ministerrat voll zum Tragen. So sollte der Ministerrat beim Erlass der Erhebungsregeln (soweit er die Kompetenz dafür innehat) europäische Interessen vertreten – also einer möglichst vollständigen Einnahmenerhebung interessiert sein. Da die Durchführungskompetenz aber bei den Mitgliedstaaten liegt, besteht das nationale Interesse darin, die Eigenmittel eben nicht vollständig zu erheben. Ein Kontrollanreiz für den Ministerrat ergibt sich so nicht. Das Parlament selbst hat gar keine politische Kontrollkompetenzen, da für die Einnahmenseite (und damit auch für die Einnahmenerhebungsseite) ausschließlich der Ministerrat zuständig ist. Auch im Rahmen des jährlichen Haushaltsverfahrens kann das Parlament keine Kontrolle über die Einnahmenerhebung ausüben, da die Einnahmenseite vollständig von der Ausgabenseite getrennt ist.

---

314 Zum Problem der Durchgriffshaftung: *Fugmann, Friedrich*: Der Gesamthaushalt, aaO, S. 375ff.

315 Vgl. *Europäisches Parlament, Haushaltsausschuss*: Haug-Bericht 1999, S. 9.

Durch diese Trennung ist es nicht möglich, dass Parlament für die Einnahmen in die Verantwortung zu nehmen. Dem Ministerrat fehlt die Anbindung an den europäischen Bürger, diesen Spielraum kann er zu seinen Gunsten nutzen.

(3) Finanzwirtschaftliche Ordnungsfunktion: Die ungleichmäßige Verwaltung der Eigenmittel durch die Mitgliedstaaten (untergeordnete Ebene) kann zur Beeinträchtigung der finanzwirtschaftlichen Ordnungsfunktion führen. Zwar kann die mitgliedstaatliche Durchführungshoheit als Ausdruck der Autonomie der Mitgliedstaaten aufgefasst werden. Die Durchführungshoheit kann jedoch auch genutzt werden, um gezielt die Einnahmen der anderen Ebene (EU) zu mindern. Dies kann einmal im Rahmen der Gestaltungskompetenz der nachgeordneten Ebene (Wann wird wer bei wem steuerbefreit? Wie genau berechne ich die Daten für die Bemessungsgrundlagen?) aber auch durch Betrug und Steuerhinterziehung geschehen. Selbst wenn man "perfekte" Berechungssysteme für das BSP auf der nachgeordneten Ebene hätte, würde dies nur dazu führen, dass der EU-Ebene ein größerer Betrag überwiesen werden müsste. Die Mitgliedstaaten selbst haben also kaum Anreize, sich dafür einzusetzen. Dies führt aber auf der übergeordneten Ebene zu einem erhöhten Kontroll- und Koordiniationsaufwand.[316] Zwar müssen die Mitgliedstaaten für Ausfälle bei den Einnahmen haften, jedoch nur für gemeldete Einnahmen.

(4) Administrative Lenkungs- und Kontrollfunktion: Hier stellt sich einmal die Frage, wie auf der Ebene der EU (Kommission) eine Lenkung und Kontrolle erreicht werden kann und zum anderen, wie das Verhalten der nachgeordneten Verwaltungsebene gesteuert werden kann. Die europäische Ebene hat hier die Möglichkeit, über ihre Gesetzgebungsbefugnisse steuernd in die Erhebung einzugreifen. Da aber wesentliche Fragen über die Verordnungen des Ministerrates geregelt werden, kann die Kommission nur noch "nachsteuern". Hier könnte sie allerdings offensiver vorgehen, indem sie die einheitlichen Rahmenvorschriften verbessert. Auch der Sanktionsmechanismus der Kommission bezogen auf die Traditionellen Eigenmittel (Berichtspflicht an den Ministerrat) bei Verstößen gegen die Erhebungseffizienz kann nicht wirklich überzeugen. Die Kommission muss sich nämlich dabei an das Organ wenden, welches das größte Interesse an einer nicht so effizienten Erhebung hat. Die administrative Lenkung und Kontrolle der Kommission durch den Ministerrat wird unglaubwürdig, wenn zumindest ein Teil der Mitgliedstaaten ein echtes Interesse an der Mindererhebung und -abführung hat und damit dem Abgabenbetrug quasi Vorschub leistet. Die EU-Ebene (insbesondere die Kommission) hat zwar ein starkes Interesse an der möglichst vollständigen Erhebung, kann aber mangels ausreichender Handlungsmöglichkeiten nur über Rahmengesetzgebungen einwirken.

316 Dazu vgl. auch Kap. 4.6.4 und Kap. 4.7.1.

Die Kommission selbst wird von seiten des Ministerrates über die Verordnungskompetenz gelenkt und kontrolliert. Die Vorgaben, wie sie die Endabrechnung und Kontrolle vorzunehmen hat, sind relativ strikt. Bei den MwSt- und BSP-Eigenmitteln ergibt sich aber auch hinsichtlich der administrativen Lenkung und Kontrolle das Problem, dass die Kommission auf die Daten der Mitgliedstaaten zur Berechnung der Bemessungsgrundlagen angewiesen ist. Sie kann demnach nur das kontrollieren, was die Mitgliedstaaten angeben und dies mit eigenen Berechnungen rückkoppeln. Trotz eines erheblichen Kontrollaufwands in der Kommission bleibt ihre Kontrolle unvollständig. Insgesamt gesehen ist hier vor allem zu kritisieren, dass nur ein Teil der Haushaltsbehörde (Ministerrat) Einfluss ausübt, der andere Teil (Parlament) aber durch die Verabschiedung des Haushalts und die Entlastung der Kommission Verantwortung dafür übernimmt.

Die administrative Steuerung und Kontrolle auch der "nachgeordneten" mitgliedstaatlichen Ebene ist mangelhaft. Da die TEM vollständig an die EU abgeführt werden müssen, ist das Interesse der Mitgliedstaaten an der Erhebung (und dem damit verbundenen sehr großen Verwaltungsaufwand[317]) zunächst gering. Dem hat die EU mittels der TEM-Erhebungspauschale in Höhe von 25% etwas entgegen gesteuert. Die verwaltungsföderalistische Struktur auch bei den MwSt- und BSP-Eigenmitteln führt dazu, dass trotz einer Rahmengesetzgebung durch die EU unterschiedliche Systeme zur Anwendung kommen. Das zweistufige Abrufungssystem (TEM, MwSt-EM, sonstige EM und erst dann BSP-EM) führt dazu, dass Berechnungsfehler oder gar Betrügereien nicht sanktioniert werden. Es kommt vielmehr dazu, dass alle anderen Mitgliedstaaten die so entstehenden Fehlbeträge ausgleichen müssen. Auch der diese Fehlbeträge verursachende Mitgliedstaat zahlt einen Teil über die BSP-Mittel mit, aber eben nur 1/16 von seinem Fehlbetrag.

Bei der Eigenmittelerhebung zeigen sich bei der Umsetzung aller Budgetfunktionen Defizite. Die politische Funktion kann wegen der weitestgehenden Ausgestaltung der Eigenmittel als Mitgliedsbeiträge nur zum Teil wahrgenommen werden. Das Interesse an der "Abführung" der Eigenmittel bei den Mitgliedstaaten ist nicht groß, insbesondere nicht bei den sogenannten "Nettozahlern". Die Bereitstellung der Eigenmittel wird hier den Haushaltsmitteln gegenübergestellt, die man vermutlich aus den Haushalt erhalten wird. Dabei kommt es nicht so sehr auf den Zweck an, für den die Haushaltsmittel verwendet werden sollen, als auf den Rückfluss überhaupt. Es kann allenfalls eine programmatische Funktion der Eigenmittelerhebung darin gesehen werden, dass überhaupt erst einmal Eigenmittel zur Verfügung stehen müssen, bevor der Haushalt vollzogen werden kann. Unterschiedliche Erhebungsverfahren in den Mitgliedstaaten können zudem zu unterschiedlichen Steuerpreisen für öffentliche Güter der EU führen. Die politische Kontrollfunktion der EU-Ebene ist kaum gewährleistet. Dies liegt an der Verfügungsrechteverteilung und der Dominanz der nationalen

317 Auskunft des Bundesfinanzministeriums, Referat EA3.

Interessen im Ministerrat. Dieser hat deswegen wenig Kontrollanreize, zumal er politisch auch nicht dem Wähler oder einem Steuerzahler verantwortlich ist. Das Parlament hat keinerlei Befugnisse in diesem Bereich und kann diese Funktion gar nicht wahrnehmen. Auch die finanzwirtschaftliche Ordnungsfunktion ist durch die Ausgestaltung des Erhebungssystems betroffen. Da die Durchführungshoheit bei den Mitgliedstaaten liegt, haben sie die Möglichkeiten, die Einnahmen sogar zu mindern. Dies kann die Liquidität des Haushalts beeinträchtigen, vor allem auch weil es an echten (auch politischen) Sanktionsmöglichkeiten für die Fälle fehlt, in denen die Mitgliedstaaten die Eigenmittel nicht oder nur teilweise erheben. Eine administrative Anbindung der Kommission an den Ministerrat ist über dessen Verfügungsrechte gegeben. Allerdings fehlt dieser ihrerseits eine Bindung der mitgliedstaatlichen Verwaltungen. Dies liegt aber nicht nur an mangelnden Verfügungsrechten der Kommission, sondern auch an der unzureichenden Ausübung der vorhandenen Verfügungsrechte durch die Kommission.

4.4 Die Aufstellung des EU-Haushalts

In den Nationalstaaten wird die Aufstellung der Haushaltspläne meist von der Exekutive übernommen. Dabei steht – vor allem mit Blick auf die spätere Verabschiedung des Haushaltsplans – die Frage im Mittelpunkt: Was wird wie geplant? Dabei wird auch hier zunächst das Verfahren vorgestellt (Kap. 4.4.1), bevor auf die sich daraus ergebenden Probleme eingegangen wird (Kap. 4.4.2). Danach erfolgt die Bewertung dieses Verfahrens anhand der Budgetfunktionen (Kap. 4.4.3).

4.4.1 Das Aufstellungsverfahren des Haushaltsvorentwurfs

Die Aufstellungsphase lässt sich grob in zwei Abschnitte einteilen: das Abstecken des Haushaltsrahmens für das kommende Haushaltsjahr (Dezember-März) und die Erstellung des konkreten Haushaltsvorentwurfs (April-Juni). Die Exekutive hat schon bei der Aufstellung des Haushalts die Grundsätze der Einheit des Haushalts, der Jährlichkeit, der Vollständigkeit, der sachlichen Spezialität, der Vorherigkeit, der Bruttoveranschlagung, der Nonaffektation und der Klarheit, Wahrheit und Genauigkeit zu berücksichtigen.[318]

Für das Erstellen und Vorlegen des Haushaltsvorentwurfs ist die Kommission zuständig.[319] Da die operativen Mittel der EU dem Einzelplan III der Kommission zugeordnet sind, ist die Kommission für die Erstellung des Haushaltsvorentwurfs ihrer

318 Art. 268 EGV, Art. 1 Abs. 1 HO; Art. 268, 271 EGV, Art. 1 Abs. 2 HO; Art. 268 EGV, Art. 4 Abs. 1 HO; Art. 271 EGV, Art. 26 HO; Art. 1 Abs. 1 HO; Art. 4 Abs. 1 HO und Art. 4 Abs. 2 HO.

319 Art. 272 Abs. II, III EGV, Art. 12–18 HO und Teil II B und Ziff B.2 des Anhangs III der IIV 1999.

eigenen Ausgaben (Verwaltung) und der operativen Mittel (also der Großteil der EU-Ausgaben) zuständig. Die anderen Organe erstellen zwar ebenfalls eigene Haushaltsvoranschläge. Diese beziehen sich aber nur auf ihre Verwaltungsausgaben.

Federführend für die Haushaltsvorentwurfsaufstellung ist innerhalb der Kommission die Generaldirektion Haushalt. Die Generaldirektion Haushalt hat 461 Mitarbeiter.[320] Im Rahmen ihrer Tätigkeit arbeitet die Generaldirektion Haushalt eng mit dem Kabinett der Haushaltskommissarin zusammen, es gibt mindestens wöchentliche Sitzungen mit den Abteilungsleitern und schriftliche und mündliche Kontakte.

Die Phase der Festlegung des Haushaltsrahmens[321] beginnt im Dezember mit einer ersten Orientierungsdebatte der Kommission, in der die Kommission ihre grundsätzlichen politischen Prioritäten[322] für den Haushalt diskutiert. Dies ist die Konsequenz der allmählichen Umstellung des Haushaltsplans auf das ABB-Konzept.[323] Die Kommission hat diesbezüglich ihre eigene Geschäftsordnung (GO) präzisiert: *"Die Kommission führt jedes Jahr eine Orientierungsdebatte, um die politischen und budgetären Prioritäten für das folgende Haushaltsjahr nach einem integrierten Ansatz festzulegen. (...)".*[324]

Ende Januar/Mitte Februar folgt eine weitere Sitzung, in der sich die Kommission einen Überblick über mögliche Mittelanforderungen verschafft und die Auswirkung der politischen Prioritäten der Kommission auf die Ressourcen der Dienststellen prüft. In der Generaldirektion Haushalt wird beim Erstellen des Haushaltsvorentwurfs der sogenannte ABM-Zyklus (activ-based-management[325]) zugrundege-

320 Davon 115 Akademiker (A-Hochschulstudium), 119 mit Abitur (B-mit Hochschulreife), 132 Sekretariat und Schreibkräfte (C-Real- und Mittelschule), 10 Amtsdiener (D-Hauptschule), 75 Externe (Experten, Konsulenten, Informatiker, Interimsbeschäftigte), 10 Nationale Experten und Praktikanten; insgesamt ca. 30 Abteilungsleiter (Auskunft der Generaldirektion Haushalt, Europäische Kommission, Stand Oktober 2001).

321 Dazu und zum Folgenden: *Europäische Kommission*: Die Stärkung der internen Koordinierung, Punkt 2 (http://europa.eu.int/comm/reform/operation/coordin_de.pdf, Stand: 23.01.2003).

322 Für den Haushalt 2002: 6 Prioritäten: Euro, nachhaltige Entwicklung, Entwicklung der Zusammenarbeit, Mittelmeerpolitik, Erweiterung und neues Governance-System, vgl. *Europäische Kommission:* Jährliche Strategieplanung 2002, SEK (2001) 949/endg.; für den Haushalt 2003 gibt es 3 wesentliche Prioritäten: Erweiterung, Stabilität und Sicherheit in Europa und eine nachhaltige und integrative Wirtschaft, vgl. *Europäische Kommission*: Jährliche Strategieplanung 2003, SEK (2002) 217/9 vom 27.02.02.

323 Vgl. Tab.: Gegenüberstellung des traditionellen internen Verfahrens und des ABB-Haushaltsverfahrens im Anhang H dieser Arbeit, *Europäische Kommission*: Acitivity Based Budgeting, aaO, S. 18.

324 *Europäische Kommission:* Durchführungsbestimmungen zur Geschäftsordnung, Art. 2, Abl. L 252 v. 25.09.1999.

325 Bisher erfolgte die Veranschlagung der Mittel in einem herkömmlichen Eingliederungsplan. Nach dem "Activity-based-budgeting" erfolgt die Aufschlüsselung nach Politikbereichen, wobei im Rahmen des maßnahmenbezogenen Managements (ABM-System) eine jährliche Mittelüberprüfung der jeweiligen Prioritäten stattfindet. *Europäische Kommission:* Strategieplanung 2003, SEK (2002) 217/9, S. 5ff.

legt. Auf der Sitzung der Kommission als Kollegium wird der jährliche Strategieplanungsbeschluss APS (annual policy strategy) im Rahmen der neuen Strategischen Planung und Programmierung (SPP) gefasst[326]. In dieser Strategieplanung werden jährlich die Prioritäten für die nächsten 2–3 Jahre diskutiert und deren Umsetzungsergebnisse über einen Synthesebericht an den Ministerrat zurückgekoppelt.[327] Der Strategiebeschluss ist maßgeblich für den Vorentwurf, denn der APS-Beschluss enthält die quantitativen Leitlinien (top-down-Ansatz) für jeden der 29 Politikbereiche der Kommission. So hat die Kommission im Rahmen der Prioritäten 2003 als Schlüsselinitiativen die Themen Erweiterung, Stabilität und Sicherheit und nachhaltige und integrative Wirtschaft benannt.[328] In diesen Beschlüssen werden erst die Maßnahmen selbst beschrieben, bevor die finanziellen Auswirkungen dargestellt werden. Gleichzeitig wird der erhöhte Finanzbedarf im Vergleich zum Vorjahr für die Prioritäten ausgewiesen.

Die zuständige Abteilung der GD Haushalt (BUDG A) fordert die anderen Generaldirektionen am 01.02. auf, ihr die Mittelanforderungen der jeweiligen Dienststellen mitzuteilen. Das Schreiben enthält die Richtlinien zur Mittelanforderung, Weisungen zu bestimmten Bereichen und Steigerungsraten für die Ausgaben. Alle anderen Abteilungen der GD Haushalt erarbeiten ein Basis-Szenario für den Haushalt. Bis Ende Februar werden die Mittelanforderungen an die GD Haushalt zurückgesandt. Dies geschieht im sog. "bottom-up"-Verfahren, d.h. die Antworten werden durch die jeweiligen Finanzabteilungen der GDs erstellt.

Im selben Zeitraum erfolgt die Aufstellung der politischen Leitlinien für den kommenden Haushalt, die durch die Kommissare beschlossen werden. Die Leitlinien werden vom Präsidenten der Kommission vorbereitet, über sie wird mit Mehrheit in nichtöffentlicher Sitzung abgestimmt.[329] Das Generalsekretariat der Kommission ist verantwortlich für die Einhaltung der politischen Prioritäten.[330]

Auch die Finanzielle Vorausschau wird technisch angepasst und die Kommission erarbeitet Vorschläge zur Anpassung der Finanziellen Vorausschau an die Ausführungsbedingungen.[331] Die technisch angepasste Finanzielle Vorausschau wird dann mit den Vorschlägen zur Ausführungsanpassung an Ministerrat und Parlament versandt. Im Haushaltsverfahren 2002 gab es erstmals auch die Aufforderung an alle Institutionen, eine "Liste negativer Prioritäten" vorzulegen.[332]

---

326 Der erste Strategie- und Programmplanungszyklus wurde 2001 eingeleitet. Vgl.: *Europäische Kommission*: Strategieplanung 2003, SEK (2002) 217/9, S. 4ff., aaO.

327 *Europäische Kommission:* Europäisches Regieren – Ein Weißbuch, vom 25.07.2001, KOM (2001) 428 endg., S. 37.

328 *Europäische Kommission*: Strategieplanung 2003, SEK (2002) 217/9.

329 Art. 8 III, 9 GO der Europäischen Kommission.

330 *Europäische Kommission*: Die Stärkung der internen Koordinierung, Punkt 4, aaO.

331 Ziff. 15, 16 der Interinstitutionellen Vereinbarung von 1999.

332 *Buitenweg* (MdEP) in der Debatte zum Haushalt 2002, 23.10.2001, aaO.

Zeitlich folgt dann die Aufstellung der Haushaltsvoranschläge (Verwaltungsausgaben) durch die verschiedenen Organe (z.B. Europäischer Rechnungshof). Diese werden mit den Vorarbeiten der GD Haushalt zusammengeführt. Die Kommission kann sich dabei aber zu den einzelnen Voranschlägen der Organe ablehnend äußern und eigene, abweichende Voranschläge erstellen.[333]

Im März gibt es dann innerhalb der Kommission Hearings ("arbitrage") auf allen Ebenen über den bisher erarbeiteten Haushaltsvorentwurf. Die Kommission hört den Beratenden Ausschuss für Eigenmittel an. In der Regel ebenfalls im März findet der "Trilog über die Prioritäten" statt.[334] Ein "Trilog" ist eine besondere Art eines kooperativen Verfahrens auf der EU-Ebene. An diesem Trilog nehmen die Präsidenten der drei am Haushaltsverfahren beteiligten Organe (Ministerrat, Parlament und Kommission), die 12 Budgetminister bzw. Staatssekretäre und ihre Stäbe, die beiden Berichterstatter Haushalt des Parlaments sowie andere Abgeordnete, Beamte der Kommission und des Ministerrates sowie Kabinettsmitglieder des Haushaltskommissars teil. In der Regel werden die Präsidenten vertreten: der Ministerratspräsident durch einen Minister, der Kommissionspräsident durch den Haushaltskommissar und der Parlamentspräsident durch den Vorsitzenden des Haushaltsausschusses des Parlaments.

Der Trilog wird durch die jeweiligen Haushaltsausschüsse des AStV I (Ministerrat) und des Parlaments vorbereitet. Der Haushaltsausschuss des Parlaments benennt in der Regel Anfang des Jahres die beiden Berichterstatter für das Haushaltsverfahren.[335] Dabei ist der Generalberichterstatter für den Einzelplan III der Kommission – also für alle operativen Ausgaben – und der zweite Berichterstatter für die Einzelpläne der anderen Organe zuständig.

Während des Trilogs haben die Organe Gelegenheit, ihre in den Organen beschlossen Haushaltsprioritäten zu diskutieren. Es wird nicht auf ein konkretes Resultat hingearbeitet, eher ist der Trilog ein Meinungsaustausch von 2 bis 3 Stunden. Gelegentlich ist das Ergebnis des Trilogs der Beschluss (einzelner) gemeinsamer Prioritäten. Dem "Trilog über die Prioritäten" folgt eine Orientierungsdebatte im Parlament, an der die Kommission und manchmal auch der Ministerrat teilnehmen.[336]

Im gleichen Zeitraum beschließen Ministerrat und Parlament in der Regel ihre eigenen Leitlinien für den Haushalt[337], dabei legt der Ministerrat seine Prioritäten

---

333 Art. 14 HO.

334 Ziff. A des Anhangs III der Interinstitutionellen Vereinbarung von 1999.

335 Im bundesdeutschen Haushaltsverfahren werden für jeden Einzelplan (ein Einzelplan entspricht dem Geschäftsbereich eines Ministeriums) Berichterstatter eingesetzt.

336 Erstmalig lagen vor dieser Debatte die Prioritäten aller drei Organe für den Haushalt vor (vgl. *Schreyer, Michaele* (Haushaltskommissarin): Rede in der Debatte des Parlaments vom 03.04.2001, aaO) Der Rat debattierte am selben Tag über die Finanzielle Vorausschau und konnte so in der Parlamentsdebatte nicht anwesend sein.

337 Die Leitlinien des Rats für den Haushalt 2002 beschloss am 12.03.2001 der ECOFIN-Rat (bereits im Januar diskutierte der Rat "Allgemeine Angelegenheiten" die außenpolitischen

in der Regel als "Schlussfolgerungen des Rates" (der Präsidentschaft) vor. Bei den Debatten um die haushaltspolitischen Leitlinien des Parlaments sind in der Regel wenig Abgeordnete anwesend, da davon ausgegangen wird, dass die Leitlinien " nur deklaratorischen Charakter haben".[338]

Im April legt der Ministerrat den Bezugsrahmen für die obligatorischen Ausgaben fest (ohne EAGFL). Die Kommission präsentiert einen ersten Entwurf des Haushaltsvoranschlags. Für jede neue oder geänderte Haushaltslinie wird im Vorentwurf eine Klassifizierung als obligatorische oder nichtobligatorische Ausgabe vorgeschlagen.

Bis zum 01. Mai muss die Kommission auch den Ausschuss für Wirtschaftspolitik angehört haben. Auf Grundlage dieser Anhörung und der Wirtschaftsdaten legt die Kommission dann den Höchstsatz für die nichtobligatorischen Ausgaben im Rahmen der Vorgaben der Finanziellen Vorausschau fest. Ebenfalls bis zum 01. Mai muss die Haushaltsbehörde (Ministerrat und Parlament) über den Kommissionsvorschlag zur Anpassung der Finanziellen Vorausschau entscheiden.

Im Mai beschließt die Kommission – wiederum als Gremium der Kommissare – über den Haushaltsvorentwurf. Der Haushaltsvorentwurf ist rechtlich kein Rechtssetzungsvorschlag, sondern ein Rechtsakt suis generis[339] und wird sowohl an die Vorsitzenden von Ministerrat und Parlament (als auch "auf dem kleinen Dienstweg" an die Haushaltsausschüsse von Ministerrat und Parlament) bis zum 15. Juni übersandt. Dabei muss die Kommission neben dem eigentlichen Haushaltsvorentwurf noch folgende Dokumente beifügen:[340]

- eine allgemeine Einleitung zum Haushaltsvorentwurf, die die Finanzierungsübersichten und Begründungen der neuen und/oder in Bezug auf das Vorjahr veränderten Mittelanforderungen in den Teileinzelplänen der Kommission sowie eine Übersicht über die Anleihe- und Darlehenstätigkeiten der Kommission enthalten,
- ein Arbeitsdokument zur Personal- und Stellensituation der EU,
- ein Subventionsbericht für die sonstigen Einrichtungen der EU,
- die Analyse der Haushaltsführung des Vorjahres und
- die Stellungnahme der Kommission zu den Einzelplänen der Organe.

Der Haushaltsvorentwurf setzt offiziell das Haushaltsverfahren in Gang. Noch im Mai beginnen die Haushaltsausschüsse von Ministerrat und Parlament in der Regel mit ihren ersten Beratungen über den Haushaltsvorentwurf der Kommission.

Prioritäten in Bezug auf den Haushalt), im April 2001 beschloss das Parlament seine Leitlinien.

338 *Theato, Diemut R. / Graf, Rainer*: aaO, S. 152.

339 *Strasser, Daniel*: aaO, S. 205.

340 Art. 13 Abs. II HO.

4.4.2 Probleme des Aufstellungsverfahrens

Die Probleme, die sich im Aufstellungsverfahren ergeben, lassen sich einmal nach der Rolle der Kommission (a) und zum anderen nach den verschiedenen institutionellen Instrumenten, über die die Kommission verfügt, unterscheiden: Trilog (b), Initiativrecht (c), Ausgabenklassifizierung (d) und Zeitplan (e).

a) Die Rolle der Kommission: Die Kommission gibt dem Haushaltsvorentwurf eine politische Richtung, die sie in allen Instanzen verteidigt.[341] Dies ist vor allem deshalb möglich, weil sie sich selbst politische Prioritäten (Leitlinien) setzt, die sie mit dem Haushalt zielgerecht umsetzen will. Sie kann sich dabei auf Art. 2 GO Kommission stützen: ***"Die Kommission bestimmt ihre Prioritäten und beschließt jährlich ihr Arbeitsprogramm unter der politischen Führung ihres Präsidenten."*** Das Problem ist, dass sie eben nicht ein Teil der gemeinsamen Haushaltsbehörde ist. Das Selbstverständnis hinsichtlich der politischen Dominanz der Kommission im Haushaltsvorentwurf geht sogar soweit, dass sie ihre eigenen Prioritäten über die von Ministerrat und Parlament setzt: Es "... sollte ein Dialog mit dem Europäischen Parlament und dem Ministerrat zu der Frage eingeleitet werden, wie ihre Beiträge zur Aufstellung der Prioritäten berücksichtigt werden können ...".[342] Das ging dem Parlament zu weit, es "... fordert(e) die Kommission dringend auf, die vom Parlament und dem Ministerrat als den beiden Teilen der Haushaltsbehörde festgelegten Prioritäten nicht durch die Festlegung ihrer eigenen Prioritäten zu unterminieren ...".[343] Dieser Konflikt ist wohl auf die Besonderheiten der europäischen Institutionen zurückzuführen, denn in den Nationalstaaten ist der Haushaltsvorentwurf in der Regel ein Exekutivbudget unter der Federführung der Regierung. So werden z.B. in Griechenland, Spanien, Portugal und Irland die politischen Prioritäten des Haushalts sogar ausdrücklich vom Kabinett festgelegt.[344]

ROSSI unterstellt der Kommission in dieser Phase die Vertretung eines "reinen Gemeinschaftsinteresses".[345] Angesichts der Möglichkeiten, die das Aufstellungsverfahren bietet, ist jedoch eher BOHNET-JOSCKO zuzustimmen. Der Haushaltsvorentwurf ist demnach primär die "Addition der Vorstellung und Forderungen der einzelnen Generaldirektionen und Kommissare".[346] Dies wird auch durch Aussagen der Kommission bestätigt, nach der sich im Haushaltsvorentwurf – im Rahmen der Vorgaben der Finanziellen Vorausschau – vor allem die Prioritäten der Kommission

341 *Theato, Diemut R. / Graf, Rainer*: aaO, S. 33.
342 *Europäische Kommission*: "Die Stärkung der internen Koordinierung", Anhang 1b, Punkt 3, 2. Spiegelstrich, aaO.
343 *Europäisches Parlament, Haushaltsausschuss*: Bericht und Entschließung zu dem Weißbuch über die Reform der Kommission, Ziff. 17, PE 294.022, (Guy-Quint-Bericht 2000).
344 *Stanowski, Jürgen*: aaO, S. 31.
345 *Rossi, Matthias:* aaO, S. 107.
346 *Theato, Diemut R. / Graf, Rainer*: aaO, S. 52.

widerspiegeln.[347] Über die politischen Prioritäten und über den Haushaltsvorentwurf entscheidet die Kommission als Gremium. Dies eröffnet die Möglichkeit auch für die Kommissare, die ein starkes Interesse an ihrem eigenen (Sach-)Ressort haben, ihre Vorstellungen einzubringen. Da die Stimme der Haushaltskommissarin genauso viel zählt wie die jedes anderen Kommissars, besteht jederzeit die Möglichkeit, sie zu überstimmen.

Allerdings unterliegt die Kommission in dieser Phase einer harten Restriktion. Während in vielen Nationalstaaten während der Aufstellungsphase die Ermittlung des Ausgabenbedarfs und die Einnahmenschätzung erfolgt und anhand dieser Daten der Haushaltsvorentwurf gefertigt wird, sind in der EU sowohl der "Ausgabenbedarf" als auch die Einnahmen durch die Finanzielle Vorausschau innerhalb bestimmter Bandbreiten bereits festgeschrieben.

Die Kommission ist trotz dessen grundsätzlich an der kontinuierlichen Ausweitung der Ausgaben interessiert. Dies ist angesichts der restriktiven Linie des Ministerrates auch verständlich.[348] Die Kommission verfügt zudem über eine hohe Ausstattung an Sachmitteln, sie hat einen erheblichen Informationsvorsprung vor Ministerrat und Parlament. Ihre formale Unabhängigkeit und weitgehende Organisationsautonomie unterstützen dies.

Die Dominanz der Exekutive in der Planungsphase verstärkt sich rechtlich durch das Initiativrecht zum Haushaltsvorentwurf. Anders als in einigen Staaten (z.B. USA) kann die Haushaltsbehörde keinen eigenen Haushaltsvorschlag einreichen. Es gibt also keine Alternative zum Exekutivbudget.

b) Trilog über die politischen Prioritäten: Dieser Trilog hat seine Grundlage ebenfalls in der Interinstitutionellen Vereinbarung 1999.[349] Er ist als Sondierungsgespräch grundsätzlich geeignet, einem besseren Ablauf des Haushaltsverfahrens zu dienen. Da man davon ausgeht, dass bei ähnlichen Präferenzen die Informationen eher offenbart werden als bei heterogenen Präferenzen, kann ein Trilog von Vorteil für die Fälle von asymmetrischer Information bei gleichgerichteten Präferenzen sein.[350] Bei heterogenen Präferenzen ist allerdings anzunehmen, dass eine echte Präferenzoffenbarung nicht stattfindet und das Ziel des Trilogs kaum erreicht werden kann.

Allerdings bekommt die Kommission dadurch die Möglichkeit, eigene politische Prioritäten kund zu tun. Ministerrat und Parlament haben die politische Rolle der Kommission aufgewertet, indem sie einem "Trilog über die Prioritäten" – und damit sind sehr wohl auch die der Kommission gemeint – in der Interinstitutionel-

347 Eigene Recherche, Auskunft eines Mitglieds der Generaldirektion Haushalt, Europäische Kommission.
348 *Theato, Diemut R. / Graf, Rainer*: aaO, S. 31f.
349 Ziffer A., Anhang III der Interinstitutionellen Vereinbarung von 1999.
350 *Stanowski, Jürgen*: aaO, S. 56.

len Vereinbarung 1999 zugestimmt haben. Zudem verpflichteten sich Ministerrat und Parlament in derselben Vereinbarung, "der Beurteilung der Möglichkeiten für die Ausführung des Haushaltsplans Rechnung zu tragen, welche die Kommission in ihren Vorentwürfen ..." niederlegt.[351]

c) **Initiativmonopol:** Die Kommission hat im Legislativ- und Haushaltsverfahren eine ähnliche Stellung, sie ist Inhaberin des Initiativmonopols (Gesetzesvorschlag/Haushaltsvorentwurf) und für den Vollzug (des Gesetzes/des Haushalts) zuständig. Dadurch kann sie über das Initiativrecht die eigenen Aufgaben definieren. "Auch ohne bürokratisches Eigeninteressen der Budget- oder Einflussmaximierung ist *(so)* die expansive Kompetenzentwicklung (...) vorgezeichnet".[352]

Sie kann Vorschläge, die im Ministerrat bzw. in Ministerrat und Parlament (Legislative) nicht konsensfähig waren, über das Haushaltsverfahren forcieren, indem sie entsprechende Mittel in den Haushaltsplan einsetzt.[353] Da zudem nur über den Vorschlag der Kommission entschieden wird[354], findet eine Verlagerung der Einflussnahme auf den zukünftigen Haushaltsplan in die Entscheidungsvorbereitung (technische Expertisen, kommunikative Kompetenz, Initiative, Kontakte, Netzwerke, Expertengruppen) statt.

Die Kommission kann sich auch "Reserven" schaffen, über deren Verwendung sie dann im Vollzug entscheidet. Sie kann in den Haushaltsvorentwurf Reserven entweder als "Rückstellungen für unvorhergesehene Ausgaben" oder als "vorläufig eingesetzte Mittel" einsetzen. So hat sie z.B. im Haushaltsvorentwurf 2002 eine Reserve in Höhe von 125 Mio. € für das Fischereiabkommen mit Marokko eingestellt. Dabei war schon vor dem Beginn der Haushaltsaufstellung klar, dass das Abkommen mit Marokko scheitern wird. Die Haushaltskommissarin meinte dazu, dass ein Teil der reservierten Mittel für andere Fischereiabkommen verwandt werden soll[355] und ein Teil der Mittel frei werden würde. Sie bat die Haushaltsbehörde, diese Mittel nicht gleich zu verplanen.[356] Dies ist ein Verstoß gegen die Haushaltsordnung, die Reserve hätte aufgelöst werden müssen.[357] Zugleich ist es

351 Teil II, Ziff. 29 der Interinstitutionellen Vereinbarung von 1999.

352 *Bohnet-Joschko, Sabine*: aaO, S. 220.

353 Sind diese Mittel dann beschlossen, hat Ministerrat Rechtfertigungsproblem, warum er keine Rechtsgrundlage dazu erlassen hat. Auf den Streit über die Notwendigkeit einer Rechtsgrundlage als Voraussetzung für den Mittelvollzug wird später noch einzugehen sein (Vollzugsphase). Vgl. auch *Lenzen, Heinz-Josef*: Der EU-Haushalt: Ein Katalysator für Legislativmaßnahmen?, Europarecht, Heft 2 1996, S. 214–224 (S. 221).

354 In den USA erstellt z.B. das Parlament einen eigenen Haushaltsentwurf zusätzlich zu dem der Exekutive.

355 Die Übertragung der Mittel ist hier möglich.

356 *Schreyer, Michaele* (Haushaltskommissarin) in der Debatte zum Haushalt 2002, 23.10.2001.

357 *Virrankoski, Kyösti Tapio* (MdEP) in der Debatte zum Haushalt 2002, 23.10.2001.

ein Fall von "verdeckter" Mittelaufstockung bei anderen Haushaltslinien, so kann die Kommission die im Vorfeld getroffene Mittelverteilung umgehen.[358]

Solche Möglichkeiten für die Verwaltung sind teilweise auch in nationalen Haushaltsverfahren gegeben. Für die Kommission besteht aber – aufgrund der verbindlichen Unterplafondierung der Rubriken und der sich daraus zum Teil ergebenen Nichtübertragbarkeit von Mitteln – ein erheblicher Anreiz, die Plafondierungen zu umgehen. Daher sind diese institutionellen "Mängel" anders zu bewerten als in nationalen Haushaltsverfahren.

d) **Klassifizierung der Ausgaben:** Auch hinsichtlich der Klassifizierung neuer Ausgaben (Einteilung in obligatorische und nichtobligatorische Ausgaben) hat die Kommission ein Monopol.[359] Zwar sind die bereits bestehenden Ausgaben über die Interinstitutionelle Vereinbarung von 1999 bereits klassifiziert, für jede neue Ausgabe muss eine Klassifizierung aber erst erfolgen. Wird der Vorschlag der Kommission im Haushaltsentwurf angenommen, ist die Klassifizierung erfolgt. Wird der Vorschlag der Kommission aber abgelehnt, dann erfolgt ein Abgleich der bisherigen Klassifizierung nach Ähnlichkeiten[360] und zur Herstellung des Einvernehmens von Ministerrat und Kommission wird ein Konzertierungsverfahren eingeleitet.[361]

Es kann davon ausgegangen werden, dass die Einordnung neuer Ausgaben in der Regel strittig sein wird. Dies liegt schon daran, dass sie der Einordnung die Haushaltsbefugnisse des jeweiligen Teils der Haushaltsbehörde: Ministerrat oder Parlament folgen. So sind derzeit insbesondere die Einstufung der operativen Ausgaben im Rahmen der GASP[362] und die Klassifizierung neuer Reserven[363] strittig.

---

358 Als "Kompensation" für den Verlust an Fischfanggründen durch das Scheitern des Abkommens hat die EU beschlossen, Spanien Geld zur Verfügung zu stellen, um die Fischereiflotte umzustrukturieren. Die dafür benötigten Mittel sollen jedoch nicht aus den Mitteln der Reserve genommen werden (dies geht mangels Übertragbarkeit auch nicht), sondern *Schreyer* schlug vor, die anvisierten 197 Mio. € aus dem Flexibilitätsinstrument zu verwenden! *Schreyer, Michaele* (Haushaltskommissarin): in der Debatte des Europäischen Parlaments vom 03.04.01.

359 Ziff. C.31 der Interinstitutionellen Vereinbarung von 1999.

360 Anhang IV der Interinstitutionellen Vereinbarung von 1999.

361 Es ist geregelt in Anhang III der Interinstitutionellen Vereinbarung von 1999. Auf das Konzertierungsverfahren wird im Kap. 4.5.1 noch ausführlich eingegangen.

362 Der Rat meint, dies seien obligatorische Ausgaben, das Parlament meint, dies seien nichtobligatorische Ausgaben. Vgl. *Europäisches Parlament, Haushaltsausschuss:* Bericht über den Vorschlag für eine Interinstitutionelle Vereinbarung zwischen dem Europäischen Parlament, dem Rat und der Euroäischen Kommission über Vorschriften zur Finanzierung der Gemeinsamen Außen- und Sicherheitspolitik, Ziff. 2f., PE 222.910/endg, aaO, (Samland-Bericht 1997).

363 So hat die Kommission im Haushaltsvorentwurf 2002 eine Reserve für Verluste aufgrund der BSE/MKS als obligatorische Ausgaben eingesetzt. Das Parlament ist der Auffassung, dies seien nichtobligatorische Ausgaben, weil Reserven immer nichtobligatorische Ausgaben darstellen. Vgl. *Costa Neves, Carlos* (MdEP) in der Debatte vom 16.05.2001.

e) Der "pragmatische Zeitplan": Nach Art. 272 Abs. II EGV muss die Kommission ihren Haushaltsvorentwurf bis zum 01. Juli an Ministerrat und Parlament übermitteln. Diese Fristen sind mit Blick auf die Verabschiedung des Haushalts problematisch, da die Zeit für die eigentlichen Haushaltsberatungen sehr kurz ist. Daher erfolgt die Übersendung des Vorentwurfs mindestens 6 Wochen früher. Ministerrat und Parlament haben so noch vor der Sommerpause Gelegenheit, den Haushaltsvorentwurf in den Fachausschüssen zu diskutieren[364] und sich auf die 1. Lesung des Ministerrates (vor der Sommerpause) vorzubereiten. Die Fristen richten sich in der Praxis nach dem sogenannten "Pragmatischen Kalenders", der für das gesamte Haushaltsverfahren gilt und mehrere vertragliche Fristen vorverlagert.[365]

Die Einführung dieses "pragmatischen Kalenders" ist eine echte Konfliktslösungsregel und da sie weder im Vertrag noch in der Haushaltsordnung niedergelegt ist, könnten die Organe jederzeit zum "offiziellen" Kalender zurückgehen.

f) Qualität des Vorentwurfs: In fast jedem der letzten Jahresberichte bemängelt der Rechnungshof indirekt die Qualität des Vorentwurfs bzw. des späteren Haushaltsplans.[366] Wie schon in 2000 gab es auch in 2001 einen Haushaltsüberschuss, der im Vergleich zu den Vorjahren noch gestiegen ist. Mit 15013,5 Mio. € macht der Überschuss 2001 immerhin 16% des endgültigen Haushaltsvolumens aus. Die Ursachen dafür sind zahlreiche Mittelannullierungen. So mussten allein bei den Strukturfonds 10538,9 Mio. € annulliert werden, aber auch bei dem Landwirtschaftsausgaben waren es 1857,2 Mio. € und bei den Heranführungshilfen 876,6 Mio. €.[367] Ursache dieser nicht unerheblichen Mittelannullierungen ist nach Auffassung des Rechnungshofs die teilweise völlig unrealistische Einschätzung des Finanzbedarfs. Indizien für die Qualität der Vorausschätzungen der Haushaltsansätze sind auch die Mittelübertragungen und die Verwendungsraten der Mittel[368]. Bei den Strukturausgaben wurden z.B. vom Haushaltsjahr 2000 auf das Haushaltsjahr 2001 1470 Mio. € übertragen.[369] Manche Mittel werden von der Kommission sogar ausschließlich aus Opportunitätsgründen eingesetzt, um sie später auf andere

364 *Strohmeier, Rudolf:* Aktuelle Fragen des Haushaltsrechts der Europäischen Gemeinschaft, Die Öffentliche Verwaltung 1993, 217–226, (S. 222).

365 Dieser pragmantische Kalender geht auf ein Schreiben der Kommission an Rat und Parlament vom 19.03.1975 zurück. Vgl. *Theato, Diemut R. / Graf, Rainer:* aaO, S. 62.

366 Z.B. *Europäischer Rechnungshof:* Jahresbericht 2001, Ziff. 1.10ff., Jahresbericht 2000, Ziff. 1.4–1.7 und Jahresbericht 2000, Ziff. 3.5, aaO.

367 *Europäischer Rechnungshof:* Jahresbericht 2001, Ziffer 1.10, aaO.

368 Dazu mehr im Kap. 4.6.3.4, Ziff. b).

369 *Europäischer Rechnungshof:* Jahresbericht 2001, Ziff. 3.13, 3.21, aaO, aber auch im Bereich GAP wurden z.B. im Haushaltsjahr 2000 bei 175 von 218 Haushaltsposten Mittelübertragungen vorgenommen (dies entspricht einem Volumen von 19,7% der endgültigen Mittel), vgl. *Europäischer Rechnungshof:* Jahresbericht 2000, Ziff. 2.23, aaO.

Haushaltslinien zu übertragen.[370] Die Ursachen für Mittelübertragungen und die niedrigen Verwendungsraten sind nicht allein bei der Kommission zu suchen, da z.B. in den Bereichen Landwirtschaft und Strukturfonds auch die Mitgliedstaaten für einen Teil der Vorausschätzungen zuständig sind. Trotz dessen sind die Probleme seit Jahren bekannt und könnten dementsprechend zu deutlich niedrigeren Planungsansätzen führen.

4.4.3 Bewertung der Aufstellung des EU-Haushalts anhand der Budgetfunktionen

(1) Politische Funktion: Die Kommission nutzt ihre Stellung im interinstitutionellen Miteinander der Organe, um den aus der Finanzplanungsphase verbleibenden "Rest" der *politischen Programmfunktion* inhaltlich vorzuprägen. Es findet in der Finanziellen Vorausschau eine echte an Leistung und Leistungszielen orientierte politische Planung nicht statt. Die "feingliedrige" Aufteilung der Mittel im konkreten Haushaltsjahr wird im Haushaltsverfahren selbst vorgenommen. Daher hat die Kommission – kraft Initiativrecht und der 400 Mitarbeiter starken Generaldirektion Haushalt – die Möglichkeit, ihre eigenen Wünsche unterzubringen. Die Kommission verfügt hier sowohl über das materielle als auch über das formelle Verfügungsrecht (EGV, HO). Das verschafft ihr eine sehr starke Stellung, denn in kaum einer Phase der mittel- oder kurzfristigen Haushaltsplanung stehen sowohl formelles als auch materielles Verfügungsrecht ungeteilt und direkt einem Organ zu. Dies ist ein echter institutioneller Vorteil, da die Kommission nicht auf die Kooperation eines anderen Organs angewiesen ist und die weiteren Verfahren diese starke Stellung begünstigen. Der Vorentwurf entspricht in der Regel bei den meisten Ausgaben dem endgültigen Haushaltsplan. Dies liegt daran, dass die Verabschiedungsphase ein Machtkampf zwischen Ministerrat und Parlament ist.[371]

Weil Ministerrat und Parlament damit beschäftigt sind, ihre Kompetenzen gegeneinander zu verteidigen, besteht hier auch genügend Spielraum für die Kommission. Das ist für sie schon die zweite Möglichkeit, ihre Vorstellungen umzusetzen.[372] Sie hat durch das interinstitutionelle Recht sogar ausdrücklich die Befugnis, eigene politische Prioritäten einzubringen, insoweit ist ein programmatischer Charakter des Haushaltsvorentwurfs anzuerkennen. Weder in den Verträgen noch in der Haushaltsordnung finden sich Regelungen, die die Frage der politischen Prioritäten berücksichtigen. Die Erstellung der "Leitlinien" durch alle Organe (Ministerrat, Parlament, Kommission) ist in der Interinstitutionellen Vereinbarung

370 *Europäischer Rechnungshof*: Jahresbericht 2000, Ziff. 2.25, aaO.
371 Auskunft einer Führungskraft der Generaldirektion Haushalt der Europäischen Kommission.
372 Dadurch, dass sie schon die Vorschläge für die Finanzielle Vorausschau erarbeitet, kann sie bereits dort erste Lenkungsschritte gehen.

ausdrücklich vorgesehen.[373] Das "politische Programmvakuum", welches durch die Restriktionen der Finanziellen Vorausschau begründet wird, kann die Kommission somit durch ihre eigenen Vorstellungen ausfüllen. Dies wird durch das Initiativrecht der Kommission (*ein* Vorentwurf), die zusätzlichen institutionellen Regelungen in der Interinstitutionellen Vereinbarung (Anerkennung der politischen Prioritäten durch einen Trilog, der kein konkretes Ergebnis vorsieht und die Festlegung der Klassifizierung durch die Kommission) sowie durch ihre personelle und sachliche Ausstattung (hierarchische Organisation) noch verstärkt.

Allerdings sind dies nicht die politischen Prioritäten der Legislative. Es lässt sich einwenden, dass auch in einigen Nationalstaaten die Exekutive solche politische Leitziele setzt. Dort ist es aber die politische Spitze einer Exekutive, die entweder aus der Mehrheit der Legislative hervorgegangen ist (und von dieser unterstützt wird) oder durch Wahlen direkt vom Souverän bestimmt wird. Es findet eine relativ enge mittelbare Anbindung der Exekutive an den Souverän statt. Davon kann bei der Kommission nicht die Rede sein. Dies eröffnet strategische Spielräume für die Kommission: Sie kann bestimmen, *welche* Informationen dem Ministerrat und dem Parlament zur Verfügung gestellt werden.

Positiv ist, dass das Budgetmaximierungsinteresse der Kommission grundsätzlich der Erfüllung der *Integrationsfunktion* dient. Die Kommission befürwortet regelmäßig eine Erhöhung der Ausgaben für integrationspolitische Schwerpunkte (Vertiefung oder Erweiterung). Da sie die Interessen von Ministerrat und Parlament kennt, schlägt sie Mittel in den Bereichen vor, bei denen sie sich die Zustimmung mindestens eines der beiden Organe erhofft. Die Klassifizierung der Ausgaben verhilft der Kommission auch zum Erfolg. So wird sie bei den obligatorischen Ausgaben eher Vorschläge machen, die den Interessen des Ministerrats dienen (z.B. Verstärkung der Zusammenarbeit der Mitgliedstaaten – Vertiefung) und bei den nichtobligatorischen Ausgaben den Interessen des Parlaments entgegenkommen (z.B. Ausgaben für die Aufnahme neuer Mitglieder – Erweiterung). Die Kommission versucht über die Ausweitung der integrationspolitischen Maßnahmen (z.B. auch Veränderung des Volumenverhältnisses zwischen GAP und Strukturpolitik) nicht zuletzt auch ihre Stellung als "Motor der Integration" zu festigen. Die bewusste Abgrenzung von Ministerrat und Parlament soll ein positives Bild von der Kommission in die Öffentlichkeit transportieren. Dass mit jeder neuen integrationspolitischen Maßnahme auch das Budget insgesamt steigt, wird dabei nicht so sehr in den Vordergrund gestellt. Insgesamt ist festzustellen, dass innerhalb der Restriktionen der Finanziellen Vorausschau die Kommission eine gewisse politische Programmatik in das Budget einbringt. Durch die Ausweisung der Mittel nach dem ABB-System wird deutlich, wie viel Mittel insgesamt pro Politikbereich zur Verfügung stehen. Allerdings sind *Kompensationsausgaben* nicht gesondert ausgewiesen. Hinsichtlich

373 Ziff. A des Anhangs III zur Interinstitutionellen Vereinbarung 1999, aaO.

der Integrationsausgaben werden nunmehr die im Zuge der nächsten Erweiterung anfallenden Mittel gesondert ausgewiesen. Alle anderen Ausgaben (z.B. Vertiefung) sind ebenfalls nicht gesondert ausgewiesen.

(2) Politische Kontrollfunktion: Die Aufstellung eines Vorentwurfs dient der vorherigen politischen Kontrolle. Das ABB-Verfahren ermöglicht die Zuordnung sämtlicher Kosten zu einem Politikbereich, dies stärkt die politische Kontrollfunktion. Auch die Gestaltung des Verfahrens nach dem pragmatischen Kalender ist im Licht der politischen Kontrolle von Vorteil, weil so mehr Zeit für die politische Kontrolle in den nachfolgenden Verabschiedungsphase bleibt. Der Trilog ermöglicht den Legislativorganen immerhin einen Überblick über die Ansichten der Kommission. Der Vorentwurf der Kommission ist aber ein Instrument zur Vorbereitung des "Genehmigungsvorbehalts" (Verabschiedung) des Haushalts, also der Umsetzung der politischen Kontrollfunktion in einer späteren Phase. Allerdings wird die politische Kontrollfunktion durch die unzureichende Qualität der Veranschlagungen beeinträchtigt, denn es wird kein vollständiger und realistischer Vorentwurf präsentiert.

(3) Finanzwirtschaftliche Ordnungsfunktion: Die Aufstellung eines Vorentwurfs durch die Exekutive dient der finanzwirtschaftlichen Ordnungsfunktion, denn so kann sich die Legislative vor der Verabschiedung des Haushaltsplans über die voraussichtlichen Einnahmen und Ausgaben informieren. Da nur die Exekutive über die vollständigen notwendigen Informationen verfügt, ist die Legislative auf sie angewiesen. Dies spiegelt sich auch in der formalen Präsentation des Haushalts wider. Die jährlichen APS-Beschlüsse bestimmen die Darstellung und Ausweisung der Mittel nach politischen Prioritäten (ABB-Konzept). Dies kann mit Blick auf die finanzwirtschaftliche Ordnungsfunktion zunächst positiv gesehen werden, da alle Mittel für spezifische Bereiche zusammen dargestellt werden. Insbesondere für Mehrjahresprogramme erweist sich die neue Darstellung von Vorteil, weil so die gesamten Planungszeiträume besser sichtbar gemacht werden können.

Allerdings ist durch die Existenz von Nebenhaushalten schon von vornherein festgelegt, dass der Vorentwurf insoweit unvollständig ist. Auch die Aufnahme zweckgebundener Einnahmen (wie sie z.B. in der Interinstitutionellen Vereinbarung und dem Eigenmittelbeschluss vorgesehen sind), sowie Negativeinnahmen und Negativausgaben beeinträchtigen die finanzwirtschaftliche Ordnung. Und schließlich ist für die finanzwirtschaftliche Ordnungsfunktion die Qualität der Vorausschätzungen der Mittel und der Realitätsbezug der Haushaltsansätze von entscheidender Bedeutung. Abweichungen von 15–20% der endgültig verfügbaren Mittel sind mit dem Anspruch eines bedarfsdeckenden und liquiditätssichernden Plans kaum noch vereinbar.

(4) Administrative Lenkungs- und Kontrollfunktion: Die Darstellung nach dem ABB-Prinzip gibt der Legislative einen vollständigeren Überblick über die Gesamtmittel einzelner Politikbereiche als das herkömmliche System, da bisher die drei Arten der Ressourcen (Verwaltungsausgaben, Personalausgaben, Operative Ausgaben) Gegenstand getrennter Beratungen und Beschlussfassungen sind.[374] Dies kann sich auf die Bindung der Verwaltung positiv auswirken, weil die Legislative die Ausgaben besser kontrollieren kann. Durch die Möglichkeit der Kommission, politische Prioritäten einzubringen, wird die administrative Lenkungsfunktion des Haushalts aber aufgeweicht. Zwar ist in der Haushaltsordnung vorgegeben, wie die Mittelverteilung auf die Politikbereiche vorzunehmen ist (qualitativ: Titel, Kapitel, Artikel, Posten), aber die Höhe der jeweils eingestellten Mittel ist eine Frage der Prioritätensetzung der Verwaltung (Grundsatz der Spezialität). Eine weitere Einschränkung finden die Bindungsregeln durch die Möglichkeiten, vorläufige Mittel, Reserven und Mittel, die die Kommission autonom verausgaben kann, einzusetzen. Da die Kommission über die Interinstitutionelle Vereinbarung mitbestimmt, in der z.B. die autonom zu verwaltenden Mittel geregelt sind[375], übernimmt sie selbst einen Teil der Bindung.

Die zahlreichen Mittelübertragungsmöglichkeiten in der späteren Vollzugsphase lassen die Fehlerquoten bei den Vorausschätzungen der Mittel auch mit Blick auf die Bindung der Verwaltung in einem anderen Licht erscheinen. Gerade dann, wenn ungenaue Vorausschätzungen die Regel sind (auf welche Ursachen sie auch immer zurückzuführen sind) können sehr eingeschränkte Mittelübertragungsrechte ein Anreiz zur Verbesserung der Vorausschätzungen im Haushaltsvorentwurf darstellen.

Die bisherige Aufteilung des Einzelplans III B (Kommission, Operative Ausgaben) lässt aber keine funktionelle Zuordnung der Ausgaben auf z.B. bestimmte Generaldirektionen erkennen (administrative Kontrolle). Dies liegt aber auch daran, dass sich die Gliederung des Einzelplans III B nicht an der Aufgabenverteilung der "Ressorts" (Generaldirektionen), bzw. umgekehrt, orientiert. Dem kann auch die neue Gliederung nach dem ABB-System nicht abhelfen, da diese politikfeldbezogen ist.

Problematisch ist auch, dass die Nebenhaushalte sich nicht im Haushaltsentwurf wiederfinden, obwohl die Kommission teilweise für ihre administrative Umsetzung verantwortlich ist (Grundsatz der Einheit). Selbst wenn sich teilweise Darstellungen in Anlagen finden (z.B. Garantien und Darlehen), schränkt dies die Übersichtlichkeit des Haushalts ein.

Die Kommission unterliegt bei der Aufstellung des Haushaltsplans ferner den Restriktionen der Finanziellen Vorausschau. Dort sind (bis auf die Rubrik 2 – Strukturausgaben) Ausgabemöglichkeiten in Form von Höchstgrenzen eingezogen worden. Da diese keine Ausgabenziele darstellen, hat die Exekutive viel Spielraum, selbst die konkrete Höhe (unterhalb der Obergrenze) festzulegen.

---

374 Dies ist die Folge der Aufschlüsslung der Ausgaben in einen Teil A und B eines Einzelplans.
375 Punkt F. Ziff. 37 der Interinstitutionellen Vereinbarung von 1999, aaO.

4.5 Die Verabschiedung des EU-Haushalts

Die Verabschiedungsphase des Haushalts ist geprägt vom sogenannten "Navette-Verfahren" ("Pendelzug-Verfahren")[376], das heißt, der Haushaltsentwurf des Ministerrates wird abwechselnd im Ministerrat und Parlament beraten.[377] Vor der Beschlussfassung des Ministerrates über den Haushaltsvorentwurf der Kommission, die den Haushaltsvorentwurf in den Haushaltsentwurf "verwandelt", wird jedoch ein Konzertierungsverfahren eingeleitet (Kap. 4.5.1). Daran schließt sich das "Navette-Verfahren" an (Kap. 4.5.2). Auch in dieser Phase des Haushaltskreislaufs ergeben sich Probleme, die zum Teil aus den vorhergehenden Phasen herrühren (Kap. 4.5.3). Bei der Verabschiedung des Haushalts spielt der Haushaltsausschuss des Parlaments eine große Rolle, daher soll er kurz vorgestellt werden (Kap. 4.5.4). Am Ende dieses Kapitels wird eine Bewertung dieser Phase anhand der Budgetfunktionen vorgenommen (Kap. 4.5.5).

4.5.1 Das Verfahren der interinstitutionellen Zusammenarbeit – Die Konzertierung im Haushaltsbereich

Das Verfahren der interinstitutionellen Zusammenarbeit ist ebenfalls in der Interinstitutionellen Vereinbarung 1999 niedergelegt.[378] Es ist ein Verfahren, welches vor der Verabschiedungsphase des Haushalts beginnt und diese begleitet, also parallel zur Verabschiedungsphase bzw. in sie integriert abläuft. Dieses Verfahren ist das sogenannte "Konzertierungsverfahren" zwischen den beiden Teilen der Haushaltsbehörde.[379] Obwohl es auch "Konzertierung" heißt, unterscheidet es sich vom gleichnamigen Verfahren im Legislativbereich ("codecision").[380] Durch das Konzertierungsverfahren im Haushaltsbereich soll verhindert werden, dass der Ministerrat die Entscheidungsbefugnisse des Parlaments im Haushaltsbereich mittels seiner Legislativrechte umgehen kann.[381]

---

376 *Rossi, Matthias*: aaO, S. 79.

377 Art. 272 Abs. 3–9 EGV.

378 Teil II, Ziffer A.27, Anhang III der Interinstitutionellen Vereinbarung von 1999, aaO.

379 Dies geht zurück auf die dritte Entschließung im Protokoll der Ratstagung vom 22.04.1970. Vgl. *Theato, Diemut R. / Graf, Rainer*: aaO, S. 74.

380 Für das legislative Konzertierungsverfahren wird z.B. ein Konzertierungsausschuss einberufen, der paritätisch mit Mitgliedern des Rates und des Parlaments besetzt ist. Vgl. *Zbinden, Martin*: Die Institutionen und das Entscheidungsverfahren der EU nach Amsterdam, Bern 1999, S. 161; Das legislative Konzertierungsverfahren kann aber auch ohne Einberufung des Konzertierungsausschusses schriftlich stattfinden. Einen Konzertierungsausschuss gibt es im Haushaltsbereich nicht. (Eigene Recherche, Auskunft des Advisor on Budget for the Greens/EFA group in the EP).

381 *Zbinden, Martin*: aaO, S. 161.

Das Konzertierungsverfahren wird grundsätzlich durch einen "Trilog" eingeleitet.[382] Am einleitenden Trilog nehmen der Präsident des Haushaltsrats, der Vorsitzende des Haushaltsausschusses des Parlaments, der Haushaltskommissar und weitere Mitglieder der jeweiligen Delegationen (davon insgesamt fünf Mitglieder des Haushaltsausschusses) teil. Nach der Begrüßung durch den Ratspräsidenten gibt der Leiter der Parlamentsdelegation in der Regel einen Überblick über die Position des Parlaments. Die Berichterstatter stellen dann die spezifische Sicht des Parlaments zum Haushaltsvorentwurf der Kommission dar. Der Trilog ähnelt einer Anhörung des Parlaments durch den Ministerrat[383]. Die Fraktionen des Parlaments treffen sich zuvor und während des Verfahrens in gemeinsamen Sitzungen, um ihre Positionen innerhalb der Parlamentsdelegation abzustimmen.

Seit der neuen Interinstitutionellen Vereinbarung von 1999 findet eine Konzertierung implizit über alle Ausgaben statt.[384] Für folgende Ausgabenkategorien ist das Konzertierungsverfahren ausdrücklich vorgeschrieben:[385]

- die Konzertierung über die Mittel für obligatorische Ausgaben,
- die Konzertierung über die Mittel für nichtobligatorische Ausgaben,
- die Konzertierung über die Inanspruchnahme des Flexibilitätsinstruments,
- die Konzertierung über die Klassifizierung neuer Ausgaben,
- die Konzertierung über einen möglicherweise notwendigen neuen Höchstsatz für die Erhöhung der nichtobligatorischen Ausgaben,
- die Konzertierung über den finanziellen Bezugsrahmen für die Ausgaben in Mehrjahresprogrammen, die nicht im Verfahren der Mitentscheidung ergehen,
- die Konzertierung über die nach Art. 28 EUV zu Lasten des EU-Haushalts gehenden GASP-Ausgaben und
- die Konzertierung über die Ausgaben für Fischereiabkommen.

Über alle Ausgaben wird zumeist in ein und derselben Sitzung beraten. In der Regel gibt es zwei Konzertierungssitzungen pro Jahr (Juli und November), wobei es in der ersten Sitzung um grundsätzliche Positionen geht (die Sitzung ist vor der ersten

382 Ziff. 4 des Anhangs III der Interinstitutionellen Vereinbarung von 1999.

383 *Theato Diemut R. / Graf, Rainer:* aaO, S. 75.

384 Ziff. B.1 des Anhangs III der Interinstitutionellen Vereinbarung von 1999; Mit der IIV 1993 wurde zunächst nur eine förmliche Konzertierung über die obligatorischen Ausgaben (sog. "Ad-hoc-Konzertierung) auf Ersuchen des Parlaments oder Ministerrates (Anhang II, Ziff. B.3 der Interinstitutionellen Vereinbarung von 1993, in der Interinstitutionellen Vereinbarung von 1999 findet sich dieser Passus nicht mehr) eingeführt, weil alle drei Organe mit dem alten Verfahren zur Festlegung des Agrarhaushalt unzufrieden waren (Der Rat entschied in erster Lesung über die obligatorischen Ausgaben und revidierte seine Ansätze selten.). Vgl. *dazu Europäisches Parlament, Haushaltsausschuss:* Tillich-Bericht 1997, Ziff. 4, S. 20, PE 222.885/endg, aaO.

385 Anhang III, Ziff. 3 b; Teil I, Ziff. F.24 Abs.6; Teil II, Ziff. C.31 Abs. 2; Teil II, Ziff. D.32 b; Teil II, Ziff. E.34 Abs. 3; Teil II, Ziff. H.39 Abs.1; Anhang VI, Ziff. B der Interinstitutionellen Vereinbarung von 1999, aaO.

Lesung des Ministerrates) und in der zweiten dann um Abänderungen (Änderungen für nichtobligatorische Ausgaben) und Änderungen (Vorschläge für Änderungen bei den obligatorischen Ausgaben), die sich nach der ersten Lesung des Parlaments ergeben haben. In der Konzertierung selbst verhandeln Ministerrat, Kommission und Parlament ihre Positionen, eine Einigung wird angestrebt. Notfalls werden die Sitzungen auch unterbrochen, damit die Delegationen von Ministerrat und Parlament sich jeweils neu abstimmen können. Über die Ergebnisse der Konzertierungssitzung erstatten die parlamentarischen Teilnehmer dem Haushaltsausschuss des Parlaments Bericht.

Die Ergebnisse der Konzertierung (im Falle der Einigung) müssen offiziell gebilligt werden. Dies geschieht in der Regel im Rahmen der jeweiligen Lesungen[386] der beiden Organe. Die Ergebnisse werden mit denselben Mehrheiten abgestimmt, die auch für das Haushaltsverfahren selbst gelten.[387] Bisher ist es noch nie vorgekommen, dass Parlament oder Ministerrat in ihren Lesungen die Ergebnisse einer Konzertierung nicht bejaht haben. Oft gibt es aber keine Einigung in der Konzertierung. Nur einzelne Probleme können einer Lösung zugeführt werden und dies nimmt viel Zeit in Anspruch. So war die November-Konzertierung in 2000 und 2001 (Entscheidung über die Inanspruchnahme des Flexibilitätsinstruments) erfolgreich, aber im Jahr 1999 konnte eine Einigung erst in "allerletzter Minute" – nämlich unmittelbar vor der zweiten Lesung des Parlaments im Dezember – herbeigeführt werden. Eine Nichteinigung hat keine Verfahrenskonsequenzen, das Haushaltsverfahren geht weiter wie vorgesehen.

4.5.2 Das "Navette-Verfahren"

Im "Navette-Verfahren" wird der Haushaltsvorentwurf zuerst zum Haushaltsentwurf und dieser wird am Ende zum festgestellten Haushaltsplan[388]: Der Haushaltsvorentwurf wandelt sich durch die erste Lesung des Ministerrates in den Haushaltsentwurf (a), über den dann in erster Lesung das Parlament berät (b). Die zweite Lesung des Ministerrates dient der Verabschiedung der obligatorischen Ausgaben durch den Ministerrat (c), bevor in einer zweiten Lesung des Parlaments der Gesamthaushaltsplan verabschiedet wird (d). Aufgrund der Möglichkeit, die nichtobligatorischen Ausgaben über das Höchstsatzverfahren zu erhöhen, kann eine dritte Lesung des Ministerrates notwendig werden (e). Nach dem Abschluss der

386 Auch die Beratungen des Rates, die im parlamentarischen Sinne keine Lesungen sind, werden hier als Lesungen bezeichnet.

387 Hierzu und zum Folgenden: Eigene Recherche, Auskunft des Advisor on Budget for the Greens/EFA group in the EP.

388 Ein ähnliches Verfahren gibt es z.B. in Australien oder der Schweiz. Vgl. *Sturm, Roland:* Vorbilder für eine Bundesratsrefom?, S. 25–47, in: Bertelsmann-Kommission "Verfassungspolitik und Regierungsfähigkeit" (Hrsg.), Arbeitspapier: Institutionelle Entflechtung in Zweiten Kammern, Gütersloh 2000.

Beratungen stellt der Präsident des Parlaments den Haushaltsplan fest (f). Die auffälligste Besonderheit im Vergleich zu nationalstaatlichen Verfahren ist die Integration der Konzertierung.

a) Erste Lesung des Ministerrates: Sie findet in der Regel im Juli statt. In dieser Lesung beschließt der Ministerrat über den Haushaltsvorentwurf der Kommission. Wenn der Ministerrat vom Vorentwurf abweichen will, muss er sich den anderen beteiligten Organen ins Benehmen setzen (Art. 272 Abs. 3 Unterabsatz 2 EGV). Dies ist durch den vorher stattfindenden Trilog und die Konzertierung geschehen.

Die Vorbereitung erfolgt durch den Haushaltsausschuss des Ministerrates, der sich aus den Finanzreferenten des Ausschusses der Ständigen Vertreter (AStV) zusammensetzt (Art. 138 II HO). Dessen Arbeitsergebnisse werden dem AStV Haushalt vorgelegt, der sie in der Regel im A/B-Punkt-Verfahren mit qualifizierter Mehrheit billigt.[389]

Der Beschluss über den Haushaltsvorentwurf ergeht mit qualifizierter Mehrheit.[390] Die Stimmen des Ministerrates werden bei qualifizierter Mehrheit gewogen, notwendig sind mindestens 62 Stimmen von 87 Stimmen. Zusätzlich müssen 10 Mitgliedstaaten zugestimmt haben.[391] Durch diese doppelte Mehrheit reichen entweder 26 Stimmen[392] oder 6 Mitgliedstaaten[393] für eine Sperrminorität aus.

Der so beschlossene Haushaltsentwurf ist zumeist mit starken Kürzungen des Kommissionsvorschlags verbunden.[394] Daher wird dem Ministerrat auch vom Parlament vorgeworfen, dass er keine Bedarfspolitik, sondern reine Ausgabenkürzungen betreibe, wobei er Ausgaben mit politischen Rang privilegiert und sich seine Kürzungen vor allem auf die nichtobligatorischen Ausgaben beziehen.[395]

Der Haushaltsentwurf des Ministerrates wird nach dem pragmatischen Kalender bis zum 31. Juli an das Parlament übersendet[396]. Kommt der Beschluss des Minister-

389 Auskunft von Ralph Müller, Bundesfinanzministerium, Referat EA 3.

390 Art. 272 Abs. 3 Unterabsatz 3 EGV.

391 Variante 2 des Art. 205 Abs. 2 EGV, siehe auch: *Jaqué, Jean Paul*, Art. 148 Rn.6, in: *Groeben, Hans von der / Thiesung, Jochen / Ehlermann, Claus-Dieter*: Bd. 4, aaO.

392 Z.B. von Spanien (8), Frankreich (10) und Italien (10).

393 Z.B. Schweden (4), Dänemark (4), Irland (3), Belgien (5), Griechenland (5), Niederlande (5).

394 *Theato, Diemut R. / Graf, Rainer*: aaO, S. 33.

395 *Theato, Diemut / Graf, Rainer:* aaO, S. 54; So schlug z.B. der AStV dem Ministerrat für den Haushaltsentwurf 2001 vor, bei den obligatorischen Ausgaben die VE um 352,82 Mio. € und die ZE um 350,81 Mio. € zu kürzen, während die VE für nichtobligatorische Ausgaben um 726,85 Mio. € und die ZE sogar um 1040,59 Mio. € gekürzt werden sollten. Vgl. *Rat, Aufzeichnung des AStV*: Haushaltsverfahren 2001 – Aufstellung des Haushaltsplanentwurfs, Operative Ausgaben, Dok.-Nr. 10359/00 vom 13.07.2000, Tabelle im Anhang (nichtöffentliches Dokument).

396 Nach Art. 272 Abs. 4 EGV bis zum 05. Oktober, so auch in Art. 16 Abs. 1 Unterabsatz 2 HO.

rates nicht rechtzeitig (bis zum 05. Oktober) zustande, kann das Parlament Untätigkeitsklage erheben (Art. 232 EGV).

b) Erste Lesung des Parlaments: Nach der Sommerpause beginnt das Parlament mit seinen Beratungen. Dem Parlament stehen unterschiedliche Reaktionen auf den Haushaltsentwurf des Ministerrates zu Verfügung:[397]

- Das Parlament kann zunächst binnen 45 Tagen dem Haushaltsentwurf des Ministerrates ohne Änderungsvorschläge seinerseits die Zustimmung erteilen und somit den Haushaltsentwurf endgültig feststellen. Dieselbe Rechtsfolge tritt ein, wenn das Parlament sich überhaupt nicht binnen 45 Tagen äußert.[398]
- Das Parlament kann aber auch Änderungen vorschlagen, wobei schon verbal im Vertrag danach unterschieden wird, ob es sich um Änderungen bei den obligatorischen Ausgaben handelt (Vorschlag von Änderungen) oder bei den nichtobligatorischen Ausgaben handelt (Abänderungsvorschläge).[399]
  Für Vorschläge zur Änderung bei den obligatorischen Ausgaben benötigt das Parlament die absolute Mehrheit der abgegebenen Stimmen. Für Abänderungsvorschläge bei den nichtobligatorischen Ausgaben ist die Stimmenmehrheit der Mitglieder erforderlich.
- Das Parlament kann zudem bereits in der ersten Lesung den Haushalt global ablehnen.[400]

Nach dem pragmatischem Kalender übermittelt das Parlament Ende Oktober/ Anfang November seine Lesungsergebnisse an den Ministerrat und das Konzertierungsverfahren wird fortgesetzt.[401] Im diesem Rahmen findet ein weiterer Trilog (in derselben Besetzung wie zu Beginn der Verabschiedungsphase) statt. Inhalt sind die Änderungs- und Abänderungsvorschläge des Parlaments sowie das Ad-hoc-Berichtigungsschreiben der Kommission.[402] Die Kommission muss dieses Schreiben vor Ende Oktober an Ministerrat und Parlament übermitteln.[403] Die Konzertierungssitzung über die Ergebnisse dieses zweiten Trilogs findet meist am Tag vor der zweiten Lesung des Ministerrates bzw. spätestens am selben Tage vorher statt.

c) Zweite Lesung des Rates: Im November berät dann wiederum der Ministerrat den Haushaltsplan. Bei diesen Beratungen ist die Kommission, durch den Haushaltskommissar vertreten, anwesend. Der Ministerrat berät zum einen die

397 Art. 272 Abs. 4 EGV.
398 Art. 272 Abs. 4 UA 3 S. 1, 2 EGV.
399 Art. 272 Abs. 4 UA 2 EGV.
400 *Rossi, Matthias*: aaO, S. 81; *Bieber, Roland*, Art. 203, RN 40; in: *Groeben, Hans von der / Thiesing, Jochen / Ehlermann, Claus-Dieter*: Bd. 4, aaO.
401 Anhang III, Ziffer B.6 der Interinstitutionellen Vereinbarung von 1999, aaO.
402 Dieses Schreiben enthält die Aktualisierung der zugrunde gelegten Daten für die Agrarausgaben und/oder Korrekturen zu den operativen Mittel für die internationalen Fischereiabkommen (sogenanntes "Tillich-Mulder-Verfahren").
403 Ziffer B.2 Anhang III der Interinstitutionellen Vereinbarung von 1999, aaO.

Ergebnisse der ersten Lesung des Parlaments und zum anderen das Ad-hoc-Berichtigungsschreiben der Kommission, sofern er sich nicht schon früher als einen Monat vor der ersten Lesung des Parlaments damit befasst hat.[404]

Eigentlich wird an dieser Stelle die Verabschiedungsphase in zwei Verabschiedungsphasen aufgesplittet. Das liegt erneut an der Unterscheidung zwischen obligatorischen und nichtobligatorischen Ausgaben. Die Verabschiedung der obligatorischen Ausgaben endet in der zweiten Lesung des Ministerrates. Für den Fall, dass das Parlament Änderungen vorgeschlagen hat, gibt es mehrere Möglichkeiten:[405]

- Wenn die Änderung *nicht* zur Erhöhung des Gesamtbetrages der Ausgaben eines Organs (dies kann auch durch Ausgleich oder Absenken bei anderen Ausgaben erreicht werden) führt, kann der Ministerrat den Änderungsvorschlag mit qualifizierter Mehrheit ablehnen. Hat er den Änderungsvorschlag abgelehnt, dann kann er mit qualifizierter Mehrheit den in seinem Entwurf stehenden Betrag beibehalten oder einen anderen Betrag festsetzen.
- Führt dieser Änderungsvorschlag jedoch zur Erhöhung des Gesamtbetrags der Ausgaben eines Organs kann der Ministerrat den Vorschlag mit qualifizierter Mehrheit annehmen, wobei die Nichtannahme einer Ablehnung gleichkommt. Wenn der Ministerrat einen Änderungsvorschlag jedoch abgelehnt hat, gilt wie schon zuvor, dass er mit qualifizierter Mehrheit den in seinem Entwurf stehenden Betrag beibehalten oder einen anderen Betrag festsetzen kann.

Hat das Parlament Abänderungen bei den nichtobligatorischen Ausgaben beschlossen, dann hat der Ministerrat vier Möglichkeiten. Er kann:

- diese Abänderungen mit qualifizierter Mehrheit annehmen,
- sie mit qualifizierter Mehrheit ablehnen (Grundsatz der umgekehrten Mehrheit) oder
- sie mit qualifizierter Mehrheit ändern (Grundsatz der umgekehrten Mehrheit).

Das Konzertierungsverfahren kann fortgesetzt werden, wenn keine Einigung über die nichtobligatorischen Ausgaben herbeigeführt werden konnte. Dann findet vor der zweiten Lesung des Parlaments ein weiterer Trilog statt.[406]

d) Zweite Lesung des Parlament: Anfang Dezember setzt das Parlament seine Beratungen fort, sofern nicht der Ministerrat die Abänderungen bei den nicht-

404 Art. 272 Abs. 5 EGV; Ziffer B.2 Anhang III der Interinstitutionellen Vereinbarung von 1999, aaO.

405 Art. 272 Abs. 5 UA 1 b EGV.

406 Anhang III, Ziffer B.6 der Interinstitutionellen Vereinbarung von 1999, aaO. Im Haushaltsverfahren 1998 gab es insgesamt 7 Triloge. Vgl. *Guth, Eckart*: Der Haushalt der Union: Bilanz und Perspektiven, S. 69–89 (77) in: *Caesar, Rolf / Scharrer, Hans Eckart:* Die Zukunft Europas im Lichte der Agenda 2000, Baden-Baden 2001, 1. Aufl.

obligatorischen Ausgaben aus der ersten Lesung des Parlaments gebilligt hat (oder die Abänderungen als angenommen gelten). Dies ist aber in der Regel nicht der Fall. Auch in dieser Lesung ist die Kommission anwesend.

Die Tatsache, dass der Ministerrat gegebenenfalls auch die Änderungsvorschläge des Parlaments bei den obligatorischen Ausgaben abgelehnt hat, spielt keine Rolle für die zweite Lesung des Parlaments.[407] Fasst das Parlament innerhalb von 15 Tagen nach dem offiziellen Termin, an welchem der Entwurf des Ministerrates dem Parlament zugeleitet werden soll, keinen Beschluss, so gilt der Haushalt als festgestellt[408]. Will das Parlament die vom Ministerrat in der zweiten Lesung vorgenommenen Änderungen an den nichtobligatorischen Ausgaben wiederum ändern, so kann es mit der Mehrheit der Stimmen der Mitglieder und 3/5 der abgegebenen Stimmen die Beschlüsse des Ministerrates ändern oder ablehnen (doppelte Mehrheit).[409]

Es kann aber auch mit der Mehrheit der Stimmen seiner Mitglieder und 2/3 der abgegebenen Stimmen den Haushaltsentwurf insgesamt ablehnen.[410] In diesem Fall betrifft dies auch die bereits vom Ministerrat beschlossenen obligatorischen Ausgaben.[411] Das Parlament kann dann die Vorlage eines neuen Haushaltsentwurfs verlangen und die Verabschiedungsphase beginnt erneut.

e) **Höchstsatz für die Erhöhung der nichtobligatorischen Ausgaben:** Dieser Satz wurde schon mehrfach erwähnt (Art. 272 Abs. 9 UA 5 EGV). Er ist zunächst ein "statischer Satz", der sich aus der Verknüpfung der Inflationsrate der EU mit der durchschnittlichen Wachstumsrate des gemeinschaftlichen BSP und den Wachstumsraten der nationalen Haushalte ergibt. Er wird von der Kommission im Rahmen der Haushaltsaufstellung festgestellt.[412] Hat der Ministerrat in seinem Haushaltsentwurf den von der Kommission festgelegten Erhöhungssatz um mehr als die Hälfte erhöht, kann auch das Parlament nochmals um die Hälfte des Höchstsatzes in seinen Lesungen erhöhen.[413] Hat der Ministerrat um weniger als die Hälfte erhöht, kann das Parlament den Restbetrag ausnutzen.

Wenn die Kommission, das Parlament oder der Ministerrat der Ansicht sind, dass während des Haushaltsverfahrens der Höchstsatz für die Erhöhung der nicht-

407 Über die obligatorischen Ausgaben wurde endgültig in der zweiten Lesung des Ministerrates entschieden. Der Ministerrat fertigt ein Exposé über die Ergebnisse seiner Beratungen zu den Änderungsvorschlägen des Parlaments, welches er ihm übersendet. Der Ministerrat hat insoweit nur eine Informationspflicht gegenüber dem Parlament.

408 Art. 272 Abs. 6 Satz 2 EGV.

409 Art. 272 Abs. 6 S. 1 EGV.

410 Das Recht zur Globalablehnung des Haushalts steht dem Parlament auch schon in seiner ersten Lesung zu.

411 Art. 272 Abs. 8 EGV.

412 Art. 272 Abs. 9 UA 2 EGV.

413 *Vring, Thomas von der:* aaO, S. 205.

obligatorischen Ausgaben geändert werden muss (trotz oder anstatt der Möglichkeit der hälftigen Erhöhung durch Ministerrat und Parlament), können sich Ministerrat und Parlament auf einen neuen Höchstsatz einigen. Dabei muss das Parlament mit der Mehrheit seiner Mitglieder und $^{3}/_{5}$ der abgegebenen Stimmen zustimmen. Der Ministerrat entscheidet auch hier mit qualifizierter Mehrheit ("dritte" Lesung). Lehnt der Ministerrat diesen Höchstsatz ab, dann ist der Haushalt nicht beschlossen.

Das Höchstsatzverfahren des Vertrages ist in der Praxis relativ unbedeutend, da in der Interinstitutionelle Vereinbarung zwischen den Organen vereinbart wurde[414], dass im Zeitraum 2000–2006 die Erhöhungssätze für die nichtobligatorischen Ausgaben anerkannt werden, die in der Finanziellen Vorausschau festgelegt wurden.[415]

f) **Feststellung des Haushalts:** Haben Ministerrat und Parlament ihre Lesungen abgeschlossen, stellt der Präsident des Parlaments fest, dass der Haushaltsplan endgültig festgestellt wird.[416] Der Entwurf wird zum Plan und entfaltet Bindungswirkungen gegenüber den Organen.[417] Der Haushaltsplan muss in Ausgaben und Einnahmen ausgeglichen sein (Grundsatz des Haushaltsausgleichs). Jedoch gilt dies nur für das Verhältnis von den Zahlungsermächtigungen zu den Einnahmen. Vom 1. Januar an wirkt der festgestellte Haushaltsplan auch gegenüber den Mitgliedstaaten:[418] Diese sind nämlich verpflichtet, der EU die geschuldeten Eigenmittel[419] zur Verfügung zu stellen (Art. 17 II HO). Dadurch wird der Haushaltsplan zum Einnahmengesetz.[420]

Wird von einem Organ die Legalität des Haushaltsplans angezweifelt, dann kann es Feststellungsklage vor dem Europäischen Gerichtshof erheben. Das Feststellungsurteil erhält in Falle der Stattgabe der Klage den Tenor, dass die Feststellung des Haushalts durch den Parlamentspräsidenten annulliert wird. Dann gilt der Haushaltsentwurf in seiner letzten Fassung bis zur endgültigen noch ausstehenden Verabschiedung.

---

414 Teil I, Ziff. A.12 der Interinstitutionellen Vereinbarung von 1999, aaO.

415 Für den Fall, dass eine Finanzielle Vorausschau fehlt, ist festgeschrieben, dass dem Parlament sein vertragliches Erhöhungsrecht ab der Aufstellung des Haushaltsentwurfs durch die erste Ratslesung zusteht. Dabei sind etwaige Berichtigungs- oder Nachtragshaushalte mit ein zu beziehen. Sollte ein neuer Erhöhungssatz notwendig sein, ist ein Konzertierungsverfahren einzuleiten. Vgl. Teil II, Ziffer D.32 der Interinstitutionellen Vereinbarung von 1999, aaO.

416 Art. 272 Abs. 7 EGV.

417 Ausführlich zur Feststellungswirkung und zur möglichen Nichtigkeit: *Rossi, Matthias*: aaO, S. 88f.

418 Oder mit dem Zeitpunkt der Feststellung, wenn dieses Datum nach dem 1. Januar liegt.

419 Die Haushaltsordnung spricht von "Beiträgen"!.

420 *Noll, Michael:* Haushalt und Verfassung, 1. Aufl., Stuttgart/Berlin/Köln 2000, S. 176.

4.5.3 Probleme bei der Verabschiedung des EU-Haushalts

Auch innerhalb dieser Verfahren ergeben sich mehrere Probleme. Sie lassen sich folgenden Bereichen zuordnen:
- dem Konzertierungsverfahren (a),
- dem "pragmatischen Zeitplan" (b),
- der Klassifizierung der Ausgaben (c),
- dem Höchstsatzverfahren (d),
- den unterschiedlichen Mehrheitsregeln (e),
- den Verwaltungsausgaben von Ministerrat und Parlament (f),
- den Parlamentslesungen (g) und
- dem Zusammenhang zwischen Einnahmen und Ausgaben (h).

a) **Konzertierungsverfahren:** Dieses Verfahren ist in den Verträgen nicht vorgesehen. Erstmalig in der Interinstitutionellen Vereinbarung 1999 wurde es als ein das Haushaltsverfahren begleitendes Verfahren im interinstitutionellen "soft law" zwingend verankert.[421] Über dieses Verfahren versucht das Parlament seinen Einfluss beharrlich auszuweiten. Das Parlament nutzt die Konzertierungen, um andere wichtige Haushaltsfragen, die eigentlich nicht der Konzertierung unterworfen sind, mit zu klären. Das kann es deshalb, weil die Konzertierung innerhalb der Verhandlungen über das Gesamtpaket der Interinstitutionellen Vereinbarung (inklusive Finanzieller Vorausschau) zum Verhandlungsgegenstand gemacht wird. So hat das Parlament in der Konzertierung über den Haushalt 2002 versucht, auch das Problem der (Neu)Aufstellung der Finanziellen Vorausschau einzubringen.[422]

Der Haushaltsausschuss des Parlaments würde aus dem Konzertierungsverfahren sogar gern ein echtes Mitentscheidungsverfahren machen.[423] Nachdem es nun seit 1999 bei allen Ausgaben grundsätzlich eine Konzertierung gibt, möchte das Parlament auch über die Einnahmen ein Konzertierungsverfahren durchsetzen.[424]

---

421 Vorher gab es die Möglichkeit nach der Gemeinsamen Erklärung von 1975, dass Rat oder Parlament eine Konzertierung beantragen konnten und der Rat über die Notwendigkeit einer Konzertierung entschied. Auch die Kommission konnte bei ihren Vorschlägen vermerken, ob eine Konzertierung ratsam wäre.

422 Eigene Recherche, Auskunft des Advisor on Budget for the Greens/EFA group in the EP.

423 *Europäisches Parlament, Haushaltsauschuss*: Entwurf eines Berichtes zu dem Vorschlag für eine Verordnung (EG, EGS, EAG) des Rates zur Regelung der Haushaltsordnung für den Gesamthaushaltsplan der Europäischen Gemeinschaften, S. 54, PE 300.030 (Berichtsentwurf Dell'Alba 2000), aaO.

424 Das Parlament hat im Rahmen der Verhandlungen über den "Vorschlag für einen Beschluss über das System der Eigenmittel der EU" 1999 dem Ministerrat einen Antrag auf Durchführung der Konzertierung vorgelegt. Der Ministerrat forderte das Parlament auf, auf die Konzertierung zu verzichten. Er war der Ansicht, dass sich durch die Konzertierung das Ratifizierungsverfahren in den Mitgliedsstaaten verzögern würde und zudem sei keine Beteiligung des Parlaments bei den Eigenmitteln vorgesehen. Der Konflikt endete mit einem Kompromiss. Es wurde vereinbart, dass die Kommission bis Ende 2004 einen Vorschlag

Die Konzertierung ist mittlerweile als "Konfliktfilterstelle" etabliert. Zwar steht in der Interinstitutionelle Vereinbarung[425], dass sie die im Vertrag geregelten Befugnisse der Organe nicht berührt. Dies bedeutet, dass es für den Ablauf des Haushaltsverfahrens formal gleichgültig ist, ob die Konzertierung Ergebnisse zeitigt. Für den tatsächlichen Ablauf der jährlichen Haushaltsberatungen ist die Konzertierung indes immens wichtig. In den Trilogen und bei den Konzertierungssitzungen können Probleme angesprochen und diskutiert – manchmal sogar gelöst – werden.[426] Die Konzertierung erhöht aber die Transaktionskosten des Haushaltsverfahrens erheblich, geht man von der erhöhten Anzahl der durch die Konzertierung erforderlichen Sitzungen aus. Allein in der Verabschiedungsphase gibt es in der Regel zwei bis drei Triloge und dementsprechend bis zu drei Konzertierungssitzungen. Zusätzlich muss in den jeweiligen Lesungen von Ministerrat und Parlament über die Konzertierungsergebnisse abgestimmt werden.

Zu bedenken ist auch, dass den Beteiligten durch die Konzertierung neue diskretionäre Spielräume eröffnet werden. Mindestens acht verschiedene Themen werden innerhalb einer Sitzung beraten. Das gibt beiden Seiten Tauschmöglichkeiten, die sie ohne die Konzertierung so nicht hätten. Es muss jedoch berücksichtigt werden, dass die jeweiligen Verhandlungsspielräume der Beteiligten in der Konzertierung stark eingeschränkt sind. So ist z.B. die Delegation des Parlaments an die Beschlüsse des Plenums gebunden[427] und die Fraktionen fühlen sich an ihre Standpunkte in den Delegationssitzungen gebunden[428].

b) Pragmatischer Kalender: Nach Art. 18 HO können die Kommission und die Haushaltsbehörde die Vorverlegung der Termine bestimmen.[429] Da dieser "pragmatische Kalender" allen Organen dienlich ist und zudem jederzeit zu den vertraglichen Fristen zurückgekehrt werden kann, spricht nichts gegen die Anwendung des "pragmatischen Kalenders". Insbesondere das Parlament erhält mehr Zeit für seine Beratungen. Insofern ist diese Regelung eine transaktionskostensenkende und die Verfahrenseffizienz steigernde Regelung. Ihre Aufnahme in die Verträge wäre wünschenswert. Dies würde jedoch eine Vertragsänderung notwendig machen (Einstimmigkeit im Ministerrat und Ratifizierung durch die Mitgliedstaaten). Da

---

vorlegt, indem sie die vom Parlament vorgebrachte Kritik am Eigenmittelsystem überprüfen soll. Vgl. *Europäisches Parlament, Haushaltsausschuss*: Konzertierungsbericht 2000, S. 7f., PE 289.589, aaO.

425 Ziff 3 der Einleitung der Interinstitutionellen Vereinbarung von 1999, aaO.

426 Oft gelingt dies aber nicht und so wird die Konzertierung auch als "Dialog der Schwerhörigen" bezeichnet. Vgl. *Costa Neves, Carlos* (MdEP) in der Sitzung zum Haushalt 2002 vom 23.10.01.

427 *Gauweiler, Marijke*: aaO, S. 28.

428 Eigene Recherche, Auskunft des Advisor on Budget for the Greens/EFA in the EP.

429 Für die Übermittlung der Voranschläge, die Annahme des Vorentwurfs, die Übermittlung des Vorentwurfs, die Annahme des Haushaltsentwurfs und die Übermittlung des Haushaltsentwurfs.

dies diskretionäre Spielräume für Vetospieler bietet, ist die jetzige "informelle" Regelung zu bevorzugen.

c) **Klassifizierung der Ausgaben:** Diese Regelung verschafft zunächst dem Ministerrat eine profunde Stellung hinsichtlich der obligatorischen Ausgaben, über die er – außer im Falle der Globalablehnung – de facto allein entscheidet.[430] Allerdings darf nicht vergessen werden, dass der Ministerrat sich nur im Rahmen der Finanziellen Vorausschau bzw. der Agrarleitlinie bewegen kann.

Die Klassifizierung der Ausgaben erfolgt nach Haushaltslinien. Aus dem Missstand, dass alte Linien lange Zeit nicht auf ihre Notwendigkeit hin überprüft wurden, entstand das Ad-hoc-Konzertierungsverfahren.[431] Dieses Verfahren ist in der Interinstitutionellen Vereinbarung 1999 der Konzertierung über alle Ausgaben gewichen, d.h. alle Ausgaben werden auf den Prüfstand gestellt, womit sich die Situation des Parlaments verändert. Es muss sich nun auch Fragen bezüglich "seiner" Ausgaben gefallen lassen und so entsteht gegenseitiger Beibehaltungsdruck.

Die Klassifizierung der Ausgaben wird seitens des Parlaments auch dazu benutzt, mehr legislative Mitentscheidungsrechte bei Finanzbestimmungen, Programmen und Instrumenten zu "erhalten". Das Druckpotential des Parlaments ist der Haushalt, denn gibt der Ministerrat nicht nach, wird "das Parlament andernfalls versuchen (...), seine Vorstellungen im Rahmen des Haushaltsplans durchzusetzen."[432] Dies gelingt ihm insbesondere bei den nichtobligatorischen Ausgaben.

Insgesamt ist nicht nur deshalb eine doch deutliche Steigerung der nichtobligatorischen Ausgaben zu beobachten. Dies zeigt sich vor allem an den Ausgaben für strukturpolitische Bereiche (vgl. Abb. 11). An den Erhöhungen der Ausgaben für strukturpolitische Maßnahmen hat nicht nur das Parlament (es sind ja nichtobligatorische Ausgaben!), sondern auch der Ministerrat selbst ein Interesse. Die Strukturpolitik nutzen der Ministerrat und vor allem der Europäische Rat als Kompensa-

---

430 Die Einführung der Klassifizierung diente dem Zweck, das Aushöhlen der Rechtsetzungskompetenzen des Ministerrats durch die Haushaltskompetenzen des Parlaments zu verhindern. Vgl. *Beutler, Bengt / Bieber, Roland / Pipkorn, Jörn / Streil, Jochen*: RN 356, S. 208, aaO.

431 Im Rahmen der Verhandlungen über die Finanzielle Vorausschau 1993–1999 schlug das Parlament vor, dass obligatorische Ausgaben zwingend vor der 1. Lesung des Ministerrates überprüft werden müssten. Diese Ad-hoc-Konzertierung bezog sich nur auf die obligatorischen Ausgaben. Es erfolgte eine Prüfung der Rechtsgrundlagen dieser Ausgaben sowie die Prüfung der zwingenden Beträge. Der Ministerrat mußte begründen, wenn er etwas anderes als bisher wollte. So hatte das Parlament eine gewisse Kontrolle über die obligatorischen Ausgaben. Vgl. *von der Vring, Thomas*: aaO, S. 210f.

432 *Europäisches Parlament, Ausschuss für konstitutionelle Fragen*: Bericht über die Vorschläge des Europäischen Parlaments für die Regierungskonferenz, Ziff. 4a-e, Dok.-Nr. A5-0086/2000 (Leinen-Bericht 2000).

tionsmasse.[433] Es ist zu beobachten, dass sowohl die Interinstitutionelle Vereinbarung 1988 als auch die Interinstitutionelle Vereinbarung 1993 die strukturpolitischen Ausgaben zunächst senkte (im ersten oder in den zwei folgenden Jahren), danach die Strukturausgaben aber absolut wieder anstiegen.[434]

Abb. 11: **Der Anstieg der strukturpolitischen Ausgaben**

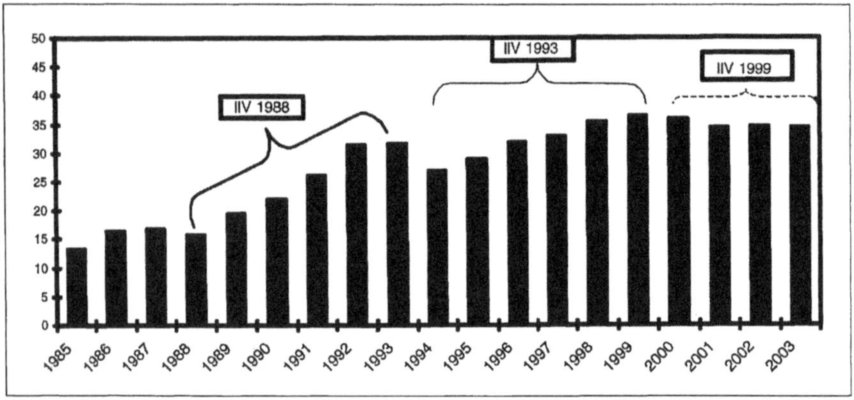

Eigene Darstellung, Daten entnommen aus: Europäische Kommission: Vademekum Haushalt 2000, Tab. 1

Dafür verantwortlich sind aber auch die Begrenzung der Agrarausgaben und die Aufstockung der externen Ausgaben. Über die externen Ausgaben verbessert der Ministerrat "sein" außenpolitisches Renommee.

Trotz der Einführung der Interinstitutionellen Vereinbarung gibt es noch weitere Probleme.[435] So führt eine zu hohe Veranschlagung im Agrarbereich zwar nicht unbedingt zur Erhöhung der Gesamtausgaben, geht aber zu Lasten anderer Bereiche ("Rubrikenwettbewerb"). Die ständigen Veränderungen der Verordnungen, auf denen die Agrarausgaben beruhen, tragen dazu bei. Da das Parlament während eines Haushaltsverfahrens fast gar keinen Einfluss auf die obligatorischen Ausgaben hat, muss es sich bereits während der Verhandlungen der jeweiligen Finanziellen Vorausschau positionieren und hinsichtlich dieser Ausgaben sehr weitblickend

433 Siehe die Beispiele im Rahmen der Verhandlungen über die "Finanzielle Vorausschau" und die Eigenmittelbeschlüsse, vgl. Kap. 4.2.2.2, d).

434 Die Finanzielle Vorausschau 2000–2006 sieht allerdings insgesamt einen leichten Rückgang der Strukturausgaben vor. Das liegt zum einen an der Erhöhung anderer nichtobligatorischer Ausgabenbereiche und zum einen an den Ausgaben für die Beitrittskandidaten, die kontinuierlich steigen. Vgl. *Europäische Kommission*: Haushaltsvademekum 2000, Finanzielle Vorausschau, Tab. 37, aaO.

435 *Europäisches Parlament, Haushaltsausschuss*: Tillich-Bericht 1997, Ziff. 4, 6–13, 16, S. 20, (PE 222.885/endg), aaO.

sein.[436] Auf den fortwährenden Streit bei der Einstufung neuer Ausgaben als obligatorisch oder nichtobligatorisch wurde bereits hingewiesen.[437]

Da die Klassifizierung in erster Linie dazu dient, die Befugnisse von Ministerrat und Parlament im Haushaltsverfahren abzugrenzen, verwundert es nicht, dass selbst die Reflexionsgruppe – die 1995 institutionelle Änderungsvorschläge für die EU-Verfassung machen sollte – für die Beibehaltung der Klassifizierung plädierte.[438] Das gesamte bestehende System der Verteilung der Verfügungsrechte beruht mittlerweile – was Ministerrat und Parlament betrifft – auf dieser Klassifizierung.

d) **Höchstsatzverfahren:** Je nachdem, ob das vertragliche Verfahren oder das "soft law" angewendet wird, resultieren aus dem Höchstsatzverfahren unterschiedliche Probleme:

- **Vertragliches Verfahren:** Der Europäische Gerichtshof hat entschieden, dass sich Ministerrat und Parlament über den Erhöhungssatz der nichtobligatorischen Ausgaben und über den Gesamtbetrag der nichtobligatorischen Ausgaben einigen müssen. Diese Einigung kann nicht vermutet werden[439]. Das vertragliche Verfahren wird dem insoweit gerecht, als dass zwar die Kommission per Initiativrecht den Satz im Frühjahr festlegt, dieser aber durch Ministerrat und Parlament angehoben bzw. sogar neu gefasst werden kann. Der Ministerrat hat hier einen Anreiz, den Höchstsatz mindestens um die Hälfte zu erhöhen, damit das Parlament selbst auch nicht mehr als um die Hälfte erhöhen kann.[440]

  Auch können die Höchstsatzbefugnisse des Parlaments durch die Legislativbefugnisse des Ministerrates beschnitten werden, z.B. indem der Ministerrat Grenzen für nichtobligatorische Ausgaben in Regelungen festlegt, über die nur er allein entscheidet.[441]

---

436 Doch auch hier hat es – wegen der Festlegung der Agrarleitlinie – nicht sehr viel Einfluß.

437 Vgl. Kap. 4.2.2, Ziff. d).

438 Reflexionsgruppe, Bericht der Reflexionsgruppe, Brüssel 05.12.1995, RN 138, dokumentiert auf der CD-Rom in: Weidenfeld, Werner: Amsterdam in der Analyse, Gütersloh 1998.

439 EuGH Rs. 41/95 (Rat der Europäischen Union vs. Europäisches Parlament), 07.12.1995, EuGH Slg. 1995 I-4411.

440 Jedoch kann der Ministerrat, wenn er hinsichtlich des Erhöhungssatzes einen minimalistischeren Ansatz wählt und deshalb davon auszugehen ist, dass das Parlament einen maximalistischen Ansatz bevorzugt, sein Entgegenkommen beim Erhöhungssatz als kompensatorische Manovriermasse benutzen. Dies kann das Parlament nicht, da es erst nach dem Ministerrat über den Höchstsatz entscheidet. Vgl. *Theato, Diemut R. / Graf, Rainer:* aaO, S. 156.

441 Ein Beispiel dafür ist die Ausdehnung der Agrarleitlinie auf Maßnahmen zur Entwicklung des ländlichen Raums. Ausgaben für Maßnahmen zur Entwicklung des ländlichen Raums sind eigentlich nichtobligatorische Ausgaben. Vgl. *Europäische Kommission*: Vorschlag für eine VO des Rates betreffend die Haushaltsdisziplin, KOM (1999)364; Eine zusätzliche Bindung ergab sich hier dadurch, dass die Rechtsform des Rechtsaktes, in dem die Agrarleitlinie geregelt wird, geändert wurde (jetzt Verordnung und damit Bindungswirkung auch für das Parlament).

- **Verfahren nach Interinstitutioneller Vereinbarung:** In der Praxis gibt es den Konflikt um das Höchstsatzverfahren so nicht mehr, weil die Interinstitutionelle Vereinbarung 1999 festlegt, dass die Erhöhungssätze für die nichtobligatorischen Ausgaben in der Finanziellen Vorausschau verbindlich für alle Organe festgeschrieben werden. Dadurch wird die Vorschrift des Vertrags gänzlich umgangen und die Einigung über die Erhöhungssätze findet vor Beginn eines 7-Jahreszeitraums statt. Dies nimmt den Organen die Möglichkeit, flexibel zu reagieren.[442]

Letztlich ist die Anerkennung der Höchstsatzgrenzen aber zwangsläufig eine Folge der Plafondierung in der Finanziellen Vorausschau, denn die Ausgabengrenzen[443] enthalten implizit Steigerungsraten für sieben Jahre. Die Aufnahme der Anerkennungsregel in die Interinstitutionelle Vereinbarung ist erforderlich gewesen, denn ansonsten hätten Parlament und Ministerrat die in der Finanziellen Vorausschau festgeschriebenen Höchstsatzgrenzen durch die Anwendung der vertraglichen Höchstsatzregel umgehen können.

e) **Mehrheitsregeln:** Für die beiden Teile der Haushaltsbehörde gibt es innerhalb der Verabschiedungsphase unterschiedliche Mehrheitsregeln (vgl. Abb. 12).

Der Ministerrat entscheidet in der Verabschiedungsphase grundsätzlich mit qualifizierter (doppelter) Mehrheit. Dabei ist es möglich, dass sich eine qualifizierte Mehrheit findet, die nur 58,3% der europäischen Bevölkerung vertritt.[444] Eine Koalition von Ländern, die immerhin 87,3% der EU-Bevölkerung vertritt, reicht zwar nicht aus, um selbst eine qualifizierte Mehrheit zu erreichen, kann aber über das zweite Quorum (10 Mitgliedstaaten müssen zustimmen) die Abstimmung blockieren.[445] Die doppelte Mehrheit führt dazu, dass es schwieriger wird, Koalitionen zu bilden, denn es sind sowohl die Länder als auch die Stimmen zu bedenken. Je weniger Koalitionen möglich sind, desto schwieriger (und kostenintensiver) wird es aber, eine Entscheidung zu fällen.[446]

Zu unterscheiden ist beim Ministerrat zudem, ob er mit qualifizierter Mehrheit annehmen (Nichtannahme gilt als Ablehnung) oder ob er mit qualifizierter Mehr-

---

442 Vgl. Kap. 4.2.2.2, Ziff. a).

443 Sowohl insgesamt als auch auf die Rubriken bezogen.

444 Alle Länder ohne Deutschland (10), Großbritannien (10) und die Niederlande (5); vgl. auch zum Folgenden: *Feltgen, Thierry*: Veränderte Machtverteilung im Ministerrat nach der EU-Erweiterung, Wirtschaftsdienst 1998/VI, S. 372 (371–376).

445 Deutschland (10), Großbritannien (10), Frankreich (10), Italien (10), Griechenland (5) und Dänemark (3).

446 Dabei ist es bei der derzeitigen Stimmgewichtung im Ministerrat für die kleinen Länder wesentlich schwieriger, Sperrminoritäten aufzubauen, als für die vier großen Länder (Deutschland, Frankreich, Italien und Großbritannien). Diese vier Länder können sich in vier verschiedenen Dreier-Koalitionen zusammenfinden und die Sperrminorität über die Stimmenzahl (30) erreichen, ohne dass das zweite Quorum eine Rolle spielt. Die Niederlande bräuchten dagegen z.B. außer Deutschland und Frankreich noch ein weiteres Land für ein Koalition.

heit zustimmen muss (Nichtablehnung gilt als Annahme). Vorgesehen ist dies in der zweiten Lesung des Ministerrates bei den obligatorischen Ausgaben. Erhöht sich der Gesamtbetrag der Ausgaben durch die Vorschläge des Parlaments, muss der Ministerrat ausdrücklich zustimmen. Hier wirkt sich die Sperrminoriät sehr stark zugunsten des Ministerrates aus (Nichtannahme = Ablehnung). Geht man davon aus, dass die Ministerratsvertreter grundsätzlich nicht an einer Erhöhung der Ausgaben interessiert sind, werden sich sehr schnell die notwendigen Koalitionen für die Sperrminorität finden. Erhöht sich der Gesamtbetrag hingegen nicht, dann wirkt eine Sperrminorität zugunsten des Parlaments (Nichtablehnung = Annahme), denn der Ministerrat muss ausdrücklich ablehnen. Das Verfahren begünstigt also Änderungsvorschläge, die sich nicht auf die Erhöhung des Gesamtbetrages abzielen[447] und ist daher als Anreiz für das Parlament zu verstehen, sich im Rahmen des vorgesehenen Gesamtbetrags zu halten (Haushaltsdisziplin). Bedenkt man aber, dass der Ministerrat in der Regel überhaupt nicht daran interessiert ist[448], dem Parlament bei den obligatorischen Ausgaben Rechte zuzugestehen, dann ist hier anzunehmen, dass sich die notwendige qualifizierte Ablehnungsmehrheit finden wird. Dadurch relativiert sich der scheinbare Vorteil des Verfahrens bei Nichterhöhung des Gesamtbetrags für das Parlament.[449]

Für das Parlament gelten in der Verabschiedungsphase insgesamt vier verschiedene Mehrheiten:

- die Mehrheit der Stimmen der Mitglieder, dies sind derzeit 314 Stimmen,
- die absolute Mehrheit der abgegebenen Stimmen (51% der abgegebenen Stimmen),
- die Mehrheit der Stimmen der Mitglieder und zusätzlich 3/5 der abgegebenen Stimmen und
- die Mehrheit der Stimmen der Mitglieder und zusätzlich 2/3 der abgegebenen Stimmen.

Dabei wird das Mehrheitserfordernis mit fortschreitendem Verfahren immer höher. In seiner ersten Lesung benötigt das Parlament die Mehrheit der Stimmen seiner Mitglieder für Abänderungen bei den nichtobligatorischen Ausgaben und die absolute Mehrheit der abgegebenen Stimmen für Änderungsvorschläge zu den obligatorischen Ausgaben. Es ist für das Parlament also wesentlich leichter, Vor-

447 *Birk, Dieter*: aaO, S. 177, HdbEStR.

448 Hinsichtlich der Nichteinmischung des Parlaments bei den obligatorischen Ausgaben kann man wohl eine große Interessenhomogenität der Ratsmitglieder unterstellen. Gleiches gilt bei den nichtobligatorischen Ausgaben für die Interessenhomogenität im Parlament.

449 Für den Ministerrat gibt keinen vergleichbaren Anreiz zur Haushaltsdisziplin, er kann bei den nichtobligatorischen Ausgaben in der 2. Lesung theoretisch den (bereits durch das Parlament geänderten) Betrag auch erhöhen, ohne dass es für die Art der Abstimmung darauf ankommt, ob sich der Gesamtbetrag insgesamt erhöht oder nicht. Dies liegt natürlich auch daran, dass es eine Höchstsatzregel für die nichtobligatorischen Ausgaben gibt.

schläge hinsichtlich der obligatorischen Ausgaben zu machen. Dies hat seinen Grund wohl darin, dass der Ministerrat das "letzte Wort" bei diesen Ausgaben hat. In seiner zweiten Lesung braucht das Parlament die Mehrheit der Stimmen seiner Mitglieder zuzüglich 3/5 der abgegebenen Stimmen, um die vom Ministerrat an den Abänderungen vorgenommenen Änderungen (nichtobligatorische Ausgaben) abzulehnen bzw. zu ändern. Diese Hürde ist relativ hoch. Geht man davon aus, dass alle 626 Abgeordneten anwesend sind, können 314 Abgeordnete eine Sperrminorität bilden.[450]

Ist das Parlament gar nicht mit den Vorschlägen und Änderungen des Ministerrates einverstanden, hat es als "allerletztes Wort" die Globalablehnung. Hierfür ist das Abstimmungsquorum am höchsten, es braucht die Stimmenmehrheit seiner Mitglieder und 2/3 der abgegebenen Stimmen. Die Stimmenmehrheit der Mitglieder (314) entspricht dann genau der 2/3-Drittel-Grenze, wenn mindestens 471 Abgeordnete anwesend sind.[451] Die Globalablehnung ist die einzige Möglichkeit des Parlaments, bei den obligatorischen Ausgaben ernsthaft "mitzureden". Das Parlament kann ansonsten nur Vorschläge zu Änderungen unterbreiten und nicht selbst ändern. Das Globalveto für die obligatorischen Ausgaben zieht aber immer auch das Veto bei den nichtobligatorischen Ausgaben nach sich und mühsam verhandelte (durch die Konzertierung oder in den Lesungen des Parlaments) Ergebnisse bei den nichtobligatorischen Ausgaben wären dann hinfällig. Denn das Parlament hat hinsichtlich der nichtobligatorischen Ausgaben in seiner ersten Lesung die Möglichkeit, Abänderungen vorzunehmen, die der Ministerrat nur mit seiner doppelten qualifizierten Mehrheit wieder verändern kann. Dies ist ein Vorteil für das Parlament.[452]

Eine schwierige Situation ergibt sich für das Parlament in der zweiten Lesung auch dann, wenn es mit seinem Beschluss über die nichtobligatorischen Ausgaben die (vertragliche) Höchstsatzgrenze überschreiten will. De facto gibt es dann, wenn der Ministerrat zuvor den Höchstsatz schon um mehr als die Hälfte erhöht hat und das Parlament von seinem nochmaligen Erhöhungssatz Gebrauch macht, schon einen im Vergleich zum Haushaltsvorentwurf doppelt so hohen Höchstsatz. Reicht dem Parlament die Erhöhung nicht aus, muss es sich mit dem Ministerrat über einen neuen Höchstsatz verständigen. Dabei benötigt es wieder die Mehrheit der Stimmen seiner Mitglieder und 3/5 der abgegebenen Stimmen. Das heißt, es benötigt sowohl für Abänderungen der Ministerratsvorschläge als auch für die

450 In dem Fall, in der die Stimmenmehrheit der Mitglieder (314) 3/5 der abgegebenen Stimmen entspricht (314), müssen 524 Abgeordnete anwesend sein. Hier reichen 211 Abgeordnete aus, um eine Sperrminorität zu bilden. Sind nur 314 Abgeordnete anwesend, darf niemand dagegen stimmen.

451 In dem Fall reichen 156 Abgeordnete aus, um die Globalablehnung zu verhindern.

452 *Theato, Diemut R. / Graf, Rainer*: aaO, S. 36.

Änderung des Höchstsatzes qualifizierte Mehrheiten.[453] Dabei stellt sich immer das Problem, dass, wenn das Parlament in der vorgeschriebenen Frist keine Mehrheit findet (entweder/und um die Änderungen des Ministerrates an den Abänderungen abzulehnen oder zu ändern bzw. einen neuen Höchstsatzbeschluss zu fassen), der Haushalt in der vom Ministerrat beschlossenen Fassung als festgestellt gilt.

Abb. 12: **Unterschiedliche Mehrheitsregeln in der Verabschiedungsphase**

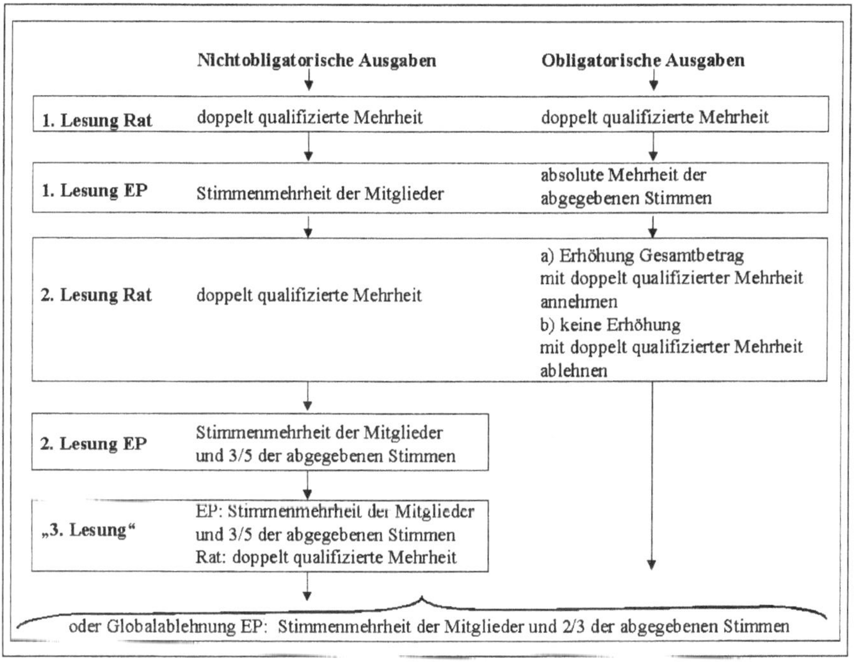

Eigene Darstellung

f) Verwaltungsausgaben: Im Protokoll einer Ministerratssitzung von 1970[454] verpflichtete sich der Ministerrat, den Haushaltsvoranschlag für die Ausgaben des Parlaments nicht zu ändern. Das Parlament verpflichtete sich umgekehrt, die Verwaltungsausgaben des Ministerrates während seiner Lesungen nicht zu verändern. Das Ziel war die Vermeidung "nutzloser Spannungen"[455] zwischen den beiden Teilen der Haushaltsbehörde. Dieses sogenannte "gentlemen's agreement"

453 *Rossi, Matthias*: aaO, S. 87.

454 Hierzu und zum Folgenden: Entschließung im Protokoll der Ratssitzung vom 22.04.1970, vgl. *Europäisches Parlament, Haushaltsausschuss*: Arbeitsdokument 2: Haushalt 2002 – Andere Einzelpläne, FN 1, S. 2; PE 300.009.

455 Ebd., S. 2.

ist auf die Verwaltungsausgaben der beiden Organe begrenzt. Dies wurde jedoch von seiten des Ministerrates mehrfach nicht eingehalten. So beantragte der Ministerrat mit dem Nachtrags- und Berichtigungshaushalt zusätzliche Gelder für seinen Verwaltungshaushalt. Im Nachhinein stellte sich heraus, dass von diesen Mitteln 100.000 ECU für die Verwaltung von Mostar ausgegeben wurden. Da das eine politische Maßnahme und keine Verwaltungsausgabe war, kürzte das Parlament den Verwaltungshaushalt des Ministerrates.

Große Probleme verursacht in diesem Zusammenhang die "Tempelkonstruktion" der EU. Nach dem EUV werden die operativen Mittel des zweiten (ZBIJ) und dritten Pfeilers (GASP) zum Teil dem Gesamthaushalt angelastet. Operative Mittel sind aber eben nicht Verwaltungsausgaben. Letztere sind von den Mitgliedstaaten zu finanzieren. Der Ministerrat bzw. die Mitgliedstaaten haben mehrfach versucht, Personalmittel über den europäischen Gesamthaushalt abzuwickeln. Meistens wurden die Personalmittel dabei in den Ministerratshaushalt eingestellt.[456] Auch im Haushaltsverfahren 2002 versuchte der Ministerrat verschiedene Nicht-Verwaltungsausgaben in seinem Haushalt "zu verstecken", in der Annahme, das Parlament würde diesen ja nicht kürzen. So ging es einmal um die Mittel für den Sonderbeauftragten GASP, die eigentlich in den Teileinzelplan B 8 der Kommission einzusetzen sind. Hier waren die Organe zuvor in einer Interinstitutionelle Vereinbarung übereingekommen, dessen Personalkosten als operative Mittel anzuerkennen.[457]

Da aber das "gentlemen's agreement" gilt, kann der Ministerrat de facto über seinen eigenen Verwaltungshaushalt allein beschließen und natürlich die Mittel einstellen, an dessen europäischer Finanzierung die Mitgliedstaaten ein Interesse haben. Auch hier führt interinstitutionelles Recht dazu, dass zum einen die Befugnisse der Kommission missachtet werden (Haushaltsvorentwurf für operative Ausgaben) und zum anderen gegen Vertragsvorschriften verstoßen wird. Das ist dem Ministerrat nur möglich, weil das Parlament meint, es würde von einer Nichteinmischung des Ministerrates in den Parlamentshaushalt profitieren.

g) Lesungen des Parlaments: In Nationalstaaten sind Haushaltslesungen oft "Generaldebatten" über die Politik der Regierung.[458] Dies ist im Europäischen Parlament anders, die Lesungen ähneln eher "Fachleuteunterhaltungen".[459]

---

456 So läuft derzeit ein Verfahren vor dem Gericht erster Instanz, um die Rechtmäßigkeit der Eingliederung von 60 Schengen-Beamten in den Ministerratshaushalt zu überprüfen. Ebd., S. 8f.

457 Ebd., S. 9f. Auch die im Rahmen der Gemeinsamen Europäischen Sicherheits- und Verteidigungspolitik angesiedelten Verwaltungsorgane (z.B. Ausschuss für Politische und Sicherheitsfragen, EU-Militärstab, EU-Militärausschuss) sind beim Ministerrat angesiedelt.

458 Da die Beratungen des Rates nichtöffentlich sind und nur die Abstimmungsergebnisse veröffentlicht werden, können zu diesen Beratungen kaum Aussagen gemacht werden.

459 *Theato, Diemut R. / Graf, Rainer:* aaO, S. 47.

Ein Problem sind die unterschiedlichen Redezeiten der anwesenden Vertreter von Ministerrat, Kommission und den Abgeordneten. Die Aufteilung der Redezeiten erfolgt nach Vorschlag der Konferenz der Präsidenten durch Beschluss des Parlaments.[460] Dabei stehen dem Ministerrat und der Kommission in der Regel 30 Minuten, dem Generalberichterstatter des Parlaments 20 Minuten und dem zweiten Berichterstatter 15 Minuten zur Verfügung. Alle anderen Abgeordneten haben zwischen einer und drei Minuten Zeit, sich zu äußern.[461]

In den Lesungen sind relativ wenige Abgeordnete anwesend: Etwas mehr als die Hälfte der Mitglieder des Haushaltsausschusses, etwas weniger als die Hälfte der Mitglieder des Haushaltskontrollausschusses und weniger als ein Viertel der anderen Abgeordneten.[462] Die Gründe dafür sind zum einen die Komplexität des Themas. 50% der Mitglieder des Haushaltsausschusses sind der Auffassung, dass die Probleme des Haushalts nur von Spezialisten verstanden werden können. 30% der Mitglieder des Haushaltsausschusses glauben, dass die Abgeordneten diese Probleme nur nach einer längeren Einarbeitszeit verstehen könnten. Nur 10% der Mitglieder des Haushaltsausschusses meinen dagegen, dass die Probleme ohne weiteres von allen verstanden werden können. Ein weiterer Grund ist die hohe Spezialisierung des Parlaments. Durch die eigene Ausschussarbeit haben viele Abgeordnete keine Zeit, sich ausführlich mit den Haushaltsfragen zu beschäftigen. Zudem gäbe es ja den Haushaltsausschuss und den Haushaltskontrollausschuss, die für diese Fragen explizit zuständig seien.[463]

Hinzu kommt, dass die Einigung des Parlaments über die Ausgaben nicht gerade einfach ist. 40% der Mitglieder des Haushaltsausschuss finden die Einigung in beiden Ausgabenkategorien gleich schwierig. Dagegen meinen 30% der Mitglieder des Haushaltsausschusses, dass eine Einigung vor allem bei den obligatorischen Ausgaben schwierig sei.[464] Grundsätzlich gibt es eine zeitliche Trennung von Debatte (1. Tag) und Abstimmung (2. Tag). Es wird auch darauf hingewiesen, dass das Berichterstattersystem dazu führt, dass sich einige Abgeordnete voll und ganz auf die Berichterstatter verlassen und so in Fragen abstimmen würden, für die sie keine Qualifikation hätten. Dies verdeutlicht die starke Position der Berichterstatter.

h) Zusammenhang zwischen Ausgaben und Einnahmen: Jeder Beschluss, der zu einem über den Ansätzen liegenden Ausgabensatz führt, hat gleichzeitig auch Einfluss auf die Einnahmenseite. Jeder Vorschlag, der die Ausgaben über die

460 Art. 119–121 GO EP.

461 Auskunft eines Mitglieds des Haushaltsausschusses.

462 Einschätzung eines Mitglieds des Haushaltsausschusses.

463 Die Mitglieder im Haushaltsausschuss verstehen demgegenüber das Parlament als Ganzes als "Anwalt der Steuerzahler". Vgl. *Theato, Diemut R.:* Das EP – Anwalt der Steuerzahler, Das Parlament Nr. 21–22 vom 21./28. Mai 1999, S. 15.

464 Eigene Umfrage (Frühjahr/Sommer 2001). Nur 10% der Mitglieder des Haushaltsausschusses finden die Einigung über die nichtobligatorischen Ausgaben am Schwierigsten.

Grenzen hinaus erhöht ist somit zugleich ein Vorschlag zur Änderung der Einnahmenhöhe.[465]

Da das Parlament keinerlei Befugnisse auf der Einnahmenseite hat, könnten sich hieraus echte Konfliktsituationen ergeben – wenn es nicht die vielzähligen Regelungen zur Koppelung von Einnahmen und Ausgaben gäbe. Da die Kommission den Haushaltsvorentwurf im Rahmen der Grenzen der Finanziellen Vorausschau aufstellt, der Ministerrat im Haushaltsentwurf eher kürzt als erhöht, zwischen der Obergrenze der ZE in der Finanziellen Vorausschau und der Obergrenze der Eigenmittel eine Sicherheitsmarge verbleibt und schließlich sich das Parlament verpflichtet hat, die Höchstgrenzen zu akzeptieren[466], ist diese Konstellation (zur Zeit) eine höchst theoretische. Über diese Vielzahl von interinstitutionellen Regelungen wird die Abkoppelung der Entscheidungsbefugnis des Parlaments über die Einnahmen endgültig institutionalisiert.

4.5.4 Die Rolle des Haushaltsausschusses des Parlaments

Aufgrund der Größe des Parlaments und der notwendigen fachlichen Spezialisierung gegenüber der Kommission (Informationsasymmetrien) kommt dem Haushaltsausschuss des Parlaments während der Verabschiedungsphase eine besondere Bedeutung zu. Daher ist seine institutionelle Stellung (a) und der Informationsfluss zwischen ihm (bzw. dem Parlament) und den anderen Organen (b) kurz darzustellen.

a) Stellung des Haushaltsauschusses des Parlaments: Die parlamentarische Vorbereitung des Haushaltsverfahrens erfolgt durch den Haushaltsausschuss.[467] Zunächst erarbeiten die Berichterstatter ihre Berichtsvorlagen, die dann im Haushaltsausschuss diskutiert und später dem Plenum vorgelegt werden. Auch im Haushaltsausschuss gibt es "Lesungen". In der ersten befassen sich die Mitglieder mit den Änderungsanträgen zu den verschiedenen Ausgaben, die von einzelnen Abgeordneten eingereicht wurden.[468] In der zweiten Lesung berät der Haushaltsausschuss dann die Stellungnahmen der verschiedenen Fachausschüsse zu den Berichten der Berichterstatter und die in ihnen enthaltenen Änderungsanträge. Lehnt der Haushaltsausschuss die Abänderungsentwürfe oder Änderungsvorschläge

465 Dazu *Magiera, Siegfried*: Kommentierung in: *Grabitz, Eberhard / Hilf, Meinhart*: Kommentar, aaO, Art. 203 RN 11.

466 Verletzt das Parlament diese Regel, können Kommission und Rat eine Intraorganklage gegen das Parlament erheben. So jedenfalls *Gauweiler, Mareijke*: aaO, S. 151.

467 Der Haushaltsausschuss ist mit 45 Mitgliedern der größte ständige Ausschuss des Parlaments. (Seine Aufgaben finden sich in der Anlage IV: Zuständgkeiten der ständigen Ausschüsse des Parlaments, Ziffer II, der GO Parlament) Zum Vergleich: der Haushaltsausschuss des Deutschen Bundestages hat 42 Mitglieder und ist ebenfalls der größte ständige Ausschuss des deutschen Parlaments. Allerdings ist der Rechnungsprüfungsausschuss (15 Mitglieder) als Unterausschuss in den Haushaltsausschuss integriert.

468 Der Haushaltsausschuss hat ein Sekretariat, welches ihn bei seiner Arbeit unterstützt.

der Abgeordneten oder der anderen Ausschüsse ab, gilt ein besonderes Verfahren, wenn diese Anträge trotzdem im Plenum abgestimmt werden sollen.[469]

Im Plenum werden die so eingebrachten und die vom Haushaltsausschuss vorgeschlagenen Änderungsanträge dann einzeln abgestimmt. Der Haushaltsausschuss und die Fraktionen erstellen Listen zum Abstimmungsverhalten der Abgeordneten. Abänderungsentwürfe (nichtobligatorische Ausgaben) brauchen die Mehrheit der Stimmen der Mitglieder und die Änderungsvorschläge (obligatorische Ausgaben) die Mehrheit der abgegebenen Stimmen.[470] Führen die angenommenen Anträge in der ersten Lesung des Parlaments dazu, dass die im Haushaltsentwurf veranschlagten Ausgaben über den von der Kommission festgelegten Höchstsatz hinaus erhöhen, unterbreitet der Haushaltsausschuss dem Plenum einen Vorschlag für die Erhöhung des Höchstsatzes.[471]

Nach der zweiten Lesung des Ministerrates werden die Ausgabentexte, bei denen der Ministerrat Änderungen an den Abänderungen des Parlaments (nichtobligatorische Ausgaben) vorgenommen hat, dem Haushaltsausschuss überwiesen.[472] Auch hier prüft der Haushaltsausschuss die dazu erfolgenden Anträge von Abgeordneten oder Ausschüssen. Die Abstimmungsmodalitäten darüber entsprechen denen der ersten Lesung.[473]

Kommt aus dem Plenum oder von einem Ausschuss der Vorschlag zur Globalablehnung des Haushaltsentwurfs, muss der Haushaltsausschuss dazu Stellung nehmen. Wird der Haushaltsentwurf dann tatsächlich durch das Plenum abgelehnt, wird der Haushaltsentwurf erneut in den Haushaltsausschuss zurück überwiesen.[474]

Der Haushaltsausschuss hat im Grunde eine ähnliche Stellung wie z.B. der Haushaltsausschuss im Deutschen Bundestag.[475] Allerdings hat er weniger Mitwirkungsrechte. So hat der Haushaltsausschuss zum Beispiel nicht das Recht, zu finanzwirksamen Legislativakten Stellung zu nehmen[476] oder Haushaltssperren zu verhängen.

---

469 Ein Ausschuss oder mindestens 32 Abgeordnete (ca. 5% des Parlaments) müssen vor Ablauf einer vom Parlamentspräsidenten gesetzten Frist schriftlich darum ersuchen. Art. 3 Nr. 4 GO Parlament.

470 Art. 3 Nr. 8 GO Parlament – Auch hier ist es also leichter, einen Änderungsvorschlag zu den obligatorischen Ausgaben einzureichen als einen Abänderungsentwurf zu den nichtobligatorischen Ausgaben.

471 Art. 3 Nr. 9 GO Parlament – Abgesehen davon kann jeder Abgeordnete innerhalb einer Frist Vorschläge für einen neuen Höchstsatz einbringen, Art. 2 GO Parlament.

472 Art. 5 Nr. 1 GO Parlament.

473 Art. 5 Nr. 2–6 GO Parlament.

474 Art. 6 GO Parlament.

475 *Eickenboom, Peter*: Haushaltsausschuss in: *Schneider, Hans-Peter / Zeh, Wolfgang*: Parlamentsrecht und Parlamentspraxis – ein Handbuch, Berlin, New York 1989, Rn. 1183ff.

476 Anders der Haushaltsausschuss des Deutschen Bundestages, § 96 GOBT. Dort gehen diese Finanzvorlagen nach der ersten Lesung des Parlaments an den Ausschuss, dieser prüft dann die Vereinbarkeit der Finanzvorlagen mit dem laufenden bzw. dem künftigen Haushalt. Ergeben sich Auswirkungen auf den Haushalt der Bundes, dann erstellt der Haushaltsaus-

Verschiedene Probleme erschweren die Arbeit der Mitglieder des Haushaltsausschusses. Zum einen gibt es eine zu geringe Anzahl an Mitarbeitern angesichts der Zahl der Änderungsanträge und der hohen Arbeitsbelastung. Zudem ist der Haushaltsausschuss meistens auf die Informationen der Kommission angewiesen. Ein weiteres Problem ist die Rotation der zwei Berichterstatter für den Haushalt. Nur für einige Bereiche (z.B. Eigenmittel) gibt es "Ständige Berichterstatter", die Haushaltsberichterstatter wechseln dagegen jährlich. Dies bedeutet eine jährliche Neueinarbeitung der jeweiligen Mitglieder des Haushaltsausschusses. Dies kann ein Grund dafür sein, warum die Mitglieder bestrebt sind, mehrere Legislaturperioden lang Mitglied im Haushaltsausschuss zu sein, um so eine gewisse Kompetenz und Kontinuität zu erreichen.[477] Die Ausschussmitglieder benötigen viel Fachwissen, Zeit und Sitzfleisch.[478] Die Arbeitsweise im Haushaltsausschuss empfinden 90% Mitglieder als konsensorientiert. Dies ist deshalb möglich, weil der Ausschuss nicht so stark von Parteirestriktionen geprägt ist und im Parlament der in den Nationalstaaten oft übliche Konflikt zwischen Regierungsmehrheit und Opposition entfällt. Vielmehr geht es um die Interessenwahrung des gesamten Plenums gegenüber Ministerrat und Kommission. 70% der Mitglieder finden die Arbeit im Ausschuss interessant, allerdings meinen 80% der Mitglieder, dass sie mit einem höheren Arbeitsaufwand als in anderen Ausschüssen verbunden ist.[479] Dies wird vermutlich deshalb hingenommen, weil die Mehrheit der Mitglieder glaubt, dass ihre Ausschussmitarbeit förderlich für die weitere Karriere ist.[480]

b) Der Informationsfluss zwischen den Organen: Das Parlament hat weder bei den Sitzungen des AStV noch bei den Ministerratslesungen ein Anwesenheitsrecht. Die einzigen Möglichkeiten, mit dem Ministerrat in einen Gedankenaustausch zu treten sind die Triloge und die Konzertierungssitzungen. Dagegen können der Ministerrat und die Kommission bei den Lesungen des Parlaments anwesend sein. Der Ministerrat macht davon – nach Ansicht des Parlaments – allerdings zu

schuss neben dem Bericht an den Bundestag einen Vorschlag zur Deckung der Mindereinnahmen oder Mehrausgaben.

477 Ergebnisse einer selbst durchgeführten Umfrage von 2001: 50% der Teilnehmer im Haushaltsausschuss sind seit 2 Legislaturperioden Mitglieder im Haushaltsausschuss. Befragt wurden alle Mitglieder des Haushaltsausschuss, von ihnen haben 22,2% geantwortet. Die hier und im Folgenden angegebenen Zahlen beziehen sich auf die Auswertungen der Antworten dieser Mitglieder.

478 *Theato, Diemut R. / Graf, Rainer*: aaO, S. 39.

479 Dabei finden 50% der Mitglieder die Arbeit im Haushaltsausschuss anstrengender als die anderer Ausschüsse. Während 40% der Mitglieder meinen, der Haushaltsausschuss der wichtigste Ausschuss sei, glauben weitere 40%, dass dies eine Tätigkeit wie die in jedem anderen Ausschuss ist.

480 50% der Mitglieder meinen, sie sei förderlich für europäische Karriere. 30% der Mitglieder glauben, dass die Arbeit für nationale Karriere förderlich sei.

selten Gebrauch.[481] Die Kommission ist darüber hinaus auch bei den Sitzungen des Haushaltsausschusses anwesend. Die Gründe für die unterschiedlichen Beteiligungen an den jeweiligen Sitzungen sind, dass die Sitzungen von Ministerrat, AStV (Ausschuss der Ständigen Vertreter) und Kommission – im Gegensatz zu den Parlaments- und Ausschusssitzungen – in der Regel nichtöffentlich sind. Daher gerät das Parlament im Verhältnis zu Ministerrat und Kommission in einen Informationsnachteil, dessen Ausgleich hohe Kosten verursacht.

So benötigen die Mitglieder des Parlaments viel Zeit, um sich die entsprechenden Informationen zu beschaffen. So gaben 70% der Mitglieder des Haushaltsausschusses an, dass sie zwischen 10–30% der Arbeitszeit zur Informationsbeschaffung brauchen – und dies, obwohl sie alle zwischen 1–2 Mitarbeiter haben, die ebenfalls an der Informationsbeschaffung beteiligt sind.[482] Dabei nutzen die Parlamentarier unterschiedliche Informationsquellen (vgl. Abb. 13).[483] Die meisten Informationen kommen demnach vom Parlament selbst und aus der Generaldirektion Haushalt. Auch das Intranet des Parlaments wird stark genutzt. Am wenigsten werden Bibliotheken als Informationsquelle angesehen, dies liegt wohl auch daran, dass im Haushaltsbereich in starkem Maße sehr aktuelle Informationen benötigt werden und zudem online über die Seiten der EU viele Informationspapiere abgerufen werden können.

481 So *Walter, Ralf* (MdEP) und *Colom i Naval, Joan* (MdEP) in der Debatte des Parlaments vom 23.10.01.

482 20% benötigen 30–50% und 10% machten keine Angaben.

483 Dabei werden hier die Mitglieder des Haushaltsausschusses mit den Abgeordneten gleichgesetzt, weil der Haushaltsausschuss derjenige Ausschuss ist, der die Besorgung der für den Haushalt relevanten Informationen für das Plenum übernimmt.

Abb. 13: **Informationsquellen des Haushaltsausschusses (in Prozent der Abgeordneten)**

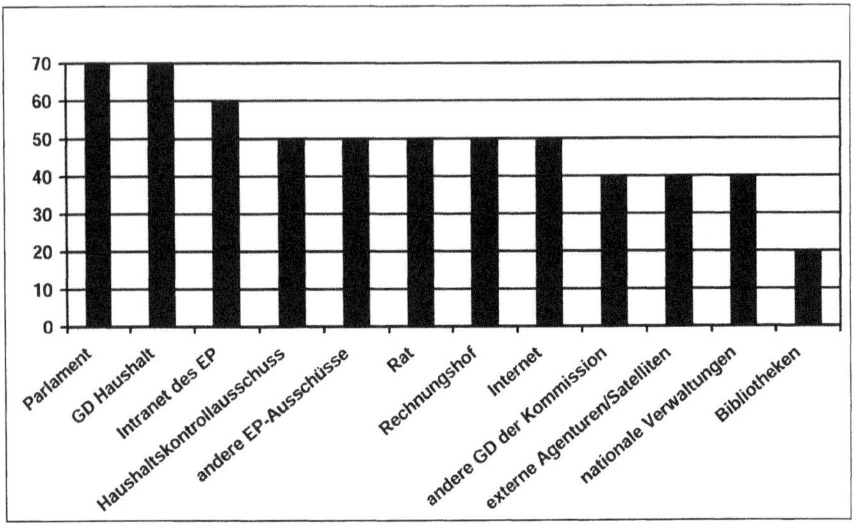

Eigene Darstellung, Quelle: Eigene Umfrage

Bei den einzelnen Informationsquellen unterscheiden sich die Informationswege zum Teil erheblich (vgl. Abb. 14). So nutzen die Mitglieder des Haushaltsausschusses bei der Informationsquelle Parlament überwiegend persönliche und telefonische Kontakte. Auch finden viele Sitzungen und Koordinationsrunden statt. Um Informationen vom Parlament oder der Kommission zu bekommen, wird sehr oft auch auf das Internet zurückgegriffen. Dieses wird in Bezug auf den Rechnungshof kaum genutzt, obwohl dieser ein sehr gutes Internetangebot hat. Dies kann daran liegen, dass die Mitglieder des Haushaltsausschusses – anders als die des Haushaltskontrollausschusses – meinen, kaum inhaltliche Berührungspunkte mit dem Rechnungshof zu haben. Mit dem Ministerrat findet der Informationsaustausch – wenn überhaupt – in der Regel über persönliche oder telefonische Kontakte statt. Auch zwischen Haushaltsausschuss und Kommission bestehen viele persönliche und telefonische Kontakte, die zur Informationsbeschaffung genutzt werden. Insgesamt lässt sich feststellen, dass die Mitglieder des Haushaltsausschusses überwiegend "informelle" Wege nutzen, um sich die notwendigen Informationen zu beschaffen. Innerhalb des Parlaments und in Zusammenarbeit mit der Kommission finden aber auch formale Informationskontakte statt.

Abb. 14: **Kontakte des Haushaltsausschusses (EP) zu anderen Institutionen**

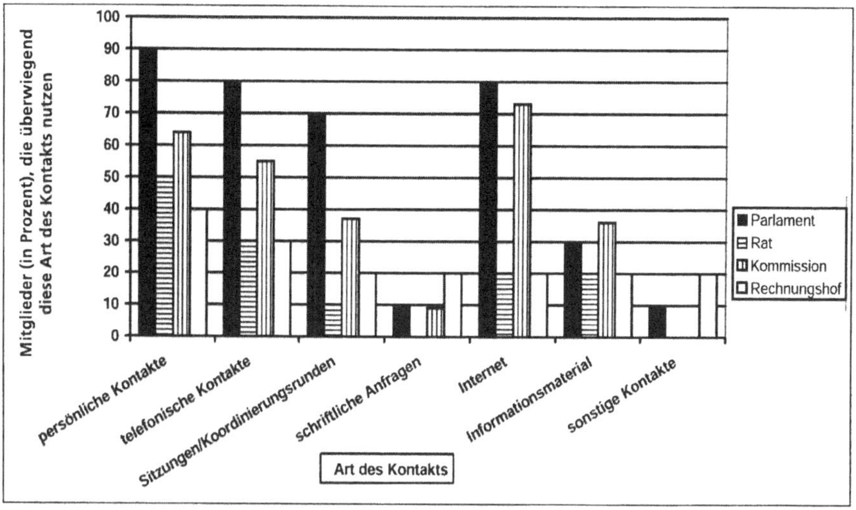

Eigene Darstellung, Quelle: Eigene Umfrage

Um dem Informationsmonopol der Kommission (und des Ministerrates) etwas entgegen setzen zu können, kommt es zudem entscheidend auf die Qualität der Informationen und die Dauer ihrer Beschaffung an. Die Mitglieder des Haushaltsausschusses bewerteten dabei nur die Informationen des Rechnungshofes als in der Regel gut und umfassend. Zwar sind die Informationen des Parlaments in der Regel gut und umfassend, aber hier sind manchmal Nachfragen notwendig. Auch bei der Kommission sind des öfteren Nachfragen nötig und – wie in einer bürokratischen Organisation zu erwarten – die Mitglieder des Haushaltsausschusses bekommen mehr Informationen als sie benötigen. Beim Ministerrat müssen die Mitglieder des Haushaltsausschusses dagegen immer nachfragen. Während die benötigten Informationen vom Parlament, der Generaldirektion Haushalt und vom Rechnungshof innerhalb eines Tages geliefert werden, dauert die Informationsbeschaffung beim Ministerrat, bei den nationalen Verwaltungen und anderen Generaldirektionen der Kommission bis zu einer Woche.

4.5.5 Bewertung der Verabschiedungsphase anhand der Budgetfunktionen

(1) Politische Funktion: Soll durch die Verabschiedung des Haushaltsplans offengelegt werden, welche Prioritäten die Legislative hat, ist auch hier zunächst festzuhalten, dass die Festlegung der Rubriken bereits zuvor durch die Finanzielle Vorausschau stattgefunden hat. Eine Prioritätensetzung der beiden Haushaltsorgane findet nur innerhalb der bereits plafondierten Ausgaben einer Rubrik statt, indem die Mittel auf die Haushaltslinien verteilt werden. Die politische Programmfunktion des Haushalts zeigt sich in der Verabschiedungsphase so nur rudimentär. Dabei kann der Ministerrat die obligatorischen und das Parlament die nichtobligatorischen Ausgaben dominieren. Wechselseitigen Einfluss können Ministerrat und Parlament nur über institutionelle Kompensationen erreichen. Diese Möglichkeiten werden vor allem durch interinstitutionelle Vereinbarungen (z.B. Konzertierung, "gentlemen's agreement") stark ausgenutzt. Das Haushaltsverfahren ist insoweit ein inkrementalistisch-kooperatives Verfahren. Je mehr die Verabschiedung des Haushalts sich als reine Umsetzung der "Finanziellen Vorausschau" und der Interinstitutionellen Vereinbarung erweist, desto weniger Engagement desjenigen ist erforderlich, dessen Interessen sich bei der Verabschiedung von Interinstitutioneller Vereinbarung und "Finanzieller Vorausschau" durchsetzen können.

STRASSER stellte schon 1991 fest, dass die ständige Konfrontation der Organe die Haushaltsdebatte zu einem ständigen Konflikt "verkommen lassen".[484] Dies liegt an der Verteilung der Verfügungsrechte. Das Parlament ist in dieser Phase Inhaber des formellen Verfügungsrechts: Es beschließt den Haushalt oder lehnt ihn ab. Die materielle Verfügungsmacht ist zwischen Ministerrat (obligatorische Ausgaben) und Parlament (nichtobligatorische Ausgaben) aufgeteilt. Diese wird durch die Restriktionen der Finanzielle Vorausschau geprägt. Das Parlament kann die formelle Verfügungsmacht nicht nutzen, ohne sich selbst zu schaden.

Die vorgenommene Prioritätensetzung im Haushalt wirft zudem die Frage auf, wessen Prioritäten dort eigentlich berücksichtigt werden. Aufgrund der Finanziellen Vorausschau und der zahlreichen Regelungen in der Interinstitutionellen Vereinbarung spielen die Präferenzen der europäischen Bürger gar keine Rolle. Beim Parlament liegt dies auch daran, dass die Legislaturperiode des Parlaments (5 Jahre) ein andere Länge hat als die Einnahmen- und Ausgabenfestlegung in der Interinstitutionelle Vereinbarung, der Finanziellen Vorausschau und dem Eigenmittelbeschluss (7 Jahre). Der Ministerrat berücksichtigt die nationalen Interessen der Mitgliedstaaten. Auf die Interessen der europäische Wähler muss er wenig Rücksicht nehmen, denn er unterliegt keiner europäischen Wiederwahlrestriktion. Da die nationalen Wähler, die die Ministerratsmitglieder bestimmen, bei nationalen Wahlen keine europäischen Interessen im Blick haben, wird das Ministerratsverhalten auch nicht sanktioniert. Die jeweiligen "politischen Prioritäten" der Organe (Trilog über die Prioritäten) sind nicht etwa die Vorformulierung von Programmen, die sich aus den Präferenzen der europäischen Wähler ergeben, sondern die Ergebnisse der Handlungsspielräume der jeweiligen Organe (Kommis-

484 *Strasser, Daniel*: aaO, S. 228.

sion: Prioritätensetzung im Vorentwurf, Ministerrat: obligatorische Ausgaben, Parlament: nichtobligatorische Ausgaben). Eine Anbindung des Haushalts an die Präferenzen der Steuerzahler ist nicht erkennbar. Dies hat auch hier seinen Grund darin, dass es sich um Mitgliedsbeiträge der Mitgliedstaaten handelt. Aber selbst eine Anbindung an die Interessen der nationalen Steuerzahler (Ministerrat als Quasi-Agent) findet nicht statt, da nur bestimmte Interessengruppen Vorteile seitens des Rates erwarten können (z.B. Landwirte, Fischer). Auch im jährlichen Haushaltskreislauf ist das Funktionieren des Steuer-Ausgaben-Mechanismus somit nicht gewährleistet.

Die Prioritätensetzung ist Voraussetzung für die Zuordnung der Verantwortung ("accountability"). Unter diesem Aspekt ist die Dominanz bzw. Verfahrensgleichstellung des Ministerrates ("Länderkammer") mit dem Parlament interessant. Dies lässt sich nur aus der Entwicklungsgeschichte der europäischen Haushalts- und Finanzverfassung erklären. Das Parlament hat seine Beteiligungsrechte erst nach und nach erstritten und damit die Position des Ministerrates verschoben.[485] In den westlichen Demokratien findet sich demgegenüber eher die Nachordnung der Länderkammer, was auch dem föderalen Prinzip geschuldet ist und sich demokratietheoretisch erklären lässt.[486] Während beispielsweise in den USA und in Irland die Länderkammern eher eine "formale" Rolle spielen, haben die Länderkammern in Deutschland, Großbritannien, Kanada und Frankreich eine im Vergleich zum Parlament untergeordnete Rolle. Aber auch die institutionenökonomische Sicht liefert dafür Erklärungen. In Doppelstrukturen stellt sich immer das Problem der Zuordnung der jeweiligen (derivativen) Verfügungsrechte. Eine Gleichordnung der Rechte führt in der Regel zu Abgrenzungsschwierigkeiten und Verantwortungsvermischungen, so dass für den Prinzipal, dem Wähler der oberen Ebene nicht klar wird, welcher Agent tätig geworden ist. Eine Nachordnung der Länderkammer verhindert zudem die spezifische Interessendurchsetzung der nachgeordneten Ebene auf Kosten der gesamten Föderation.

Die Verabschiedungsphase ist von einem Wechsel zwischen Verhandlungen und Abstimmungen geprägt. Die Verhandlungen – die so nicht im Vertrag vorgesehen sind – erhöhen die Verfahrenskosten dieser Phase erheblich, zumal sie nicht immer zu Erfolgen führen.[487] Die Triloge finden zudem nichtöffentlich statt, ihre Ergebnisse sind nur über die Konzertierung sichtbar (Verstoß gegen den Grundsatz der Öffentlichkeit). Die Abstimmungen bestätigen in der Regel das Verhandlungsergebnis. Damit wird das reguläre Haushaltsverfahren in weiten Teilen zu einer

485 Vgl. dazu z.B. *Theato, Diemut R. / Graf, Rainer*: aaO, S. 21ff.

486 Vgl. Kap. 2.2.2.

487 So wären hohe Verhandlungskosten hinnehmbar, wenn die Ergebnisse insgesamt das Verfahren beschleunigen und die Konflikte, die ohne das Verfahren im Raum stünden, beseitigten.

Bestätigung der Konzertierungen[488] und damit werden wesentliche haushaltspolitische Grundsatzentscheidungen außerhalb der eigentlichen Lesungen des Haushaltsplans getroffen. Innerhalb der einzelnen Abstimmungen gibt es institutionelle Anreize für das Parlament, sich auf Änderungen hinsichtlich der nichtobligatorischen Ausgaben zu beschränken. Anreize für den Ministerrat, sich auf "seine" Ausgaben zu beschränken, gibt es dagegen nicht in gleichem Maße. Die mit Fortgang der Verabschiedung höheren Mehrheitserfordernisse für das Parlament lassen sich erklären. Zum einen versucht der Ministerrat so die Kontrolle über die nichtobligatorischen Ausgaben zu behalten und zum anderen steht nur dem Parlament das Recht zur Globalablehnung zu. Die dafür erforderlichen hohen Mehrheiten sind deshalb auch ein Tribut an die Tatsache, dass dem Ministerrat – als Teil der Haushaltsbehörde – dieses Recht nicht zusteht.

Ministerrat und Kommission haben in der ganzen Phase einen Informationsvorsprung gegenüber dem Parlament, den dieses nur schwer ausgleichen kann. Der Haushaltsausschuss und der Ausschuss der Ständigen Vertreter dienen in beiden Haushaltsorganen als "Informations- und Filterstellen" für das Gesamtgremium, sie haben daher eine wichtige Position im institutionellen Gefüge. Das Parlament versucht die Informationsasymmetrien durch ein striktes Berichtserstattersystem abzumildern. Dieses führt jedoch unter anderem dazu, dass die Parlamentsdebatten nur noch nachrangigen Wert haben. Das führt zu einer Abschwächung der Öffentlichkeitswirkung. Letztlich ist für den Wähler nicht erkennbar, wie der Haushalt zustandekommt.

Kein Haushaltsorgan hat zudem in dieser Phase die Möglichkeit, flexibel auf erhöhte Ausgabenbedarfe zu reagieren, ohne eine Revision der Finanziellen Vorausschau herbeizuführen. Nur der Ministerrat kann eine erforderliche Einnahmenerhöhung mittels eines Eigenmittelbeschlusses anstoßen. Die unterschiedlichen Mehrheiten im Laufe des Verabschiedungsverfahrens machen es zudem für das Parlament ungleich schwieriger, Kürzungen bei den Ausgaben des Ministerrates vorzunehmen (obligatorische Ausgaben), als umgekehrt.

Die Interessen in den jeweiligen Organen bei der Programmdefinierung sind unterschiedlich dominiert. Es ist auffällig, dass es kaum eine Interessenzuordnung nach Parteien im Parlament gibt. Daher dominieren im Parlament oft die nationalen Interessen.[489] Im Verhältnis zum Ministerrat werden diese Interessen aber oft durch die Interessen am Erhalt bzw. der Erweiterung der Haushaltsbefugnisse überlagert. Während der Ministerrat Haushaltsdisziplin als "Kürzungsprinzip" versteht, sieht das Parlament die Ausdehnung der nichtobligatorischen Ausgaben als Schritt in Richtung Demokratisierung des EU-Haushalts an. Die Haltung des Ministerrates wäre aus Public-Choice-Sicht grundsätzlich begrüßenswert, wenn sich

488 So auch *Rossi, Matthias*: aaO, S. 237.

489 Vgl. Beispiel Deutschland: "In Amsterdam war Gott auf der Seite des Europa-Parlaments", Die Woche vom 11.06.1999, S. 27.

die Sparbemühungen nicht nur auf diejenigen Ausgaben beziehen würden, über die das Parlament zu entscheiden hat. Dadurch wird offensichtlich, dass es nicht um Ausgabendisziplin, sondern um nationale Beitragsbegrenzung und Machterhaltung der Mitgliedstaaten geht. Der Ministerrat kann zudem bei Konflikten innerhalb des Haushaltsrats eine Verlagerung der Probleme an den Ministerrat der Außenminister oder an Europäischen Rat vornehmen. Dieser entscheidet dann und der Haushaltsrat kann auf den Europäischen Rat zurückverweisen. Der Ministerrat ist zwar "mitgliedstaatlich" organisiert, jedoch ist der Ministerrat als quasi "zweite Kammer" – anders als z.B. in der Bundesrepublik[490]- nicht von Parteiinteressen, sondern von nationalen Interessen geprägt. Das Parlament versteht den Ministerrat deshalb auch nicht als anderen Teil der Haushaltsbehörde, sondern als "gemeinschaftliches Kontrollorgan der Mitgliedstaaten".[491]

Die Kommission hat in der Verabschiedungsphase das Interesse, ihren ursprünglichen Haushaltsvorentwurf durchzusetzen. In der Regel gelingt ihr das auch, da sich die Kürzungen des Ministerrates und die Erhöhungen des Parlaments bzw. umgekehrt ausgleichen.[492] In weiten Teilen entspricht so der Haushaltsplan dem Haushaltsvorentwurf. Die Kommission kann die institutionellen "Kämpfe" zwischen Ministerrat und Parlament nutzen, um jeweils ihre Interessen bei den entsprechenden Ausgaben durchzusetzen. Dabei dient die Unterscheidung der Ausgaben in obligatorische und nichtobligatorische als "reines Hilfsinstrument zur Abgrenzung der Bewilligungsbefugnisse"[493]. Logisch oder finanzpolitisch erforderlich ist diese Unterscheidung nicht.[494] Dies hat zur Folge, dass auch die Verantwortlichkeiten für die jeweiligen Ausgaben geteilt sind. Die Wirkung der letzten Lesung des Parlaments als Feststellung des gesamten Haushalts kann nicht darüber hinweg täuschen.[495]

Die Feststellungswirkung des Haushalts bezieht sich zudem nicht auf die Nebenhaushalte (Verstoß gegen den Grundsatz der Einheit). Hier setzen sich die Probleme aus den vorherigen Phasen der Haushaltsplanung fort. Der festgestellte Haushalt verstößt ebenfalls gegen das Bruttoprinzip (Erhebungspauschale für die Traditionellen Eigenmittel, Negativeinnahmen) und gegen den Grundsatz der Nonaffektation (z.B. Reserven).

---

490 Hier dominieren in der zweiten Kammer vor allem dann die Parteiinteressen, wenn die zweite Kammer andere Mehrheitsverhältnisse als das Parlament hat.

491 *Theato, Diemut R. / Graf, Rainer:* aaO, S. 50.

492 Auskunft einer Führungskraft der Generaldirektion Haushalt, Europäische Kommission.

493 *Fugmann, Friedrich / Theato, Diemut R.*: A III. RN 47, in: *Dauses, Manfred* (Hrsg.): aaO.

494 *Caesar, Rolf*: Finanzordnung der EU in: *Ohr, Renate:* Europäische Integration, Stuttgart 1996, S. 251. Die Ausgabentrennung ist zudem die Ursache für drei weitere "Verfahren": die Klassifizierung sämtlicher (und neuer) Ausgaben, die Konzertierung über alle Ausgaben und das Höchstsatzverfahren.

495 Das ist institutionell die notwendige Folge dessen, dass der Rat den Haushaltsentwurf beschliesst.

Die *Integrationsfunktion* ist hier insoweit angesprochen, als dass im Haushaltsplan die Mittel für zukünftige Mitgliedstaaten (Vertiefung) ausdrücklich extra ausgewiesen werden. Neben diesem Bekunden der Erweiterungsfähigkeit der EU enthält der Gesamthaushalt zugleich auch Mittel der Vertiefung. Dies sind die operativen Mittel der zweiten und dritten Säule des Vertrages. Gleichzeitig enthält der Haushalt umfangreiche Mittel für strukturpolitische Maßnahmen, die teilweise integrationspolitisch motiviert sind. Die Kompensationsfunktion des Haushalts schlägt sich in der Verabschiedungsphase nicht sichtbar nieder. Dies liegt auch daran, dass schon in den vorhergehenden Phasen die Kompensationsmittel weder beplant noch in den Haushaltsvorentwurf aufgenommen wurden. Die Mittel für Kompensationsleistungen (unterschiedlichster Art) werden in der Regel auf die entsprechenden Haushaltslinien aufgestockt, ohne dass ihre Entstehungsgründe deutlich werden. Während der Verabschiedung selbst gibt zusätzlich Kompensationen, diese entstehen aus Verfahrensungleichgewichten. Räumt der Ministerrat z.B. dem Parlament mehr Mitspracherechte in einem bestimmten Bereich ein, ist das Parlament bereit, bestimmte Mittel als Kompensation zur Verfügung zu stellen. Auch diese Kompensationsmittel sind jedoch nicht getrennt aufgeführt.

(2) Politische Kontrollfunktion: Die vertragliche Aufteilung der Entscheidungsrechte programmiert die Umsetzung der politischen Kontrollfunktion. Die Verfügungsrechte in der Verabschiedungsphase sind zum großen Teil "verdünnte property rights", sie stehen keinem der Organe ungeteilt zu und sie sind zudem je nach Verfahrensstand abgestuft. Das Organ, welches über den Entwurf entscheidet, entscheidet auch über einen Teil der Ausgaben. Das Organ, was über die Feststellung des Haushalts entscheidet, entscheidet ebenfalls nur über einen Teil der Ausgaben. Von einer klaren funktionalen, politischen oder gar finanziellen "accountability" kann nicht die Rede sein. Dies bewirkt im Zusammenspiel mit den interinstitutionellen Vereinbarungen, dass kein Organ letztlich ex ante über die Verabschiedung die politische Kontrolle ausüben kann. Der Ministerrat benutzt das Instrument des Entwurfs im Zusammenspiel mit der Klassifizierung der Ausgaben dazu, vorrangig das Parlament zu kontrollieren. Dies kann er deshalb, weil er sowohl über die Vertragsänderungen mitentscheidet als auch der alleinige Gesetzgeber weiten Teilen der Haushalts- und Finanzverfassung ist. Er dominiert auch (über den Europäischen Rat) die Programmaufstellung (Finanzplanungsphase). Insofern ist die Zuweisung der Entwurfsaufstellung an ihn konsequent. Da er aber eben nicht das alleinige Haushaltsorgan ist und eine andere Legitimation als das Parlament besitzt, ist diese Doppelrolle problematisch. Er wird dadurch zum "agenda setter" und kann gestalten, während das Parlament nur noch reagieren kann. Dies bedeutet, dass der Ministerrat sich hinsichtlich "seiner" Ausgaben selbst kontrolliert. Die institutionelle Situation lässt vermuten, dass auch gar keine echte politische Kontrolle im Sinne des EU-Wählers angestrebt wird. Da die Organe aufeinander angewiesen sind, ist es für die Organe strategisch günstiger zu kooperieren, anstatt sich wechselseitig ernsthaft zu kontrollieren und die Interessen des EU-Bürgers zu vertreten.

Zudem werden verschiedene Nebenhaushalte nicht von der Verabschiedung erfasst. Aber nur ein vollständiger Haushalt gewährleistet die vollständige Ausübung des Bewilligungsrechtes und ist damit Voraussetzung für eine umfassende politische Kontrolle. Der Haushaltsausschuss kann aufgrund dessen, dass er gegenüber der Kommission einen ständigen Informationsnachteil hat und auch aufgrund der inneren Organisation des Parlaments und seiner Befugnisse dem Parlament nicht so effizient zu arbeiten wie vergleichbare Ausschüsse in den Mitgliedstaaten.

(3) **Administrative Lenkungs- und Kontrollfunktion:** Der Haushaltsplan wird durch die zweite Lesung des Ministerrates (obligatorische Ausgaben) und die zweite Lesung des Parlaments (nichtobligatorische Ausgaben) festgestellt. Die Verabschiedung des Haushalts stellt in den Nationalstaaten regelmäßig die Bindung der Exekutive an den Haushaltsplan her. Dies hat seinen Grund darin, dass der Haushaltsentwurf in den Nationalstaaten in der Regel aus der politischen Spitze der Exekutive kommt. Auf europäischer Ebene kommt nur der Haushaltsvorentwurf aus der Exekutive. Der Ministerrat verabschiedet den Haushaltsentwurf. Das Parlament beschließt demnach über einen Entwurf des anderen Teils der Haushaltsbehörde. Dies liegt daran, dass der Ministerrat das historisch älteste politische Kontrollorgan der Kommission ist. Da das Parlament das alleinige formelle Verfügungsrecht über die Verabschiedung innehat und durch die Verabschiedung eine formale und materielle Bindungswirkung der Exekutive an den Haushalt erreicht wird, ist diese Situation im Lichte der administrativen Lenkungs- und Kontrollfunktion nicht so problematisch. Beide Teile der Haushaltsbehörde sind somit in die Verabschiedungsphase eingebunden.

Durch die exakte Ausgabenverteilung auf Titel, Kapitel und Posten innerhalb der plafondierten Rubriken wird eine qualitative und quantitative Bindung der Verwaltung hergestellt. Die Verwaltung weiß durch die Zuweisungen der Mittel im Haushaltsplan, welche Mittel zu welchem Ausgabenzweck verwendet werden sollen. Durch die grundsätzliche Jährlichkeit des Budgets ist auch eine zeitliche Bindungswirkung hergestellt. Allerdings findet keine funktionale Zuordnung im Sinne einer administrativen "accountability" statt, da nicht auf einzelne Verwaltungseinheiten abgestellt wird. Die in der EU übliche Darstellung der Mittel in Einzelplänen – insbesondere für die Kommission ist sehr grob und lässt eine genaue Zuordnung auf einzelne Verwaltungsstellen nicht explizit erkennen. Dies beeinträchtigt gleichzeitig die administrative Kontrolle.

(4) **Finanzwirtschaftliche Ordnungsfunktion:** Die Verabschiedung des jährlichen Haushalts dient zunächst der finanzwirtschaftlichen Ordnungsfunktion. Es

findet eine jährliche Gegenüberstellung der Einnahmen und Ausgaben im Haushaltsplan statt. Jedoch sind diese der Höhe nach (und die Ausgaben auch der Rubrik nach) durch die Interinstitutionelle Vereinbarung und die Finanzielle Vorausschau bereits vorgegeben.

Die Ausweisung der Mittel erfolgt aber nach getrennten und nichtgetrennten Mitteln. Bei den getrennten Mitteln (Verpflichtungsermächtigungen/Zahlungsermächtigungen) können sich Probleme in Bezug auf den Grundsatz des Haushaltsausgleichs ergeben, da eine Deckung nur zwischen den Einnahmen und den Zahlungsermächtigungen verlangt wird. Dies impliziert nachgerade, die Verpflichtungsermächtigungen zu vernachlässigen, was in Folgejahren zu Zahlungsansprüchen aus sogenannten "Altlasten" führen kann. Die Verabschiedung von vielen Haushaltszeilen mit "p.m.-Vermerken" und der vorläufigen Mittel beeinträchtigen die finanzwirtschaftliche Ordnung zusätzlich, denn es wird nicht wirklich sichtbar, wie viele Ausgaben sich insgesamt tatsächlich ergeben und wie sich dies auch in den Folgejahren auswirkt. Da dies Rückwirkungen auf die Abrufung von Eigenmitteln hat, können so Haushaltsdefizite oder Haushaltsüberschüsse entstehen.

Nur die administrative Lenkungs- und Kontrollfunktion kann durch die Verabschiedung des Haushalts umgesetzt werden. Die finanzwirtschaftliche Ordnungsfunktion wird nur teilweise umgesetzt. Die Verabschiedungsphase kann aber vor allem den Anforderungen aus der politischen Programmfunktion und spiegelbildlich ebenso der politischen Kontrollfunktion nicht genügen.

Die Ursachen dafür liegen in der geteilten Verfügungsrechteverteilung. Die unterschiedlichen Legitimationsstränge von Ministerrat und Parlament und die zwischen ihnen geteilten Verfügungsrechte führen nicht dazu, dass sich im Sinne einer ausbalancierten Gewaltenteilung (bzw. des "institutionellen Gleichgewichts") die Organe gegenseitig kontrollieren und beschränken oder im Sinne eines EU-Wählers eine Offenlegung der Präferenzen der Organe stattfindet. Vielmehr werden Konfliktsituationen geschaffen, die mangels funktionsfähigem Steuer-Ausgaben-Mechanismus über Verhandlungsmechanismen gelöst werden., die zu großen Teilen außerhalb des vorgesehenen Haushaltsverfahrens ablaufen. Die institutionellen Anreize, auf diese Verhandlungsmechanismen auszuweichen, sind groß. Dies liegt nicht nur an den Vorschriften des Vertrags oder der Haushaltsordnung, sondern vor allem an den vielfältigen, zum Teil sehr detaillierten Regelungen der Interinstitutionellen Vereinbarungen und den Vorgaben der jeweiligen Finanziellen Vorausschau. Insgesamt lässt sich feststellen, dass das Haushaltsverfahren dadurch an Bedeutung verlor.[496]

496 So schon *Theato, Diemut R. / Graf, Rainer:* aaO, S. 156.

4.6 Der Vollzug des EU-Haushalts

Gemäß Art. 274 EGV ist die Kommission in eigener Verantwortung für die Ausführung des Haushaltsplans zuständig. Im Vertrag selbst finden sich nur wenige Regelungen zur Haushaltsausführung, die Grundlage für den Vollzug ist die Haushaltsordnung.

Eine wesentliche Rolle spielen die neuen Instrumente der Kommission im Rahmen des ABB-Systems und des maßnahmenbezogenen Managements (ABM). Das ABB-System gibt über die neue Struktur der Haushaltspläne auch den Rahmen für den Vollzug vor. Im Haushaltsverfahren 2002 wurden die 2001 eingeführten Regelungen verbessert. So hat die Kommission erstmals einen Ausführungsplan für den Vollzug, eine Globalstrategie für den Vollzug und einen Aktionsplan zur Beseitigung übermäßiger Altlasten an noch abzuwickelnden Mittelbindungen (RAL) förmlich der Haushaltsbehörde unterbreitet. Allerdings sollen die neuen Regelungen erst mit dem Inkrafttreten der neuen Haushaltsordnung gelten.[497] Eine umfassende Bewertung der neuen Maßnahmen ist bisher nicht möglich, da die bisher durchgeführten Aktionen der Kommission zu punktuell und wenig evaluiert worden sind.

Im Rahmen des Vollzugs lassen sich – bezogen auf die europäische Haushalts- und Finanzverfassung – verschiedene Verfahren unterscheiden:
- die Bewirtschaftung der Mittel durch die europäische Ebene (Kap. 4.6.1),
- die Mitwirkung der Legislative am Vollzug (Kap. 4.6.2),
- die Mitwirkung verschiedener Ebenen am Vollzug (Kap. 4.6.3),
- die begleitende Kontrolle des Vollzugs (Kap. 4.6.4)
- der Haushaltsabschluss und die Rechnungslegung (Kap. 4.6.5).

Am Ende dieses Kapitels wird der Vollzug des EU-Haushalts anhand der Budgetfunktionen unter Einbringung der Verfügungsrechteverteilung und der Interessenlagen der handelnden Akteure bewertet (Kap. 4.6.6).

4.6.1 Die Mittelbewirtschaftung auf der EU-Ebene

Bevor die im Haushaltsplan eingesetzten Mittel verausgabt werden können, müssen sie durch Mittelbindungen konkretisiert werden. Die Mittel im Haushaltsplan können ab dem 01. Januar eines Haushaltsjahres gebunden werden, vorausgesetzt, der Haushaltsplan ist festgestellt.[498] Von der Mittelbindung ist die Mittelübertragung zu unterscheiden. Hier werden ungebundene Mittel entweder innerhalb

---

497 Vgl.: *Europäische Kommission*: Gesamtbericht 2001 – Kapitel VII: Finanzierung der Gemeinschaftstätigkeiten, Verwaltung der Ressourcen, Ziffer 1133 (http://www.europa.eu.int/abc/doc/off/rg/de/2001/pt1133.htm, Stand: 15.09.02).

498 Art. 8 Abs. 1 HO.

der Einzelpläne eines Haushaltsjahres oder auf das nächste Haushaltsjahr übertragen (Kap. 4.6.1.1). Aus den verschiedenen Mittelübertragungen resultieren Probleme, die den Vollzug beeinträchtigen können (Kap. 4.6.1.2).

Für die Ausführung der Einnahmen und Ausgaben gilt der Grundsatz der Trennung von Anweisungsbefugtem, Finanzkontrolleur und Rechnungsführer.[499] Der Anweisungsbefugte ist für die Verwaltung der Mittel, der Finanzkontrolleur für die Erteilung der Sichtvermerke und der Rechnungsführer für die Ausführung der Auszahlungs- und Einziehungsanordnung zuständig. Soll eine Ausgabe getätigt werden, stellt der Anweisungsbefugte einen Mittelbindungsantrag.[500] Der Finanzkontrolleur muss diesem Mittelbindungsantrag einen Sichtvermerk erteilen, d.h. er muss das Vorliegen des Antrags, die Richtigkeit der Verbuchungsstelle, die Verfügbarkeit der Mittel, die Ordnungsgemäßheit der Ausgabe und die Einhaltung der Grundsätze der Haushaltsführung bestätigen. Der genehmigte Mittelbindungsantrag wird dann in ein Verzeichnis aufgenommen, um einen Überblick über gebundene und ungebundene Mittel zu behalten.[501] Der Anweisungsbefugte stellt dann eine förmliche Auszahlungsanordnung aus, mit der der Rechnungsführer angewiesen wird, die Ausgabe zu tätigen. Auch die Auszahlungsanordnung benötigt einen Sichtvermerk des Finanzkontrolleurs.[502]

Bei der Ausführung der Einnahmen gibt es ähnliche Mechanismen. Der Anweisungsbefugte erstellt die Einziehungsanordnung, diese bekommt einen Sichtvermerk und der Rechnungsführer ist für die Verbuchung des Eingangs der tatsächlichen Zahlungen zuständig.[503]

4.6.1.1 Die Übertragung der Mittel innerhalb der Einzelpläne

Art. 274 EGV gestattet der Kommission die Mittelübertragung von Kapitel zu Kapitel und von Untergliederung zu Untergliederung. Dies ist ungewöhnlich im Vergleich mit nationalen Haushalten und zugleich eine Ausnahme vom Haushaltsgrundsatz der sachlichen Spezialität. In der Haushaltsordnung finden sich zahlreiche Ausnahmen, die diesen einfachen Grundsatz unterlaufen und zu einem komplizierten System der Mittelübertragungen geführt haben. Auch der Ministerrat, das Parlament, der Gerichtshof, der Rechnungshof, der Wirtschafts- und Sozialausschuss (WSA) und der Ausschuss der Regionen (AdR) sind berechtigt, innerhalb ihrer Einzelpläne Mittelübertragungen vorzunehmen.[504]

499 Art. 21 HO.
500 Art. 36 HO.
501 Art. 39 Abs.1 HO, Art. 37 HO.
502 Art. 43, 44, 47 HO.
503 Art. 28, 29, 31 HO.
504 Art. 22 HO.

Es gibt verschiedene Arten von Mittelübertragungen, die sich nach der Art der Mittel und ihrer zeitlichen Auswirkung unterscheiden. Es gibt Mittelübertragungen innerhalb eines Haushaltsjahres (a) und Mittelübertragungen auf das nächste Haushaltsjahr (b).

a) **Mittelübertragungen innerhalb eines Haushaltsjahres:** Hier unterscheiden sich die Übertragungsmöglichkeiten sowohl nach den Arten der betroffenen Einzelpläne und nach dem Ausgabenzweck (vgl. Abb. 15). Mittelübertragungen innerhalb eines Haushaltsjahres sind grundsätzlich Verstöße gegen den Spezialitätsgrundsatz, da sie geeignet sind, den im Haushaltsplan zuvor festgelegten Ausgabenzweck und die Ausgabenhöhe zu verändern.

- **Ministerrat, Parlament und Kommission:** Diese Organe können jeweils Mittelübertragungen von Kapitel zu Kapitel und von Artikel zu Artikel vornehmen (Art. 26 HO). Gerichtshof, Rechnungshof, WSA und AdR können nur innerhalb eines Kapitels Mittelübertragungen vornehmen. Die Kommission kann auch innerhalb eines Kapitels ihres Einzelplans Übertragungen vornehmen, nur bei den Verwaltungs- und Personalausgaben darf sie auch von Kapitel zu Kapitel Mittel übertragen.
  Die Kommission kann Ministerrat und Parlament zudem für jeden Einzelplan Mittelübertragungen von Kapitel zu Kapitel vorschlagen. Betreffen die Mittelübertragungen obligatorische Ausgaben, entscheidet der Ministerrat nach Anhörung des Parlaments mit qualifizierter Mehrheit. Betreffen die Vorschläge nichtobligatorische Ausgaben, entscheidet das Parlament nach Anhörung des Ministerrates abschließend. Fassen Ministerrat oder Parlament innerhalb von 6 Wochen keinen Beschluss, so gelten die Vorschläge als angenommen. Handelt es sich bei den Vorschlägen der Kommission um solche Mittel, die sowohl obligatorische als auch nichtobligatorische Mittel betreffen, dann gelten diese als genehmigt, wenn nicht Ministerrat oder Parlament innerhalb von 6 Wochen einen anderen Beschluss fassen. Ministerrat und Parlament können die vorgeschlagenen Beträge auch kürzen, es gilt dann der niedrigere Betrag als genehmigt.
  Die Haushaltsbehörde (Ministerrat und Parlament) kann auch Mittel zwischen Haushaltslinien, die nichtgetrennte und getrennte Mittel enthalten (Ausgaben für Mehrjahresprogramme) übertragen.

- **EAGFL-Garantie:** Hier werden Mittelübertragungen innerhalb eines Kapitels durch Entscheidung der Kommission vorgenommen.[505] Die Kommission kann ferner Ministerrat und Parlament vorschlagen, auch Mittel von Kapitel zu Kapitel zu übertragen. Der Ministerrat beschließt darüber nach Anhörung des Parlaments innerhalb von drei Wochen mit qualifizierter Mehrheit.

505 Art. 104 HO.

- **Reserven:** Die Kommission kann die Inanspruchnahme der Reserven (Währungs-, Darlehens- und Soforthilfereserve) vorschlagen. Dazu ist eine Mittelübertragung aus der Reserve in eine operative Haushaltslinie erforderlich. Zeitgleich mit dem Vorschlag beruft die Kommission einen Trilog ein, auf dem über die Zustimmung von Ministerrat und Parlament beraten wird.[506]

- **Flexibilitätsinstrument:** Die Kommission kann der Haushaltsbehörde Vorschläge zur Inanspruchnahme unterbreiten.[507] Auch hier ist die Mittelübertragung in eine operative Linie erforderlich. Ministerrat und Parlament fassen den Beschluss zur Mittelübertragung im Rahmen des Konzertierungsverfahrens nach Anhang III der Interinstitutionellen Vereinbarung von 1999.

b) **Mittelübertragungen auf das nächste Haushaltsjahr:** Hier ist nach verschiedenen Mittelarten zu unterscheiden. Art. 271 Abs. 2 EGV zieht bei Mittelübertragungen eine zeitliche Grenze. Alle Mittel, außer Personalmittel, dürfen lediglich auf das nächste Haushaltsjahr übertragen werden. Davon gibt es jedoch Ausnahmen, die einen Verstoß gegen den Jährlichkeitsgrundsatz darstellen.

- **Nichtgetrennte Mittel (NGM):** Sie können in der Regel[508] nur dann übertragen werden, wenn sie im laufenden Haushaltsjahr noch nicht gebunden wurden. Dabei kann die Kommission einen Übertragungsvorschlag an Ministerrat und Parlament machen. Bei den Übertragungen, die sich auf obligatorische Ausgaben beziehen, entscheidet der Ministerrat nach Anhörung des Parlaments mit qualifizierter Mehrheit über die Übertragbarkeit. Bei den Übertragungen, die sich auf nichtobligatorische Ausgaben beziehen, entscheidet das Parlament nach Anhörung des Ministerrates.

- **Getrennte Mittel (GM):** Verpflichtungs- und Zahlungsermächtigungen (VE/ZE) verfallen grundsätzlich, wenn sie am Ende eines Haushaltsjahres noch nicht in Anspruch genommen wurden. Die Kommission kann allerdings einen Beschluss bis zum 15.02. des nächsten Jahres über eine Mittelübertragung fassen. Bei den VE können nur diejenigen Mittel übertragen werden, die entweder nicht rechtzeitig vor Abschluss des Haushaltsjahres buchmäßig umgesetzt werden konnten oder für deren Bindung noch kein Basisrechtsakt des Ministerrates erlassen wurde. Bei den ZE können nur solche übertragen werden, die zur Deckung von Verpflichtungen aus früheren Haushaltsjahren notwendig sind oder bereits aus dem Vorjahr übertragenen VE entsprechen.

---

506 Ziffer E.23 Abs. 2–5 der Interinstitutionellen Vereinbarung von 1999; Die konkrete Beschlußfassung von Rat und Parlament über die Darlehensreserve und die Soforthilfereserve wird wie bei den obligatorisch/nichtobligatorischen Ausgaben vorgenommen, Art. 26 Abs.11 HO.

507 Ziffer F.24 Abs. 5,6 der Interinstitutionellen Vereinbarung von 1999, aaO.

508 Ausnahmen: Nr. 1 a, b.

- **Strukturpolitik:** Eine Ausnahme für die Übertragung getrennter Mittel gibt es bei den strukturpolitischen Ausgaben. Für den Fall der verspäteten Annahme der Programme (Strukturfonds) haben sich Ministerrat und Parlament verpflichtet, die Vorschläge der Kommission zur Übertragung derjenigen Mittel auf folgende Haushaltsjahre, die im Haushaltsjahr 2000 nicht verwendet wurden, zu genehmigen.[509]
- Die Übertragung **vorläufig eingesetzter Mittel** ist nicht möglich.

4.6.1.2 Probleme bei der Mittelbewirtschaftung

Hier sind verschiedene Probleme zu unterscheiden, die sich
- aus der Existenz von getrennten und nichtgetrennten Mitteln bei der Mittelbindung (a),
- aus der Existenz von getrennten und nichtgetrennten Mitteln bei der Mittelübertragung (b),
- aus der Notwendigkeit einer sachlichen Ausgabengrundlage (c),
- aus dem Recht der Kommission, bestimmte Mittel autonom zu verausgaben (d), und
- aufgrund politischer Durchgriffe (e)

ergeben.

a) Mittelbindung: Die HO sieht keine eindeutige Begriffsdefinition der Mittelbindung vor, die einzelnen Generaldirektionen der Kommission verwenden daher unterschiedliche Auslegungen des Begriffes.[510] Dies hat Folgen für die Verantwortlichkeit von Anweisungsbefugten, Finanzkontrolleuren und Rechnungsführern. Durch die Unterscheidung der Mittel in getrennte Mittel (VE/ZE) und nichtgetrennte Mittel wird der Effekt noch verstärkt: Nur die Kommission kennt die genauen Angrenzungskriterien für getrennte Mittel und nichtgetrennte Mittel, denn nur sie setzt die Politiken der EU um.[511]

Die Systematik der getrennte Mittel ist eine Ausnahme vom Jährlichkeitsprinzip[512]. Es gibt jedoch auch getrennte Mittel, die bei der Haushaltsausführung wie nichtgetrennte Mittel behandelt werden. Ein Beispiel dafür sind die Ausgaben für strukturpolitische Maßnahmen. In den Verordnungen, die den Strukturfonds zugrundeliegen, ist festgelegt, dass die Mittelbindung in Jahrestranchen erfolgt.

---

509 Ziffer B.17 der Interinstitutionellen Vereinbarung von 1999, aaO.

510 *Europäischer Rechnungshof*: Stellungnahme 4/97 zu einem Vorschlag für eine Vorordnung (Euratom, EGKS, EG) des Rates zur Änderung der Haushaltsordnung vom 21.12.1977 für den Gesamthaushaltsplan der Europäischen Gemeinschaft, KOM (1996)351/endg., Abl. C 75 vom 23.02.1998, Ziff. 16a; *Europäischer Rechnungshof*: Jahresbericht 1998, Ziffer 8.22.

511 *Europäischer Rechnungshof*: Stellungnahme 4/97, Ziff. 2.2, aaO.

512 So beliefen sich zum 31.12.01 die noch abzuwickelnden Mittelbindungen auf 86,76 Mrd. €. Davon standen 1318,2 Mio. € keine Zahlungsverpflichtungen mehr gegenüber. Vgl. *Europäischer Rechnungshof*: Jahresbericht 2001, aaO, Ziff. 9.32.

Systematischer wäre es, die mehrjährigen Mittel dann zu binden, wenn ein Programm insgesamt genehmigt wurde. Die Mittel für das gesamte Programm über die gesamte Laufzeit wären dann gebunden, lediglich die Zahlungen wären über mehrere Jahre verteilt.[513]

Jahrestranchen dürfen zudem nur dann gebunden werden, wenn sie ausgeführt sind oder sich in der Ausführung befinden.[514] Trotzdem hat die Kommission mehrfach davon abweichend Mittelbindungen getätigt, z.B. dann, wenn die Projektverhandlungen am Jahresende zwar mit allen Partnern abgeschlossen waren, aber die Verträge noch nicht von allen unterzeichnet worden sind. Solche Mittel hätten eigentlich ungebunden bleiben müssen und gegebenenfalls nach den strengen Voraussetzungen der HO übertragen werden können.[515]

Es werden auch nichtgetrennte Mittel so behandelt, als wären sie getrennte Mittel. Ein Beispiel für diesen Fall ist der Kauf von Gebäuden oder Instandhaltungsarbeiten an Gebäuden, die über mehrere Jahre finanziert werden. So hatte das Parlament für den Kauf des Espace Leopold in Brüssel nicht genügend Mittel in einem Haushaltsjahr. Da es seine Kaufoption aber wahrnehmen wollte, bevor diese verfiel, setzte das Parlament die geschuldeten Beträge einfach in seine Vermögensübersicht ein. Dadurch behandelte es erstens die nichtgetrennten Mittel bei den Verwaltungsausgaben wie getrennte Mittel, denn für die Zahlung der geschuldeten Beträge gab es rechtliche Verpflichtungen. Zum anderen ist dies eine Möglichkeit zur verdeckten Verschuldung über den Haushalt.[516]

Auch die Trennung von Verwaltungsausgaben und operativen Ausgaben ist nicht immer klar. Ein Beispiel dafür sind die “Minibudgets” (in einem engen Sinne Personalausgaben), für die es lange Zeit sogar einen eigenen Teileinzelplan (B 8) im Einzelplan der Kommission gab. Mittlerweile sind diese “Minibudgets” wieder bei den operativen Mitteln eingesetzt.[517]

---

513 Der Grund für die Jahrestranchen liegt wohl darin, dass durch die Finanzielle Vorausschau auch der Fluss der Mittelbindungen kontrolliert und begrenzt werden soll. Vgl. *Europäischer Rechnung*shof: Stellungnahme 4/97, Ziff. 2.14, aaO.

514 Die Jahrestranchenaufteilung in der Finanziellen Vorausschau führt dazu, dass die buchmäßige Erfassung dieser rechtlichen Verpflichtungen erst nach und nach erfolgt. Es kommt zu einem Auseinanderfallen des Zeitpunkts des Eingangs der rechtlichen Verpflichtung und der buchmäßigen Erfassung. Dadurch mußten allein in 2001 240 Finanzierungspläne aktualisiert werden, was hohe Verwaltungskosten verursacht. *Europäischer Rechnungshof:* Jahresbericht 2001, Ziff. 3.9. aaO.

515 *Europäischer Rechnungshof:* Jahresbericht 1998, Ziff. 4.14, Im gegenteiligen Fall führte die unklare Definition der Mittelbindung von Jahrestranchen dazu, dass erhebliche Mittel nicht gebunden wurden, obwohl sie eigentlich (nach der HO) gebunden werden hätten müssen. Bis zum 31.12.1998 fehlten so Mittelbindungen in Höhe von 32.536 Mio. ECU: *Europäischer Rechnungshof,* Jahresbericht 1998, aaO, Ziff. 3.7.

516 *Europäischer Rechnungshof:* Jahresbericht 1998, aaO, Ziff. 6.14f., auch bei der Kommission gibt es ähnliche Beispiele.

517 *Europäischer Rechnungshof:* Stellungnahme 4/97, Ziff. 2.4, aaO.

Die Probleme der Mittelbindung rühren nur zum Teil aus der HO selbst her. Sie sind durch die Vorgaben der Finanziellen Vorausschau quasi intendiert, denn schon dort wird festgelegt, wem welche Art der Mittel in welcher Höhe welchem Ausgabenbereich zugewiesen werden. Allerdings sind dies überwiegend Probleme, die sich durch straffere Vorgaben der HO beseitigen ließen. Über eine HO beschließt aber allein der Ministerrat.

b) **Mittelübertragung:** Hier gibt es ernsthaftere Problemlagen. Grundsätzlich sind Mittelübertragungen innerhalb eines Haushaltsjahres Verstöße gegen das sachliche Spezialitätsprinzip. Mittelübertragungen auf das nächste Haushaltsjahr stellen Verstöße gegen das Jährlichkeitsprinzip dar, weil übertragene Mittel dem Haushaltsplan des Haushaltsjahres zugeordnet bleiben, für welches sie bewilligt wurden.[518]

In der europäischen Haushalts- und Finanzverfassung spielen zunächst "die Vielzahl und Komplexität der Fälle, in denen eine Übertragung von Mitteln auf das nächste Haushaltsjahr möglich ist oder sogar automatisch erfolgt"[519], eine Rolle. So gibt es für die Organe selbst unterschiedliche Übertragungsmöglichkeiten ihrer Verwaltungsausgaben. Dass es für die Kommission aus Effizienzgründen besser sein kann, die Übertragungen der Verwaltungsmittel sehr einfach zu gestalten, liegt auf der Hand.[520] Jedoch kann die Kommission innerhalb ihrer Verwaltungsausgaben auch Mittelübertragungen von Kapitel zu Kapitel beschließen, dies können Gerichtshof, Rechnungshof, WSA und AdR nicht. Ein Grund für diese Unterscheidung ist nicht ersichtlich.

Auch hier wirkt sich die Unterscheidung in getrennte und nichtgetrennte Mittel aus. Es gibt unterschiedliche Möglichkeiten für ihre Übertragungen. So ist die Übertragung von nichtgetrennten Mitteln einfacher als die der getrennten Mittel. Für die getrennten Mittel gibt es zudem – je nachdem ob es sich um obligatorische oder nichtobligatorische Ausgaben handelt – unterschiedliche Regeln. Dies resultiert aus der grundsätzlichen Trennung der Ausgaben und der daraus folgenden Befugnisverteilung für Ministerrat und Parlament.

Durch die Plafondierung und die Klassifizierung der jeweiligen Ausgaben in der Finanziellen Vorausschau ist eine Übertragung von einer Rubrik nichtobligatorischer Ausgaben zu einer Rubrik obligatorischer Ausgaben nicht möglich, ohne die jeweiligen Mittelumfänge von Ministerrat und Parlament zu verändern. Daher ist eine Mittelübertragung grundsätzlich nur innerhalb der obligatorischen bzw.

518 So auch: *Niedobitek, Mathias*: aaO, Art. 271, RN 8 (Manuskript).

519 *Europäischer Rechnungshof:* Stellungnahme 4/97, Ziff. 15, 4. Spiegelstrich, aaO.

520 Die Mittelübertragungen innerhalb eines Kapitels sind für alle Organe ohne Zustimmung der Haushaltsbehörde möglich. Allerdings ist jede Mittelübertragung eine Zweckveränderung der Ausgabe und verstößt so gegen den Grundsatz der Spezialität, wenn nicht die Haushaltsbehörde zustimmt.

nichtobligatorischen Ausgaben möglich. Bei den Mittelübertragungen betreffend obligatorischer Ausgaben muss der Ministerrat nicht einmal ein positives Votum abgegeben und profitiert davon.[521] Genauso ist es umgekehrt bei den Mittelübertragungen nichtobligatorischer Ausgaben.

Gravierend ist aber vor allem, dass der Vertrag ausschließlich der Kommission Rechte bei der Mittelübertragungen einräumt[522], die von der HO massiv beschnitten werden. Abgesehen davon, ob so weitgehende Mittelübertragungsrechte für eine Verwaltung aus institutionenökonomischer Sicht sinnvoll sein können, verstößt doch die HO (Sekundärrecht) insoweit gegen die Verträge (Primärrecht). Gleiches lässt sich bezüglich der Mittelübertragungen bei den Reserven und dem Flexibilitätsinstrument feststellen, die in der Interinstitutionellen Vereinbarung geregelt sind. In der Abb. 15 sind diese unterschiedlichen Befugnisse aus verschiedenen Rechtsquellen zusammengefasst.

521 Bei den Ausgaben des EAGFL-G ist die Beschlußfrist zudem um die Hälfte kürzer als bei allen anderen Ausgaben.

522 Nämlich die Befugnis zur Mittelübertragung von Kapitel zu Kapitel ohne Unterscheidung in getrennte und nichtgetrennte Mittel oder Verwaltungsausgaben und operative Ausgaben. Im Prinzip hat die Kommission bei den operativen Ausgaben nur ein Vorschlagsrecht.

Abb. 15: **Die Mittelübertragungsbefugnisse in den verschiedenen Rechtsquellen**

nach Vertrag	Kommission überträgt von Kapitel zu Kapitel oder auch innerhalb der Kapitel, keine sonstigen Einschränkungen, Art. 274 Abs. 3 EGV
nach Haushaltsordnung	1.) auf das nächste Haushaltsjahr nach Art 7 HO - NGM : Kommission macht Vorschlag obligatorische Ausgaben: Rat mit qualifizierter Mehrheit nichtobligatorische Ausgaben: EP mit absoluter Mehrheit der abgegebenen Stimmen - GM: in der Regel keine Übertragung 2.) innerhalb des Haushaltsjahres - innerhalb der jeweiligen Einzelpläne nach Art. 26 HO : Rat und EP von Kapitel zu Kapitel Kommission von Kapitel zu Kapitel im Einzelplan III.A Kommission innerhalb eines Kapitels im Einzelpan III.B alle anderen Organe innerhalb eines Kapitels - Ausgaben des EAGFL-G nach Art. 104 HO Kommission innerhalb eines Kapitels Rat mit qualifizierter Mehrheit von Kapitel zu Kapitel
nach IIV	1.) Reserven Kommission macht Vorschlag und beruft einen Trilog ein obligatorische Ausgaben: Rat mit qualifizierter Mehrheit nichtobligatorische Ausgaben: EP mit absoluter Mehrheit der abgegebenen Stimmen 2.) Flexibilitätsinstrument Kommission macht Vorschlag, Konzertierungsverfahren Stellungnahme EP, Rat mit qualifizierter Mehrheit

Eigene Darstellung

Die Einschränkung der Rechte der Kommission lässt sich aber erklären. Die Finanzielle Vorausschau will eigentlich durch die Plafondierung der Rubriken und Teilrubriken ständige Mittelübertragungen (innerhalb eines Haushaltsjahres und auch von Jahr zu Jahr) verhindern.[523] Veränderungen der Rubrikenhöhe insgesamt sind nur durch eine Revision der Finanziellen Vorausschau möglich. Auch sollen die unterschiedliche Rechte von Ministerrat und Parlament nicht durch die Kommission unterlaufen werden können (obligatorische und nichtobligatorische Ausgaben). Die strengeren Regeln bei der Übertragung getrennter Mittel lassen sich dadurch erklären, dass ein großer Teil der nichtobligatorischen Ausgaben Mehrjahresausgaben (also getrennte Mittel) sind.[524] Da der Ministerrat die HO erlässt, hat er so eine Schranke eingebaut, das Parlament zu kontrollieren.

523 Außer bei den Strukturmaßnahmen, denn dort ist der eingesetzte Betrag ein Ausgabenziel.
524 Der Großteil der Ausgaben des EAGFL-G sind hingegen nichtgetrennte Mittel.

Der Rechnungshof hat zudem mehrfach beklagt, dass die punktuellen Änderungen in der HO bar jeder Systematik sind.[525] Dies führt zu Intransparenz (Haushaltswahrheit/Haushaltsklarheit) und dies verschafft der Kommission diskretionäre Spielräume, die sie ausnutzen kann (und ausnutzt).

Die Kommission hat zudem Spielräume, die über das bereits Gesagte hinausgehen. Die in Art. 19 Abs. 5 HO vorgesehene "Negativreserve", die im Einzelplan der Kommission einzusetzen ist, kann bis zu 200 Mio. € umfassen. Allerdings müssen auch diese Mittel das Verfahren des Art. 26 HO durchlaufen. Die Kommission kann sich also überlegen, bei welchen Ausgaben sie die Zustimmung des Parlaments, des Ministerrates oder beider Organe wahrscheinlich erhalten wird und entsprechende Mittelübertragungen aus der "Negativreserve" vorschlagen. Dies verdeutlicht die strategischen Möglichkeiten der Kommission gegenüber Ministerrat und Parlament.

c) **Notwendigkeit einer sachlichen Ausgabengrundlage:** Grundsätzlich werden die Ausgaben für jedes Haushaltsjahr jährlich veranschlagt und im Voraus bewilligt, Art. 1 Abs. 1 HO. Neben der parlamentarischen Bewilligung ist aber für die konkrete Verausgabung der Mittel auch eine sachliche Ausgabengrundlage (Rechtsgrundlage) notwendig. Dabei ist strittig, ob der Haushaltsplan als Rechtsgrundlage ausreicht.[526] Ministerrat und Kommission gehen davon aus, dass die Ausgaben nur dann getätigt werden dürfen, wenn sie für Maßnahmen ausgegeben werden, die die Verträge ausdrücklich vorsehen. Es ist also eine ermächtigende Grundnorm erforderlich. Das Parlament ist der Ansicht, dass der Haushaltsplan als Vollzugsgrundlage ausreicht.[527] Da Ministerrat und Parlament gemeinsam über den Haushaltsplan entscheiden, könnte man theoretisch unterstellen, dass im Zuge der Mittelbewilligung über deren Grundlage der Verwendung mitentschieden sei. In der Haushaltsordnung wurde das Problem aufgegriffen.

Danach ist für die Ausführung von bedeutenden Gemeinschaftsaktionen zuvor ein Basisrechtsakt zu erlassen.[528] Der unbestimmte Begriff "bedeutende Gemeinschaftsaktionen" lässt einen großen Interpretationsspielraum, auch war nicht klar, was ein Basisrechtsakt ist. In der Interinstitutionellen Vereinbarung von 1999 wird daher präzisiert: "Nach der Systematik des Vertrags ist zur Ausführung in bezug auf die im Haushaltsplan für alle Gemeinschaftsaktionen ausgewiesenen Mittel zuvor ein Basisrechtsakt zu erlassen. Ein Basisrechtsakt ist ein Rechtsakt des abgeleiteten Rechts, mit dem eine Gemeinschaftsmaßnahme und die Vornahme der entspre-

525 *Europäischer Rechnungshof*: Stellugnahme 4/97, Ziff. 2, 5, 11.

526 *Rossi, Matthias:* aaO, S. 128f.

527 *Europäisches Parlament, Haushaltsausschuss*: Bericht über den Vorschlag für eine interinstitutionelle Vereinbarung zwischen dem Europäischen Parlament, dem Rat und der Kommission zu den Rechtsgrundlagen und der Ausführung des Haushaltsplans, PE 227.335/endg., Ziff. 6, S. 14 (Christodoulou-Bericht 1998).

528 Art. 22 Abs. 1 HO.

chenden, im Haushaltplan ausgewiesenen Ausgabe eine Rechtsgrundlage erhalten. Dieser Rechtsakt muss in Form einer Verordnung, einer Richtlinie, einer Entscheidung oder eines Beschlusses ergehen."[529] Damit ist klargestellt, dass der Vollzug der Ausgabe an das Vorhandensein einer Rechtsgrundlage anknüpft.[530]

Daraus ergeben sich weitere Schwierigkeiten. So ist das Parlament oft wegen seiner eingeschränkten Legislativbefugnisse darauf angewiesen, dass der Ministerrat für Mittel, über die das Parlament im Haushaltsbewilligungsverfahren entschieden hat, eine Rechtsgrundlage erlässt.[531] Das "Druckmittel", welches das Parlament hat, ist bei anderen Ausgaben, für die bereits eine Rechtsgrundlage besteht, während der Verabschiedungsphase zu kürzen oder diese ganz zu streichen, um den Ministerrat zum Erlass der vom Parlament gewünschten Rechtsgrundlage zu bewegen.[532] Daher werden in der Verabschiedungsphase Mittel eingestellt, für die voraussichtlich erst während des Haushaltsjahres eine Rechtsgrundlage erlassen wird.[533] Letzteres verursacht naturgemäß Probleme bei der Verwendungsrate der Mittel, denn wenn Ministerrat, Kommission oder Parlament eine Rechtsgrundlage zu spät beschließen, werden Nachtrags- und Berichtigungshaushalte notwendig, es verfallen Mittel oder sie müssen in andere Haushaltsjahre übertragen werden.[534]

d) Autonome Verausgabung durch die Kommission: Die Kommission kann aber auch Mittel verausgaben, für die kein Basisrechtsakt notwendig ist. Dies sind:[535]

- Mittel für experimentelle Modellstudien bis zu einem Gesamtbetrag in Höhe von 32 Mio. €.
- Mittel für "Pilotaktionen": Dies sind Mittel, die zur Finanzierung von vorbereitenden Maßnahmen in Bezug auf den künftigen Erlass von Gemeinschaftsmaßnahmen dienen. Diese Mittel sind pro Haushaltsjahr auf 30 Mio. € begrenzt, sie können nur für maximal drei Haushaltsjahre pro Maßnahme eingesetzt werden, wobei der Gesamtbetrag für die drei Jahre sich auf maximal 75 Mio. € (gebundene Mittel) belaufen darf.
- Mittel für punktuelle und/oder fortlaufende Maßnahmen in Bereichen, für die der Kommission besondere Zuständigkeiten übertragen wurden. Diese Zuständigkeiten sind in Anhang V der IIV 1999 ausdrücklich aufgelistet.
- Mittel, die sich aus der Selbstverwaltung eines Organs ergeben.

529 Ziffer F.36 der Interinstitutionellen Vereinbarung von 1999.

530 Eine stillschweigende Befugnis, die sich aus den Verträgen ergibt, soll somit nicht hinreichend sein. Dies wird zum Teil angenommen, vgl. *Rossi, Matthias:* aaO, S. 129 m.w.N.

531 Z.B. bei einem Teil der strukturpolitischen Ausgaben.

532 Siehe auch *Lenzen, Heinz-Josef:* aaO, S. 220f.

533 Diese werden im Haushaltsplan mit einem "p.m."-Vermerk versehen.

534 *Europäisches Parlament, Haushaltsausschuss:* Entwurf eines Berichts über den Berichtigungs- und Nachtragshaushalt 3/2001 und 4/2001, Punkt M und N, PE 303.586 (vorl.).

535 Teil II, Ziffer B.37 der Interinstitutionellen Vereinbarung von 1999.

Durch diese Befugnisse hat die Kommission jährlich einen großen Spielraum, den sie in ihrem Ermessen verwenden kann. Sie kann diesen Spielraum auch dazu benutzen, das Problem der fehlenden Rechtsgrundlage zu umgehen. Dies kann sie schon im Aufstellungsverfahren, denn wenn sie feststellt, dass der Ministerrat für bestimmte Ausgaben keine Rechtsgrundlage erlassen will (und damit ein "p.m.-Vermerk" im Haushaltsplanentwurf notwendig würde), stuft sie diese Ausgaben einfach als nicht bedeutende Gemeinschaftsmaßnahmen ein.[536] Vor allem wird aber so eine Kompetenzverlagerung von den Mitgliedstaaten auf die EU möglich, denn gerade über die Pilotaktionen dehnt die Kommission die gemeinschaftlichen Kompetenzräume aus oder kann sogar künftige Legislativverfahren initiieren.[537] Beispiele dafür sind die aktive Arbeitsmarktpolitik oder die Sportförderung.[538] Gleichzeitig weckt die Kommission dadurch "Begehrlichkeiten" bei den Mitgliedstaaten bzw. bei denjenigen Institutionen der Mitgliedstaaten, die für eine Förderung über diese Pilotaktionen in Frage kommen. Zudem ergeben sich auch hier Probleme mit den Ausführungsraten, denn wenn die Mittel von der Kommission nicht in Anspruch genommen werden, verfallen sie bzw. ihre Übertragung in das nächste Haushaltsjahr wird notwendig.[539]

e) **Politische Durchgriffe:** Ebenfalls problematisch wirken sich bestimmte politische "Durchgriffe" in der Verabschiedungsphase im Vollzug aus. Diese berücksichtigen oft nicht, dass die "versprochenen" Mittel (VE) auch tatsächlich umgesetzt werden müssen und dafür einige Voraussetzungen notwendig sind. So beklagte der Rechnungshof im Haushalt 1999, dass es Beschlüsse des Ministerrats gab, die Strukturfonds um 16,6% (39 Mrd. €) und die Mittel für die Unterstützung der MOE-Staaten um 32% aufzustocken. Dabei waren die tatsächlichen Möglichkeiten, aus den VE auch ZE zu machen, aus verschiedenen Gründen begrenzt. Bei den Strukturfonds waren die VE um 95 Mrd. € höher als die ZE, und bei PHARE überstiegen die eingestellten Mittel die ausgezahlten Mittel um 2 Mrd. €.[540] Dieses führt nicht nur zu den üblichen Übertragungspraktiken, sondern hat natürlich auch Auswirkungen auf die nationalen Haushalte. Diese müssen nämlich die Mittel in ihren Haushalten bereit stellen.

536 Siehe auch *Lenzen, Heinz-Josef*: aaO, S. 220f.

537 Das Parlament begrüßt dieses Recht der Kommission, nach seiner Auffassung werden diese Mittel "für die Entwicklung von Gemeinschaftsmaßnahmen benutzt, deren politischer Nutzen alle Erwartungen überstieg." Vgl. *Europäisches Parlament, Haushaltsausschuss*: Christodoulou-Bericht 1998, PE 227.335/endg., Ziff. 4, aaO.

538 *Lenzen, Heinz-Josef*: aaO, S. 217.

539 So sind bei den Mitteln für Pilotaktionen im Haushalt 2000 Mittel in Höhe von 21,2 Mio. € verfallen. Vgl. *Europäisches Parlament, Haushaltsausschuss*: Überblick über den Haushaltsvollzug in Zahlen, S. 4, PE 300.044/rev. (Bourlanges-Bericht 2001).

540 *Tillich, Stanislaw:* aaO, S. 2.

4.6.2 Die Mitwirkung der Legislative am Vollzug

Die Haushaltsbehörde wirkt gemeinsam an zwei Verfahren mit, die in den Vollzug fallen: bei den Verfahren des Nothaushaltsrechts (a) und beim Erlass von Nachtrags- und Berichtigungshaushalten (b). Das Parlament kann darüber hinaus selbständig über das sogenannte "Notenboom-Verfahren" am Vollzug mitwirken (c).

a) **Das Nothaushaltsrecht:** Es greift immer dann, wenn ein Haushaltsplan nicht rechtzeitig zu Beginn des Haushaltsjahres verabschiedet wurde (Verstoß gegen den Grundsatz der Vorherigkeit). Dabei gilt das Prinzip der monatlichen Zwölftel. Das heißt, dass im neuen Haushaltsjahr Ausgaben bis zur Höhe eines Zwölftels der Vorjahresmittel (bezogen auf Artikel, Kapitel und Posten) getätigt werden können.

Die Gründe für das Fehlen eines Haushaltsplans sind dabei nicht von Belang, es greift also sowohl im Falle der Globalablehnung des Haushalts als auch im Fall der Untätigkeit eines Organs als auch im Falle der Nichtigkeit der Haushaltsplans.[541]

Eine erste Schranke ist die Grenze der Ausgaben des bisher nicht verabschiedeten oder abgelehnten Entwurfs des Haushalts, wobei der Stand des Vorentwurfs der Kommission maßgeblich ist. Liegt das monatliche Zwölftel über dem zwölften Teil der gleichen Ausgaben, die im Vorentwurf der Kommission angesetzt waren, so ist die Kommission verpflichtet, sich nach dem niedrigeren Betrag zu richten.[542] Allerdings kann der Ministerrat mit qualifizierter Mehrheit den Betrag anheben. Handelt es sich um obligatorische Ausgaben, muss nach Antrag der Kommission auf Anhebung des Betrages das Parlament angehört werden.[543] Der Ministerrat kann dann mit qualifizierter Mehrheit gleichzeitig zwei oder mehrere Zwölftel genehmigen. Sofern es dabei um nichtobligatorische Ausgaben geht, greift Art. 273 Abs. 3 EGV. Innerhalb von 30 Tagen kann das Parlament mit der Mehrheit der Stimmen seiner Mitglieder und mit drei Fünfteln der abgegebenen Stimmen den vom Ministerrat festgesetzten Betrag bestätigen oder ihn ablehnen und den Betrag nochmals erhöhen oder aber vermindern. Der vorher getroffene Ministerratsbeschluss wird bis zum Beschluss des Parlaments ausgesetzt.

Umstritten ist, ob im Falle der Globalablehnung des Haushaltsplans die Ausgabengrenze des Kommissionsvorentwurfs für das monatliche Zwölftel greift. Geht man mit ROSSI u.a. davon aus, dass es inkonsequent wäre, bei den Grenzen im Nothaushaltsrecht an die Gründe der fehlenden Vorliegens eines Haushaltsplans anzuknüpfen (die ansonsten im Nothaushaltsrecht keine Rolle spielen[544]), dann ist der Charakter der Globalablehnung eindeutig ein politischer. Die Missbilligung des Parlaments kann sich dann nämlich nur noch auf den Entwurf des Ministerrates beziehen. Eine Missbilligung des Kommissionsentwurfes ist danach nicht möglich.

541 *Magiera, Siegfried:* Art. 204, RN 3 in: *Grabitz, Eberhard / Hilf, Meinhart:* aaO.
542 Art. 273 Abs. 1 EGV.
543 Art. 9 Abs. 3 a HO.
544 Dazu ausführlich: *Rossi, Matthias*: aaO, S. 96f.

Dies räumt der Kommission einen diskretionären Spielraum ein. Sie könnte theoretisch den Vorentwurf so gestalten, dass bestimmte Probleme vorprogrammiert sind und auf einen Nothaushalt spekulieren.

b) Nachtrags- und Berichtigungshaushalte: In den Verträgen sind Nachtrags- und Berichtigungshaushalte nicht vorgesehen. Sie finden ihre Grundlage nur in Art. 10, 15 HO. Sie werden nach demselben Verfahren wie der Haushaltsplan aufgestellt, allerdings ist ihre Dringlichkeit zu berücksichtigen. Nachtragshaushalte werden zur Bewilligung zusätzlicher Ausgaben aufgestellt. Es gibt aber auch Nachtragshaushalte, die der Finanzierung neuer Aktionen ohne Globalerhöhung dienen. Berichtigungshaushalte wirken sich nur auf einzelne Ausgaben(Einnahmen-)ansätze aus und dienen "technischen" Korrekturen, wie z.B. der Veränderung der Ausgabenverteilung auf entsprechende Haushaltslinien. Nachtrags- und Berichtigungshaushalte verstoßen ebenfalls gegen den Grundsatz der Vorherigkeit. Nachtragshaushalte verändern das Gesamtvolumen der Ausgaben (Erhöhung des Gesamtbetrags für VE/ZE) oder die Zuordnung der Ausgaben und sind insofern ein Verstoß gegen den Grundsatz der Spezialität.

Interessant ist, dass seit 1987 in jedem Haushaltsjahr mindestens ein Nachtrags- und Berichtigungshaushalt aufgestellt wurde.[545] Nach Art. 15 HO bedarf es einer unvermeidlichen, außergewöhnlichen oder unvorhersehbaren Situation für die Aufstellung eines Nachtrags- und Berichtigungshaushalts. An diese Kriterien werden aber geringe Anforderungen gestellt.

Die Nachtrags- und Berichtigungshaushalte, die der Finanzierung neuer Aktionen dienen, sind auch die Folge aus der Kompetenz der Kommission, Pilotaktionen finanzieren zu können.[546] Diese sind ein Mittel, um Kompetenzen, die die EU noch nicht hat (oder bei denen sie nur eine Koordinierungskompetenz hat) an sich zu ziehen.

Die meisten Nachtrags- und Berichtigungshaushalte werden jedoch verabschiedet, "um nachträglich politische Entscheidungen mit finanziellen Auswirkungen zu berücksichtigen"[547]. ROSSI sieht die Ursache in den Interessendivergenzen von Ministerrat und Parlament. Während der Ministerrat im Haushalt "ein finanzielles Spiegelbild" bereits ergangener Beschlüsse sieht und deshalb erst materielle Mittel in den Haushalt einstellt, wenn solche Beschlüsse tatsächlich vorliegen, will das Parlament durch die rechtzeitige Veranschlagung von Mitteln die Sachentscheidungen der EU beeinflussen.[548] Aber auch die starren Grenzen der Finanziellen Voraus-

545 Nachtragshaushalte und Berichtigungshaushalte werden in der Regel in kombinierter Form vorgelegt.

546 Vgl. Kap. 4.6.1.2, Ziff. d).

547 *Rossi, Matthias*: aaO, S. 102.

548 *Rossi, Matthias*: aaO, S. 105; dies schlägt sich auch in der Vollzugsphase nieder: siehe den Streit um die Rechtsgrundlagen.

schau tragen dazu bei. Jede Änderung einer plafondierten Ausgabenkategorie – aus welchen Gründen auch immer – macht in der Regel eine Revision der Finanziellen Vorausschau nötig. Dadurch, dass die konkreten Haushalte aber in der Regel unter den in der Finanziellen Vorausschau vorgegebenen Einnahmen- und Ausgabenobergrenzen bleiben (Sicherheitheitsmarge), bewegen sich Änderungen des Gesamtvolumens unterhalb der Revisionsgrenze.[549] Daher sind Nachtrags- und Berichtigungshaushalte hervorragend geeignet, die Grenze der Sicherheitsmarge der Finanziellen Vorausschau im laufenden Haushaltsjahr zu umgehen und werden auch vom Parlament entsprechend dazu genutzt.[550]

Spielräume für das Parlament ergeben sich bei den obligatorischen Ausgaben. Das Parlament kann nur im Rahmen eines Haushaltsverfahrens (das auch für Nachtrags- und Berichtigungshaushalte gilt) über obligatorische Ausgaben mitentscheiden. Wenn der Ministerrat eine Erhöhung der obligatorischen Ausgaben will, könnte er dies zum Teil mit Rückgriffen auf die Reserven (bei den obligatorischen Ausgaben) tun, denn dort hat er Entscheidungsgewalt. Erzwingt das Parlament aber einen Nachtrags- und Berichtigungshaushalt über diese Erhöhung der obligatorischen Ausgaben, hat der Ministerrat zwar auch das "Letztentscheidungsrecht". Das Parlament kann aber den Nachtrags- und Berichtigungshaushalt insgesamt ablehnen und so die Erhöhung der obligatorischen Ausgaben verhindern.

c) **Das "Notenboom-Verfahren":** Bei diesem Verfahren geht es um die Genehmigung von Mittelübertragungen, über die das Parlament beschließt. Im Plenum findet eine Debatte statt, in der die Kommission über die Verwendungsraten der Mittel berichtet. Viele der von der Kommission vorgeschlagenen Mittelübertragungen werden in einem Vorschlag für eine "globale Mittelübertragung"[551] zusammengefasst und im Herbst dem Plenum vorgelegt.[552] Dabei werden nur Mittelübertragungen innerhalb der Ziele laufender Politiken genehmigt, für neue politischen Maßnahmen ist ein Nachtrags- und Berichtigungshaushalt vorzulegen. Dieses sog. "Notenboom-Verfahren" soll dem Grundsatz der Sparsamkeit und Wirtschaftlichkeit Rechnung tragen, denn es soll eine möglichst optimale Ausnutzung der vorhandenen Mittel in Bezug auf die Ziele erreicht werden.

"Globale Mittelübertragungen" sind aber bei Zahlungsermächtigungen (ZE) grundsätzlich dann möglich, wenn dadurch keine Änderung der politischen Aus-

549 Anders *Birk, Dieter*: S. 182f. und *Rossi, Matthias*: aaO, S. 106, die der Ansicht sind, dass Nachtrags- und Berichtigungshaushalte oft eine Revision der Finanziellen Vorausschau nötig machen, bevor sie verabschiedet werden können.

550 *Böge, Reimer*: EU- und EGKS-Haushaltsplan 2000, Redebeitrag zur Parlamentsdebatte des Europäischen Parlaments am 26.10.1999 (http://www.boege2004.de/reden/ rede03.html, S. 2, Stand: 28.11.02).

551 *Europäisches Parlament, Haushaltsausschuss*: Bourlanges-Bericht 2001, S. 4, PE 300.044/rev., aaO.

552 *Europäisches Parlament*: Kurzdarstellungen – 1.5.3 Haushaltskontrolle (http://www.europarl.eu.int/factsheets/1_5_3_de.htm).

richtung erfolgt. Bei Verpflichtungsermächtigungen (VE) ist keine globale Mittelübertragung möglich, es sei denn es handelt sich um struktur- und agrarpolitische Maßnahmen.[553] Durch die Ausnahmen wird das globale Übertragungsverbot sogleich wieder zunichte gemacht, denn die VE im Bereich der Struktur- und Agrarpolitik machen den deutlich größten Teil der Gesamt-VE aus.

Durch die Finanzielle Vorausschau hat sich der Inhalt des Verfahrens aber geändert. Zwar ist wegen der Obergrenzen in der Finanziellen Vorausschau grundsätzlich eine Mittelübertragung von Rubrik zu Rubrik nicht möglich. Es verbleiben über die Regelungen der Art. 7, 26 HO noch genügend Möglichkeiten zur Mittelübertragung.

Weder das Parlament noch seine zuständigen Ausschüsse haben zudem das Recht, im laufenden Haushaltsjahr Mittel zu blockieren.[554] Dadurch greift das Parlament schon in der Verabschiedungsphase zu einem "Trick"[555], es bildet Reserven in Form von "vorläufig eingesetzten Mitteln" oder "Rückstellungen für unvorhergesehene Ausgaben"[556]. Solche "Mittelreserven" sind ausdrücklich in Art. 19 Abs. 4 HO vorgesehen, sie sind aber Ausnahmen vom Grundsatz der Spezialität. Diese "Reserven" bedürfen zu ihrer Verausgabung erst der Mittelübertragung in eine operative Haushaltslinie, so dass das Parlament sich die Mitbestimmung über die Verausgabung auf diesem Wege sichert.

4.6.3 Die Mitwirkung verschiedener Verwaltungsebenen am Vollzug

Die Kommission verwaltet einen Teil des Haushalts selbst (Kap. 4.6.3.2) und bedient sich zu Erfüllung ihrer Vollzugsbefugnisse auch der Verwaltungen der Mitgliedstaaten. Diese werden auf unterschiedliche Weise in den dezentralen Vollzug (Kap. 4.6.3.3) und geteilten Vollzug (Kap. 4.6.3.4) des EU-Haushalts eingebunden. Aber auch der Ministerrat hat institutionell die Möglichkeiten, in den Vollzug durch die Kommission einzugreifen (Kap. 4.6.3.1).

4.6.3.1 Das Komitologieverfahren

Nach Art. 202, dritter Spiegelstrich EGV hat der Ministerrat die Befugnisse zum Erlass von Durchführungsvorschriften der Kommission überlassen. Jedoch kann der Ministerrat bestimmte Modalitäten selbst festlegen. Ziel dieser Regelung war es,

553 *Europäisches Parlament, Generaldirektion Wissenschaft*: Kontrolle der Ausführung des Haushaltsplans im Laufe des Haushaltsjahres, Themenpapier Haushaltsangelegenheiten Nr.8, S. 4f., vom 08.12.1998, PE 167.744 (Kontrolle der Ausführung des Haushaltsplans).

554 Dies ist z.B. dem deutschen Haushaltsausschuss über Haushaltssperren möglich.

555 *Europäische Kommission*: Bericht zur Interinstitutionellen Vereinbarung 1993, aaO, Ziffer 12; so auch *Böge, Reimer:* Haushalt 2001, Redebeitrag zur Parlamentsdebatte des EP am 24.10.2000, aaO.

556 Eine andere Möglichkeit ist das Einsetzen überhöhter Zahlungsermächtigungen.

den Ministerrat von der Verwaltungsrechtsetzung zu entlasten.[557] Der Ministerrat hat seit 1987[558] im Rahmen seiner Modalitätenbefugnisse verschiedene Ausschüsse eingerichtet, die aus Vertretern der Mitgliedstaaten bestehen. Die Ausschüsse sollen die Kommission bei der Implementierung von Ministerratsvorschriften unterstützen. Es gibt beratende Ausschüsse, Verwaltungsausschüsse und Regelungsausschüsse.

Im Zusammenhang mit dem Haushalt sind vor allem die Verwaltungsausschüsse relevant, denn diese Ausschüsse sind in den sehr finanzintensiven Bereichen tätig (z.B. in der Agrarpolitik, Fischereipolitik, Strukturpolitik).

Die Kommission legt einem Verwaltungsausschuss einen Vorschlag vor und der gibt eine Stellungnahme dazu ab. Befürwortet der Ausschuss den Vorschlag mit qualifizierter Mehrheit, kann die Kommission den Vorschlag umsetzen. Lehnt der Ausschuss den Vorschlag der Kommission mit qualifizierter Mehrheit ab, muss die Kommission den Ministerrat davon in Kenntnis setzen. Dieser kann mit qualifizierter Mehrheit den Vorschlag der Kommission ablehnen. Verwaltungsausschüsse können bei Nichtübereinstimmung mit dem Kommissionsvorschlag erreichen, dass die Gesetzgebungskompetenz für die Implementierungsnormen an den Ministerrat zurückfallen. Da davon auszugehen ist, dass die Ministerratsvertreter ähnliche Ziele wie die Vertreter der Mitgliedstaaten in den Ausschüssen verfolgen (nationale Interessen), können sich die Mitgliedstaaten so für den Vollzug ein erhebliches Mitspracherecht sichern.

Die Formen der Komitologie haben erhebliche zeitliche Auswirkungen auf den Vollzug.[559] Die Schwierigkeiten in Zusammenhang mit der Einrichtung der Ausschüsse und der Benennung ihrer Vertreter, Verzögerungen bei der Genehmigung von Projekten oder unvollständige Informationen des Ministerrates machen oft Mittelübertragungen in nächste Haushaltsjahre notwendig, für die dann wiederum die Kommission in die Verantwortung genommen wird.

Da im Vertrag nur in Bezug auf Rechtsakte des Ministerrates geregelt ist, dass dem Ministerrat das Recht der Delegation der Durchführungsbefugnisse auf die Kommission zusteht[560], gab es immer wieder zwischen Kommission und Ministerrat Verhandlungen darüber, welcher Ausschuss erforderlich ist, wenn neue Rechtsakte geplant sind.[561] Denn wenn im Gesetzgebungsverfahren das Verfahren

557 *Fischer, Robert*: Das Demokratiedefizit bei der Rechtsetzung durch die Europäische Gemeinschaft, Karlsruhe 2001, S. 69.

558 Beschluss des *Rates* 87/373/EWG vom 13.07.1987 zur Festlegung der Modalitäten für die Ausübung der der Kommission übertragenen Durchführungsbefugnisse, Abl. L 197/33 vom 18.07.1987.

559 *Europäisches Parlament, Haushaltsausschuss*: Bourlanges-Bericht 2001, S. 6, PE 300.044/rev., aaO.

560 Für das Parlament fehlt ein entsprechender vertraglicher Hinweis für die Verfahren, an denen es selbst rechtsetzend beteiligt ist.

561 *Zbinden, Martin:* aaO, 155ff.

der Mitentscheidung greift, müsste eigentlich auch das Parlament an der Entscheidung über die Ausschussform beteiligt werden. Der letzte Komitologiebeschluss von 1999 räumt dem Parlament nur dann ein Mitspracherecht ein, wenn im Mitentscheidungsverfahren entschieden wird. Diese Regelungen sind unter dem Aspekt von Gewaltenteilung und Gewaltenkontrolle nicht unbedenklich, denn es sind "Ermächtigungsnormen" für den Gesetzgeber (Legislative), in den Vollzug (Exekutive) einzugreifen bzw. ihn sogar selbst zu regeln.[562]

Das Parlament selbst meint grundsätzlich, die Ausschüsse sollten gar keine Entscheidungsgewalt bei der Verwaltung besitzen, denn sie bestünden aus Vertretern der Mitgliedstaaten. Ihre Beteiligung sei ein Eingriff in die Verwaltungsautonomie der Kommission[563]. Zudem vertreten die Mitgliedstaaten nationale Interessen, der Entscheidungsprozess wird insgesamt verzögert und verursacht höhere Verwaltungskosten. Da es die Ausschüsse aber nicht verhindern kann, versucht es, mit beteiligt zu werden. Dies ist mit der üblichen Strategie des Parlaments zu erklären. Das Parlament nutzt seine Befugnisse vor allem zur Kompetenzerweiterung.

Die Mitgliedstaaten nehmen diese Eingriffsmöglichkeit zur Interessenwahrung ernst und beklagen zum Teil[564], dass die Kommission das Beratungsausschussverfahren dem Verwaltungs- und Regelungsausschussverfahren vorziehe, um so die Beteiligung der Mitgliedstaaten einzuschränken.[565] Dies kann die Kommission deshalb, weil ihr das Initiativrecht bezüglich der Basisrechtsakte zusteht. Sie kann also in gewissem Maße Einfluss darauf nehmen, welches Verfahren zur Anwendung gelangt.

4.6.3.2 Der direkte Vollzug durch die EU-Ebene

Nach Art. 274 Abs. 1 EGV ist die Kommission für die Ausführung des Gesamthaushaltsplans in eigener Verantwortung zuständig. Da die Kommission selbst nicht über einen nennenswerten eigenen Verwaltungsunterbau verfügt, ist der Bereich der direkten Verwaltung sehr klein: nur 10% der Ausgaben werden durch die EU-Ebene selbst ausgegeben.

Dies sind zunächst sämtliche Verwaltungsmittel, also die Einzelpläne von Ministerrat, Parlament, Gerichtshof, Rechnungshof, WSA und AdR und der Teil A des Einzelplans III der Kommission. Die Verwaltungsmittel dienen z.B. zur Zahlung von Gehältern, Zulagen, Mieten, dem Erwerb von Gebäuden. Aber auch ein Teil der operativen Mittel wird von der Kommission direkt verwaltet. Ein Beispiel ist im

562 *Beutler, Bengt / Biber, Roland / Pipkorn, Jörn / Streil, Jochen*: Die Europäische Union, aaO, RN 458.

563 *Europäisches Parlament, Haushaltsausschuss*: Guy-Quint-Bericht 2000, Ziffer 20, PE 294.022.

564 Z.B. Pressemitteilung des Bundesrates 212/1998 vom 18. Dezember 1998: Angemessene Mitwirkung der Mitgliedstaaten in den EU-Ausschußverfahren sicherstellen.

565 Bei beratenden Ausschüssen kann die Kommission das Votum des Ausschusses ignorieren.

Rahmen der Internen Politiken (Rubrik 4 der Finanziellen Vorausschau) die Forschungspolitik. Die Kommission legt sogenannte "Forschungsrahmenprogramme" auf, durch die direkte und indirekte Aktionen finanziert werden. Direkte Aktionen (ca. 7% des Forschungsetats) werden durch die GD Gemeinsame Forschungsstelle verwaltet. Die restlichen Mittel stehen für indirekte Aktionen zur Verfügung. Diese werden über teilweise aus dem Haushalt finanzierte Verträge mit Dritten abgewikkelt.[566] Dabei werden den Vertragspartnern Finanzbeiträge auf Grundlage der tatsächlich angefallenen Kosten durch die Kommission (EU) gewährt.

Da die Probleme innerhalb des direkten Vollzugs nicht unmittelbar die Haushalts- und Finanzverfassung berühren und zudem der Mittelumfang dieser Vollzugsart relativ gering ist, wird auf sie an dieser Stelle nicht weiter eingegangen.[567]

4.6.3.3 Der dezentrale Vollzug von EU und Mitgliedstaaten

Eine andere Form der Verwaltung ist die dezentrale Verwaltung. Die Kommission bedient sich hier organisatorisch der Dienststellen nationaler Verwaltungen. Diese Form der Verwaltung findet sich z.B. innerhalb des Europäischen Ausrichtungs- und Garantiefonds Landwirtschaft, Abteilung Garantie (EAGFL-G).[568] Die konkreten Ausgaben werden von Zahlstellen der Mitgliedstaaten durchgeführt. Diese Zahlstellen werden von den Mitgliedsstaaten ohne eine gesonderte Genehmigung der Kommission zugelassen. Neben den Zahlstellen müssen die Mitgliedstaaten noch eine "bescheinigende Stelle" einrichten, die bestätigen muss, dass die Jahresrechnungen der Zahlstelle richtig, vollständig und genau sind. Diese Stellen sind funktional von den Zahlstellen zu trennen. Die Ausgaben sind von den Zahlstellen in Form einer Ausgabenmeldung aufgrund vorläufiger monatlicher Garantieausgabenansätze an die Kommission zu übermitteln. Die Meldung der Ausgaben muss dabei in dem Monat erfolgen, in dem die Ausgaben getätigt worden sind. Die Kommission erstattet den Mitgliedstaaten die Mittel in Form von "Vorschüssen".

Im dezentralen Vollzug gibt es verschiedene Probleme, die anhand der Ausgabenverwaltung im Bereich des EAGFL-G verdeutlicht werden sollen. Dabei ist zwischen der Ebene der EU (a) und der Ebene der Mitgliedstaaten (b) zu unterscheiden:

---

566 Bis zum 31.12.2000 gab es 6115 solcher Verträge, von denen 90% über die GD Forschung und die GD Informationsgesellschaft verwaltet wurden. Vgl. *Europäischer Rechnungshof*: Jahresbericht zum Haushalt 2000, Ziffer 4.18, aaO.

567 In diesem Bereich gibt es kaum haushaltsrechtliche Probleme. Zu anderen Problemen der direkten Verwaltung: Vgl. *Ausschuss Unabhängiger Sachverständiger*: Erster Bericht über Anschuldigungen betreffend Betrug, Mißmanagement und Nepotismus in der Europäischen Kommission, vom 15.03.1999 (Sachverständigen-Bericht 1999), Brüssel (http://www.europarl.eu.int/experts/default_de.htm, Stand 22.07.02).

568 Seit 1996 gibt es für die Zulassung von Zahlstellen und den Rechnungsabschluß neue Verfahren: VO des *Rates* Nr. 1287/95 vom 22.05.95 (Abl L125/1 vom 08.06.1995) und VO der *Kommission* Nr. 1663/95 vom 07.07.95 (Abl. L 185/6 vom 08.07.95).

a) EU-Ebene: Die Kommission ist für die konkrete Mittelbewirtschaftung zuständig.[569] Sie ist auf die Vorausschätzungen der Mitgliedstaaten angewiesen, da diese die Grundlage für die Bindung der Mittel sind. Da die Zahlstellen der Mitgliedstaaten zudem oft keine Übersichten über die erfolgten Transaktionen führen, ist es schwierig, die konkreten Ausgaben bestimmten Monaten zuzurechnen. Voraussetzung für diese Art des Vollzugs ist zudem, dass die Mitgliedstaaten die gemeinschaftlichen Verordnungen im Bereich der EAGFL-G korrekt in nationale Durchführungsvorschriften umsetzen müssen.

Auch bei den Mittelübertragungen ergeben sich Probleme. So hat die Kommission bei 175 von 218 Haushaltsposten im Haushalt 2000 Mittelübertragungen in einer Gesamthöhe von 8,818 Mrd. € vorgenommen.[570] Dies entspricht 19,7% der endgültigen Mittel, die somit entgegen dem Spezialitätsprinzip zugeordnet wurden. Die Kommission begründete dies mit der Qualität der Vorausschätzungen der Zahlungen durch die Mitgliedstaaten. Diese seien so schlecht gewesen, dass die erheblichen Mittelübertragungen nötig geworden waren. Die Kommission hat zudem die Einnahmen in diesem Bereich unterbewertet und sich so (durch die tatsächlich höhere Summe der verfügbaren Mittel) mehr Flexibilität verschafft.

Ein immer wiederkehrendes Problem der Mittelbewirtschaftung des EAGFL-G ist das der "Negativeinnahmen". Obwohl Einnahmen nicht zur Deckung bestimmter Ausgaben dienen und auch nicht gegen Ausgaben verrechnet werden dürfen (Grundsatz der Gesamtdeckung, Bruttoprinzip), hat die Kommission Einnahmen in Höhe von 3,798 Mrd. € als "Negativeinnahmen" eingestellt. Dies waren mehr als 9% der Ausgaben. Mit dem Begriff "Negativeinnahme" werden Mittel bezeichnet, die unter ganz besonderen Umständen eingenommen und wieder eingezogen werden. "Durch die Verwendung einer einzigartigen Verbuchungsmethode ermöglichte es die Kommission, die unter diesen besonderen Umständen anfallenden Mittel zum Stopfen von Löchern auf der Ausgabenseite zu verwenden, ohne dass sie als Einnahmen galten."[571] Der Europäische Rechnungshof hat dieses Vorgehen mehrfach – bisher ohne Wirkung – kritisiert.[572]

b) Ebene der Mitgliedstaaten: Auch auf dieser Ebene gibt es einige Problembereiche. So sind die Zulassungsverfahren der Mitgliedstaaten auch vier Jahre nach ihrer Reform unbefriedigend.[573] Die Zahlstellen selbst geben ebenfalls Anlass zur

569 Und zum Folgenden: *Europäischer Rechnungshof*: Jahresbericht 1998, aaO, Ziff. 2.24ff., 2.15.

570 Und zum Folgenden: *Europäischer Rechnungshof:* Jahresbericht 2000, Agrarpolitik, aaO, Zif. 2.23f., 2.12ff.

571 *Europäisches Parlament, Haushaltsausschuss*: Stellungnahme des Ausschusses für Landwirtschaft und ländliche Entwicklung zum Berichtsentwurf Dell'Alba 2000, S. 74, PE 300.030, aaO.

572 *Europäischer Rechnungshof:* Stellungnahme 4/97, aaO, Ziffer 1.14ff.

573 Und zum Folgenden *Europäischer Rechnungshof*: Jahresbericht 2000, Agrarpolitik, Ziffer 2.4f., 2.93, 3.2, aaO.

Kritik. Obwohl nur sie die Zahlungen an die Empfänger ausführen dürfen, wird in verschiedenen Mitgliedstaaten davon abgewichen. So hat z.B. Deutschland in allen Bundesländern Zahlstellen. In Baden-Württemberg, Brandenburg, Hessen, Niedersachsen und Sachsen sind die Zahlstellen in den Landwirtschaftsministerien. Die Zahlungen werden aber von anderen Stellen innerhalb der Landesverwaltungen ausgeführt. Diese Praxis hat seinen Grund in einem (informellen) "Beschluss" des Ministerrats, der es den deutschen Bundesländern gestattet hat, die Ausführungen bestimmter Zahlungen zu übertragen. Dies steht aber in eklatanten Widerspruch zur Verordnung der Kommission, in der eine Übertragungsbefugnis ausdrücklich ausgeschlossen wurde.

Auch die funktionale Trennung der Zahlstelle von der bescheinigenden Stelle wird in mehreren Ländern missachtet. Zudem übermitteln die Zahlstellen ihre Jahresabschlussrechnungen zu spät, unvollständig und ohne ausreichende oder mit falschen Nachweisen. Dies führte z.B. 1996 dazu, dass nur 33% der Ausgaben von der Rechnungsabschlussentscheidung der Kommission erfasst wurden.[574]

Auf der Ebene der Mitgliedstaaten kommt hinzu, dass aufgrund fehlerhafter oder falscher Angaben (z.B. überhöhten Flächenangaben oder zu hohen Angaben zum Tierbestand) Ausgaben an die Kommission gemeldet werden, die vorschriftswidrig sind.[575] Die Mitgliedstaaten belasten die Endempfänger außerdem mit ungerechtfertigten Abzügen bei den Beihilfezahlungen, die klar gegen Gemeinschaftsrecht verstoßen.

4.6.3.4 Der geteilte Vollzug von EU-Ebene und Mitgliedstaaten

Diese Form der Verwaltung findet sich in den Politikbereichen, in denen eine gemeinsame Finanzierung durch die EG und die Mitgliedstaaten stattfindet. Dies ist vor allem im Bereich der Strukturfonds der Fall. Es handelt sich grundsätzlich um durch die EU und die Mitgliedstaaten kofinanzierte Programme.[576] Die Ausgaben aus dem EU-Haushalt werden in Form nichtrückzahlbarer Vorschüsse gewährt.

Die Rechtsgrundlagen und der Ablauf für die Strukturfonds wurden 1999 geändert (2. Strukturfonds-Reform).[577] Wesentliche Ziele der Reform waren die Vereinfachung

574 *Europäischer Rechnungshof*: Sonderbericht 21/98 über das auf den Rechnungsbeschluß des EAGFL-Garantie 1996 angewandte Zulassungs- und Bescheinigungsverfahren, Abl. C 389/1 vom 14.12.1998.

575 Und zum Folgenden *Europäischer Rechnungshof*: Jahresbericht 2000, Agrarpolitik, aaO, Ziffer 2.32ff.

576 Der Begriff des "Fonds" ist eigentlich falsch, denn handelt sich in der Regel um maßnahmenbezogene Ausgaben, die unter einen Oberbegriff (Fonds) gezogen werden. Dabei spielt die Zuordnung nach Zweck der Maßnahme eine Rolle.

577 Allgemeine Bestimmungen zu den Strukturfonds: VO des Rates Nr. 1260/99 vom 21.06.99; EFRE: VO des Rates und das Parlaments Nr. 1783/99 vom 12.7.99; ESF: VO des Rates und des Parlaments Nr. 1784/99 vom 12.07.99; FIAF: VO des Rates Nr. 1263/99 vom 21.06.99 und EAGFL-A: VO des Rates Nr. 1257/99 vom 17.05.99.

und Beschleunigung der Verfahren. Hier wird nur auf die neuen Strukturfonds-Verordnungen 2000–2006 eingegangen, da sich an der Grundstruktur der Abwicklung nicht zuviel verändert hat (vgl. Abb. 16).[578] An den jeweiligen Stellen wird – soweit erforderlich – auf die Unterschiede zu den Vorgänger-Verordnungen eingegangen. Die Reformen waren aufgrund der erwarteten Beitritte notwendig geworden. Da die Beitrittsländer voraussichtlich diejenigen sein werden, die künftig über die Fonds Mittel erhalten, wurde bei der Verabschiedung der Reform zugunsten der bisherigen Empfänger kompensiert. So wurde zwar z.B. für Ziel 1- und 2-Gebiete ein "Phasing-Out" beschlossen – zugleich aber eine sechsjährige Bestandsgarantie der Förderung für die vom Phasing-Out betroffenen Regionen.[579]

Zum besseren Verständnis der Beteiligungen der Mitgliedstaaten soll der wesentliche Ablauf des Verfahrens innerhalb der Strukturfonds im Folgenden kurz – vereinfacht – erläutert werden (a)[580], bevor auf die sich daraus ergebenden Probleme (b) eingegangen wird. Unter c) wird auf einen Sonderfall der dezentralen Verwaltung eingegangen, der die Heranführungshilfen im Rahmen der Osterweiterung betrifft.

a) Überblick über die Strukturfonds: In den Strukturfonds (EFRE, ESF, EAGFL-A, FIAF, Kohäsionsfonds) unterscheidet man Maßnahmen nach Interventionszielen und Gemeinschaftsinitiativen. Je nach Fonds werden unterschiedliche Projekte gefördert.[581] Der Programmzeitraum der Fonds richtet sich nach der Geltungsdauer der jeweiligen Finanziellen Vorausschau.

---

578 Die wesentlichen Neuerungen sind die Reduktion der Interventionsziele von sieben auf drei und die Reduktion der Gemeinschaftsinitiativen von dreizehn auf vier und die teilweise Veränderung der Finanzmodalitäten. Einen guten Überblick über die Strukturpolitik geben die Internetseiten der Kommission: http://europa.eu.int/comm/regional_policy/index_de.htm (Stand: 22.01.03) Zur Abwicklung und den Inhalten der Strukturfonds 1994–1999, vgl. *Europäische Kommission*: Leitfaden der Gemeinschaftsinitiativen, Strukturfonds der Gemeinschaft 1994–1999, Luxemburg 1994.

579 *Karl, Helmut*: Die Reform der Kohäsionspolitik der Europäischen Union, S. 137–152 (147), in: *Caesar, Rolf / Scharrer, Hans Eckart:* Die Zukunft Europas im Lichte der Agenda 2000, Baden-Baden 2001.

580 Dazu auch: *Europäische Parlament:* Bourlanges-Bericht 2000, Anlage 1, aaO.

581 Der EFRE zielt auf produktive Investitionen, Infrastrukturmaßnahmen und die Entwicklung der Klein- und Mittelständischen Unternehmen (KMU). Der FIAF unterstützt die strukturellen Anpassungen des Fischereisektors und die Begleitmaßnahmen der Gemeinsamen Fischereipolitik. Soweit diese in Regionen stattfinden, die unter Ziel-1-Förderungen fallen, wird die Förderung aus dem FIAF in die anderen Fördermaßnahmen integriert. Ansonsten findet eine getrennte Finanzierung nach den Fonds statt. Der ESF hat die Förderung der Beschäftigung (Ausbildung/Berufsbildung/Weiter-bildung) zum Ziel und der EAGFL-A dient der strukturellen Anpassung des Agrarsektors und die ländliche Entwicklung. Der Kohäsionsfonds dient bestimmt strukturpolitischen Maßnahmen in Portugal, Spanien, Griechenland und Irland.

Die vorrangigen Interventionsziele umfassen 94% der Ausgaben im Bereich Strukturfonds:

- Ziel 1: Entwicklung und strukturelle Anpassung der Regionen mit Entwicklungsrückstand
- Ziel 2: Wirtschaftliche und soziale Umstellung der Gebiete mit Strukturproblemen
- Ziel 3: Anpassung und Modernisierung der Bildungs-, Ausbildungs- und Beschäftigungspolitiken und -systeme

Die Gemeinschaftsinitiativen sind:

- Interreg III: Grenzüberschreitende, transnationale und interregionale Zusammenarbeit
- Urban II: Wiederbelebung städtischer Problemzonen
- Leader +: Ländliche Entwicklung durch innovative lokale Projekte
- Equal: Kampf gegen Diskriminierung und Ungleichheit auf dem Arbeitsmarkt.

Der Ministerrat (Einstimmigkeit) ist in der Regel zuständig für den Erlass der Strukturfondsverordnungen, teilweise muss das Parlament zustimmen.[582] Danach erlässt die Kommission ein Verzeichnis der Fördergebiete, die von den jeweiligen Maßnahmen erfasst werden. Innerhalb von 4 Monaten müssen die Mitgliedstaaten entweder einen Entwicklungsplan oder ein Einheitliches Programmdokument (EPPD) vorlegen.[583] In diesen sind die Maßnahmen und Ziele beschrieben, die die Mitgliedstaaten erreichen wollen.

Bei Interventionsmaßnahmen folgen nach der Vorlage dieser Dokumente Verhandlungen zwischen Kommission und Mitgliedstaaten, deren Ergebnisse in einem Gemeinschaftlichen Förderkonzept (GFK) niedergelegt werden. Aus den GFK ergeben sich die konkreten Programmentwürfe.[584] Zu den Gemeinschaftsinitiativen erlässt die Kommission Leitlinien. Danach legen die Mitgliedstaaten innerhalb von sechs Monaten ihre Programme dazu vor. Die Kommission entscheidet dann

---

582 Die grundlegenden Rechtsakte werden fondsübergreifend erlassen (Ziele, Grundsätze usw.). Die spezifischen Verordnungen für den EFRE und den ESF werden im Mitentscheidungsverfahren erlassen, bei den Verordnungen für den EAGFL-A und den FIAF hat das Parlament nur ein Anhörungsrecht. Die Durchführungsvorschriften erläßt die Kommission.

583 Seit der Reform ist zusätzlich ein Ergänzendes Programmplanungsdokument einzureichen, in welchem die MS die zuständigen nationalen Verwaltungsbehörden bezeichnen und die jeweils förderfähigen Maßnahmen sowie der jeweiligen Finanzrahmen definiert werden müssen.

584 Die Kommission hat fünf Monate Zeit, die jeweiligen GFK zu genehmigen. Wird gleich am Anfang ein EPPD eingereicht, entfällt diese Programmspezifizierung, da die konkreten Programmentwürfe bereits im EPPD enthalten sind. Auch für die Genehmigung der EPPD hat die Kommission fünf Monate Zeit. Die GFK werden durch Operationelle Programme (OP) umgesetzt. Bei den EPPD sind sämtliche Einzelprogramme in einer einzigen Entscheidung zusammengesetzt.

innerhalb von weiteren fünf Monaten über die Genehmigung der Programme. Ist ein Programm genehmigt, sind die nationalen Verwaltungsbehörden für die Umsetzung zuständig.[585] Sie sind auch mit der Auswahl der Projekte beauftragt. Die nationalen Verwaltungsbehörden können die Verwaltung eines Programmes oder Unterprogrammes auch an andere Stellen weitervergeben, so z.B. an lokale Behörden, an regionale Entwicklungsorganisationen oder Nichtregierungsorganisationen.

Da es sich bei allen strukturpolitischen Maßnahmen um Kofinanzierungen handelt, gibt es Beteiligungssätze der Fonds an den Maßnahmen, die jedoch – bezogen auf den Fonds und die einzelne Maßnahme – unterschiedlich sind.[586] Die konkrete Höhe des Beteiligungssatzes hängt auch von weiteren Kriterien ab, z.B. Berücksichtigung des Umweltschutzes oder die Erzielung von Einnahmen während des Projekts oder Infrastrukturmaßnahmen, die zu erheblichen Einnahmen führen werden.

585 In Deutschland war in der Zeit von 1994–1999 z.B. das Bundesministerium für Wirtschaft und Technik für das Gemeinschaftlichen Förderkonzept zuständig. Die Zahlstellen waren dezentralisiert: für den EFRE war das Bundesamt für Wirtschaft zuständig, für das Programm Verkehr das Bundesfinanzministerium, für den ESF die Bundesanstalt für Arbeit und für den EAFGL-A und den FIAF das Bundesministerium für Ernährung, Landwirtschaft und Forsten. Der Begleitausschuss für das GFK setzte sich auf nationaler Seite aus Vertretern der Bundes- und Landesministerien sowie auf der europäischen Seite aus Vertretern der Kommission und der EIB zusammen. Jedes operationelle Programm hatte zusätzlich einen Begleitausschuss.

586 Es gibt aber Höchstsätze nach Zielgebieten (Regionen) und den Maßnahme zielen: Ziel 1: maximal 75% der Gesamtkosten eines Projekts (Wenn es sich um eine Region handelt, die auch durch den Kohäsionsfonds gefördert wird, kann dieser Satz auch bis zu maximal 85% der Gesamtkosten ausmachen.); Ziel 2, Ziel 3, FIAF: maximal 50% der Gesamtkosten des Projekts.

Abb. 16: **Vereinfachter Ablauf der Strukturfonds (außer Kohäsionsfonds)**

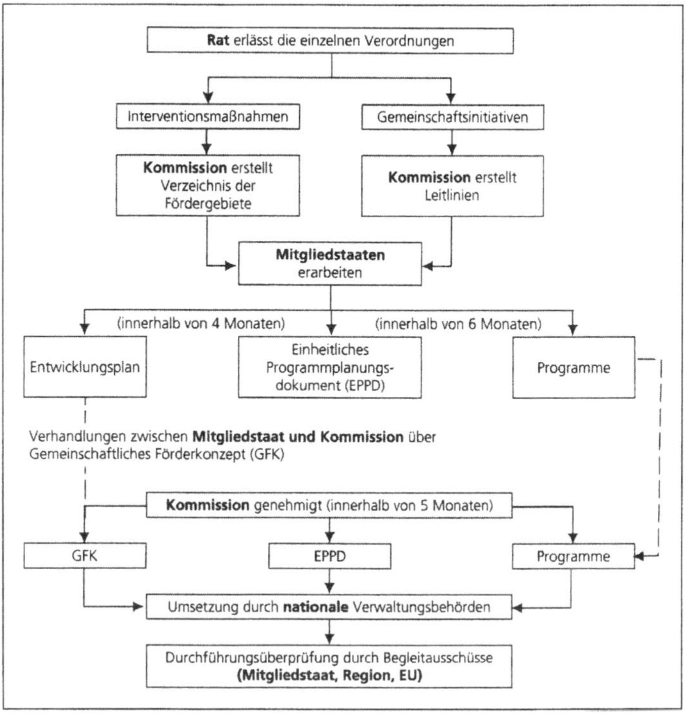

Eigene Darstellung

Die Finanzierung aus dem Haushalt der EU erfolgt über Mehrjahresprogramme im Wesentlichen in drei Phasen. Das hängt damit zusammen, dass die Mittel des EU-Haushalts in Jahrestranchen gebunden werden. Die Kommission bindet die Mittel und überweist sie an eine nationale Zahlstelle. Die erste Tranche in Höhe von 7% des Gesamtzuschusses wird nach Genehmigung der Maßnahme als "Anschubfinanzierung" gezahlt (erste Phase – Jahr 1 des Projekts). Danach werden die tatsächlich angefallen und durch Rechnungen belegten Ausgaben von der Kommission gezahlt (zweite Phase). Die Zahlstellen erstellen dreimal pro Jahr eine Bescheinigung an die Kommission, die dann innerhalb von zwei Monaten nach Forderungseingang die Zahlungen ausführen muss. Beim Abschluss eines Projekts werden die letzten 5% dann ausgezahlt, wenn der Kommission alle Unterlagen vorgelegt wurden und sie diese genehmigt hat (dritte Phase).

Die Kommission hat zudem eine "leistungsgebundene Reserve" geschaffen. 4% der Mittel, die auf jeden Mitgliedstaat entfallen, werden bis 2003 in eine Reserve gestellt. Die verschiedenen Programme werden zur Halbzeit der Strukturfonds einer leistungsbezogenen Bewertung unterzogen und die danach leistungsstärksten Programme bekommen die Reservemittel.

b) Probleme des geteilten Vollzugs: Die Verwaltung der Strukturfonds verursacht eine große Anzahl von Problemen, die von einfachen Unregelmäßigkeiten bis hin zu Betrügereien reichen. Als beispielhaft für die Strukturfonds vor 2000 benannte eine Studie folgende wesentliche Fehler im Finanzbereich, die sich nach den handelnden Ebenen unterscheiden.

Auf der Ebene der EU (Kommission) sind hier zu nennen:[587]
- Das Fehlen eines Gesamtüberblicks über den jeweiligen Durchführungsstand der Programme und Fonds,
- zu optimistische Finanzierungspläne und
- zu komplexe Finanzierungswege.

Auf der Ebene der Mitgliedstaaten können folgende Beispiele genannt werden:
- es werden nicht förderfähige Kosten geltend gemacht,
- es handelt sich nur um geschätzte Ausgaben,
- es fehlen Prüfkriterien,
- es gibt unzureichende nationale Verwaltungssysteme,
- es kommt zu Zahlungsverzögerungen und
- beim Bezug von Mitteln aus verschiedenen Programmen erwachsen Schwierigkeiten.

Diese Probleme konnten auch durch die Strukturfondsreform 1999 überwiegend nicht beseitigt werden.[588] Der Europäische Rechnungshof listet immer noch dieselben Probleme auf.[589]

Die Probleme haben unterschiedliche Ursachen (und Wirkungen) und sollen deshalb systematisch im Folgenden dargestellt werden. Dabei muss sowohl hinsichtlich der zu betrachtenden Ebenen (Europäische Ebene, Mitgliedstaaten, Ebene unterhalb der Mitgliedstaaten) als auch innerhalb der Ebenen nach dem Stadium der Verwaltung (Programmplanung, Programmumsetzung, Mittelbewirtschaftung) sowie nach beide Ebenen betreffenden Problemen unterschieden werden.

- **EU-Ebene:** Schon die Programmplanung verursacht Schwierigkeiten. So gibt es unterschiedliche "Genehmigungsstufen", die zeitlich verschieden ausgestaltet

587 Und zum Folgenden: *Europäisches Parlament, Generaldirektion Wissenschaft*: Einzelstaatliche Probleme bei der Verwaltung der Strukturfonds, Reihe Haushaltsfragen, PE 295.602, S. 13–18 (Probleme Strukturfondsverwatung); so auch: *Europäischer Rechnungshof:* Sonderbericht 15/98 über die Bewertung der Strukturfonds.Interventionen in den Zeiträumen 1989–1993 und 1994–1999, Abl. C 347 vom 16.11.1998, Ziffer 6.16ff., 6.46; *Europäischer Rechnungshof:* Jahresbericht 2001, Ziff. 3.35–3.39, 3.42–3.43, aaO.

588 Soweit sich dies bis heute feststellen läßt.

589 Und zum Folgenden: *Europäischer Rechnungshof*: Jahresbericht 2000, aaO, Ziffer 3ff.

sind und die eines unterschiedlichen Verwaltungsaufwands bedürfen. Dies führte z.B. dazu, dass im Bereich der Ziel 1-Förderung alle 7 Gemeinschaftlichen Förderkonzepte, die 2000 vorgelegt wurden, und auch 18 der 19 Einheitlichen Programmplanungsdokumente im Jahr 2000 genehmigt wurden, aber nur 49 von 101 operationellen Programmen (in den Ziel 2-Gebieten waren es sogar nur 8 von 96 operationellen Programmen). In allen Bereichen werden die Genehmigungsfristen für fast alle Anträge regelmäßig überschritten. Ursachen sind zum einen die komplexe Ausgestaltung des Programmplanungsverfahrens, die Personalressourcen der Kommission und auch die unzureichende horizontale Koordination innerhalb der Kommission.

Im Rahmen der Programmumsetzung fällt sofort auf, dass die Mittelbewirtschaftung unzureichend ist. Dies zeigt sich an den Verwendungsraten der Mittel. Die nachstehende Tab. 6 gibt einen Überblick über die Verwendungsraten des Haushalts 2001.[590] Dabei fällt auf, dass nur im Bereich der strukturpolitischen Maßnahmen der Fischerei die Planung (in Finanzieller Vorausschau und Haushaltsplan) in etwa der tatsächlichen Durchführung entsprach. Insgesamt bestanden aber große Diskrepanzen zwischen der Veranschlagung und der tatsächlichen Verausgabung der Mittel.

Tab. 7: **Verwendungsraten der Mittel in den Strukturfonds 2001**

Fonds	**Verpflichtungsermächtigungen**	**Zahlungsermächtigungen**
FIAF	82,5%	99,7%
ESF	55,4%	69,8%
EFRE	49,7%	46,1%
EAGFL-A	42,6%	57,9%
Gesamte Fonds	51,5%	55,8%

Quelle: Bericht der Kommission, Generaldirektion Haushalt: Die Ausgaben der Gemeinsamen Agrarpolitik und der strukturpolitischen Bereiche 2001, S. 1

Nur durch Auszahlung der 7% Vorschuss konnte 2000 eine noch niedrigere Verwendungsrate verhindert werden (ZE)[591]. Die mangelnde Ausführung von VE und ZE erfordert im nächsten Haushalt zusätzliche Beträge[592] und macht gegebenenfalls

590 Nach *Europäischer Rechnungshof:* Jahresbericht 2001, Ziff. 3.11, Tab. 3.1, lagen nach Abschluß des Haushaltsjahres die Verwendungsraten der Strukturfonds für die VE bei 99,5% und die ZE bei 68,6; die Verwendungsraten für den Kohäsionsfonds lagen bei 99,9% (VE) und 63% (ZE).

591 *Europäischer Rechnungshof:* Jahresbericht 2000, Ziffer 3.5, aaO.

592 Der Gesamtumfang von VE und ZE, die im Haushalt 2000 nicht gemäß ihrer ursprünglichen Planung verwendet werden konnten, beträgt 13, 355 Mrd. €. Diese Mittel müssen nun in

eine Anpassung der Finanziellen Vorausschau nötig, in jedem Fall aber Nachtrags- und Berichtigungshaushalte. So mussten 2001 Mittelübertragungen in Höhe von 8,639 Mrd. € (VE) und 1,470 Mrd. € (ZE) vorgenommen werden. Dies waren bei den VE 24,74% und bei den ZE 4,13% der endgültig verfügbaren Mittel in 2001.[593] Bei den ZE-Verwendungsraten wurde im Jahr 2001 der niedrigste Stand seit 1999 (dem Reformjahr!) erreicht.[594] Die Gründe dafür lagen in der schlechten Programmdurchführung und der unrealistischen Vorausschätzungen der Zahlungsermächtigungen (ZE). Es fehlt an einer Koppelung von Durchführungsstand und Annahmenverfahren der Maßnahmen mit der Planung der Haushaltsansätze.

Die Kommission setzt auch schon mal Beträge in den Haushaltsplan ein, obwohl sie weiß, dass diese für das betreffende Haushaltsjahr nicht notwendig sind. Sie begründet dies damit, dass nicht verwendete Mittel ja auf spätere Jahre übertragen werden können.[595] Bei einigen dieser "vorsorglichen" Mittelübertragungen auf Haushaltslinien, die dann nicht verwendet werden, ist eine Übertragung in das nächste Haushaltsjahr aber nicht möglich, die Mittel verfallen. So wurden von den Mittelübertragungen aus 1999 in Höhe von 3748 Mio. € (ZE) nur 59% ausgeschöpft[596], das hatte die Annullierung von 1960 Mio. € zur Folge (das entspricht bei den VE: 17,72% und bei den ZE: 18, 32% der endgültig verfügbaren Mittel[597]). Mit ein Grund dafür ist die systematische, übermäßige Mittelübertragung von Jahr zu Jahr.

Ebenfalls auf EU-Ebene zu beobachten, ist das sogenannte "Dezemberfieber", also die relativ auf das Gesamtjahr gesehen Anhäufung von Zahlungen im Dezember. Im Dezember 2001 wurden 30% der gesamten Zahlungen für das Haushaltsjahr 2001 vorgenommen.[598]

Auf EU-Ebene gibt es getrennte Zeiträume für die Vornahme der Mittelbindung und der Tätigung der Zahlung, dies gibt es in vielen Mitgliedstaaten nicht.[599] Die Voraussetzung für die Förderfähigkeit einer Ausgabe ist aber die rechtliche und

den nächsten Jahren neu veranschlagt werden. Vgl.: *Europäisches Parlament, Haushaltsausschuss*: Strukturpolitische Maßnahmen (Rubrik2): Übersicht über die anstehenden Probleme, Arbeitsdokument des Parlaments vom 28.05.01, PE 300.002, S. 4 (Costa Neves-Bericht 2001).

593 *Europäischer Rechnungshof*: Jahresbericht 2000, Tab. 3.1, aaO.

594 *Europäischer Rechnungshof*: Jahresbericht 2001, Ziff. 31.13ff., aaO.

595 Z.B. 1750 Mio. € im Rahmen des EFRE, vgl. *Europäischer Rechnungshof*: Jahresbericht 2000, aaO, Ziffer 3.14, vgl. auch *Europäischer Rechnungshof*: Sonderbericht 15/98, Ziffer 5.6, aaO.

596 *Europäischer Rechnungshof*: Jahresbericht 2000, Ziffer 3.15, aaO.

597 *Europäischer Rechnungshof*: Jahresbericht 2000, Tab. 3.1, aaO.

598 *Europäischer Rechnungshof*: Jahresbericht 2001, Ziff. 3.15 – Allerdings trifft hier auch die Mitgliedstaaten eine Mitschuld, da sie eigentlich verpflichtet sind, bis zum 31.10 eines jeden Jahres ihre Zahlungsanträge vorzulegen (VO 1260/1999), dieser Pflicht aber nur unzureichend nachkommen.

599 *Europäischer Rechnungshof*: Sonderbericht 15/98, Ziffer 8, aaO.

finanzielle Verpflichtung. Es kommt also auf den Zeitpunkt der Mittelbindung an. Die Mitgliedstaaten müssen entweder neue Verfahren auf ihrer Ebene implementieren oder in langwierige Verhandlungen mit der Kommission über den Zeitpunkt der Mittelbindung treten. Die Mittelbindungen im Bereich Strukturfonds, die in Jahrestranchen vorgenommen werden, verstoßen zudem gegen die Haushaltsordnung (Grundsatz der Jährlichkeit).

Auch die automatische Freigabe[600] des Gesamtbetrages oder eines Teilbetrages der am Ende des Jahres n+2 (bezogen auf die im Jahr n erfolgte Mittelbindung) nicht verwendeter Mittelbindungen ist bedenklich. Findet z.B. Ende 2000 die Mittelbindung statt, dann erfolgt 2002 die Freigabe. Die Kommission kann also durch das "Verschieben" des Mittelbindungszeitpunkts (nach vorn oder hinten) die Freigabe beeinflussen.

An der haushaltstechnischen Abwicklung der Fonds sind zudem viele verschiedene Generaldirektionen beteiligt[601]. Ein hoher Koordinierungsbedarf ist vor allem bei den Multifondsprogrammen (Förderungen eines Projekts aus mehreren Fonds) notwendig.

- **Ebene der Mitgliedstaaten:** Die Programmplanung der Mitgliedstaaten gestaltet sich als Wettlauf um Beteiligungsmöglichkeiten. Die Förderkonzepte und Programme werden im Prinzip von den nationalen Verwaltungsbehörden erarbeitet. Diese Dokumente sind "Strategiepapiere" und haben z.B. in Deutschland einen Umfang von ca. 300–400 Seiten. Es werden die Ziele formuliert und die Programmschwerpunkte skizziert. Dabei kommt es darauf an, als mögliche betroffene Region oder Kommune schon so früh wie möglich in den Planungsprozess mit einzugreifen, denn dies erleichtert hinterher die Kenntnisse über das Programm und somit die Bewerbung bei einer Ausschreibung.

  Die Mitgliedstaaten können bei der Programmentwicklung wie auch bei der Umsetzung Dritte beauftragen, die notwendigen Maßnahmen (Programmentwicklung, Projektauswahl, Projektbegleitung etc.) für sie abzuwickeln. Auch dabei kommt zu Problemen.

  Die Mitgliedstaaten haben im Rahmen der Vergabe der Programme diskretionäre Spielräume, die sie zu ihren Gunsten ausnutzen können.[602] Die nationalen Ebenen können die konkrete Fondsumsetzung erheblich beeinflussen. Dabei spielen auch nationale Vorgaben für Förderprogramme eine große Rolle. Hier macht sich der gewollte Einfluss eines Teils der Legislative beim Vollzug bemerkbar. Dies ist eine Form der Politikverflechtung der EU-Variante des Verwaltungs-

600 Art. 31 II VO des *Rates* Nr.1260/99.

601 So ist die Generaldirektion Regionalpolitik für den EFRE, den Kohäsionsfonds und ISPA (strukturpolitisches Beitrittsinstrument) zuständig. Die Generaldirektion Landwirtschaft ist für den EAGFL-A, die Generaldirektion Fischerei für den FIAF und die Generaldirektion Beschäftigung und soziale Angelegenheiten für den ESF zuständig.

602 Vgl. das Beispiel zur Vergabe im Rahmen von EQUAL, Anhang I.

föderalismus. Ein weiteres Beispiel dafür und für die Diskrepanz zwischen europäischen Vorgaben und nationalen Vorgaben ist die Auswahl nationaler Projektvorschläge im Rahmen der von der EU erarbeiteten Strukturfondsprogramme. Dabei werden z.B.:[603]

- die europäische Vorgaben in Bezug auf die Mittelumfänge bewusst missachtet,
- die europäische Programme eben nicht zusätzlich zu, sondern anstatt nationaler Programme eingesetzt und/oder
- einmal zugesagte Mittel nicht mehr abgezogen, selbst wenn die Grundlage für die Mittelbewilligung fragwürdig ist.

Es liegt aber auch an den Mitbewerbern, die Verstöße aufzudecken und ihre Rechte bei der Kommission geltend zu machen. Dies kann aber – im schlechtesten Fall – zum Verlust der Mittel für die gesamte nationale Ebene führen und so besteht ein Anreiz – sowohl für die Mitbewerber als auch für die nationalen Ebenen – solche “Vorkommnisse” für sich zu behalten und intern über eine Lösung zu verhandeln.
Ähnliches findet sich bei der Programmumsetzung. Im EGV gibt es keine Bestimmung darüber, welcher Hoheitsträger in den Mitgliedstaaten für Vollzug zuständig ist. So regelt dies jedes Mitgliedsland allein, indem es in den Programmdokumenten die zuständigen Verwaltungsbehörden benennt. Dabei gibt es – auf den ersten Blick – wenig Unterschiede zwischen eher föderalistisch und eher zentralistisch organisierten Ländern.[604] So ist z.B. in Irland das Finanzministerium für die GFK zuständig, bei regionenübergreifenden Programmen kommen die zuständigen Fachministerien hinzu. Handelt es sich um Programme, die ausschließlich eine Region betreffen, wird die Regionalversammlung mit eingeschaltet. In Deutschland ist die zuständige Verwaltungsbehörde für das GFK das Bundesministerium für Wirtschaft und Technik, für die tatsächliche Abwicklung sind dann aber die Bundesländer (z.B. für Ziel-2 und Ziel-3) zuständig, innerhalb verschiedener Länder werden dann verschiedene Ministerien beteiligt. Oft werden auch Dritte auf der nationalen Ebene – sowohl für die Planung als auch für die Umsetzung – miteinbezogen. Erfahrungen zeigen, dass die Einschaltung nationaler Agenturen sich dann bewährt hat, wenn es sich um Programme mit zahlreichen Begünstigten handelt (Verwaltung im Verbund). Allerdings stehen dem bei der Kommission ein größerer Aufwand bei der Einrichtung, Betreuung und Kontrolle gegenüber.[605]

603 Vgl. das Beispiel zu URBAN, Anhang J.
604 Vgl. die Abbildungen im Anhang K, die Beispiele Irland und Deutschland sind entnommen aus: *Europäisches Parlament, Generaldirektion Wissenschaft:* Probleme der Strukturfondsverwaltung, S. 24–30, aaO.
605 *Europäische Kommission*: Planungs- und Koordinierungsgruppe Externalisierung: “Externalisierung der Verwaltung der Gemeinschaftsprogramme”, Mai 2000, Punkt 4.2.3, S. 18; internes Dokument der Kommission (http://europa.eu.int/comm/reform/refdoc/

Wichtig für die Programmumsetzung ist die Organisation der Begleitausschüsse.[606] Diese haben große Macht, weil sie die konkreten Förderanträge genehmigen und die Zahlstellen überwachen. Sie verursachen aber hohe Koordinierungs- und Verwaltungskosten, da alle Entscheidungen des Ausschusses von der nationalen Verwaltungsbehörde und der Kommission nochmals ausdrücklich genehmigt werden müssen.
Viel hängt auch davon ab, inwieweit die subnationalen Ebenen von den Mitteln theoretisch profitieren. Je größer der erwartete Mittelzufluss, desto größer ist auch das subnationale Engagement.[607] Da es sich um grundsätzlich kofinanzierte Programme handelt, spielt auch die Mittelausstattung der beteiligten Ebene (Bundesland, Region, Kommune) eine Rolle. Kann sie autonom über ihre Mittel entscheiden, hängt die Bewerbung und/oder Unterstützung einer Kommune/Region davon ab, ob auf der subnationalen Ebene genügend finanzielle Mittel vorhanden sind und dafür auch ausgegeben werden sollen. Die Programme der EU beeinflussen insoweit die nationalen bzw. subnationalen Haushalte. Da die Eigenbeteiligungen der nationalen/subnationalen Ebenen in der Regel nur zwischen 15–35% der Gesamtmittel liegen[608], ist jedoch ein hoher Anreiz für die Beteiligung gegeben.

Als Ursachen dafür können auf den ersten Blick die typischen Probleme des Verwaltungsföderalismus und die sich aus dem Prinzip der Kofinanzierung (Mischfinanzierung) ergebenden Probleme ausgemacht werden. Hier werden Anreize zu einem bestimmten Verhalten gesetzt, die von den Beteiligten ausgenutzt werden. Die Idee, die hinter der Kofinanzierung steht, dreht sich so ins Gegenteil um. Gerade die Kofinanzierung sollte doch Anreize für die geförderten Ebenen setzen, je nach den Zielen der Fonds bestimmte Aufgaben wahrzunehmen, die der Empfänger allein nicht umsetzen kann oder will. Ein Problem dabei ist, dass die EU-Ebene

index_de.htm, Stand: 23.01.03). Auf dieser Seite finden sich viele der Referenzdokumente für die Reform der Kommission.

606 Sie setzen sich aus Vertretern der Mitgliedstaaten, der zuständigen Verwaltungsbehörde, der Regionen und der Kommission zusammen. Der *Europäische Rechnungshof* hat in seinem Sonderbericht 15/98, Ziffer 6.13, aaO eine lange Liste von organisatorischen Mängeln der Begleitausschüsse aufgeführt.

607 So profitierten in den letzten Jahren in Deutschland vor die neuen Bundesländer von den Strukturfonds. Vgl. *Bundesregierung der Bundesrepublik Deutschland*: Thema EU-Förderung 2000–2006 (http://www.bundesregierung.de/ThemenA-Z/AufbauOst), aber auch *Bayern* (z.B. INTERREG III A-Programm), vgl. *Crauser, Guy:* Mittelstandsförderung und transnationale Kooperation im Rahmen der Strukturfonds, Konferenz der Industrie- und Handelskammern, 16.11.2000 (http://europa.eu.int/comm/regional_policy/sources/speechescrauser/20001120_de.htm, Stand: 20.12.2002). Hier gibt es ausgeprägte subnationale Strukturen für die Fördermittelpolitik.

608 Außer beim FIAF, hier müssen 50% dazu gezahlt werden.

räumlich und institutionell sehr weit weg von den Empfängern ist und so nicht wirklich wissen kann, was vor Ort vonnöten ist. Nicht zuletzt dadurch ist sie auf Informationen der Empfänger und deren Zusammenarbeit angewiesen. Hinzu kommt, dass die Kofinanzierung zu einer Verantwortungsvermischung führt, bei der jeder die Verantwortlichkeit beim anderen sieht und bei Problemen auf diesen verweisen kann. Für den EU-Bürger wird letztlich nicht klar, wer wofür tatsächlich verantwortlich ist. Die hohen Kofinanzierungsquoten der EU führen außerdem dazu, dass ein "Wettlauf" um die Mittel beginnt- unabhängig davon, ob sie tatsächlich benötigt würden. Das Risiko des Scheiterns eines Programmes (in Bezug auf seine Ziele) ist für den Empfänger finanziell gering. Gleichzeitig lassen so sich zusätzliche Mittel gewinnen.[609] Vor allen in den Regionen und Großstädten haben sich spezialisierte Verwaltungseinheiten gebildet, die sich fast ausschließlich mit dem Einwerben von EU-Fördergeldern beschäftigen.

Allerdings findet sich auf der EU-Ebene zusätzlich ein Hineinregieren des Europäischen Rates in den Vollzug, das es in vergleichbarer Form in vollzugsföderalistischen Mitgliedsstaaten so nicht gibt. So entschied der Europäische Rat von Berlin 1999, dass zusätzliche Mittel in Höhe von 2,8 Mrd. € für die Ziel 1-Förderung, weitere Mittel in Höhe von 160 Mio. € für die Ziel 2-Förderung und Mittel in Höhe von 650 Mio. € für die Ziel 3-Förderung aufgrund der "besonderer Situationen" der Mitgliedstaaten in die Fonds 2000–2006 eingestellt werden müssten.[610]

Die Mitgliedstaaten und die Kommission (EU) haben unterschiedlich ausgerichtete Interessen. Während der Kommission zunächst ein Interesse an der tatsächlichen Umsetzung der Förderprogramme und der Erreichung der Förderziele unterstellt werden kann[611], sind die Mitgliedstaaten daran interessiert, für ihr Land möglichst viele Mittel zu erhalten.

Dabei kam eine Untersuchung der Kommission zu dem Schluss, dass die Strukturfonds-Verordnungen diejenigen Länder begünstige, in denen die Regionalförderung von jeher Sache der Zentralregierung gewesen sei, denn die Strukturfonds stellen sich dort nur als "eine Ausweitung nationaler Entwicklungsprogramme"[612] dar. Diesen Programmen werde einfach ein gemeinschaftlicher Anstrich gegeben. In den Mitgliedstaaten mit föderaler Struktur besteht dagegen die Schwierigkeit, die europäischen Vorgaben in die unterschiedlichen Ebenen der nationalen und subnationalen Programme einzupassen.

---

609 So sagte der baden-württembergische Ministerpräsident Erwin Teufel in einer Sendung des baden-württembergischen Regionalfernsehens (Landesschau) am 03.12.2002, dass sich das Land Baden-Württemberg die Einrichtung einer sogenannten "Pop-Akademie" in Mannheim eigentlich nicht leisten könnte und auch nicht wollte – nur durch die hohen EU-Zuschüsse ließe sich das Projekt realisieren.

610 *Europäischer Rechnungshof*: Jahresbericht 2000, aaO, Ziffer 3.11, S. 152.

611 Verwendete Mittel sind der Ausgangspunkt für neue Haushaltsvorentwürfe!.

612 *Europäisches Parlament, Generaldirektion Wissenschaft:* Probleme der Strukturfondsverwaltung, S. 38, aaO.

Schwierigkeiten ergeben sich in föderalen Staaten auch dann, wenn die untere Ebene (z.B. eine Kommune) Mittel abrufen will und nicht aus eigenen Mitteln in der Lage ist, das Programm kozufinanzieren. Dies gilt insbesondere für diejenigen subnationalen Ebenen, die selbst nicht über eine eigene Finanzautonomie verfügen. In diesen Fällen ist die subnationale Ebene auf die Beteiligung einer anderen nationalen Ebene (z.B. Bundesland) angewiesen. Ist diese Ebene zur Kofinanzierung nicht bereit, besteht nur eine theoretische Nachfrage für das Programm und die beträchtlichen Mittel.

In der Praxis heißt Kofinanzierung aber nicht nur Ausweitung nationaler Beihilfen, sondern auch Ersetzung derselben, obwohl das den Strukturfonds zugrunde liegende Prinzip der Zusätzlichkeit[613] dieses gerade ausschließen will. So ergab eine weitere Studie über die Implementation des EFRE, dass in Großbritannien (West Midlands) und in Deutschland (NRW) europäische Mittel tatsächlich (teilweise) die nationalen Mittel ersetzten.[614] Das ist ein Beispiel für die diskretionären Spielräume, die den mitgliedstaatlichen Regierungen entstehen. Diese Spielräume werden noch dadurch vergrößert, dass die Mitgliedstaaten über ihre Beteiligung an der Planung und Umsetzung die konkreten Inhalte eines Programms mitbestimmen können. Dadurch wird der Handlungsrahmen der europäischen Legislative eingeschränkt, denn die Exekutive dominiert. Dieser Einfluss ist vonseiten des Ministerrats und der nationalen Exekutiven gewünscht, denn dem Ministerrat dient er als Machtressource auf der EU-Ebene und den nationalen Regierung als willkommene Lenkungsmöglichkeit der Programmausrichtung in die “richtige” Richtung.

Durch die Vorgaben der EU grenzt die EU zudem die nationalen Fördermöglichkeiten ein, denn durch Kofinanzierung werden in den nationalen Haushalten Mittel gebunden, die für eigene Tätigkeiten nicht mehr zur Verfügung stehen. Dies erfordert auch eine zeitliche und logistische Abstimmung zwischen den Haushalten der beiden Ebenen, denn in den nationalen Haushalten müssen die entsprechenden Beträge (mitgliedstaatlicher Anteil an der Kofinanzierung) rechtzeitig eingesetzt werden.

Es wurde aber auch festgestellt, dass der geteilte Vollzug in hohem Maße die Autonomie der jeweils unteren Ebenen in den Mitgliedstaaten stärkt. Die Strukturfonds bewirken eine erhöhte Kooperation kommunaler, regionaler und nationaler Behörden; wobei vor allem die unteren Ebenen profitieren, die bisher über eher wenig Autonomie verfügten. Die betroffenen Regionen haben zudem durch die Strukturfondsförderung aufgeholt und bewegen sich auf den EU-Durchschnitt des BIP pro Kopf zu.[615]

613 Zusätzlichkeit bedeutet, dass die Mittel der EU nicht zu einer Verringerung der Aufwendungen der Mitgliedstaaten führen.

614 Und zum Folgenden: *Haverland, Markus*: Occasional Paper, aaO, S. 17, 18.

615 *Karl, Helmut*: , S. 139, in: Caesar Rolf / Scharrer, Hans Eckart: aaO.

Insgesamt ist aber den Kritikern der Mischfinanzierung zuzustimmen. Die Ineffizienz der Abwicklung der Strukturprogramme ist fast ein Lehrbuchbeispiel. Daran konnten auch die Reformen der Strukturfonds 2000–2006 bisher nicht viel verändern. Es fehlt an klaren Zuständigkeiten, Abstimmungen im Programmablauf und aktuellen zuverlässigen finanziellen und materiellen Angaben durch die jeweiligen Ebenen. Die Komplexität der Verordnungen erschwert die Durchführung zusätzlich. Der Rechnungshof kam auch 2001 zu dem Schluss, dass die wesentlichen Reformziele nicht erreicht wurden, es gibt dieselben Probleme nach wie vor auf allen Ebenen.[616]

c) Die dezentrale Verwaltung der Heranführungshilfen: Die Mittel, die zur Vorbereitung der Kandidatenstaaten auf den Beitritt bereitgestellt werden, sind in der Rubrik 7 des Haushaltsplans erfasst. Sie werden im Wesentlichen über 3 Instrumente: SAPARD, PHARE und ISPA und über Sonderprogramme für Malta und Zypern abgewickelt. Auch hier werden die Mittel dezentral verwaltet. Nachdem die Kommission die grundsätzliche Entscheidung über die Teilnahme eines Landes an einem Instrument getroffen hat, organisieren die Beitrittsländer selbst die Projektauswahl, die Ausschreibungen und die Auftragsvergabe. Dazu ist es notwendig, dass sich die Kommission ein Bild von den vor Ort vorhandenen Verwaltungs- und Kontrollsystemen macht.

In der Rubrik 7 lag die Verwendungsrate der Mittel im Jahr 2001 nur bei insgesamt 66,3%. Vor allem bei den Instrumente SAPARD mit 9,2% und ISPA mit 58,1% Verwendungsrate zeigten sich große Durchführungsschwierigkeiten.[617] Die Instrumente wurden 1999 neu eingeführt. Aufgrund dieser Zahlen prüfte der Rechnungshof die Kommissionsunterlagen zu diesen Programmen und kam zu ähnlichen Schlussfolgerungen wie bei den Strukturfonds.[618] Es gab weder ausreichend Prüfungsunterlagen über die Art, den zeitlichen Ablauf und den Umfang der Prüfungsmethoden noch nachvollziehbare Prüfbelege. Der Rechnungshof bemängelte, dass im Vorfeld keine Kosten-Nutzen-Analysen im Sinne des Haushaltsgrundsatzes der Wirtschaftlichkeit und Sparsamkeit durchgeführt wurden und auch kein Prüfsystem zur Vermeidung von Doppelfinanzierungen existiert. Die Kommission rechtfertigte sich damit, dass es keinerlei Erfahrungen mit diesen Ländern gäbe und sich die Zusammenarbeit schwieriger als angenommen gestalte. Der Rechnungshof stellte jedoch fest, dass auch hier die Kommission die Haushaltsansätze viel zu unrealistisch einschätzte und die Aufnahmekapazitäten der Länder bei weitem nicht den Prognosen entsprachen. In diesem Bereich gibt es gar keine

---

616 *Europäischer Rechnungshof:* Jahresbericht 2001, Ziff. 3.30–3.35, 3.40f., aaO.

617 Noch katastrophaler sah es bei den Heranführungshilfen für Malta und Zypern aus. Hier mußten 80,5% der verfügbaren Mittel annulliert werden. Vgl. *Europäischer Rechnungshof:* Jahresbericht 2001, Tab. 6.1, aaO.

618 Hierzu und zum Folgenden: vgl. *Europäischer Rechnungshof:* Jahresbericht 2001, Ziff. 6.10–6.30 und Antworten der Kommission, aaO.

Kofinanzierung, sondern die Mittel werden zweckgebunden zu 100% zur Verfügung gestellt. Auch in diesem Bereich, der die Vertiefung der EU vorbereiten soll, zeigen sich die Schwächen des dezentralen Verwaltungssystems der EU.

4.6.4 Die begleitende Kontrolle des Vollzugs

Der Vollzug wird sowohl ex-ante (Kap. 4.6.4.1) als auch ex-post (Kap. 4.6.4.2) durch die Kommission selbst kontrolliert. Auch das Parlament ist über den Haushaltskontrollausschuss in eine begleitende Kontrolle des Vollzugs eingebunden. Und schließlich hat auch der Europäische Rechnungshof Möglichkeiten, den Vollzug begleitend zu kontrollieren. (Kap. 4.6.4.4)

4.6.4.1 Die interne ex-ante Finanzkontrolle der Kommission

Seit mehreren Jahren arbeitet die Kommission an einer internen Verwaltungsreform (Maßnahmenbezogenes Management). Von dieser Reform ist nicht nur die formale Präsentation des Haushalts (ABB-System) betroffen, sondern auch die Bereiche internes Finanzmanagement und Finanzkontrolle. Mit den neuen Systemen wird seitens der Organe auch eine bessere Verknüpfung von Verabschiedungs- und Vollzugsphase des Haushalts angestrebt.[619] So legte die Kommission erstmals förmlich für das Haushaltsjahr 2002 der Haushaltsbehörde einen Ausführungsplan vor und es gab eine gemeinsame Erklärung von Parlament, Ministerrat und Kommission über eine Globalstrategie sowie einen Aktionsplan zur Beseitigung übermäßiger, nicht mehr zu vertretener Altlasten an noch abzuwickelnden Mittelbindungen (RAL[620]). Da die Implementierung der Vorschläge noch nicht endgültig abgeschlossen ist, wurde ein Übergangssystem eingerichtet.[621] Es ist daher an dieser Stelle notwendig, das bisherige (a) und das zukünftige System mit den Übergangsregelungen (b) vorzustellen.

a) Das bisherige System der zentralen internen Finanzkontrolle: Die interne Finanzkontrolle des EU-Haushalts erfolgt zunächst ex-ante und dient dazu, die Rechtmäßigkeit der einzelnen Einnahmen- und Ausgabenvorgänge zu prüfen (vgl. Abb. 17).[622] Die herausragende Position nimmt dabei der Finanzkontrolleur ein,

619 *Europäische Kommission*: Gesamtbericht 2001, Kapitel VII: Finanzierung der Gemeinschaftstätigkeiten, Verwaltung der Ressourcen, Abschnitt 1 (http://www.europa.eu.int/abc/doc/off/rg/de/2001/pt1133.htm, Stand: 15.09.2002).

620 Diese betrugen zum 31.12.2001 immerhin 11,6 Mrd. €. *Europäischer Rechnungshof*: Jahresbericht 2001, Ziff. 9.33, aaO.

621 *Europäische Kommission*: Reform von Finanzmanagement und -kontrolle in der Kommission, S. 5f., KOM (2000) 560/5 v. 11.04.2000, Brüssel.

622 Im Jahr 2000 gab es 620.000 Transaktionen, die eines Sichtvermerks bedurften. Diese werden stichprobenartig nach der MUS-Methode (Monetary Unit Sampling) im Zuge einer wertproportionalen Auswahl geprüft. Dabei werden die Mittelbindungen und Zahlungen in

den jedes Organ zu benennen hat (Art. 24 HO). Er ist auf der Ausgabenseite für die Kontrolle der Mittelbindungen der Ausgaben, die Anordnung der Ausgaben und auf der Einnahmenseite für die Kontrolle, Feststellung und Einziehung der Einnahmen zuständig. Diese Kontrolle institutionalisiert sich in dem Sichtvermerk als Voraussetzung für den tatsächlichen Haushaltsvollzug und stellt somit die letzte Phase im Verwaltungsablauf vor der tatsächlichen Verausgabung der Mittel dar. Der Anweisungsbefugte ist für die Mittelbindung und die Auszahlungsanordnung zuständig. Der Rechnungsführer nimmt die Auszahlung vor. Dabei hat im zeitlichen Ablauf der Finanzkontrolleur zwei Sichtvermerke zu erteilen. Einer bezieht sich auf die Mittelbindung, der andere auf die Auszahlung.

Abb. 17: **Ex-ante Finanzkontrolle im Vollzug innerhalb der Kommission**

Ex-ante Finanzkontrolle im Vollzug

Maßnahme	Verantwortlicher
(1) Feststellung des Zahlungsanspruchs:	Anweisungsbefugter (Art. 40 HO)
(2) Mittelbindungsantrag:	Anweisungsbefugter (Art. 36 HO)
(3) Sichtvermerk Mittelbindungsantrag: - Kontrolle der Verfügbarkeit der Mittel - Ordnungsgemäßheit und Rechtmäßigkeit	Finanzkontrolleur (Art. 37 HO)
(4) Ausstellung der Auszahlungsanordnung:	Anweisungsbefugter (Art. 43 HO)
(5) Sichtvermerk Auszahlungsanordnung: - Übereinstimmung von Mittelbindung und Auszahlungsanordnung	Finanzkontrolleur (Art. 47 HO)
(6) Auszahlung:	Rechnungsführer (Art. 51 HO)

Eigene Darstellung

Hat ein Finanzkontrolleur einen Sichtvermerk verweigert, ist dies dem Anweisungsbefugten mitzuteilen.[623] Hält der Anweisungsbefugte seinen Antrag trotzdem aufrecht, wird der höchsten Stelle des Organs dies zur Entscheidung vorgelegt.[624] Die

Risikogruppen aufgeteilt. Vgl. *Europäische Kommission*: Bericht des Finanzkontrolleurs der Kommission über die Tätigkeit im Haushalt 2000, S. 11ff. (http://europa.eu.int/comm/dgs/financial_control/anreport/rpt2000_de.pdf).

623 Art. 39 I HO.

624 Das Organ kann sich über den verweigerten Vermerk hinwegsetzen, es sei denn, es sind nicht genügend Mittel verfügbar. Das Organ muss den Rechnungshof innerhalb eines

Möglichkeit, sich über die Verweigerung des Sichtvermerks hinwegzusetzen, führt zu mehreren Problemen. So kann einmal der Anweisungsbefugte weiterhin Mittelbindung in der Hoffnung eines Hinwegsetzungsbeschlusses vornehmen. Andererseits werden so vorschriftswidrige und gegebenenfalls sogar rechtswidrige Mittelbindungen als gültig erklärt. Die Funktion und Stellung des Finanzkontrolleurs wird dadurch ausgehebelt.

Allerdings findet sich der Sichtvermerk für jede einzelne Ausgabe nur bei den durch die Kommission direkt verwalteten Ausgaben. Aber auch hier hat sich die Praxis eingebürgert, die Gewährung von Sichtvermerken aufgrund von Stichproben zu erteilen. Dies wird damit begründet, dass die Ausgabenvorgänge sehr komplex und vielzählig seien.[625]

Bei den Ausgaben, die durch die Mitgliedstaaten verwaltet werden, erteilt der Finanzkontrolleur lediglich für die Gesamtüberweisung an die Behörden des Mitgliedstaats einen Sichtvermerk. Im Bereich der dezentralen Verwaltung (z.B. EAGFL-G) ist die Kommission nur für die Zahlung von Vorschüssen an den Mitgliedstaat (1), die Verbuchung der monatlichen durch die Mitgliedstaaten mitgeteilten Beträge (2) und für die Entscheidung über die Jahresabschlussrechnung (3) zuständig. Finanzkontrolleur, Anweisungsbefugte und Rechnungsführer können bei den Vorgängen 1 und 2 nur das akzeptieren, was ihnen mitgeteilt wird. Der Finanzkontrolleur bestätigt durch seinen Sichtvermerk denn auch nur, dass die Mittelbindungen dem Betrag der beschlossenen Vorschüsse entsprechen und die EAGFL-G-Mittel nicht übersteigen und dass die Zahlungen den Mittelbindungen entsprechen.[626] Auch beim Vorgang 3 ist die Kommission auf die Informationen und Kontrollen der Mitgliedstaaten angewiesen. Der Finanzkontrolleur kann also gar nicht im Voraus die Ordnungsgemäßheit der Ausgabe bestätigen.

Im Bereich der geteilten Verwaltung werden die Zahlungen (in Jahrestranchen) ebenfalls durch die Kommission vorgenommen. Die erste 7%ige (bzw. 2x 3,5%) Zahlung ist ein Vorschuss. Die Zahlungen der zweiten Phase basieren auf Belegen der Mitgliedstaaten. Die Abschlusszahlung erfolgt zwar nach Vorlage eines Durchführungsberichts durch die Mitgliedstaaten, es stellen sich aber dieselben Probleme wie in den Fällen der dezentralen Verwaltung. Die Kommission hat zwar versucht, neue Finanzkontrollsysteme einzuführen[627], jedoch erweisen sie sich bisher als nicht wirksam.[628] Zum Beispiel wurden Arbeitsblätter für die Förderfähigkeit von Ausgaben als standardisierte Vorlagen eingeführt, eine Datenbank für die Erfassung

---

Monats darüber unterrichten. Dieser erstattet dem Parlament und dem Ministerrat jährlich einen Bericht über die Folgen der so getätigten Ausgaben.

625 *Europäischer Rechnungshof*: Stellungnahme 4/97, aaO, Ziffer 5.5.

626 Art. 99 I HO, Art. 100 I HO.

627 VO 2064/97, Abl. L. L 290/1 v. 23.10.1997.

628 Und zum Folgenden: *Europäischer Rechnungshof*: Jahresbericht zum Haushalt 2000, aaO, Ziffern. 3.47; 3.70–3.74.

bestimmter Kontrollbemerkungen eingeführt oder die Regelung, dass im Zeitpunkt des Antrags auf endgültige Zahlung und der endgültigen Ausgabenerklärung ein von einer unabhängigen Stelle erstellter Abschlussvermerk vorliegen muss.

Jedoch bearbeiten die Dienststellen der Kommission die Anträge auf endgültige Zahlung nach Standardverfahren, die mit dienststellenübergreifenden Konsultationen verbunden sind, ohne dass es eine hauptverantwortliche Stelle gäbe.[629] De facto kann von einer effektiven und den Grundsätzen der Haushaltswirtschaft entsprechenden begleitenden internen Kontrolle im Bereich der nicht direkt verwalteten Ausgaben nicht die Rede sein. Der Sichtvermerk ist nach Ansicht des Haushaltskontrollausschusses nur "ein Mythos".[630]

Anweisungsbefugte, Finanzkontrolleure und Rechnungsführer sowie die Zahlstellenverwalter sind zwar sowohl disziplinarisch als auch gegebenenfalls persönlich verantwortlich für die nicht vorschriftsgemäße Ausführung ihrer Tätigkeit.[631] So sinnvoll diese Normen aus institutionenökonischer Sicht sind (Anbindung des Agenten an den Prinzipal durch wirksame Sanktionen bei Fehlverhalten), so fraglich ist ihr Nutzen bei Agenten, die gar nicht in der Lage sind ihren Funktionen in vollem Umfang nachzukommen. Zwar haben sie in Bezug auf die dezentrale/geteilte Verwaltung weniger Pflichten, jedoch sind sie dann auch nicht mehr echte Kontrolleure im Sinne einer internen begleitenden Kontrolle der mittelbewirtschaftenden Stelle.

b) Das zukünftige System: Die Trennung von Interner Revision (Audit) und Finanzkontrolle: Die Zentralisierung der Finanzkontrolle im bisherigen System geriet vor allem deshalb unter Kritik, weil es neben der ex-ante-Kontrolle noch ein ex-post-Audit gab, welches von ein- und derselben Stelle durchgeführt wurde (Generaldirektion Finanzkontrolle). Um diese Interessenkonflikte und die daraus entstehenden Probleme zu vermeiden, hat die Kommission im Jahr 2000 ein völlig neues Finanzmanagement und -kontrollsystem erarbeitet. Der Ministerrat erließ dazu am 09.04.2001 eine Verordnung zur Änderung der Haushaltsordnung betref-

629 Zudem war durch die Auflösung der Generaldirektion Audit im Jahr 2000 und die Eingliederung der Einzelreferate Audit in die entsprechenden operationellen Generaldirektionen viel Personal anderweitig beschäftigt. Da die Kommission im Jahr 2001 überwiegend die Verwaltungs- und Kontrollsysteme der Mitgliedstaaten prüfte, kann vermutet werden, dass für die Prüfung der operativen Ausgaben wiederum nur wenig Personal und Zeit zur Verfügung stand.

630 *Europäisches Parlament, Haushaltskontrollausschuss*: Stellungnahme des Haushaltskontrollausschusses für den Haushaltsausschuss zum Vorschlag für eine Verordnung des Rates zur Neufassung der Haushaltsordnung, S. 4, v. 07.05.2001, PE 294.427 (van Hulten-Bericht 2001). Zu einem anderen Schluß kommt FUGMANN: "Die Ausformung des Instruments der internen Finanzkontrolle (...) ist vorbildlich ..." *Fugmann, Friedrich / Theato, Diemut R.*: A. III, RN 77, in *Dauses, Manfred* (Hrsg.): aaO.

631 Art. 73–77 HO.

fend Art. 24 HO, welche die Trennung von Interner Revision (Audit) und Finanzkontrolle zum Gegenstand hat.[632]

Seit Mai 2001 verfügt die Kommission über einen Internen Auditdienst (IAD), einen Auditbegleitausschuss und eine Zentralen Finanzdienst (ZFD).[633]

- **Interner Auditdienst:** Er ist zuständig für die Prüfung
  - der internen Finanzkontrolle,
  - des Finanzmanagements,
  - der Mittel der Kommission für externe Begünstigte und
  - der Inneren Kontrollsysteme.

  Der Interne Auditdienst soll künftig in jeder Generaldirektion unterhalb des Generaldirektors angesiedelt werden. In der derzeitigen Übergangsphase werden die internen Prüfer als "Gäste" in die Generaldirektionen abgesandt, organisatorisch sind sie wie bisher auch der Generaldirektion Finanzkontrolle unterstellt.[634] Die Unabhängigkeit der Prüfer wird in der "Charta für Internes Audit" gewährleistet. Sie haben ungehinderten Zugang zu allen Dokumenten und Dienststellen der Kommission.

- **Auditbegleitausschuss:** Dieser Ausschuss soll die Umsetzungen der Empfehlungen der Internen Prüfer überwachen und gleichzeitig die Qualität des Audits kontrollieren. Problematisch ist die Stellung des Vorsitzenden. Der Vorsitz wird vom jeweiligen Haushaltskommissar selbst ausgeübt. Dies kann zu Interessenkollisionen zwischen dem Prüfer (bzw. dem Begleiter der Prüfung) und dem Geprüften führen.

- **Zentrale Finanzdienst:** Dies ist eine Serviceeinheit. Er leistet den Dienststellen, die Haushalts- und Finanzmanagementaufgaben wahrnehmen, logistische Unterstützung. Gleichzeitig ist er zuständig für die Ausarbeitung von Neuvorschlägen von Handbüchern und Regeln für die Haushaltsführung. Er ist als Beratungsstelle zur Verbesserung der Haushaltsführung und als Informations- und Know-how-Pool vorgesehen.

Das neue Interne Auditsystem soll über dezentrale Strukturen den einzelnen Verwaltungseinheiten mehr Verantwortung zuweisen und auch eine örtliche Nähe zwischen dem Kontrolleur und dem zu kontrollierenden Vorgang herstellen. Die Kommission will im Endergebnis die Befugnisse so weit delegieren, dass ein und dieselbe Person eine Maßnahme beschließt und die dazugehörende Ausgabe genehmigt. Für die Übergangsphase muss jedoch, aufgrund der Regelungen in der

632 VO 762/2001, Abl. L 111 v. 20.04.2001.

633 Vgl. hierzu und zum Folgenden: *Europäische Kommission*: Reform von Finanzmanagement und -kontrolle, aaO, S. 4f.

634 Bis zur entsprechenden Änderung der Haushaltsordnung ist der IAD innerhalb der GD Finanzkontrolle angesiedelt.

derzeitigen Haushaltsordnung, das System der ex-ante-Sichtvermerke bestehen bleiben. Bis Ende März 2002 sollten in einzelnen Dienststellen Erprobungsphasen des Internen Audits durchgeführt werden. Allerdings zeigte sich, dass auch Ende 2002 die neu geschaffenen Institutionen nicht wirklich sachgerecht und aufgabenorientiert arbeiten konnten.[635] Ursache dafür war unter anderem eine unrealistische Zeitplanung seitens der Kommission, die insbesondere die erheblichen administrativen Schwierigkeiten, die mit der Umsetzung verbunden waren, unterschätzte.

4.6.4.2 Betrugsbekämpfung und der Schutz der finanziellen Interessen der Union

Dieser Komplex lässt sich nicht eindeutig der begleitenden oder der externen Kontrolle zuordnen, da es in diesem Bereich sowohl präventive, als auch begleitende sowie externe Befugnisse gibt. Die Darstellung an dieser Stelle erfolgt, weil die maßgebliche Institution für diesen Bereich bei der Kommission angesiedelt ist und sie in funktioneller Hinsicht eher eine begleitende Kontrollinstanz darstellt.

Der Schaden, der dem Haushalt der EU jährlich durch Betrug im Zollbereich, die missbräuchliche Verwendung von Subventionen, Steuerhinterziehung, Korruption und anderen Gesetzesverstößen entsteht, ist immens. Angesichts der nachgewiesenen Unregelmäßigkeiten und Betrügereien (vgl. Tab. 7) und unter der Prämisse, dass es sich bei diesen Zahlen nur um die aufgedeckten bzw. gemeldeten Fälle handelt (die Dunkelziffer ist vermutlich sehr viel höher[636]), ist eine effektive Kontrolle der Finanzen der EU mehr als notwendig.

Tab. 8: **Durch Betrug/Unregelmäßigkeiten verursachte Schäden bei den EU-Finanzen 1995–2001 (in Mio. €)**

Bereich/Jahr	2001	2000	1999	1998	1995
Eigene Einnahmen	276	1143	336	538	717
EAGFL-G	199	576	285	420	316
Strukturpolitik	48	139	144	50	67
Direkte Ausgaben	22	170	73	11	28
Insgesamt	545	2028	838	1019	1128

Quellen: 1995–2000: Bericht des Haushaltsausschusses zum Jahresbericht der Kommission über den Schutz der finanziellen Interessen der Gemeinschaft und Betrugsbekämpfung, S. 14 vom

635 Hierzu und zum Folgenden *Europäischer Rechnungshof*: Jahresbericht 2001, Ziff. 9.70ff., aaO.

636 So schätze *Theato, Diemut R.* bei einer angenommenen Fehlerquote von 5% die Summe für 2000 auf 10 Milliarden Mark. Interview vom 16.11.2000 im Mannheimer Morgen "Auch die EU-Mitgliedstaaten schummeln gewaltig".

08.11.2001, PE 305.609, die Zahlen für 2001 beziehen sich ausschließlich auf bereits abgeschlossene Fälle, die von OLAF untersucht worden sind und können sich demnach noch erhöhen: Mitteilung der Kommission zum Schutz der finanziellen Interessen der Gemeinschaft und Betrugsbekämpfung, Jahresbericht 2001, KOM (2002) 348 endg., vom 06.08.02, S. 109ff.

Als eine Reaktion auf diese Unregelmäßigkeiten und Betrügereien wurde Art. 280 EGV in die Verträge aufgenommen. Hierin werden insbesondere die Mitgliedstaaten verpflichtet, diese Verstöße zu bekämpfen und ihre Tätigkeiten zu koordinieren. Die Kommission hat einen jährlichen Bericht über die Maßnahmen vorzulegen, die der Betrugsbekämpfung und dem Schutz der finanziellen Interessen dienen. 1995 wurde zudem ein Übereinkommen zum Schutz der finanziellen Interessen der Mitgliedstaaten abgeschlossen.[637] Die Mitgliedstaaten haben aufgrund dessen die Verpflichtung, Unregelmäßigkeiten mit einem Schadensvolumen über 4000 € bei den Ausgaben und mehr als 10.000 € bei den Einnahmen zu melden.[638]

Um auch und vor allem innerhalb der europäischen Ebene den Schutz der finanziellen Interessen zu gewährleisten, wurde 1999 das Europäische Amt für Betrugsbekämpfung OLAF (Office européen de lutte antifraude) eingerichtet.[639] Auch OLAF ist ein Teil der Kommission, hat aber einen Sonderstatus, der in seinen Aufgaben begründet ist. Das erste Betriebsjahr war 1999/2000.

Für die Errichtung von OLAF und zur Erläuterung seiner spezifischen Befugnisse gibt es mehrere Rechtsgrundlagen.[640] In einem Beschluss der Kommission[641] ist die Errichtung von OLAF, seine Aufgaben und seine Unabhängigkeit niedergelegt. Eine Verordnung des Ministerrates und des Parlaments[642] beschreibt ebenfalls die Aufgaben von OLAF und die näheren Voraussetzungen für die Art und Weise der Untersuchungen von OLAF. Und schließlich haben Ministerrat, Parlament und Kommission eine Interinstitutionelle Vereinbarung abgeschlossen[643], in der (gemäß

637 VO Nr. 2988/1995 (EG, Euratom) vom 18.12.1995, Abl. L312/1 vom 23.12.1995.

638 Dazu auch *Schüler, Jürgen*: Finanzkontrolle und Betrugsbekämpfung der Europäischen Union aus Sicht der Europäischen Kommission (35–48), S. 46, in: *Konrad-Adenauer-Stiftung* (Hrsg.): Finanzkontrolle und Betrugsbekämpfung in der Europäischen Union, St. Augustin 1996.

639 OLAF löst die Betrugsbekämpfungseinheit UCLAF ab, die beim Generalsekretariat der Europäischen Kommission angesiedelt war.

640 Zu den Rechtsgrundlagen und zum Folgenden: *Mager, Ute*: Das Europäische Amt für Betrugsbekämpfung (OLAF) – Rechtsgrundlagen seiner Errichtung und Grenzen seiner Befugnisse, Zeitschrift für Europarechtliche Studien 2/2000.

641 Beschluss der *Kommission* 1999/352/EG vom 28.04.1999, Abl. L 136/20 vom 31.05.1999. Die Kommission hat ihren Beschluss auf Art. 218 und Art. 280 EGV gestützt. Die Kommission ist der Auffassung, dass sie – weil OLAF organisatorisch zur Kommission gehört – für die Regelung von OLAF zuständig ist.

642 VO des *Rates und des Parlaments* Nr. 1073/1999 v. 25.05.1999, Abl. L 136/1 v. 31.05.1999.

643 Interinstitutionelle Vereinbarung über die Einrichtung von OLAF vom 25.05.1999, Abl. L 136/15 v. 31.05.1999; Diese Interinstitutionelle Vereinbarung enthält im Anhang einen

des Art. 4 der VO des Ministerrates und des Parlaments) die Grundlagen der internen Untersuchungen durch OLAF geregelt sind. Diese mehrfache Kompetenzgrundlage ist nicht unumstritten.[644]

OLAF wird von einem Generaldirektor geleitet, der in Abstimmung mit dem Parlament und der Kommission für fünf Jahre ernannt wird. Eine Wiederernennung ist möglich. Zur Kontrolle der Unabhängigkeit und der Ermittlungstätigkeiten gibt es zudem einen Überwachungsausschuss. Seine fünf Mitglieder dürfen keiner Institution der EU angehören.

OLAF hat verschiedene Aufgaben wahrzunehmen. Es ist zuständig für alle Aktivitäten gegen rechtswidrige Handlungen zu Lasten der EU. Neben der Koordinierung der Betrugsbekämpfungsbemühungen der Mitgliedstaaten kann OLAF interne Ermittlungen in allen europäischen Organen, Ämtern, Einrichtungen und Agenturen durchführen. OLAF soll auch neue Methoden zur Betrugsbekämpfung entwickeln.

OLAF ist eine unabhängige Einrichtung, welche zwar innerhalb der Kommission angesiedelt, aber nicht weisungsgebunden ist.[645] Die Bediensteten von OLAF müssen ohne Voranmeldung Zugang zu den Organen und den Informationen erhalten, von allen Dokumenten Kopien erstellen und alle Amtsträger und Bediensteten sind zur Kooperation mit OLAF verpflichtet.[646] Über jede Untersuchung wird ein Bericht gefertigt, der Beweiskraft hat. Werden im Laufe einer Untersuchung Unregelmäßigkeiten festgestellt, sind durch die betroffenen Einrichtungen disziplinarrechtliche und justitielle Schritte einzuleiten, über die der Direktor von OLAF unterrichtet werden muss. Der Direktor von OLAF unterrichtet seinerseits die Justizbehörden der Mitgliedstaaten.[647]

Das Problem ist, dass OLAF weder einer richterlichen noch einer parlamentarischen Kontrolle unterliegt. Die “Erfolge” der Tätigkeiten von OLAF sind zudem nicht immer klar. In 2000 hat das Amt 2343 Fälle untersucht, konnte aber keine Angaben darüber machen, was die nationalen Behörden unternommen haben oder ob administrative oder strafrechtliche Sanktionen oder die Wiedereinziehung der Gelder erfolgt sind.[648] Aber auch auf der europäischen Ebene sind die Ergebnisse

---

Standardbeschluss, der die Rechte und Pflichten zur Zusammenarbeit mit OLAF, die Rechte der Betroffenen und die Zusammenarbeit zwischen OLAF und den Behörden der Mitgliedstaaten im Falle des Ersuchens um Aufhebung der Immunität regelt. Dieser Standardbeschluß sollte von allen Organen jeweils für das Organ selbst gefaßt werden.

644 *Mager, Ute*: aaO, S. 6ff.

645 Es untersteht aber – soweit es nicht operativ tätig ist – der für den Haushalt zuständigen Kommissarin.

646 Art. 4, 6 Standardbeschluss, Anhang zur Interinstitutionellen Vereinbarung OLAF 1999, aaO.

647 Art. 9, 10 Standardbeschluss, Anhang zur Interinstitutionellen Vereinbarung OLAF 1999, aaO.

648 Und zum Folgenden: *Europäisches Parlament, Haushaltskontrollausschuss*: Bericht zum Jahresbericht 2000 der Kommission zum Schutz der finanziellen Interessen der Gemein-

bisher nicht zufriedenstellend. So erfolgte nur in 2 von 92 Fällen eine Verurteilung durch nationale Gerichte. Das Parlament beschwerte sich, dass OLAF sich weigert, Angaben zu bestimmten internen Fällen zu machen.

OLAF ist zudem auf die Mitarbeit der Gemeinschaftsinstitutionen, nationaler Behörden und Gerichte angewiesen. So untersuchte OLAF im Jahre 2001 381 neue Fälle mit strafrechtlicher Relevanz. Davon wurden 163 Fälle durch nationale Verwaltungsbehörden (einschließlich Finanzkontrollbehörden), 64 Fälle innerhalb von nationalen Steuerprüfverfahren, 61 Fälle durch nationale Gerichte, 20 Fälle durch gemeinsame Kontrollen von nationalen und EU-Behörden, 6 Fälle durch EU-Behörden und 15 Fälle durch ex-post-Kontrollen aufgedeckt.

Dabei grenzen sich die Betrügereien von den Unregelmäßigkeiten durch ihre strafrechtliche Relevanz ab. Für beide sind daher unterschiedliche Ermittlungsbehörden zuständig. Bei Betrügereien ermittelt die Justiz, bei den Unregelmäßigkeiten die Verwaltungsbehörden.

4.6.4.3 Die ex-post Finanzkontrolle in der Vollzugsphase

Obwohl der Schwerpunkt der internen Vollzugskontrolle auf der ex-ante-Tätigkeit liegt, hat die Kommission mehrere Instrumente, mit denen sie auch eine ex-post-Kontrolle bzw. eine begleitende Kontrolle durchführen kann:
- das (bisherige) Auditsystem (a),
- die Möglichkeit des Erlasses von Durchführungsvorschriften (b) und
- die Evaluierung von Maßnahmen (c).

a) (Bisheriges) Auditsystem[649]**:** Es war organisatorisch der Innenrevision zugeordnet und diente vor allem zur Vorbereitung des Haushaltsabschlusses und der Rechnungslegung. Der jeweilige Rechnungsführer war verantwortlich dafür, dass die in Art. 78–81 HO benannten Finanzausweise vollständig und richtig erstellt werden, Art. 25 HO. Alle Finanzausweise waren dem Finanzkontrolleur vorzulegen.

Sowohl im bisherigen, als auch im neuen Auditsystem spielt die Überprüfung der Verwaltungs- und Kontrollsysteme der Mitgliedstaaten (vor allem im Bereich der mit den Mitgliedstaaten geteilten Verwaltung) eine Rolle. Diese werden von der Kommission geprüft. Die Prüfungsergebnisse hängen hierbei entscheidend von den Prüfsystemen und Prüfmethoden der Kommission ab. Der Rechnungshof, der regelmäßig auch die Kontrollsysteme der Kommission prüft, stellte im Wesentlichen folgende Mängel auf Ebene der Kommission fest[650]:

---

schaften und Betrugsbekämpfung, und zur Mitteilung der Kommission über den Schutz der finanziellen Interessen der Gemeinschaften, Betrugsbekämpfung, Aktionslan 2001–2003, Ziffer 16, Ziff. 18, FN 2 auf S. 16, PE 305.609 (Bösch-Bericht 2001).

649 Siehe auch Kap. 4.6.4.1 Ziffer a, b.

650 *Europäischer Rechnungshof:* Jahresbericht 2001, Ziff. 3.50–3.78, aaO.

- zu lange dauernde Prüfverfahren (bezogen auf die zeit zwischen dem Vorliegen aller relevanter Informationen und dem Abschluss der Maßnahme),
- keine systematische Auswertung der Kommissionskontrollen,
- Akzeptanz von unzureichenden Ausgabenerklärungen und Durchführungsberichten und
- unklare Auslegungen von Bestimmungen und unklare Anleitung für Kontrollen.

Dabei ist bedenklich, dass schon die begleitenden Kontrollen in den Mitgliedstaaten, die für den Programmabschluss notwendig sind, sich als unzureichend darstellen. Dies müsste spätestens auf der Ebene der Kommission zu Konsequenzen führen.

Das neue Auditsystem bindet auch auf die jährlichen Tätigkeitsberichte und Erklärungen der Verantwortlichen an Ministerrat und Parlament ein. Neu ist hier vor allem, dass die jährlichen Tätigkeitsberichte der Kommission Erklärungen aller Generaldirektoren für die jeweilige Generaldirektion beinhalten. Mit diesen Erklärungen sollen die Generaldirektoren versichern, dass in ihrem Zuständigkeitsbereich eine hinreichende Gewähr für die Recht- und Ordnungsmäßigkeit der Vorgänge besteht. In diesen Erklärungen sollen zudem in sogenannten "Vorbehalten" die Mängel, Fehler und Unzulänglichkeiten des jeweiligen Zuständigkeitsbereiches dargestellt und in einem Aktionsplan Lösungsvorschläge dafür unterbreitet werden.

Einen ersten Bericht zur Bewertung der jährlichen Tätigkeitsberichte der Kommission und der Erklärungen der bevollmächtigten Anweisungsbefugten gab der Interne Auditdienst im Juli 2002 ab.[651] Allerdings bezog dieser sich im Wesentlichen auf die von der Kommission geschaffenen Prüfmethoden, nicht auf den Inhalt und den Gehalt der Erklärungen. Interessant ist die Feststellung des Rechnungshofes, dass die Aussagen des Berichts in Bezug auf die zwischen der EU und den Mitgliedstaaten geteilte Verwaltung " mehrdeutig (sind) und lassen erkennen, dass die bevollmächtigten Anweisungsbefugten es vermeiden, zu Vorgängen Stellung zu beziehen, für die sie keine vollständige Handhabe zu besitzen glauben".[652] Hier zeigt sich die Schwierigkeit, das geteilte Verwaltungssystem einer effizienten internen Kontrolle zu unterziehen und die Verantwortung für die Verwaltung tatsächlich zu übernehmen, die der Kommission nach dem Vertrag zugewiesen ist. Alle 36 Generaldirektoren gaben für den Bericht für das Jahr 2001 die Erklärung ab, dass sie über angemessene Sicherheit verfügen, dass die Kontrollverfahren ausreichend die Rechtmäßigkeit und Ordnungsmäßigkeit der Vorgänge gewährleisten.[653] In 22 der Erklärungen gab es jedoch so Vorbehalte, die so schwerwiegen-

---

651 *Europäischer Rechnungshof:* Jahresbericht 2001, Ziff. 9.91ff., aaO.

652 *Europäischer Rechnungshof:* Jahresbericht 2001, Ziff. 9.93, aaO.

653 Hierzu und zum Folgenden: *Europäischer Rechnungshof:* Jahresbericht 2001, Ziff. 9.77ff., aaO.

de Mängel und Unzulänglichkeiten betrafen, dass eine Sicherheitsgewähr eigentlich gar nicht abgegeben werden konnte. 17 Generaldirektoren erklären zudem, dass sie keinerlei Informationen über die Funktionsweise der Systeme hätten. In 6 Berichten werden zwar Fehler und Mängel beschrieben, sie werden aber nicht als solche erkannt. Die Generaldirektion Haushalt weist sogar auf die unzureichenden Finanzinformationssysteme, Rechnungsführungen und Finanzausweise ausdrücklich hin und erklärt dennoch, dass die Kontrollverfahren für die Rechtmäßigkeit und Ordnungsmäßigkeit ausreichen. alle Vorgänge rechtmäßig und ordnungsgemäß abgewickelt wurden. Solche Erklärungen führen den Sinn der Erklärungen ad absurdum. So sehr diese Erklärungen mit Blick auf Transparenz und vor allem die Herstellung funktionaler "accountability" zu begrüßen sind, bleibt abzuwarten, wie ernsthaft die Verantwortungsübernahme der Generaldirektoren künftig erfolgen wird.

b) Durchführungsverordnungen: Die Kommission kann im Rahmen ihrer Durchführungskompetenzen Verordnungen und Rahmenbestimmungen für die von den nationalen Behörden einzurichtenden Mindestkontrollen erlassen. Aber nur im Bereich der GAP und der Strukturfonds hat sie Bestimmungen erlassen, z.B. zum Rechnungsabschlussverfahren und dem Verfahren zur Bescheinigung der Zahlstellen sowie zum Integrierten Verwaltungs- und Kontrollsystem (GAP).[654] Vor allem letzteres dient dazu, dass die nationalen Behörden ihre Anträge einer Logik- und Plausibilitätsprüfung unterziehen und es ermöglicht Gegenkontrollen mit einem Datenbankabgleich. Allerdings erfasst das Kontrollsystem nur ca. 60% aller Agrarausgaben.

Wird im Rahmen dieser Prüfungen festgestellt, dass Beträge zu Unrecht ausgezahlt werden, ist die Gemeinschaft verpflichtet, diese Beträge wieder einzuziehen. Erfolgt keine vollständige Wiedereinziehung, trägt die Gemeinschaft selbst die finanziellen Folgen, es sei denn es handelt sich um Unregelmäßigkeiten oder Versäumnisse der mitgliedstaatlichen Verwaltungen.[655]

Das Problem ist, dass viele der Ausgaben im dezentralen (GAP) oder geteilten Vollzug (Strukturfonds) sich nur mit zeitnahen Vor-Ort-Kontrollen tatsächlich überprüfen lassen. Die Kommission verweigert aber z.B. GAP-Zahlungen im Rahmen des Rechnungsabschlusses, wenn sie der Auffassung ist, dass ein Mitgliedstaat seine Kontrollsysteme nicht zufriedenstellend eingerichtet hat.[656] Bei den Struktur-

---

654 Die einzelnen Vorschriften und ihre Quellen finden sich in: *Europäischer Rechnungshof*: Jahresbericht 2000, Ziff. 9.46.

655 Am 15.01.2001 betrugen die ausstehenden Forderungen im Rahmen der Wiedereinziehung allein im Bereich des EAGFL 2,245 Mrd. €. Vgl. dazu: *Europäisches Parlament, Haushaltskontrollausschuss*: Bericht über die Reform des Rechnungsabschlussverfahrens vom 10.12.2002, S. 19, Ziff. 16f., PE 315.808 (Mulder Bericht 2002).

656 *Europäischer Rechnungshof*: Jahresbericht 2000, aaO, Antwort der Kommission zu Ziff. 9.55.

fonds fehlten solche Sanktionsmöglichkeiten für den Zeitraum 1994–1999, dies ist allerdings in den neuen Strukturfondsverordnungen behoben. Die Komplexität der Verordnungen behindern aber die Transparenz des Systems erheblich.

c) **Evaluierung von Maßnahmen:** Im Rahmen der Einführung des maßnahmenbezogenen Managements (u.a. Einführung des ABB-Systems) hat die Kommission damit begonnen, eine allgemeine Evaluierung für ihre Programme einzuführen, deren Ergebnisse bei den Haushaltsbeschlüssen der Kommission zu berücksichtigen sind.[657] Ziel dieser Evaluierungen ist es, "die Verwaltung der Kommission darauf auszurichten, bei ihren politischen Prioritäten Ergebnisse zu erzielen."[658] Dabei meint Evaluierung "die Beurteilung von Maßnahmen nach ihren Ergebnissen, Auswirkungen und Zielvorgaben." Jede mehrjährige Maßnahme soll sowohl zu ihrer Halbzeit als auch ex-post evaluiert werden, die auf Jahresbasis finanzierten Maßnahmen spätestens nach 5 Jahren. Folgende prinzipielle Fragestellungen werden den Evaluierungen zugrundegelegt:[659]

- **Relevanz:** Sind die Programmziele hinsichtlich der sich wandelnden Bedürfnisse und Prioritäten auf nationaler und europäischer Ebene zweckdienlich? Gibt es Alternativen zum Programm?
- **Effizienz:** Wie wirtschaftlich werden die Inputs in Outputs (Güter und Leistungen) und andere Folgen (z.B. sozioökonomische Veränderungen) umgesetzt? Kann man den gleichen Nutzen mit geringeren Mitteln oder mit den gleichen Inputs einen größeren Nutzen erzielen?
- **Wirksamkeit:** Haben die Programme zur Erreichung der spezifischen und allgemeinen Ziele beigetragen und wenn ja, in welchem Umfang? Decken sich die Auswirkungen des Programms mit den Bedürfnissen der Zielgruppe?
- **Nachhaltigkeit:** Werden die positiven Veränderungen nach Beendigung des Programms anhalten?

Es wird zwischen einer ex-ante und einer ex-post Evaluierung unterschieden. Die ex-ante Evaluierung soll prüfen, ob die vorgeschlagenen Mittel und Ressourcen den erwarteten Ergebnissen und Auswirkungen entsprechen und als Voraussetzung für die ex-post Evaluierung dienen. Die ex-ante-Evaluierung wird z.B. im Rahmen der Strukturfonds von den Mitgliedstaaten über die Programmdokumente vorgenom-

657 Bis zum Juli 2002 sollte die komplette Umsetzung abgeschlossen sein. Auch vor 2000 gab es Evaluierungen, allerdings nicht auf die Politikbereiche (sondern auf einzelne Programme) ausgerichtet und nicht generell. Die bisherigen Evaluierungen sind in Art. 2 Abs. 1 HO verankert.

658 Und zum Folgenden: *Europäische Kommission*: Ergebnisorientierung: Verstärkte Evaluierung von Kommissionsmaßnahmen, KOM (2000) 1051 vom 26.07.2000, S. 11, 3ff.

659 *Europäische Kommission*: Evaluierung der ausgabenwirksame Programme der EU. Ein Leitfaden zur Halbzeit- und Ex-post-Evaluierung, S. 16f., 1. Ausgabe, Brüssel 1997.

men. Zur Vorbereitung und Begleitung der Evaluierung wurde ein Monitoring-System eingerichtet, das den In- und Output und die Ergebnisse erfasst. Für jede Maßnahme werden die Indikatoren zur Beurteilung und die Methoden der Datenerhebung festgelegt.

Die Generaldirektion Haushalt ist zuständig für die Evaluierung der ausgabenwirksamen Programme, ein besonderer Stab beim Generalsekretariat der Kommission (Strategische Planungs- und Programmierungsstelle SPP) ist zuständig für die Evaluierung anderer politischer Maßnahmen. Die Generaldirektionen Haushalt und Finanzkontrolle bekamen die Zuständigkeit zur Koordinierung eines Evaluierungsnetzes[660], der Erstellung einer Evaluierungsbilanz und eines Evaluierungsprogramms.

Jede operative Generaldirektion der Kommission erhält eine eigene Evaluierungsstelle, die sich von den Stellen der Finanzkontrolle, der Rechnungsführung (Audit), sonstiger Kontrolle und des Monitorings (Überwachung) personell unterscheiden muss. Die Generaldirektionen sind verpflichtet, jährliche Evaluierungspläne aufzustellen, die von den Generaldirektionen Haushalt und Finanzkontrolle zu einem einheitlichen Plan zusammenzuführen sind.

Die Kommission legte im März 2002 ihren zweiten Jahresbericht zur Evaluierung vor. Allerdings enthielt er mehr oder weniger bloße Aufzählungen der evaluierten Programme und Pläne sowie kurze Zusammenfassungen. Für das 2003 hat sich die Kommission vorgenommen, insbesondere das Programm-Management zu evaluieren[661]. Dabei soll eine Bestandsaufnahme der derzeitigen Managementverfahren und Methoden erarbeitet werden sowie die Vorteile und Grenzen der jeweiligen Vollzugsarten herausgearbeitet werden.

4.6.4.4 Die begleitende Kontrolle des Vollzugs durch Parlament und Rechnungshof

Es findet sowohl eine externe begleitende Kontrolle durch das Parlament (a) als auch durch den Rechnungshof (b) statt.

a) Kontrolle durch das Parlament: Das EP hat dem parlamentarischen Haushaltskontrollausschuss die Kontrolle des laufenden Haushaltsplans ausdrücklich übertragen.[662] Im Rahmen der begleitenden Kontrolle ist er zuständig für:[663]

660 Das Evaluierungsnetz verbindet die Vertreter der verschiedenen Generaldirektionen und soll dem Erfahrungsaustausch dienen.

661 Neben dieser spezifischen Programmevaluation stehen die Bewertung der KMU-Programme und der kleineren aus dem Gemeinschaftshaushalt finanzierten Maßnahmen sowie die Bewertung der Einbindung des Konzepts der nachhaltigen Entwicklung in alle Politikbereiche im Vordergrund. Vgl. : *Europäische Kommission*: Jährliche Strategieplanung für 2003, S. 27f., SEK (2002) 217/9 vom 27.02.02.

662 Art. 94 GO EP.

663 Vgl. Anlage VI Ziffer III der GO EP.

- die Haushaltsordnung, insbesondere bei Fragen, die die Durchführung, die Verwaltung und die Kontrolle der Haushaltspläne betreffen (Art. 279 EGV);
- die Vorschriften oder Teile von Vorschriften betreffend die Ausführung der Haushaltspläne und
- die begleitende Kontrolle der Ausführung der laufenden Haushaltspläne anhand der von der Kommission vorgelegten periodischen Berichte und die Maßnahmen zu dieser Ausführung zusammen mit den einschlägigen Fachausschüssen oder unbeschadet der durch die Geschäftsordnung zugewiesenen Zuständigkeiten des einschlägigen Fachausschusses.

Der Haushaltskontrollausschuss prüft des weiteren die nach Art. 34 HO vierteljährlich vorzulegenden Berichte der Kommission über den Stand der Haushaltsausführung und legt dazu dem Plenum notfalls Entschließungsanträge vor. Der Haushaltskontrollausschuss kann auch initiativ tätig werden. Will er einen Bericht zu einem bestimmten Thema oder Vorfall abgeben, beantragt er dies beim Parlamentspräsidenten.

Die institutionelle Teilung des Haushaltsausschusses des Parlaments in einen Haushaltsausschuss und einen Haushaltskontrollausschuss[664] unterstützt die Wirkung der begleitenden Kontrolle durch das Parlament, da so zwischen der Mitwirkung am Vollzug (Haushaltsausschuss)[665] und der Kontrolle (Haushaltskontrollausschuss) klar unterschieden werden kann. Während es lange Zeit üblich war, gleichzeitig Mitglied in beiden Ausschüssen zu sein, trifft dies heute nicht mehr zu. Allerdings sind neun Mitglieder des Haushaltsausschusses stellvertretende Mitglieder im Haushaltskontrollausschuss und sechs Mitglieder des Haushaltskontrollausschusses sind stellvertretende Mitglieder im Haushaltsausschuss.

b) Kontrolle durch den Rechnungshof: Dieser hat das Recht, seine Prüfungen vor Abschluss der Rechnung des betreffenden Haushaltsjahrs durchzuführen und kann unmittelbar nach dem Vorgang beginnen, der eine Einnahme oder Ausgabe zur Folge hat.[666] Er kann darüber hinaus im Laufe des Haushaltsjahres auch selbständig oder auf Anforderung Sonderberichte zu bestimmten Problemkreisen der Haushaltsausführung anfertigen.[667] Bei mehrjährigen Gemeinschaftsmaßnahmen

664 *Theato, Diemut R.*: Finanzkontrolle und Betrungsbekämpfung der EU aus Sicht das Parlaments; in: *Konrad-Adenauer-Stiftung* Nr. 127/1996, S. 17–34 (S. 18); *Theato, Diemut R. / Graf, Rainer*: aaO, S. 39ff.

665 Auch das "Notenboom-Verfahren" wird teilweise als Kontrolle aufgefaßt. Vgl. *Theato, Diemut*: Finanzkontrolle, aaO, S. 21. Allerdings scheint doch die Zielrichtung des "Notenboom-Verfahrens" eine andere als die der Kontrolle der Kommission zu sein. Es kann vermutet werden, dass das Parlament den Teil der Mittel wirklich verausgaben will, über den es selbst entscheidet.

666 Art. 248 Abs. 2 UA 4 EGV.

667 Z.B. *Europäischer Rechnungshof*: Sonderbericht 17/2000 über die Überprüfung der Zuverlässigkeit und Vergleichbarkeit der BSP-Angaben der Mitgliedstaaten durch die Kommission, Abl. L 336/1 vom 27.11.00.

beschränkt sich die Kontrolle des Rechnungshofes nicht auf ein Haushaltsjahr, sondern folgt dem entsprechenden Stand der Durchführung der Maßnahme. Dies hat eine größere Zeitnähe der Kontrolle zur Mittelbewirtschaftung zur Folge. Im laufenden Haushaltsjahr bzw. bei Mehrjahresprogrammen hat diese Form der Kontrolle des Rechnungshofes das Ziel, für notwendig erachtete Änderungsmaßnahmen anzuregen und Vorschläge dafür zu unterbreiten.

Der Rechnungshof erarbeitet seine Berichte und Stellungnahmen grundsätzlich im "kontradiktorischen" Verfahren, das heißt, sie enthalten die Antworten der jeweils betroffenen Organe zu den Bemerkungen des Rechnungshofs und werden auch in dieser Form veröffentlicht. Dies gibt den geprüften Organen die Möglichkeit, auf die Bemerkungen des Hofes einzugehen, einige Dinge richtig zu stellen und Gegenargumente zur Ansicht des Hofes vorzutragen. Dem Rechnungshof wird so ermöglicht, diese Auffassungen mit zu berücksichtigen. Über seine Berichte und Stellungnahmen stimmt der Rechnungshof mit einfacher Mehrheit ab.[668]

Für die interne Finanzkontrolle spielt der Rechnungshof aber nur eine untergeordnete Rolle, auf ihn wird ausführlicher im Rahmen der externen, nachträglichen Kontrolle des EU-Haushalts zurückzukommen sein.

4.6.5 Haushaltsabschluss und Rechnungslegung

Nach Art. 275 EGV, Art. 78 HO legt die Kommission bis zum 01. Mai des nachfolgenden Haushaltsjahres dem Ministerrat und dem Parlament jährlich eine konsolidierte Haushaltsrechnung vor, welcher ein Kontenabschluss, eine Übersicht über das Vermögen und die Schulden der Gemeinschaft beigefügt ist.[669] Dabei gibt es zwei Rechnungsarten: die Jahresabschlüsse der Organe (mit der Vermögensübersicht und den Kassenmittelbeständen) und die Übersichten über den Haushaltsvollzug der Organe (mit den Haushaltsergebnisrechnungen, die sämtliche Transaktionen sichtbar machen). In der Haushaltsrechnung findet sich dieselbe Systematik wie im Haushaltsplan zuzüglich der Analyse der Haushaltsführung mit Blick auf die Zielerfüllung der politischen Prioritäten und den Grundsatz der Wirtschaftlichkeit und Sparsamkeit. Die Haushaltsrechnung ist in zwei Bänden niedergelegt. Band I enthält die Anmerkungen zur Haushaltsführung, Erläuterungen zu Abweichungen zwischen dem ursprünglich genehmigten Haushaltsplan und den endgültig verfügbaren Mitteln sowie zwischen den endgültig verfügbaren und verwendeten Mitteln. Im Band II finden sich die politikfeldbezogenen Angaben zur Haushaltsausführung.[670]

---

668 Art. 248 Abs. 4 UA 3 EGV.

669 Die konsolidierte Rechnung enthält auch die Abschlüsse aller Organe und wird nach der Methode der Vollkonsolidierung erstellt.

670 *Europäischer Rechnungshof*: Jahresbericht 2000, aaO, FN 15, S. 65 und Ziff. 2.22f.

Beim Haushaltsabschluss ist zwischen dem "Abschluss der Rechnung" und der "Klarierung der Rechnung" zu unterscheiden. Der Rechnungsabschluss bezieht sich auf den Haushalt, die "Klarierung der Rechnung" betrifft das sog. "landwirtschaftliche Haushaltsjahr" (16. Oktober bis 15. Oktober des nachfolgenden Jahres). Der endgültige Rechnungsabschluss für die GAP-Ausgaben findet also immer später als der Haushaltsabschluss für den Gesamthaushalt statt (Verstoß gegen den Grundsatz der Jährlichkeit).[671]

Die Rechnungsführung ist untergliedert in eine allgemeine Finanzbuchführung ("comptabilité générale") und eine Buchführung über die Haushaltsvorgänge ("comptabilité budgétaire"). Die allgemeine Finanzbuchführung richtet sich nach der Methode der doppelten Buchführung. Die Buchführung über die Haushaltsvorgänge ist eine Kassenbuchhaltung. Alle Haushaltsvorgänge werden während des Haushaltsjahres erst auf die entsprechenden Haushaltslinien gebucht und dann auf der Grundlage außerbuchhalterischer Aufzeichnungen in der allgemeinen Rechnung bzw. in der Vermögensübersicht erfasst.[672] Seit 2000 wird in der Haushaltsrechnung ein sog. "erweitertes Rechnungsergebnis" berechnet, welches die Verknüpfung der Kassenbuchführung und der allgemeinen Rechnung herstellen soll. Dies wird insbesondere vom Rechnungshof als erster Schritt in Richtung einer echten Vermögensbuchhaltung begrüßt.[673]

Probleme mit der Haushaltsrechnung ergeben sich zum einen daraus, das die Rechnungsführung auf der Kassenbuchhaltung beruht und keine Verbindlichkeiten mit erfasst werden. Zum anderen fehlt ein einheitlicher Kontenrahmen, was die Beurteilung der Zuverlässigkeit der Rechnungsführung einschränkt. Ebenso geben die Funktionsmängel des von der Kommission verwendeten Rechnungsführungssystems Anlass zur Kritik. So werden z.B. die mangelnde periodische Abstimmung zwischen den Daten, die fehlende Kohärenz der Datenerfassungssysteme[674], das

671 Zur Problematik der Kontrollsysteme vor allem im Bereich der GAP siehe: *Europäisches Parlament, Haushaltskontrollausschuss:* Mulder-Bericht 2002, PE 315.808.

672 Soweit es sich um Vorgänge handelt, die in der Vermögensübersicht auszuweisen sind. Vgl. *Europäischer Rechnungshof*: Jahresbericht 2000, aaO, Ziff. 9.27.

673 Und zum Folgenden: *Europäischer Rechnungshof*: Jahresbericht 2000, aaO, Ziff. 9.32ff., 2.20ff. und entsprechende Antworten der Kommission.

674 So wird z.B. im Rahmen der Haushaltsrechnung und des Haushaltsabschlusses für die GAP zwischen einer Rechungsabschlußentscheidung und einer Konformitätsentscheidung der Kommission unterschieden. Die Rechnungsabschlußentscheidung wird auf Grundlage der Bescheinigung der von den Zahlstellen übermittelten Jahresrechnung der Mitgliedstaaten getroffen. Die Konformitätsentscheidung der Kommission betrifft die Prüfung der Ausgaben, die nicht in Übereinstimmung mit den Vorschriften waren und deshalb von der Finanzierung ausgeschlossen wurden. Insbesondere die Rechnungsabschlußentscheidungen der Kommission wurden durch den Rechnungshof bemängelt. Die Bescheinigungen der Zahlstellen bieten keine Gewähr dafür, dass die gemeldeten Fakten auch der Wirklichkeit entsprechen. Einige der Zahlstellen erfüllten zudem nicht die Zulassungsvoraussetzungen. Zwar ist die Gesamtfehlerrate in der Rechnung der Kommission sehr gering (2001: 1%),

Fehlen von Kontrollkonten für Forderungen und Verbindlichkeiten und die problematische Berichtserstellung bei den Einnahmen wiederholt kritisiert.

Neben diesen eher "technischen" Mängel gibt es aber auch inhaltliche Kritik. So wird in der Haushaltsrechnung nicht der gesamte Haushaltsvollzug sichtbar[675]:

- es fehlen Begründungen für Mittelübertragungen,
- Nachtrags- und Berichtigungshaushalte werden nicht erwähnt,
- Erläuterungen zu den Abweichungen zwischen Haushaltsplan und Vollzug fehlen,
- die Darstellung der Zahlen erfolgt uneinheitlich und
- die Zuordnung von Ausgaben auf Kapitel und Posten ist nicht immer klar.

Auch die tabellarische Gesamtdarstellung des Haushaltsvollzugsergebnisses selbst ist unvollständig.[676] So fehlten für das Haushaltsjahr 2001 zum Beispiel Angaben über die Entwicklung von Einnahmen und Haushaltsmitteln insgesamt und auch nach Kategorien aufgeschlüsselt. Auf die Frage der Einhaltung der Eigenmittel-Obergrenze und der Sicherheitsmarge wird nur unzureichend eingegangen. Und ebenso fehlt die Darstellung der Vollzugsquoten für Einnahmen- und Ausgabenkategorien. Nach Auffassung der Rechnungshofes ist der Einnahmeteil von Haushaltsrechnung und Vermögensübersicht intransparent.[677] Es wird eine uneinheitliche Terminologie verwendet, die Gliederung erfolgt nicht nach Haushaltslinien und es fehlt an einer Gegenüberstellung der Haushaltsansätze und des Vollzugs.

Diese Mängel sind nicht nur "formale, technische" Mängel, sie beeinträchtigen in erheblichem Maße die Funktion von Haushaltsrechnung und -abschluss. Durch die unvollständige und uneinheitliche Darstellung werden die Dokumente insgesamt intransparent und erschweren so die nachfolgende Kontrolle durch die externen Kontrollorgane.

4.6.6 Bewertung der Vollzugsphase anhand der Budgetfunktionen

(1) Politische Funktion: Nachdem in der Finanzplanungs-, Aufstellungs- und Verabschiedungsphase die inhaltlichen Weichen für die Ausrichtung des politischen Programms der EU gestellt wurden, müssen diese nun im Vollzug umgesetzt werden. Die programmatischen Vorgaben werden durch eine Vielfalt von Möglichkeiten ergänzt, verändert bzw. "aufgeweicht". So stellen die zahlreichen Möglichkeiten zur Mittelübertragung innerhalb des Haushaltsjahres und auf das nächste

jedoch ist die Datengrundlage stark zweifelhaft. Vgl. *Europäischer Rechnungshof:* Jahresbericht 2001, Ziff. 2.55–2.77, aaO.

675 *Europäischer Rechnungshof:* Jahresbericht 2001, Ziff. 9.37ff., 9.6–9.8, aaO.

676 *Europäischer Rechnungshof:* Jahresbericht 2001, Ziff. 1.17, aaO.

677 *Europäischer Rechnungshof:* Jahresbericht 2001, Ziff. 1.18 und weitere Mängel in den Ziffern 1.19–1.21, aaO.

Haushaltsjahr teilweise Veränderungen des Ausgabenzweckes (Verstoß gegen den Grundsatz der sachlichen Spezialität) bzw. des Planungszeitraums (Verstoß gegen den Grundsatz der zeitlichen Spezialität) dar. Hier hat die Kommission über ihr formelles und materielles Verfügungsrecht (Initiativrecht für Mittelübertragungen) eine starke agenda-setter-Funktion. Durch die Möglichkeit, den Zeitpunkt von Mittelbindungen zu verschieben (die Mittelbindung wird so spät vorgenommen, dass eine tatsächliche Auszahlung erst im nächsten Haushaltsjahr möglich ist), wird ebenfalls gegen den Grundsatz der Jährlichkeit verstoßen. Die autonome Verausgabung von Mitteln schafft zusätzlich programmatische Flexibilität. Dies ist vor allem deshalb bedeutsam[678], weil die Kommission hier zukünftige Programme oder Initiativen anlegen kann.

Die programmatische Ausrichtung wird ebenfalls durch die politischen Durchgriffe von Europäischen Rat und Ministerrat verändert. Zusätzliche Mittel für verschiedene Politikbereiche verändern die Gesamtprogrammatik des Haushalts. Dies zeigt sich nicht zuletzt auch in den Nachtrags- und Berichtigungshaushalten. Diese Mittel dienen überwiegend der Kompensation, und zwar sowohl einer allgemeinen politischen Kompensation als auch der Kompensation von "Integrationsverlierern". Bedenklich daran ist, dass dies außerhalb des eigentlichen Haushaltsverfahrens stattfindet.

Das Parlament kann darüber hinaus das Notenboom-Verfahren für einen nachträglichen[679] programmatischen Einfluss nutzen. Die Genehmigung globaler Mittelübertragungen auf zuvor geschaffene Haushaltslinien mit "vorläufig eingestellten Mitteln" trägt eben nicht nur einem ex-ante-Unsicherheitsfaktor Rechnung, sondern wird gezielt als Kompensation für institutionelle Minderrechte (z.B. fehlende Blockademöglichkeit für Haushaltsmittel im Vollzug) eingesetzt.

Von erheblicher Bedeutung ist auch das Komitologieverfahren und die Mitwirkung der Mitgliedstaaten bei der jeweiligen Programmplanung[680]. Hier können programmatische Feinsteuerungen seitens der Mitgliedstaaten vorgenommen werden und zwar zugunsten nationaler Interessen, die sich nicht immer mit europäischen Interessen decken.

(2) Politische Kontrollfunktion: Während des Vollzugs findet politische Kontrolle der Verwendung der Mittel auf verschiedene Weise statt. Sowohl das Notenboom-Verfahren, als auch Nachtrags- und Berichtigungshaushalte und die Komitologie sind herkömmliche Instrumente politischer Kontrolle der EU-Ebene. Diese Verfahren werden aber weniger im Sinne des Steuerzahlers und/oder Wählers durchgeführt, sondern dienen auch der Erweiterung institutioneller Möglich-

678 Trotz des – relativ gesehen – recht geringen Mittelumfangs.
679 Mit Blick auf die Verabschiedungsphase.
680 Dies wirkt sich direkt natürlich nur in den Haushaltsjahren aus, in denen die Programmplanung stattfindet. Es hat aber Auswirkungen auf die gesamten Planungszeiträume.

keiten (Notenboom-Verfahren und Nachtragshaushalte) oder der Machterhaltung nationalen Interessen (Komitologie). Das liegt zum einen daran, dass es dem Parlament an Handlungsmöglichkeiten fehlt und es zudem selbst primär an der Mittelausschöpfung interessiert ist, ohne sich dabei nach den Zielen der Mittelverwendung zu fragen. Dem Parlament fehlen aber auch die gesetzgeberischen Möglichkeiten, die politische Kontrolle umzusetzen. Seitens des Parlaments wurde zwar ein spezieller Haushaltskontrollausschuss eingerichtet. Dies ist – mit Blick auf nationalstaatliche Systeme – ungewöhnlich. Die Trennung von Haushaltsausschuss (Mitwirkung am Vollzug) und Haushaltskontrollausschuss (begleitende und nachträgliche Kontrolle des Vollzugs) ist mit Blick auf die politische Kontrolle positiv zu werten. Dieser muss allerdings über das Plenum gehen, wenn er Kontrollmaßnahmen durchsetzen will. Zudem ist er auf die Informationen der Kommission angewiesen (hidden intention) und dieses Zusammenspiel bereitet Schwierigkeiten.

Der Ministerrat, der auf nationale Interessen ausgerichtet ist, hat selbst auch kein großes Interesse an scharfen Kontrollen, da die einzelnen Mitgliedstaaten von einer schwachen Kontrolle und einer niedrigen Verwendungsrate profitieren.

Der Rechnungshof beschränkt sich im Rahmen der begleitenden Kontrolle auf sektorspezifische Untersuchungen (z.B. Sonderberichte), die aber erst im Rahmen der ex-post-Kontrolle durch das Parlament relevant werden können. Dies liegt auch daran, dass das Parlament im Rahmen des Vollzugs nicht so viele Kontrollmöglichkeiten hat.

Der politischen Kontrolle dienen auch verschiedene Verfahren, die im Rahmen der Reform der Kommission seit 1999 schrittweise eingeführt wurden. Sie werden zwar vollzugsbegleitend durchgeführt, haben aber ihren Schwerpunkt in der Kontrollphase des Haushalts mit Blick auf die Entlastung und das nächste Haushaltsverfahren. So wird über eine Evaluation der Programme versucht, die Umsetzung dieser hinsichtlich der politischen Ziele der Programme zu bewerten. Die Einführung einer politikfeldbezogenen, allgemeinen Evaluierung ist ein wichtiger, positiver Schritt im Rahmen einer besseren Finanzkontrolle. Insbesondere die Fragen der Wirtschaftlichkeit und Sparsamkeit, der Effizienz und Wirksamkeit einer Maßnahme sowie das Überprüfen eines langfristigen Mehrwerts (Nachhaltigkeit) spielen neben den Fragen der buchhalterischen Rechtmäßigkeit und Ordnungsmäßigkeit ein Rolle. Einschränkend muss aber festgehalten werden, dass es sich nicht um Evaluationsziele der Legislative, sondern um Ziele der Kommission handelt – also der vollziehenden Organisationseinheit. Bislang hat die Kommission in der Regel die Verwendungsrate der jährlichen Mittelzuweisungen als Indikator für die Wirtschaftlichkeit der Haushaltsführung genutzt (sog. "Tonnenideologie").[681] Die neuen Evaluierungsgrundsätze werden jetzt spiegelbildlich an der politischen Prioritätenbildung der Kommission in der Aufstellungsphase des Haushalts gemes-

681 *Europäischer Rechnungshof*: Jahresbericht 1998, aaO, Ziff. 0.3.

sen. Hier wird es allerdings darauf ankommen, welche Indikatoren und Ziele im Vorfeld einer Maßnahme aufgestellt werden.

Wie sich die gemeinsame Strategie zur politischen Kontrolle von Parlament, Ministerrat und Kommission gestaltet, bleibt abzuwarten. Da sie erstmals für das Haushaltsjahr 2002 angewendet wurde, liegen hierfür noch keine empirisch verwendbaren Ergebnisse vor.

Die Installation der Betrugsbekämpfungseinheit OLAF dient ebenfalls der politischen Kontrolle, da es auch hier um die ordnungsgemäße Verwendung der Haushaltsmittel geht. Problematisch ist aber, dass es keine institutionelle verankerte Auskunfts- und Berichtspflicht an das Parlament gibt. So ist dieses auf den "good will" von OLAF angewiesen.

(3) Finanzwirtschaftliche Ordnungsfunktion: Die Instrumente, die die Umsetzung der Funktion gewährleisten sollen, sind dem Grunde nach vorhanden, aber unzureichend. Die zahlreichen Möglichkeiten der Mittelübertragungen (vor allem in das nächste Haushaltsjahr) erschweren einen geordneten finanzwirtschaftlichen Überblick über die jeweilige Situation. Die Vorschriften zur Rechnungsführung und zum Rechnungsabschluss sind in der Haushaltsordnung selbst niedergelegt. Allerdings werden diese als unzureichend und uneinheitlich kritisiert. Dies führt zu unzureichenden Haushaltsrechnungen, was wiederum die finanzwirtschaftliche Ordnung beeinträchtigt. Die Nichtausweisung der tatsächlichen Verbindlichkeiten und das System der getrennten Mittel erschweren einen geordneten Vollzug. Zwar gibt es restriktive Vorschriften für die Einhaltung des Grundsatzes des Haushaltsausgleichs (z.B. die Anbindung der Kommission an die Haushaltsdisziplin, Art. 270 EGV), die weitgehenden Befugnisse der Kommission während des Vollzugs heben dies aber teilweise wieder auf.

(4) Die administrative Lenkungs- und Kontrollfunktion: Die Kommission ist formelle und materielle Verfügungsrechtsinhaberin für den konkreten Vollzug. Da auch aber dem Ministerrat (Komitologie) und den Mitgliedstaaten (dezentraler und geteilter Vollzug) materielle Verfügungsrechte zustehen, ergeben sich Probleme in der Steuerung und Kontrolle der Kommission sowie bei der Zuordnung der Verantwortlichkeiten. Zudem wird nicht klar, in wessen Auftrag die Kommission (Agent) handelt. Da das Parlament über den Haushaltsplan beschließt, könnte man davon ausgehen, dass die Kommission Agentin des Parlaments ist. Durch die legislative Gewalt des Ministerrats ist die Kommission in vielen Bereichen über den Haushaltsplan hinaus aber auch an den Ministerrat angebunden. Da die Haushaltsbehörde aus Parlament und Ministerrat besteht, ist so zwar eine Anbindung an beide Arme der Haushaltsbehörde erreicht. Die sind aber unterschiedlicher rechtlicher (und tatsächlicher) Natur.

Die Bindung der Kommission an den Prinzipal (Haushaltsbehörde) wird erheblich durch die zahlreichen Mitwirkungsmöglichkeiten der Legislative am Vollzug und der mitgliedstaatlichen Verwaltung eingeschränkt. Es lässt sich argumentieren, dass auch diese Mitwirkungsmöglichkeiten der administrativen Lenkung dienen, im Sinne einer "spezifizierteren" Anleitung der Exekutive. Mit Blick auf die Gewaltenteilung hat jedoch die Legislative im Rahmen des Haushaltsverfahrens genügend Möglichkeiten, den Vollzug vorab zu steuern. Direkte Eingriffe (durch Europäischen Rat und Ministerrat) in den Vollzug verwischen die funktionale "accountability". Können Eingriffe wie Nachtragshaushalte (Ministerrat und Parlament) und das Notenboom-Verfahren (Parlament) noch damit begründet werden, dass sie eine Art "Aktualisierung" des Haushaltsplans darstellen, erweist sich aber die programmatische Einflussnahme der mitgliedstaatlichen Verwaltung als dysfunktional. Hier findet keine Lenkung der Verwaltung durch die EU-Ebene mehr statt, sondern die Verwaltung (beider Ebenen!) hat durch ihre umfangreichen formellen und materiellen Verfügungsrechte die Möglichkeit, den Umfang und den Inhalt ihrer Bindung selbst festzulegen. Dies gilt zwar nicht für die Gesamtausgabenhöhe, also die quantitative Spezialisierung der Mittel, aber doch für die qualitative und zeitliche Spezialisierung.

Eine weitere Besonderheit ist, dass die Kommission an ihrer haushaltsrechtlichen Anbindung selbst beteiligt ist. Indirekt ist die Kommission an der Feststellung des Haushaltsplans beteiligt, da sie ebenfalls der Finanziellen Vorausschau und der jeweiligen IIV zustimmen muss. Wie gezeigt, degradieren die Finanzielle Vorausschau und die IIV das jährliche Haushaltsverfahren zu einem "Haushaltslinienaufteilungsverfahren". Gleichzeitig kann die Kommission über ihr Initiativrecht auch die Vorgaben des Vollzugs beeinflussen, denn sie legt zum Beispiel den Vorschlag für eine neue Haushaltsordnung und die Durchführungsvorschriften der Programme vor und kann diese entscheidend präjudizieren. Diese Präjudizwirkung eingestellter Haushaltsmittel[682] kann insbesondere von der Kommission dazu genutzt werden, auch in Bereichen, für die die EU bisher nicht die Kompetenz besitzt, tätig zu werden.

Die Umsetzung der administrativen Lenkung zeigt sich vor allem in den Bewirtschaftungsregeln. Mangels klarer Vorgaben in der Haushaltsordnung gibt es für den Agenten Kommission Spielräume hinsichtlich des Zeitraums der Mittelbindungen. Die Kommission hat im Vollzug grundsätzlich das Interesse, die im Haushaltsplan veranschlagten Mittel auch zu verausgaben. Dieses Interesse wird aber durch die zahlreichen Möglichkeiten der Mittelübertragungen auf das nächste Haushaltsjahr (auch bedingt durch das Konzept der getrennten Mittel), die Ausnahmeregelungen für den EAGFL-Garantie und im strukturpolitischen Bereich abgeschwächt. Diese Regelungen könnten theoretisch das sog. "Dezemberfieber" verhindern, führen aber zu Verstößen gegen die Haushaltsgrundsätze der Spezialität und Jährlichkeit. In der Praxis zeigt sich, dass trotz dieser Regelungen das "Dezemberfieber" immer

682 *Lenzen, Heinz-Josef*: aaO, S. 220f.

noch eine große Rolle spielt. Dies liegt aber primär an den Mitgliedstaaten, die ihre Zahlungsanträge zu spät einreichen.

Durch Mittelübertragungen werden die tatsächlichen Bewirtschaftungszeiträume verschoben und Altlasten erschreckenden Ausmaßes angehäuft. Bei den Mittelübertragungen bestehen zudem teilweise sich widersprechende Zuständigkeiten in den Verträgen und in der Haushaltsordnung. Die Mittelübertragungsmöglichkeiten für die Kommission sind sehr weit umfangreich. Eine Einschränkung ergibt sich hier insoweit, als dass sie bei den Mittelübertragungen für operative Ausgaben nur ein Vorschlagsrecht hat. Zusätzliche Spielräume ergeben sich durch die Finanzielle Vorausschau und die Sektorenregelungen. Verstöße gegen das Jährlichkeitsprinzip und den Spezialitätsgrundsatz sind dabei institutionell "vorprogrammiert". Die Zersplitterung der Übertragungsrechte auf verschiedene Organe führen dazu, dass eine Vielzahl von Verantwortlichkeiten besteht. Die Spielräume der Kommission werden durch autonome Verausgabungsrechte noch vergrößert. Auch die "Negativeinnahmen" im Bereich der dezentralen Verwaltung (GAP) nutzt die Kommission in erster Linie dazu, ihre Vollzugsspielräume zu erweitern.

Problematisch ist die Beteiligung mehrerer Verwaltungsebenen am Vollzug (dezentraler und geteilter Vollzug). Die verschiedenen Arten des Vollzuges führen zu abgestuften Verfügungsrechten der Kommission. Während in der direkten Verwaltung eine enge Anbindung der Kommission an Ministerrat und Parlament erfolgt, werden sowohl bei der dezentralen als auch bei der geteilten Verwaltung die Mitgliedstaaten als weitere Agenten miteinbezogen. Bei der geteilten Verwaltung können die Mitgliedstaaten über Absprachen untereinander die Vorgaben der Kommission umgehen und ihre nationalen Interessen durchsetzen.

Die Beteiligung der nachgeordneten Ebene ist dabei nicht vertraglich, sondern sekundärrechtlich geregelt. Dies ist politökonomisch erklärbar, denn für das Sekundärrecht ist in vielen Bereichen allein der Ministerrat, der nationale Interessen vertritt, zuständig. Damit wird dem Ministerrat die Möglichkeit gegeben, die vertragliche Vollzugsautonomie der Kommission einzuschränken. In Nationalstaaten wird eine vollzugsföderalistische Befugnisteilung oft mit einer Stärkung der Autonomie der nachgeordneten Ebene erklärt. Mit Blick auf die europäische Ebene geht es den Mitgliedstaaten (die im Ministerrat vertreten sind) aber eher darum, der europäischen Ebene nicht zuviel Autonomie zuzugestehen.

Ein weiteres Problem ist, dass der Ansprechpartner der Kommission der Nationalstaat ist. Dabei wird nicht berücksichtigt, dass es in den einzelnen Mitgliedstaaten selbst vollzugsföderalistische Kompetenztrennungen geben kann. In den Mitgliedstaaten, in den die subnationale Ebene für den Vollzug zuständig ist, fehlt also eine direkte Anbindung an die Kommission. Hier müssen sich die nationalen und subnationalen Ebenen koordinieren, was wieder zu einer verzerrten Präferenzumsetzung führen kann.

Durch das Prinzip der Zusätzlichkeit der Mittel im geteilten Vollzug spielen zudem die Interessen der Mitgliedstaaten eine große Rolle. Verflechtungen in der Verantwortlichkeit sind so institutionell vorprogrammiert. Die Vorteile der verwaltungsföderalistischen Organisation (effiziente und versorgungsoptimale Bündelung öffentlicher Leistungen) können sich nicht wirklich durchsetzen, da die Agrar- und Strukturpolitik schon während der Finanzplanung und der Verabschiedung des Haushalts als Kompensationsmasse eingesetzt werden und somit nur mittelbar und eher zufällig an den Präferenzen der Leistungsempfänger ausgerichtet sind. Gleichzeitig profitieren die Mitgliedstaaten von hohen Nichtverwendungsraten bei den Zahlungsermächtigungen, denn die nicht verwendeten (und nicht abgerufenen) Mittel fließen zum Teil an die Mitgliedstaaten zurück. Betrachtet man die Kommission wegen ihrer Verantwortlichkeit für den Vollzug als Prinzipalin der mitgliedstaatlichen Verwaltung, zeigen sich moral hazard-Probleme. Die Kommission kann aufgrund ihrer Befugnisse das konkrete Verhalten der Agenten nicht beobachten, sie weiß nicht, ob sich nicht auf der Ebene der Mitgliedstaaten horizontale Kartelle bilden, um ihre Anstrengungen zu unterlaufen. Hier ist die Kommission für ihren Vollzug auf die Informationen und Mitwirkung der mitgliedstaatlichen Verwaltung angewiesen. Eine Lenkung der mitgliedstaatlichen Verwaltungen ist nur über den Erlass von Verordnungen und Durchführungsvorschriften zu erreichen. Da die Kommission insgesamt die Verantwortung für den Vollzug trägt, versucht sie über eine Überregulierung die mitgliedstaatlichen Verwaltungen an sich zu binden. Der Mangel an Anreizen für einen vollständigen und ordnungsgemäßen Vollzug zeigt sich insbesondere an den Verwendungsraten der Haushaltsmittel, die vor allem im Bereich der Zahlungsermächtigungen völlig unzureichend sind. Auch wenn dies teilweise schon an unrealistischen Haushaltsansätzen in der Finanzplanungsphase liegt, ist doch die tatsächliche Ausführung der Mittel durch zwei Ebenen problematisch.

Dies liegt auch daran, dass die administrative Kontrolle nicht ausreichend ist. Die neuen internen Kontrollsysteme sind zwar übersichtlicher und genügen den Anforderungen funktionaler und finanzieller "accountability" eher, als die bisherigen Systeme. Die Umsetzung der neuen Systeme ist jedoch bisher nicht erfolgreich abgeschlossen. Auch hier spielt die verwaltungsföderalistische Gestaltung des Vollzugs eine Rolle. Die Kontrollmechanismen der Kommission sind für effektive Kontrollen immer noch unzureichend. Für die mitgliedstaatlichen Verwaltungen gibt es bei Verstößen immer noch zuwenig Sanktionsmöglichkeiten durch die EU-Ebene. Auch ist die Wahrscheinlichkeit der Entdeckung eines Verstoßes angesichts unsystematischer Kontrollen und bloßen Stichproben relativ gering. Die nächste Frage ist, ob bei Entdeckung eines Verstoßes dann auch tatsächlich sanktioniert wird. Die Trennung der ex-ante-Finanzkontrolle vom Audit und die Dezentralisierung lassen hoffen, dass Interessenkonflikte innerhalb der Finanzkontrolle künftig vermieden werden. Allerdings sind damit noch nicht die Probleme im Bereich der internen Kontrolle des dezentralen und geteilten Vollzugs behoben. Hier hätte die Kommission aber über ihre sekundärrechtlichen Kompetenzen die Möglichkeiten, Mindeststandards und wirksame Sanktionsmechanismen für alle Einnahmen- und Ausgabenkontrollen zu erlassen. Auch hat sich die Stellung von Anweisungsbefugtem und Rechnungsführer nicht verändert. Das Problem der de facto Aufhebung des Sichtvermerks durch die Stichprobenprüfungen wird jedenfalls solange bestehen bleiben, wie die ex-ante-Sichtvermerke existieren.

In Bezug auf die ex-ante und begleitende Kontrolle des Vollzugs sind die Verfügungsrechte geteilt. Sie stehen sowohl der Kommission, als auch dem Parlament und dem Rechnungshof zu. Die Kommission hat in Bezug auf die interne Kontrolle das materielle Verfügungsrecht, denn über ihr Initiativrecht kann sie selbst Vorschläge zur konkreten Ausgestaltung entsprechender Normen (z.B. HO) machen. Formell ist der Ministerrat zuständig, er beschließt diese Regelungen. Die Interessen der Kommission und des Ministerrats sind aber gleichgerichtet, was der Kommission zugute kommt. Sie ist als bürokratische Organisation nicht so sehr an einer strikten Kontrolle interessiert, muss sich aber als reformfreudig darstellen, um in der Öffentlichkeit in einem besseren Licht dazustehen. Sie wird also für schärfere interne Kontrollen eintreten. Dies zeigen auch die jüngsten Veränderungen der internen ex-ante Finanzkontrolle (Interner Auditdienst) und bei der Evaluierung. Die Kommission kann aber die Kontrollen selbst abschwächen, denn der Finanzkontrolleur ist auf die Kooperation der zu kontrollierenden Stelle angewiesen. Die Erklärungen der Generaldirektionen sind ein echter Fortschritt, da sie erstmals eine Gesamtverantwortung der Hierarchiespitze für den jeweiligen Vollzug herstellen können. Diese Verantwortung wird jedoch noch nicht ernst genug genommen, auch fehlt es an hinreichenden Sanktionen.

Auch in der Vollzugsphase gibt es teilweise erhebliche Probleme bei der Umsetzung der Budgetfunktionen.

Die programmatische Ausrichtung des Haushaltsplans kann in der Vollzugsphase durch zahlreiche administrative Befugnisse und legislative Mitwirkungsrechte verändert werden (politische Funktion des Budgets). Insbesondere die politischen Durchgriffe seitens des Europäischen Rates und des Ministerrates sowie die Möglichkeiten des Ministerrats, durch das Komitologieverfahren nationale Interessen in den Vollzug einzubringen, behindern die Umsetzung der politischen Funktion.

In der Vollzugsphase sind verschiedene Instrumente vorhanden, um politische Kontrolle über die Umsetzung des Haushaltsplans auszuüben. Allerdings werden sie aufgrund der unterschiedlichen institutionellen Stellung von Ministerrat und Parlament nicht hauptsächlich im Sinne des EU-Wählers genutzt. Sie dienen vielmehr der Durchsetzung institutioneller Interessen (Parlament) und nationaler Interessen (Ministerrat). Positiv ist die Einführung einer politikfeld- und leistungsbezogenen Evaluation. Allerdings dient diese Evaluation in erster Linie administrativen Interessen bzw. der politischen Kontrolle der politischen Prioritäten der Kommission. Seit 2002 gibt es zudem eine gemeinsame politische Kontrollstrategie von Ministerrat, Parlament und Kommission. Hier bleibt abzuwarten, welche Ergebnisse diese zeitigt und ob sie trotz der Gemengelage der sehr heterogenen Verfügungsrechteverteilung eine Verbesserung der Umsetzung der politischen Kontrollfunktion bewirkt.

Die Umsetzung der finanzwirtschaftlichen Ordnungsfunktion bereitet in der Vollzugsphase vor allem wegen der Systematik der getrennten Mittel Schwierigkeiten. Ein vollständiger Überblick über alle vollzugsrelevanten Daten wird bisher kaum gegeben. Dies sind aber Mängel, die sich ohne größere Reformanstrengungen beheben lassen würden.

Erhebliche Probleme bereitet die Umsetzung der administrativen Lenkungs- und Kontrollfunktion. Die Steuerung des Vollzugs gestaltet sich aufgrund der geteilten und abgestuften Verfügungsrechteverteilung als äußerst kompliziert. Hinzu kommen eine Vielzahl von Bewirtschaftungsregeln aus unterschiedlichen Rechtsquellen, die der Exekutive mannigfaltige Möglichkeiten für diskretionäre Spielräume eröffnen. Die Ausgestaltung des dezentralen und geteilten Vollzugs als verwaltungsföderalistisches System zeigt typischerweise Lenkungs- und Kontrollprobleme vor allem der mitgliedstaatlichen Ebene. Auf der EU-Ebene besteht eine unmittelbare Bindungswirkung nur für die Kommission, die auch insgesamt für den Vollzug verantwortlich ist. Die Verwaltungskosten aus dem Vollzug werden überwiegend der nationalen Ebene angelastet, die allerdings – vor allem im Bereich der geteilten Verwaltung – einen großen Einfluss auf die Programmgestaltung hat. Über das Setzen von Rahmenregelungen und die Vorgabe von Mindeststandards für die Leistungserfüllung und Kontrolle kann die Kommission zwar Einfluss auf das administrative Handeln der mitgliedstaatlichen Ebene nehmen, es fehlt ihr jedoch an ausreichend Kontrollmechanismen und Sanktionsmöglichkeiten. Die Kontroll- und Steuerungssysteme der Mitgliedstaaten selbst sind ebenso unzureichend. Ob die neuen Systeme die hohen Erwartungen an die erfüllen können, muss abgewartet werden. Da die neuen Kontrollsysteme auf der EU-Ebene noch nicht voll funktionsfähig sind, sind Aussagen zu ihrer Effektivität noch sehr spekulativ. Positiv ist jedenfalls, dass sich die Kommission bemüht, einen hohen Kontrollstandard – vor allem auch für die mitgliedstaatliche Ebene durchzusetzen. Auf der Ebene der EU-Exekutive fehlt es bisher an Anreizen, den Vollzug durch die Mitgliedstaaten effektiv zu steuern und zu kontrollieren. Für die Ebene der Mitgliedstaaten gibt es fast gar keinen Anreiz für einen ordnungsgemäßen und rechtmäßigen Vollzug. Durch die Intransparenz der Vollzugsvorschriften, ihre Komplexität und das geringe Risiko von Sanktionen haben die Mitgliedstaaten eher einen Anreiz, durch Unregelmäßigkeiten und sogar Betrügereien eine hohe "Abschöpfungsquote" an EU-Mitteln aus dem EU-Haushalt anzustreben.

4.7 Die nachträgliche Kontrolle des EU-Haushalts

Die nachträgliche Kontrolle der mittelbewirtschaftenden Stellen durch unabhängige, von der Mittelbewirtschaftung getrennte Organe, hat ein zweifaches Ziel. Es geht darum:

- die sachgerechte und wirksame Verwendung öffentlicher Mittel und die Ordnungsmäßigkeit der Verwaltungstätigkeit zu erzielen und
- dem Steuerzahler über die Verwendung der öffentlichen Mittel durch die für die Mittelbewirtschaftung zuständigen Stellen Rechenschaft abzulegen.

Die Kontrolle der Einnahmen beschränkt sich auf die Prüfung der Zuverlässigkeit und Effizienz der einzelstaatlichen Feststellungs-, Erhebungs- und Kontrollsysteme (Kap. 4.7.1).

Die Kontrolle des EU-Haushalts und der sonstigen Prüfgegenstände bezieht sich nicht nur auf die Recht- und Ordnungsmäßigkeit, sondern auch auf die Übereinstimmung mit den Grundsätzen einer wirtschaftlichen Haushaltsführung.[683] Bei der Kontrolle der Ausgaben kann unterschieden werden nach

- der Kontrolle durch den Rechnungshof (Kap. 4.7.2),
- der Kontrolle durch den Haushaltskontrollausschuss des Parlaments (Kap. 4.7.3) und
- der Kontrolle in Form der Entlastung durch das Parlament (Kap. 4.7.4).

Am Ende des Kapitels erfolgt die Bewertung der Kontrollmechanismen im Lichte der Budgetfunktionen (Kap. 4.7.5).

4.7.1 Die Kontrolle der Eigenmittel

Die Mitgliedstaaten sind zunächst selbst für die Kontrollen ihrer Verfahren zuständig.[684] Sie sind verpflichtet, ihre Unterlagen über die Feststellung und Bereitstellung der Eigenmittel drei Jahre aufzubewahren und müssen jährlich Berichte an die Kommission übersenden, in denen sie ihre Kontrolltätigkeiten beschreiben. Zudem sind die Mitgliedstaaten verpflichtet, Fälle von Betrug und Unregelmäßigkeiten der Kommission mitzuteilen.[685] Da die Eigenmittelerhebungskompetenz bei den Mitgliedstaaten liegt, gibt es für die Kontrolle der Eigenmittel ein abgestuftes Verfahren. Dabei greifen je nach Eigenmittelart unterschiedliche Arten der Kontrolle.

---

683 Art. 248 Abs. 2 EGV, Art. 85 Abs. 1 HO.

684 Art. 3, Art. 17 Abs. 3 VO 1150/2000, Abl. L 130 vom 31.05.2000.

685 Art. 6 Abs. 5 VO 1150/2000, aaO.

- **Traditionelle Eigenmittel (TEM):** Hier kann die Kommission zusätzlich zu den nationalen Kontrollen in den Mitgliedstaaten[686]
  - auf ihren Antrag hin die Mitgliedstaaten zu zusätzlichen Kontrollen verpflichten,
  - beantragen, dass sie zu den Kontrollen der Mitgliedstaaten hinzugezogen wird,
  - in bestimmten Fällen Unterlagen der Mitgliedstaaten anfordern und
  - selbst Kontrollen vor Ort vornehmen.

  Die Kontrollen der Kommission sind ausschließlich Stichprobenkontrollen. Die Mitgliedstaaten sind verpflichtet, die durch die verschiedenen Kontrollen aufgedeckten nicht geleisteten Eigenmittelbeträge einzuziehen. Die Mitgliedstaaten haften für diese Beträge, es sei denn, es handelt sich um Beträge unter 10.000 € (sogenanntes Niederschlagungsverfahren). Bei diesen wird von einer Haftung abgesehen, wenn der jeweilige Mitgliedstaat nachweisen kann, dass er die Einziehung mit der gebotenen Sorgfalt vergeblich versucht hat.[687]

- **Mehrwertsteuer-Eigenmittel (MwSt-EM):** Die Kontrollen der Kommission beschränken sich ausschließlich auf den Berechnungsmodus und die Daten für die Berechnung der einheitlichen Bemessungsgrundlage[688], ist also eine reine Kontrolle der Verwaltungstätigkeit der Mitgliedstaaten. Die EU-Ebene hat somit zwar das Recht zur Kontrolle, aber nur in den Mitgliedstaaten und nicht bei den Abgabenschuldnern selbst. Die Beschränkung auf die Prüfung der Zuverlässigkeit der Systeme bedeutet aber auch, dass die EU-Ebene es hinnehmen muss, wenn sich ihre Einnahmen z.B. durch Stundungen oder Erlasse bei den MwSt verringern.[689] Allerdings sind die Mitgliedstaaten verpflichtet, ihre nationale Steuergesetzgebung (z.B. über Steuerbefreiungen) mit der 6. MwSt-Richtlinie der EU in Einklang zu bringen.[690] Dies kann die Kommission dann überprüfen.

  Zum Schutz der MwSt-Einnahmen gibt es seit ca. 10 Jahren eine enge Zusammenarbeit zwischen der Kommission und den Mitgliedstaaten und der Mitgliedstaaten untereinander.[691] Deren Grundlage ist ein MwSt-Informationsaustauschsystem. Die darin enthaltenen Daten zu den MwSt-pflichtigen Umsätzen werden

---

686 Art. 18 I, II, III VO 1150/2000, aaO.

687 Art. 8 des Beschlusses 2000/597 und Art. 17 VO 1150/2000, vgl. auch: *Europäische Kommission*: Mitteilung der Kommission zum Schutz der finanziellen Interessen der Gemeinschaft und der Betrugsbekämpfung, Jahresbericht 2001, KOM (2002) 348 endg., S. 117ff.

688 Art. 11 VO 1552/89, Abl. L 155 v. 07.06.1989.

689 *Fugmann, Friedrich*: aaO, S. 204.

690 Sechste Richtlinie des Rates 77/388/EWG zur Harmonisierung der Rechtsvorschriften der Mitgliedstaaten über die Umsatzsteuern – Gemeinsames Mehrwertsteuersystem: einheitliche steuerpflichtige Bemessungsgrundlage vom 17. Mai 1977, Abl. L 145/1 vom 13.06.1977.

691 Zurückgehend auf die Verordnung des Rates : VO 218/92 vom 27.01.92, Abl. L 24/92, S. 1ff.

der Kommission übermittelt. Zusätzlich gibt es einen Austausch im behördlichen Bereich und ein Komitee, der diese Zusammenarbeit koordiniert und begleitet.[692] Durch diese Maßnahmen soll insbesondere der sogenannte "Karussellbetrug" vermieden werden, der vermutlich große Schäden verursacht.[693] Der Rechnungshof bemängelt allerdings, dass diese Instrumente nicht ausreichend wirksam und sehr unflexibel sind.[694]

- **BSP-Eigenmittel (BSP-EM):** Da das BSP über EUROSTAT berechnet wird und der jeweilige Anteil einem komplizierten Berechnungsverfahren unterliegt, bezieht sich die Kontrolltätigkeit der Kommission nur auf die Kontrolle der Berechnungsgrundlagen.

Ebenfalls auf dieser Kontrollebene wird der Beratende Ausschuss für Eigenmittel tätig, der die Kontrolltätigkeiten der Mitgliedstaaten prüfen und dazu Stellungnahmen abgeben kann. Enthält diese Stellungnahme Bemerkungen zu Veränderungen des Systems, ist die Kommission gehalten, diesen nachzukommen.[695]

Auch der Europäische Rechnungshof hat die Kompetenz, die Eigenmittel zu prüfen (Art. 248 Abs. 2 EGV). Allerdings ist auch er in seinem Prüfungsumfang – je nach Eigenmittelart – beschränkt (wie bei der Kommission). Die weitreichendsten Befugnisse hat er bei den TEM, bei den MwSt- und BSP-EM ist sein Prüfungsrecht beschränkt. Bei den TEM kann sich der Europäische Rechnungshof z.B. vor Ort im Hauptzollamt Ulm die einzelnen Steuerbescheide und Zollbelege vorlegen lassen. Dies ist nicht zuletzt die Konsequenz daraus, dass der Rechnungshof für die Zuverlässigkeitserklärung (DAS) zuständig ist und es sich nur bei den TEM um "echte" Eigenmittel handelt. Die Prüfung basiert auf den Zöllen, die von den Mitgliedstaaten anhand der Zollanmeldungen ausgewiesen wurden. Zugleich überprüft der Rechnungshof regelmäßig die Verfahren der Mitgliedstaaten zur Erhebung der TEM.[696] Aus der Rechnungsführung der Kommission zieht der Rechnungshof dazu Stichproben verschiedener Mitgliedstaaten. Nach Ansicht des Rechnungshofes liegen die Mängel bei den TEM hauptsächlich darin, dass:[697]

---

692 SCAC – Standig Committee on Administrative Cooperation.

693 Beim "Karusselbetrug" verkauft Händler A eine Ware an Händler B, wobei A in der Rechnung an B die MwSt ausweist, sie aber weder an den Staat zahlt, noch in der Steuererklärung ausweist. Händler B verkauft dann die Ware weiter an Händler C, ohne MwSt in Rechnung zu stellen. B beantragt aber die MwSt-Erstattung aus dem Geschäft A-B unter der Vorgabe, dass die Ware in einen anderen EU-Mitgliedstaat oder in ein Land außerhalb der EU zu liefern ist. In Wirklichkeit wird die Ware an A zurückgegeben und das "Geschäft" beginnt von Neuem. Teilweise existieren die so verkauften Waren nur auf dem Papier. Vgl. *Europäischer Rechnungshof*: Jahresbericht 2001, Ziff. 1.50, aaO.

694 *Europäischer Rechnungshof*: Jahresbericht 2001, Ziff. 1.51 und die Rolle von OLAF, Ziff. 1.53 b, aaO.

695 Art. 21 der VO 1150/2000.

696 *Europäischer Rechnungshof*: Jahresbericht 1998, Ziff. 1.3ff.

697 *Europäischer Rechnungshof*: Jahresbericht 2000, Ziff. 1.17ff., aaO.

- festgestellte Beträge nicht buchmäßig erfasst werden,
- die Beträge in der Buchführung selbst überbewertet wird[698],
- die Buchführung nichteinziehbare Forderungen enthält und
- mit EDV-Systemen gearbeitet wird, die nicht eine vollständige Erledigung und Erfassung sämtlicher Einfuhranmeldungen darstellen können.

In Bezug auf die MwSt- und BSP-EM kann der Rechnungshof sowohl die mitgliedstaatliche als auch die europäische Verwaltung[699] prüfen. Hier ist wegen der Verwendung statistischer Daten bei der Festlegung der Bemessungsgrundlagen keine Prüfung der zugrundeliegenden Daten im Sinne einer Rechnungsprüfung möglich. Daher wird ausgehend von den Vorausschätzungen oder Ist-Zahlen das System der Kommission zur Handhabung bis zur endgültigen Darstellung in der Rechnungsführung bewertet.[700] Auf Ebene der Kommission bemängelt der Rechnungshof insbesondere unzusammenhängende Daten und unklare Verantwortungsstrukturen für die Kontrolle der Mitgliedstaaten. Er betont, dass die Kommission ihre Informationen und ihren Handlungsspielraum nicht ausreichend nutzt, um die Zusammenarbeit der Mitgliedstaaten zu verbessern und eine systematische Überwachung der nationalen Tätigkeiten zu gewährleisten.

4.7.2 Die Kontrolle der Haushaltsausführung durch den Rechnungshof

Der Europäische Rechnungshof prüft die Einnahmen und Ausgaben der Union und die jedes von der Gemeinschaft geschaffenen Organs[701] sowie die Einnahmen und Ausgaben der sonstigen Einrichtungen der Union. Das heißt, auch der EGKS-Haushaltsplan, der Haushalt des EEF und die Anleihe- und Darlehenstätigkeit sind von der Prüfung mit umfasst.

Seit 1993 (Maastrichter Vertrag) hat der Rechnungshof die Stellung eines unabhängigen Organs. Durch den Amsterdamer Vertrag vom 1.05.1999 ist er nicht mehr nur Organ der Gemeinschaften, sondern auch Organ der Europäischen Union. Der Rechnungshof hat seit dem Amsterdamer Vertrag auch die Möglichkeit, vor dem Europäischen Gerichtshof auf Wahrung seiner Rechte zu klagen.[702]

Die wichtigste Aufgabe des Rechnungshofes ist die Erstellung der Jahresberichte zu den Haushalten der Europäischen Union, die im November jeden Jahres angenommen und danach vom Präsidenten des Hofes dem Europäischen Parlament

698 Z.B. dadurch, dass die Buchführung auch potentielle Zölle auf beschlagnahmte Waren erfaßt, obwohl bei diesen die Zollschuld erloschen ist.
699 Er prüft also die Prüfungstätigkeit der Kommission.
700 Und zum Folgenden: *Europäischer Rechnungshof*: Jahresbericht 2000, Ziff. 1.70ff., 1.91, aaO.
701 Soweit dies nicht ausdrücklich ausgeschlossen ist, Art. 248 Absatz 1 des EGV.
702 Art. 230 Abs. 3 EGV.

vorgestellt werden.[703] Diese Berichte sind die Grundlage für den jährlichen Beschluss des Europäischen Parlaments über die Entlastung der Kommission. Seit 1994 kommt dem Rechnungshof eine weitere Aufgabe zu. Er legt dem Ministerrat und dem Parlament eine Erklärung über die Zuverlässigkeit (déclaration d'assurance, DAS) der Rechnungsführung sowie die Recht- und Ordnungsmäßigkeit der zugrunde liegenden Vorgänge der mittelbewirtschaftenden Stellen (Kommission) vor. Die DAS ist quasi ein "Testat über die finanziellen Jahresabschlüsse der Union" und zugleich ein "Bestätigungsvermerk zu den Vorgängen und den Verwaltungssystemen"[704]. Durch sie soll eine allgemeine Gewähr für die zweckentsprechende Verwendung der Unionsgelder gegeben werden.

Der Rechnungshof wird zudem tätig, wenn die Organe ihn beauftragen, Stellungnahmen zu besonderen Fragen zu erarbeiten. Stellungnahmen des Rechnungshofes sind auch zwingend im Vorfeld der Verabschiedung von Rechtsvorschriften finanzieller Art einzuholen.[705]

Der Rechnungshof hat auch das Recht, von sich aus tätig zu werden. Dies geschieht üblicherweise in Form von Sonderberichten, die zu spezifischen Bereichen der Mittelbewirtschaftung erstellt werden und sich normalerweise auf mehrere Haushaltsjahre beziehen. Die Stellungnahmen und Sonderberichte spielen neben dem Jahresbericht eine wesentliche Rolle im Entlastungsverfahren.

Gemäß Art. 248 Abs. 1 EGV prüft der Europäische Rechnungshof die Rechnung über die gemeinschaftlichen Einnahmen und Ausgaben, deren Rechtmäßigkeit und Ordnungsmäßigkeit und überzeugt sich von der Wirtschaftlichkeit der Haushaltsführung:[706]

- Die Prüfung der Rechtmäßigkeit und der Ordnungsmäßigkeit dient der Begründetheit der Forderungen und Verbindlichkeiten im Bezug auf die Rechtsvorschriften.[707] Die Rechnungsprüfung dient der Kontrolle der ordnungsgemäßen Feststellung, Erfassung, Verbuchung und Dokumentation der Forderungen und Verbindlichkeiten der Union. Darüber hinaus ermöglicht sie die Kontrolle der

703 Art, 248 Abs. 4 EGV.

704 *Europäischer Rechnungshof*: Kontrolle der Finanzen der Europäischen Union, Ziffer IV. "Finanzielles Gewissen" der Europäischen Union (http://www.eca.eu.int/DE/ BROCHURE/broch8.htm, Stand: 27.11.02).

705 Z.B. Vorschriften zur Haushaltsordnung, zu den Eigenmitteln und im Bereich der Betrugsvorbeugung und -bekämpfung.

706 In den Mitgliedstaaten gibt es traditionell zwei divergierende Verfahren. Einmal soll mit der Rechnungsprüfung gewährleistet werden, dass die Einnahmen und Ausgaben den geltenden Vorschriften entsprechen und zum anderen, dass auch die Effizienz und Kostenwirksamkeit der Ausgaben analysiert wird. Die EU hat sich für ein Mischverfahren dieser beiden Ansätze entschieden. Vgl. *Europäisches Parlament, Generaldirektion Wissenschaft*: Die Parlamentarische Kontrolle der Ausführung des Haushaltsplans, Reihe Haushaltsangelegenheiten, S. 10, PE 168.431/rev.

707 Z.B. Verträge, Abkommen, Haushaltsplan, Eingliederungsplan, Haushaltsordnung, interne Vorschriften zur Ausführung des Haushaltsplans.

Feststellung und Einziehung der Einnahmen und parallel dazu der Mittelbindungen und Zahlungen. Die Prüfung der Rechtmäßigkeit und Ordnungsmäßigkeit hat noch einen dritten, organbezogenen Schwerpunkt. Sie dient zugleich der Kontrolle der gesamten Haushaltsführung.

- Im Rahmen der Prüfung der Wirtschaftlichkeit der Haushaltsführung soll in der Regel festgestellt werden, ob und in welchem Umfang die Zielsetzungen des Haushaltsplans und der Mittelbewirtschaftung erreicht wurden.

Der Rechnungshof kann aufgrund seiner personellen und sächlichen Ressourcen nicht alle Rechnungsvorgänge in ihrer Gesamtheit prüfen.[708] Daher verwendet er als Prüfungsmethode für die Feststellung der Rechtmäßigkeit, Ordnungsmäßigkeit und Wirtschaftlichkeit häufig die so genannte Systemprüfung.[709] Diese geht davon aus, dass jedes Organ (jede Dienststelle, Einrichtung) ein eigenes Kontrollsystem mit EDV-gestützten Verfahren hat (interne Kontrolle). Der Rechnungshof kann, wenn er von der Zuverlässigkeit dieser Systeme ausgeht[710], dann deren spezifische Merkmale untersuchen und sich ansonsten auf Stichproben beschränken. Die Stichproben bestehen aus analytischen Verfahren, die den Vergleich von Daten ermöglichen, und aus Validierungsprüfungen, die eine Lücken- und Fehlerprüfung ermöglichen. Im Rahmen der Wirtschaftlichkeitsprüfung werden auch die Verfahren einer Bewertung unterzogen.[711]

Im Bereich der GAP führt der Rechnungshof Stichproben in Bezug auf die Rechnungsführung der Kommission durch, kann aber auch stichprobenartig einzelne Vorgänge an Ort und Stelle sowie bei den Zahlstellen und Endbegünstigten durchführen.[712] Zusätzlich wird die Erklärung des Generaldirektors für Landwirtschaft herangezogen.[713] Bei der Prüfung werden die Kontrollsysteme überprüft und die Ergebnisse des Rechnungshofes mit den Ergebnissen der Kontrollen, die Mitgliedstaaten durchführen[714], verglichen. Die Mitgliedstaaten sind im Rahmen des sogenannten Integrierten Verwaltungs- und Kontrollsystems (InVeKoS) verpflichtet, ebenfalls Stichprobenprüfungen und Vor-Ort-Kontrollen vorzunehmen. Stellt ein

---

708 *Europäischer Rechnungshof*: Prüfungsstrategien und Prüfungsmethoden des Europäischen Rechnungshofes (http://www.euinfo.de/union/union_rechnungshof.htm, Stand: 12. Mai 2002).

709 Systemprüfungen erlauben es, vor allem Mängel mit Multiplikationseffekten zu entdecken. Vgl. *Wenzler, Hariolf*: Institutionenökonomie und Finanzkontrolle, aaO, S. 173.

710 Die im Rahmen von Kontrolltests überprüft werden.

711 Da es keine Vorschriften gibt, die die Art und Weise der Kontrollen festschreiben, hat der Rechnungshof ein "Handbuch für Rechnungsprüfung" entwickelt. Dieses ist aber nicht öffentlich zugänglich. Vgl. *Wenzler, Hariolf*: I, aaO, S. 170.

712 2001 prüfte der Rechnungshof so 156 Vorgänge, *Europäischer Rechnungshof*: Jahresbericht 2001, Ziff. 2.9, aaO.

713 Dies ist die Erklärung, die nach den neuen internen Kontrollvorschriften mit dem Tätigkeitsbericht der Kommission von jedem Generaldirektor vorzulegen ist. Vgl. Kap. 4.6.4.3, Ziff. a).

714 VO des Rates Nr. 3887/92 vom 23.12.92, Abl. L 391/92, S. 36ff.

Mitgliedstaat z.B. fest, dass Flächen größer gemeldet werden, als sie tatsächlich sind, werden diese Angaben bei einer Abweichung von bis zu 3% durch die Zahlstellen korrigiert. Betragen die Abweichungen mehr als 3% sind Sanktionen durch die Mitgliedstaaten zu verhängen. Ähnliche Verfahren gibt es bei den Tier- und Pflanzenprämien. Allerdings kritisiert der Europäische Rechnungshof, dass ein Abgleich der Kontrollergebnisse kaum möglich ist, da die einzelnen mitgliedstaatlichen System sehr inkohärent sind.[715] Für die Ausgaben im Rahmen der Entwicklung des ländlichen Raums gibt es überhaupt kein gemeinsames Kontrollsystem. Zwar hat die Kommission eine Datenbank, in der die Zahlungen des EAGFL-G enthalten sind, die Datengrundlage ist allerdings unvollständig bzw. unzureichend.[716] Insgesamt erweisen sich die Ermessensspielräume, die die Mitgliedstaaten bei der Wahl der zu fördernden Gebiete und der Konzeption der Kontrollsysteme haben, für eine effiziente Kontrolle durch den Europäischen Rechnungshofs als sehr problematisch.[717]

Im Rahmen der Fonds prüft der Rechnungshof z.B. die Dossiers verschiedener Mitgliedstaaten zu der Abwicklung der einzelnen Fonds. Auch hier kann der Rechnungshof zusätzlich spezifische Interventionen prüfen. Er prüft zudem regelmäßig die Kommissionsunterlagen und die Ergebnisse der Kontrollen, die in den Mitgliedstaaten durchgeführt werden.[718] Der Rechnungshof bemängelte 2001, dass die Kommission selbst zuwenig Kontrollen bei den Fonds durchgeführt habe und zudem die begleitenden Prüfungen während der Laufzeit nicht systematisch ausgewertet wurden.[719] Dies hat natürlich Einfluss auf die Qualität der Unterlagen, die dem Rechnungshof zur Prüfung vorgelegt werden. Die Qualität der Unterlagen hat sich auch im neuen Programmzeitraum der Fonds 2000–2006 nicht wesentlich verbessert, obwohl neue Kontrollvorschriften eingeführt wurden.

Der Rechnungshof kann für seine Prüfung auf die Unterlagen der jeweiligen Institutionen der EU oder der Mitgliedstaaten zurückgreifen. Solche Unterlagen sind z.B. die Rechnungs- und Verwaltungsunterlagen, einschließlich der in den EDV-Buchführungen der Kommission sowie der Mitgliedstaaten erfassten Daten, soweit diese sich auf Vorgänge beziehen, die den Haushalt der Union betreffen.[720]

---

715 *Europäischer Rechnungshof*: Jahresbericht 2001, Ziff. 2.19, aaO.

716 *Europäischer Rechnungshof*: Jahresbericht 2001, Ziff. 2.31, 2.42ff., aaO.

717 *Europäischer Rechnungshof*: Jahresbericht 2001, Ziff. 2.32, aaO.

718 Verordnung der *Kommission* Nr. 438/2001 mit Durchfügrungsvorschriften zur VO (EG) Nr. 1260/1999 des Rates in Bezug auf die Verwaltungs- und Kontrollsysteme bei Strukturfondsinterventionen, Abl. L 63/21 vom 02.03.2001.

719 Im Bereich GAP führte die Kommission sogar gar keine eigenen Kontrollen durch. Die Unterlagen für die Fonds vor 1994 und 1994–1999 waren höchst problematisch. Vgl. *Europäischer Rechnungshof*: Jahresbericht 2001, Ziff. 3.66, Ziff. 3.51, Ziff. 3.82, aaO.

720 Art. 248 Abs. 3 EGV.

In Art. 248 Abs. 3 EGV ist vorgesehen, dass der Rechnungshof mit den einzelstaatlichen Nationalen Kontrollbehörden (NKB) zusammenarbeitet.[721] Diese können an den Prüfungen des Rechnungshofes vor Ort (also in den betroffenen Verwaltungen oder Unternehmen) teilnehmen.[722] Dies trägt der Tatsache Rechnung, dass 80–90% der vom Rechnungshof zu prüfenden Einnahmen und Ausgaben durch einzelstaatliche Behörden verwaltet werden. Dabei bestimmen die Mitgliedstaaten, welche ihrer Behörden die Aufgaben einer Nationalen Kontrollbehörde (u.U. auch nach Politikbereichen getrennt) vornimmt. So sind z.B. in Deutschland die Bundesländer für die Finanzkontrolle der Ausgabenbereiche GAP und Strukturpolitik zuständig.[723]

Als Beispiel für eine solche Zusammenarbeit wird hier die Zusammenarbeit des Europäischen Rechnungshofes mit dem Landesrechnungshof Mecklenburg-Vorpommern (Bundesrepublik Deutschland) kurz dargestellt.[724] Der Kontakt zwischen beiden Kontrollorganen läuft auf direktem Weg. Der Europäische Rechnungshof kündigt seine Vor-Ort-Kontrollen frühzeitig an, so kann der Landesrechnungshof Mecklenburg-Vorpommern an den Prüfungen teilnehmen (sowohl als Beobachter als auch mit eigenständigem Prüfungsauftrag).[725] Der Landesrechnung Mecklenburg-Vorpommern sieht einen Prüfungsansatz in der Tatsache, dass EU-Mittel in den Landeshaushalt eingestellt werden und von dort auch wieder abfließen. Auch die Tatsache der Bereitstellung von Komplementärmitteln führt zur Prüfung der bereitgestellten Gelder. Prüft der Landesrechnungshof eigenständig Komplementärmittel (und damit auch die Verwendung der durch den Landeshaushalt "durchgeschleusten" EU-Mittel) wird der Europäische Rechnungshof davon auf Anforderung durch die Übersendung der Prüfungsmitteilungen informiert.[726] Allerdings

721 Z.B. Kontrollausschüsse, Rechnungshöfe.

722 Die nationalen Kontrollbehörden prüfen teilweise auch innerhalb ihrer nationalen Befugnisse diejenigen Mittelverwendungen, die durch die EU und den Mitgliedstaat kofinanziert werden. So bemängelte z.B. der Landesrechnungshof in NRW (Deutschland), dass bei aus ESF/EFRE- Mitteln und nationalen Mitteln finanzierten Programmen "erhebliche Beträge unter Verletzung haushaltsrechtlicher und fachlicher Vorgaben verausgabt worden sind." Vgl.: *Landesrechnungshof* NRW: Jahresbericht 2001 (http://www.lrh.nrw.de/jahresberichte/2001.htm, Stand: 20.12.02).

723 Siehe Information des *Bundesfinanzministeriums* (http://www.bundesfinanzministerium.de/Europapolitik-.532.2414/.htm, Stand: 15.05.2002).

724 Auskunft des Leiters der Präsidialabteilung des Landesrechnungshofes Mecklenburg-Vorpommern (Schwerin) vom 10.06.2002.

725 Der deutsche Bundesrechnungshof übernimmt die Koordination zwischen dem Europäischen Rechnungshof und den 16 Landesrechnungshöfen. Betreffen die Informationen des Europäischen Rechnungshofs alle 16 Bundesländer, so übernimmt der Bundesrechnungshof die Übermittlung der Informationen.

726 Jedoch wird kritisiert, dass die meisten Rechnungshöfe der Mitgliedstaaten keine Kooperationsbereitschaft zeigen. Sie konzentrieren sich auf die nationalen Beihilfen. Daher "gewährleistet das derzeitige Kontrollsystem (...) keine effizienten Kontrollen." Vgl. *Europäisches Parlament, Generaldirektion Wissenschaft:* Probleme der Strukturfondsverwaltung, PE 295.602, S. 25, aaO.

werden die geprüften EU-Mittel statistisch nicht gesondert erfasst (auch nicht prozentual). Die Prüfungsthemen (und damit die inhaltliche Ausrichtung der Prüfungen) richten sich nach dem jährlich vom Senat des Landesrechnungshofs Mecklenburg-Vorpommern beschlossenen Arbeitsplan. Eine Schwerpunktbildung im Bereich der EU-Mittel ist daraus ist ableitbar.

Die Zusammenarbeit ist auch den unterschiedlichen Verwaltungssysteme in den Mitgliedstaaten, der oft besseren personellen Ausstattung der NKB, ihrem Wissensvorsprung und dem einfacheren Bezug von Daten und Informationen geschuldet. Grundlage für eine effektive Zusammenarbeit ist aber auch, dass in den Mitgliedstaaten geeignete interne Kontrollsysteme vorhanden sind, die durch funktionale Aufgabenzuweisung, ordnungsgemäße Anweisungsverfahren und vor allem wirksame Sanktionen gekennzeichnet sind. Letztere sind nicht überall der Fall. So empfahl der Rechnungshof dringend die Einrichtung eines Systems zur Verhängung von Zinsbußen und Verwaltungssanktionen bei Betrugsfällen oder Unregelmäßigkeiten zu Lasten des EAGFL sowie die Festlegung gemeinsamer Kriterien mit Blick auf die Vereinheitlichung der verhängten Sanktionen.[727]

Die Bemerkungen, die der Rechnungshof in seinen Berichten und Stellungnahmen trifft, haben aus sich selbst heraus keinerlei rechtliche Folgen. Greift das Parlament aber die Bemerkungen des Rechnungshofes in seinem Entlastungsbeschluss auf, sind die europäischen Organe gehalten, diesen Rechnung zu tragen. In der Haushaltsordnung ist vorgesehen, dass die Organe über diese Maßnahmen dem Parlament Rechenschaft abzulegen haben.[728] Da der Rechnungshof selbst keine Sanktionsbefugnisse hat, ist er zudem auf die nationalen Rechtsprechungsorgane, insbesondere zur Verhängung von Sanktionen (vor allem strafrechtlicher Art) gegen Personen, die gegen das Gemeinschaftsrecht verstoßen haben, angewiesen.

Die Tätigkeit des Rechnungshofs wird teilweise als mangelhaft angesehen. So fordert der Haushaltskontrollausschuss, dass der Rechnungshof konkrete Angaben über Personen oder Behörden machen und nicht nur von “einigen Mitgliedstaaten” sprechen sollte. Zudem seien die kontradiktorischen Verfahren und auch die internen Verfahren innerhalb des Rechnungshofes zu langwierig. Der Haushaltskontrollausschuss sei zudem für eine effektive parlamentarische Tätigkeit darauf angewiesen, dass die Berichte des Rechnungshofes so früh wie möglich kommen, dies ist nicht immer der Fall. Ein gewichtiger Vorwurf ist der, dass insbesondere der Präsident des Rechnungshof und andere Beamte des Rechnungshofes im Plenum und bei den Ausschuss-Sitzungen politische Wertungen abgeben, die ihnen nicht zustünden.[729]

727 *Union in Europa – Manfred Langen* (MdEP): Der Europäische Rechnungshof (http://www.euinfo.de/union/union_rechnungshof.htm, Stand 15.Mai 2002).

728 Vgl. Art. 89 Absatz 8 HO.

729 *Europäisches Parlament, Haushaltskontrollausschuss*: Bericht über die Reform der Haushaltskontrollverfahren und -instanzen, Ziffern 5, 6, 7, 9, 11; vom 06.12.2000, PE 285.866 (Morgan-Bericht 2000).

4.7.3 Die Kontrolle durch den Haushaltskontrollausschuss des Parlaments

In Bezug auf den Haushaltskontrollausschuss ist hier wieder zwischen seiner institutionellen Stellung (a) und seiner informatorischen Anbindung (b) zu unterscheiden.[730]

a) Tätigkeit des Haushaltskontrollausschusses: Der Haushaltskontrollausschuss hat 21 Mitglieder. Er ist formal und auch in der Praxis selbständig. Der Haushaltskontrollausschuss ernennt mehrere Berichterstatter für die Entlastung: einen für den Gesamthaushaltsplan, einen für den Funktionshaushalt der EGKS, einen für die Entlastung des EEF und einen für die "Satelliten"[731]. Der Haushaltsausschuss hat in der Regel 4–5 Monate Zeit, um seine Berichte und Empfehlungen vorzubereiten.[732] Dabei arbeitet er eng mit dem Haushaltsausschuss zusammen, denn die Grundlage seiner Berichte ist natürlich die Ausführung der Haushaltsmittel.

In den Mitgliedstaaten sind auch die Kontrollausschüsse durch das Regierungssystem oft an die parlamentarische Mehrheit und damit an die Regierung eng angebunden, dies wird in der Regel dadurch ausgeglichen, dass die Opposition den Vorsitz hat. In der EU ist dies nicht so. Der Ausschuss ist kein Unterausschuss des Haushaltsausschusses, sondern ein eigenständiger Ausschuss mit allen Rechten.

Der Haushaltskontrollausschuss hat im Rahmen der nachträglichen Kontrolle folgende Aufgaben:[733]

- die Kontrolle der finanziellen, haushaltspolitischen und administrativen Maßnahmen im Rahmen des Gesamthaushaltsplans der Europäischen Union (einschließlich des EEF);
- die Kontrolle der finanziellen und administrativen Tätigkeiten der EGKS und die Kontrolle der aufgrund einer Weisung der Kommission ausgeübten finanziellen Tätigkeiten der EIB;

730 Auch der Ausschuss der Ständigen Vertreter ist für die Prüfung des Rechnungshofberichtes für den Ministerrat zuständig, vgl. Tagung des *Rates* "Wirtschaft und Finanzen" am 26./27.11.00, Dok. 13861/00:2312. (nichtöffentliches Dokument), S. 14. Leider ist über dessen konkrete Tätigkeit wenig Material öffentlich zugänglich.

731 Der Begriff entspricht dem Begriff "Gemeinschaftsagentur". Eine solche ist eine Einrichtung des europäischen öffentlichen Rechts mit eigener Rechtspersönlichkeit und von den Gemeinschaftsinstitutionen abzugrenzen. Einen Überblick über die existierenden Agenturen erhält man unter http://europa.eu.int/agencies/index_de.htm.

732 Bis zum 15. November legt der Rechnungshof seinen Jahresbericht vor. Vor dem 30.04. des darauffolgenden Jahres muss die Entlastung erfolgt sein.

733 Vgl. hierzu die deutschsprachige Seite des Haushaltskontrollausschusses unter dem Stichwort "responsibilities" (http://www.europarl.eu.int/committees/cont_home.htm oder siehe Geschäftsordnung des Parlaments, aaO, Anlage IV: Zuständigkeiten der ständigen Ausschüsse des Parlaments, III. Ausschuss für Haushaltskontrolle.

- die Vorbereitung der Entlastungsbeschlüsse des Parlaments sowie die sie begleitenden oder durchführenden Maßnahmen (Art. 276 EGV);
- die Konten und Vermögensübersichten im Hinblick auf die Beschlüsse zum Rechnungsabschluss, zur Rechnungslegung und zur Kontrolle der Einnahmen und Ausgaben des Parlaments sowie die diese Beschlüsse begleitenden oder durchführenden Maßnahmen, insbesondere im Rahmen des internen Entlastungsverfahrens;
- den Rechnungsabschluss, die Rechnungslegung und die Kontrolle der Konten und Bilanzen der Europäischen Gemeinschaften, ihrer Organe und sonstigen von ihnen finanzierten Instanzen, einschließlich der Feststellung der zu übertragenden Mittel und der Festsetzung der Salden;
- die Evaluierung der Effizienz der verschiedenen Gemeinschaftsfinanzierungen, der Koordinierung der verschiedenen Finanzinstrumente und die Bewertung des Kosten-NutzenVerhältnisses bei der Durchführung der von der Europäischen Union finanzierten Maßnahmen;
- die Prüfung der Kreditbedingungen, der Finanzmechanismen und der Verwaltungsstrukturen zu ihrer Durchführung durch Untersuchung der Fälle von Betrügereien und Unregelmäßigkeiten;
- die Durchführung von Kontrollen, die Verhütung, Verfolgung und Bestrafung von Betrügereien und Unregelmäßigkeiten, die den Haushaltsplan der Europäischen Union und die Wahrung der finanziellen Interessen der Gemeinschaft ganz allgemein betreffen (Art. 280 EGV);
- die Prüfung der Berichte und Stellungnahmen des Rechnungshofs (Art. 248 EGV);

Mit dieser Aufgabenumschreibung ist zugleich ein nahezu vollständiger Überblick über die Aufgaben des Parlaments als politisches Entlastungsorgan der Kommission gegeben. Die Entlastung wird mittels der oben genannten Tätigkeiten vom Haushaltskontrollausschuss vorbereitet. Die Aufgaben des Haushaltskontrollausschusses werden von 87,5% seiner Mitglieder als Aufgaben angesehen, die nur von Spezialisten oder nach einer längeren Einarbeitungszeit verstanden werden können.[734] Daher ist eine gute Vorbereitung der Entlastung für das Parlament (Plenum) sehr wichtig. Die Abgeordneten müssen sich dabei auf die Empfehlungen des Ausschusses verlassen können.

b) Informationsfluss zwischen den Organen: Bei seiner Arbeit ist der Ausschuss stark auf Informationen und Unterlagen der Kommission angewiesen. Daher gibt es eine "Rahmenvereinbarung über die Beziehungen zwischen dem Europäischen Parlament und der Kommission" vom 20.07.2000, die in ihrer Ziffer 17

734 Dies und die folgenden Ergebnisse entstammen einer eigenen Umfrage 2001 unter den Mitgliedern des Haushaltskontrollausschusses. 20% der Mitglieder und stellvertretenden Mitglieder beteiligten sich an der Umfrage.

ausdrücklich regelt, dass die Kommission alle zur Entlastung notwendigen Unterlagen, Informationen, auch vertrauliche Dokumente herausgeben und rechtzeitig vorlegen muss.[735]

Die meisten Informationen, die der Haushaltskontrollausschuss benötigt, erhält er von anderen Ausschüssen des Parlaments bzw. vom Rechnungshof (vgl. Abb. 18). Er arbeitet zudem eng mit der Generaldirektion Haushalt zusammen. Allerdings bleibt die Qualität der Informationen aus der Kommission hinter der der Informationen aus dem Parlament und dem Rechnungshof zurück.

Abb. 18: **Informationsquellen des Haushaltskontrollausschusses**

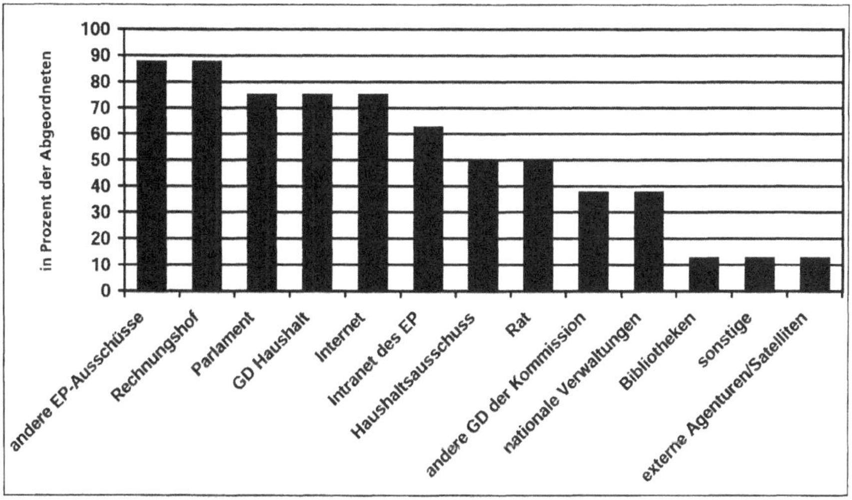

Eigene Darstellung, Eigene Umfrage 2001

Während die Mitglieder des Haushaltskontrollausschusses die Informationen von Parlament und Rechnungshof als immer gut und umfassend bzw. in der Regel gut und umfassend bewerteten, muss bei der Kommission manchmal oder des öfteren nachgefragt werden.[736] Bei der Art der Kontakte zwischen dem Haushaltskontrollausschuss und den EU-Institutionen überwiegen die persönlichen und telefonischen Kontakte innerhalb des Parlaments (vgl. Abb. 19). Viele Informationen beziehen die Ausschussmitglieder auch aus dem Intranet der EU, vor allem Informationen des Parlaments und der Kommission. Die Kontakte zum Rat sind eher selten, dabei überwiegt die telefonische Informationsbeschaffung.

735 *Europäisches Parlament:* Morgan-Bericht *2000,* Ziffer 20, PE 285.866.

736 62,5% bewerteten die Informationen aus dem Rechnungshof als immer gut bzw. in der Regel gut. 50% der Mitglieder bewerteten die Informationen aus dem Parlament als immer gut bzw. in der Regel gut. Jeweils 50% der Mitglieder sind der Ansicht, dass die Informationen der Kommission und des Parlaments zum Nachfragen Anlass geben.

Abb. 19: **Kontakte des Haushaltskontrollausschusses**

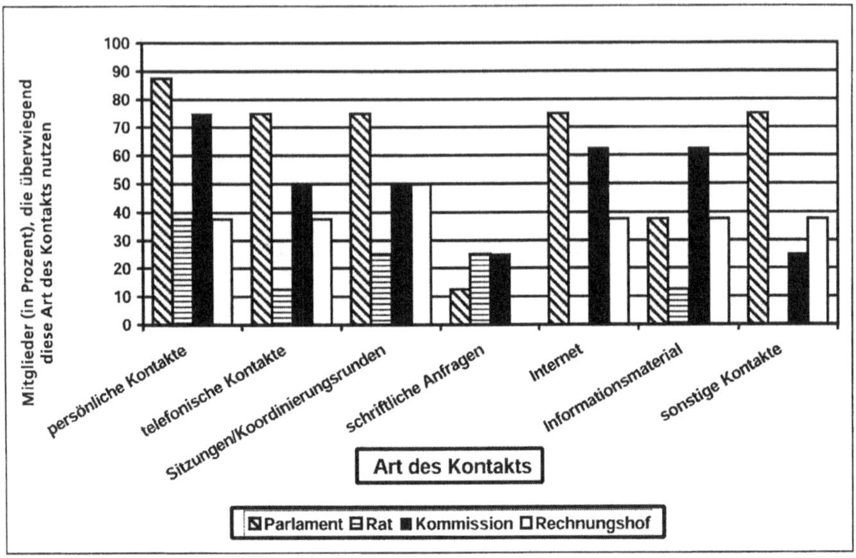

Eigene Darstellung, Eigene Umfrage 2001

Die etwas andere Informationsstruktur des Haushaltskontrollausschusses im Vergleich zum Haushaltsausschuss[737] erklärt sich aus den unterschiedlichen Aufgaben. So ist der Haushaltskontrollausschuss in erster Linie auf die Informationen der Kommission, des Rechnungshofes und auf die Zusammenarbeit mit dem Haushaltsausschuss angewiesen. Allerdings ist die Arbeit im Haushaltskontrollausschuss eher konfliktbeladen als konsensorientiert[738] als die im Haushaltsausschuss und wird zudem von den Ausschussmitgliedern innerhalb des Parlaments als nicht so angesehen bewertet[739].

4.7.4 Die Entlastung der Kommission durch das Parlament

Die Kommission hat nach Art. 275 EGV dem Ministerrat und dem Parlament die Haushaltsrechnung, die Vermögensübersicht und eine Übersicht über die Schulden der Gemeinschaft vorzulegen. Das anschließende Entlastungsverfahren bildet den Kern der parlamentarischen ex-post-Kontrolle. Es ist sowohl die Grundlage der Arbeit

737 Vgl. Kap. 4.5.4.

738 Eher konfliktbeladen meinten 37,5%; eher konsensorientiert meinten 25%; 37,5% machten keine Angaben.

739 Als nicht so angesehen empfinden ihre Arbeit 50% der Mitglieder, nur 12,5% empfinden sie als angesehen. 37,5% machten keine Angaben.

des Haushaltskontrollausschusses, als auch die politische Folge der Arbeit des Rechnungshofes, als auch Grundlage für Veränderungen und Verbesserung der Ausführungstätigkeit der Kommission.[740] Hier wird zunächst das Entlastungsverfahren vorgestellt (a), bevor auf die Probleme der Entlastung eingegangen wird (b).

a) **Entlastungsverfahren:** Die Haushaltsrechnung und die Vermögens- und Schuldenübersicht wird zunächst vom Ausschuss der Ständigen Vertreter (AStV) geprüft, der dem Ministerrat eine Beschlussempfehlung gibt. Der Ministerrat beschließt dann mit qualifizierter Mehrheit eine Empfehlung zur Entlastung oder Nichtentlastung der Kommission.[741] Der Ministerrat legte erstmals 1999 mehr als nur einen Beschluss vor, er erstellte ein Dokument zur Entlastung der Kommission.[742] Das Verfahren für die Erstellung des Dokuments ist schwierig. Der Vorsitz im Ministerrat muss eine Initiative zur Erstellung einer Analyse ("comments accompanying the Council recommendation on the discharge to be given to the Commission") ergreifen, wofür er die Zustimmung aller anderen Mitgliedstaaten benötigt. Dies war wohl auch der Grund, warum der Ministerrat bis dahin nie davon Gebrauch gemacht hat.

Der Haushaltskontrollausschuss legt dem Parlament einen Bericht zur Entlastung vor, der von seinem Berichterstatter für die Entlastung gefertigt wurde. Dieser Bericht enthält einen Beschlussvorschlag zur Erteilung oder Verweigerung der Entlastung, einen Beschlussvorschlag zum Rechnungsabschluss und einen Entschließungsantrag mit den Bemerkungen zur Entlastung sowie die jeweiligen Begründungen.[743] Der Haushaltskontrollausschuss lädt die Kommission, den Ministerrat und auch den Rechnungshof in seine Sitzungen zur Entlastungsvorbereitung ein. Bis 1999 waren die Diskussionen "mit dem Rat gewöhnlich ohne echten Inhalt"[744], da der Ministerrat in der Regel nicht genügend vorbereitet war.

Nachdem die Vorarbeiten durch den Haushaltskontrollausschuss abgeschlossen sind, kann das Parlament der Kommission die Entlastung erteilen. Da in Art. 276 EGV keine andere Mehrheit vorgesehen ist, richtet sich die Beschlussfassung nach Art. 198 EGV. Das Parlament beschließt mit absoluter Mehrheit der abgegebenen Stimmen (einfache Mehrheit).[745] Darauf weist auch die Geschäftsordnung des Parlaments hin, die sowohl für den Beschluss über den Rechnungsabschluss als auch für den Ent-

740 *Europäisches Parlament, Generaldirektion Wissenschaft*: Die Parlamentarische Kontrolle, aaO, S. 6, PE 168.431/rev.

741 Art. 276 Abs.1 EGV.

742 Und zum Folgenden: *Europäisches Parlament, Generaldirektion Wissenschaft*: Parlamentarische Kontrolle , S. 7f., PE 168.431/rev, aaO.

743 Art. 3, Anlage V zu Art. 93 GO Parlament.

744 *Europäisches Parlament, Generaldirektion Wissenschaft*: Parlamentarische Kontrolle, S. 8f., PE 168.431/rev, aaO.

745 Dies war sehr umstritten, dazu siehe auch: *Europäisches Parlament, Ausschuß für konstitutionelle Fragen:* Arbeitsdokument über Änderungen der Bestimmungen der Geschäftsordnung betreffend das Entlastungsverfahren, S. 11, PE 304.305 vom 27.03.2002.

lastungsbeschluss die absolute Mehrheit vorsieht.[746] Über beide Beschlüsse wird getrennt abgestimmt.[747] Der Beschluss über den Rechnungsabschluss ist notwendige Voraussetzung für die Erstellung der Rechnungen in den folgenden Haushaltsjahren. Dieser Beschluss darf nicht endgültig verweigert werden. Mit ihm wird die Haushaltsrechnung "sowohl hinsichtlich der konkret ausgewiesenen Beträge als auch im Hinblick auf ihre rechnerische Vereinbarkeit mit dem Haushaltsplan des betreffenden Jahres endgültig verbindlich festgestellt"[748]. Der Entlastungsbeschluss stellt als politischer Beschluss die "Entlastung im engeren Sinne" dar. Eine Pflicht zur Entlastung besteht hier nicht. Rechtlich hat der Entlastungsbeschluss, anders als der Rechnungsabschluss, keine unmittelbaren Wirkungen.

Die Beschlüsse und die Entschließung werden vom Parlamentspräsidenten an die anderen Organe übermittelt und dann im Amtsblatt veröffentlicht.[749]

Kann das Parlament vor dem 30. April keine definitive Entscheidung treffen, so teilt es der Kommission die Gründe für den Aufschub dieser Entscheidung mit.[750] In diesem Falle enthält der Entschließungsantrag die Gründe für den Aufschub und formuliert Auflagen, die in einer vorgegebenen Frist zu erfüllen sind. Dabei werden in den Entlastungsbemerkungen unterschiedliche Sprachregelungen benutzt, um die Kommission darauf hinzuweisen, welche Konsequenzen einzelne Mängel für die Kommission zeitigen:[751]

- Aufforderungen bedeuten, dass sie von der Kommission befolgt werden müssen.
- Empfehlungen werden durch Kommission geprüft und müssen nur dann nicht befolgt werden, wenn triftige Gründe vorliegen.
- Macht das Parlament Vorschläge, müssen diese von der Kommission geprüft werden und dem Parlament begründet beantwortet werden.

b) Probleme im Entlastungsverfahren: Ist die Kommission den Bemerkungen nachgekommen, wird der Haushaltsausschuss in einem zweiten Bericht die Entlastung empfehlen. Das Parlament muss erneut darüber abstimmen. Soll die Entlastung endgültig nicht erteilt werden, ist auch darüber nochmals abzustimmen.

---

746 Art. 5 Nr. 5 der Anlage V zu Art. 93 GO EP.

747 Dies ist schon wegen der Möglichkeit, die Entlastung aufzuschieben oder zu verweigern, notwendig (Saldoverbuchung des Rechnungsabschlusses). Vgl. *Europäisches Parlament, Ausschuß für konstitutionelle Fragen:* Arbeitsdokument betreffend das Entlastungsverfahren, S. 12, PE 304.305 vom 27.03.2002.

748 Hierzu und zum Folgenden *Niedobitek, Mathias*, Art. 276 Rn. 14ff., in: *Streinz, Rudolf* (Hrsg.): aaO (Manuskript).

749 Art. 6 der Anlage V zu Art. 93 GO Parlament.

750 Art. 89 Ziffer 4 HO, Art. 2, 4 der Anlage V zur GO Parlament.

751 *Theato, Diemut R. / Graf, Rainer*, aaO, S. 130f.; *Strasser, Daniel*: aaO, S. 305f.; *Rossi, Matthias*: aaO, S. 162, Die Anmerkungen des Parlaments entfalten so mittelbare Rechtswirkungen. *Niedobitek, Mathias*, Art. 276 RN 18, in: *Streinz, Rudolf* (Hrsg.): aaO.

Innerhalb des Entlastungsverfahrens gibt es zwei unterschiedliche Problemkreise: einerseits die Verweigerung der Entlastung, andererseits der Umfang des Entlastungsbeschlusses.

- **Entlastungsverweigerung:** Fraglich ist, ob das Parlament der Kommission die Entlastung verweigern kann. Diese auf den ersten Blick merkwürdige Frage ergibt sich aus der Tatsache, dass es keine Rechtsnorm im Primär- oder Sekundärrecht gibt, die festschreibt, was die Voraussetzungen für eine Entlastung durch das Parlament sind. Zwar wird der Rechnungshof verpflichtet, die Rechtmäßigkeit, die Ordnungsmäßigkeit und die Wirtschaftlichkeit zu prüfen, nicht aber das Parlament. Man könnte aus der Regelung, dass das Parlament die Berichte des Rechnungshofes vor dem Entlastungsbeschluss zu prüfen habe[752], schlussfolgern, dass die Maßstäbe des Rechnungshofes natürlich auch das Parlament zugrunde zu legen habe.[753]

  Sieht man im Entlastungsverfahren eine politische Beurteilung der von der Kommission für die Ausführung des Haushaltsplans wahrgenommenen Verantwortung, dann muss auch die Umsetzung der Programmfunktion eine Rolle spielen. Daraus folgt zugleich, dass dem Parlament eine echte Entlastungsbefugnis nur dann zukommt, wenn es dieselbe auch verweigern kann. Dient die Entlastung in den Nationalstaaten zugleich auch als Instrument zum Schutz der parlamentarischen Opposition[754] (weil sie die Diskussion um die Finanzen im Plenum überhaupt erst ermöglicht), so trifft dieses Argument auf die EU-Ebene jedenfalls nicht zu. Die enge Verflechtung von Regierung und Parlamentsmehrheit in parlamentarischer Demokratien gibt es auf europäischer Ebene nicht. Aus Sicht der politischen Kontrolle scheint zunächst ein "Idealfall" vorzuliegen: eine von der Legislative unabhängige Exekutive. Dies trifft aber nur für die parlamentarische Legislative zu, die zudem weniger Legislativrechte als der Ministerrat hat. Auch verfügt die Exekutive selbst über einen Teil der Legislativbefugnisse (Initiativrecht). Um so mehr Kontrolle ist nötig.

  Das Parlament hat die Verweigerung der Entlastung ausdrücklich in seine Geschäftsordnung aufgenommen.[755] Das Problem, welches sich daraus ergibt, sind die Konsequenzen. Welche politischen Folgen hat eine nichterteilte Entlastung? In Nationalstaaten ist eine verweigerte Entlastung auch ein Urteil über die politische Spitze der Exekutive: der Regierung. Allerdings ist es oft auch nicht

752 Art. 276 Abs. 1 EGV.

753 In dem Fall würde jede nicht positive Zuverlässigkeitserklärung (DAS) des Rechnungshofes quasi zwangsläufig zu einer Entlastungsverweigerung führen. Da dem nicht so ist – und auch nicht sein soll, weil der Rechnungshof sonst eine über das Parlament laufende Sanktionsmöglichkeit hätte, was gerade nicht gewollt ist – müssen andere Prüfungsmaßstäbe greifen. Die ordnungsgemäße Haushaltsführung kann also nicht ausreichen, um die Entlastung zu gewähren.

754 *Rossi, Matthias*: aaO, S. 157 m.w.N.

755 Art. 3a, 5 der Anlage V zur GO Parlament.

mehr.[756] Auf der EU-Ebene gibt es – neben den Kommis-saren – aber keine echte politische Spitze der Exekutive. Daher wird oft geschlussfolgert[757], dass die Verweigerung der Entlastung implizit einem Misstrauensvotum gegen die Kommission gleichkomme.[758] Misstrauensvoten gegen die Exekutive gibt es auch in parlamentarischen Demokratien, dort ist es aber die Folge davon, dass der Bestand der Regierung vom Vertrauen des Parlaments abhängt.[759] Der Bestand der politischen Spitze der Kommission hängt hingegen nur bedingt vom Vertrauen des Parlaments ab, da die Kommission durch die Regierungen der Mitgliedstaaten im Einvernehmen mit dem Kommissionspräsidenten (der durch den Europäischen Rat gewählt wird) benannt wird und das Parlament nur einen Zustimmungsvorbehalt zur Kommission als Ganzes hat.[760] Das führt oft zur "Verquickung" der beiden Verfahren: Entlastung und Misstrauensvotum.[761] Dazu trägt die institutionelle Situation des Parlaments noch bei. Die Erteilung der Entlastung (bzw. ihre Verweigerung) ist das einzige Recht, welches ihr ungeteilt im Haushaltsverfahren zusteht. Nur darüber kann sie sich politische Aufmerksamkeit verschaffen und öffentlichkeitswirksam arbeiten.[762]

---

756 In Deutschland ist die Entlastung selbst bei wechselnden Mehrheiten bisher immer erteilt worden. Vgl. *Hömig, Dieter / Seifert, Karl-Heinz*: Grundgesetz für die Bundesrepublik Deutschland, Taschenkommentar, Baden-Baden 1999, Art. 114, RN 2.

757 Vgl. *Theato, Diemut R. / Graf, Rainer*, aaO, S. 132; *Rossi, Matthias*: aaO, S. 156. Rechtlich anders: *Niedobitek, Matthias:* Art. 276, RN 17f., in: Streinz, Rudolf: aaO, der der Verweigerung der Entlastung überhaupt keine unmittelbare Rechtswirkung zuerkennt.

758 Interessant ist, dass das Mißtrauensvotum institutionell der Globalablehnung des Haushalts gleichgestellt wird (dieselben Mehrheiten), die Erteilung der Entlastung (bzw. ihre Verweigerung) aber nur die absolute Mehrheit der abgegebenen Stimmen erfordert. Vgl. auch frühere Regelung in Art. 5 Anlage V der GO Parlament: Stimmenmehrheit der Mitglieder.

759 So z.B. in Deutschland, vgl. *Hömig, Dieter / Seifert, Karl-Heinz*: aaO, Art. 67 RN 1.

760 Art. 214 EGV.

761 Vergleiche das Beispiel der Entlastung der Kommission für den Haushalt 1996. Die Streitigkeiten führten schließlich zum Rücktritt der Santer-Kommission. *Lautz, Andreas:* Das erste Mißtrauensvotum des Europäischen Parlaments gegen die Europäische Kommission, S. 439–459, Zeitschrift für Politikwissenschaft, Heft 2, 1999 und *Europäisches Parlament, Generaldirektion Wissenschaft*: Parlamentarische Kontrolle, S. 6, PE 168.431/rev, aaO.

762 ROSSI ist der Ansicht, dass auch auf der EU-Ebene die praktische Bedeutung der Entlastungsverweigerung gering sei, weil Kommission vertraglich ausdrücklich verpflichtet ist, auf die Bemerkungen im Entlastungsbeschluss des Parlaments zu reagieren. Das Parlament habe so die Möglichkeit, seine politische Kritik in die Bemerkungen zu schreiben und müsse nicht die gesamte Entlastung als solche verweigern. Aber auch die Tatsache, dass die vom Parlament aufgezählten Mängel während der Haushaltsausführung nun künftig von der Kommission beachtet werden müssen, ist kein hinreichender Grund, dem Parlament das Recht zur Verweigerung der Entlastung abzusprechen. Vielmehr bindet diese Regel den Agenten Kommission an den Prinzipal, der auch den Haushaltsplan beschlossen hat. Zudem wird dadurch die nächste Frage aufgeworfen: Was passiert, wenn die Kommission die Bemerkungen des Parlaments ignoriert? Sofern die Kommission noch nicht entlastet ist, wird das Parlament endgültig die Entlastung verweigern. Eine politische Entlastung zeigt keine Rechtsfolgen, sie entlastet die Kommission nicht hinsichtlich ihrer rechtlichen Verantwortung. *Rossi, Matthias*: aaO, S. 160f.

Die Entlastung zwingt das Parlament zum Abwägen zwischen seiner politischer Kontrollfunktion und der Verantwortung für die Programmplanungsfunktion, jedenfalls in den Haushaltsjahren, in denen über eine neue IIV (und "Finanzielle Vorausschau") verhandelt wird.[763] Verweigert das Parlament in einem solchen Jahr die Entlastung, dann kann es nicht auf die Unterstützung der Kommission rechnen, auf die es doch gerade dann angewiesen ist.
In den letzten Jahren ist das Parlament dazu übergegangen, die Entlastung unter Auflagen aufzuschieben. So verschob es z.B. die Entlastung des Haushalts 1998, da ihm die vom Rechnungshof festgestellte Fehlerquote in Höhe von 5% zu hoch erschien und es Konsequenzen der Kommission in einer Reihe von Affären vermisste.[764] Der Haushaltsausschuss sprach dabei von "Verschleiern und vergessen."[765] Der Aufschub der Entlastung hat aber zur Folge, dass sich das Entlastungsverfahren noch länger hinzieht, als es ohne schon ist. Selbst bei im Zeitrahmen liegenden Entlastungsverfahren (zwei Jahre, 4 Monate) kann das Parlament der verantwortlichen Kommission nur für zwei Haushalte Entlastung gewähren, da eine Kommission immer für 5 Jahre ernannt wird. Viele Haushaltsentlastungen laufen also gegenüber einer Exekutive ab, die gar nicht für die Haushaltsausführung verantwortlich war.[766]

- **Umfang der Entlastung:** Wesentlich problematischer ist dagegen die gesamte institutionelle Schräglage, die sich im Entlastungsverfahren offenbart. Das Parlament, welches nur über ca. 50% des Haushalts beschließt (nichtobligatorische Ausgaben)[767], ist für die Entlastung des gesamten Haushalts zuständig. Das Parlament muss also unter Umständen der Kommission eine gute Haushaltsausführung für Politikbereiche bescheinigen, für die es selbst vielleicht keine Mittel im Haushalt aufgrund seiner Prioritäten bereitgestellt hätte. Die Kommission ist rechtlich für die Haushaltsausführung zuständig, kann aber aufgrund der Vollzugsstrukturen nur über ca. 10% tatsächlich selbst die Verantwortung übernehmen. Die restlichen Ausgaben werden von den Mitgliedstaaten getätigt, die kein Interesse an einer allzu genauen Kontrolle durch die Kommission haben. Zudem

763 Z.B. So waren im Jahr 1999 die abschließenden Verhandlungen zur Agenda 2000 und gleichzeitig die Entlastung für den Haushalt 1997.

764 Z.B. Fléchard-, ECHO- und MED-Affaire, vgl. *Europäisches Parlament, Haushaltsausschuss*: Bericht über den Aufschub der Entlastung der Kommission für die Ausführung des Gesamthaushaltsplans der Europäischen Union für das Haushaltsjahr 1998, Fléchard-Affaire S. 76f., ECHO-Affaire S. 17, 129ff., MED-Affaire S. 17f., PE 285.792 (Stauner-Bericht 1999).

765 Das Parlament machte der Kommission Auflagen. So sollte bis 2001 die Fehlerquote um 2% gesenkt werden, bis spätestens 2003 sollte der Rechnungshof eine positive Zuverlässigkeitserklärung abgeben (DAS) und OLAF sollte in der Fléchard-Affaire eingeschaltet werden.

766 So ist es zwar auch in den Mitgliedstaaten, aber hier wird die Regierung entweder direkt durch den Wähler oder über das Parlament bestimmt. Bei der Kommission gibt es diese Anbindung so nicht.

767 Für die anderen 50% ist der Ministerrat verantwortlich (obligatorische Ausgaben).

kann der Ministerrat entweder im Rahmen der Komitologie gemeinsam mit den Mitgliedstaaten oder aufgrund sich selbst gegebener Verwaltungsbefugnisse in den Vollzug der Kommission (bzw. der Mitgliedstaaten) eingreifen.

Schließlich kann ist zu bedenken, dass die Finanzielle Vorausschau, die Interinstitutionelle Vereinbarung und der Eigenmittelbeschluss den jährlichen Haushalt in ein Korsett zwängen, der den Haushalt in Bezug auf die Höhe und die Verteilung der Mittel auf die Ausgabenbereiche vorstrukturiert. Im jährlichen Haushaltsverfahren selbst kann die Kommission über ihre politische Programmierung die "Feinstrukturierung" des Haushalts in einem weit größerem Maße prägen, als dies dem Parlament möglich ist. Das einzige, was das Parlament tatsächlich mit der (positiven) Entlastung sagen kann, ist, dass Vollzugsprobleme in den Mitgliedstaaten nicht entdeckt wurden und die Zielsetzungen des Europäischen Rates, des Ministerrates und der Kommission zahlenmäßig umgesetzt wurden.

4.7.5 Die Bewertung der Kontrollphase anhand der Budgetfunktionen

(1) Politische Programmfunktion: Das Parlament versucht die Instrumente, die ihm hier zur Verfügung stehen, vollständig auszunutzen. Da es aber von vornherein an einer echten Programmbestimmung des Parlaments fehlt, kann es letztlich nur innerhalb der ihm zugeteilten hälftigen Befugnisse tätig werden. Aber auch dort ist es zum Großteil auf die Definitionen der Ziele angewiesen, die die Kommission und der Ministerrat (z.B. im Rahmen der Strukturfonds) vorgeben. Es findet weniger eine Überprüfung des Haushalts im Sinne einer politischen Zielerreichungskontrolle statt, als eine politische Kontrolle des tatsächlichen Ausgabeverhaltens der Kommission. Die Frage, ob bestimmte Programme ihren Zweck erfüllt haben, die gegebenenfalls dazu führt, auch künftig auf bestimmte Ausgaben (Aufgaben) zu verzichten, wurde bisher nur sehr eingeschränkt berücksichtigt. Hier leistet die Kommission durch die neuen, verbesserten Instrumente der Evaluierung im Anschluss bzw. begleitend an den Vollzug mehr, als es das Parlament kann. Für den Ministerrat scheint sich die Frage der Programmatik gar nicht zu stellen. Dies ist natürlich eine Folge der vorhergehenden Haushaltsphasen, insbesondere der Finanzplanung der langfristigen Einnahmen und Ausgaben und der Verabschiedung des Haushalts. Es geht offensichtlich weniger darum, bestimmte Programme effizient und wirksam umzusetzen, sondern die einmal zwischen Ministerrat und Parlament verteilten Mittel auch auszugeben. Dies zeigt schon die immer wieder anzutreffende Bezugnahme auf die Verwendungsraten der Haushaltsmittel ("Tonnenideologie"). Dabei zielt die bisherige Kritik zumeist nicht auf den Output, sondern auf eine rein technische Erhöhung der Ausschöpfungsquoten der Haushaltsmittel.

Eine Kontrolle mit Blick auf die programmatische Ausrichtung der Integrations- und Kompensationsmittel findet überhaupt nicht statt. Dies liegt natürlich auch daran, dass es schon seit der Finanzplanungsphase an einer tatsächlichen Einbeziehung der Integrations- oder Kompensationsfunktion fehlt. Die Ausweisung der Kosten für die Erweiterung im Rahmen der "Heranführungshilfen" dient ja nicht in erster Linie der Erfüllung der Integrationsfunktion, sondern der Deckelung dieser Ausgaben zugunsten der Ausgabenrückflüsse an die bisherigen Mitgliedstaaten. Andere Integrations- oder Kompensationskosten sind programmatisch gar nicht erfasst. Zwar werden die Mittel für diese Funktionen, die ja tatsächlich indirekt vorhanden sind, im Rahmen der allgemeinen Kontrolle geprüft – aber auch fehlt es an einer programmatischen Zielkontrolle.

Positiv im Lichte der politischen Funktion sind hier vor allem die Sonderberichte des Rechnungshofs, der immer wieder auch die Zweckmäßigkeit der einzelnen Maßnahmen und Instrumente mit Blick auf die Effizienz der Haushaltsmittel untersucht. Auch in den Jahresberichten geht der Rechnungshof regelmäßig auf die Zielerreichung der Maßnahmen ein. Dies könnte seitens des Parlaments noch stärker genutzt werden, insbesondere hinsichtlich künftiger Haushaltsverfahren und der Einführung neuer Instrumente bzw. Abschaffung bisheriger Programme. Allerdings wird die Handlungsfähigkeit des Parlaments durch die Existenz der Finanziellen Vorausschau und z.B. der Mehrjahresprogramme eingeschränkt, da darin für lange Zeiträume bestimmte Interventionen festgeschrieben sind. Diese lassen sich nur durch aufwendige Revisionsverfahren und Gesetzesänderungen abändern.

(2) Politische Kontrollfunktion: Ein Parlament rechtfertigt nicht zuletzt durch öffentliche politische Kontrolle seine Existenz. Das Problem ist auch hier die zweigeteilte Haushaltsbehörde. Das Parlament kontrolliert einen Haushalt, der stark vom Ministerrat beeinflusst wurde und in dessen Vollzug erneut der Ministerrat eingegriffen hat. Allerdings hat das Parlament hier zum ersten Mal eine sehr starke und dominante Rolle gegenüber der Kommission. Der Ministerrat hat sich völlig aus der Kontrolle zurückgezogen. Ein Teil der Legislative kontrolliert also nicht. Da auch eine echte vorherige Planung (Programmfunktion) nicht stattgefunden hat, wird die politische Kontrolle inhaltlich eingeschränkt.

Die politische Kontrolle leidet zudem darunter, dass das Parlament unter einer abgeschwächten Wiederwahlrestriktion steht. Öffentlichkeitswirkung hat die politische Kontrolle nur in spektakulären Fällen, wenn z.B. ein Misstrauensvotum angedroht wird.

In der letzten Phase des Haushaltskreislaufs zeigen sich nun ganz deutlich die Konsequenzen aus der Verteilung der Verfügungsrechte und der Verfahrensbeeinflussung durch interinstitutionelles Recht für die politische Kontrollfunktion. Der jährliche Haushalt, der durch die Finanzielle Vorausschau und die Interinstitutionelle Vereinbarung vorgeprägt ist, wird ausgerechnet von dem Organ kontrolliert, welches die (vertraglich) schwächste Stellung im Haushaltskreislauf hat. Das scheint institutionell so gewollt zu sein, da so die nationalen Interessen gewahrt bleiben können.

Für die Kontrolle der Eigenmittel sind die Kommission, der Rechnungshof und das Parlament zuständig (formelles und materielles Verfügungsrecht). Hier mangelt es auf der EU-Ebene nicht an Kontrollanreizen (mehr Budget), sondern an den Kontrollmöglichkeiten. Denn auch hier verfügen nur diejenigen über die Informationen, die kontrolliert werden sollen. Die Gesetzgebungskompetenz für die Kontrolle der Eigenmittel im Rahmen des Eigenmittelbeschlusses liegt beim Ministerrat, der nach Vorschlag der Kommission, nach Anhörung des Parlaments und des Rechnungshofes einstimmig die Vorschriften erlässt.[768] Damit erlässt genau das Gremium, welches das geringste Interesse an der Abführung der Eigenmittel hat, die Kontrollvorschriften. Die Mitgliedstaaten sind an wirklich genauen Kontrollen nicht so interessiert, denn dadurch erhöhen sich die Mittel, die sie an die EU abführen müssten. Die Kommission hat zwar ein Interesse an der Durchführung der Kontrollen[769] und ist auch für den vollständigen Zufluss der Eigenmittel an den Gesamthaushalt verantwortlich, hat aber nur beschränkte Befugnisse.[770] Auch der Rechnungshof kann letztlich nur das überprüfen, was ihm die Mitgliedstaaten in ihren Unterlagen mitteilen, hat also keine direkten Kontrollbefugnisse (außer bei den TEM). Das Parlament ist auf die Ergebnisse von Kommission und Rechnungshof angewiesen und hat selbst keine eigenständigen Kontrollkompetenzen. Es "nickt" die Berichte über die Einnahmen mehr oder weniger ab.

Bei der nachträglichen Ausgabenkontrolle werden sowohl das Parlament als auch der Rechnungshof tätig (formelles Verfügungsrecht). Das Parlament entlastet die Kommission, die ca. 80% der Mittel nicht selbst verwaltet. Zudem ist die Kommission für den Vollzug obligatorischer und nichtobligatorischer Ausgaben zuständig. Das Parlament übernimmt also auch die Entlastung für diejenigen Ausgaben, über die der Ministerrat beschließt. Somit ist das materielle Verfügungsrecht des Parlaments eingeschränkt. Auch der Haushaltskontrollausschuss, der dem Parlament zuarbeitet, kann dies nicht kompensieren. Diese Mängel wirken sich im Rahmen der funktionalen und finanziellen "accountability" aus. Der Rechnungshof ist vergleichbar mit den nationalen externen Kontrollbehörden. Der Rechnungshof versteht sich als Agent des Parlaments bzw. des europäischen Steuerzahlers. Er hat weitgehende Befugnisse und kann auch selbständig tätig werden. Der Rechnungshof ist daher von erheblicher Bedeutung im Rahmen der politischen Kontrollfunktion. Er sieht sich allerdings vor dem Problem, überregulierte Bereiche prüfen zu müssen und ist für den dezentralen und geteilten Vollzug auf die Mitarbeit der nationalen Kontrollbehörden angewiesen. Zwischen dem Rechnungshof und diesen

768 Art. 8 Abs. 2 Eigenmittelbeschluss 2000, aaO, so auch die bisherigen Eigenmittelbeschlüsse.

769 Je höher die Eigenmittel, desto größer das Budget, welches die Kommission (im Rahmen des Haushaltsplans) verausgaben kann.

770 So schon 1991 auch *Fugmann, Friedrich*: aaO, S. 204f.

"Unteragenten" besteht kein echtes Prinzipal-Agent-Verhältnis. Die nationalen Kontrollbehörden haben zudem durch die EU-Gelder zusätzlichen Kontrollaufwand, der – bei konsequenter Fehleraufdeckung – dazu führen kann, dass die Kofinanzierungen wegfallen. Die einzige Sanktionsmöglichkeit des Rechnungshofes ist die Öffentlichkeit, die er sehr intensiv (z.B. durch das Einstellen sämtlicher Berichte auf den Internetseiten des Rechnungshofes) nutzt.

Hinzukommt, dass weder Ministerrat, noch Kommission, noch Parlament, noch die Mitgliedstaaten bisher ein besonderes Interesse an echter politischer Kontrolle gezeigt haben.[771] Kontrolle hat grundsätzlich auch den Zweck, diskretionäre Spielräume aufzufinden und einzuschränken. Die Kommission hat im Vollzug recht weite Spielräume. Eine noch schärfere Kontrolle würde dies aufdecken und zudem das positive Image der Kommission als "Motor der Integration" und "Hüterin der Verträge" beschädigen.[772] Zudem würden gegebenenfalls diverse Programme und Aktivitäten programmatisch in Frage gestellt, über deren Budget sich die Kommission definiert (Budgetmaximierung).

Das Interesse des Ministerrates an Kontrollen ist von allen Organen am geringsten entwickelt. Der Ministerrat vertritt in der Regel nationale Interessen und selbst wenn er "europäische" Interessen vorgibt, so stecken doch meist Kompensationsgeschäfte nationaler Regierungen zu Lasten der europäischen Ebene dahinter. Politische Kontrolle im Sinne des EU-Wählers ist seitens des Ministerrats gar nicht gewollt. Dies vor allem deswegen, weil dann die fehlende Einbindung des Zahlers auf der EU-Ebene erkennbar würde (Steuer-Ausgaben-Mechanismus). Über die Beitragszahlung der Mitgliedstaaten definiert der Ministerrat aber den Umfang seiner Kompetenzen und damit seiner institutionellen Macht. Eine politische Kontrolle des Haushalts auch im Sinne von Wirtschaftlichkeit und Sparsamkeit würde zudem zahlreiche Kompensationsgeschäfte von Europäischem Rat und Ministerrat aufdecken.

Das Parlament – so eine Selbstaussage – misst der Kontrolle der Haushaltsausführung grundsätzlich eine größere Rolle zu, als das in den Nationalstaaten der Fall ist.[773] Das Problem ist aber, dass es einmal den Haushalt als Gesetzgebungsinstrument benutzt und zudem auf eine gute Zusammenarbeit mit der Kommission angewiesen ist. Nur über das Initiativrecht der Kommission kann das Parlament seine eigenen Befugnisse (in rechtlicher und tatsächlicher Hinsicht) ausweiten. Bei der Entlastung geht es dem Parlament deshalb weniger darum, politische Verantwortlichkeiten zu sanktionieren. Es benutzt vorrangig das Instrument der Aufschiebung der Entlastung, um mittels des politischen Drucks mehr legislativen Einfluss zu erhalten. Dabei ist das Parlament eher an konkreten einzelnen Ver-

771 Vgl. dazu auch *Wenzler, Hariolf*: aaO, S. 583f.

772 *Europäisches Parlament, Generaldirektion Wissenschaft*: Parlamentarische Kontrolle, S. 11, PE 168.431/rev, aaO.

773 Und zum Folgenden: ebd. S. 6f.

änderungen als an grundlegenden Veränderungen interessiert.[774] Dies kann positiv auch als ein institutioneller Anreiz zur Kontrolle für das Parlament gewertet werden.

Die Mitgliedstaaten profitieren momentan von den erheblichen Informationsasymmetrien und den langen Prinzipal-Agent-Ketten am meisten. Daher sind auch sie an effektiven Kontrollen nicht interessiert. Zwar kann zunächst vermutet werden, dass vor allem die "Nettozahler" sehr an Kontrollen interessiert sein müssten, da sie nach ihrer Auffassung mehr zum Haushalt beisteuern, als die "Nettoempfänger". Da aber bessere Kontrollen auch die Höhe der Rückflüsse und dadurch den Status verändern könnten, ist dem wohl nicht so. Zudem gibt es in den Mitgliedstaaten ein unterschiedliches Schutzniveau für staatliche Finanzen. Dies gilt sowohl im administrativen, als auch im strafrechtlichen Bereich.[775] Auch dieses erschwert die Kontrolle durch eine übergeordnete Ebene.

In der Ausgestaltung der EU als vollzugsföderalistisches System sind zudem bei einem Großteil der Ausgaben und auch den Einnahmen Kontrollprobleme schon intendiert. Die Vielzahl der Vollzugsarten, Zuwendungsempfänger und finanziellen Transaktionen verursachen hohe Überwachungs-, Informations- und Koordinierungskosten. Sind die Transaktionskosten aber zu hoch, wird die Transaktion nicht oder nicht vollständig durchgeführt.

Mit der Schaffung von OLAF hat vor allem das Parlament versucht, einen Teil der Probleme aus dem horizontalen Institutionengefüge herauszunehmen. Diese Institution ist aber unzureichend bis gar nicht an die europäischen Institutionen rückgekoppelt und hat daher die Möglichkeit, die Art und den Erfolg der Kontrollen selbst zu bestimmen.

Das Hauptproblem ist jedoch, dass das Parlament als Inhaber des formellen und materiellen Verfügungsrechts nicht über Sanktionsmöglichkeiten verfügt. Die politische Kontrolle bleibt folgenlos – jedenfalls aus Sicht des Steuerzahlers. Zwar ist die letzte Kommission nach einer Reihe von Skandalen zurückgetreten. Das Parlament war zwar der Auslöser dafür, hatte aber gar keine Möglichkeiten, den Rücktritt der Kommission zu erzwingen.[776] Dies ist in vielen Nationalstaaten ähnlich, doch ergibt sich hier das besondere Problem der fehlenden Rückkoppelungsfunktion. In den Nationalstaaten wird durch die legislative Verabschiedung des Budgets der Exekutive der Vollzugsauftrag erteilt. Daher muss die Legislative auch den Vollzug kontrollieren.

---

774 *Theato, Diemut R. / Graf, Rainer*: aaO, S. 131.

775 *Theato, Diemut R.*: Das Europäische Parlament als Teil der Haushaltsbehörde und parlamentarisches Kontrollorgan: Ein Widerspruch? Haushaltskontrolle, Beziehungen zum Rechnungshof, zur Finanzkontrolle und zur UCLAF, S. 1, Informationen der CDU/CSU-Gruppe im Europäischen Parlament (http://www.europarl.eu.int/ppe/cdu-csu/themen/Haushalt_002.htm, Stand: 03.05.01).

776 *Lautz, Andreas*: aaO, S. 439ff.

Abzuwarten bleibt, wie sich die neuen Strategien der gemeinsamen politischen Kontrolle durch Ministerrat, Kommission und Parlament entwickeln. Die jetzige Verfügungsrechteverteilung gibt jedoch Anlass zur Skepsis. In der Regel arbeiten die Organe nur dann zusammen, wenn es insgesamt ihren Interessen nützt. Inwieweit sich diese Interessen mit den Interessen der Wähler decken, wird zu prüfen sein.

(3) Finanzwirtschaftliche Ordnungsfunktion: Kontrolle ist in hohem Maße auch Voraussetzung für die finanzwirtschaftliche Ordnung kommender Haushaltsjahre. Ohne die Überprüfung, ob die Aufgaben, die gestellt wurden, im Sinne einer bedarfsorientierten und ausgeglichenen Haushaltswirtschaft erfüllt werden konnten, sind künftige Steuerungsmöglichkeiten (z.B. Einsparmöglichkeiten, Deckungslücken) schwer zu bestimmen. Die finanzwirtschaftliche Ordnung reduziert insofern sich auf einen formelhaften Abgleich der geplanten mit den tatsächlichen Ausgaben und Einnahmen. Hierfür ist insbesondere der Rechnungsabschluss von erheblicher Bedeutung. Im Wesentlichen übernimmt der Rechnungshof die Aufgabe, auf Fehler und Unzulänglichkeiten hinzuweisen, die die finanzwirtschaftliche Ordnung gefährden könnten.

Das noch recht neue Instrument der DAS (Zuverlässigkeitserklärung) ist im Rahmen der finanzwirtschaftlichen Ordnungsfunktion als sehr positiv zu bewerten. Dieses Instrument ermöglicht eine zuverlässige Aussage über die Qualität der Haushaltsführung und der Haushaltsrechnung. Dabei ist hier nicht die politische Bewertung von Interesse, sondern die realitätsnahe Darstellung aller Vorgänge und somit die Glaubwürdigkeit des Datenmaterials als Grundlage für künftige Planungen. Der Rechnungshof kam in den letzten beiden Jahren zu dem Ergebnis, dass insgesamt keine Zuverlässigkeitserklärung für den jeweiligen Haushalt abgegeben werden kann.[777]

Dem Parlament fehlen dann allerdings die Handlungsmöglichkeiten, konsequent auf diese Feststellungen und Erklärungen zu reagieren. Zwar müssen sich die Organe zu den Bemerkungen des Rechnungshofes äußern, die Sanktionsmittel zur Durchsetzung sind aber gering. Da zudem nur die Kommission über ihr Initiativrecht Reformen anregen kann, bleibt das Parlament auf Vorschläge für Initiativen beschränkt.

(4) Administrative Lenkungs- und Kontrollfunktion: Die Schwächen der internen Kontrolle setzen sich in der externen Prüfung fort, denn der Rechnungshof

777 *Europäischer Rechnungshof*: Jahresbericht 2000, Ziffer 3.36, 3.38, aaO. Dabei werden die meisten Mängel in den Mitgliedstaaten festgestellt, *ders.:* Jahresbericht 2001, Ziff. 3.59–3.78, 9.92–9.100, S. 251, aaO. Für 2001 stellt der Rechnungshof zwar fest, dass die dem Jahresabschluß zugrundeliegenden Vorgänge bei den Einnahmen, Mittelbindungen und Verwaltungsausgaben recht- und ordnungsmäßig sind, kann aber in Bezug auf alle anderen Zahlungen keinerlei Gewähr abgeben.

prüft nur die Unterlagen, die ihm seitens der Kommission und der Mitgliedstaaten vorgelegt werden. Er kann zwar selbst auch Prüfungen vornehmen, diese beschränken sich aber auf die Prüfungssysteme. Trotz seiner eingeschränkten Möglichkeiten kam der Rechnungshof auch für die Haushalte 2000 und 2001 erneut zu dem Ergebnis, dass die Rechtmäßigkeit und Ordnungsmäßigkeit nicht ausreichend gewährleistet sind.[778] Dies liegt vor allem daran, dass weder die interne noch die externe Kontrolle ausreichend starke Durchgriffsrechte auf die nachgeordneten Ebenen haben. Die Vielzahl der beteiligten Verwaltungen, die unterschiedlichen Verfahren und die Anreize aus dem bestehenden Vollzugssystem lassen eine tatsächliche Prüfung der Wirtschaftlichkeit gar nicht zu. Zudem bleibt die administrative Kontrolle – für die Ebene der Kommission und der Mitgliedstaaten – in der Regel folgenlos. Daher ist es nicht verwunderlich, wenn in der Kommission und den Mitgliedstaaten festgestellt wurde, dass auch im Jahr 2000 dieselben Fehler mit der gleichen Häufigkeit auftauchen und auch neue interne Systeme im Jahr 2001 keine wesentlichen Verbesserungen gebracht haben.[779]

Auch in der Kontrollphase können die Budgetfunktionen nicht adäquat umgesetzt werden. Eine Kontrolle des Haushalts im Sinne der programmatischen Ausrichtung des Gesamthaushalts findet nur sehr eingeschränkt statt, was seine Ursachen nicht zuletzt auch in den vorhergehenden Haushaltsphasen hat. Umfang und Inhalt der Kontrollphase sind für das maßgebende Organ Parlament beschränkt. Das ist darauf zurückzuführen, dass dem Budget von Anfang an eine echte politische Ausrichtung auf die Präferenzen des Wählers seitens der Legislative fehlt.

Gleiches gilt für die politische Kontrollfunktion. Die Ergebnisse der Kontrolle können – trotz der "Hilfsinstitutionen" Haushaltskontrollausschuss und Rechnungshof – mangels Sanktionsbefugnis des Parlaments in künftigen Haushaltskreisläufen nicht politisch-programmatisch umgesetzt werden. Politische Kontrolle im Sinne der Wähler findet nicht statt, da es an der Rückkoppelungsfunktion fehlt. Zwar wird das Entlastungsorgan direkt gewählt, jedoch spielt bei den Wahlen zum Parlament dessen Kontrollfunktion fast gar keine Rolle. Eine politische Kontrolle, die sich an den Interessen der Zahler orientiert, findet ebenfalls nicht statt. Das liegt unter anderem an der mangelnden Anbindung des Wählers an die Abgeordneten des Parlaments. Es liegt aber auch daran, dass es keinen Steuerzahler im eigentlichen Sinne gibt und es so an der Verknüpfung von Wähler, Zahler und Nutzer fehlt. Der Steuer-Ausgaben-Mechanismus kann demnach nicht funktionieren. Auch wenn man auf die tatsächlichen Zahler abstellt – die Mitgliedstaaten – fehlt es an einer politischen Kontrolle, da es an Kontrollanreizen mangelt.

Das Parlament hat außerdem nicht genügend Einfluss auf die programmatische Ausrichtung (des dann folgenden Haushalts) hat. Das enge Korsett der siebenjäh-

778 *Europäischer Rechnungshof*: Jahresbericht 2000, Ziffer 3.76, aaO.
779 Vgl. Kap. 4.7.2.

rigen Planung schränkt hier zusätzlich ein. Mit der Sanktionslosigkeit kann auch erklärt werden, warum sich so viele Kontrollvorschriften in den Verträgen bzw. in der Haushaltsordnung selbst finden. Dies ist – angesichts der Ergebnisse der vorherigen Phasen – erstaunlich. Daraus könnte man schließen, dass der nachträglichen Kontrolle eine besondere Bedeutung seitens der Mitgliedstaaten beigemessen wird. Der Ministerrat kann aber davon ausgehen, dass er die Kontrollkompetenzen ruhig dem Parlament, dem Rechnungshof und der Kommission überlassen kann. Seine Position und seine Interessen werden dadurch nicht gefährdet und er kann sich zudem einen "demokratischen" Anstrich geben. Die Kontrolle ist in der Regel für die Mitgliedstaaten politisch (und auch finanziell) folgenlos – gemessen an den jeweiligen Mittelzuflüssen aus dem Haushalt an die Mitgliedstaaten. Das mangelnde Interesse des Ministerrates (und der Mitgliedstaaten) zeigt sich auch daran, dass das bereits erwähnte Übereinkommen zum Schutz der finanziellen Interessen der Mitgliedstaaten bereits 1995 geschlossen, aber bis heute noch nicht von allen Mitgliedstaaten ratifiziert ist.[780]

Die Kontrollphase wird der finanzwirtschaftlichen Ordnungsfunktion – wenn auch mit Einschränkungen – im Großen und Ganzen gerecht. Die Mängel in der Umsetzung der administrativen Lenkungs- und Kontrollfunktion sind gravierender. Auch hier macht sich die Vielfalt der zu kontrollierenden Institutionen und Ebenen bemerkbar. Die Kommission ist gar nicht in der Lage, tatsächlich die Gesamtverantwortung für den Haushaltsausführung zu übernehmen, da die meisten Mittel von den Mitgliedstaaten verausgabt werden. Das Parlament kann schon deswegen die Kommission auch nicht vollständig in die Verantwortung nehmen. Dieses können sowohl die Mitgliedstaaten als auch die Kommission ausnutzen, indem sie die Verantwortung auf die jeweils andere Ebene "abschieben". Die vollständige Bindung der Kommission an den Haushaltsplan durch dessen Verabschiedung wird so konterkariert.

4.8 Zusammenfassende Beurteilung des empirischen Kapitels

Die Untersuchung der europäischen Haushalts- und Finanzverfassung zeitigte in Bezug auf die eingangs aufgeworfenen Fragen eine Vielzahl von Ergebnissen.

Dabei kann als Fazit festgehalten werden, dass der EU-Haushalt die im theoretischen Teil erarbeiteten Budgetfunktionen nur unzureichend umsetzen kann[781] (Kap. 4.8.1). Das liegt vor allem an der Ausgestaltung der Verfügungsrechte, deren Verteilung auf die grundlegenden Defizite in Bezug auf die Maßstäbe Effizienz und Demokratie ausgerichtet ist. Hierbei wird deutlich, welchen Einfluss die Einnah-

780 *Europäischer Rechnungshof*: Jahresbericht 2000, Ziffer 1.55, aaO.

781 Siehe auch: *Draheim, Antje*: Der Vorschlag der Europäischen Kommission, aaO, Teil 1, S. 156.

menseite über ihre Institutionen auf die Ausgabenseite hat. Dies hat Folgen für die Institutionen der Haushalts- und Finanzverfassung (Kap. 4.8.2). Die grundlegenden Defizite werden durch die "interinstitutionelle Verrechtlichung" noch verstärkt, tragen zur Entkoppelung von Einnahmen- und Ausgabenseite bei und führen zur Dominanz nationaler Interessen in den meisten Organen. Das Ergebnis, dass es grundsätzliche Demokratie- und Effizienzdefizite gibt, ist nicht überraschend. Jedoch ist erstaunlich, in welchem Ausmaß stark sich diese Defizite, die überwiegend ihre Ursachen außerhalb der Haushalts- und Finanzverfassung haben, sich in dieser auswirken.

4.8.1 Zusammenfassende Beurteilung anhand der Budgetfunktionen

4.8.1.1 Politische Funktionen des Budgets

Die politischen Funktionen des Budgets haben unterschiedliche Zielrichtungen. Bevor auf ihre Umsetzung im Haushaltskreislauf der EU eingegangen wird, sollen ihre wichtigsten Zwecke noch einmal kurz zusammengefasst werden.

- Im Sinne von "accountability" dienen die politischen Funktionen der Herstellung politischer, funktionaler, finanzieller und juristischer Verantwortlichkeiten für die europäische Haushalts- und Finanzverfassung. Sie sind die Kehrseite der Delegation von Verfügungsrechten durch den Wähler und damit akteursbezogen. Hier ist zu fragen, ob die beteiligten Akteure die für ihre Funktion notwendigen Kompetenzen haben und sich politisch verantworten müssen(a).
- Sie spiegeln sich sodann in dem Zusammenwirken der an der europäischen Haushalts- und Finanzverfassung wider. Die Planung der Aufgaben, Ausgaben und Einnahmen und die Entscheidung darüber, welche der unterschiedlichen Vorstellungen der Akteure mit Blick auf die Präferenzen des Wählers umzusetzen sind sowie der Ausgleich der widerstreitenden Interessen muss durch einem politisch-institutionalisierten Prozess gewährleistet sein. Hier liegt das Augenmerk also auf den Verfahren: Gewährleisten sie einen echten Konsensfindungsprozess und die Präferenzumsetzung des Wählers(b)?
- Die programmatische Ausrichtung des Budgets spielt eine entscheidende Rolle. Sie ist das Ergebnis des Planungs-, Ausgleichs- und Entscheidungsverhaltens der Organe. Hier wird nach dem konkreten Inhalt des Budgets gefragt: Welche Aufgaben (öffentliche Güter und Leistungen) werden durch das Budget umgesetzt? Wer gibt dem Budget die programmatische Ausrichtung und werden dabei die Präferenzen des Wählers beachtet (c)?
- Der EU-Haushalt hat eine weitere politische Funktion: die Integrationsfunktion. In ihr zeigt sich das Besondere des europäischen Mehrebenensystems. Versteht man die EU als eine Art "Staatswerdungsprozess", so müssen die beteiligten Mitgliedstaaten mit ihren tradierten Vorstellungen und Entscheidungswegen so

in die europäische Union integriert werden, dass das politische Ziel der Union erreicht werden kann. Hier sind insbesondere die unterschiedlichen wirtschaftlichen und sozialen Gegebenheiten der Mitgliedstaaten zu berücksichtigen(d).
- Anders als in Nationalstaaten übernimmt das EU-Budget auch eine Kompensationsfunktion. Zwar gibt es auch in den mitgliedstaatlichen Budgets eine allgemeine Kompensation (bestimmte institutionelle Positionen von Akteuren erlauben das Aushandeln von Kompensationen). Im EU-Budget hat die Kompensation aber einen größeren Stellenwert – und gerade mit Blick auf den Integrationsprozess – auch eine andere Zielrichtung als in den Nationalstaaten. Im Integrationsprozess gibt es wirtschaftlich-soziale Integrationsverlierer, die nur eingebunden werden können, indem sie über Kompensationen entschädigt werden. Durch den "Staatswerdungsprozess" ist zudem eine Verlagerung und Aufteilung von Kompetenzen notwendig, die ebenfalls oft nur über Kompensationen erreicht werden kann(e).

a) "accountability": In der europäischen Haushalts- und Finanzverfassung erfolgt keine aufgabenadäquate Zuordnung politischer Verantwortung (politische, funktionale, finanzielle und juristische "accountability"). Dies ist auf zwei wesentliche Probleme zurückführen: die mangelnde Einnahmenautonomie der EU und die Verteilung der Verantwortlichkeiten innerhalb der europäischen Organe.

Die Europäische Union verfügt über keine echte Einnahmenautonomie. Die Gesetzgebungshoheit teilen sich der Ministerrat und die Mitgliedstaaten. Die Durchführungshoheit liegt bei den Mitgliedstaaten, die EU hat nur teilweise "Ertrags"hoheit und Gestaltungshoheit. Allerdings wird das teilweise Gesetzgebungsrecht der nationalen Parlamente stark durch die Vorgaben des Europäischen Rates und die Beschlussvorlage durch den Ministerrat abgeschwächt. Dies hat seine Ursache in mangelnden Rückkoppelungsmechanismen der Nationalstaaten. Gleichzeitig entsteht durch den Mangel an Einnahmenautonomie ein Anspruchsdenken auf "Rückflüsse" der Mitgliedstaaten. Darüber hinaus verhindert die Einnahmenlimitierung auch eine echte Haushaltsautonomie der EU. Formal ist die Haushaltswirtschaft der EU von denen der Mitgliedstaaten zwar unabhängig. Aber die Einnahmenlimitierung hat eine langfristige Bindung der Ausgaben durch die Finanzielle Vorausschau zur Folge, die Einnahmenobergrenze wird zur Ausgabenobergrenze. Diese Ausgabengrenze dominiert die jährliche Haushaltsaufstellung und Haushaltsverabschiedung. Auch im Vollzug haben die Mitgliedstaaten Einfluss auf die Verwendung der Mittel. Dies wird durch die institutionelle Stellung des Ministerrates, durch das Komitologieverfahren und die Ausgestaltung des Vollzugs nach dem verwaltungsföderalistischen Vorbild möglich. Diese Einflussnahme auf der Ausgabenseite ist ebenso Konsequenz der mangelnden Einnahmenautonomie, denn die Mitgliedstaaten stellen "Beiträge" zur Verfügung, deren Verwendung sie kontrollieren möchten.

Dabei kommt den Mitgliedstaaten die Ausgestaltung des Konnexitätsprinzips zugute. Während im Bereich der direkten und dezentralen Verwaltung die europäische Ebene sowohl für das Anfallen der Ausgaben als auch für deren Finanzierung zuständig ist, findet sich im Bereich der geteilten Verwaltung ein Mischsystem. Sowohl der Gesetzgeber der Aufgaben (Ministerrat/Parlament) als auch der Träger des Vollzugs (Europäische Kommission und Mitgliedstaaten) sind für die Finanzierung zuständig. Beide Ebenen sind an der Planung des konkreten Vollzugs beteiligt.

Das Problem der Zuordnung der Verantwortlichkeiten *innerhalb* der europäischen Haushalts- und Finanzverfassung besteht in der zweigeteilten Haushaltsbehörde: Parlament und Ministerrat. Nur das Parlament ist direkt legitimiert und an den europäischen Wähler rückgekoppelt. Die Schwächen des europäischen Wahlsystems und der Mangel an echten europäischen Parteien führen aber dazu, dass die Anbindung des Parlaments an den europäischen Wähler sehr schwach ist. Der Ministerrat ist nur indirekt legitimiert und hat eine Anbindung an den nationalen Wähler. Diese unterschiedlichen Delegationsketten, die außerhalb der europäischen Haushalts- und Finanzverfassung angelegt sind, führen zu unterschiedlichen Verantwortungen in der europäischen Haushalts- und Finanzverfassung. Hinzukommt, dass der Europäische Rat, dessen politische Richtlinienkompetenz außerhalb der europäischen Haushalts- und Finanzverfassung normiert ist, durch seine Vorgaben den Inhalt des Budgets erheblich vorbestimmt. Dies führt dazu, dass der Europäische Rat und der Ministerrat ein deutliches Übergewicht hinsichtlich der Entscheidungsbefugnisse innerhalb der europäischen Organe haben. Sie können im Bereich der Einnahmen und der langfristigen Ausgabenplanung weitgehend autonom ihre Entscheidungen treffen. Dem stehen aber keine gleichwertigen Rechtfertigungs- und Verantwortungspflichten gegenüber.

In der *Finanzplanungsphase (Eigenmittelbeschluss)* sind der Europäische Rat, der Ministerrat, die Kommission und die nationalen Parlamente der Mitgliedstaaten Verfügungsrechtsinhaber. Das formelle Verfügungsrecht steht dem Ministerrat und in abgeschwächter Weise den nationalen Parlamenten zu. Das materielle Verfügungsrecht wird überwiegend vom Europäischen Rat wahrgenommen, über ihr Initiativrecht hat die Kommission ebenfalls materiellen Einfluss. In der *Finanzplanungsphase ("Finanzielle Vorausschau" und IIV)* sind der Ministerrat, das Parlament und die Kommission formelle Verfügungsrechtsinhaber. Dominiert werden diese Rechte aber durch das materielle Verfügungsrecht des Europäischen Rates und erneut in abgeschwächter Weise durch das der Kommission. In der Aufstellungsphase ist die Kommission Inhaberin beider Verfügungsrechte.

In der *Verabschiedungsphase* steht dem Parlament das abschließende formelle Verfügungsrecht zu. Zuvor übt der Ministerrat das formelle Verfügungsrecht aus, indem er aus dem Vorentwurf einen Haushaltsentwurf macht. Die materiellen Verfügungsrechte sind zwischen Ministerrat (obligatorische Ausgaben) und Parlament (nichtobligatorische Ausgaben) aufgeteilt. Der Haushaltsausschuss des Parlaments und der Ausschuss der Ständigen Vertreter (Ministerrat) haben ebenfalls materielle Verfügungsrechte inne.

In der *Vollzugsphase* gibt es verschiedene Arten von Verfügungsrechten: Das Verfügungsrecht zum Erlass der relevanten Vollzugsnormen, zur tatsächlichen Vollzugsausführung und zur begleitenden Kontrolle des Vollzugs. Dem Ministerrat und abgeschwächt der Kommission steht das formelle Verfügungsrecht über den Erlass von Vollzugsvorschriften zu (z.B. Haushaltsordnung, Durchführungsverordnungen, sektorale Regelungen). Der Ministerrat ist auch Inhaber der materiellen Verfügungsbefugnis. Das Initiativrecht weist der Kommission auch hier eine eingeschränkte materielle Verfügungsrechtebefugnis zu. Ferner steht der Kommission das formelle Verfügungsrecht über den konkreten Haushaltsvollzug zu. Das materielle Verfügungsrecht wird jedoch seitens des Ministerrats (Komitologie), der Mitgliedstaaten (dezentraler und geteilter Vollzug) sowie von Ministerrat und Parlament (Mittelübertragungen) wahrgenommen. Die Verfügungsrechte hinsichtlich der begleitenden Kontrolle des Vollzug liegen bei der Kommission, beim Parlament und beim Rechnungshof.

Bei der nachträglichen *Kontrolle* verteilen sich die Kontrollrechte auf die Kommission, das Parlament, den Rechnungshof und das Amt für Betrugsbekämpfung OLAF. Dabei steht der Kommission und dem Rechnungshof das formelle Verfügungsrecht über die Kontrolle der Einnahmen zu. Kommission und Rechnungshof teilen sich die materiellen Verfügungsbefugnisse mit den Mitgliedstaaten. Hinsichtlich der Ausgaben stehen dem Parlament und dem Rechnungshof die formellen Verfügungsrechte zu. Das materielle Verfügungsrecht ist wiederum zwischen Parlament (und Haushaltskontrollausschuss), Rechnungshof und Mitgliedstaaten aufgeteilt.

Nur in der Aufstellungs- und teilweise in der Kontrollphase kann von einer funktionalen Zuordnung der Verfügungsrechte die Rede sein. Allerdings werden beide Phasen sehr durch die anderen Phasen dominiert, so dass die Verfügungsrechte kaum ihre Wirkung entfalten können.

Diese Probleme führen dazu, dass von einer funktionalen "accountability" nur hinsichtlich einiger Teilbereiche gesprochen werden kann. So ist die Kommission zwar für den Vollzug des Haushalts verantwortlich und auch rechenschaftspflichtig, sie hat aber nicht die Handlungsmöglichkeiten, um ihre Funktion auszufüllen. Das Parlament übernimmt zwar die Verabschiedung des Haushalts und Entlastung des Vollzugsorgans, inhaltlich kann es diesen Aufgaben aber nicht gerecht werden. Eine echte finanzielle "accountability" ist nicht auszumachen. Weder der nationale Wähler (der über seine Steuermittel die Abführung der "Mitgliedsbeiträge" der Mitgliedstaaten ermöglicht) noch der europäische Wähler (der über den Wahlmechanismus Entscheidungsrechte an das Parlament delegiert, hat letztlich die Möglichkeit, die Verwendung der Mittel zu kontrollieren. Das liegt zum einen daran, dass die Finanzierungsform der "Mitgliedsbeiträge" zu einer Abkoppelung der Aufgabenbestimmung von der Finanzierung durch den (nationalen) Wähler führt und der europäische Wähler nicht das Recht hat, über seine Wahlentscheidung auch die Aufgaben der EU festzulegen (fehlender Steuer-Ausgaben-Mechanismus). Dadurch haben die Mitgliedstaaten diskretionäre Spielräume, die ihnen die Durchsetzung nationaler *Regierungs*interessen ermöglichen. Das schwache Sanktionensystem innerhalb der europäischen Haushalts- und Finanzverfassung führt schließlich zu einer nicht ausreichenden juristischen "accountability".

b) Verfahren: Die Verfahren der europäischen Haushalts- und Finanzverfassung gewährleisten keinen echten Konsensfindungsprozess im Sinne der Präferenzumsetzung der Wähler. Das liegt daran, dass nicht eindeutig klar ist, wessen Präferenzen umgesetzt werden sollen: die des europäischen Wählers (Parlament) oder des nationalen Wählers (Ministerrat). Planung, Entscheidung und Ausgleich finden in der europäischen Haushalts- und Finanzverfassung aber weder im Sinne des europäischen Wählers, noch im Sinne des nationalen Wählers statt. Es fehlt vor allem an der Verknüpfung von Steuerzahler und Wähler. Zwar ist der nationale Steuerzahler der, der für den größten Teil der "Beiträge" der Mitgliedstaaten aufkommen muss, ob er sich dies als europäische Wähler bewusst macht, ist fraglich. Da der europäische Wähler zudem nicht unmittelbar mit den konkreten Kosten europäischer Aufgaben belastet wird, hat er auch keinen Anreiz zur Kontrolle "seines" Abgeordneten (fehlender Steuer-Ausgaben-Mechanismus).

Die Verfahren innerhalb der europäischen Haushalts- und Finanzverfassung beruhen auf unterschiedlichen Rechtsquellen: Verträge (Primärrecht), Verordnungen, Beschlüsse, Entscheidungen (Sekundärrecht) und interinstitutionellem Recht der Organe. Die europäischen Verträge enthalten für die Einnahmenseite nur die grundsätzliche Regel, dass der Haushalt aus eigenen Mitteln zu finanzieren sei. Weder die Verteilung von Ausgabelasten, noch die Frage von Gestaltungs-, "Ertrags"- oder Verwaltungshoheit ist auf "Verfassungsebene" geregelt. Die Kompetenz zum Erlass von Regelungen für diesen Bereich steht dem Ministerrat zu. Dagegen ist der Teil, der die Haushaltsverfassung betrifft, sehr ausführlich in den Verträgen niedergelegt. Das kann zum einen daran liegen, dass zwischen den Mitgliedstaaten, die ja die Verträge ratifizieren müssen, keine Einigung über die Einnahmenregelungen gefunden wurde. Die Frage ist, ob man dann dem Ministerrat alleinige Gesetzgebung eingeräumt hätte. Eine andere Erklärung ist, dass den Mitgliedstaaten die horizontale Anbindung von Kommission und Parlament auf der Ausgabenseite wesentlich wichtiger war. Der Ministerrat besteht ja aus Vertretern der Mitgliedstaaten, die Mitgliedstaaten können einnahmeseitig dort ihre Interessen ausüben.

Die Haushaltsordnung ist sehr umfangreich und regelt vornehmlich Fragen, die die Aufgaben der Exekutive (Kommission) betreffen. Dies ist auch in Nationalstaaten nicht ungewöhnlich. Problematisch ist aber, dass sich auch Fragen, die konstitutiv geregelt sein sollten (z.B. Beteiligung der nachgeordneten Ebenen im Vollzug, einige Haushaltsgrundsätze, sektorale Sonderreglungen) in ihr wiederfinden. Hinzukommt, dass sich neben der Haushaltsordnung und ihrer Durchführungsverordnung ein umfangreiches interinstitutionelles Recht herausgebildet hat. Dieses steht in einigen Bereichen zum Primärrecht und auch zum Sekundärrecht im Widerspruch, modifiziert es erheblich und wird somit zum bestimmenden Institutionenrahmen für die europäische Haushalts- und Finanzverfassung. Der Konsensfindungsprozess der europäischen Organe findet in diesem Rahmen statt. Wäre das Vorhandensein interinstitutioneller Regelungen allein auf Vertragslücken zurückzuführen, könnte diese Art der Kooperation zwischen den Organen theoretisch verfahrenseffizienter als die vertraglichen Vorgaben sein. So entstandenes informelles Recht dient dazu, formelle Regeln zu ergänzen, es hat Übergangscharakter. Es dient der Konsenssuche und der Präferenzumsetzung. Das interinstitutionelle Recht innerhalb der Haushalts- und Finanzverfassung teilt jedoch Entscheidungs- und Kontrollrechte zu und gibt die Möglichkeit, vertragliche Normen zu umgehen. Auch das ist nur zum Teil auf die Haushalts- und Finanzverfassung selbst zurückzuführen.

Durch dieses Nebeneinander von verschiedenen Rechtsquellen und der unterschiedlichen Stellung der Organe werden die Haushaltsgrundsätze der Öffentlichkeit (nichtöffentliche Verhandlungen), Klarheit und Wahrheit (Transparenz), der Bruttoveranschlagung (Negativeinnahmen und Negativausgaben), der Gesamtdeckung (Zweckbindung von Einnahmen und Plafondierung der Ausgaben innerhalb bestimmter Ausgabenzwecke) sowie der Jährlichkeit (langfristige, verbindliche Festlegung der Einnahmen und Ausgaben) verletzt.

Problematisch ist, dass die Kooperation zwischen den Organen zu einer hohen "interinstitutionellen Verrechtlichung" führt, die eine Vielzahl von zusätzlichen Verfahren, Abstimmungsprozessen, und interorganschaftlicher Koordinationen beinhaltet. Dadurch steigen die Transaktionskosten erheblich, ohne dass eindeutig erkennbar wird, ob die Vorteile aus diesen Interorganstrukturen die Transaktionskosten insgesamt wieder senken würden. Schließlich führt es auch dazu, dass der gesamte Haushaltskreislauf sehr intransparent und außerhalb von den beteiligten Organen nur noch von Spezialisten verstanden werden kann. Zudem scheint es, als würden die institutionellen Folgen solcher Regelungen nicht bedacht. Jede Regelung zieht andere nach sich.

Das interinstitutionelle Recht wird vor allem dazu genutzt, horizontale "Kartelle" zu bilden. Sowohl Europäischer Rat, als auch Ministerrat, Parlament und Kommission haben das Interesse, mögliche Begrenzungen ihrer Handlungsspielräume durch den (nationalen und europäischen) Wähler zu verhindern. Da dies ein gemeinsames Interesse aller Organe ist, können sie über Verhandlungen interinstitutionelle Regeln schaffen, die das Vertragsrecht in ihrem Sinne uminterpretieren oder sogar umgehen. Durch die allmähliche Übertragung dieser Regelungen in das Sekundärrecht (z.B. in die Haushaltsordnung) und Primärrecht werden diese Entscheidungsstrukturen dann legalisiert. Dies ist auf europäischer Ebene möglich, weil keines der Organe einer echten Kontrolle durch seine Prinzipale unterliegt und die Organe zudem voneinander abhängig sind.

Die Vielzahl der Regelungen und Verfahren ermöglichen zwar die Konsensfindung, aber nur die zugunsten der europäischen Organe. Eine echte Planung im Sinne einer präferenzorientierten Output-Steuerung gibt es für den europäischen Haushalt nicht. Da es sich um einen Einnahmehaushalt handelt, ist auch die "Planungsphase" des Haushalts inputgesteuert. Planung beinhaltet zudem eine gewisse Flexibilität, die z.B. auch über ein Nachsteuern im jährlichen Haushaltskreislauf vorgenommen werden kann. Auf der europäischen Ebene ist dies nur schwer möglich. Die Einnahmen- und Ausgabengrenzen können nur durch eine Revision der verbindlichen Planung verändert werden. Auf die Einnahmenhöhe selbst hat das Parlament gar keinen Einfluss.

c) **programmatische Ausrichtung:** Durch die institutionellen Regelungen über die Finanzplanungsphase wird die Programmfunktion in wesentlichen Teilen aus dem jährlichen Haushaltskreislauf ausgelagert. Dies widerspricht nicht nur dem Jährlichkeitsgrundsatz, der ja gerade kurze Abstände für die Gestaltung des Budgets verlangt, sondern beschneidet massiv die Rechte eines Teils der Haushaltsbehörde (Parlament). Zwar stimmt das Parlament mit über die Interinstitutionelle Vereinbarung und die Finanzielle Vorausschau ab. Aber zum einen definiert der Europäische Rat die wichtigsten Eckdaten dieser Regelungen vor und zum anderen besteht durch die Disparitäten zwischen den Rechten des Parlaments in der Gesetzgebung und im Haushaltsbereich ein starker institutioneller Anreiz für das Parlament, mit abzustimmen. Gleichzeitig wird die Legislative für einen langen Zeitraum gebunden.

Auch der Inhalt der Programmfunktion wird verändert. Nicht die Prioritäten eines Wählers, sondern nationale Regierungsinteressen bestimmen das "Programm". Dies ist deshalb möglich, weil Ministerrat und Europäischer Rat sich ihren nationalen Regierungen verpflichtet fühlen und auf der europäischen Ebene keiner Kontrolle unterliegen. Dabei dominiert vor allem der Europäische Rat die Ausrichtung des "Programms".

Aus der historischen Entwicklung heraus ist zu erklären, dass immer noch die Gemeinsame Agrarpolitik zu fast 50% die Ausgabenseite des Haushalts bestimmt. Dabei wandelt sich jedoch ihre Funktion. Während die Gemeinsame Agrarpolitik zum Zeitpunkt der Römischen Verträge eine echte Integrationsfunktion wahrnahm (neben der Kohle- und Stahlpolitik der EGKS und der Atompolitik der EAG), dient sie momentan fast ausschließlich der Kompensationsfunktion des Haushalts. Mit Blick auf die Osterweiterung und die massiven landwirtschaftlichen Probleme der Beitrittskandidaten könnte die Gemeinsame Agrarpolitik künftig aber wieder einer stärker integrationspolitischen Aspekt bekommen.

Im jährlichen Haushaltskreislauf entscheiden die Organe nur noch über die Verteilung der plafondierten Mittel auf Haushaltslinien der jeweiligen Rubrik. Hier kann die Kommission über den Haushaltsvorentwurf und die Setzung eigener politischer Prioritäten mitbestimmen. Das wird durch die Klassifizierung der Ausgaben und die Tatsache, dass der Ministerrat den Haushaltsentwurf beschließt, noch verstärkt. Anders als die Exekutive in parlamentarischen Demokratien ist die Kommission zudem nicht an die Parlamentsmehrheit angekoppelt. Die formale Präsentation des Haushalts wurde durch die Einführung des ABB-Konzepts zwar verbessert, jedoch handelt es sich bei der Darstellung der Prioritäten nicht um die Prioritäten, die vorher politisch durch die Legislative gesetzt wurden, sondern um die Aufgabenbereiche, die die europäische Haushalts- und Finanzverfassung schon bisher geprägt haben. Das ABB-Konzept ist insofern nur eine andere Ausdrucksweise für das, was bisher schon galt.

Der Ministerrat entscheidet im jährlichen Haushaltsverfahren de facto über die obligatorischen Ausgaben allein. Das Parlament sieht sich in seiner programmatischen Funktion auf die nichtobligatorischen Ausgaben beschränkt, die es nur noch im Rahmen des starken doppelten Exekutivbudgetentwurfs (Kommission und Ministerrat) ausüben kann. Die Möglichkeit der Globalablehnung des Haushalts ist durch die Vielzahl an vorverhandelten Kompromissen und Beschlüssen ein fast wirkungsloses Instrument, da es dem Parlament mehr schadet als nützt.

Die Haushaltsorgane entscheiden zudem über verschiedene finanzwirksame Aktionen außerhalb des Haushalts nicht mit (Einheit und Vollständigkeit des Haushalts). Verstöße gegen die weitere Haushaltsgrundsätze (z.B. Spezialität, Nonaffektation, Bruttoprinzip) beeinträchtigen die Programmfunktion zusätzlich.

Über den Vollzug des Haushalts kann rückwirkend durch die Mitgliedstaaten und die Kommission wiederum Einfluss auf die Ausgestaltung des Programms genommen werden. Das liegt daran, dass die konkrete legislative Ausgestaltung eines großen Teils der nichtobligatorischen Ausgaben dem Ministerrat und der Kommission obliegt. Die konkrete Programmdefinition findet durch die Mitgliedstaaten und die Kommission statt.

d) Integrationsfunktion: Der Haushalt und die langfristige Planung weisen verschiedene Instrumente zur Erfüllung des Integrationsziels aus (z.B. Struktur fonds, Kohäsionsfonds, Mittel für die Beitrittskandidaten). Bis auf die Mittel für die Beitrittskandidaten sind sie jedoch nicht getrennt ausgewiesen, sondern in den übrigen Ausgaben "versteckt". Dies macht eine klare Aussage zur Integrationsfunktion schwierig. Vor allem auch deshalb, weil Integrationsaspekte auch durch Kompensationsleistungen überlagert werden, so dass nicht klar ist, welcher Funktion eine bestimmte Ausgabe dient. Insbesondere dienen die Strukturfonds, die in Wirkung regional und sektoral ausgerichtet sind, den Mitgliedstaaten teilweise als

Kompensationsmasse. Da die Ausgaben in diesem Bereich aber nichtobligatorische Ausgaben sind, hat das Parlament innerhalb der vorgegebenen Ausgabengrenzen die Möglichkeit über das jährliche Haushaltsverfahren eigene Vorstellungen zu verwirklichen. Die Mehrjährigkeit der Programme ist insofern sinnvoll, als dass langfristige Integrationsaufgaben nicht innerhalb eines Jahres verwirklicht werden können. Die neuen Strukturfondsverordnungen (2000–2006) haben zwar die Verwaltung der Fonds verbessert, nach wie vor besteht aber Reformbedarf.

Die Mitgliedstaaten übernehmen die Programmplanung. Aus integrationspolitischer Sicht ist die Beteiligung der betroffene Ebene zunächst positiv zu bewerten. Da jedoch die Integrationsziele nicht klar definiert und vor allem nicht von den Kompensationszielen abgegrenzt werden, können die Mitgliedstaaten sich hier diskretionäre Spielräume schaffen und die Programme nach ihren Wünschen gestalten. Dabei scheint die Übereinstimmung der integrativen Ziele der EU mit den Wünschen der Mitgliedstaaten eher zufällig.

Der Integrationsfunktion dienen zunächst die hohen EU-Kofinanzierungsquoten. Diese sind ein starker Anreiz dafür, dass sich die Mitgliedstaaten um die Förderung aus bestimmten Programmen bewerben. Allerdings kann dies auch negative Auswirkungen haben. Insbesondere dann, wenn die Inhalte der zu erbringenden Integrationsleistung vom Subventionsempfänger selbst bestimmt werden.

Das starke Budgetmaximierungsinteresse der Kommission und ihre mangelhafte Anbindung an Parlament und Ministerrat führt zu einer allmählichen Steigerung der integrationspolitisch motivierten Ausgaben. Sie nutzt ihr Initiativrecht und die Möglichkeiten der autonomen Verausgabung von Mittel im Vollzug, um die Integration Europas voran zu bringen. Dies dient ihrer Öffentlichkeitswirkung und sie kann sich zu Ministerrat und Parlament positiv abgrenzen. Die Kommission macht sich zugleich auch stark für die Einbeziehung der Ausgaben aus der zweiten und dritten Säule[782] (Vertiefung) der EU. Dies wird verständlich, wenn man bedenkt, welche starke Position die Kommission aufgrund des Missverhältnisses von Parlament und Rat hat. Deren Streitigkeiten um legislative Kompetenzen kann die Kommission in ihrem Interesse nutzen.

e) **Kompensationsfunktion:** Hinsichtlich der Kompensationen ist zu unterscheiden. Auf der Ebene der Finanzplanungsphase wird innerhalb des Europäischen Rates über Kompensationen zur Entschädigung von (vermeintlichen) Integrationsverlierern verhandelt. Diese Kompensationen haben oft einen beträchtlichen Mittelumfang und sind wegen des Vetorechts meist keine kurzzeitigen Entschädigungszahlungen. Kompensationen gewährt der Europäische Rat sowohl über die Einnahmen- als auch über die Ausgabenseite. Der Kooperationsmechanismus

782 Zusammenarbeit in den Bereichen Justiz und Inneres (ZBIJ), Gemeinsame Außen- und Sicherheitspolitik (GASP).

Verhandlung begünstigt die Vergabe von Kompensationen. Dabei sind zu unterscheiden:

- Kompensationen tatsächlicher wirtschaftlicher Nachteile (z.B. Beitragsnachlässe),
- Kompensationen, die aus dem Verlust von Kompetenzen herrühren und
- Kompensationen aufgrund der institutionellen Situation (Konsensprinzip und Ratifizierung).

Letztere sind eher allgemein politischer Natur. Dazu gehören vor allem die Kompensationen aus der Vetomöglichkeit bei den Einnahmenentscheidungen und die Kompensationen über das Haushaltsverfahren. Die mangelnde Einnahmenautonomie institutionalisiert darüber hinaus ein Anspruchsdenken. Dieses führt bei jedem der Mitglieder im Europäischen Rat und im Ministerrat zu einem "Aufrechnungsverhalten", was eine weitere Form von Kompensationen erforderlich macht (Kompensationen aufgrund der Einnahmenautonomie, "Nettozahlerdebatte"). Eine andere Form der Kompensation ist im jährlichen Haushaltskreislauf zu beobachten. Aufgrund der Zweiteilung der Haushaltsrechte in der Verabschiedungsphase können Ministerrat und Parlament Mittel gegen Befugnisse (im Rahmen der Plafondierungen) tauschen. Um dies zu ermöglichen wird in der Regel entweder auf interinstitutionelles Recht zurückgegriffen (Verhandlungen) oder die Veto-Positionen des "Navette-Verfahrens" (wechselseitige Abstimmungen mit Blockademöglichkeit) ausgenutzt.

Die im Sinne der hier definierten "echten" Kompensationsfunktion verwendeten Mittel werden im Budgetprozess weder auf der Einnahmenseite noch auf der Ausgabenseite angemessen dargestellt. Sie lassen sich auch schwer von den allgemeinen Kompensationen abgrenzen. Auf der Einnahmenseite finden sich immerhin "Beitragsrabatte" für neue Mitgliedstaaten. Auf der Ausgabenseite findet nur eine Aufteilung des Budgets in die beiden großen Ausgabenblöcke Landwirtschaft und Strukturausgaben statt, unter die sowohl Ausgaben der Integrations- als auch der Kompensationsfunktion gezogen werden.

Insgesamt ist festzustellen, dass bei einem Großteil aller Mittel nicht klar ist, ob sie sich nur (z.B. Kohäsionsfonds) oder noch (z.B. GAP) aus allgemeinen Kompensationszwecken im Haushalt wiederfinden. Ausgaben, die zunächst der Integrationsfunktion dienten, werden beibehalten und zu langfristigen allgemeinen politischen Kompensationen umdefiniert (z.B. GAP). Möglich wird dies durch die Vielzahl der institutionellen Kompensationssituationen (interinstitutionelle Verhandlungen, Vetorechte, gegenseitige Blockade).

Die Mittel für die Kompensationen sind vermutlich beträchtlich. Eine institutionelle Selbstbeschränkung ist nicht in Sicht, denn je mehr Verfahren geschaffen werden und je größer die Anzahl der Akteure ist, desto öfter ergeben sich institutionelle Konflikte, die mittels Kompensationen gelöst werden. Hinzukommt, dass der "Staatswerdungsprozess" Europas immer öfter eine komplette Regelrevision (sowohl im Primär- als auch im Sekundärrecht) notwendig macht. Dies schafft nochmals zusätzliche Kompensationsmöglichkeiten.

Bei der Einräumung von Kompensation wird vor allem auf der Ebene des Europäischen Rates selten auf die inhaltliche Ausrichtung und die kostengünstige Bereitstellung geachtet. Diese Mittel werden auch nicht getrennt ausgewiesen, sondern es wird versucht, ihren wahren Existenzgrund über "sprachliche Deckmäntelchen" (z.B. Kohäsionsfonds, Korrekturmechanismus) zu verschleiern. Die nichtöffentlichen Kompensationsverhandlungen, die scheinbar unbegrenzte Höhe der Kompensationszahlungen und die Dominanz der nationalen Interessen führen zu einer ständigen Ausweitung der Kompensationsfunktion.

4.8.1.2 Politische Kontrollfunktion

Der Adressat der politischen Funktion muss Kontrolle im Interesse des Wählers ausüben können. Spiegelbildlich zur Politischen Funktion zeigen sich auch Mängel in der politischen Kontrollfunktion: Ohne echtes politisches Programm kann auch keine echte Kontrolle stattfinden.

Die politische Kontrolle ist darüber hinaus nach Einnahmen und Ausgaben getrennt. Die Kontrolle über die Einnahmen und deren Begrenzungen in der Finanziellen Vorausschau übt der Ministerrat aus. Da er aber weder an den europäischen Wähler noch eng genug an den nationalen Wähler angebunden ist, findet hier eine Kontrolle im Interesse der nationalen Regierungen statt. Für die politische Kontrolle der Ausgabenseite ist das Parlament zuständig. Dadurch findet sowohl auf der Einnahmen- als auch auf der Ausgabenseite die Kontrolle immer nur durch einen Teil der Haushaltsbehörde statt.

Zunächst verlagert sich der Schwerpunkt dieser Funktion teilweise zeitlich vor. So wird der politischen vorherigen Kontrolle im Haushaltsverfahren durch die langfristige verbindliche Einnahmen- und Ausgabenfestlegung der Charakter einer echten politischen Kontrolle genommen. Der "Genehmigungsvorbehalt" der Haushaltsbehörde, also die Verabschiedung des Haushaltsplans, wird in seiner Aussagefähigkeit eingeschränkt. Die politische Kontrolle über die Interinstitutionelle Vereinbarung und die Finanzielle Vorausschau üben die drei beteiligten Organe wechselseitig aus. Dabei ist aber diese Kontrolle nicht im Sinne einer Verwendungs- und Wirksamkeitskontrolle zu verstehen, sondern ausschließlich auf die Einhaltung der jeweiligen Ausgabenhöhen gerichtet.

Im jährlichen Haushaltsverfahren ist die Ausgabenkontrolle Aufgabe des Parlaments. Jedoch wird schon über das Konzertierungsverfahren in der Verabschiedungsphase eine politische Kontrolle insofern ausgeübt, als dass die Notwendigkeit bestimmter Ausgaben hinterfragt wird. Dies dient aber weniger der Kontrolle im Sinne des Steuerzahlers als vielmehr dem gegenseitigen Streitigmachen von bestimmten Ausgabevolumina. Die politische begleitende Kontrolle wird seitens des Parlaments vom Haushaltsausschuss wahrgenommen. Dieser ist aber in seinen institutionellen Möglichkeiten und aufgrund seines Informationsnachteils beschränkt.

Die politische nachträgliche Kontrolle wird, ähnlich wie in nationalen Haushaltsverfahren, durch einen Ausschuss des Parlaments (Haushaltskontrollausschuss) und den Rechnungshof vorbereitet. Der Rechnungshof hat eine unabhängige und nationalen Kontrollbehörden vergleichbare Stellung. Die Entlastung selbst stellt sich als problematisch dar. Das Parlament entlastet zwar die Kommission, die formal für den Haushaltsvollzug zuständig ist. Aber durch die geteilten Verfügungsrechte in der Verabschiedung, die Beteiligung der Mitgliedstaaten am Vollzug und den Einfluss des Ministerrates im Vollzug scheint die Kommission in weiten Teilen nicht der richtige Adressat der Entlastung zu sein.

Wirtschaftlichkeit und Sparsamkeitsprüfungen sind dem Parlament teilweise möglich, da der Europäische Rechnungshof dies mit überprüft. Jedoch ist das zu kontrollierende Organ: die Kommission selbst nur für einen Teil des Vollzugs tatsächlich zuständig und hat oft wenig Einfluss auf die Mittelverwendung vor Ort. Verstöße gegen die Grundsätze der Genauigkeit, der Vollständigkeit, der Jährlichkeit, der Spezialität und der Öffentlichkeit beeinträchtigen zusätzlich die Wahrnehmung politischer Kontrollaufgaben.

Der zusätzliche Sinn einer nachträglichen politischen Kontrolle mit Blick auf künftige Haushalte vorausschauend tätig zu sein, wird durch die langfristigen Einnahmen- und Ausgabenfestlegungen fast unmöglich. Dies mag zwar dem wörtlichen Sinn der Nachhaltigkeit dienen, umfasst aber nicht deren steuernden Charakter. Auf die Untersuchung der Wirksamkeit der Ausgaben wird bisher seitens des Parlaments zu wenig Wert gelegt. Untersuchungen über den Erfolg der Integrationsmaßnahmen gibt es in der Regel nur seitens der Kommission (Evaluierung) oder des Rechnungshofes. Da die Kommission über ihr Initiativrecht (Vorschlag für neue Strukturfondsverordnungen) und die Ausgestaltung des geteilten Vollzugs aber wesentlich mehr Einfluss auf die Strukturfonds nehmen kann als das Parlament, hat letzteres auch gar keinen Anreiz zu einer Wirksamkeitskontrolle (was durch die schwache Wiederwahlrestriktion verstärkt wird). Dies ist insbesondere bedauerlich, weil eine solche Kontrolle auch der Integrationsfunktion dienen könnte.

Eine Kontrolle der tatsächlichen Kompensations*zahlungen* ist nur im Europäischen Rat oder im Ministerrat möglich. Dabei ist auch dies nicht als echte Kontrolle zu bewerten, da solange kompensiert wird, bis jeder etwas davon hat. Die politische Kontrolle seitens des Europäischen Rats oder des Ministerrats findet auch nicht im Sinne des Wählers statt. Zudem kann die politische Kontrolle von Kompensationen anders sein, weil es hier nicht um eine bestimmte Verwendung, sondern immer nur um die Notwendigkeit der Kompensation (gab es keine andere institutionelle Lösung) und um die Höhe gehen kann.

4.8.1.3 Finanzwirtschaftliche Ordnungsfunktion

Der jährliche Haushalt der EU (ABB-System) und die Finanzielle Vorausschau gewährleisten zunächst einen ganz ordentlichen Überblick über die finanzielle Situation der EU. Durch die Limitierung der Einnahmen und Ausgaben in der Finanzplanungsphase wird die finanzwirtschaftliche Ordnungsfunktion des Haushalts zwar zunächst gestärkt (Haushaltsausgleich). Gleichzeitig findet über die Limitierung eine Anpassung der Aufgaben an die Einnahmen statt. Das "Aushandeln" dieser Einnahmen- und Ausgabenplafondierung außerhalb des jährlichen Haushaltskreislaufs findet zudem quasi unter Ausschluss der Öffentlichkeit statt. Soll die finanzwirtschaftliche Ordnung in den Nationalstaaten die Deckung des Ausgabenbedarfs, der für die Aufgabenwahrnehmung notwendig ist, sicherstellen, so erschöpft sich die finanzwirtschaftliche Ordnung des EU-Haushalts zuallererst auf die Einhaltung der Einnahmenobergrenzen.

Im Haushaltskreislauf selbst beeinträchtigen die zahlreichen Verstöße gegen die Grundsätze der Nonaffektation, der zeitlichen und sachlichen Spezialität, der Jährlichkeit, der Vollständigkeit, der Einheit, des Haushaltsausgleichs und der Wirtschaftlichkeit und Sparsamkeit einen ordentlichen Vollzug des Finanzgebahrens ebenso wie die Existenz von Nebenhaushalten und die Möglichkeit zur Verschuldung der EU. Durch die Auslagerung der EIB als selbständige Institution aus dem Haushaltskreislauf gibt es zudem keinen vollständigen Überblick über die Verbindlichkeiten der EU.

Zwar gibt es regelmäßige Haushaltsaufstellungen, aber die Finanzielle Vorausschau hat die wesentlichen Eckdaten schon im Voraus langfristig normiert. Hinzukommt, dass nur ein Teil der Haushaltsbehörde, der Ministerrat, für den Erlass von Regeln für den geordneten Vollzug des Finanzgebahrens zuständig ist.

Es zeigt sich, dass ein quasi "monarchisches" Verständnis der finanzwirtschaftlichen Ordnung der europäischen Finanzen seitens des Europäischen Rates, des Ministerrats und der Mitgliedstaaten vorhanden ist. Es geht weniger darum, die Finanzsituation zu kontrollieren, damit man die Aufgaben bestmöglichst umsetzen kann, sondern darum, den anderen Haushaltsakteuren nicht zuviel Macht zuzugestehen.

4.8.1.4 Administrative Lenkungs- und Kontrollfunktion

Durch die Finanzplanungsphase ist die Kommission an ihrer administrativen Bindung selbst stärker beteiligt, als dies durch die Vorlage eines Exekutivbudgets allein möglich wäre. Die letztliche Bindung an die Vorgaben des Haushaltsplans findet auch aber auf europäischer Ebene erst durch die Verabschiedung des Haushalts statt. Über ihre "agenda-Macht" (Initiativrecht) und ihr frei zur Verfügung stehende Mittel kann die Kommission aber einen Teil der Aufgaben selbst definieren. Dies führt zu einer "in vielerlei Hinsicht gefährliche(n) Dichotomie zwischen einer vorherrschenden hierarchischen Kultur einerseits und einem anarchischen, auf Netzwerken beruhendem Machtspiel (...). Dadurch werden Regeln ausgehöhlt, und auch dies untergräbt in Wirklichkeit die Transparenz und Legitimität der Kommission."[783]

Mit Blick auf die Einnahmen ist aufgrund der geteilten Gesetzgebungs- und Erhebungskompetenzen festzuhalten, dass die Lenkung der Kommission nur so gut sein kann, wie die Kooperationsbereitschaft der Mitgliedstaaten. Insofern ist die Einnahmenbewirtschaftung der Kommission im Großen und Ganzen als in Ordnung zu bewerten. Die Vorgaben für die Kommission, die der Ministerrat bzw. die Mitgliedstaaten erlassen, stehen natürlich auch unter einem nationalen Diktum. Dies zeigen vor allem die zweckgebundenen Einnahmen, die überwiegend obligatorischen Ausgaben bzw. Reserven zugute kommen. Eine administrative Kontrolle der Einnahmen findet außerhalb der Kommission tatsächlich nur über den Rechnungshof statt. Der Ministerrat ist an Kontrolle gar nicht interessiert und das Parlament hat nur scheinbare Kontrollbefugnisse im Rahmen seiner Haushaltsbefugnisse.

Hinsichtlich der Ausgaben gibt es eine qualitative Lenkung der Exekutive in zweifacher Hinsicht. Eine erste Anbindung der Kommission wird durch die Festlegung von Ausgabengrenzen für und die Aufteilung von Globalmitteln an die Rubriken der Finanziellen Vorausschau vorgenommen. Diese wird im jährlichen Haushaltsverfahren durch die Zuweisungen im Haushaltsplan (Titel, Kapitel, Artikel) konkretisiert. Die Zusammenfassung der Mittel nach dem ABB-Konzept ist nur auf den ersten Blick ein Vorteil für die Lenkung und Kontrolle der Exekutive. Es wird nämlich daraus nicht ersichtlich, wer innerhalb der Kommission (Generaldirektionen) für den konkreten einzelnen Ausgabenvollzug zuständig ist.

Für die konkrete Bewirtschaftung existieren zahlreiche Ausnahmen in verschiedenen Rechtsquellen (Haushaltsordnung, Interinstitutionelle Vereinbarung, sektorale Vorschriften). Verschiedene Verstöße gegen die Bewirtschaftungsregeln (Haushalts- und Rechnungslegungsgrundsätze) belegen, dass eine optimale Lenkung der Kommission nicht gelingt. Das liegt vor allem auch daran, dass Ministerrat und Mitgliedstaaten gleiche Interessen haben und die Kommission die Kompetenzstreitigkeiten zwischen Ministerrat und Parlament zu ihren Gunsten nutzen kann. Die Kommission sieht sich zwei unterschiedlichen Prinzipalen gegenüber, die sich eher gegenseitig kontrollieren, anstatt die Exekutive. Vorgaben für die wirtschaftliche und sparsame Aufgabenumsetzung kommen aus der Kommission selbst. Sie erarbeitet im Rahmen der Evaluierung Ziele und Indikatoren, die im Nachgang als Kontrollpunkte dienen.

---

783 Aussage von Paul Nielson in einem Interview mit der Zeitung der Kommission "Commission en Direct", Ausgabe 150 vom 21.–27.01.2000.

Mit Blick auf die administrative Kontrolle ist schließlich zu konstatieren, dass mehr als 80% der Mittel zudem über die Mitgliedstaaten verausgabt werden. Da die Kommission nicht über ausreichend Kontrollmechanismen für diese Vollzugsart besitzt, die Mitgliedsstaaten auch an der Gestaltung des Vollzugs beteiligt sind und zudem der Ministerrat Einfluss auf den Vollzug hat, bleibt die administrative Kontrolle unvollständig. Hier wirkt sich insbesondere bei den Strukturfonds die Trennung zwischen der reinen Ausgabenplanung und Politikformulierung durch die Kommission und der Planung der Programme sowie der Umsetzung der konkreten Programme durch die mitgliedstaatliche Ebene aus.

Der Europäische Rechnungshof überprüft zwar auch das wirtschaftliche und sparsame Handeln der Exekutive. Jedoch ist auch er auf die nationalen Verwaltungen und Rechnungsprüfungsorgane angewiesen. Die unzureichenden Kontrollmöglichkeiten (sowohl politisch als auch administrativ) haben ihre Ursachen nicht zuletzt auch in der europäischen Variante des Verwaltungsföderalismus, der sich von dem anderer föderaler Systeme vor allem dadurch unterscheidet, dass die Gesetzgebungskompetenz auf der nachgeordneten Ebene angesiedelt ist. Zwar teilen sich die EU-Ebene (Ministerrat) und die mitgliedstaatliche Ebene in der Regel das formelle Verfügungsrecht, da aber im Ministerrat die nationalen Interessen dominieren, liegt das materielle Verfügungsrecht auf der mitgliedsstaatlichen Ebene. Dadurch kann die nachgeordnete Ebene entscheidenden Einfluss auf die Gestaltung der Institutionen ausüben, die sie kontrollieren sollen.

4.8.2 Folgen für die Institutionen der europäischen Haushalts- und Finanzverfassung (Binnenwirkung)

Die europäischen Budgetfunktionen werden durch das konkrete Budget nur sehr unzureichend umgesetzt. Das hat im Wesentlichen zwei Ursachen:

Zuerst ist in der Binnenbetrachtung der europäischen Haushalts- und Finanzverfassung die unzureichende Ausgestaltung der haushaltsrechtlichen Steuerungsinstrumente (Haushaltsordnung, Haushaltskreislauf und formale Präsentation des Haushalts) zu benennen. Diese werden zudem in Teilen von einer Vielzahl interinstitutioneller und sektoraler Institutionen überlagert, was ihre Wirkung beeinträchtigt (a).

Zum zweiten verantwortlich zu machen ist die Zuordnung der Verfügungsrechte in der Haushalts- und Finanzverfassung, was mit der grundsätzlichen Verteilung der Verfügungsrechte auf der europäischen Ebene korrespondiert (Gesamtverfassung). Dabei zeigt sich, dass schon die außerhalb der Haushalts- und Finanzverfassung stehende Ausgestaltung des Prinzipal-Agent-Verhältnis (Wahl/Ernennung der Funktionsträger) massive Rückwirkungen auf die multiplen Prinzipal-Agent-Strukturen innerhalb der Haushalts- und Finanzverfassung hat (b).

a) Mangel der haushaltsrechtlichen Steuerungsinstrumente: Die Planung, Erstellung, Verabschiedung, Ausführung und Kontrolle des Haushalts wird auch auf der EU-Ebene über die Instrumente Haushaltsordnung und Haushaltsgrundsätze, Haushaltskreislauf und die formale Präsentation des Haushalts gesteuert.

Die Haushaltsordnung ist sehr umfangreich. Einige Bereiche der Haushalts- und Finanzverfassung regelt sie sehr detailliert, andere finden sich gar nicht. Dies liegt aber auch an den Vorgaben der Verträge, die festhalten, dass in der Haushaltsordnung *"insbesondere die Aufstellung und Ausführung des Haushaltsplans sowie die Rechnungslegung und Rechnungsprüfung im einzelnen geregelt werden"* (Art. 279 a EGV). Problematisch ist vor allem, dass die Haushaltsgrundsätze als Instrumente zur Umsetzung der Budgetfunktionen keine systematische Erfassung in der Haushaltsordnung finden. Die Haushaltsgrundsätze, die in der Haushaltsordnung aufgenommen sind, werden zudem nicht definiert. Zu fast jedem der in der Haushaltsordnung genannten Haushaltsgrundsätze sind zahlreiche Ausnahmen normiert. Diese Ausnahmen finden sich auch außerhalb der Haushaltsordnung (z.B. Interinstitutionelle Vereinbarung, sektorale Regelungen). Ein Problem der Haushaltsgrundsätze ist auch, dass nicht klar wird, ob aus der unterschiedlichen Verortung der Grundsätze unterschiedliche Wertigkeiten folgen.

In der Haushaltsordnung sind auch die Vorschriften zur Buchführung, Rechnungslegung und Finanzkontrolle niedergelegt. Dabei finden sich aber in der Haushaltsordnung keine definierten Buchführungs- und Rechnungslegungsgrundsätze. Die im bisherigen System verankerte Stellung von Anweisungsbefugten, Finanzkontrolleur und Rechnungsführer, die nicht ihren Aufgaben entsprach, und die nicht vorhandenen Aufgabendefinitionen der einzelnen Kontrollorgane und Abgrenzung der Befugnisse beeinträchtigten die interne Finanzkontrolle. Hier bleibt abzuwarten, wie sich die allmähliche Umstellung auf das System von Internem Audit und getrennter Finanzkontrolle auswirken wird.

Einen mindestens ebenso großen – wenn nicht größeren – Einfluss hat die Ausgestaltung des Haushaltskreislaufs. Es gibt eine ähnliche Ausgestaltung des jährlichen Kreislaufs wie in den Mitgliedstaaten. Als problematisch erweist sich, dass der Haushaltskreislauf in eine starre, verbindliche mittelfristige "Planung" eingebunden ist. Diese ist anders als in einigen Mitgliedstaaten keine rollierende Planung, sondern wird immer wieder neu verhandelt und ist fix in ihren jährlichen Ausgaben- und Einnahmegrenzen.

b) Mangel der Zuteilung von Verfügungsrechten: Sie sind in der Haushalts- und Finanzverfassung grundsätzlich nur derivativ. In der Regel bedeutet dies, dass sie sich an der grundsätzlichen Verteilung der Verfügungsrechte der Gesamtverfassung (den Verträgen) orientieren. Dem ist auf EU-Ebene nicht so. So hat das Parlament in der Haushalts- und Finanzverfassung weitergehende Verfügungsrechte als im übrigen legislativen Bereich. Dies wird mit Blick auf den europäischen Wähler zumeist positiv bewertet, jedoch ergeben sich aus diesen unterschiedlichen Verfügungsrechtsstrukturen Verhandlungs- und Organungleichgewichte, die sich in der Haushalts- und Finanzverfassung negativ auswirken.

Bei der Verteilung der Verfügungsrechte in der Haushalts- und Finanzverfassung sind mehrere Grundmuster erkennbar:

- Die Aufteilung aller formellen und materiellen Verfügungsrechte ist an der Aufteilung der grundsätzlichen Gesetzgebungskompetenzen über die Einnahmen und Ausgaben orientiert.
- Dabei findet überwiegend eine Splittung von formellen und materiellen Verfügungsrechten auf verschiedene Organe in unterschiedlichem Umfang statt.
- Es findet eine zusätzliche Aufteilung der Verfügungsrechte im Bereich der Ausgaben anhand der Ausgabenklassifizierung in obligatorische und nichtobligatorische Ausgaben statt.

Die Verfügungsrechte in der europäischen Haushalts- und Finanzverfassung sind weder eindeutig funktional noch eindeutig bestimmten Akteuren zugeordnet. In fast allen Phasen des Haushaltskreislaufs finden sich "verdünnte" property rights. Dabei gibt es unterschiedliche Kombinationen von Verfügungsrechtsinhabern, die dazu führen, dass bestimmte Interessen dominieren und diskretionäre Spielräume entstehen:

Sind die Verfügungsrechte zunächst aus einem rein institutionenökonomischen Blickwinkel das Anreizsystem für die Akteure, zeigt sich darüber hinaus in ihrer Zuordnung das Gewaltenteilungssystem. Denn sowohl die funktionale Verfügungsrechtsverteilung als auch die eineindeutige Zuordnung (funktionale "accountability") dienen der gegenseitigen Machtbeschränkung und Machtkontrolle. Eine dem Gewaltenteilungsgrundsatz folgende Trennung von Legislative und Exekutive gibt es in der Haushalts- und Finanzverfassung nicht. Hinsichtlich der funktionalen "accountability" (je mehr Rechte, desto mehr Verantwortlichkeit) kann man sogar von einer umgekehrten "accountability" sprechen. Die Organe, welche die wichtigsten (Europäischer Rat) und meisten (Ministerrat) Entscheidungen treffen, müssen sich auf horizontaler Ebene gar nicht verantworten. Vertikal kommen ihnen die Informationsnachteile der nationalen Parlamente zu gute. Eine finanzielle "accountability" ist insofern im jetzigen System gegeben, als dass die Mitgliedstaaten die EU finanzieren und sie auch kontrollieren. Allerdings muss auch hier eingeschränkt werden: die nationalen Parlamente haben nur eingeschränkt (über die Kette Regierung-Ministerrat-Europäischer Rat) die Möglichkeit zur Kontrolle. Diese finanzielle "accountability" entspricht aber nicht dem Steuer-Ausgaben-Mechanismus (europäischer Souverän als Bezugspunkt).

An juristischer "accountability" mangelt es ebenfalls. Wenn es überhaupt Sanktionen für Fehlverhalten innerhalb der Haushalts- und Finanzverfassung gibt, sind sie für Agenten vorgeschrieben, die ihre Aufgaben gar nicht erfüllen können. Von den allgemeinen Sanktionen (Europäisches Beamtenstatut) wird eher selten Gebrauch gemacht.

Die europäische Variante des Gewaltenteilungsprinzips – das "institutionelle Gleichgewicht" – kann weder theoretisch noch in der Praxis annähernd umgesetzt werden kann. Gerade das "Institutionelle Gleichgewicht" soll jedoch die Organe daran hindern "durch einseitige Maßnahmen oder auch einvernehmliche Gewichtsverschiebungen (vorzunehmen), die die vertragliche Kompetenzordnung und Funktionenteilung zwischen den Organen beeinträchtigen ...".[784]

Diese Ausgestaltung der europäischen Haushalts- und Finanzverfassung führt zu einem Anreizsystem für die europäische Organe, welches durch zwei wesentliche Merkmale gekennzeichnet ist:

- Die multiplen Prinzipal-Agent-Strukturen ermöglichen den Akteuren über interinstitutionelle Rechtsetzung eine fast endgültige Abkoppelung der Akteure vom Souverän. Dadurch werden nicht nur die in der Haushalts- und Finanzverfassung angelegten (wenn auch unzureichenden) Gewaltenteilungsstrukturen verändert, sondern es findet zugleich der Versuch statt, durch interinstitutionelles Recht eine Legitimation durch Verfahren herbeizuführen (Kap. 4.8.2.1).
- Letztlich etabliert sich ein Institutionensystem, welches die Durchsetzung der national ausgerichteten Interessen vor allem in den beiden Haushaltsorganen ermöglicht. Die vermeintliche "Janusköpfigkeit" der Interessen bekommt durch die Haushalts- und Finanzverfassung eine klar einseitige Interessenstruktur (Kap. 4.8.2.2).

4.8.2.1 Die "interinstitutionelle Verrechtlichung"

Das interinstitutionelle Recht hat die gesamte Haushalts- und Finanzverfassung der EU massiv verändert. Wäre das Vorhandensein interinstitutioneller Regelungen allein auf Vertragslücken zurückzuführen, könnte diese Art der Kooperation zwischen den Organen theoretisch verfahrenseffizienter als die vertraglichen Vorgaben sein. So entstandenes informelles Recht dient dazu, formelle Regeln zu ergänzen, es hat Übergangscharakter.

Das interinstitutionelle Recht innerhalb der Haushalts- und Finanzverfassung teilt jedoch eigenständige Entscheidungs- und Kontrollrechte zu und gibt die Möglichkeit, vertragliche Normen zu umgehen. Auch das ist nur zum Teil auf die Haushalts- und Finanzverfassung selbst zurückzuführen.

Problematisch ist, dass diese Kooperation zwischen den Organen zu einer hohen "interinstitutionellen Verrechtlichung" führt, die eine Vielzahl von zusätzlichen Verfahren, Abstimmungsprozessen, und interorganschaftlicher Koordinationen

784 Läufer, Thomas: Die Organe der EG – Rechtsetzung und Haushaltsverfahren zwischen Kooperation und Konflikt – Ein Beitrag zur institutionellen Praxis der EG, Reihe: Europäische Studien des Instituts für Europäische Politik 17, Bonn 1990, S. 220.

beinhaltet. Dadurch steigen die Transaktionskosten erheblich, ohne dass eindeutig erkennbar wird, dass die Vorteile aus diesen Interorganstrukturen die Transaktionskosten insgesamt wieder senken würden. Schließlich führt es zu einer Intransparenz des gesamten Haushaltskreislaufs, der außerhalb von den beteiligten Organen nur noch von Spezialisten verstanden werden kann. Zudem findet überwiegend ein Reagieren auf aktuelle Problemlagen statt, ohne die langfristigen institutionellen Folgen solcher Regelungen zu bedenken. Jede Regelung zieht im Laufe der Zeit weitere Regelungen nach sich.

Die Entstehung des interinstitutionellen Rechts ist wohl im Wesentlichen auf das Auseinanderfallen von formellen und materiellen Verfügungsrechten und vor allem auf ihre einzelnen Abstufungen zurückzuführen. Je mehr die Verfügungsrechte auseinanderfallen, desto eher ist der Kooperationsmechanismus Verhandlung notwendig, um die sich daraus ergebenden Kompetenzschwierigkeiten zu lösen. Je feiner die Verfügungsrechte (formell/ materiell) abgestuft sind, d.h. mehreren Organen steht z.B. das formelle Verfügungsrecht in unterschiedlichem Ausmaß zu, desto mehr sind Organkooperationen notwendig, um das Verfügungsrecht insgesamt auszufüllen. Verhandlungs- und Kooperationsformen sind der wesentliche Inhalt des interinstitutionellen Rechts.

Das interinstitutionelle Recht wird insbesondere dazu genutzt, "Kartelle" abzusichern. Sowohl Europäischer Rat als auch Ministerrat, Parlament und Kommission haben das Interesse, mögliche Begrenzungen ihrer Handlungsspielräume durch den (nationalen und europäischen) Wähler zu verhindern: Sobald horizontale Akteure die mangelnde Kontrolle durch den Souverän erkennen, beginnen sie damit ihre diskretionären Spielräume auszudehnen. Dies geht solange, bis andere Akteure dadurch betroffen sind. Weil die Gewaltentrennung auf der europäischen Ebene eben nicht so gut funktioniert, können sie über ein Zusammenwirken ihre Spielräume nochmals vergrößern. Da dies ein gemeinsames Interesse aller Organe ist, schaffen sie über Verhandlungen interinstitutionelle Regeln, die das Vertragsrecht in ihrem Sinne uminterpretieren oder sogar umgehen. Die Absicherung des Kartells erfolgt also durch autonome Regeln, die nach und nach über das vertraglich vorgesehene Sekundärrecht ins Primärrecht überführt werden ("legalisiert") werden. Dafür muss dann das Argument herhalten, dass sich diese Regeln als Konfliktmechanismus bewährt hätten.[785] Zu beobachtende Voraussetzungen für eine solche Kartellisierung sind in der Regel:

- eine möglichst weite Entfernung vom Prinzipal,
- alle Agenten haben denselben letzten Prinzipal bzw. Prinzipale in einer Doppelstellung (national/europäisch),
- starke horizontale und vertikale Vernetzung der Agenten und

785 Z.B. *Europäisches Parlament:* Haushaltsausschuss zur Regierungskonferenz, Ausschuss für konstitutionelle Fragen, Dok. A5-0086/2000/endg. Ziffer 1a.

- Legitimitätsunterstützung der Akteure aus den vertikalen Strukturen des Mehrebenensystems.

Grundsätzlich können auch Verfahren gewaltenhemmend und konsensschaffend sein und sich soweit verdichten, "dass es gerechtfertigt erscheint, sie als eine Art teilweiser 'Ersatzbedarfsdeckung' demokratischer Legitimation zu betrachten."[786] Dies ist vor allem dann von Interesse, wenn sich die anderen Legitimationsgründe (z.B. Wahl) als nicht so stark erweisen. Jedoch sind viele der interinstitutionellen Regelungen ja gerade das Ergebnis des sogenannten "Demokratiemangels", also der bisher überwiegenden Dominanz des Ministerrates. Insofern wird die "Quadratur des Kreises" versucht. Auch die fehlenden Mitwirkungsbefugnisse des Parlaments im Legislativbereich können so nicht ausgeglichen werden. Das Interesse der Organe an diesen Regelungen ist nicht primär, mehr Legitimität im Haushaltsverfahren zu erreichen, sondern institutionelle Blockaden zu vermeiden oder Tauschgeschäfte zu verhandeln. Die Herstellung von größerer Legitimität des Handelns durch eine Vielzahl von Verfahren gelingt also nicht.

4.8.2.2 Dominanz der nationalen Interessen

Innerhalb der europäischen Haushalts- und Finanzverfassung gibt es Verfahrens- (a) und Organungleichgewichte (b), die die Durchsetzung der nationalen Interesse fördern.

a) **Verfahrensungleichgewichte:** Sind die geforderten Abstimmungsmehrheiten ein Indiz für die Bedeutung des Verfahrens, lassen sich in der Haushalts- und Finanzverfassung Verfahrensungleichgewichte ausmachen. Kommt es zudem – wie in einem Haushaltskreislauf – darauf an, in welcher Reihenfolge Entscheidungen getroffen werden, lässt sich die Dominanz der nationalen Interessen auch anhand der Verfahren aufzeigen.

So benötigt der Ministerrat für den Eigenmittelbeschluss Einstimmigkeit und alle Mitgliedstaaten müssen ihn ratifizieren. Die Vorgaben des Europäischen Ministerrates, der ebenfalls einstimmig beschließt, prägen die Finanzielle Vorausschau und die Interinstitutionelle Vereinbarung. Die Kommission beschließt den Haushaltsvorentwurf zwar "nur" mit einfacher Mehrheit, doch erst der mit doppelt qualifizierter Mehrheit des Ministerrates abgegebene Beschluss macht diesen zum Haushaltsentwurf. In der Verabschiedungsphase beschließt der Ministerrat immer mit denselben Mehrheiten. Er braucht zwar auch hier eine doppelt qualifizierte Mehrheit, jedoch ist er – im Vergleich zum Parlament – ein zahlenmäßig kleines Gremium und beschließt über Ausgaben "seines Interesses", die obligatorischen Ausgaben. Das Parlament benötigt von Schritt zu Schritt höhere Mehrheiten. Für

786 *Läufer, Thomas*: aaO, S. 228f.

die nichtobligatorischen Ausgaben muss es in zweiter Lesung die Stimmenmehrheit der Mitglieder und 3/5 der abgegebenen Stimmen beibringen, im Falle der Globalablehnung sogar die Stimmenmehrheit der Mitglieder und 2/3 der abgegebenen Stimmen. Die Entlastung im Rahmen der Kontrollphase ist nicht wirklich die Ausübung politischer Kontrolle. Dies zeigt sich im europäischen Haushaltskreislauf einmal daran, dass der Ministerrat hier nur mittels einer Empfehlung in das Verfahren eingebunden ist und das Parlament mit der absoluten Mehrheit der abgegebenen Stimmen die Entlastung beschließt. Dies ist die niedrigste Mehrheit, die die Verträge kennen.

Diese hohen Hürden im jährlichen Verfahren sind auch ein Anreiz für das Parlament, auf die Verhandlung wesentlichen Eckdaten im Rahmen der Finanziellen Vorausschau und der Interinstitutionellen Vereinbarungen auszuweichen. Für die Zustimmung zu einer Interinstitutionellen Vereinbarung benötigt das Parlament nur die einfache Mehrheit. Es ist demnach für bestimmte Gruppen im Parlament vorteilhafter, sich vorher zu einigen.

Die Dominanz des Ministerrates in der Finanzplanung ist so stark, dass er bei der Kontrolle der Ausgaben auf fast alle Rechte verzichten kann. Dies wird institutionell auch daran sichtbar, dass die Klassifizierung der Ausgaben in der Kontrollphase erstmals aufgehoben wird und das Parlament über beide Arten der Ausgaben die Kontrolle ausüben "darf".

b) Organungleichgewichte: Die einzelnen Organe nehmen im Haushaltskreislauf unterschiedliche Stellungen ein. Auch an den Rechten eines Organs kann seine "Macht" im Entscheidungsgefüge abgelesen werden.

So tagt das Parlament grundsätzlich öffentlich, dies gilt auch für den Haushaltsausschuss und den Haushaltskontrollausschuss. Das Parlament ist hauptsächlich auf die Informationen der Kommission angewiesen und hat vor allem in der Finanzplanungs- und Aufstellungsphase einen erheblichen Informationsnachteil gegenüber der Kommission und dem Ministerrat. Es fehlt dem Parlament aber auch an einem institutionalisierten Zugang zum de facto Entscheidungsorgan in der Finanzplanungsphase: dem Europäischen Rat.

Haushaltsausschuss und Haushaltskontrollausschuss sind zwar formal unabhängige Ausschüsse, können aber nicht selbst in das Haushaltsgeschehen eingreifen. Dazu benötigen sie das Plenum. In diesem haben sie aber durch zahlreiche Rechte eine sehr starke Stellung. Allerdings gibt es im Parlament keinen Ausschuss, der sich mit der Einnahmenseite beschäftigt. Diese Aufgabe wird von einem "Ständigen Berichterstatter" wahrgenommen, der allerdings bloße Informationsrechte innehat.

Budgetäre Selbstkontrolle innerhalb des Parlaments – z.B. über die Grundsatzdebatten des Haushalts – findet anders als in parlamentarischen Demokratien nicht durch die Opposition statt. Vielmehr sieht sich das Parlament der Kommission kooperativ verbunden. Den Ministerrat begreift das Parlament innerhalb des

Haushaltskreislaufs als "Gegner", dem möglichst einheitlich gegenübergetreten werden muss.

Das Parlament kann gegenüber der Kommission kaum zu wirksamen Sanktionen greifen. Die Entlastungsverweigerung ist eine bloße politische Demonstration, die mangels ausreichender politischer Bedeutung des Parlaments ohne Folgen bleibt. Das Parlament hat ferner nicht das Recht, einzelne Kommissionsmitglieder (politische Beamte) zu ernennen oder zu entfernen und kann auch sein Budgetbewilligungsrecht nur vage als Sanktion einsetzen. Zum einen entscheidet es nur über die nichtobligatorischen Ausgaben, zum anderen ist es wegen des Initiativrechts der Kommission auf diese angewiesen.

Die Kommission entscheidet innerhalb des Haushaltskreislaufs in der Regel nichtöffentlich und als Gremium. Dabei zählt die Stimme der Haushaltskommissarin genauso viel wie die ihrer Kollegen. So kann die Haushaltskommissarin weder Widersprüche gegen Entscheidungen des Gremiums einlegen, noch ist ihre Position mit der eines Finanz- oder Budgetministers vergleichbar.[787]

Macht ausüben kann die Kommission vor allem über das Initiativrecht, welches sie auch im Haushaltsbereich innehat. Diese Machtposition wird in den Bereichen, in denen über den Vorschlag der Kommission mit Mehrheit entschieden werden muss, noch vergrößert. War die Ausübung des Initiativrechts vor der Einführung des Parlaments auf der europäischen Ebene noch verständlich, so dient sie heute überwiegend dazu, die Streitigkeiten zwischen beiden Haushaltsorganen abzumildern.

Wie die Kommission tagt auch der Ministerrat – wie auch der Ausschuss der Ständigen Vertreter – nichtöffentlich. Seit kurzem werden aber die Abstimmungsergebnisse veröffentlicht. Dabei ist zudem zu berücksichtigen, dass es den *einen* Ministerrat nicht gibt. Schon für den Bereich der Haushalts- und Finanzverfassung sind zwei Ministerratsformationen zuständig (Einnahmen: Finanzministerrat, Ausgaben: Budgetministerrat). Auch hier findet sich die institutionalisierte Trennung der Einnahmen von den Ausgaben. Sie stehen außerdem in "Konkurrenz" zu den anderen Fachministerräten, die die Ausgaben für ihre Bereiche eher ausweiten möchten. In seinen Entscheidungen ist der Ministerrat jedoch abhängig von den Vorgaben des Europäischen Rats.

Im Ergebnis ist festzuhalten, dass die Institutionen der europäischen Haushalts- und Finanzverfassung keine klare Zuweisung und Koordination von Verfügungs-

787 Z.B. wie in Deutschland, wo der Finanzminister Widersprüche gegen Kabinettsentscheidungen einlegen kann oder wie in Frankreich, wo der Finanzminister die Stellung eines "Nebenpremierminister" innehat. Vgl. *Sturm, Roland*: Haushaltspolitik in westlichen Demokratien: ein Vergleich des haushaltspolitischen Entscheidungsprozesses in der Bundesrepublik Deutschland, Frankreich, Großbritannien, Kanada und den USA, Schriften zur öffentlichen Verwaltung und öffentlichen Wirtschaft, Bd. 114, 1. Aufl., Baden-Baden 1989, S. 146f.

rechten (Festlegung des Handlungsrahmens) für die Akteure der Haushalts- und Finanzverfassung ermöglichen, die der Umsetzung der Präferenzen des Wählers dienen.

Haben Institutionen auch die Aufgabe, die Unsicherheit zwischen den Vertragsparteien zu verringern, so ist festzustellen, dass dies für die Beziehung Wähler-Abgeordneter nicht zutrifft. Anders sieht es zwischen den beteiligten Organen aus. Hier wurden Regeln geschaffen, die die Unsicherheit der Handelnden verringern. Da diese Regeln aber nicht dauerhaft sind (interinstitutionelles Recht), ist auch die Beseitigung der Unsicherheit keine dauerhafte. Zudem verursacht die immer wiederkehrende Neuverhandlung hohe Transaktionskosten.

Die Institutionen der europäischen Haushalts- und Finanzverfassung sind gerade nicht auf die Partizipation und Repräsentation aller Nutzer und Zahler der europäischen Güter ausgerichtet. Sie stellen eine Legitimation über Verfahren her, die die anderen Legitimationsarten dominiert. Anreize für einen politischen und institutionellen Wettbewerb bei der Bereitstellung von öffentlichen Gütern sind nur im Ansatz erkennbar (verwaltungsföderalistischer Vollzug). Gehen die Entscheidungsträger aber schon bei der Aushandlung und Verabschiedung des Budgets Kompromisse aufgrund des Kooperationszwangs ein, tritt die effiziente Ausrichtung des Budgets in den Hintergrund.

Die Institutionen zur Verwendung und Kontrolle öffentlicher Mittel zur Bereitstellung öffentlicher Güter innerhalb der Haushalts- und Finanzverfassung tragen somit nicht zur Erhöhung der Glaubhaftigkeit von Verpflichtungen seitens der Europäischen Union bei.

5. Reformen und Reformvorschläge für die europäische Haushalts- und Finanzverfassung

Die europäische Haushalts- und Finanzverfassung hat einen großen Reformbedarf. An Vorschlägen zur Veränderung mangelt es nicht. Vorschläge kommen sowohl aus den europäischen Organen selbst als auch z.B. aus der Wissenschaft. In diesem Kapitel wird zunächst auf zwei Gesetzgebungsverfahren eingegangen, die schon seit dem 01.01.2003 Veränderungen in der europäischen Haushalts- und Finanzverfassung bewirken oder in Kürze Veränderungen vorsehen (Kap. 5.1). Diese Veränderungen der europäischen Haushalts- und Finanzverfassung sind demnächst der "status quo", daher sollen sie vor weitergehenden Reformvorschlägen (Kap. 5.2) dargestellt werden. Da diese Vorschläge sich im Regelfall nur auf einzelne Problemkreise beziehen und/oder mit Blick auf die Ergebnisse des empirischen Kapitels nicht ausreichend erscheinen, wird im Anschluss daran versucht, einen eigenen Reformpfad aufzuzeigen (Kap. 5.3).

5.1 Aktuelle und kürzlich abgeschlossene Gesetzgebungsverfahren zur Veränderung der Haushalts- und Finanzverfassung

Auch den europäischen Organen sind wesentliche Funktionsmängel der Haushalts- und Finanzverfassung bekannt. Schon lange bemängelt vor allem der Rechnungshof institutionelle Schwächen der Steuerungsinstrumente. Die Organe (vor allem Kommission und Parlament) legen immer wieder verschiedene Vorschläge für die Gesetzgebung im Bereich der Haushalts- und Finanzverfassung vor bzw. regen sie an.

Das erste dieser Gesetzgebungsverfahren ist das Vertragsänderungsverfahren von Nizza (Kap. 5.1.1). Das andere Verfahren ist die Neufassung der europäischen Haushaltsordnung (Kap. 5.1.2), welche zum 01.01.2003 in Kraft getreten ist.

5.1.1 Die die Haushalts- und Finanzverfassung betreffenden Vorschriften des Vertrags von Nizza

Mit der Zustimmung der irischen Bevölkerung zum Vertrag von Nizza am 21.10.02 in einem Referendum ist der Ratifizierungsprozess dieses Vertragsänderungsverfahrens abgeschlossen. Der Vertrag von Nizza, der den derzeit gültigen Vertrag von Amsterdam (EUV, EGV, EAGV und EGKSV) ersetzen wird, tritt am ersten Tag des zweiten Monats nach Hinterlegung der Ratifizierungsurkunde desjenigen Mitgliedsstaats, der diese Formalitäten als letzter vornimmt, in Kraft.[1]

1 Vertrag von Nizza, Abl. C 80/1 vom 10.03.2001.

Im Vertrag von Nizza werden im Wesentlichen zwei neue Regelungen eingeführt, die für den Inhalt und die Ausgestaltung der Haushalts- und Finanzverfassung von Bedeutung sind. Diese Regelungen betreffen:
- die Rechte des Rechnungshofes[2] (a) und
- die Gesetzgebungskompetenz des Ministerrates für Haushaltsvorschriften[3](b).

Im Anhang der neuen Vertragsbestimmungen zu Nizza finden sich ferner institutionelle Regelungen, die sich mittelbar auf die Haushalts- und Finanzverfassung auswirken:
- die Erklärung zu Art. 10 des Vertrags zur Gründung der Europäischen Gemeinschaft (c).

a) Rechte des Rechnungshofes: In Art. 248 EGV (Prüfungsrechte des Rechnungshofes) wird im Absatz 4 ein neuer Unterabsatz am Ende eingefügt: *"Der Rechnungshof gibt sich eine Geschäftsordnung. Diese bedarf der Genehmigung des Rates, der mit qualifizierter Mehrheit beschließt."*

Bisher hat sich der Rechnungshof seine Geschäftsordnung selbst gegeben. Der Ministerrat weitet auch hier seine Verfügungsbefugnis im Bereich der Haushaltsgesetzgebung aus. Damit greift der Ministerrat zugleich in die Unabhängigkeit des Hofes ein, da üblicherweise Geschäftsordnungen unter das Selbstorganisationsrecht eines Organs fallen. Selbst wenn man eine "übergeordnete" Geschäftsordnungsgebung für zulässig erachtet, stellt sich die Frage, warum hier der Ministerrat und nicht das Parlament dafür zuständig ist. Letzteres ist das (formell zuständige) politische Kontrollorgan für den Gesamthaushalt, dem der Rechnungshof zuarbeitet. Die Neuregelung kann nur den Zweck haben, den Rechnungshof enger an den Ministerrat zu binden und somit über das Organisationsrecht des Rechnungshofes Einfluss auf dessen Arbeit zu nehmen. Es wird sich zeigen müssen, wie stark der Ministerrat von diesem Recht Gebrauch machen wird. Der Rechnungshof gerät in eine Verhandlungssituation, da er ohne die Zustimmung des Ministerrates seine Geschäftsordnung nicht verabschieden kann.

b) Gesetzgebungskompetenz des Ministerrats im Haushaltsbereich: Durch die Änderungen werden die Modalitäten für die Gesetzgebung sowohl für die Einnahmen- als auch für die Ausgabenseite des Haushalts geändert. Der neue Art. 279 EGV sieht die Verabschiedung der Haushaltsordnung und der Vorschriften für die Verantwortung der Finanzakteure, Anweisungsbefugten und Rechnungsführer durch einstimmigen Beschluss des Rates nach Anhörung des Parlaments vor. Ab dem 01. Januar 2007 soll im Rat bei diesen Beschlussfassungen zur qualifizierten Mehrheit übergegangen werden. Auch für den Eigenmittelbeschluss und die dafür

2 Art. 248 Abs. 4 EGV-Nizza.
3 Art. 279 EGV-Nizza.

erforderlichen Verfahrensvorschriften ist Einstimmigkeit im Rat und die Anhörung des Parlaments erforderlich. Ein Übergang zur qualifizierten Mehrheit im Rat ist nicht vorgesehen. Bei beiden Verfahren hat der Rechnungshof das Recht, eine Stellungnahme abzugeben.

Durch diese Neuregelungen wird die grundsätzliche Verfügungsrechteverteilung der Gesetzgebung für die europäische Haushalts- und Finanzverfassung verändert. Das Anhörungsrecht verschafft dem Parlament eine geringe formelle Verfügungsbefugnis, die aber ohne Konsequenzen bleibt. An eine Anhörung sind keine verbindlichen Folgen geknüpft. Allerdings erhält das Parlament so auch einen (kleinen) Teil der materiellen Verfügungsbefugnis, denn es kann seine Ideen und Vorstellungen erstmals auf der Einnahmenseite und bei der Gesetzgebung über die europäische Haushalts- und Finanzverfassung einbringen.

Das Mehrheitserfordnis im Ministerrat ab 2007 verhindert Veto-Kompensationsmöglichkeiten durch einen Mitgliedstaat. Es wird aber zugleich dadurch möglich, die Vorschläge der Kommission (Initiativrecht) leichter als bisher durchzusetzen. Das Parlament hat nach wie vor keine wirklichen Gesetzgebungsrechte. Durch den vorgesehenen Absatz 2 wird zudem klargestellt, dass auf Ratsebene überhaupt nicht daran gedacht wird, von dem bisherigen System der Eigenmittelfinanzierung abzugehen.

c) Erklärung zu Art. 10 des Vertrags zur Gründung der Europäischen Gemeinschaft: Diese Erklärung betrifft die interinstitutionelle Zusammenarbeit der Organe. Ihr Sätze 2 und 3 lauten wie folgt: *"Was die Beziehungen zwischen den Organen anbelangt, so können das Europäische Parlament, der Rat und die Kommission interinstitutionelle Vereinbarungen schließen, wenn es sich im Rahmen dieser Verpflichtung zur loyalen Zusammenarbeit als notwendig erweist, die Anwendung der Bestimmungen des Vertrags zur Gründung der Europäischen Gemeinschaft zu erleichtern. Diese Vereinbarungen dürfen die Vertragsbestimmungen weder ändern noch ergänzen und dürfen nur mit Zustimmung dieser drei Organe geschlossen werden."*[4]

Damit wird das Schließen von Interorganvereinbarungen (die vor allem bisher den Bereich der Haushalts- und Finanzverfassung betreffen) institutionalisiert, wenn auch (noch) nicht auf der Ebene der Verträge. Zudem sind solche Vereinbarungen nur im Rahmen des EGV möglich. Die Klarstellung, dass solche Vereinbarungen den Vertrag weder ändern noch ergänzen dürfen, ist vermutlich rein proklamatorisch zu verstehen, da es ja gerade Zweck dieser Vereinbarungen sein soll, Lücken im Vertrag zu schließen (ergänzen!). Die bestehenden Interinstitutionellen Vereinbarungen ergänzen und verändern den EGV in Bezug auf die euro-

4 *Fischer, Klemens H.:* Der Vertrag von Nizza – Text und Kommentar, 1. Aufl., Baden-Baden 2001, S. 229.

päische Haushalts- und Finanzverfassung bereits erheblich. Zudem geben sie den Organen die Möglichkeit, das Gewaltenteilungsprinzip zu umgehen und das (nichtexistierende) "interinstitutionelle Gleichgewicht" zum Nachteil des Steuerzahlers zu verfestigen.

Insgesamt ist festzustellen, dass die vorgeschlagenen Änderungen nicht in der Lage sein werden, wesentliche Probleme der europäischen Haushalts- und Finanzverfassung zu lösen. Anstatt die Unabhängigkeit des Rechnungshofs zu stärken, wird er enger an den Ministerrat angebunden (Veränderung der politischen Kontrollfunktion). Die Gesetzgebungskompetenzen für das Sekundärrecht der europäischen Haushalts- und Finanzverfassung wird zwar durch das Mehrheitsprinzip etwas abgeschwächt, wird aber nach wie vor beim Ministerrat liegen (politische Programmfunktion). Die Institutionalisierung der Interinstitutionellen Vereinbarungen wird die bestehende institutionelle (Zu)Ordnung der beteiligten Organe dauerhaft etablieren. Eine Verbesserung der Umsetzung der Budgetfunktionen ist so nicht zu erwarten.

5.1.2 Die Verordnung des Rates für eine neue Haushaltsordnung

Am 18. Juni 2002 hat der Rat eine Verordnung zur Änderung der Haushaltsordnung für den Gesamthaushaltsplan der Europäischen Gemeinschaften verabschiedet, die bereits in Kraft getreten ist und seit dem 01.01.2003 gilt (Art. 187 HO-Neu).[5] Das Gesetzgebungsverfahren und die Verhandlungen um die neue Haushaltsordnung dauerten beinahe 2 Jahre und begannen mit dem ursprünglichen Kommissionsvorschlag im Jahr 2000. Der Rat konsultierte nach einer ersten Stellungnahme das Parlament im November 2000, welches daraufhin in mehreren Sitzungen bis zum November 2001 eine legislative Entschließung erarbeitete. Auch der Rechnungshof gab verschiedene Stellungnahmen ab. Die Kommission legte daraufhin einen geänderten Vorschlag für eine neue Haushaltsordnung vor. Das Parlament hatte in seiner Entschließung vom November 2001 die Einleitung der Konzertierung nach Art. 140 HO verlangt. Im Rahmen dieser Konzertierung gab es drei Trilogsitzungen, bevor die Organe jeweils ihre Abschlussdokumente zur neuen Haushaltsordnung beschlossen. Im Juni 2002 beschloss der Rat dann die neue Haushaltsordnung.[6]

5 Verordnung (EG, Euratom) Nr. 1605/2002 des *Rates* vom 25. Juni 2002 über die Haushaltsordnung für den Gesamthaushaltsplan der Europäischen Gemeinschaften, Abl. L 248/1 vom 16.09.2002.

6 Vgl. zum Gesetzgebungsverfahren: *Europäisches Parlament, Haushaltsausschuss*: Bericht über die vom Rat beschlossene Gemeinsame Ausrichtung im Hinblick auf die Annahme der VO (EG, EGKS, Euratom) des Rates zur Aufstellung der Haushaltsordnung für den Gesamthaushaltsplan der Europäischen Gemeinschaften, 10.06.2002, S. 4f., PE 318.695 (Dell'Alba-Bericht 2002).

Im Folgenden wird zunächst ein kurzer Überblick über die wesentlichen Neuerungen gegeben (Kap. 5.1.2.1), danach anhand des Haushaltskreislaufs auf die einzelnen Änderungen Bezug genommen (Kap. 5.1.2.2). Im dritten Abschnitt wird die Leistungsfähigkeit der neuen Haushaltsordnung einer Bewertung mittels der Budgetfunktionen unterzogen (Kap. 5.1.2.3). Diese Verordnung verändert – soviel sei an dieser Stelle vorweggenommen – die tatsächliche Situation der europäischen Haushalts- und Finanzverfassung nicht wesentlich. Insbesondere kann sie viele der bisher aufgezeigten Mängel nicht beseitigen, dies liegt letztlich auch an dem Instrument Haushaltsordnung selbst. Daher werden hier nur die wesentlichen Veränderungen für die im empirischen Teil der Arbeit heraus gearbeiteten Problemfelder dargestellt.

5.1.2.1 Der Aufbau und die Ziele der neuen Haushaltsordnung

Nach Art. 140 HO der bisherigen Haushaltsordnung ist die jeweils geltende Haushaltsordnung alle drei Jahre durch Ministerrat und Parlament zu prüfen. Die Kommission legt einen Vorschlag vor, der im (legislativen) Konzertierungsverfahren beraten wird. Danach entscheidet der Ministerrat über die Beschlussfassung. Der Europäische Rechnungshof hatte unabhängig von dieser Vorschrift die Organe der EG mehrfach aufgefordert, das Haushaltsrecht der EG grundlegend zu reformieren. Er verwies auf die zahlreichen punktuellen Änderungen der Haushaltsordnung seit ihrer Einführung und mahnte an, dass eine umfassende "allgemeine Überarbeitung der Finanzvorschriften der Gemeinschaften (...), und die Grundprinzipien, auf die sich diese Finanzvorschriften stützen müssen", notwendig sei.[7] Er führte folgende wesentliche Gründe dafür an:

- die mangelnden Definitionen der verwendeten Termini,
- die notwendige Regelung der Zuständigkeiten der Handlungsträger,
- die umfassenden Ausnahmevorschriften,
- das Verhältnis zwischen der Haushaltsordnung und den Durchführungsbestimmungen,
- die Vielzahl sektoraler inkohärenter Finanzvorschriften.[8]

Der Rat verfolgt mit der Verordnung drei wesentliche Ziele:

- die Stärkung der Haushaltsgrundsätze und die Verringerung ihrer Ausnahmen,
- die Verbesserung des Vollzugs und
- die Verbesserung der Stellung der Finanzakteure.

Die Kommission stellt ihren Initiativvorschlag, der das Gesetzgebungsverfahren für eine neue Haushaltsordnung im Juli 2000 einleitete, unter das "Gebot der legislativen und administrativen Vereinfachung sowie einer noch rigoroseren Bewirt-

7 *Europäischer Rechnungshof*: Stellungnahme 4/97 Ziff. 4, mit weiteren Nachweisen, aaO.
8 *Europäischer Rechnungshof*: Stellungnahme 4/97, Ziff. 8–12, aaO.

schaftung der gemeinschaftlichen Haushaltsmittel."[9] Die neue Haushaltsordnung sollte nur noch die Grundprinzipien selbst enthalten, Detailbestimmungen in den Durchführungsbestimmungen niedergelegt werden. Die neue Haushaltsordnung umfasst drei Teile:

Der erste Teil enthält die gemeinsamen Bestimmungen für den Haushalt, er ist sehr umfangreich und gliedert sich in acht Titel:

- Gegenstand der Haushaltsordnung (Art. 1–2),
- Haushaltsgrundsätze (Art. 3–30),
- Aufstellung und Gliederung des Haushaltsplans (Art. 31–47),
- Haushaltsvollzug (Art. 48–87),
- Öffentliche Auftragsvergabe (Art. 88–107),
- Finanzhilfen (Art. 108–120),
- Rechnungslegung und Rechnungsführung (Art. 121–138) und
- Externe Kontrolle (Art. 139–147).

Der zweite Teil fasst die Sonderbestimmungen zu den Politikbereichen EAGFL-G, Strukturfonds, Forschung, Maßnahmen im Außenbereich sowie zu den Europäischen Ämtern und OLAF zusammen (Art. 148–179). Hier soll vor allem eine Angleichung der verschiedenen sektoralen Vorschriften angestrebt werden. Der dritte Teil befasst sich mit den Übergangs- und Schlussvorschriften (Art. 180–187).

Neben einer anderen Systematik der neuen Haushaltsordnung gibt es auch wesentliche inhaltliche Neuvorschläge:

- Zusätzlich zu den bisherigen Haushaltsgrundsätzen wird der Grundsatz der Transparenz neu verankert.
- Die Aufstellung und Gliederung des Haushalts nach dem ABB-System wird in die Haushaltsordnung aufgenommen.
- In der Haushaltsordnung wird jetzt explizit zwischen "zentraler" (durch die Kommission) und "dezentraler" (gemeinsam mit den Mitgliedstaaten) Ausführung des Haushaltsplans unterschieden.
- Die bisher auf Grundlage des Art. 24a HO als Übergangsregelung vorgenommene Trennung zwischen der Finanzkontrolle und dem Internen Audit wird fest institutionalisiert und die Stellungen der einzelnen Finanzakteure werden systematisiert.

5.1.2.2 Der Haushaltskreislauf im Lichte der Neufassung der Haushaltsordnung

Um die Unterschiede zwischen den bisherigen Regelungen und dem Neufassungsvorschlag aufzuzeigen und anhand dieser Darstellung jeweils nachfolgend eine

9 *Europäische Kommission*: Geänderter Vorschlag für eine Verordnung (EG, EGKS, Euratom) des Rates zur Aufstellung der Haushaltsordnung für den Gesamthaushaltsplan der Europäischen Gemeinschaften, KOM (2001) 691/endg.2 (10.01.2002), erster Erwägungsgrund, S. 18.

Bewertung vornehmen zu können, werden die einzelnen Vorschläge der jeweiligen Phase des Haushaltskreislaufs zugeordnet. Nur eine Vorschrift betrifft mittelbar die *Finanzplanungsphase* des Haushalts. In Art. 2 HO-Neu wird festgeschrieben, dass jeder sonstige Rechtssetzungsakt (außerhalb der HO) im Zusammenhang mit der Ausführung des Haushalts in Einnahmen und Ausgaben den im zweiten Titel der HO-Neu normierten Haushaltsgrundsätzen entsprechen muss. Diese Vorschrift geht auf das Parlament zurück und trägt der Tatsache Rechnung, dass die Legislativbefugnisse zwischen Ministerrat und Parlament geteilt sind. Das Parlament hatte auch vorgeschlagen, die Finanzielle Vorausschau selbst mit in die Haushaltsordnung aufzunehmen. Die Kommission war der Auffassung, dass es unzweckmäßig sei, einen solchen politischen Mechanismus in die Haushaltsordnung aufzunehmen.[10] Für die Verabschiedung des Haushalts ergeben sich durch den Neufassungsvorschlag keine Änderungen. Allerdings wird definiert, wer die "Haushaltsbehörde" ist: Rat und Parlament (Art. 9 Abs. 5 HO-Neu), dies dient eher der Klarstellung, als inhaltlicher Neuausrichtung. Ein Großteil der Vorschriften zur Verabschiedung ist in den Verträgen selbst geregelt. Veränderungen in der Haushaltsordnung würden somit zur Inkohärenz mit den Verträgen führen und einen Verstoß gegen das Primärrecht darstellen.

Somit beschränken sich die Änderungsvorschläge auf die Aufstellung und Gliederung (a), den Vollzug (b) und die Kontrolle (c) des Gesamthaushalts. Sofern Neuvorschläge inhaltliche Veränderungen des Haushalts betreffen, werden sie hier bei der Aufstellung des Haushalts dargestellt, da diese hier zum ersten Mal sichtbar werden.

Die Kommission ging in ihren Vorschlägen davon aus, dass für die Aufstellung und die Ausführung vier fundamentale Haushaltsgrundsätze gelten: Einheit, Gesamtdeckung, Spezialität und Jährlichkeit.[11] Nach ihrer Ansicht nicht so bedeutend, aber zu ebenfalls beachten sind: Haushaltsausgleich, Rechnungseinheit, wirtschaftliche Haushaltsführung und Transparenz.[12] Diese "Wertigkeit" der Haushaltsgrundsätze findet sich auch in den Erwägungsgründen der neuen Verordnung.[13] Eine Begründung für diese Abstufung der Haushaltsgrundsätze findet sich nicht.

10 *Europäische Kommission*: Geänderter Vorschlag, Ziff. 2.4.5, aaO.

11 Anders Rechnungshof und Parlament, sie nennen noch den Grundsatz der Vollständigkeit: *Europäischer Rechnungshof*: Stellungnahme 4/97, Ziff. 1.3, aaO; *Europäisches Parlament, Haushaltsausschuss*: Dell'Alba 2000, Haushaltsrechtliche Grundsätze, S. 7.

12 *Europäische Kommission*: Vorschlag für eine Verordnung (EG, EKS, Euratom) des Rates zur Regelung der Haushaltsordnung, vierter Erwägungsgrund, S. 19. Vorbereitende Rechtsakte Dok 500PC0461 (Grundvorschlag); zur Diskussion um diesen Kommissionsvorschlag siehe: *Draheim, Antje*: Der Vorschlag der Europäischen Kommission, Teil 1, S. 150–156, aaO; *Draheim, Antje*: Der Vorschlag der Europäischen Kommission.für eine neue EG-Haushaltsordnung, Teil 2, S. 245–249, Verwaltung & Management, Heft 4/2002.

13 Dritter Erwägungsgrund, Verordnung Nr. 1605/2002 des *Rates* vom 25. Juni 2002 über die Haushaltsordnung, Abl. L 248/4 vom 16.09.2002.

a) Die Aufstellung des Gesamthaushaltsplans: Der neue Grundsatz der Transparenz, der in Art. 29 HO-Neu festgeschrieben ist, gilt für die Aufstellung, den Vollzug des Haushaltsplans und dessen Rechnungslegung. Er entspricht im Wesentlichen den bisherigen Vorschriften in der HO, die die Veröffentlichung der Haushaltspläne und des konsolidierten Jahresabschlusses betreffen.

Ebenfalls neu verankert wurde der Grundsatz des Haushaltsausgleichs, Art. 14, 15 HO-Neu. Danach ist der Haushalt ist Einnahmen und Zahlungsermächtigungen auszugleichen. Der Rückgriff auf den Begriff der ZE ist wegen der Existenz getrennter Mittel notwendig, da sich Verpflichtungsermächtigungen über mehrere Jahre verteilen können. Der Europäischen Gemeinschaft, ihren Einrichtungen und der EAG ist es verboten, Kredite aufzunehmen. Die Beschränkung auf diese Gemeinschaften ist eine Folge des Eigenmittelsystems, welches sich nach Ansicht der Kommission nicht mit der Kreditaufnahme vereinbaren lässt. Die Kommission hatte zunächst noch eine Kreditaufnahme zur Finanzierung von Sachanlagen vorgesehen.[14]

Die neue HO sieht die Aufstellung des Haushaltsplans nach dem ABB-System nun zwingend ab dem Haushaltsjahr 2004 vor, Art. 41 Abs. 2 i.V.m. Art. 181 Abs. 1 HO-Neu. Der Ausgabenplan wird dann als Eingliederungsplan nach Zweckbestimmung der Ausgaben strukturiert. Dabei soll ein Titel einem Politikbereich und ein Kapitel einem Tätigkeitsbereich entsprechen. Die Trennung des Einzelplans III der Kommission nach Verwaltungsausgaben (Teil A) und operativen Ausgaben (Teil B) wird aufgehoben. Nunmehr kann jeder Titel beide Ausgabearten umfassen, wobei die Verwaltungsausgaben aber in einem gesonderten Kapitel ausgewiesen werden müssen. Diese bisher von der Kommission schon zusätzlich erstellte ABB-Gliederung hat den Vorteil, dass sichtbar wird, für welchen Politikbereich die EU wie viel Mittel insgesamt bereitstellt.

Art. 42 HO-Neu verankert ausdrücklich das Verbot von Negativeinnahmen (Grundsatz der Gesamtdeckung). Das führt z.B. dazu, dass die Erhebungspauschale für die Traditionellen Eigenmittel (25%) nicht mehr im Haushaltsplan ausgewiesen wird, da nur noch die Nettoeinnahmen Berücksichtigung finden. Dies ist ein Verstoß gegen das Bruttoprinzip und den Grundsatz der Transparenz. Allerdings werden die Negativausgaben des EAGFL beibehalten. Die Kommission teilt zwar die Auffassung von Rechnungshof und Parlament, dass diese Ausgaben (die nun ausdrücklich zweckgebundene Einnahmen sind) Non-Affektationsprinzip verstoßen, hält aber trotzdem weiter daran fest. Sie begründet dies damit, dass nur so ohne finanzielle Verluste die Obergrenzen der Finanziellen Vorausschau einzuhalten seien. Zudem "gäbe es keine Anreize mehr für eine straffe und effiziente Mittelverwaltung der Agrarpolitik, wenn die Ergebnisse der Anstrengungen nicht deutlich

14 *Europäische Kommission*: Geänderter Vorschlag, Ziff. 2.3.3, aaO.

und sichtbar zu diesem Politikbereich in Bezug gesetzt würden."[15] Allerdings wurde mit Art. 180 HO-Neu eine Vorschrift aufgenommen, dass der Rat bis Ende 2006 einen Vorschlag für eine andere Behandlung dieser Ausgaben vorlegen soll. Diese Norm wird jedoch in ihrem nächsten Halbsatz gleich wieder eingeschränkt. Kann man sich im Rat nicht bis zu diesem Termin einigen, werden die Negativausgaben in zweckgebundene Einnahmen umgewandelt. Art 42 HO-Neu soll dann das Verbot von Negativeinnahmen und Negativausgaben enthalten.

Die "Negativreserve", die Soforthilfereserve und die Darlehensreserve werden beibehalten (Art. 44–45 HO-Neu). Die "Negativreserve"[16] ist ein Verstoß gegen das Transparenzgebot, da nicht klar wird, wofür diese Reserve und in welcher letztendlichen Höhe sie verwendet wird. Ministerrat und Parlament hatten auf die Beibehaltung dieser "Negativreserve" gedrängt. Die Kommission sieht in ihr ausdrücklich eine Art interinstitutionelle "Kompensationsmasse", wenn sich beide Teile der Haushaltsbehörde nicht einigen können und hält sie insofern für zweckdienlich.[17] Soforthilfereserve und Darlehensreserve verstoßen nach wie vor als zweckgebundene Einnahmen gegen den Gesamtdeckungsgrundsatz.

Auch die Verstöße gegen den Grundsatz der Vollständigkeit werden nicht beseitigt. Es wird weiterhin Ausnahmen geben. Bei diesen Ausnahmen handelt es sich insbesondere um die Negativbeträge. Sowohl die Negativausgaben als auch die Negativreserven erlauben es, das globale Haushaltsvolumen unterhalb der Summe der für jede Haushaltslinie vorgesehenen Mittel zu halten.

Da auch nach der neuen HO die Europäische Sicherheitspolitik und der (bzw. die) EEF nicht Teile des Gesamthaushaltsplans werden, wird auch insofern weiterhin gegen die Grundsätze der Einheit und Vollständigkeit verstoßen. Die Kommission verwies im Gesetzgebungsprozess auf Art. 28 EUV, erst müsse diese Norm geändert werden, bevor auch die Sicherheitspolitik vollständig in die erste Säule integriert werden könne. Für den EEF sei HO nicht das geeignete Instrument, da zum einen die Finanzielle Vorausschau verändert werden müsste (Obergrenzen) und auch die Finanzierungsregeln der einzelnen EEFs neu definiert werden müssten.[18] Hier führt die Existenz der Finanziellen Vorausschau sogar dazu, bestehende Haushaltsgrundsätze zu unterlaufen.

Abgeschafft wird die bisher geltende Unterscheidung von Nachtrags- und Berichtigungshaushalten. Es wird nur noch Berichtigungshaushalte geben. Dies ist insbesondere ein Verstoß gegen den Grundsatz der Transparenz, denn bisher konnte schon an der Bezeichnung gesehen werden, ob es sich um zusätzliche Ausgabenbewilligungen oder um bloße technische Anpassungen handelt.

---

15 *Europäische Kommission*: Geänderter Vorschlag, Ziff. 2.3.4, aaO.

16 Diese Reserve muss im Haushaltsjahr bei anderen Haushaltslinien erwirtschaftet werden und kann dann im Wege der Mittelübertragung nach Mittelbindung verausgabt werden.

17 *Europäische Kommission*: Geänderter Vorschlag, Ziff. 2.3.6, aaO.

18 *Europäische Kommission*: Geänderter Vorschlag, Ziff. 2.3.1, aaO.

b) Der Vollzug des Gesamthaushalts: Die Veränderungen der Haushaltsordnung beziehen sich hier auf folgende Bereiche:
- die Definition der Vollzugsarten,
- die Mittelbindungen und Mittelübertragungen,
- die Verantwortlichkeit der Finanzakteure,
- die Rechnungsführung und Rechnungslegung.

- **Vollzugsarten:** Die Haushaltsordnung definiert in Art. 53 HO-Neu drei unterschiedliche Vollzugsarten, die der bisherigen Praxis entsprechen:
  - der zentrale Vollzug durch die EU selbst (Abs. 1 a),
  - der dezentrale (durch die Mitgliedstaaten) oder geteilte (durch Drittländer) Vollzug (Abs. 1 b) und
  - der gemeinsame Vollzug, bei welchem bestimmte Aufgaben an internationale Organisationen übertragen werden (Abs. 1 c).

  Es gibt klare Definitionen der jeweiligen Vollzugsarten. Für die dezentrale und geteilte Verwaltung wird festgeschrieben, dass die Kommission geeignete Rechnungsabschluss- und Finanzkorrekturverfahren anwenden muss, die ihr die Verantwortungsübernahme für den Vollzug ermöglichen. Die Mitgliedstaaten werden verpflichtet, die Ordnungsmäßigkeit der Maßnahmen zu prüfen und gegebenenfalls rechtliche Schritte bei Verstößen einzuleiten. Dies verbessert zwar im Ergebnis nicht die bisherige Praxis, grenzt aber die Verantwortung der Kommission klarer ein. Echte Sanktionsnormen für Verstöße der Mitgliedstaaten gegen ihre in der neuen Haushaltsordnung normierten Pflichten sind nicht vorgesehen.

- **Mittelbindungen und Mittelübertragungen:** Mittel dürfen grundsätzlich nur noch dann ausgeführt werden, wenn Basisrechtsakt erlassen wurde (Art. 49 HO-Neu). Die Ausnahmen sind dieselben wie bisher jene, die es aufgrund der IIV gab: Pilotmaßnahmen, vorbereitende Maßnahmen, punktuelle Maßnahmen. Damit übernimmt die Haushaltsordnung Teile aus dem interinstitutionellen Recht.
  Es ist eine Definition der Mittelbindung vorgesehen. Eine Mittelbindung besteht darin, "die Mittel vorzumerken, die erforderlich sind, um Zahlungen, die sich aus einer rechtlichen Verpflichtung ergeben, zu einem späteren Zeitpunkt leisten zu können" (Art. 76 Abs. 1 HO-Neu). Auch die rechtliche Verpflichtung wird definiert. Sie ist eine Handlung, bei der der Anweisungsbefugte einen Verpflichtung gegenüber einem Dritten eingeht, die zu Lasten des Haushalts geht (Art. 76 Abs. 2 HO-Neu). Nur bewilligte Mittel können gebunden werden (Art. 5 Abs. 2 HO-Neu). Die Bewilligung erfolgt durch den Rechtsakt Haushaltsplan (Art. 4 Abs. 1 HO-Neu).

Das Prinzip der Jahrestranchen ist ausdrücklich vorgesehen, allerdings muss auch dafür eine Rechtsgrundlage existieren (Art. 76 Abs. 3 HO-Neu).[19] Der Rechnungshof wollte gerade dies nicht, denn die Annahme eines Mehrjahresprogramms erfordert im Grunde die umgehende Verbuchung des mit seiner Ausführung verbundenen Gesamtbetrages[20]. Eine Splittung auf mehrere Jahre trennt die Entscheidung von der Finanzierung und verschleiert den wahren Umfang der getroffenen Maßnahme.

Grundsätzlich verfallen nicht in Anspruch genommene Mittel am Ende des Haushaltsjahres, Art. 9 Abs. 1 HO-Neu. Es gibt jedoch weiterhin umfangreiche Ausnahmen (Mittelübertragungsmöglichkeiten). Voraussetzungen aller Mittelübertragungen ist jedoch, dass auf bereits dotierte oder mit "p.m.-Vermerk" ausgestattete Haushaltslinien übertragen wird (Art. 25 Abs. 1 HO-Neu).

Dabei kann entweder das entsprechende Organ die Mittel per Beschluss auf das nächste Haushaltsjahr übertragen oder es erfolgt eine automatische Mittelübertragung (Art. 9 Abs. 1 S. 2 HO-Neu). Letzteres betrifft nicht getrennte Mittel, die bei Abschluss des Haushaltsjahres ordnungsgemäß eingegangenen Verpflichtungen entsprechen (Art. 9 Abs. 4 HO-Neu).

Organe können per Beschluss Verpflichtungsermächtigungen (VE) der getrennten Mittel und am Ende des Haushaltsjahres noch nicht gebundene nicht getrennte Mittel übertragen, wenn entweder die Mittelbindungsvoraussetzungen bereits weitgehend erfüllt sind oder der notwendige Basisrechtsakt für die rechtzeitige Mittelbindung zu spät erlassen wurde (Art. 9 Abs. 2 a, b).

Handelt es sich um Zahlungsermächtigungen der getrennten Mittel, können Mittelübertragungen zur ergänzenden Aufstockung unzureichend ausgestatteter Haushaltslinien vorgenommen werden, wenn sie zur Abwicklung von Mittelbindung früherer Haushaltsjahre notwendig sind oder wenn sie aus dem vorhergehenden Haushaltsjahr übertragenen Verpflichtungsermächtigungen entsprechen (Art. 9 Abs. 3 HO-Neu).

Nicht verwendete Einnahmen (einschließlich zweckgebundener Einnahmen) werden automatisch übertragen (Art. 10 HO-Neu). Diese Einnahmen müssen jedoch ihre Zweckbindung behalten, wobei nicht deutlich wird, ob sie nur "irgendeine" Zweckbindung behalten müssen oder weiter dem ursprünglichen Zweck dienen müssen (Art. 25 Abs. 2 HO-Neu).

Damit werden die getrennten/nichtgetrennten Mittel im Prinzip wie bisher auch auf das nächste Haushaltsjahr übertragen, die systematischere Auflistung und die Normierung der Voraussetzungen sind aber positiv zu betrachten.

Um die Flexibilität des Vollzugs innerhalb des Haushaltsjahres zu gewährleisten, können die Organe innerhalb ihrer Einzelpläne Übertragungen von Titel zu Titel

19 Bei den getrennten Mittel soll der Grundsatz der Jährlichkeit durch Fälligkeitstermine gewahrt werden.

20 *Europäischer Rechnungshof*: Stellungnahme 4/97, Ziff. 2.8, aaO.

bis zu insgesamt 10% der Mittelansätze des Haushaltsjahres, von Kapitel zu Kapitel und von Artikel zu Artikel vornehmen (Art. 22 Abs. 1 HO-Neu). Die Kommission kann in ihrem Einzelplan bei den Personal- und Verwaltungsausgaben von Titel zu Titel bis zu insgesamt 10% der Mittelansätze und bei den operativen Ausgaben von Kapitel zu Kapitel maximal 10% der Mittel übertragen (Art. 23 b, c HO-Neu). Solche großen Mittelübertragungen verstoßen gegen Grundsatz der Spezialität, aber selbst der Rechnungshof meinte hier, dass dies hingenommen werden kann. Das Parlament wollte demgegenüber eine Beschränkung auf 5%.[21] Dies beeinträchtigt die administrative Lenkung der Kommission.

Bei den Mittelübertragungen wurde die grundsätzliche Unterscheidung von Mitteln, die obligatorische Ausgaben betreffen und Mittel, die nichtobligatorische Ausgaben betreffen und die damit verbundenen unterschiedlichen Verfahren aufgehoben. Bei den Mittelübertragungen innerhalb des Haushaltsjahres sind alle Organe gleichgestellt worden. Die Kommission hat, weil sie die operativen Ausgaben bewirtschaftet, darüber hinaus gehende Rechte.

Die bisher bestehenden Sonderregelungen für die Agrarpolitik bleiben zum großen Teil bestehen. So werden nicht in Anspruch genommene Zahlungsermächtigungen des EAGFL-G automatisch auf das nächste Haushaltsjahr übertragen (Verstoß gegen den Grundsatz der Jährlichkeit). Sie verfallen aber, wenn sie nicht in Anspruch genommen werden (Art. 149 HO-Neu). Der Rechnungshof ist der Ansicht, dass diese Sonderbestimmungen des EAGFL-G in den ersten Teil aufgenommen werden könnten. Die Kommission argumentiert dagegen: Ausgaben, die ca. 50% des Gesamthaushalts ausmachen, müssten in der Haushaltsordnung sichtbar sein.[22] Das ist nicht zuletzt auch die Konsequenz aus einer nicht vorhandenen Programmfunktion des Haushalts: Die Agrarausgabenhöhe ist quasi "fix" und die Kommission geht offensichtlich nicht davon aus, dass sich dies ändert.

Ausnahmevorschriften gibt es nach wie vor auch für die Strukturfonds. Aufgehobene Mittelbindungen können hier wiedereingesetzt werden (Art. 158 HO-Neu), wenn Fehler oder ein Fall höherer Gewalt vorliegt. Mittelübertragungen durch die Kommission sind auch zwischen Titeln mit gleicher Zweckrichtung möglich (Art. 159 HO-Neu). Auch diese Sonderbestimmungen hält der Rechnungshof für überflüssig.[23]

- **Verantwortlichkeit der Finanzakteure:** Hier sind klarere Definitionen der Aufgaben von Anweisungsbefugten (Art. 60 HO-Neu) und Rechnungsführer (Art. 61 HO-Neu) vorgesehen. Es wird eine Interessenkollisionsnorm eingeführt.

21 *Europäische Kommission*: Geänderter Vorschlag, Ziff. 2.3.5, aaO.
22 *Europäische Kommission*: Geänderter Vorschlag, Ziff. 2.7.1, aaO.
23 *Europäische Kommission*: Geänderter Vorschlag, Ziff. 2.7.2f., aaO.

Danach ist jede Vollzugshandlung, durch die ein Interessenkonflikt zwischen den Interessen des Akteurs und der Gemeinschaft eintritt, an die Vorgesetzten zu melden (Art. 52 HO-Neu).
Die Haftung der Finanzakteure wird verändert. Die Finanzakteure sind bei schwerwiegenden Verstößen ihrer Ämter zu entheben (Art. 64 HO-Neu). Der Rechnungshof forderte darüber hinaus die Aufnahme einer Vorschrift zur finanziellen Haftung des Anweisungsbefugten und eine Beschreibung der möglichen Pflichtverletzungen. Das Parlament wollte sogar die Einführung eines speziellen Ausschusses, der die Unregelmäßigkeiten prüft. Die Kommission war aber der Ansicht, dass dies – wie in ihrem Weißbuch zur Reform vorgesehen – in das Statut der Beamten der Europäischen Gemeinschaften gehört.[24] Eine gesonderte, über die allgemeine Haftung hinausgehende Haftung sei nicht notwendig. Damit wird wieder nicht deutlich, wer in diesen Bereichen auch tatsächlich verantwortlich zu machen ist.
In Fortführung der bisherigen Übergangsregelungen zum Internen Audit wird der Interne Prüfer in die Haushaltsordnung integriert (Art. 85 HO-Neu). Seine Unabhängigkeit ist normiert (Art. 87 HO-Neu). Unklar bleibt, wie das bisherige Verfahren des Sichtvermerks fortgeführt bzw. verändert wird.

- **Rechnungsführung und Rechnungslegung:** Der Neuregelungsvorschlag sieht die Aufnahme der Rechnungsführungsprinzipien: Kontinuität, Vorsicht, Stetigkeit, Vergleichbarkeit, Wesentlichkeit, Gesamtdeckung, Vorrang des Inhalts vor der Form und Periodenrechnung vor (Art. 124 HO-Neu). Es ist eine Vorverlegung der Rechnungslegungsfristen zur Verkürzung des gesamten Verfahrens geplant. Die Vorschriften für die Finanz- und Haushaltsbuchführung werden systematisiert und angeglichen (Art. 132–138 HO-Neu).

- **Interne Kontrolle des Vollzugs:** Die bereits übergangsweise eingeführte Trennung von Interner Revision (Audit) und Finanzkontrolle wird institutionalisiert. Dazu wird auf die Vorstellung des Systems und die Bewertung in Kapitel (S. 214 Vollzug) verwiesen.

c) **Die externe Kontrolle des Haushalts:** Im Neuregelungsvorschlag sind ausführliche Vorschriften zur Informationsübermittlung, den Aufgaben des Hofes (Art. 139–144 HO-Neu) und zur Entlastung (Art. 145–147 HO-Neu) vorgesehen. Der Rechnungshof findet dies überflüssig, da sich bereits im Vertrag ausführlich Regelungen befinden und die Vorschriften in der HO seine Rechte teilweise beschneiden.[25] Die Kommission meint demgegenüber, dass diese Regeln präzisiert werden müssten, da die Vertragsbestimmungen nicht genügen.[26]

---

24 *Europäische Kommission:* Geänderter Vorschlag, Ziff. 2.5.2.1, aaO.
25 *Europäischer Rechnungshof:* Stellungnahme 2/2002, Ziff. 3–8 (Quelle, erstmalig?).
26 *Europäische Kommission:* Geänderter Vorschlag, Ziff. 2.6.

Das Problem der Konsequenzen der Nichtentlastung wird nicht gelöst. Es wird ausdrücklich darauf abgestellt, dass die Entlastung lediglich eine Beurteilung der administrativen Tätigkeit der Kommission darstelle (Art. 147 HO-Neu). Der vorletzte Entwurf der Kommission sah zudem vor, den Umfang des Entlastungsbeschlusses über die Rechnungen und den Saldo hinaus auszudehnen. Dort hieß es *"... er (der Entlastungsbeschluss – Anm. d. A.) umfasst eine Beurteilung darüber, ob die Kommission ihrer Verantwortung für die Ausführung des Haushaltsplans des abgelaufenen Haushaltsjahres nachgekommen ist."*[27] Das Parlament wollte des weiteren eine Vorschrift, nach der es ungehinderten Zugang zu allen Dokumenten erhält. Die Kommission lehnte dies ab, da ein solches Recht über die Bestimmungen der Verträge hinausgehe.[28] Hieß es im alten Vorschlag der Kommission noch, *"die Kommission übermittelt dem Europäischen Parlament ... alle Daten, die für die ordnungsgemäße Abwicklung des Entlastungsverfahrens ... erforderlich sind."*, so ist im neuen Art. 146 Abs. 3 HO-Neu von *"allen Informationen"* die Rede. Jetzt muss diskutiert werden, ob Informationen ein Mehr oder ein Weniger gegenüber dem Begriff "Daten" darstellt. Jedoch gibt es mit Art. 182 eine Grundsatzvorschrift, nach der der Rat und das Parlament Anspruch auf Auskünfte und Nachweise zu den in ihre jeweilige Zuständigkeit fallenden Haushaltsfragen haben.

d) Sonstige Regelungen: Im Wesentlichen gelten die Vorschriften der neuen Haushaltsordnung auch für OLAF (Art. 176 HO-Neu).

5.1.2.3 Die Bewertung der neuen Haushaltsordnung im Lichte der Budgetfunktionen

Insgesamt kann die Feststellung getroffen werden, dass der Neuregelungsvorschlag weit hinter seinen Möglichkeiten zurückbleibt.

Die "Stärkung der Haushaltsgrundsätze" als operationelle Regeln für die Umsetzung der Budgetfunktionen erschöpft sich in der Normierung und Systematisierung der Ausnahmen, die bisher unzureichend oder gar nicht geregelt waren. Eine Verbesserung der Umsetzung der Budgetfunktionen kann so nur teilweise erreicht werden.

Der Grundsatz der Transparenz dient der politischen Funktion des Budgets. Die bisherigen Transparenzregeln betreffen überwiegend die Präsentation des Haushalts. Dadurch wird für die Legislative die Entscheidungsfindung erheblich vereinfacht. Es ist allerdings abzuwarten, in welcher Form dieser Grundsatz über diese Präsentationsregeln hinaus konkret umgesetzt wird. Ein erster Verstoß gegen dieses Transparenzgebot zeigt sich bereits in der Verrechnung der TEM-Erhebungspau-

---

27 Art. 147 Abs. 1 2. HS, Entwurf-HO, *Europäische Kommission:* Geänderter Vorschlag, KOM (2001) 691 endg., in der Fassung vom 21.12.2001.

28 *Europäische Kommission*: Geänderter Vorschlag, Ziff. 2.6.

schalen. Sie werden nicht mehr gesondert ausgewiesen, da Negativeinnahmen künftig verboten sind. Dies dient dem Grundsatz der Gesamtdeckung, der ab 2006 durch das dann vielleicht folgende Verbot auch der Negativausgaben weiter gestärkt würde. Alle sonstigen Zweckbindungen werden allerdings beibehalten. Auch die Verstöße gegen den Grundsatz der Vollständigkeit werden nicht beseitigt.

Die Vorschläge, die die Aufstellung des Haushalts betreffen, verbessern die Umsetzung der finanzwirtschaftlichen Ordnungsfunktion (ABB-System). Dieser Funktion dient auch die Aufnahme des Grundsatzes des Haushaltsausgleichs, wobei das Problem der Entstehung von "Altlasten" (RAL) nicht gelöst werden kann. Die Koppelung von Einnahmen und Zahlungen ist mit Blick auf die Getrennten Mittel konsequent. Ebenfalls positiv können sich die neu verankerten Rechnungsführungs- und Rechnungslegungsprinzipien auswirken. Sie können dazu beitragen, dass ein realistischerer Überblick über die finanzielle Situation der EU gegeben wird als bisher.

Der Vollzug des Haushalts wird erstmals ordentlich definiert und systematisiert. Dies wirkt sich positiv auf die administrative Lenkungs- und Kontrollfunktion aus. Da aber nur die bestehende Praxis dargestellt wird und sich inhaltlich, also in den materiellen Normen, wenig ändert, sind nicht allzu große Verbesserungen zu erwarten. Mittelbindungen und Mittelübertragungen werden weitestgehend in einheitlichen Vorschriften zusammengefasst, die Ausnahmen sind aber immer noch zahlreich. Erfreulich ist, dass die unterschiedlichen Mittelübertragungsverfahren für nichtobligatorische und obligatorische Ausgaben aufgehoben wurde. Erstmals wird auf die unterschiedliche Kompetenzausübung verzichtet.

Die Transparenz der Vorschriften wird dadurch erhöht, aber ob dies ausreicht, um nachprüfbare Vorteile zu erbringen, wird sich erst zeigen müssen. Deutlich zeigt sich hier, dass die Kommission ihr Initiativrecht dazu nutzt, eine echte strikte Anbindung der Verwaltung an die Legislative zu vermeiden.

Die Kontrolle des Vollzugs wird sich nicht verändern. Die Trennung von Internem Audit und Finanzkontrolle besteht bereits. Die Haftungsregeln sind nach wie vor unzureichend und wie die Kommission die Mitgliedstaaten zu einer verbesserten Kooperation anhalten will, ist fraglich. Das einzige Sanktionsmittel ist nach wie vor ein Vertragsverletzungsverfahren nach Art. 226ff. EGV. Da aber die Unzulänglichkeiten für eine wirklich effektive Kontrolle vor allem im Bereich des dezentralen oder geteilten Vollzugs außerhalb der Haushaltsordnung ihre Ursachen haben, ist fraglich, ob die Haushaltsordnung überhaupt das richtige Instrument für eine Verbesserung der administrativen Kontrolle ist.

Die Haushaltsordnung wird zwar insgesamt übersichtlicher. Das dient einer besseren Abwicklung und Kontrolle der administrativen Tätigkeit. Die zu erwartenden Verbesserungen bei der Umsetzung der politischen Funktion und der politischen Kontrollfunktion sind marginal. Integrations- und Kompensationsfunktion werden nicht berührt. Solange sich an der grundsätzlichen Verteilung der Verfügungsrechte nichts ändert, ist eher eine Verstärkung der bestehenden Interessenlagen durch das Sekundärrecht zu erwarten.

5.2 Weitergehende Reformvorschläge für die europäische Haushalts- und Finanzverfassung

Damit das EU-Budget seinen Funktionen gerecht werden kann, müssen sich die Institutionen der europäischen Haushalts- und Finanzverfassung an folgenden Vorgaben ausrichten:

- Sie müssen die Unabhängigkeit der europäischen Agenten vom europäischen Souverän aufheben. Dies betrifft die erste Form politischer Transaktion, die Übertragung von Verfügungsrechten seitens des Souveräns auf den Abgeordneten oder andere Akteure.
- Die einzelnen Verfügungsrechte für die einzelnen Phasen der mittelfristigen und kurzfristigen Haushaltsplanung müssen klar und eineindeutig zugewiesen werden. Nötig sind ferner Verfahrensvorschriften, die die multiplen Prinzipale und Agenten eng aneinander binden und ihr Zusammenwirken zum Nachteil des Souveräns verhindern.
- Es ist eine echte Gewaltentrennung institutionell zu verankern.
- Es bedarf verschiedener Instrumente, um die Entscheidungen des Souveräns durchzusetzen.

Neben den bereits vorgestellten Reformvorschlägen im Rahmen von aktuellen Vertrags- oder Verordnungsänderungsverfahren, gibt es eine Vielzahl von weiteren Vorschlägen für die Ausgestaltung der europäischen Haushalts- und Finanzverfassung aus Wissenschaft und "Praxis". Diese berücksichtigen zum Teil fiskalföderalistische, demokratietheoretische und/oder institutionen- und politikökonomische Aspekte. Sie reichen von Vorschlägen nur zur Einnahmen- oder nur zur Ausgabenseite über Verfahrensvorschläge bis hin zu Finanzausgleichslösungen.

In den vorangegangenen Kapiteln wurde aufgezeigt, welche institutionellen Regelungen wie voneinander abhängen und welche institutionellen Veränderungen sie zeitigen. Im folgenden Kapitel werden die wichtigsten Reformvorschläge zur europäischen Haushalts- und Finanzverfassung und ihre intendierten Wirkungen im derzeitigen System kurz dargestellt. Dabei werden zum Teil auch Vorschläge berücksichtigt, die einen Systemwechsel oder doch zumindest größere institutionelle Veränderungen erfordern würden. Viele der Vorschläge zeigen gerade beispielhaft auf, warum punktuelle und isolierte Veränderungen in den wenigsten Fällen zu einer Verbesserung der Umsetzung der Budgetfunktionen beitragen.

Es wird der Versuch unternommen, die wesentlichen Vorschläge den einzelnen Budgetfunktionen zuzuordnen (Kap. 5.2.1–5.2.6). Dabei wird auf die mutmaßliche

Auswirkung der Umsetzung des jeweiligen Vorschlags abgestellt und – soweit benannt – auf die Ziele, die der jeweilige Autor des Vorschlags mit seinen Reformvorschlägen erreichen will. Durch diese Vorgehensweise soll in erster Linie eine systematische Darstellung der Vorschläge ermöglicht werden. Dabei können aufgrund der Vielzahl der Vorschläge, die zur europäischen Haushalts- und Finanzverfassung in den letzten Jahren gemacht wurden, nicht alle Vorschläge an dieser Stelle untersucht werden. Die Auswahl richtete sich zum einen nach dem Autor (Berücksichtigung von Politik, Verwaltung und Wissenschaft) und zum anderen nach dem Inhalt des Vorschlags (Ausgaben, Einnahmen, Verfahren, Institutionen).

Einige Reformvorschläge sind umfassender Natur, sie beinhalten Vorschläge sowohl zur Ausgaben- als auch zur Einnahmenseite und haben gleichzeitig grundsätzliche Veränderungen der Verfügungsrechteverteilung im Blick. Diese Vorschläge werden hier nicht im Ganzen dargestellt, an den entsprechenden Stellen wird aber auf die Grundtendenz dieser Vorschläge hingewiesen. Viele der Vorschläge betreffen in ihrer Konsequenz verschiedene Budgetfunktionen. Um Wiederholungen zu vermeiden werden die Vorschläge jedoch dort aufgeführt, wo sie voraussichtlich ihre größten Auswirkungen zeitigen werden. Auf ihre Auswirkungen auf die anderen Budgetfunktionen wird an entsprechender Stelle hingewiesen. Dies führt auch dazu, dass sich die wesentliche Diskussion in diesem Kapitel auf die politischen Funktionen des Budgets beschränken. Ursache dafür ist vor allem, dass die konkreten Verfahren innerhalb der Haushalts- und Finanzverfassung bisher nicht so sehr im Fokus der Reformüberlegungen standen, wie z.B. die Frage der Einnahmeautonomie. Hier wird nicht der Anspruch auf Vollständigkeit der dargestellten Reformvorschläge erhoben. Die grundsätzliche Frage ist vielmehr, ob die Reformvorschläge ausreichen, um die bestehenden Ineffizienzen zu beseitigen. Und noch eine Einschränkung ist zu machen. Viele der Reformvorschläge haben bewusst keinen ordnungspolitischen Systemwechsel im Blick. Entweder weil die Autoren das bisherige System im Großen und Ganzen als zufriedenstellend betrachten oder aber einen bruchlosen Übergang vom jetzigen System in ein verändertes System erreichen wollen.

In Kap. 5.2.7 werden die Ergebnisse der Untersuchung der Reformvorschläge zusammengefasst. Daraus werden dann eigene Grundvoraussetzungen und Eckdaten einer Reform der europäischen Haushalts- und Finanzverfassung abgleitet (Kap. 5.3). Es ist an dieser Stelle nochmals darauf hinzuweisen, dass diese Arbeit nicht das Ziel hat, einen vollständigen Reformvorschlag zu präsentieren. Dies würde sowohl den Umfang als auch die Ausrichtung dieser Arbeit "sprengen". Gerade die Untersuchung der institutionellen Gegebenheiten und Wechselwirkungen innerhalb der europäischen Haushalts- und Finanzverfassung (und darüber hinausgehend) hat deutlich gemacht, dass Veränderungswiderstand vor allem aus den Organen heraus zu erwarten ist. Soll die europäische Haushalts- und Finanzverfassung umgestaltet werden, können diese institutionellen Widerstände nicht unberücksichtigt bleiben. Gleichwohl soll versucht werden, eine Art "Reformpfad" vorzuzeichnen, auf dem die wichtigsten Etappen und Eckpunkte vermerkt sind (5.3.1–5.3.3). Dabei ist die Frage der politischen Realisierungschance mit zu untersuchen (5.3.5).

5.2.1 Vorschläge zur besseren Umsetzung der politischen Funktionen des Budgets

Hier sind die Vorschläge zur Veränderung der Einnahmenseite und zur institutionellen Neugestaltung der Ausgabenseite bzw. der Verfahren über die Einnahmen und Ausgaben einzuordnen. Dabei lassen sich nicht immer alle Vorschläge eindeutig zuordnen, ihre Zielrichtungen werden aber klar benannt, so dass eine Subsumierung unter diese Budgetfunktionen angezeigt ist. Es wird mit der Einnahmenseite begonnen (Kap. 5.2.1.1), da diese die Ausgabenseite erheblich vorstrukturieren. Im Anschluss daran werden die konkreten Vorschläge für die Neugestaltung der Institutionen und Verfahren dargestellt (5.2.1.2). Obwohl die Vorschläge zur verbesserten Umsetzung der Integrations- und Kompensationsfunktion überwiegend auch unter die Neugestaltung der Ausgabenseite gezogen werden können, werden sie hier – der bisherigen Darstellung folgend – gesondert erläutert (Kap. 5.2.2–5.2.3).

5.2.1.1 Vorschläge betreffend die Einnahmeautonomie

Sehr viele der Reformvorschläge beziehen sich auf die Veränderung des Einnahmesystems, wobei die angestrebte Zielrichtung nicht immer dieselbe ist. Ziele können dabei zum einen die Herstellung Finanzautonomie, die Gerechtigkeit der erhobenen Mittel oder auch die Beseitigung bestehender Vorzugsregeln sein. Diese Ziele dienen aber – wenigstens mittelbar – der politischen Funktion des Budgets, denn die Entscheidung über die Einnahmen ist ein wesentliches Element der politisches Machtausübung innerhalb der europäischen Haushalts- und Finanzverfassung.

Die Vorschläge lassen sich grob unterscheiden in:[29]
- Vorschläge, die eine Modifizierung des jetzigen Systems fordern (a)
- oder eine eigene EU-Steuerkompetenz einführen wollen (b) und/oder
- die der EU eine eigene Verschuldungskompetenz einräumen (c).

---

29 Es gibt neben diesen Reformvorschlägen, die unten näher erläutert werden, jedoch auch Autoren, die den Status Quo der Einnahmengestaltung der EU beibehalten möchten. Diese argumentieren, dass weder aus finanzwissenschaftlicher noch aus politikökonomischer Sicht ein zwingender Bedarf für die Reformierung der Einnahmen bestünde. Begründet wird dies z.B. damit, dass fiskalische Äquivalenz auch über die Modifizierung des Beitragssystems in den Mitgliedstaaten erreicht werden könne und das Beitragssystem eine wirksame (politökonomische) Begrenzung des "EU-Leviathans" darstellen würde. Vgl. *Caesar, Rolf*: S. 289ff., in: *Hrbek, Rudolf.*: aaO.

a) Vorschläge zur Modifizierung des bestehenden Systems: Diesen Vorschlägen ist immanent, dass die Herstellung von Finanzautonomie bewusst nicht das Ziel der Veränderungen ist. Dafür werden verschiedene Gründe vorgebracht.

So gibt es Autoren, die der Ansicht sind, die durch die EU bisher bereitgestellten öffentlichen Güter rechtfertigen wegen ihres geringen Finanzierungsaufwands keine eigenen Einnahmen der EU bzw. es lassen sich zwar europäische öffentliche Güter definieren, diese werden aber bisher nicht oder nicht vollständig durch die EU bereitgestellt. Selbst für den Fall, dass eine Bereitstellung dieser Güter über die EU erfolge, sei eine Modifikation des bisherigen Systems ausreichend. Der WISSENSCHAFTLICHE BEIRAT beim deutschen Bundesministerium für Wirtschaft sieht z.B. in der Bereitstellung einer europäischen Rechtsordnung und der Binnenmarktregeln, einer europäischen Verteidigungspolitik, eines europäischen Umweltschutzes und eines Schutzes des kulturellen Erbes europäische öffentliche Güter.[30] HENKE/MILBRANDT erweitern diese um eine gemeinsame Verkehrs- und Energiepolitik.[31] Der WISSENSCHAFTLICHE BEIRAT sieht daher keinen Reformbedarf auf der Einnahmenseite. HENKE/MILBRANDT sehen kurzfristig nur Veränderungsbedarf bei den Bemessungsgrundlagen für die MwSt- und BSP-Eigenmittel sowie bei den Prinzipien für die Erhebung der Eigenmittel.[32]

Diesen Ansichten wird nicht gefolgt.[33] Die Umsetzung des (sich schrittweise entwickelnden) Integrationsziel kann als europäisches öffentliches Gut definiert werden. Ein Teil der Ziele der GAP und ein Großteil der Ziele der Strukturpolitik beziehen sich auf dieses Ziel (z.B. Umstrukturierungen des ländlichen Raums, Einbindung von Randgebieten, infrastrukturelle Erschließungen). Selbst für den Fall, dass sich nicht in jedem Fall um die Bereitstellung eines echten europäischen öffentlichen Gutes handeln würde, kann doch nicht übersehen werden, dass qua Aufgabenfestsetzung für die europäische Ebene dieses Gut *de facto politisch* zu einem europäischen öffentlichen Gut erklärt wurde. Ein kurzer Blick auf ähnliche nationale Gemengelagen – z.B. in Deutschland – zeigt, wie unrealistisch eine Renationalisierung von einmal einer Ebene zugewiesenen Aufgaben ist. Hier ist es wenig hilfreich, allein auf die theoretische Begründung zu verweisen. Natürlich ist eine Auseinandersetzung damit notwendig und richtig. Erforderlich ist hier aber, die Bereitstellung auch dieser politisch gewollten öffentlichen Güter möglichst

30 *Wissenschaftlicher Beirat beim Bundesministerium für Wirtschaft*: Ordnungspolitische Orientierung für die Europäische Union, 1994, Gutachten, Ziff. 63ff., aaO.

31 *Henke, Klaus-Dirk / Milbrandt, Beate*: Die zukünftige finanzielle Lastverteilung in der EU, S. 119–135 (122), in: *Caesar, Rolf / Scharrer / Hans-Eckart* (Hrsg.): Die Zukunft Europas im Lichte der Agenda 2000, Baden-Baden 2001.

32 *Wissenschaftlicher Beirat beim Bundesministerium für Wirtschaft*: Ordnungspolitische Orientierung für die Europäische Union, 1994, Gutachten, Ziff. 69f., aaO.; *Henke, Klaus-Dirk / Milbrandt, Beate*: S. 131f., in: *Caesar, Rolf / Scharrer, Hans-Eckart* (Hrsg.): aaO.

33 Vgl. Kap. 3.1.2 und 3.2.2.

optimal zu gewährleisten. Daran fehlt es regelmäßig, wenn keine Verknüpfung zwischen Zahlern, Nutzern und Entscheidern hergestellt wird.

Andere Autoren stellen darauf ab, dass die demokratischen Strukturen die Herstellung von Finanzautonomie aus polit-ökonomischen Gründen nicht ratsam erscheinen lassen. Dies insbesondere deshalb, weil es an einer funktionierenden Anbindung des Wählers an das Europäische Parlament fehle und das jetzige System den Interessen der Mitgliedstaaten diene.[34] Es wird daher vorgeschlagen, das bisherige Prinzip im Wesentlichen beizubehalten, aber die Finanzierungsanteile der einzelnen Mitgliedstaaten an die Stimmgewichtung im Ministerrat zu koppeln.[35] Diese Autoren zeigen durch die Vorschläge explizit oder implizit, dass sie eine institutionelle Reform der EU, die die demokratischen Defizite beseitigt, als momentan unrealistisch einschätzen. Gleichzeitig ist die Argumentation zirkulär. Vereinfacht ausgedrückt: Es wird argumentiert, der EU nicht zu mehr Demokratie zu verhelfen, weil es ihr an Demokratie mangele.

Ergänzend zu diesen Auffassungen wird die Ansicht vertreten, dass sich durch den Integrationsprozess der EU die Verfassung Europas in einem ständigen Wandel befinde, der vor allem die Zieldefinition des Integrationsprozesses noch offen lässt. Da nicht absehbar sei, ob sich die EU z.B. in Richtung eines föderalen Bundesstaates oder mehr in Richtung eines Staatenbundes entwickeln werde, seien nur kurz- und mittelfristige Überlegungen basierend auf den jetzigen Systemen anzustellen.[36] Hier wird zum Beispiel vorgeschlagen, bei Beibehaltung des Beitragssystems zur Verbesserung der Transparenz für den Bürger eine Ausweisung des Finanzierungsanteils pro Kopf in den Steuerbescheiden des Bürger vorzunehmen.[37] Mittelfristig wird auch der Übergang auf ein Steuersystem vorgeschlagen.[38] Diese Autoren beziehen den Entwicklungsprozess der EU explizit in ihre Überlegungen mit ein. Die Dynamik der Entwicklung wird gleichgesetzt mit einem nicht absehbaren Endzustand. Der alte Streit um eine Entscheidung zwischen mehr oder weniger Föderalismus wird so vermieden. Die dynamische Komponente des Integrationsprozesses kann aber auch von einer reinen Zieldefinition getrennt werden. Auch unter der Benennung eines klaren Ziels (Bundesstaat oder Staatenbund) kann die Prozesshaftigkeit der EU z.B. über verschiedene Reformstufen innerhalb eines

34 Stellvertretend für viele: *Mallossek, Jörg:* aaO, S. 237f.; *Waldhoff, Christian*: aaO, S. 237ff.

35 *Mallossek, Jörg:* aaO, S. 237 FN 18; *Waldhoff, Christian*: aaO, S. 240.

36 *Heinemann, Friedrich:* EU-Finanzreform 1999, S. 53f., mit weiteren Nachweisen; ähnlich im Ergebnis: *Henke, Klaus-Dirk / Milbrandt, Beate*: 131f., in: *Caesar, Rolf / Scharrer, Hans-Eckart* (Hrsg.): aaO. HENKE und MILBRANDT streben aber wegen der Möglichkeit einer späteren Bereitstellung europaweiter öffentlicher Güter durch die EU eine schrittweise Veränderung des Systems an.

37 *Heinemann, Friedrich*: EU-Finanzreform 1999, S. 58, allerdings geht das HEINEMANN-KONZEPT noch darüber hinaus, im Rahmen der Kompensationsfunktion wird darauf zurückzukommen sein.

38 *Henke, Klaus-Dirk / Milbrandt, Beate*: S. 132, in: *Caesar, Rolf / Scharrer, Hans-Eckart* (Hrsg.): aaO.

mittel- oder langfristigen Zeithorizonts in verschiedenen Szenarien ausgedrückt werden.

Eine andere Argumentationslinie wurde bis vor kurzem noch von der Europäischen Kommission vertreten. Sie war der Auffassung, dass das bisherige Eigenmittelsystem ergiebig (also bedarfsdeckend) und relativ beitragsgerecht gewesen ist.[39] Es gäbe zwar mit Blick auf die Finanzautonomie, die Kosteneffektivität und die Transparenz "gewisse Mängel", diese können jedoch hingenommen werden, weil ansonsten die gerechte Lastenverteilung in Frage gestellt würde. Die Kommission kam daher 1998 zu dem Ergebnis, dass es ausreiche, die bestehenden Ineffizienzen bei den Erhebungskosten zu beseitigen und die Gerechtigkeitslücken bei den Eigenmittelarten zu schließen. Die Kommission schlug vor, das Beitragssystem zu vereinfachen. Die TEM sollen an die Mitgliedstaaten zurück geführt werden, da ihre Erhebung und Kontrolle im Verhältnis zu ihrem Gesamtanteil an den Einnahmen zu kostenintensiv seien. Die bemängelten Verzerrungen, die sich mit Blick auf die Beitragsgerechtigkeit ergeben, sollten durch die schrittweise Umstellung auch dieser Eigenmittel auf Beiträge ausschließlich nach Maßgabe des BSP ersetzt werden. Das Auslaufen des "Briten-Rabatts" wird vereinbart. Bis dahin wird seine Finanzierung umgestellt.[40] Dieser Vorschlag der Kommission muss vor dem Hintergrund gesehen werden, dass 1999 eine neue Verhandlungsrunde über die Eigenmittel begann. Die Kommission hat so ihre grundlegenden Positionen im Vorfeld dieser Verhandlungen niedergelegt und dies vor allem im Hinblick auf politische Durchsetzbarkeit und Akzeptanz des Systems in beiden Teilen der Haushaltsbehörde. Die Kommission war hinsichtlich ihrer damaligen Vorschläge in ihrer Vermittlerrolle zwischen Ministerrat und Parlament im derzeitigen Institutionengefüge gefangen. Zudem profitiert auch sie vom derzeitigen System: sie hat das Initiativrecht bezüglich der Eigenmittelvorschläge und der Durchführungsverordnungen. Die Einordnung der Kriterien Finanzautonomie und Beitragsgerechtigkeit in ein- und denselben Beurteilungskatalog ist zudem ungewöhnlich. Während beim Kriterium Finanzautonomie der EU-Steuerzahler im Mittelpunkt steht, sind es bei der Beitragsgerechtigkeit die Mitgliedstaaten. Der Gesichtspunkt der Leistungsgerechtigkeit (Äquivalenz) spielt auch innerhalb der Finanzautonomie eine Rolle, allerdings auf einzelne Steuersubjekte bezogen. Es handelt sich also um zwei verschiedene Finanzierungssysteme.

Ähnlich sind Vorschläge einzuschätzen, die von einigen Abgeordneten aus dem Europäischen Parlament vertreten werden. So will TILLICH das bisherige System beibehalten, aber einen über die 1,27% Einnahmengrenze aus Beiträge hinausgehenden Finanzierungsbedarf durch eine ergänzende Steuer decken.[41] Dieser Vorschlag orientiert sich vornehmlich an der politischen Realisierungschance.

---

39 *Europäische Kommission*: Bericht Eigenmittelsystem, S. 5–12, aaO.
40 *Europäische Kommission*: Bericht Eigenmittelsystem, S. 12–36, aaO.
41 *Heinemann, Friedrich*: EU-Finanzreform 1999, S. 22, aaO.

Ein weiterer Ansatz für Veränderungen im bisherigen System wird in der "Nettobelastung" einiger Mitgliedstaaten – also der Zahlerposition – gesehen. In dieser, überwiegend deutsche Debatte – werden zur Modifizierung des bestehenden Einnahmesystems werden beispielsweise folgende Vorschläge gemacht[42]:

- **Modell der deutschen Länderfinanzminister:** Die TEM werden wie bisher erhoben. Auf die MwSt- und BSP-Mittel wird ein Beitragsschlüssel angewandt, der sich am BIP der Mitgliedstaaten, gemessen in Kaufkraftparitäten, orientiert.
- **Modell des deutschen Ministers Rudolf Seiters:** Die Begrenzung der Beitragshöhe eines Mitgliedstaats durch den negativen Nettosaldo des Mitgliedstaats am BSP der EU wird eingeführt.
- **Kappungsmodell des deutschen Bundesfinanzministeriums:** Die Begrenzung der Beitragshöhe eines Mitgliedstaats wird durch eine politisch festgelegte Zumutbarkeitsschwelle vorgenommen.
- **Modell des deutschen Bundeswirtschaftsministeriums:** Es wird ein degressiv steigender Kombitarif der Beiträge festgesetzt. Dabei soll sich der Beitrag eines Mitgliedstaats zu 80% nach BSP-Anteilen richten und 20% über die Stimmverteilung des Ministerrats festgelegt werden.

Die Position der Nettozahler ist verständlich. Auch hier geht es vordergründig um Beitragsgerechtigkeit. Allerdings wird einer künftigen Finanzautonomie der EU-Ebene damit implizit eine Absage erteilt. Die Mitgliedstaaten verlören ja bei einer echten Finanzautonomie ihre derzeitigen Gesetzgebungs- und vielleicht auch ihre Gestaltungskompetenzen. Zudem gingen sie auch ihrer mannigfaltigen Kontrollrechte über die Ausgaben verlustig.

Um die "Nettozahlerdebatte" zu entschärfen, gibt es weiter den Vorschlag, die Finanzierung der GAP umzustrukturieren (z.B. SAMLAND).[43] Die Agrarpolitik sei der Haushaltsposten, der maßgeblich zu den "Gerechtigkeitslücken" beiträgt. Dies vor allem deshalb, weil eine Land mit hohem Agraranteil und einer förderfähigen Agrarstruktur mehr Rückflüsse als andere erhält. Verschärft wird das Problem durch den "Britenrabatt". Es wird vorgeschlagen, die strukturpolitischen Agrarausgaben in die GAP zu integrieren und diesen gesamten Bereich der GAP auf eine Kofinanzierung umzustellen. SAMLAND schlägt eine 50%ige Beteiligung der Nationalstaaten an der Agrarfinanzierung nach dem jeweiligen BIP-Anteil vor. Ein Land mit hohem Agraranteil hätte so einen höheren Kofinanzierungsanteil als andere Länder.

42 Vgl. *Busch, Berthold*: aaO, S. 34–41.

43 *Samland, Detlev*: Leitlinien für eine Finanzierung der Agenda 2000, S. 39–56 (46, 50ff.), in: *Görlach, Willi*, u.a.(Hrsg.): Thema Europa: Agenda 2000,1998; Einen Überblick über verschiedene Konzepte für die GAP gibt: *Herrmann, Roland*: Neue Konzepte der EU-Agrarpolitik und ihre Finanzierung in der EU, S. 156–177, in: *List-Forum für Wirtschafts- und Finanzpolitik*, Bd. 25, 1999, Heft 2.

Der Vorteil läge darin, dass man dafür weder den Eigenmittelbeschluss revidieren müsste, eine Angleichung der Finanzierungsmechanismen in der Struktur- und Agrarpolitik erreichen würde und sich die nationalen Agrarminister vor ihren nationalen Parlamenten rechtfertigen müssten. Eine solche polit-ökonomische Restriktion ist grundsätzlich begrüßenswert, beseitigt aber nicht das Problem der Anbindung des EU-Haushalts an nationale Interessen. Allerdings stünde zu erwarten, dass sich der Haushalt um 25% verringern würde. Da die EU-Agrarausgaben so sinken könnten (wenn die freigesetzten Mittel nicht gleich wieder anders verplant würden), steht auch zu erwarten, dass die Eigenmittel in entsprechend geringerem Umfang zur Verfügung gestellt werden. Zudem sind auf der Ausgabenseite über den Vollzug ähnliche Probleme zu prognostizieren wie in der Strukturfonds-Umsetzung.

b) Vorschläge für eine eigene EU-Steuerkompetenz: Der Beitragsfinanzierung steht die Forderung nach eigener EU-Steuerautonomie diametral gegenüber.

Dabei gibt es auch hier verschiedene Zielrichtungen, nämlich einmal die Herstellung von Finanzautonomie und zum anderen die "Demokratisierung" der Europäischen Union. Beides wird oft als ein- und dasselbe Problem angesehen, was so aber nicht richtig ist. Die Einräumung von Steuerautonomie heißt noch nicht, dass dadurch zugleich die EU demokratischer gestaltet wäre und umgekehrt.

Die Herstellung von Steuerautonomie bewirkt zunächst eine Verknüpfung der Einnahmen- und Ausgabenseite in der Weise, dass sich Entscheider, Nutzer und Zahler decken (institutionelle Kongruenz von BLANKART, Korrespondenzprinzip von BIEHL). Damit wird der Nutzen der Ausgabenprogramme den Belastungen aus den Steuerzahlungen gegenübergestellt. Auch wird sich größere Budgetdisziplin davon erwartet.[44] Diesen Argumenten wird ebenfalls entgegengehalten, dass es auf der EU-Ebene keine europäischen öffentlichen Gütern gäbe.[45] Dieser Ansicht wird hier nicht gefolgt.

In den letzten Jahren werden zusätzlich verstärkt wettbewerbspolitische und polit-ökonomische Argumente gegen die Einräumung echter EU-Steuerhoheit vorgebracht.[46] Dabei sind die Gegner einer EU-Steuerhoheit zumeist Befürworter des Beitragssystems und daher überschneiden sich die Argumentationen des Öfteren.

So argumentiert z.B. FUEST, dass durch eine EU-Steuer der Steuerwettbewerb zwischen den Gebietskörperschaften für diese Steuer verloren ginge.[47] Steuerwett-

44 Z.B. *Henke, Klaus-Dirk / Milbrandt, Beate*: aaO, S. 128, in: *Caesar, Rolf / Scharrer, Hans-Eckart* (Hrsg.): aaO.

45 So z.B *dies.:* S. 128, aaO.

46 Einen Überblick über diese Debatten bis 1999 liefert: *Heinemann, Friedrich*: EU-Finanzreform 1999, S. 31ff., aaO.

47 *Fuest, Clemens*: Zur Reform der EU-Fiskalverfassung, 1996, S. 168f., in: *Streit, Manfred / Voigt, Stefan (Hrsg.): aaO*: aaO.

bewerb sei aber als Standortwettbewerb aus Sicht des Bürgers begrüßenswert, da er vor übermäßige Steuerbelastung schütze. Außerdem biete die Steuerhoheit keine ausreichende Gewähr für den Schutz der Interessen der Steuerzahler. Folgt man der Auffassung von FUEST, so wäre Steuerhoheit für eine zentrale Ebene grundsätzlich abzulehnen, wenn zwischen den nachgeordneten Ebenen Steuerwettbewerb herrscht. Dies kann so allgemein nicht gelten. Vielmehr ist dabei von Bedeutung, um welche Steuer es sich handelt und ob das für die zentrale Ebene benötigte Aufkommen so hoch ist, dass der Wegfall des Wettbewerbs für diese Steuer nicht in Kauf genommen werden kann. Richtig ist, dass Steuerhoheit allein nicht ausreicht, um eine Anbindung an die Präferenzen des Bürgers zu leisten. Die Steuerzahlung muss sowohl mit der Wahlentscheidung (als Präferenzaufdeckungsmechanismus, Zahler = Wähler) und mit der Gewährleistung demokratischer Wahlen und der Einräumung von Haushaltsautonomie (Wähler = Nutzer) gekoppelt werden.

Aus polit-ökonomischer Sicht wird vorgebracht, dass die Budgetdisziplin bei Steuerhoheit eher abgeschwächt wird. Aufgrund der (relativ gesehen) niedrigen Steuerbelastung durch die EU für jeden einzelnen Bürger sei der Steuerwiderstand gering. Die europäischen Organe könnten über Steuererhöhungen, die für den Einzelnen kaum fühlbar wären, ihr Budget ohne größeren Widerstand ausdehnen, da die Organisation der EU-Steuerzahler sehr kostenintensiv sei.[48] Das Argument des Steuerwiderstands ist grundsätzlicher Natur und heißt bei konsequenter Anwendung, dass seitens des Staates auf "marginale" Steuern insgesamt verzichtet werden sollte. Aus Sicht des Bürgers stellt sich dies anders dar. Da der Bürger seine Gesamtsteuerbelastung durch alle Ebenen im Blick hat, ist für ihn auch eine kleine Veränderung fühlbar.[49] Das Argument der kostenintensiven Organisation der EU-Steuerzahler ist gewichtig. Man könnte diesem allerdings dadurch begegnen, dass Steuererhöhungen durch Referenden bestätigt werden müssen, wie dies SCHNEIDER vorschlägt.[50]

Auch die bisherigen demokratischen Defizite werden als Grund genannt, der EU-Ebene keine Steuerhoheit einzuräumen.[51] Dies ist dieselbe Argumentation, aus der heraus auch wesentliche Veränderungen am Beitragssystem abgelehnt werden. Demokratiemangel als Grund für die Nichteinräumung von Steuerhoheit zu benen-

48 So z.B. *Mallossek, Jörg*: aaO, S. 237ff.

49 Dies zeigen zum Beispiel die Reaktionen der deutschen Bürger bei der schrittweisen Einführung der Ökosteuer. Auch diese Steuererhöhung war für sich gesehen marginal. Sie kam aber zu der sonstigen Belastung hinzu und betraf zudem noch einen Gegenstand (Benzin = Auto = Mobilität), der unter den Bürgern besondere Wertschätzung genießt.

50 So z.B. *Schneider, Friedrich*: Fünf grundlegende Elemente einer föderalen Verfassung der EU, S. 44–63 (54), in: *König, Thomas*: Das europäische Mehrebenensystem, Bd. III: Europa der Bürger, Frankfurt a.M. 1998, der gleichzeitig umfangreiche institutionelle Veränderungen vorsieht.

51 So z.B. *Mallossek, Jörg*: aaO, S. 238, *Waldhoff, Christian*: aaO, S. 237, *Henke, Klaus-Dieter / Milbrandt, Beate:* S. 129, in: *Caesar, Rolf / Scharrer, Hans-Eckart* (Hrsg.): aaO.

nen, ist ein "weißer Schimmel". Es wird dabei übersehen, dass es ja nicht unmöglich ist, weitere Veränderungen des Systems (insbesondere institutioneller Art) vorzunehmen.

Im jetzigen System würde die Einführung von Steuerautonomie nur dem Ministerrat (und dem Europäischen Rat) nützen, die Stellung des Parlaments ("Demokratisierung") würde sich nicht verändern. Da nur der Ministerrat umfassende Gesetzgebungskompetenz hat und eben nicht normiert ist, dass im Rahmen der Verabschiedungsphase des Haushalts über Ausgaben und Einnahmen zu beschließen ist, würde sich an der Kritik zur Umsetzung der politischen Funktion (Verantwortung, Programm, Kompromiss zwischen den Organen) wenig ändern.

Die gegen eine Steuerhoheit vorgebrachten Argumente können aber nicht wirklich überzeugen, wenn man die Einräumung von Steuerhoheit als einen Aspekt einer Reform der Haushalts- und Finanzverfassung ansieht. Selbstverständlich ist es notwendig, die Steuerhoheit so abzusichern, dass sie im Sinne eines funktionierendes Steuer-Ausgaben-Mechanismus als *Teil*stück installiert wird. Unter polit- und institutionenökonomischen Aspekten sind über die Einräumung einer bloßen Steuerautonomie umfangreichen Regeln nötig, die die Interessen der Prinzipale an die Agenten annähern und die Agenten einer Kontrolle unterwerfen.

Bei den Befürwortern einer EU-Steuerhoheit gibt es unterschiedliche Szenarien für die Einführung eines Steuersystems. So orientiert sich ein Vorschlag der EVP-FRAKTION des Parlaments an den Vorschlägen von TILLICH und will zunächst eine Steuer zusätzlich zu allen anderen Eigenmittelarten einführen. Die Einnahmengesamthöhe von 1,27% des EU-BSP soll in der Verfassung festgeschrieben werden.[52] Andere Vorschläge sehen den sofortigen Übergang zu einem Steuersystem vor.[53]

Die Befürworter (und teilweise auch Kritiker) einer EU-Steuerhoheit schlagen verschiedene Steuerarten für eine solche EU-Steuer vor. Dies könnten z.B. sein:

- Ertragsteile der Einkommenssteuer, der Körperschaftssteuer, der Mineralölsteuer, der Tabaksteuer[54];
- Abgaben auf die Gewinne der EZB[55];
- eine Quellensteuer auf Zinsen und Spareinlagen[56];
- eine CO_2/Energie-Steuer[57];

---

52 *EPP Convention Group*: The Constitution of the European Union, Discussion Paper, 10.11.2002, Art. 109 (http://europa.eu.int/comm/reform/refdoc/index_de-htm).

53 Z.B. *Europäische Kommission (Lamoureux Gruppe):* Durchführbarkeitsstudie: Beitrag zum Vorentwurf einer Verfassung der Europäischen Union, Arbeitspapier, Art. 92 (Durchführbarkeitsstudie) Die Kommission betont ausdrücklich, dass die Ergebnisse dieser Studie sich nicht unbedingt mit ihren Auffassungen decken (http://europa.eu.int/comm/reform/refdoc/index_htm).

54 *Kohl, Eckhard / Bergmann, Jan:* Europäischer Finanzausgleich?: Gewinner und Verlierer der EU-Politiken, S. 47ff., Köln 1998.

55 *Dies.:* aaO, S. 47.

56 *Dies.:* aaO, S. 47.

57 *Oppermann, Thomas*: aaO, S. 473, RN 1198.

- MwSt-Erträge[58] oder eine
- Internet-Steuer[59].

In den Diskussionen um die Steuerart werden z.B. die Einkommensneutralität der Steuer[60], auf ihren progressiven Charakter[61],die Verursachung möglichst geringer Wettbewerbsverzerrungen[62] und die Einflüsse dieser Steuer auf die nationalen Einnahmensysteme[63] problematisiert.

Ebenfalls zu diskutieren ist, wie der Zugriff der verschiedenen Ebenen auf die entsprechenden Steuerquellen erfolgen soll.[64] Gibt es ein Trenn- oder Verbundsystem? Welche Steuerart und welche Bemessungsgrundlage wird gewählt? Auch hier kommt es darauf an, welches Organ welche Verfügungsrechte erhält, damit die Programmumsetzung (Beschaffung von Einnahmen) funktioniert.

Das Problem der Steuern in verfahrenstechnischer Sicht ist, dass die betreffende Steuer zunächst einmal europaweit harmonisiert werden müsste. Danach ergibt sich das Problem einer Ertragsteilung bei den Steuern, die als ertragreiche Steuern betrachtet werden können und bei denen deshalb eine Ertragsteilung zwischen den Mitgliedstaaten und der EU in Betracht kommt (z.B. MwSt[65]).

Neben diesen technischen Schwierigkeiten stellt sich jedoch auch die Frage, wem die Gesetzgebungshoheit und Gestaltungshoheit für die EU-Steuer zukommen soll. Für diesen Fragen gibt es erstaunlich wenig Vorschläge und wenn, dann kommen sie meist aus den europäischen Organen selbst. So fordern SAMLAND und TILLICH[66] eine gemeinsame Beschlussfassung durch den Ministerrat (Einstimmigkeit) und das Parlament (qualifizierte Mehrheit).[67] SCHNEIDER schlägt ebenfalls eine gemeinsame Beschlussfassung und ein zusätzliches Referendum vor.[68] Die Diskussionen um die Neugestaltung einer Europäischen Verfassung durch den EU-Konvent

---

58 *Europäisches Parlament, Haushaltsausschuss*: Bericht über den Veränderungs- und Reformbedarf des Eigenmittelsystems der Europäischen Union, PE 228.614/endg., 1999, S. 9 (Eigenmittelreform-Bericht 1999); Samland und Tillich, zitiert nach *Heinemannn, Friedrich*: EU-Finanzreform 1999, aaO, S. 19f. und *auch Europäische Kommission*: Bericht-Eigenmittelsystem, S. 14.

59 So *Jutta Haug*, selbst durchgeführtes Interview am 18.06.01.

60 So das Europäisches Parlament, zitiert nach *Heinemann, Friedrich*: EU-Finanzreform 1999, aaO, S. 22.

61 *Biehl, Dieter*: S. 382ff., in: *Wildenmann, Rudolf*: aaO.

62 *Henke, Klaus-Dieter / Milbrandt, Beate*: S. 129, in: *Caesar, Rolf / Scharrer, Hans-Eckart*: aaO.

63 *Mallossek, Jörg*: aaO, S. 239.

64 Vgl. dazu z.B. *Färber, Gisela*: Finanzverfassung, Besteuerungsrechte und Finanzausgleich, S. 125–165, aaO.

65 Dies wird von der Europäischen Kommission vorgeschlagen, *Europäische Kommission*: Bericht-Eigenmittelsystem, S. 14.

66 Ehemalige MdEP.

67 Vgl. *Heinemann, Friedrich*: EU-Finanzreform 1999, S. 19f., aaO; für ein Zweikammersystem auch Biehl, zitiert nach *Heinemann, Friedrich*: EU-Finanzreform 1999, S. 32, aaO.

68 *Schneider, Friedrich*: S. 54, in: *König, Thomas*: aaO.

haben die Verfahrensfragen wieder etwas stärker in den Mittelpunkt gerückt. So schlägt die EVP-GRUPPE vor[69], die Eigenmittel (bisherige Eigenmittel plus Steuer) durch den Rat und das Parlament gemeinsam in Form eines Gesetzes abstimmen zu lassen. Der Rat soll dabei mit Einstimmigkeit und das Parlament mit der Mehrheit seiner Mitglieder entscheiden. Allerdings müssen auch 2/3 der nationalen Parlamente diesem Eigenmittel-Gesetz zustimmen. Ein anderes Verfahren schlägt die LAMOUREUX-GRUPPE vor.[70] Rat und Parlament entscheiden im Mitentscheidungsverfahren, die nationalen Parlamente erhalten ein Vetorecht, für dessen Ausübung die Mehrheit dieser Parlamente ausreicht.

c) **Vorschläge für eine eigene EU-Verschuldungskompetenz:** Hier ist zwischen den Vorschlägen für temporäre Kassenausgleichsmöglichkeiten und einer echten Kreditfinanzierung zu unterscheiden.

- **Temporärer Kassenausgleich:** Unabhängig von der Frage nach einer echten Verschuldungsmöglichkeit wird vorgeschlagen, der EU eine offizielle Kassenkreditkompetenz einzuräumen.[71]
  Verschiedene Umgehungsmechanismen sowohl auf der Einnahmen- als auch Ausgabenseite ("vorgezogene Mittelabrufungen", "Überschreitungen") könnten so ausgeschaltet und der Kassenausgleich an sich transparenter gestaltet werden. Gwosć schlägt vor, diese Art der kurzfristigen Kredite ihrer Höhe und Laufzeit zu beschränken und sie marktüblich zu verzinsen.

- **Eigene Verschuldungskompetenz über den kurzfristigen Kredit hinaus:** Es lassen sich unter den gegebenen Voraussetzungen der EU anhand fiskalföderalistischer Ziele durchaus Argumente für die Einräumung einer Verschuldungskompetenz finden.[72]
  Unter allokativen Aspekten käme eine solche Kompetenz für die Finanzierung von EU-weiten öffentlichen Gütern mit einer längerfristigen Nutzenabgabe in Betracht.[73] Gwosć nennt als solche Güter z.B. die Herstellung einer wettbewerbsfähigen Infrastruktur mittels der Transeuropäischen Netze (Energienetze, Telekommunikationsnetze). Diese Netze würden nicht nur vom heutigen Steuerzahler genutzt, sondern auch die nachfolgenden Generationen hätten daraus Nutzen-

69 *EPP Convention Group:* The Constitution of the European Union, Discussion Paper, 10.11.2002, Art. 109.

70 *Europäische Kommission, Lamoureux-Gruppe*: Durchführbarkeitsstudie, Art. 92, aaO.

71 *Caesar, Rolf*: Die Verschuldung, S. 255, in: *Biehl, Dieter / Pfennig, Gero:* aaO; *ders.*: Zur Reform des EU-Einnahmensystems, Arbeitspapier Nr. 124/1996, S. 23, aaO; *Gwosć, Christoph:* aaO, S. 60 m.w.N.

72 Zu den allokativen, distributiven und stabilitätspolitischen Gründen siehe: *Gwosć, Christoph:* Ein Verschuldungsrecht für die Europäische Union, S. 90ff., S. 104ff., aaO; *Caesar, Rolf*: S. 221–273, in: *Biehl, Dieter / Pfennig, Gero:* aaO; *Peffekoven, Rolf*: Die Finanzen der Europäischen Union, Mannheim 1994.

73 *Gwosć, Christoph*: aaO, S. 74f.

vorteile. Ein maßgeblicher "crowding-out-Effekt" sei deshalb nicht zu erwarten, da die EU auf das Kreditvolumen ihrer Mitgliedstaaten zurückgreifen kann und über ihre "Triple-A-Bonität" auch Zugang zu den amerikanischen und asiatischen Kreditmärkten haben dürfte.[74] Gwosć betont aber, dass eine Verschuldung nur bei investiven Gütern in Betracht käme. Würden Kredite auch für konsumtive Ausgaben aufgenommen, läge eine intergenerative Lastenverschiebung wohl auf der Hand.

GWOSĆ weist aber auch daraufhin, dass eine Kreditaufnahme personelle und funktionelle Verteilungswirkungen haben kann, dessen Richtungen und Umfang sich kaum abschätzen lässt. Diese Wirkungen sieht er aber weder als Grund für eine Verschuldungskompetenz noch als Grund dagegen.[75]

Für den Fall, dass der EU Verschuldungskompetenzen eingeräumt würden, mahnt nicht nur Gwosć politikökonomische Beschränkungen an, z.B. die jährliche Begrenzung der Kredithöhe und das Verbot der Kreditfinanzierung konsumtiver Ausgaben.[76] Auch eine Reform der Handhabung der Budgetierungspraxis sowie die Zentralisierung der Schuldenpolitik innerhalb der EU-Ebene werden gefordert.[77]

Trotz dieser Argumente für eine Verschuldungskompetenz und der vorgeschlagenen Beschränkungen gibt es für eine eigene Verschuldungskompetenz der EU nicht viele Befürworter.[78] Dies liegt aber vor allem daran, dass vom jetzigen Status Quo ausgegangen wird. Im derzeitigen institutionellen System sind Verschuldungen ein Umgehungsmechanismus mangelnder Finanzautonomie und starrer Einnahmen- und Ausgabengrenzen. In einem mit echter Finanzautonomie ausgestatteten EU-System wäre über das Thema Verschuldung mit ähnlichen Argumenten zu diskutieren, wie derzeit in den Nationalstaaten. Die Frage wäre dann wohl weniger, ob eine solche Kompetenz einzuräumen sei, sondern inwieweit sie Beschränkungen unterliegen müsste. Dort wären dann mit Blick auf die politische Funktion des Budgets insbesondere die Fragen der Verschuldungshöhe (Programmfunktion), bestimmten Zustimmungserfordernissen (Verantwortlichkeit) und Beteiligung aller Organe (politische Grundfunktion) zu diskutieren. Hier ordnet sich dann auch die Frage der Nachhaltigkeit der Entscheidungen der Haushalts- und Finanzverfassung ein. Gerade unter dem Blickwinkel "pay-as-youse" gewinnt die Kreditaufnahme entscheidende Bedeutung im Rahmen der Programmfunktion. Die Umsetzung des Wählerwillens darf eben nicht zum überwiegenden Teil zu Lasten zukünftiger Zahler gehen, will man den Steuer-Ausgaben-Mechanismus nicht gefährden.

74 *Ders.:* aaO, S. 81.
75 *Ders.:* aaO, S. 90.
76 *Ders.:* aaO, S. 146f.
77 *Caesar, Rolf*: S. 261f., 1990, in: *Biehl, Dieter / Pfennig, Gero*: aaO.
78 Siehe *Heinemann, Friedrich*: EU-Finanzrefom 1999, S. 38, aaO.

Gleichzeitig ist aber hier die sonstige Ausgestaltung der europäischen Organe zu bedenken. So weist GWOSĆ darauf hin, dass die derzeitige Stellung des Parlaments keine politökonomische Bedenken gegen eine Kreditaufnahme rechtfertige, da das Parlament über die Einnahmen keine Befugnisse habe.[79] Dies ändere sich aber bei einer Verfügungsrechteverteilung, die dem Parlament als Teil der Haushaltsbehörde gleichwertige Einnahme- und Ausgabenrechte einräumt. Dann könnte es die Kreditaufnahmeentscheidung mit seiner Wiederwahlrestriktion verbinden. Demnach kann auch die Frage der Einräumung einer Verschuldungskompetenz nicht losgelöst von institutionellen Rahmen betrachtet werden.

5.2.1.2 Vorschläge betreffend die Institutionen und Verfahren der Haushalts- und Finanzverfassung

Es gibt eine Reihe von konkreten Vorschläge zur Veränderung der Institutionen und Verfahren. Man kann die Vorschläge danach systematisieren, ob sie
- die Beseitigung der Trennung zwischen obligatorischen und nichtobligatorischen Ausgaben (a),
- die Veränderung des Haushaltsverfahrens insgesamt (b),
- eine Vergesetzlichung des "soft laws" (c) oder
- Programmevaluation (d)

anstreben.

a) Klassifizierung der Ausgaben: BIEHL schlägt vor, die Trennung von obligatorischen und nichtobligatorischen Ausgaben aufzuheben und die Höchstsatzregel des Art. 203 EGV abzuschaffen.[80] Dies knüpft er allerdings an das Vorhandensein einer Steuer, über die Ministerrat und Parlament entscheiden. Die Abschaffung der Ausgabenklassifizierung ist auch Bestandteil eines neuen Reformkonzepts der Europäischen Kommission, welches Romano PRODI kürzlich dem Konvent zur Verfassungsgebung Europas übergab.[81] Dieser Vorschlag findet sich auch im Vorschlag der WORKING GROUP IX des Konvents für eine Europäische Verfassung.[82]

Die Aufhebung der Trennung der Ausgabenarten ist seit langem auch eine Forderung des Parlaments. Das heißt in der Konsequenz, dass entweder eines der Organe allein über alle Ausgaben entscheidet oder aber beide Teile der Haushaltsbehörde gemeinsam. Im jetzigen institutionellen Gefüge der Haushalts- und Finanz-

79 *Gwosć, Christoph*: aaO, S. 146f.

80 Z.B. *Theato, Diemut R. / Graf, Rainer*: aaO, S. 160.

81 Vgl. *Prodi, Romano*: Die neue institutionelle Struktur der Kommission, Rede vor dem Parlament, Speech 02/615 vom 05.12.02, abrufbar über: Pressemitteilungen der Europäischen Union (http://europa.eu.int/news/index_de.htm, Stand: 20.12.02).

82 *The European Convent, Working Group IX on Simplification*: Budget Procedure, Working Document 20 vom 14.11.2002, Point 2 (http://european-convention.eu.int/doc_register.asp?lang=DE&Content=Doc).

verfassung kann dies aber nur letzteres bedeuten, denn Ministerrat und Parlament sind gemeinsam die Haushaltsbehörde. Die derzeitigen Interessenlagen unterstellt, ist eine Beseitigung der Konflikte um die Ausgaben nur geringfügig zu erwarten. Zwar würde sich die Klassifizierung erübrigen, jedoch wären durch die gemeinsame Zustimmung beider immer noch Tauschgeschäfte möglich. Allerdings könnten so die unterschiedlichen Mehrheiten für die verschiedenen Ausgaben beseitigt werden. Das würde die Stellung des Parlaments verändern und auch eine inhaltliche Neuausrichtung der Ausgaben (Aufgaben) wäre möglich.

Von der VRING versteht die obligatorischen Ausgaben als ein Instrument, welches die Umsetzung der agrarpolitischen Entscheidungen gewährleistet und setzt deshalb bei der Finanzierung an.[83] Er schlägt vor, diese Ausgaben in einem gesonderten Agrarfinanzierungsgesetz im Anhörungsverfahren durch einstimmige Zustimmung des Rates zu verabschieden. Wesentlicher Inhalt wäre die Agrarleitlinien und die Eckdaten zur GAP. Wenn sich nun im Haushaltsverfahren die beiden Teile der Haushaltsbehörde verpflichten, diese Agrarausgaben als zwingende Ausgaben zu respektieren, könnte die Trennung von obligatorischen und nichtobligatorischen Ausgaben entfallen. Die Kommission legt im Rahmen des Vorentwurf eine Vorschlag für die Agrarausgaben vor, vor Beginn des Haushaltsverfahrens prüfen Ministerrat und Parlament diese und können sie im Einvernehmen ändern. Positiv an diesem Vorschlag ist, dass keine neuen obligatorischen Ausgaben außerhalb der GAP geschaffen werden könnten. Allerdings bleiben die Agrarausgaben "zwingend" und werden nur anders benannt. Tauschgeschäfte werden weiterhin möglich sein, allerdings finden sie vor dem eigentlichen Haushaltsverfahren statt. Dies ist zusätzlich deshalb bedenklich, weil ein weiterer Teil der Verhandlungen aus dem jährlichen Haushaltsverfahren ausgelagert würde.

b) Veränderung des Haushaltsverfahrens: BIEHL schlägt weiter eine gemeinsam wahrzunehmende Verantwortung von Parlament und Ministerrat vor. Dazu ist allerdings eine institutionelle Umstrukturierung der Haushaltsbehörde notwendig. Die bloße gemeinsame Entscheidungsbefugnis über den Haushalt würde ja bedeuten, dass der Ministerrat im jetzigen System einen Machtzuwachs erhalten würde. Dies sieht auch BIEHL und fordert ein echtes Zwei-Kammer-System In Konfliktfällen soll ein Vermittlungsausschuss aus beiden Kammern die Probleme lösen.[84]

Vermittlungsausschüsse – so zeigen exemplarische empirische Untersuchungen über einige nationale Haushalts- und Finanzverfassungen[85] – sind kein so effizientes Instrument, wie gemeinhin vermutet wird. Sie führen tendenziell zu längeren Verfahren und verlagern die Entscheidungsfindung in den Vermittlungsausschuss, in dem dann wieder Tausch- und Kompensationsgeschäfte möglich sind.

83 *Vring, Thomas von der*: aaO, S. 220ff.
84 *Biehl, Dieter*: in *Wildenmann, Rudolf*: aaO, S. 386ff.
85 *Sturm, Roland*: in: Bertelsmann-Kommission, aaO.

Die Kommission fordert in ihrem neuem Vorschlag ebenfalls ein anderes Haushaltsverfahren.[86] Dieses soll sich am Mitentscheidungsverfahren orientieren. Auch hier wäre eine grundsätzliche Reform der Institutionen erforderlich.

Für die kurzfristige Finanzplanung ist VON DER VRING der Ansicht, dass dem Parlament das Recht zur Aufstellung des Haushaltsentwurfs zukommen müsse.[87] Im jetzigen institutionellen Gefüge würde dies bedeuten, dass der Ministerrat sein Entwurfsrecht verliert. Dadurch könnte zunächst der Einfluss nationaler Interessen auf den Haushalt zurückgedrängt werden. Die Forderung, die Entscheidung über den Haushaltsvorentwurf dem Parlament zuzuweisen, verändert das bisherige "Navette-Verfahren", da dem Parlament so mehr Einfluss auf die programmatische Ausgestaltung des Haushalts zukommen würde. Zurecht wird aber immer wieder darauf verwiesen, dass auch das Parlament im jetzigen System nicht über eine ausreichende europäische Rückkoppelung verfügt und so nicht sichergestellt ist, dass die programmatischen Einflüsse des Parlaments eher den Interessen des europäischen Wählers entsprächen. Der Ministerrat hat zudem im jährlichen Haushaltsverfahren selbst noch die Möglichkeit den Hebel bei den obligatorischen Ausgaben anzusetzen. Nach der Idee der Agrarfinanzierungsgesetzes von VON DER VRING[88] gäbe es diese nicht mehr explizit, jedoch müssten sich Ministerrat und Parlament im Vorfeld des Haushaltsverfahrens darüber implizit einigen. Die zweite – viel stärkere – Möglichkeit einzugreifen, besteht für den Ministerrat während der Verhandlungen über die Finanzielle Vorausschau. Hier steht zu erwarten, dass der Ministerrat über das Instrument der Plafondierung noch stärkere Bindungen des jährlichen Haushalts an die Finanzielle Vorausschau durchsetzen würde, als bisher. Gleichzeitig ist er der Gesetzgeber im Haushaltsbereich und könnte auch seine Kontrollmöglichkeiten im Haushaltsverfahren erweitern. Momentan ist auch der Ministerrat Teil der Haushaltsbehörde, es ist nicht zu vermuten, dass er auf seine Rechte im jährlichen Verfahren so leicht verzichtet.

Die Vorschläge aus den europäischen Organen selbst sehen grundsätzlich eine gemeinsame Entscheidung von Ministerrat und Parlament vor. Die EVP GRUPPE sieht dabei für den Rat eine qualifizierte Mehrheit und für das Parlament eine einfache Mehrheit vor.[89] Das Verfahren, welches die LAMOUREUX-GRUPPE vorsieht, ist wesentlich komplizierter.[90] Rat und Parlament entscheiden jeweils in einer Lesung über den Haushaltsplan. Weichen ihre Auffassungen voneinander ab, so wird eine formelle Konzertierung eingeleitet. Die Ergebnisse der Konzertierung

86 Vgl. *Prodi, Romano*: Die neue institutionelle Struktur der Kommission, aaO.
87 *Vring, Thomas von der*: aaO, S. 221.
88 Siehe oben unter a).
89 *EPP Convention Group:* The Constitution of the European Union, Discussion Paper, 10.11.2002, Art. 110.
90 *Europäische Kommission (Lamoureux-Gruppe):* Durchführbarkeitsstudie: Beitrag zum Vorentwurf einer Verfassung der Europäischen Union, Arbeitspapier, Art. 93 und Zusatzakte Nr. 4, Art. 62.

müssen in einem strikten Zeitkonzept verabschiedet werden. Bei beiden Vorschlägen bringt jeweils die Kommission den Haushaltsentwurf als Vorschlag ein. Diese Konzepte sehen grundsätzlich einfachere Verfahren vor – Höchstsatzregel und die Klassifizierung der Ausgaben entfallen. Konflikte sollen über die Konzertierung gelöst werden. Diese Ansätze sind – auch innerhalb des jetzigen Institutionengefüges – zu begrüßen. Durch die gemeinsame Verabschiedung wird der Ministerrat für den Verlust der Kontrolle über die obligatorischen Ausgaben entschädigt.

Die WORKING GROUP IX des Konvents für eine Europäische Verfassung sieht ein Haushaltsverfahren vor, nach welchem das Parlament die erste Lesung vornimmt und sich mit dem Rat abstimmt. Rat und Parlament sollen sich möglichst schon vor der zweiten Lesung einigen. Das Parlament verabschiedet den Haushalt. Die zweite Lesung ist eventuell nicht notwendig. Dieses Verfahren schaltet den Rat mehr oder weniger ganz aus dem Haushaltsverfahren aus. Allerdings bestehen auch hier über die notwendige Einigung beider Organe Tauschmöglichkeiten.[91]

c) **Vergesetzlichung des "soft laws":** Vorschläge hierzu kommen z.B. aus dem Parlament, aber auch von der LAMOUREUX-Gruppe. Gefordert wird unter anderem die Aufnahme der Finanziellen Vorausschau in die Haushaltsordnung[92] bzw. – noch weitergehend – in die Verfassung selbst[93].

Die Aufnahme der Finanziellen Vorausschau würde die Manifestierung der jetzigen Schieflage im Haushaltskreislauf bedeuten. Die Verankerung in der Haushaltsordnung hätte zwar zunächst den Vorteil, dass nun explizit die einzelnen Rechte im Sekundärrecht verankert wären. Zugleich würde sie den jetzigen Status Quo festschreiben und dem Parlament ermöglichen auch weiterhin im Haushaltsverfahren Legislativrechte zu "ertauschen". Allerdings ist der jetzige Haushaltsgesetzgeber der Ministerrat. Dieser kann einseitig die Haushaltsordnung ändern und daher auch die Befugnisse in der Finanziellen Vorausschau, wenn sie in die Haushaltsordnung aufgenommen ist. Das wird sich auch durch die Anhörungsbefugnisse des Parlaments und das Mehrheitserfordernis ab 2007 im Rat bei der Schaffung einer neuen Haushaltsordnung bzw. deren Änderung nicht ändern.

---

91 Diese werden noch verstärkt, wenn man berücksichtigt, dass die WORING GROUP IX das bisherige Eigenmittelsystem mehr oder weniger beibehalten will. Damit würde die Ausgabenseite fast vollständig von der Einnahmenseite abgekoppelt. Vgl. *The European Convent, Working Group IX on Simplification*: Budget Procedure, Working Document 20 vom 14.11.2002, Point 4.

92 Vgl. z.B. *Europäisches Parlament, Haushaltsausschuss*: Berichtsentwurf Dell'Alba 2000, PE 300.030, S. 6f., 30f.; *Europäisches Parlament, Generaldirektion Wissenschaft*: Institutionelle Aspekte der Haushaltskontrolle, Reihe Haushaltsangelegenheiten Nr.2, PE 167.189, S. 6f.; *Europäisches Parlament, Ausschuss für konstitutionelle Fragen*: Leinen-Bericht 2000, PE 232.758/endg. (auch Dok.-Nr.: A5-0086).

93 *Europäische Kommission (Lamoureux-Gruppe):* Durchführbarkeitsstudie: aaO, Art. 91.

Der Vorschlag der LAMOUREUX-GRUPPE ist noch problematischer. Er sieht die Verabschiedung der Finanziellen Vorausschau durch den Europäischen Rat (also die Staats- du Regierungschefs) mit qualifizierter Mehrheit und durch das Parlament mit einfacher Mehrheit vor. Gleichzeitig soll die Obergrenze der Eigenmittel im Vertrag verankert werden. Diese bildet die Ausgabengrenze. Gegen die Verabschiedung durch den Europäischen Rat spricht vor allem, dass der Ministerrat als Teil der Haushaltsbehörde nicht mehr beteiligt wäre. Die nationalen Interessen bekämen so ein sehr deutliches Übergewicht. Positiv an diesem Vorschlag ist, dass die Kommission nicht mehr an der Verabschiedung beteiligt ist, sondern nur das Vorschlagsrecht innehat. Die Aufnahme der Finanziellen Vorausschau in das Primär- oder Sekundärrecht institutionalisiert darüber hinaus aber grundsätzlich eine Situation, in der Tauschgeschäfte außerhalb des jährlichen Haushaltskreislaufs ermöglicht werden.

Interessant ist der Vorschlag der WORKING GROUP XI, den Zeitraum der Finanziellen Vorausschau an die Legislaturperiode des Parlaments anzugleichen.[94] Dies böte die Chance, auch die mittelfristige (und bisher verbindliche!) Finanzplanung mit dem Wählervotum zu verbinden.

d) **Programmevaluation:** THEATO/GRAF fordern eine echte Programmevaluation.[95] Wie diese genau umgesetzt werden soll, lassen sie offen. Eine Programmevaluierung gibt es bereits in Ansätzen seitens der Kommission. Da THEATO/GRAF ihre Forderung aber auf das Parlament beziehen, ist etwas anderes gemeint. Diese Art von Evaluierung setzt voraus, dass eine politisch-programmatische Zielbestimmung im Vorfeld des Haushalts seitens des Parlaments stattfindet und die Umsetzung dieser Ziele im Rahmend er begleitenden und nachträglichen Kontrolle geprüft würden. Das könnte ein wichtiger Schritt zur Stärkung der politischen Funktion sein. Allerdings müsste im derzeitigen System überlegt werden, wie auch der zweite Teil der Haushaltsbehörde mit einbezogen werden könnte. Kritisch ist anzumerken, dass die eher nationale Ausrichtung der Interessen im Ministerrat und auch im Parlament wohl Rückwirkungen auf die programmatischen Ziele haben dürfte.

5.2.1.3 Zusammenfassung

Insgesamt zeigt sich, dass einige Vorschläge oft einseitig auf die Lösung eines Problems ausgerichtet sind und die Wechselwirkung mit anderen Regelungen nicht immer ausreichend hinterfragt werden. Vor allem aber wird deutlich, dass die grundsätzliche Verfügungsrechteverteilung es gar nicht so einfach macht, sinnvolle

94 *The European Convent, Working Group IX on Simplification*: Budget Procedure, Working Document 20 vom 14.11.2002, Point 4.

95 *Theato, Diemut / Graf, Rainer*: aaO, S. 173.

Vorschläge zur Verbesserung des bisherigen Systems zu unterbreiten. Daher greifen viele Vorschläge auch auf großräumigere Veränderungen zurück. Soll das EU-Budget die politische Funktion vollständig wahrnehmen können (Verantwortungsherstellung, Programmumsetzung und Ergebnis eines kooperativen Prozesses), dann ist es eben nicht ausreichend, nur einzelne Teilbereiche zugunsten des Parlaments zu verändern. Und schließlich wirkt die ursprüngliche Verfügungsrechteverteilung fort. Jede Änderung im bisherigen System manifestiert die Ist-Situation. Grundlegende Veränderungen haben dann später kaum noch eine Chance.

Die vorgestellten Vorschläge können eine verbesserte Umsetzung der politischen Funktion des Budgets – wenn überhaupt – immer nur unter bestimmten Nebenbedingungen erreichen. Einige Teilbereiche (z.B. die Frage der politischen Prioritätensetzung für das Programm) werden gar nicht oder sehr unzureichend in der Wissenschaft und Praxis thematisiert. Dies liegt unter anderem daran, dass die institutionellen Rückwirkungen verschiedener Ausgestaltungsmöglichkeiten oft nicht mit in die Diskussionen einbezogen werden. Zwar gibt es umfangreiche Arbeiten zu Kompetenzabgrenzungskatalogen bezogen auf die Aufgaben, die die Europäische Union bzw. die Mitgliedstaaten wahrnehmen sollen.[96] Die Frage, wer diese Aufgaben denn über den konkreten Haushalt definiert, bleibt zumeist offen. Vorschläge, die die Voraussetzungen für die Ausübung z.B. der Programmfunktion verbessern (institutionelle Ausgestaltung) beziehen selten die Haushalts- und Finanzverfassung mit ein. Vorschläge, die einzelne Probleme der politischen Funktion innerhalb der europäischen Haushalts- und Finanzverfassung aufgreifen, lassen oft die Integration derselben in den Gesamtkontext außer acht.

5.2.2 Vorschläge zur besseren Umsetzung der Integrationsfunktion

Die Integrationsfunktion dient der Umsetzung des Kohäsionsziels. Dieses kann sowohl über die Ausgaben als auch über die Einnahmen erreicht werden. Daher lassen sich hier die Reformvorschläge, die auf Veränderungen bei der Art der Ausgaben (Aufgaben) abzielen (Kap. 5.2.2.1) sowie solche, die die Einnahmenseite betreffen (Kap. 5.2.2.2) und Vorschläge für einen Finanzausgleich (Kap. 5.2.2.3) unter die Integrationsfunktion unterordnen.

96 Z.B. *Heinemann, Friedrich*: Die Finanzverfassung und Kometenzausstattung der EU nach Maastricht, S. 186ff., Baden-Baden 1995, 1. Aufl.; *Magiera, Siegfried*: Kompetenzverteilung in Europa – Möglichkeiten und Grenzen der Beachtung der dritten Ebene, S. 19–30, in: *Borkenhagen, Franz H.U. / Fischer, Thomas / Franzmeyer, Fritz* u.a. (Hrsg.): Arbeitsteilung in der Europäischen Union – die Rolle der Regionen, Gütersloh 1999; *Möschel, Wernhard*: Eine Verfassungskonzeption für die Europäische Union, S. 23–29, in: *Gröner, Helmut / Schüller, Alfred* (Hrsg.): Die europäische Integration als ordnungspolitische Aufgabe, Stuttgart, Jena, New York 1993; *Everling, Ulrich*: Zur Aufteilung der Kompetenzen in einer föderal gegliederten Europäischen Union, in: *Weidenfeld, Werner*: Wie Europa verfaßt sein sollte – Materialien zur Politischen Union, Gütersloh 1991; und die vielen Vorschläge zur Europäischen Verfassung (http://europa.eu.int/futurum/index_de.htm).

5.2.2.1 Vorschläge betreffend die Ausgabenseite

Auf der Ausgabenseite werden verschiedene Vorschläge gemacht. Dabei kann zwischen Vorschlägen betreffend die Agrarpolitik und Vorschlägen betreffend die Strukturpolitik unterschieden werden.

Die agrarpolitischen Ausgaben sind aus zwei Gründen mit unter die Integrationsfunktion zu ziehen. Zum einen kann ihre Abschmelzung dazu führen, dass mehr Mittel für den strukturpolitischen Bereich zur Verfügung stehen. Zum anderen sind aber auch gerade die Agrarausgaben mit Blick auf die Osterweiterung als Integrationsinstrumente denkbar. Die Strukturpolitik dient schon der Definition der Verträge nach dem Integrationsziel. Auch hier ist zur Stärkung der Integrationsfunktion denkbar, dass die Mittel erhöht oder anders inhaltlich ausgerichtet werden.

Vorschläge für die Veränderung der Agrarpolitik zielen vor allem auf:

- die komplette Renationalisierung der GAP[97],
- die Anpassung der Marktordnungen an Weltmarktpreise[98],
- den Übergang von Marktunterstützungsmaßnahmen zu direkten Einkommensbeihilfen[99] und
- die Einführung der Kofinanzierung der GAP zu 50% durch die Mitgliedstaaten[100].
- Veränderungen in der Strukturpolitik sollen erreicht werden durch:
- die komplette Renationalisierung der Strukturpolitik[101] und
- die Ausweitung der Kofinanzierungsquoten für die Mitgliedstaaten[102].

Renationalisierungsvorschläge gehen davon aus, dass es sich weder bei der Agrar- noch bei der Strukturpolitik um echte europäische Aufgaben handelt bzw. dass diese Aufgaben im jetzigen institutionellen Gefüge durch die EU-Ebene nur unzureichend bewältigt werden können. Es ist notwendig, die Frage zu stellen, inwieweit die jetzige Agrarfinanzierung der Integrationsfunktion dient. Hier steht zu vermuten, dass es sich derzeit eher um Kompensationen handelt. Unter dem Blickwinkel einer integrativen Einbindung der Beitrittsländer in die EU wird die Agrarpolitik überwiegend nicht diskutiert. Die Forderung nach Renationalisierung der Strukturpolitik rührt wohl eher aus den Ineffizienzen des jetzigen Systems her. Die starke regionalpolitische Komponente der Strukturpolitiken wird momentan ebenfalls durch Kompensationsmöglichkeiten überlagert.

97 *Heinemann, Friedrich*: Die Reformperspektiven der EU-Finanzverfassung, Discussion Paper 99/48, aaO, S. 11.

98 *Weise, Christian*: DIW-Wochenbericht, DIW 49/96, S. 4, aaO.

99 *Europäische Kommission*: Bericht-Eigenmittelsystem, S. 31.

100 *Europäisches Parlament, Haushaltsausschuss*: Eigenmittelreform-Bericht, aaO, S. 8.

101 *Heinemann, Friedrich*: Die Reformperspektiven der EU-Finanzverfassung, Discussion Paper 99/48, aaO, S. 11.

102 WISSENSCHAFTLICHER BEIRAT zitiert nach *Heinemann, Friedrich*: Die Reformperspektiven der EU-Finanzverfassung, Discussion Paper 99/48, aaO, S. 11.

Der verstärkte Übergang zu direkten Beihilfen in der GAP wird durch die Agenda 2000 versucht. Auch die Verhandlungen in der WTO zwingen die EU hinsichtlich ihrer Markt- und Preispolitik zu einem Umdenken. Allerdings sind dies nicht Reformen, die aus integrationspolitischer Sicht angedacht werden.

Die Vorschläge zur Einführung der Kofinanzierung der GAP und zur Erhöhung des Kofinanzierungsanteils für die Mitgliedstaaten in der Strukturpolitik zielen zunächst darauf ab, die Mitgliedstaaten stärker in die Verantwortung zu nehmen. Dahinter steckt aber auch die Überlegung, dass im jetzigen System durch die Kofinanzierung der GAP und die Erhöhung der Quoten in der Strukturpolitik mehr Mittel des europäischen Haushalts "frei" für andere Aufgaben wären. Beides kann aus Sicht der Integrationsfunktion des Haushalts positiv gesehen werden. Eine stärkere Verantwortung der Mitgliedstaaten mildert die Probleme, die sich grundsätzlich aus der Kofinanzierung ergeben jedenfalls dann etwas ab, wenn der größte Finanzierungsanteil durch die betroffenen Subventionsempfänger selbst getragen wird. Da sich die Forderung nach Kofinanzierung aber vielleicht gar nicht ergeben würde, gäbe es bei den europäischen Ausgaben nicht die Trennung in obligatorische und nichtobligatorische Ausgaben (und den Entscheidungszuständigkeiten, die daraus ergeben), steht eigentlich hinter diesen Vorschlägen eine ganz andere Zielrichtung. Vor allem das Parlament erhofft sich – entweder durch die Einbindung der nationalen Parlamente bei den obligatorischen Ausgaben oder über mehr eigene nichtobligatorische Mittel – größere Spielräume.

Es wird auch immer wieder eine echte Ausrichtung der Strukturfonds auf die Regionen, die integrationspolitischen Nachholbedarf haben, gefordert.[103] Dies bedeutet, eine andere Zielorientierung der Fonds vorzunehmen und ist im Sinne der Stärkung der Integrationsfunktion zu begrüßen. Das setzt aber voraus, dass eine andere Interessenausrichtung in den europäischen Organen stattfindet. Wie dies auch innerhalb der europäischen Haushalts- und Finanzverfassung umgesetzt werden soll, bleibt offen.

5.2.2.2 Vorschläge betreffend die Einnahmenseite

CAESAR argumentiert, eine eigene Steuer (Einnahmenhoheit) sei nicht notwendig, da die Hauptaufgabe der EU nur in der Integrationsförderung bestehe und alle anderen Aufgaben weniger ausgabenintensiv seien.[104] Er erkennt demnach zwar ein Integrationsziel an, ist aber der Auffassung, dass dieses auch mittels eines Beitragssystems umgesetzt werden könne. CAESAR führt zur Begründung an, dass vor allem der Wegfall der Abwanderungsoption für den Steuerzahler und der Wegfall der

103 Stellvertretend für viele: *Karl, Helmut*: Die Reform der Kohäsionspolitik der Europäischen Union, S. 148ff. (137–152), in: *Caesar, Rolf / Scharrer, Hans Eckart:* Die Zukunft Europas im Lichte der Agenda 2000, Baden-Baden 2001.

104 *Caesar, Rolf*: Zur Reform des EU-Einnahmensystems, Arbeitspapier Nr. 124/1996, S. 11.

Leistungsvergleiche nationaler Regierungen gegen eine europäische Steuer sprechen. Wie gezeigt, bedarf aber vor allem die Integrationsfunktion der Finanzierung über den Steuer-Ausgaben-Mechanismus, da sonst sämtliche Integrationszahlungen als Kompensationsleistungen zur Befriedigung nationaler Interessen im institutionellen Gefüge missbraucht werden können. Die von CAESAR angeführten Begründungen lassen sich in jedem föderal aufgebauten Gemeinwesen gegen Steuern der jeweils nächsten Ebene vorbringen und berücksichtigen zudem nicht, dass durch die Art und Weise der Ausgestaltung der Steuer Einfluss diesen Argumentationen entgegengewirkt werden kann. Dieser Vorschlag konterkariert die Integrationsfunktion und führt de facto dazu, dass das Budget ihr nicht gerecht werden kann.

Zur Stärkung der Integrationsfunktion schlägt CAESAR aber vor, eine Verschuldungskompetenz der EU zur Verringerung der Entwicklungsunterschiede in der EU zu nutzen.[105] Für Integrationsmaßnahmen stünden damit über eine Kreditfinanzierung ein größerer Mittelanteil als bisher zur Verfügung. Dies ist aber vor allem dann bedenklich, wenn eine Verschuldung neben dem bisherigen Einnahmensystem zugelassen wird. Dann können die zusätzlichen Mittel ebenfalls für Kompensationen ohne echte integrationspolitische Ausrichtung benutzt werden.

Neben diesen konkreten einnahmen- oder ausgabenbezogenen Vorschlägen gibt es weitere, die auf die Veränderungen der Transferpolitik durch die Haushalts- und Finanzverfassung insgesamt abstellen. Im Wesentlichen sind dies diverse Finanzausgleichsmodelle. Darunter sind einige, die geeignet sind, die derzeitige Vermischung von Kompensations- und Integrationsmitteln aufzubrechen.

5.2.2.3 Vorschläge für die Einführung eines echten Finanzausgleichs

Während in föderal organisierten Nationalstaaten ein horizontaler Finanzausgleich in Frage kommt, um z.B. einen Steuerkraftausgleich, einen allgemeinen Lastenausgleich für überdurchschnittliche Belastungen oder einen speziellen, indikatorenbezogenen Lastenausgleich zu erreichen, ist ein vertikaler Finanzausgleich oft die Folge mangelnder Besteuerungsgrundlagen oder Steuerergiebigkeit (bezogen auf den Aufgabenumfang) einer Ebene.[106] Viele der Finanzausgleichsvorschläge für die EU haben das Ziel, den bisher impliziten nunmehr in einen expliziten horizontalen Finanzausgleich zwischen den Mitgliedstaaten umzuwandeln. Im Rahmen der Ausgestaltung wird gestritten, ob es sich um zweckgebundene oder zweckfreie Transfers handeln sollte, welche Größenordnung der Finanzausgleich haben sollte und welchen Zielfunktionen er unterliegen müsste.[107]

---

105 *Caesar, Rolf*: S. 256, in: *Biehl, Dieter / Pfennig, Gero:* aaO.

106 Vgl. *Färber Gisela*: Finanzverfassung, Besteuerungsrechte und Finanzausgleich, S. 141f., aaO.

107 Stellv. für viele: *Kohl, Eckhard / Bergmann, Jan:* Europäischer Finanzausgleich?, S. 48ff., aaO *Erlei, Matthias*: S. 214–243, in: *Kantzenbach, Erhard / Molitor, Bruno / Mayer, Otto*

ERLEI schlägt zur Befriedigung des Kohäsionsziels einen horizontalen Finanzausgleich mit einem Formeltarif vor, für den die Finanzierungskompetenz dem Ministerrat (Einstimmigkeitsregel) zugeordnet werden sollte.[108] Er begründet letzteres damit, dass vor allem die Kontrollprobleme von repräsentativen Demokratien erhebliche Funktionsmängel derselben verursache und schon wegen des Mangels an europäischen Parteien eine echte Anbindung des Parlaments nicht in Bälde zu erwarten sei. Das Finanzausgleichssystem selbst richtet sich nach der Finanzkraft einer Gebietskörperschaft aus. Diese wird mittels einer Finanzkraftmesszahl vor Finanzausgleich und einer Ausgleichsmeßzahl errechnet. Dabei soll über eine Konstante die Ausgleichsintensität des Finanzausgleichs mit einbezogen werden.

Der Vorschlag von ERLEI setzt die Beibehaltung des bisherigen Finanzierungssystems der EU voraus, er hält diese aus polit- und institutionenökonomischen Gründen sogar für wünschenswert. Dabei soll dieser Finanzausgleich keineswegs ein Steuerkraftausgleich darstellen, was mangels eines Steuersystems auch schlecht möglich wäre. Hintergrund des Vorschlags sind vielmehr die Beseitigung von Intransparenz, Willkür und rent-seeking-Prozesse. Der Vorschlag ist demnach in erster Linie auf die Beseitigung von institutionellen Ineffizienzen gerichtet. Dabei gerät die Frage, ob ein solcher Finanzausgleich überhaupt noch dem Kohäsionsziel dienen kann, in den Hintergrund. ERLEI führt zwar eine Reihe von grundsätzlichen Begründungen für einen auf das Kohäsionsziel gerichteten Finanzausgleich an. Seine Ausgestaltungsvorschläge berücksichtigen aber primär die institutionelle IST-Situation in der EU. Insbesondere der Vorschlag, dem Ministerrat die Finanzierungskompetenz zu überlassen, wird einer echten Integrationsfunktion nicht gerecht. Wie dargestellt, ist der Ministerrat der "verlängerte Arm" des Europäischen Rates, in beiden Organen dominieren fast ausschließlich nationale Interessen. Im jetzigen institutionellen System ist zu erwarten, dass die Mitgliedstaaten die alleinige Kontrolle über den Finanzausgleich übernehmen (natürlich auch auf die Ausgabenbestimmung) und die bisherigen Kompensationen wieder über den Finanzausgleich abgewickelt werden. Komplizierte Berechnungsmodelle erweisen sich erst recht als strategieanfällig, die Bestimmungen der Ausgleichsmesszahlen und Finanzkraftmesszahlen sind politisch beeinflussbare Größen. Bei einer rein nationale ausgerichteten Interessenstruktur der Entscheider wäre zudem zu befürchten, dass nicht Projekte im europäischen Integrationsinteresse, sondern nationale Prestigeobjekte über den Finanzausgleich gefördert würden. Ein echter Vorteil zum bisherigen System ist schwer zu erkennen.

G. (Hrsg.): aaO; *Thomas, Ingo P.:* Ein Finanzausgleich für die Europäische Union? Eine allokationstheoretische und fiskalische Analyse, Tübingen 1997; *Kraff, Manfred*: aaO.

108 *Erlei, Mathias*: S. 233f., in: *Kantzenbach, Erhard / Molitor, Bruno / Mayer, Otto G.* (Hrsg.): aaO.

THOMAS wendet gegen einen Finanzausgleich ohne zweckgebundenen Transfers ein, dass dieser ausschließlich auf die Empfängerländer abstelle und man bedenken müsse, dass der bisher implizite Finanzausgleich auf politischen Tauschgeschäften beruhe.[109] Daher müsse zur Disziplinierung der Empfänger eine Zweckbindung der Mittel vorgenommen werden. Dieser Finanzausgleich würde bei THOMAS dezentral finanziert. Er geht davon aus, dass zwar ein normativ begründbarer und politisch motivierter Transferbedarf bestehe, dieser aber nicht notwendigerweise eine zentrale Finanzierungskompetenz nach sich ziehen müsste. Nach dem Grundsatz der Subsidiarität ist eine zentrale Kompetenz nur bei zusätzlichen Effizienzgewinnen zuzuweisen. Solche Gewinne verneint THOMAS.[110] Er weist ferner darauf hin, dass die dezentrale Ausgestaltung zu erheblichen Koordinations- und Informationskosten führen würde und deshalb der europäischen Ebene die Durchführungskompetenz zur Realisierung von Verbundvorteilen übertragen werden müsse. THOMAS nimmt grundsätzlich keine explizite Trennung von Integrations- und Kompensationsfunktion vor. Eine solche Trennung ist nach dem bisher in dieser Arbeit Gesagten aber notwendig. Eine Zweckbindung der Mittel vorzunehmen, würde schon deshalb nicht ausreichen, weil momentan der Ministerrat die Gesetzgebungskompetenz innehat und damit zu erwarten stünde, dass die Definition der jeweiligen Zweckbindung wiederum Inhalt politischer Tauschgeschäfte wäre.

Schließlich ist die Tauglichkeit eines an nationalstaatlich orientierten horizontalen Finanzausgleichssystemen überhaupt zu hinterfragen. Dienen solche horizontalen, zweckfreien Transfers in den Nationalstaaten (zwischen nachgeordneten Ebenen eines Bundesstaates) dem Angleichen der teilstaatlichen Haushalte auf der Einnahmenseite, dann ist festzuhalten, dass eine Reihe der Vorschläge zur Gestaltung eines europäischen horizontalen Finanzausgleichs dieses Ziel gerade nicht verfolgen. Ein solcher Finanzausgleich setzt weiterhin einen klaren Kompetenzkatalog an Aufgaben voraus, deren Zuordnung auf die jeweilige Ebene bereits erfolgt ist und bei dem es dann darum geht, ein annähernd gleiches Niveau an öffentlichen Leistungen in allen nachgeordneten Einheiten zu gewährleisten. Eine solche feste Aufgabenverteilung gibt es in der EU bisher nicht, die Frage, wer wofür zuständig ist (bzw. sein soll), ist "noch im Fluss". Die Integrationsfunktion hat vielmehr die Aufgabe, über die übergeordnete Ebene Impulse für eine Vertiefung und Erweiterung zu geben. Dies bedeutet unter anderem, spezifische "Nachholbedarfe" einzelner Regionen zu erkennen und diesen Regionen über die Zuweisung von Mitteln eine Hilfestellung zu geben. Diese Nachhol bedarfe können unterschiedlicher Art sein. Die Verbesserung der Rechts- und Verwaltungssysteme der Beitrittsländer sind ebenso so angesprochen wie die Verbesserung z.B. der Infrastruktur einer Randregion. Dabei geht es in erster Linie eben nicht um die punktuelle Besserstellung der einzelnen Region, sondern um den Nutzen, den

109 *Thomas, Ingo P.*: Ein Finanzausgleich für die Europäische Union?, aaO, S. 246f.
110 *Ebd:* S. 258f.

die EU insgesamt aus der verbesserten Situation dieser Region ziehen kann. Das Instrument des horizontalen Finanzausgleichs scheint zur Stärkung einer solchen Integrationsaufgabe jedenfalls nicht geeignet.

5.2.3 Vorschläge zur besseren Umsetzung der Kompensationsfunktion

FOLKERS stellt die These auf, dass das entscheidende Kriterium für die Beurteilung der bisherigen Sachpolitiken im operativen Bereich des EU-Haushalts nicht die Wirksamkeit im Sinn allokativer Effizienz ist. Vielmehr ergeben sich Integrationsfortschritte ausschließlich aus der Zustimmungsfähigkeit zu den Sachpolitiken aufgrund von Kompensationsleistungen.[111] Da nicht die regionalpolitische Zielsetzung im Mittelpunkt stehe, könnten zwar ungebunden Transfers im Sinne eines Finanzausgleichs eine Lösung darstellen. Diese bieten aber vielerlei Möglichkeiten zu strategischem Verhalten und setzen moralisch nicht gewünschte Anreize. FOLKERS sieht die Lösung vielmehr in einer Stärkung der Kontroll- und Mitwirkungsrechte nationaler Parlamente.[112] FOLKERS geht damit davon aus, dass eine stärkere Einbindung der nationalen Parlamente die vorhandenen Kompensationen begrenzen und kontrollieren könnte. Dem ist entgegenzuhalten, dass die nationalen Parlamente schon im bisherigen System gewisse Rechte besitzen und insbesondere über die Ratifizierung der Einnahmenbeschlüsse und der Verträge Einfluss nehmen könnten. Es zeigte sich aber bei vergangenen Ratifizierungen, dass – vor allem in parlamentarischen Demokratien – die nationalen Parlamente ihre Regierungsvertreter in Ministerrat und Europäischem rat unterstützen und ihre Kontrollmöglichkeiten wenig nutzen. Der Vorteil bei FOLKERS Vorschlag ist, dass eine engere Anbindung des EU-Haushalts an den nationalen Wähler erreicht werden kann. So ließe sich eine (wenn auch lose) Verzahnung des nationalen Zahlers (Beitragssystem) und des nationalen Wählers (nationale Parlamente) erreichen. Damit würde wenigstens in Bezug auf die nationale Ausrichtung des Budgets Konsequenz hergestellt. Allerdings ist dieser Vorschlag aus Sicht des EU-Wählers nicht nachvollziehbar. Seine Präferenzen würden noch weniger als bisher berücksichtigt. Gleichzeitig könnten so auf der nationalen Ebene Fiskalillusionen des nationalen Wählers ausgenutzt werden. Der Zusammenhang zwischen der Finanzierung (Beiträge der Mitgliedstaaten = Zahlungen des nationalen Steuerzahlers) einer bestimmten Maßnahme aus dem EU-Haushalt und dem nationalen Nutzen aus dieser Maßnahme ist wegen der doppelten Legitimationsstrukturen, der mangelnden Rückkoppelung von Ministerrat (nationale Wähler) und Europäischem Parlament (europäischer Wähler) und der insgesamt langen, multiplen Prinzipal-Agenten-Strukturen kaum noch herstellbar.

---

111 *Folkers, Cay*: Kompensationsfunktion, aaO, S. 96.
112 *Folkers, Cay*: Kompensationsfunktion, aaO, S. 106–107.

HEINEMANN[113] geht davon aus, dass die bisherige starke Umverteilung der EU aus Kompensationsgründen eine bessere Berücksichtigung der Präferenzen der Bürger per se erschwere. Die Dominanz dieser Art von Umverteilung müsse beendet werden. Dazu schlägt er die Errichtung eines Fonds mit ungebundenen Transfers vor. Die Transferbedürftigkeit der Empfängerländer solle an makroökonomische und allgemein wirtschaftspolitische Daten anknüpfen (z.B. Verschuldungs- und Investitionskennzahlen). In diesen Fonds zahlen nicht alle Staaten ein, sondern nur die, die nicht selbst transferbedürftig sind. Über die Vergabe und die Konditionen der Transfers solle der Europäische Rat einstimmig entscheiden.[114] Dabei ersetzt der neue Kompensationsfonds die bisherigen Strukturfonds, einschließlich des Kohäsionsfonds, vollständig. Die Finanzierung dieses Fonds wird ebenfalls im Europäischen Rat entschieden und soll parallel zur Finanzierung der restlichen Aufgaben der EU bestehen. Letztere sind bei HEINEMANN vor allem die internen und externen Politiken. Diese sollten über einen Anteil der Mitgliedstaaten in Relation zu ihrem Anteil am BSP der EU finanziert werden. Um eine Ausweitung dieser Bereiche zu verhindern, schlägt HEINEMANN zudem eine Obergrenze auf der Basis eines nominalen Absolutbetrags vor.

Zunächst ist festzuhalten, dass es sich hierbei nicht um einen Kompensationsfonds im Sinne der hier verwendeten Kompensationsfunktion handelt. HEINEMANN ist nämlich der Auffassung, dass die Politik der heutigen Strukturfonds ausschließlich allgemein-politischen, kompensatorischen Motivationen unterliege und keinerlei integrationspolitische Zwecke habe. Erstaunlicherweise bezieht er in dieses Urteil die Agrarpolitik nicht mit ein. Die Reduzierung einer Integrationsaufgabe auf interne und externe Politiken ist vor dem Hintergrund zu sehen, dass HEINEMANN der Ansicht ist, die Strukturpolitik sei ausschließlich Aufgabe der Nationalstaaten. Dem wird hier nicht gefolgt. Gerade über die Strukturpolitik können sehr wohl integrationspolitische Impulse ausgehen. Dass das jetzige System diesen Zielen nicht Rechnung trägt, wurde aufgezeigt. Die Dominanz nationaler Interessen ist dabei nur eine der Ursachen. Die Überführung der Strukturpolitiken in einen Fonds ungebundener Transfers könnte zwar der Kompensationsfunktion des Haushalts genügen, verhinderte aber zugleich eine echte integrationspolitische Ausrichtung. Zudem erfasst dieser Fonds wesentliche Teile heutiger Kompensationsarten überhaupt nicht. Der Vorschlag der unterschiedlichen Finanzierung ist sicher auch vor dem Hintergrund zu sehen, dass HEINEMANN aufgrund der jetzigen Stellung des Parlaments keine Abkehr vom Beitragssystem will. Dadurch und durch die Beibehaltung einer Ausgabenobergrenze (die in einer Interinstitutionellen Vorausschau

113 *Heinemann, Friedrich*: EU-Finanzreform 1999, S. 57ff., aaO.

114 *Heinemann, Friedrich*: Die Reformperspektive, Discussion Paper 48/99, aaO, S. 11ff., so auch *ders.* in: Die Reformperspektiven einer EU-Finanzverfassung, S. 91–106, in: *Caesar, Rolf / Scharrer, Hans-Eckart*: Die Zukunft Europas im Lichte der Agenda 2000, 1. Aufl. 2001.

festgeschrieben werden soll!) ändert sich aber de facto an den bisherigen institutionellen Strukturen nur eines: das Parlament verliert seinen Einfluss weitgehend. Wie HEINEMANN die Frage lösen will, welche öffentlichen Güter im Rahmen seiner gedeckelten internen und externen Ausgabenbereiche angeboten werden, lässt er offen. Ohne eine funktionierenden Steuer-Ausgaben-Mechanismus ist eine präferenzorientierte Bestimmung durch einen *europäischen* Wähler jedenfalls nicht möglich.

Auch ERLEI schlägt zur Befriedigung des Kompensationsziels die Errichtung eines Kompensationsfonds vor. Dieser Fonds soll neben dem oben schon erwähnten horizontalen Finanzausgleich für Kohäsionszwecke errichtet werden.[115] Aus diesem Fonds sollen jährliche Zahlungen an die zu kompensierenden Länder abfließen. Diese Transfers sind ungebunden und unterliegen nicht der Additionalität. Ein solcher Fonds würde der Kompensationsfunktion des Haushalts entsprechen und ist grundsätzlich zu begrüßen. Er könnte auch die Überlagerung der Integrationsfunktion durch die Kompensationen beenden. Da aber auch ERLEI keine andere institutionelle Gestaltung der Organe vorschlägt, ergeben sich Probleme. Mittels eines Kompensationsfonds könnten zwar die Kompensationskosten der Höhe nach gedeckelt werden, doch hätten weder der Ministerrat noch das Parlament einen direkten Einfluss darauf. Dies würde voraussichtlich dazu führen, dass Ministerrat und Parlament Umgehungsstrategien entwickeln (z.B. über ihre Zustimmung zur IIV). Auch der Europäische Rat unterliegt im derzeitigen Institutionensystem keinerlei effektiven Kontrolle, er ist nur indirekt legitimiert und nicht unmittelbar für die Einnahmen und Ausgaben der EU zuständig. Die Nichtberücksichtigung der notwendigen Neuausrichtung der Einnahmen und des institutionellen Gefüges verursacht auch hier negative Wirkungseffekte.

Auch die Vorschläge, die auf die Verbesserung der Kompensationsfunktion abzielen, leiden unter dem bestehenden Verfügungsrechtesystem. Sofern integrationspolitischer Kompensationsbedarf überhaupt anerkannt und von der Integrationsfunktion getrennt wird, ist eine effiziente Umsetzung im bestehenden System kaum zu leisten.

5.2.4 Vorschläge zur besseren Umsetzung der politischen Kontrollfunktion

Es kann hier zwischen den Vorschlägen, die das Einnahmensystem betreffen, die das Parlament stärken wollen und denen, die den Rechnungshof stärken wollen, unterschieden werden. Letztere sind insofern von Belang, weil der Rechnungshof einen Teil der Vorbereitung für die Ausübung der politischen Kontrolle übernimmt.

Eine Neuausrichtung der Einnahmen (Steuersystem) würde die politische Kontrolle über das Budget etwas verbessern, da das Parlament an der Kontrolle beteiligt

115 *Erlei, Matthias:* aaO, S. 234f.

würde. Hier müssten dann aber die institutionellen Strukturen des Ministerrats verändert werden.

Vor allem THEATO/GRAF setzen sich für eine Verbesserung der politischen Kontrollfunktion über das Parlament ein.[116] Da vor allem der Haushaltskontrollausschuss auf das Vertrauen des Rechnungshofs angewiesen ist, sollte das Parlament bei der Ernennung der Rechnungshofmitglieder zustimmen müssen. Die politische Kontrolle würde aber auch schon verbessert, wenn der Grundsatz der Einheit und der Vollständigkeit konsequent umgesetzt würde (Einbeziehung aller Neben- und Schattenhaushalte). Sie schlagen weiter vor, dass parlamentarische Auskunftsrecht auch auf die nationalen Verwaltungen auszudehnen und einen individuellen Entlastungsbeschluss der Kommissionsmitglieder rechtsverbindlich zu verankern. Die ersten drei Forderungen würden die Umsetzung der politischen Kontrolle erheblich verbessern. Aber auch sie lösen das institutionelle Dilemma zwischen Ministerrat und Parlament nicht. Der letzte Vorschlag würde die politische Kontrolle mit einem echten Sanktionsinstrument verbinden (quasi Misstrauensvotum). Dem steht jedoch entgegen, dass es bisher keine individuelle Ernennung der Kommissionsmitglieder gibt und zudem die Kommission selbst auf einen Großteil der verwalteten Mittel nicht den Zugriff hat, der eine so umfassende Verantwortungsübernahme rechtfertigt.

In Bezug auf den Rechnungshof gibt es verschiedene Vorschläge:
- Unabhängigkeit und Bestellung auf Lebenszeit[117],
- Teilprivatisierung der rein buchhalterischen Kontrollen[118],
- Einrichtung eines "Wissenschaftlichen Beirats", der die Definition der Aufgaben der Finanzkontrolle vornimmt und überwacht[119],

sowie die eigenen Vorschläge des Rechnungshofes:[120]
- Kammersystem mit je einem Mitglied pro Mitgliedstaat,
- Ernennung und Amtszeit nach dem EuGH-Prinzip,
- Schaffung einer unabhängigen Instanz für beamtenrechtliche/dienstrechtliche Verstöße,
- Übergang von der Einstimmigkeit zum Mehrheitsprinzip,
- Geschäftsordnungsrecht.

Diese Vorschläge sind grundsätzlich geeignet, die Position des Rechnungshofes zu verbessern. Allerdings werden auch damit die wesentlichen Defizite der politischen

116 *Theato, Diemut / Graf, Rainer*: aaO, S. 160.
117 *Wenzler, Hariolf*: aaO, S. 232.
118 Andrae und Mitteregger, zitiert nach *Wenzler, Hariolf*: aaO, S. 234.
119 *Wenzler, Hariolf*: aaO, S. 236.
120 *Europäischer Rechnungshof:* Schreiben des Präsidenten des Rechnungshofes an den Präsidenten der Regierungskonferenz, vom 18.04.2000, CONFER 4738/00, S. 1ff.

Kontrollfunktion dadurch nicht beseitigt. Hierzu gibt es auch nur sehr vereinzelt Vorschläge, die direkt auf die Haushalts- und Finanzverfassung abzielen.

Der Vorschlag, die Finanzielle Vorausschau mit in das Sekundärrecht aufzunehmen[121], verändert nichts an der Vorverlagerung der politischen Kontrolle aus dem jährlichen Haushaltskreislauf heraus. Vielmehr würde gerade dies zu einer Verfestigung des Status Quo führen.

Voraussetzung für eine echte Verbesserung der politischen Kontrollfunktion ist eine echte politische Programmfunktion. Diese würde quasi "automatisch" viele der im empirischen Teil der Arbeit angesprochenen Probleme der politischen Kontrolle reduzieren.

5.2.5 Vorschläge zur besseren Umsetzung der finanzwirtschaftlichen Ordnungsfunktion

Auch dazu sind nur vereinzelt Vorschläge zu finden. Die Forderung von VON DER VRING nach Aufnahme der Finanziellen Vorausschau in die Verträge[122] ist zwar grundsätzlich geeignet, die mehrjährige Finanzplanung im Sinne der finanzwirtschaftlichen Ordnung zu verbessern, institutionalisiert aber die bisherigen Schieflagen – vor allem mit Blick auf die politischen Funktionen des Budgets. Der Vorschlag von THEATO/GRAF zur Einbeziehung aller Neben- und Schattenhaushalte dient ebenfalls der finanzwirtschaftlichen Übersicht. Aber auch ist unzureichend, um zu einer geordneten, planvollen Finanzwirtschaft zu gelangen.

Das Hauptproblem der derzeitigen Planungsphase ist eng mit der Frage der Einnahmeautonomie und der Verbindlichkeit der Planung verbunden. Ein eigenes Einnahmensystem würde die derzeitige Plafondierung der Einnahmen und Ausgaben aus Gründen des Machterhalts nationaler Interessen unnötig machen, ebenso wie die Verbindlichkeit der Finanziellen Vorausschau.

5.2.6 Vorschläge zur besseren Umsetzung der administrativen Lenkungs- und Kontrollfunktion

Neben den grundsätzlichen Vorschlägen, die aus der Kommission im Rahmen ihrer Verwaltungsreform kommen und deren Umsetzung teilweise schon begonnen hat, gibt es nur wenige weitere konkrete Vorschläge. Auch hier ist dies darauf zurückzuführen, dass sich eine grundsätzlich andere institutionelle Struktur auch auf die Veränderung der administrativen Lenkung und Kontrolle auswirken würde.

Es gibt aber einige Vorschläge im Rahmen der Strukturpolitik, die auf eine bessere Anbindung der Verwaltung abzielen, so z.B. die Ersetzung der Zahlungen

121 Z.B. *von der Vring, Thomas:* aaO, S. 219.
122 *Von der Vring, Thomas:* aaO, S. 219.

durch Kredite[123] und eine lockere Zweckbindung der Mittel[124]. Der Vorschlag, die strukturpolitischen Zahlungen durch Kredite zu Marktbedingungen zu ersetzen, die zudem über die Europäische Investitionsbank vergeben werden, zielt vor allem darauf ab, die Anbindung der verwaltungsföderalistisch nachgeordneten Ebenen zu erreichen.[125] Die Rückzahlung der Kredite und die Zinsbelastung sollen die Betrugsanfälligkeit der bisherigen Praxis verringern. Dies wäre eine Möglichkeit, die administrative Lenkungs- und Kontrollfunktion zu verbessern. Allerdings stellt sich hier die Frage, ob die EIB die geeignete Institution ist – solange sie außerhalb des EU-Haushalts steht. Zudem treten dann Zielkonflikte mit der Integrationsfunktion auf. Soll die Finanzierung eines öffentliches Gutes (Integration) durch Kredite erfolgen, die von den Adressaten der Integrationsfunktion aufgenommen werden? Die lockere Zweckbindung der Mittel schränkt die administrativen Möglichkeiten ein. Allerdings wäre hier zu fragen, wie die Zweckbindung erfolgt und wie die Zweckerreichung kontrolliert wird.

Die Frage der Anbindung der mitgliedstaatlichen Verwaltungen an die EU-Ebene im Fall der geteilten und dezentralen Verwaltung wird mit Blick auf die Haushalts- und Finanzverfassung kaum diskutiert.

THEATO/GRAF schlagen vor, grundsätzlich Haushaltsposten zu streichen, wenn deren Mittelausführung im letzten Haushaltsjahr unzureichend war.[126] Dies könnte ein Anreiz sein, die Verwendungsraten zu erhöhen. Allerdings sind an der mangelnden Ausführung oft auch die Mitgliedstaaten beteiligt. Es ist fraglich, ob der Ministerrat solchen automatischen Mittelkürzungen zustimmen würde. Diese bedeuten den Verlust von zusätzlichen Mitteln auf der nationalen Ebene. Auch muss das Initiativrecht der Kommission mit berücksichtigt werden. Diese wird voraussichtlich versuchen, die gestrichenen Mittel in anderen Haushaltslinien zu "verstecken".

Allerdings gibt es vielfältige Bemühungen der europäischen Organe, den finanziellen Schutz der Interessen der Gemeinschaft im Rahmen der Betrugsbekämpfung zu verbessern. Dazu soll insbesondere eine echte unabhängige europäische Staatsanwaltschaft geschaffen werden. Als wirkliche Strafverfolgungsbehörde soll sie von Richtern im Ermittlungsverfahren unterstützt werden. Diese Maßnahmen zielen darauf ab, die mitgliedstaatliche Ebene besser in den europäischen Vollzug des Gesamthaushaltsplans einzubeziehen und dienen somit – wenn auch nur mittelbar – der Verbesserung der administrativen Lenkungs- und Kontrollfunktion.[127]

---

123 *Steinherr, Alfred*: Welche Reformen erzwingt die Osterweiterung, S. 121 (117–128), in: *Hoffmann, Lutz*: Erweiterung der EU, Schriftenreihe des Vereins für Socialpolitik, Bd. 274, Berlin 2000.

124 *Karl, Helmut*: S. 148f., in: *Caesar, Rolf / Scharrer, Hans-Eckart:* aaO.

125 *Steinherr, Alfred*: aaO, S. 121f.

126 *Theato, Diemut / Graf, Rainer:* Das Europäische Parlament, 1994, aaO, S. 173.

127 Zu den derzeitigen legislativen Vorhaben vgl. insbesondere: *Europäisches Parlament, Haushaltskontrollausschuss*: Bericht über die Mitteilung der Kommission über den Schutz

5.2.7 Zusammenfassung

Die Vielzahl der Reformvorschläge lassen sich grob danach unterscheiden, ob sie eine grundsätzliche Änderung des bestehenden Verfügungsrechtesystems erforderlich machen oder nur punktuelle Veränderungen innerhalb der bestehenden Haushalts- und Finanzverfassung erreichen wollen.

Es ist festzustellen, dass viele der Reformvorschläge – teils mit unterschiedlichen Begründungen – echte Verbesserungen bei der Umsetzung der Budgetfunktionen schon deshalb nicht erreichen können, weil sie die Anbindung der handelnden Akteure insbesondere mit Blick auf die Haushalts- und Finanzverfassung an einen europäischen Souverän nicht vorsehen bzw. eine engere Anbindung an nationale Wähler vorschlagen. Ersteres ist aber notwendige Voraussetzung für eine demokratische und effiziente Bereitstellung öffentlicher Güter durch die europäische Ebene. Dabei kann es nicht darauf ankommen, in welchem Umfang diese Güter bereitgestellt werden, dies ist vielmehr eine prinzipielle Forderung. Diese Fragen betreffen explizit die politische Funktionen des Budgets (Verantwortlichkeit, Programm, politische Grundfunktion).

Es entsteht der Eindruck, dass vor allem diejenigen Autoren, die der Ansicht sind, eine echte Demokratisierung des Parlaments sei nicht notwendig, in ihren Begründungen Ursache und Wirkung nicht klar genug trennen. Es wird argumentiert, dass man dem Parlament nicht mehr Rechte einräumen darf, weil es keine enge Anbindung an den europäischen Wähler hat. Dieses könnte aber durch institutionelle Veränderungen erreicht werden. THEATO/GRAF stellen daher zu Recht fest: "Noch immer besteht das größte Problem des Parlaments darin, dass es nicht überzeugend demonstrieren kann, mit erweiterten Kompetenzen die Haushaltspolitik verantwortlicher gestalten zu können als der Rat."[128]

Die nationale Ausrichtung des Ministerrates (bzw. Europäischen Rates) wird oft als positive Restriktion im Sinne von Haushaltsdisziplin verstanden. Das diese nationale Ausrichtung aber die Bereitstellung europäischer öffentlicher Güter, die sich an den Präferenzen des europäischen Souveräns ausrichten, gerade verhindert, wird übersehen. Gleichwohl wird dann argumentiert, dass mangels echter europäischer öffentlicher Güter die nationale Ausrichtung des EU-Budgets bzw. das Handeln von nationalen Akteuren notwendig ist. Es entsteht eine Dilemma-Situation.

Ebenso wenig wird im Rahmen der europäischen Haushalts- und Finanzverfassung gefragt, ob denn zumindest eine effektive Kontrolle der national ausgerichteten Akteure erfolgt. Fast überhaupt nicht diskutiert wird das Verhältnis von Europäischem Rat und Ministerrat. Der Europäische Rat verhandelt über die Pakete die

der finanziellen Interessen der Gemeinschaft – Betrugsbekämpfung – Konzept für eine Gesamtstrategie, vom 04.12.00, PE 294.368, und den damit zusammenhängenden legislativen Prozess.

128 *Theato, Diemut R. / Graf, Rainer:* Das Europäische Parlament 1994, aaO, S. 160.

wesentlichen Leitlinien vor und der Ausschuss der Ständigen Vertreter ist quasi zum Beschlussorgan geworden, der Ministerrat ist nur noch in einigen Bereichen für die Gesetzgebung in der Haushalts- und Finanzverfassung (z.B. Haushaltsordnung) zuständig.

Die Vorschläge sind oft einseitig auf die Lösung spezifischer Probleme ausgerichtet und berücksichtigen weder das Problem der Wechselwirkung mit anderen Regelungen noch die grundsätzliche Ausgestaltung der Verfügungsrechte. Dies liegt natürlich daran, dass die Autoren sich auf die Darstellung ihres jeweiligen Forschungsschwerpunktes beschränken.

Gleiches gilt auch für die Frage nach der Ausgestaltung des Einnahmensystems. Auch hier wird teilweise argumentiert, weil der Ministerrat dominiere und das Parlament keiner echten Kontrolle unterliege, solle man besser bei Beitragssystem bleiben. Damit wird die Ursache für diese institutionelle Situation (keine Finanzautonomie) zugleich zur Begründung für die Beibehaltung dieser Situation (keine Finanzautonomie). Hinzukommt, dass die Reformdiskussionen eher weniger auf die Frage eingehen, ob nicht auch eine Verknüpfung der Finanzierungs- und Aufgabenentscheidung notwendig ist. Das derzeitige Beitragssystem kann dies nicht leisten.

Als Fazit für eine echte Verbesserung der politischen Funktionen des Budgets bleibt demnach festzuhalten: Ohne die Neuordnung der Verfügungsrechte im Verhältnis europäischer Souverän und europäische Akteure (Organe) und eine daran angelehnte Neuausrichtung der inneren Verfügungsrechteverteilung in der Haushalts- und Finanzverfassung wird es kaum Verbesserungen geben.

In jüngster Zeit werden Reformvorschläge gemacht, die sich mit Fragen der Integrations- und Kompensationsfunktion des Haushalts auseinandersetzen. Eine trennscharfe Abgrenzung der beiden Funktionen wird dabei eher selten vorgenommen. Es zeigte sich, dass zur Stärkung der Integrationsfunktion das Modell des horizontalen Finanzausgleichs ungeeignet ist. Auch die Vorschläge im Rahmen der Kompensationsfunktion des Haushalts sind nicht weitgehend genug, aber durchaus ausbaufähig.

Und schließlich gibt es sehr wenige Vorschläge, die sich mit Fragen der politischen Kontrolle, der administrativen Lenkung und Kontrolle und der finanzwirtschaftlichen Ordnungsfunktion des Budgets beschäftigen. Dies liegt natürlich daran, dass die oben genannten Probleme (Demokratiedefizit, Einnahmenautonomie) die Diskussionen bestimmen. Selbst wenn die grundsätzlichen Probleme eine Veränderung erfahren würden, ist es doch fraglich, ob diese Veränderungen im Einzelfall ausreichen, um die im empirischen Kapitel dargestellten Probleme der jeweiligen Funktionen zu beheben.

5.3 Eigene Reformvorschläge zur besseren Umsetzung der europäischen Budgetfunktionen

Nachfolgend wird versucht, die Fülle an empirischen Material und theoretischen Grundlagen für einen eigenen Reformpfad zu nutzen. Im empirischen Teil der Arbeit wurden die wesentlichen institutionellen Stellschrauben im Haushaltsprozess aufgezeigt, insbesondere mit Blick auf die vielfältigen Möglichkeiten des "soft laws". Daraus lassen sich einige Empfehlungen und Maßnahmen zur Abhilfe aus der Arbeit ableiten (5.3.1–5.3.4). Dabei ist die politische Realisierbarkeit von nicht unerheblichem Interesse (Kap. 5.3.5).

Bei der Darstellung der möglichen Reformoptionen wird auf dem empirischen Teil dieser Arbeit zugrundeliegende Einteilung nach dem Haushaltskreislauf zurückgegriffen. Es wird dem Vorschlag insgesamt das mittelfristige Ziel zugrunde gelegt, einen Umbau der Institutionen zu einem Zwei-Kammer-System in der föderal gestalteten EU zu erreichen. Dabei soll die Art und Weise der letztlichen Ausgestaltung des Verhältnisses beider Kammern (Rat und Parlament) auch davon abhängen, inwieweit die mittelfristig vorgeschlagenen Übergangsregeln sich bewähren und ob die kurzzeitig umzusetzenden Reformvorschläge Erfolg zeitigen. Dies trägt gleichzeitig dem Umstand Rechnung, dass der Integrationsprozess der EU noch nicht abgeschlossen ist. Zudem steht bei den nachfolgenden Vorschlägen ausdrücklich nur die Haushalts- und Finanzverfassung im Vordergrund. Es können sich aber Zielkonflikte zwischen dieser und außerhalb der Haushalts- und Finanzverfassung angelegten Strukturen ergeben, die hier nicht berücksichtigt werden.

Es wird zunächst Vorschläge für die Einnahmenseite (Kap. 5.3.1) und die Ausgabenseite (5.3.2) unterbreitet, bevor getrennt davon Vorschläge für einen impliziten Finanzausgleich (Kap. 5.3.3) dargestellt werden. Diese Trennung soll die sich in der Integrations- und Kompensationsfunktion ausdrückende Besonderheiten der Europäischen Union sichtbar machen, zudem berühren beide Funktionen die Einnahmen- und die Ausgabenseite. Eine kurze Zusammenfassung der Vorschläge erfolgt in Kap. 5.3.4.

5.3.1 Vorschläge für die Einnahmenseite: Reform des Eigenmittelsystems

Die Untersuchungen der bisherigen Regeln zeigen, dass nur ein Steuersystem in der Lage ist, die Voraussetzungen für einen funktionierenden Steuer-Ausgaben-Mechanismus zu schaffen. Die Ausgestaltung der Europäischen Union als föderales System ist dabei Grundbedingung dieser Arbeit. Dabei kann auf die bereits vorhandenen, vielfältigen föderalen Elemente der Europäischen Union aufgesetzt werden. Eine sofortige und vollständige Umstellung des Eigenmittelsystems auf ein echtes Steuersystem erscheint jedoch politisch nicht durchsetzbar. Daher wird eine mittelfristige Reform vorgeschlagen.

Ein erster Schritt auf dem Weg zu einem Steuersystem wäre die Ersetzung der Traditionellen Eigenmittel (TEM) und der MwSt-Eigenmittel durch eine einkommensneutrale Steuer. Die Untersuchungen haben gezeigt, dass die TEM nur noch einen sehr geringen Anteil am Gesamteigenmittelaufkommen haben und zudem ihr Erhebungs- und Kontrollsystem sehr kompliziert und kostenintensiv ist. Die MwSt-Beiträge leiden vor allem unter der Regressivität. Mit dem Wegfall der TEM könnte zudem das Problem der Erhebungskosten und ihrer Darstellung im Haushaltsplan beseitigt werden. Durch den Wegfall der MwSt-Eigenmittel wäre der bisher erhebliche Betrugsanreiz in diesem Bereich beseitigt. Die BSP-Eigenmittel würden zunächst beibehalten. Für sie wird eine schrittweise Abschmelzung empfohlen. Diese Übergangsregelung sollte solange gelten, bis das Parlament eine echte Anbindung an den europäischen Wähler erreicht und die anderen kurzfristig umzusetzen Reformen vollendet sind. Für die Verabschiedung dieses neuen Eigenmittelsystems wird eine gemeinsame Beschlussfassung von Ministerrat und Parlament (jeweils mit einfacher Mehrheit) vorgeschlagen. Die bisher vorgesehene nationale Ratifizierung sollte bis zur Neugestaltung der Institutionen nach demokratischen Kriterien beibehalten werden. Sie kann später durch ein europaweites Referendum ersetzt werden. Diese erste Schritte ermöglichen eine insgesamt bessere Anbindung an den europäischen Wähler. Zugleich kann das Parlament in der Übergangsphase beweisen, dass es auch bei Mitentscheidung über die Einnahmen einen vernünftigen Umgang mit den Haushaltsmitteln gewährleisten kann. Die Kommission behält das Initiativrecht. Alle Einnahmen stehen für alle Ausgaben zur Verfügung. Der Grundsatz der Gesamtdeckung ist verfassungsrechtlich zu verankern. Ausnahmen davon sind in der Haushaltsordnung zu verankern, zu begrenzen und einen ständigen Regelüberprüfung zu unterwerfen.

Die bisherige Abstufung bei der Ausschöpfung der Eigenmittel ist im Grunde beizubehalten. Allerdings werden auf der ersten Stufe (bisher TEM und MwSt-Eigenmittel) die Steuereinnahmen verwendet, dann erst die BSP-Mittel. Dies setzt einen Anreiz für die Mitgliedstaaten, die BSP-Mittel langfristig abzuschmelzen. Gleichzeitig sollten strengere Haftungsregeln als bisher für die Erhebung der BSP-Mittel gelten. Die Möglichkeit, nicht abgerufene BSP-Mittel an die nationalen Haushalte zurück zu überweisen, kann für die Übergangszeit bestehen bleiben. Sie setzt einerseits einen Anreiz für die Mitgliedstaaten, das Übergangssystem zu akzeptieren und zugleich auf der Ausgabenseite den Anreiz, die Mittel rechtzeitig abzurufen.

Um diesen Vorschlag politisch realisierbar zu gestalten, müssen mit Blick die Zustimmung des Ministerrats zu diesen Regeln für den Ministerrat Kompensationen seines Machtverlustes vorgesehen werden. Dazu werden drei einnahmeseitige Instrumente und eine andere Beteiligung des Ministerrats im Haushaltsverfahren vorgeschlagen. Auf der Einnahmenseite wird bis zum Auslaufen der Übergangsregeln an der Einnahmenobergrenze festgehalten. Über diese wird eine Einigung im Rahmen der Finanziellen Vorausschau zwischen Ministerrat (qualifizierte Mehrheit) und Parlament (einfache Mehrheit) entschieden. Eine Anhebung der Obergrenze ist nur mittels eines europaweiten Referendums (doppelte Mehrheit der Länder und Einwohner) möglich. Dieses wären zugleich Restriktionen zur Gewährleistung von Budgetdisziplin. Nachdem ein volles Steuersystem etabliert ist, sollten die Steuergesetze durch Referenden bestätigt werden. Dies hätte den Vorteil, dass auf eine Einnahmenobergrenze und damit die Plafondierung in der Finanziellen Vorausschau verzichtet werden kann. Bei der Frage nach der "optimalen" Steuerart müssen die Bedenken bzgl. möglicher Verzerrungen des Steuerwettbewerbs und der nationalen Einnahmensysteme berücksichtigt werden. Nach einer Studie des Parlaments gibt es keine "optimale" Steuerart.[129] Zu überlegen ist, ob eine völlig neue Steuerart eingeführt wird oder auf bereits vorhandene Steuerarten zurückgegriffen wird. Für letztere spricht, dass es unter den bisherigen Steuerarten aufkommensstarke Steuern gibt, so dass ein Zugriff mehrerer Ebenen möglich wäre. In jedem Fall sollte die Steuererhebung einkommensneutral gestaltet sein. Dies dürfte – angesichts des Wegfalls der TEM und der MwSt-Eigenmittel auch realisierbar sein.

Was die Möglichkeiten der Verschuldung betrifft, sollte der EU-Ebene für die Übergangsphase zunächst nur das Recht für die Aufnahme von offiziellen Kassenverstärkungskrediten eingeräumt werden. Die Vorschläge von GWOŚĆ zur Laufzeit, Höhe und Verzinsung sind dabei zu berücksichtigen. Erst wenn ein volles EU-Steuersystem eingerichtet ist, kann bei gleichzeitiger Einführung von Restriktionen auch ein Verschuldungsrecht eingeräumt werden. Es sollte eine Regel für die Begrenzung der jährlichen Kredithöhe und der Laufzeiten Eingang in die Verfassung finden bzw. dort eine Verordnungskompetenz niedergelegt werden. Ebenso sollte ein Verbot der Kreditaufnahme für konsumtive Ausgaben aufgenommen werden. Die konkrete Ausgestaltung der Kreditregeln könnte in die Kompetenz des Ministerrats fallen – dies wäre ein Anreiz für diesen, einer Verschuldungsmöglichkeit zuzustimmen.

5.3.2 Vorschläge für die Ausgabenseite: Ein politisch-programmatischer Gesamthaushalt

Im Folgenden werden Vorschläge zur formalen Präsentation (Kap. 5.3.2.1), zur Finanziellen Vorausschau und den Interinstitutionellen Vereinbarungen (Kap. 5.3.2.2), der Aufstellung, Beratung und Verabschiedung des Haushalts (Kap. 5.3.2.3), zum Vollzug (Kap. 5.3.2.4) und zur Kontrolle des Haushalts (Kap. 5.3.2.5) dargestellt.

---

129 *Europäisches Parlament, Haushaltsausschuss*: Eigenmittelreform-Bericht 1999, aaO, S. 8.

5.3.2.1 Formale Präsentation des Haushalts

Der formalen Präsentation des Haushalts und seiner Entwürfe muss eine politische Prioritätensetzung von Parlament und Rat vorausgehen. Noch vor Beginn der Orientierungsdebatten innerhalb der Kommission müssen Parlament und Rat ihre Leitlinien als Maßstab für den Haushaltsentwurf der Kommission vorliegen. Die Kommission sollte diese Prioritäten der Haushaltsbehörde zwar diskutieren, aber von ihnen nur in Ausnahmefällen und mit schriftlicher Begründung abweichen können.[130] Zur Einhaltung des Grundsatzes der Vollständigkeit sind sämtliche Neben- und Schattenhaushalte in einem Dokument zusammenzufassen und so sichtbar zu machen. Dies sollte für alle Präsentationsformen des Haushalts gelten.

Die Qualität des Vorentwurfs hinsichtlich der quantitativen Aussagen ist zu verbessern. Dazu müssen die Instrumente zur Abschätzung des Finanzbedarfs verbessert werden. Dies allein wird nicht ausreichend sein, da ein Teil der Ursachen in den Steuerungsinstrumenten des Vollzugs begründet ist.

Die formale Präsentation des Haushalts sollte die Integrations- und Kompensationsausgaben getrennt ausweisen. Ihre Ziele und ihre Eckdaten sind sichtbar zu machen. Dadurch werden diese beiden wesentlichen politischen Funktionen auch in das Bewusstsein der handelnden Organe gerückt und für den europäischen Bürger diese Ausgaben transparent.

Das ABB-System ist fortzuentwickeln, allerdings unter stärkerer Berücksichtigung der "accountability". Aus den Haushaltsdokumenten muss hervorgehen, wer innerhalb der Kommission dann für welche Ausgaben verantwortlich ist.

5.3.2.2 Finanzielle Vorausschau und Interinstitutionelle Vereinbarungen

Interinstitutionelle Vereinbarungen dienen bisher dazu, Vertragsbestimmungen zu umgehen und die Machterhaltung der Organe abzusichern. Es wird daher vorgeschlagen, dass Instrument der Interinstitutionellen Vereinbarung mittelfristig ersatzlos zu streichen. Da die Finanzielle Vorausschau als Instrument der mittelfristigen Planung aber erhalten bleiben soll, kann dieses Instrument in die Haushaltsordnung überführt werden. Ihre Modalitäten sind allerdings zu verändern. Durch die Beibehaltung der Finanziellen Vorausschau und ihrer programmatischen Neuausrichtung wird die finanzielle Ordnungsfunktion gestärkt. Die Verbindlichkeit der Obergrenzen und vor allem die Mitentscheidung der Kommission sind nach Etablierung des Steuersystems aufzugeben. Die zahlreichen Sonderregelungen der bisherigen Interinstitutionellen Vereinbarung sind in der Regel Folgen aus der unzulänglichen Verfügungsrechteverteilung, die aufgrund der Einrichtung eines echten Zwei-Kammer-Systems und eines steuerfinanzierten Haushalts sowie der Etablierung der nachfolgenden Vorschläge nicht mehr notwendig sind.

130 Dazu mehr im Kap. 5.3.2.3: Aufstellung, Beratung und Verabschiedung des Haushalts.

Obwohl es sehr starke Bedenken gegen eine auch nur übergangsweise Beibehaltung der interinstitutionellen Vereinbarungen für die Haushalts- und Finanzverfassung gibt, scheinen diese Vereinbarungen als "Erpressungspotential" für das Parlament für die Übergangsphase noch notwendig zu sein. Erst wenn das Parlament annähernd ähnliche Befugnisse auch im übrigen Legislativbereich hat, sollte mit der Abschaffung dieser Regeln begonnen werden. Von einer Überführung dieser Regeln in das Sekundär- oder sogar Primärrecht ist dringend abzuraten. Dieses würde vor allem der Besitzstandswahrung des Ministerrates und der Durchsetzung seiner Interessen dienen. Dazu ist es auch notwendig, die durch den Nizza-Vertrag geschaffenen Befugnis zum Erlass interinstitutioneller Vereinbarungen zu überdenken. Es ist aber möglich, dass sich durch die in der Übergangsphase erreichten Veränderungen eine inhaltliche Neubestimmung der interinstitutionellen Regeln ergibt, die nicht mehr denselben Bedenken wie bisher unterliegt.

5.3.2.3 Aufstellung, Beratung und Verabschiedung des Haushalts

Grundsätzlich sollten die Grundsätze der Konsequenz von Fach- und Ressourcenverantwortung und der institutionellen Autonomie für den gesamten Haushaltskreislauf verankert werden.

Des weiteren wird zwischen der programmatischen Grundausrichtung des Haushalts (a) und den Regeln/Verfahren zur Aufstellung, Beratung und Verabschiedung des Haushalts (b) unterschieden.

a) Programmatische Ausrichtung des Haushalts: Wesentlicher Bestandteil einer Reform sollte eine viel stärkere programmatische Ausrichtung des Haushalts sein (enge Verzahnung mit der Integrationsfunktion). Dazu bedarf es einer echten outputorientierten Planung durch die Haushaltsbehörde. Die bisherigen Elemente der Planung sind neu auszurichten. Anstatt der interinstitutionellen Verhandlungen zwischen Kommission, Rat und Parlament über die "politischen Leitlinien" ist ein zweistufiger politischer Dialog zwischen Rat und Parlament zu etablieren. Die bisherige politische Planung ist wesentlich durch die Kommission geprägt. Das gilt es zu verändern, nicht nur wegen der starken Prägung des Programms durch die Exekutive, sondern auch um die Präferenzen des Wählers sichtbarer zu machen. Sowohl der mittelfristigen als auch der kurzfristigen Haushaltsplanung sollten Verhandlungen über die Programmziele des Haushalts zwischen Rat und Parlament vorausgehen. Solange der Umbau zu einem echten Steuersystem noch nicht abgeschlossen ist, sind beide Organe zu beteiligen. Rat und Parlament haben politische Ziele zu definieren, die sie – vor der Aufstellung eines Entwurfs einer Finanziellen Vorausschau oder des Haushaltsentwurfs – an die Kommission übersenden müssen. Das heißt, dass die Ziele auch zeitlich definiert und in den Planungsprozess eingebunden werden (z.B. kurz-, mittel und langfristige Integrationsüberlegungen). Gleichzeitig sind die Kompensationsausgaben in die Planungen mit einzubeziehen. An diesen programmatischen Vorgaben haben sich die Entwürfe der Kommission auszurichten. Die Kommission wird verpflichtet, mittels Risikomanagement und Risikoanalyse auch alternative Szenarien vorzulegen und die Erfolgsaussichten zu beurteilen. Eine grundsätzliche und umfassende Begründungspflicht ist einzuführen.

Dabei kann auf die Instrumente, die die Kommission im Rahmen ihrer Reform entwickelt hat, zurückgegriffen werden. Die Ausweisung der Ausgaben nach dem ABB-Prinzip unterstützt den programmatischen Charakter des Budgets. Die Instrumente der strategischen Planung können von Parlament und Rat ebenfalls genutzt werden. Der Haushaltsausschuss des Parlaments und der Ausschuss der Ständigen Vertreter (Rat) sollten die Programmplanung vorbereiten, da dort das notwendige Fachwissen vorhanden ist.

b) Neugestaltung des Haushaltsverfahrens: Die Veränderung des Institutionensystems und der Finanzierung bedingt auch eine Veränderung des Haushaltsverfahrens. Das Haushaltsverfahren wird mit dem Haushaltsentwurf eingeleitet, der von der Kommission an Rat und Parlament übermittelt wird. Solange eine Steuerfinanzierung noch nicht vollständig gewährleistet ist und das Parlament noch keine echte Anbindung an den europäischen Wähler hat, wird über den Haushalt gemeinsam durch Rat und Parlament entschieden. Das Parlament berät dabei zunächst den Entwurf in einer ersten Lesung. Das Ergebnis wird dem Rat übermittelt, der einzelne Änderungen beschließen oder gegen diesen Vorschlag insgesamt einstimmig ein Veto einlegen kann. Das Parlament berät in einer zweiten Lesung über die Änderungen des Rates, die es mit einfacher Mehrheit annehmen oder mit 2/3-Drittel-Mehrheit ablehnen kann. In beiden Fällen gilt danach der Haushalt als festgestellt. Hat der Rat gegen den Vorschlag insgesamt ein Veto eingelegt, kann das Parlament dieses Veto mit einer qualifizierten Mehrheit zurückweisen und der Haushalt gilt als festgestellt. Kommt diese Mehrheit im Parlament nicht zustande, legt die Kommission einen neuen Haushaltsentwurf vor. Das Verfahren beginnt erneut. Kann nicht rechtzeitig ein neuer Haushalt verabschiedet werden, greift das Nothaushaltsrecht. Gelingt es nicht innerhalb dreier weiterer Monate den Haushalt zu verabschieden, gelten die Mittelansätze des Vorjahres.

Dieser Vorschlag gibt zum einem dem Rat eine starke Stellung in der Verabschiedungsphase. Dieses ist der "Preis" für den Machtverzicht des Ministerrates bei den Eigenmitteln. Andererseits wird der Ministerrat an höhere Quoren gebunden als das Parlament. Der Rat benötigt für das Veto Einstimmigkeit und kann zudem keinerlei Änderungen am Haushalt vornehmen, denen das Parlament vielleicht zustimmen würde. Die faktische Sperrwirkung des Vetos wird zudem durch die Beibehaltung der Einnahmengrenze entschärft. Dem Parlament kommt das Schwergewicht bei den Beratungen zu, dies dient dem Steuer-Ausgaben-Mechanismus. Es kann sich so allmählich in seine Rolle als Haushaltsgesetzgeber einfinden, die es nach der Übergangsphase wahrnehmen soll. Dieses Verfahren hebt gleichzeitig die Trennung zwischen obligatorischen und nichtobligatorischen Ausgaben auf und stellt eine erhebliche Verfahrensvereinfachung dar. Um eine größere Transparenz der Verfahren zu erreichen, sind grundsätzlich alle Sitzungen der beteiligten Organe öffentlich abzuhalten.

5.3.2.4 Vollzug des Haushalts

Auch hier gilt es mehrere Problemkreise anzugehen. Dies ist einmal die Beseitigung der Defizite innerhalb der horizontalen EU-Verwaltung (a) und zum anderen die bessere Anbindung der mitgliedstaatlichen Verwaltung an die Kommissionsebene (b).

a) Interne Mittelverwaltung auf Ebene der Kommission: Hier sind die vielfältigen Möglichkeiten der Mittelübertragungen vor allem auf das nächste Jahr einzuschränken. Dafür kann der Kommission das Recht eingeräumt werden, innerhalb eines Politikbereichs großzügiger als bisher Mittel zu übertragen. Die Einhaltung des Spezialitätsprinzips setzt nicht unbedingt eine bis in die kleinste Ebene durchgesteuerte und der Höhe nach feste Mittelzuweisung voraus. Der dahinterstehende Gedanke, das Programm der Legislative umzusetzen, kann auch mit globaleren Mittelzuweisungen erreicht werden. Dies gibt der Kommission zugleich mehr echte Verantwortung und durch Monitoring- und Evaluierungspflichten wird die Anbindung an die Haushaltsbehörde erreicht. Außerdem kann eine bessere Feinsteuerung durch einen programmatisch ausgerichteten Haushalt erwartet werden.

Durch den vorgeschlagenen Wegfall der Interinstitutionellen Vereinbarungen wird auch ein Teil der zusätzlichen Mittelübertragungsmöglichkeiten wegfallen. Die neue Haushaltsordnung verbessert die bisherigen Probleme hier ebenfalls.

Die Problematik der späten oder gar nicht stattfindenden Mittelbindung und der in einigen Fällen daraus folgenden Annullierung der Mittel kann ebenfalls teilweise gelöst werden. Über die ungebundenen Mittel sollte grundsätzlich im folgenden Haushaltsverfahren neu entschieden werden. Gleichzeitig kann eine Norm verankert werden, die ein festes Verhältnis zwischen Zahlungsermächtigungen und Verpflichtungsermächtigungen vorsieht. Neue Verpflichtungen können nicht eingegangen werden, wenn die festgelegte Quote überschritten wird. Mittelfristig sollte angestrebt werden, dass Parlament und Ministerrat nur gemeinsam über das Eingehen von rechtlichen Verpflichtungen entscheiden können. Momentan kann dies der Ministerrat in vielen Fällen eigenständig, da das Parlament unzureichende legislative Befugnisse hat.

Der Vorschlag, der Kommission den Anreiz zu setzen, eingesparte Mittel grundsätzlich nach eigenen Prioritäten zu verwenden, ist abzulehnen. Dadurch wurde die programmatische Gestaltung des Haushalts durch die Legislative verändert und zudem ein Anreiz gesetzt, übermäßige Haushaltsvoranschläge zu präsentieren, um so großzügige Einsparungen zu ermöglichen. Hier kann überlegt werden, ob Einsparungserfolge mit der globaleren Zuweisung von Mitteln verknüpft werden können. Das würde bedeuten, je mehr eine Verwaltungseinheit einspart, desto weniger detaillierte Zuweisungen von Mitteln würden ihr durch den Haushaltsplan gegeben. Durch die Einsparung von Mitteln zeigt diese Verwaltungsebene, dass sie verantwortlich mit Haushaltsmitteln umgehen kann. Diese Verantwortungsbereitschaft sollte honoriert werden. Allenfalls kann in einem engen Rahmen dazu übergegangen werden, die Mittel, die die Kommission derzeit für Pilotaktionen und Modellstudien zugewiesen bekommt, durch eingesparte Mittel zu ersetzen. Diese sollten aber einer Gesamtplafondierung unterzogen werden, um der Tendenz, über solche Aktionen Kompetenzerweiterungen anzustreben, entgegenzutreten.

Für die Verbesserung der internen Kontrolle sind seitens der Kommission bereits viele Schritte angegangen worden. Die Dezentralisierung der Finanzkontrolle bewirkt, dass in den einzelnen Verwaltungseinheiten Agenten sitzen, die im Interesse des Gesamthaushalts den Vollzug überwachen. Die Ausgestaltung des Auditbegleitausschusses ist aber noch nicht hinreichend. Der Vorsitz sollte gerade nicht vom jeweils zuständigen Kommissar der Generaldirektion Haushalt wahrgenommen werden, da es sonst zu Interessenkonflikten kommen kann. Eine Berichtspflicht an den Kommissar ist ausreichend. Hier sollten jedoch für weitergehende Reformvorschläge die Ergebnisse abgewartet werden, die die derzeitige Umsetzung der Kommissionsreform zeitigt.

Allerdings sollte die Personalsituation der internen Kontrollstellen innerhalb der Kommission verbessert werden. Gerade die Kontrolle des Vollzugs durch die Mitgliedsstaaten ist personalaufwändig. Die Erhöhung der Anzahl der Vor-Ort-Kontrollen erhöht das Risiko für die Mitgliedstaaten, den Vollzug nicht ordnungsgemäß umzusetzen und wäre ein Anreiz zu effektiverer Mittelverwendung.

In Bezug auf OLAF wird hier vorgeschlagen, diese Institution aus der Organisationsanbindung an die Kommission herauszunehmen. Sie sollte vielmehr einer europäischen Staatsanwaltschaft zugeordnet sein. Die Behördenspitze sollte im Einvernehmen zwischen Kommission, Rat und Parlament ernannt werden. OLAF sollte der Legislative rechenschaftspflichtig sein. Bei der Aufdeckung von Betrugsfällen besteht eine Informationspflicht an die europäische Staatsanwaltschaft. Handelt es sich um Unregelmäßigkeiten, sollten die internen Kontrolleinheiten der Kommission informiert werden.

b) Vollzug durch Kommission und Mitgliedstaaten: Die Kommission sollte sich hier auf das Setzen von Rahmenregeln und eine effektive administrative Kontrolle beschränken.

Für den Bereich der dezentralen Verwaltung (GAP) könnten kurzfristige Erfolge schon durch engere Vorschriften der Kommission für die Mitgliedstaaten erreicht werden. Sanktionsregeln sollten die Einführung eines verständlichen, knappen "Pflichtenheftes" für die Mitgliedstaaten flankieren. Da durch die mittelfristige Umgestaltung des Haushalts ein Teil der derzeitigen Agrarausgaben künftig über die vertikalen Integrationstransfers verausgabt würden, unterlägen diese dann der geteilten Verwaltung. Die anderen Agrarausgaben sind Kompensationszahlungen, die langfristig in einen Kompensationsfonds einzustellen sind.[131] Eine dezentrale Verwaltung gäbe es dann nur noch für einzelne, nicht so ausgabenintensive Teilbereiche.

Das Parlament sollte grundsätzlich an der Übertragung der Rechtsetzungskompetenz auf die Kommission beteiligt werden, Art. 202 EGV. Dies entspricht seiner Stellung als Teil der Haushaltsbehörde und gibt ihm Steuerungsmöglichkeiten, die es derzeit nicht hat. Die Komitologieausschüsse im Bereich Strukturfonds sollten mittelfristig in der derzeitigen Form abgeschafft werden. Dazu ist es erforderlich, dass für die vertikalen Transfers durch die Legislative definiert wird, welche Ziele damit erreicht werden sollen. Die Art und Weise der Zielerreichung im Einzelnen kann den Mitgliedstaaten überlassen werden. Dies würde mehr Verantwortung und zugleich mehr Subsidiarität bedeuten und könnte ein Anreiz für die Mitgliedstaaten darstellen, auf die Komitologie zu verzichten. Die Kommission hat z.B. als "Ersatz" für die Komitologie den Vorschlag gemacht, dreiseitige Verwaltungsvereinbarungen zwischen der Kommission, dem Mitgliedstaat und dem Transferempfänger einzuführen, wenn es sich um Politikziele handelt, für deren Umsetzung die subnationalen Ebenen zuständig sind. Werden diese als Zielvereinbarungen mit Sanktionsmechanismen ausgestaltet, könnten sie ein wirksames Steuerungsinstrument sein.

Die Mitgliedstaaten müssen stärker als bisher in die Haftung genommen werden. Nur über eine starke Kontrolle sind die Steuerungsverluste des Vollzugs zu kompensieren. So kann zum Beispiel einmal über die Kofinanzierung sanktioniert werden. Die Höhe des Kofinanzierungsanteils könnte innerhalb bestimmter Margen (die auf die Integrationsfunktion abgestimmt sein müssten) vom Evaluierungsergebnis der Maßnahme abhängig sein. Je besser das Ergebnis ausfällt, desto höher ist der Kofinanzierungsanteil der EU. Dies wird im Rahmen der Strukturfonds zum Teil schon versucht, wäre also nur eine konsequentere Umsetzung des Anreizes zur effektiven Mittelverwaltung und Zielerreichung. Gleichzeitig müssen in den Fällen von Unregelmäßigkeiten und Betrug echte Sanktionen greifen. Bei Unregelmäßigkeiten kann z.B. eine Rückzahlungspflicht des Kofinanzierungsanteils implementiert werden, deren Höhe sich nach der Schwere der Unregelmäßigkeit bemisst. Bei dem Nachweis von Betrügereien sollte neben der vollständigen Rückzahlungspflicht eine zusätzliche Strafe fällig werden. Diese muss nicht finanzieller Natur sein, sie kann auch im Ausschluss des Betroffenen von weiteren Transfers bestehen.

131 Dazu mehr in Kap. 5.3.3.

Grundsätzlich ist die Beweislast voll auf die Mitgliedstaaten zu übertragen. Dazu sind bereits erste Elemente umgesetzt worden. Die Nationalen Kontrollbehörden müssen über die Mitgliedstaaten vertraglich verpflichtet werden, sämtliche durch EU-Mittel finanzierte oder kofinanzierte Maßnahmen zu prüfen und die Prüfungsergebnisse unaufgefordert an den Europäischen Rechnungshof zu übersenden.

Diese Vorschläge sind vermutlich nur sehr langfristig umzusetzen. Das liegt vor allem daran, dass bisher seitens der Mitgliedstaaten das Interesse an Kontrollen gering ist. Hier kann die Umstellung auf ein steuerfinanzierten Haushalt einen ersten Vorteil bringen.

5.3.2.5 Kontrolle des Haushalts

Voraussetzung für eine politische Kontrolle ist die Installation von Monitoring- und Evaluierungsinstrumenten, die die programmatische Ausrichtung des Haushalts begleiten und auswerten. Der allmähliche Übergang in einer steuerfinanziertes Haushaltssystem ist ebenfalls ein wesentliches Element politischer Kontrolle, da darüber die Anbindung an den Wähler erreicht werden kann.

Des weiteren sind unbedingt die Unabhängigkeit des Rechnungshofes und seine Zugriffsrechte auch im dezentralen und geteilten Vollzug zu stärken. Dabei kann sich an den vorher dargestellten Vorschlägen orientiert werden. Die Zustimmung des Parlaments zur Ernennung der Rechnungshofmitglieder wäre ein weiterer Schritt, der die Kontrolle des Rechnungshofs mit der politischen Kontrolle verzahnt.

Die Stellung von Haushaltsausschuss und dem Haushaltskontrollausschuss innerhalb des Parlaments kann verbessert werden. So sollte das Berichterstattersystem in beiden Ausschüssen ausgeweitet werden. Es kann sich an der ABB-Gliederung des Haushalts orientieren. Jedem Politikziel wäre ein Berichterstatter zugeordnet, dies gilt auch für die Einnahmen. Die Informations- und Zugangsrechte für die Ausschüsse sind auszudehnen. Zudem kann dem Haushaltsausschuss ein Vorschlagsrecht für Haushaltssperren bzw. das Blockieren von Mitteln im laufenden Haushaltsjahr eingeräumt werden. Über diese Vorschläge entscheiden Rat und Parlament gemeinsam.

Solange der Haushalt nicht vollständig aus Steuern finanziert wird, ist der Ministerrat in die politische Kontrolle mit einzubinden. Dies kann zum Beispiel durch die gemeinsame Entlastungsbefugnis für die Kommission erreicht werden. Es wird weiter vorgeschlagen, einen eigenen unabhängigen "Ombudsmann" einzusetzen, der die verschiedenen Steuerungselemente (Planung, Evaluation) für den Haushalt begleitet und einer kritischen Analyse aus Sicht des Bürgers unterzieht. Dieser Ombudsmann sollte eine unabhängige Institution sein und gemeinsam von Ministerrat und Parlament ernannt werden. Er kann organisatorisch beim Rechnungshof angesiedelt werden, sollte aber vor allem die politische Kontrolle übernehmen. Der Ombudsmann erhält Zugang zu allen Informationen und Teilnahmerecht an den Sitzungen der internen und externen Kontrollgremien (z.B. Auditbegleitausschuss und OLAF). Der Ombudsmann sollte das Recht haben, die Evaluierungsergebnisse der Kommission einer unabhängigen Prüfung zu unterziehen. Allerdings sollten ihm keine eigenen Sanktionsbefugnisse eingeräumt werden. Er kann an Rat und Parlament berichten, die dann tätig werden müssen.

Um die Bedeutung der Entlastung der Kommission in einem politischen Sinn zu stärken, sollten die Kommissare eine Erklärung zur Funktionsfähigkeit ihres Politikbereichs abgeben, die ähnlich wie die neu eingeführte Erklärung der Generaldirektoren auch die Verantwortungsübernahme für ihren Zuständigkeitsbereich impliziert. Eine solche Erklärung macht es möglich, politische "accountability" herzustellen und auch die Entlastung zu individualisieren.

Die Entlastung der Kommission insgesamt sollte von Rat und Parlament gemeinsam vorgenommen werden. Dieses spiegelt ihre gemeinsame Verabschiedungsbefugnis wider. Durch den Wegfall von obligatorischen und nichtobligatorischen Ausgaben entfällt das Problem der unvollständigen Entlastung. Die gemeinsame Entlastungsbefugnis trägt auch der Tatsache Rechnung, dass die Befugnisse zwischen Parlament (Integrationsausgaben) und Rat (Kompensationsausgaben) jedenfalls für eine Zeitlang getrennt sind.[132] Zusätzlich sollten Rat und Parlament das Recht haben, einzelne Kommissare auf Antrag nicht zu entlasten. Diese Nichtentlastung ist mit einer Frist verbunden, in der die Entlastung erneut vorgenommen werden muss. Wird die Entlastung zweimal nicht erteilt, wirkt sie wie ein Misstrauensvotum.

5.3.3 Ein impliziter an die Integrations- und Kompensationsfunktion gebundener Finanzausgleich

Es wird ein impliziter Finanzausgleich vorgeschlagen, der vorrangig der integrationspolitischen Aufgabe der Europäischen Union dienen soll (a). Zusätzlich enthält dieser Finanzausgleich einen besonderen – gedeckelten – Teil, in welchem sich die Kompensationsausgaben wiederfinden (b).

a) integrationspolitisch motivierter Finanzausgleich: Die Umsetzung der Integrationsfunktion kann über vertikale Transfers erreicht werden. Sie sollten aus polit- und institutionenökonomischen Gründen zweckgebunden, degressiv und zeitlich befristet sein. Dabei ist im Rahmen der mittel- und langfristigen Programmentscheidung darüber zu entscheiden, was denn Integrationsaufgaben sind. Die Mittelvergabe ist durch ein gezieltes Monitoring- und Evaluierungssystem zu begleiten. Die Zweckbindung trägt der Tatsache Rechnung, dass mit den bereitgestellten Mitteln bestimmte Integrationsziele erreicht werden sollen. Da davon ausgegangen werden kann, dass bei einer effektiven Verwendung dieser Mittel

132 Vgl. Kap. 5.3.3.

Integrationsfortschritte erreicht werden, sind die Transfers zeitlich zu befristen. Diese Befristung verhindert zugleich eine dauerhafte Etablierung der Transfermittel für bestimmte Zwecke. Es sollte eine Norm verankert werden, die eine bestimmte Sperrfrist für erneute Transfermittel an einen Empfänger vorsieht.

Inhaltlich sind hier vor allem die bisherigen strukturpolitischen Ausgaben angesprochen. Auch diejenigen Ausgaben der GAP, die strukturpolitische Ziele habe, sind hierunter zu subsumieren. Die Einrichtung eines vertikalen Transfersystem ist zudem recht unproblematisch, da ein solches System implizit schon besteht. Die Fonds sollten mittelfristig aufgelöst werden. Die Strukturfonds, der Kohäsionsfonds und die spezifisch strukturpolitischen Agrarausgaben müssen einer neuen Zielbestimmung unterworfen werden, die sich an integrativen, strategischen, mittel- und langfristigen Zielen ausrichtet. Die Kofinanzierung dieser Bereiche sollte beibehalten werden – die vertikalen Transfers also nur der Ergänzung nationaler Mittel dienen. Dabei sind die hohen Kofinanzierungsquoten abzuschaffen. Es sollte ein System dafür etabliert werden, welches einerseits den jeweiligen Integrationsstand widerspiegelt und andererseits die Missbrauchsmöglichkeiten durch die Mitgliedstaaten einschränkt. Vorgeschlagen wird ein differenziertes Kofinanzierungssystem, bei dem die Höhe der Kofinanzierung an den Integrationsstand der betroffenen Region gekoppelt wird. Dies ist ein ähnliches System wie das bisherige, in dem die Definition der "Zielgebiete" über den Rückstand der Region in Bezug auf den EU-Durchschnitt erfolgt. Die unterschiedlichen Kofinanzierungsquoten dienen auch dem solidarischen Grundgedanken der Europäischen Union. Die Kofinanzierungsquoten könnten sich zwischen 15% und 55% des Gesamtbetrags der Investition bewegen. Um der Tatsache Rechnung zu tragen, dass es insbesondere für neue Mitgliedstaaten schwierig sein kann, den Eigenanteil an der Kofinanzierung zu übernehmen, könnte auch die Möglichkeit der Kreditfinanzierung des Eigenanteils in Betracht gezogen werden.

b) Besonderer Teil des Finanzausgleichs für Kompensationsausgaben: Es wird die Errichtung eines echten Kompensationsfonds vorgeschlagen, der die verschiedenen Kompensationsarten im heutigen EU-System berücksichtigt: die Entschädigung wirtschaftlicher und anderer Nachteile (Integrationsverlierer) und die Entschädigung der nachgeordneten Ebenen für Kompetenzverluste (Aufgabenverlagerung) aber auch die Entschädigungen innerhalb der EU-Organe aufgrund der institutionellen Möglichkeiten der einzelnen Organe (allgemein-politische Kompensationen). Da es kaum möglich sein wird, die Kompensationsarten voneinander zu trennen, sollten die Kompensationen zusammengefasst werden.

Die Frage ist hier, ob der erste Fall – die Entschädigung der Integrationsverlierer – über ungebundene Transfers vorgenommen werden sollte. Hier ist zu überlegen, ob nicht zweckgebundene Transfers gleichzeitig eine integrationspolitische Ausrichtung erreichen könnten. Beruft sich der Integrationsverlierer auf bestimmte Nachteile, die ihm aus einer Erweiterung oder Vertiefung erwachsen, kann es durchaus als (Integrations)Aufgabe der EU angesehen werden, diese konkreten Nachteile zu beheben. Das bedeutet, der Integrationsverlierer erhält zwar Kompensationen, diese sind aber mit der Auflage verbunden, sie zum Ausgleich des spezifisch geltend gemachten Integrationsnachteils zu verwenden. Solche zweckgebundenen Transfers müssten degressiv ausgestaltet und an Ziele gekoppelt werden. Das bedeutet auch, dass solche Kompensationen nicht über die Einnahmenseite erfolgen sollten.

Anders verhält es bei der Kompensation als Ausgleich für Kompetenzverluste. Hier sind zweckfreie Transfers eine Möglichkeit, die Zustimmung zu einer weiteren Integration zu erhalten. Diese Zahlungen wären nicht an bestimmte Ziele gebunden. Dabei sind auch langfristige Transfers vorstellbar, je nachdem, um welche Art der Kompetenzverlagerung es sich handelt. Durch den Einbau einer Reversibilitätsklausel sollte aber eine zeitliche Befristung dieser Transfers erreicht werden.

Die Kompensationen innerhalb der EU-Organe bzw. untereinander ist eine Folge der institutionellen Möglichkeiten der Organe und ließe sich durch eine Veränderung der institutionellen Ausgestaltung weitgehend vermeiden.[133] Ganz auszuschließen sind solche Situationen jedoch nicht, daher sollte innerhalb des Kompensationsfonds ein bestimmter Mittelanteil in Form von zweckfreien Transfers zur Verfügung stehen.

Ein solcher Kompensationsfonds wäre aber der Höhe nach zu begrenzen. Erstens stünden so mehr Mittel für die eigentlichen Aufgaben der EU zur Verfügung, zweitens könnte so eine Anbindung der Agenten an den Souverän erfolgen. Dies ließe sich auch durch eine Zweckbindung bestimmter Einnahmen für den Kompensationsfonds erreichen. Für die Übergangsphase ist zum Beispiel eine teilweise Zweckbindung der Einnahmen aus den BSP-Mitteln denkbar. Diese Mittel werden von den Nationalstaaten aufgebracht und würden so teilweise direkt an sie zurück fließen. Es ist auch denkbar, diesen Kompensationsfonds aus dem jährlichen Haushaltskreislauf auszulagern und ihn mit den Verhandlungen über die Finanzielle Vorausschau und/oder neuen Vertragsverhandlungen zu koppeln. Die Gestaltungsbefugnis – also die konkrete Mittelzuteilung aus dem Kompensationsfonds – könnte dem Ministerrat übertragen werden. Über die Höhe des Kompensationsfonds müssten Rat und Parlament gemeinsam entscheiden. Diese Struktur hätte den Vorteil, dass die Kompensationszahlungen mit ihrem Ursprung verknüpft würden und nicht jedes Jahr aufs Neue das Haushaltsverfahren belasten. Ein solcher Fonds hätte dieselbe Laufzeit, wie die Finanzielle Vorausschau und sollte innerhalb der Laufzeit nicht reversibel sein. Die Mitgliedstaaten enthielten durch die Gestaltungskompetenz des Ministerrats einen "Ersatz" für die derzeitigen Möglichkeiten. Insgesamt zwingt die Begrenzung der Höhe den Ministerrat dazu, Kriterien für die Vergabe zu entwickeln. Der allmähliche Übergang zum Steuersystem könnte

133 Vor allem und gerade auf der Einnahmenseite!.

überdies bewirken, dass die "Nettozahlerdebatte" als Grundlage für das Einfordern von Kompensationen entfällt und sich die Kompensationszahlungen tatsächlich an den Integrationsprozess anbinden lassen.

5.3.4 Zusammenfassung

Die vorgeschlagenen Reformen haben kurzfristige und mittelfristige Optionen. Kurzfristige Verbesserungen lassen sich vor allem für die administrative Lenkungs- und Kontrollfunktion erreichen. Dies ist auf die grundsätzliche Struktur der Verfügungsrechte zurückzuführen. Um darüber hinaus echte Verbesserungen vor allem mit Blick auf einen europäischen Wähler, der auch der Zahler sein sollte, zu erreichen, müssen jedoch die Verfügungsrechte anders als bisher verteilt werden. Um hierbei die Zustimmung des derzeit maßgeblichen Organs des Ministerrats für die Haushaltsordnung und die Zustimmung für Vertragsänderungen (Ministerrat und nationale Parlamente) zu erhalten, ist es erforderlich, mittelfristige Kompensationen für den Machtverlust, der sich aus der Neuverteilung ergibt, zu integrieren.

Daher wird hier ein mittelfristiges System vorgeschlagen, welches sowohl das Parlament als auch den Ministerrat bei der Zuweisung von Verfügungsrechten im Rahmen der politische Funktion und der politischen Kontrollfunktion berücksichtigt und zudem auf dem bestehenden System aufsetzt. Beide Organe sollten die politischen Funktionen des Budgets als echte Haushaltsbehörde gleichberechtigt über Einnahmen und Ausgaben ausfüllen. Das System der heutigen Eigenmittel soll dabei schrittweise durch ein Steuersystem abgelöst werden. Die Ausgaben der GAP, die heute als obligatorische Ausgaben fast 50% des Haushalts ausmachen, sollten in den strukturpolitischen (integrationspolitischen) Teil des Haushalts und in den Kompensationsfonds überführt werden. Die bisherigen Strukturfonds und der Kohäsionsfonds werden in ihrer bisherigen Form aufgelöst und erhalten eine integrationspolitische Neuausrichtung. Um die Vorteile der verwaltungsföderalen Umsetzung großer Teile des Budgets effektiver zu nutzen, wird vor allem der geteilte Vollzug neu strukturiert. Die europäische Ebene, insbesondere die Kommission, ist nur noch für den Erlass von Rahmenvorschriften zuständig. Das Komitologieverfahren wird aufgegeben und die Bewirtschaftungsregeln werden gestrafft. Im Verbund mit einer wirkungsvollen und sanktionsbewehrten administrativen und politischen Kontrolle können so klarere "accountability"-Strukturen und bürgernähere Ergebnisse erwartet werden.

Schrittweise wird eine insgesamt stärkere Position des Parlaments angestrebt. Inwiefern zu einem späteren Zeitpunkt das Parlament diese Aufgabe selbständig wahrnehmen kann, wird nicht zuletzt auch davon abhängen, ob die mittelfristigen Reformen tatsächlich eine bessere Umsetzung der Budgetfunktionen gewährleisten können und ob die Strukturen außerhalb der Haushalts- und Finanzverfassung dies unterstützen.

5.3.5 Politische Realisierbarkeit von Reformoptionen

Die hier gemachten Reformvorschläge orientieren sich an der politischen Realisierbarkeit. Daher erscheinen manche der Vorschläge nicht weitgehend und radikal genug. Aber die Akteure werden Reformen nur dann akzeptieren, wenn die für sie geltenden Restriktionen auch für alle anderen Akteure gelten.[134] Dabei steht das Interesse der Akteure im Vordergrund, ihre eigenen Machtpositionen zu erhalten oder auszubauen. Bei größeren Reformpaketen ist aber der gesamte Nettonutzen herauszustellen und es sind die kurzfristigen und langfristigen Wirkungen der einzelnen Reformen zu unterscheiden. Reformvorschläge sollten das Ziel haben, dauerhafte Lösungen der einzelnen Probleme zu ermöglichen, um so insgesamt Vorteile zu erzielen.

Es ist – wie schon mehrfach festgestellt – unbedingt erforderlich, die europäischen Organe an den europäischen Souverän anzubinden. Nur so kann die Präferenzaufdeckungsfunktion zum Tragen kommen. Gleichzeitig würde so eine stärkere Legitimation der Organe erreicht und damit auch eine grundsätzliche Verantwortlichkeit der Akteure. Natürlich muss sichergestellt sein, dass eine gleichmäßige Repräsentation und Partizipation aller Wähler erfolgt. Dies ist zugleich Voraussetzung für die Herstellung von Präferenzgerechtigkeit des öffentlichen Güterangebots. Das kann aber nicht einseitig über die Ausgabenseite erreicht werden, sondern muss auf die Frage der Finanzierung mit einbeziehen. Dies ist Minimalbedingung für die Wirtschaftlichkeit der Bereitstellung der jeweiligen Güter. Daher ist es notwendig, auf der europäischen Ebene Einnahmeautonomie verbunden mit einem funktionierenden Wahlmechanismus zu gewährleisten. Durch eine echte Einnahmeautonomie würden sich eine Reihe von derzeitigen Problemen erledigen, z.B. die des Eigenmittelbeschlusses, der Determinierung der Aufgaben über die Einnahmen, die Plafondierungen.[135] Gleichzeitig müssen die Verfügungsrechte innerhalb der Haushalts- und Finanzverfassung eineindeutig zugewiesen werden. Das Auseinanderfallen und vor allem das Abstufen von formellen und materiellen Verfügungsrechten ist weitestgehend zu vermeiden.

Es gibt verschiedene Möglichkeiten der Ausgestaltung dieser Fragen. Jedes System (z.B. Zwei- oder Drei-Kammersystem, Bundesrats- oder Senatsmodell) hat Vor- und Nachteile. Es kommt am Ende auch nicht darauf an, für welche Art der Gestaltung man sich entscheidet, sondern ob dieses System in der Lage ist, europäische Interessen umzusetzen. Das heißt, es müssen Mechanismen gefunden werden, die die nationale Interessenausrichtung in den heutigen Organen zurückdrängen. Dabei ist vor allem die Rolle des Europäischen Rates zu überdenken. Seine Kompe-

134 Hierzu und zum Folgenden vgl. auch *Döring, Thomas / Stahl, Dieter*: Institutionenökonomische Aspekte der Neuordnung des bundesstaatlichen Finanzausgleichs, S. 8ff. (1–47), in: *Schüller, Alfred*: Studien zur Ordnungsökonomik, Stuttgart 2000.

135 Siehe auch die Ergebnisse in Kap. 4.8.

tenzen sind zu beschränken. Auch für die Lösung der Frage, welche konkreten Einnahmen (Steuern) die EU-Ebene erhält, sind verschiedene Modelle denkbar. Das gewählte System muss aber ausreichende Ergiebigkeit gewährleisten und mit dem der Mitgliedstaaten kompatibel sein. Diese Grundregeln sollten in den Verträgen normiert werden.

Die grundsätzliche Neuordnung würde ferner bedingen, dass die Legislativrechte des Parlaments erweitert (bzw. denen des Ministerrates angepasst) werden. Denn wie aufgezeigt entstehen viele Probleme durch den unterschiedlichen Umfang der Legislativ- und Haushaltsrechte. Geregelt werden muss auch, dass das interinstitutionelles Recht die Organe im Zweifel nicht bindet und nicht den Rang von Sekundärrecht hat. Damit wäre die Haushaltsordnung immer vorrangig.

Auf den ersten Blick scheint klar, dass eine solche Neuordnung politisch nicht durchsetzbar wäre. Dies liegt vor allem an dem Problem der grundsätzlichen Übertragung der Verfügungsrechte. Der Ministerrat (Europäischer Rat) und die Mitgliedstaaten würden an Einfluss insgesamt verlieren. Da aber sowohl die Mitgliedstaaten als auch Europäischer Rat und Ministerrat einem solchen Konzept zustimmen müssten, ist die Realisierung nicht zu erwarten.

Daher ist der einzig mögliche Weg wohl der einer "Politik der kleinen Schritte". Aus Sicht des europäischen Souveräns ist zu fragen, welche Probleme die drängendsten neben denen der Verfügungsrechtedelegation sind und ob diese durch kleinere, schrittweise Reformen, die auch die Zustimmung der relevanten Organe finden, behoben werden können. Grundsätzlich problematisch scheint, dass die Ausrichtung von Vorschlägen, die politisch auch realisierbar sein sollen, immer schon von vornherein Kompromisse darstellen. Dabei bleiben Optionen, die sehr unrealistisch erscheinen, außen vor. Dies schränkt die Anzahl der Reformmöglichkeiten von Anfang an ein und kann so auch kontraproduktiv sein.[136]

Es soll nochmals an dieser Stelle darauf hingewiesen werden, dass jede neue Regelung das bestehende System immer mehr verfestigt und sich neu Ineffizienzen ergeben werden, die eine gründliche Neuausrichtung immer unwahrscheinlicher werden lassen. Diese Dilemma-Situation ist vermutlich nicht zu vermeiden, deshalb muss jeder neue Vorschlag zur Veränderung der bestehenden Institutionen einer sorgfältigen Prüfung unterzogen werden. Die Frage seiner Reversibilität, seiner Wechselwirkungen mit den bereits bestehenden Institutionen ist unbedingt mit zu

136 So konnte sich PFENNIG 1986 bei der Ausgestaltung eines Verfassungsentwurfs nicht vorstellen, dass es möglich sein würde, den Agrarausgabenanteil unter 60% oder gar 50% zu senken. Er hielt die politischen Interessen für eine Verringerung dieser Ausgaben für eindeutig auf die Mitgliedstaaten ausgerichtet, so dass eine Umsetzung von Reformen, die die Agrarausgabensenkung zum Ziel hatten, unrealistisch erschien – und damit als mögliche zustimmungsfähige Option zunächst außen vor blieb. Vgl. *Pfennig, Gero:* Eine neue Finanzverfassung für die EG – Basis für eine föderale Europäische Union, S. 143–155 (143), Integration 4/86.

untersuchen. Es sollte insbesondere geprüft werden, ob er die Durchsetzung nationaler Interessen in den derzeitigen Organen wesentlich vereinfachen wird. In diesen Fällen ist besser auf die Neuregelung zu verzichten.

6. Zusammenfassung und Ausblick

6.1 Vorbemerkung

In diesem Kapitel sollen die wesentlichen Ergebnisse und der wissenschaftliche Ertrag kurz zusammenfassend dargestellt werden. Dabei geht es nicht darum, die in Kap. 4.8 umfassend dargestellten Ergebnisse der empirischen Untersuchung (Kap. 4.1–4.7) nochmals aufzuzeigen. Dafür wird die Lektüre dieses Kapitels empfohlen. Vielmehr wird hier ein Abriss der Zielstellungen, der theoretischen Ansätze und Methoden und ein Überblick über den Status Quo der europäischen Haushalts- und Finanzverfassung gegeben. Daraus wurden Schlussfolgerungen und Empfehlungen für eine Reform der europäischen Haushalts- und Finanzverfassung abgeleitet (Kap. 5.3), die hier noch einmal kurz dargestellt werden.

6.2 Zielstellungen der Arbeit

Im Rahmen der AGENDA 2000 legte die Kommission eine Finanzielle Vorausschau für 2000–2006 vor, in der die Beibehaltung der Eigenmittelobergrenze von 1,27% des BSP der EU bis 2006 – und damit auch eine Ausgabenobergrenze – festgeschrieben wurde. Mit der AGENDA 2000 hat die Kommission darüber hinaus einen Diskussionsprozess über die zukünftige institutionelle und kompetenzrechtliche Gestaltung der Europäischen Union angestoßen, der nicht nur in wissenschaftlichen Kreisen geführt wird und vor allem den Prozess der Osterweiterung im Blick hat. Die Frage, ob die institutionellen Strukturen einer Gemeinschaft, die für sechs Mitglieder konzipiert wurden, unproblematisch auf eine Gemeinschaft von zwanzig und mehr Mitgliedstaaten übertragen werden kann, wird fast durchgehend verneint. Von diesem Problem sind nicht nur die allgemeinen politischen Strukturen betroffen. Vielmehr zeigt sich in der europäischen Haushalts- und Finanzverfassung die tatsächliche Funktionsfähigkeit der Europäischen Union, denn der sensible Bereich öffentlicher Finanzen kann als Meßlatte für die Qualität demokratischer und effizienter Strukturen fungieren. Öffentliche Finanzen interessieren nicht nur denjenigen, der die Kompetenz zu ihrer Verausgabung hat, sondern vor allem denjenigen, der diese Mittel bereitstellt. Nicht erst seit Beginn des Osterweiterungsprozesses werden der europäischen Haushalts- und Finanzverfassung zahlreiche Defizite bescheinigt. Die große Anzahl der beitrittswilligen Länder und vor allem deren wirtschaftliche und finanzielle Strukturen haben die Debatten verschärft. Dabei geht es – so scheint es manchmal vordergründig – hauptsächlich um die (finanzielle) Lastenverteilung. Nachgerade dringend stellt sich jedoch das

Problem der institutionellen Strukturen in der europäischen Haushalts- und Finanzverfassung. Selbst bei einem – relativ zum BSP der EU gesehen – nicht steigenden Budget der Europäischen Union bleibt die Frage, wie die Mittel bereitgestellt und wie und durch wen über das Budget entschieden wird. Dabei sind die Ziele, die mit dem europäischen Budget erreicht werden sollen – die Funktionen des Budgets –, von entscheidender Bedeutung für die Gestaltung institutioneller Strukturen, der Regeln und Verfahren in der Haushalts- und Finanzverfassung.

Ein wesentliches Ziel dieser Arbeit war es, anhand eines theoretischen Analyserahmens die europäische Haushalts- und Finanzverfassung auf ihre Funktionsfähigkeit hin zu untersuchen und herauszuarbeiten, ob ihre Ziele mit dem bestehenden Instrumentarium erreicht werden können. Dabei ging es nicht darum, den zahlreichen Kritikpunkten noch weitere hinzufügen, sondern vielmehr zu analysieren, was die Ursachen für bestimmte Prozesse innerhalb der Haushalts- und Finanzverfassung sind. Als von entscheidender Bedeutung wurden insbesondere die Wechselwirkungen zwischen verschiedenen Institutionen und Akteuren betrachtet.

6.3 Theorie und Methoden

Um die Ziele, die Funktionen der europäischen Haushalts- und Finanzverfassung zu bestimmen und ihre Umsetzung zu untersuchen, wurden Anforderungen an eine europäische Haushalts- und Finanzverfassung erarbeitet. Diese sind Grundlage eines operationellen Rahmens für die Untersuchung der derzeitigen europäischen Haushalts- und Finanzverfassung.

Dabei wurde zunächst von einer sehr weiten Inhaltsbestimmung der europäischen Haushalts- und Finanzverfassung ausgegangen. Dies trägt einmal dem Umstand Rechnung, dass weder der oft einnahmeseitig belegte Begriff der Finanzverfassung, noch der auf das konkrete Budget bezogene Begriff der Haushaltsverfassung ausreichend erscheinen, die engen Verflechtungen der Haushaltsverfassung mit der Finanzverfassung (und umgekehrt) und die oft identischen Akteure umfassend darzustellen. Zum anderen unterliegt die Europäische Union einem ständigen Entwicklungsprozess, der sehr viel offener und gestaltbarer ist als vergleichbare Prozesse in Nationalstaaten.

Die Europäische Union wurde als ein strukturföderalistisches Mehrebenensystem charakterisiert, welches zwar kein Staat im herkömmlichen Sinne ist, jedoch aus einer eher funktionalen Betrachtungsweise eine Vergleichbarkeit mit einem Staat zulässt. Als Rechtsgemeinschaft, die auch dem Unionsbürger, dem EU-Bürger, Rechte und Pflichten einräumt, hat sie nicht mehr nur bloße wirtschaftspolitische Kompetenzen inne, sondern verfügt mittlerweile über eine umfangreiche kollektive Grundordnung. Die Europäische Union ist per se durch ein hohes Maß an Verflechtung gekennzeichnet, was sich einerseits aus ihrer nur teilweise hierarchischen Anordnung ihrer Handlungs- und Entscheidungsebenen und andererseits aus ihrer Gestaltung als quasi verwaltungsföderalistisches System ergibt. Innerhalb der handelnden Organe und Institutionen der EU ist zudem vielfach eine "Janusköpfigkeit" der Interessen (nationale und europäische) zu beobachten, die nicht zuletzt aus den unterschiedlichen Legitimationsquellen herrührt.

Unter Berücksichtigung dieser Besonderheiten wurde ein multidisziplinärer Ansatz für die normativen Überlegungen gewählt. Die EU stellt – wenn auch noch in funktional begrenztem Umfang – öffentliche Güter bereit. Ist der europäische Bürger eines modernen Gemeinwesens als Wähler und Steuerzahler der Referenzpunkt der zu entwickelnden Konzepte, kann die Frage nach der Funktionsfähigkeit der europäischen Haushalts- und Finanzverfassung nicht einseitig auf die Gewährleistung von demokratischen Strukturen bei der Entscheidung über das Budget oder einseitig auf die Effizienz der Bereitstellung öffentlicher Güter abstellen. Dieses umfassende Verständnis führte zur Einbeziehung von theoretischen Ansätzen verschiedener Disziplinen, das gilt gleichermaßen für den Demokratie-, wie auch den Effizienzbegriff. Dadurch konnten klassische Beschränkungen, denen einzeldisziplinäre Untersuchungen unterliegen, überwunden werden. Gleichzeitig kann ein- und dasselbe Problem aus unterschiedlichen Perspektiven neu beleuchtet werden.

So können demokratische Strukturen eine möglichst vollständige Präferenzaufdeckung der Bürger gewährleisten. Gleichzeitig legitimieren demokratische Verfahren und Institutionen die politische Ordnung. Diese Strukturen schaffen zudem die Voraussetzung für die Wahrnehmung von "accountability", einer umfassenden Verantwortlichkeit. Effizienz, so eine wichtige Erkenntnis der Finanzwissenschaft, lässt sich über den Steuer-Ausgaben-Mechanismus herstellen. Dafür sind Finanzhoheit, Konnexität und fiskalische Äquivalenz erforderlich. Dies schafft ein Verantwortungsbewusstsein für öffentliche Ausgaben und Einnahmen (finanzielle "accountability") und ermöglicht wirksamere Kontrolle durch den Bürger (Wähler) und seine Repräsentanten. Der Steuer-Ausgaben-Mechanismus ist somit auch Ausdruck von Demokratie und kann sowohl Regulierungsinstrument für ein öffentliches Güterangebot sein als auch die Präferenzen des Wählers durch die Verknüpfung mit seiner maximalen Zahlungsbereitschaft für diese offen legen.

Um einen solchermaßen gestalteten demokratischen Willensbildungsprozess und einen effizienten Steuer-Ausgaben-Mechanismus zu gewährleisten, müssen Institutionen innerhalb der europäischen Haushalts- und Finanzverfassung den Handlungsrahmen der Akteure definieren und die Abläufe für die Bereitstellung öffentlicher Güter und den Willensbildungsprozess über die Bereitstellung regeln. Zur Analyse der Institutionen der europäischen Haushalts- und Finanzverfassung wurde auf die Neue Institutionenökonomik zurückgegriffen. Insbesondere die Theorie der Verfügungsrechte (Property Rights) ermöglichte wertvolle Einsichten. Mit ihrer Hilfe ist es möglich vorherzusagen, wie sich verschiedene Akteure verhalten, wenn sie in einer gegebenen Verfügungsrechts-Struktur agieren. Im Umkehrschluss lässt sich aber daraus auch ableiten, wie die Verfügungsrechte verteilt sein müssen, um ein bestimmtes Handlungsergebnis zu erzielen.

Auch in der Europäischen Union werden – zeitlich begrenzt – Verfügungsrechte in Form von globalen "Verfügungsrechtebündeln" übertragen. Die Verfügungsrechte der Haushalts- und Finanzverfassung sind in diesem "Bündel" mit enthalten und ihre konkrete Zuordnung erfolgt von der Delegation des "Verfügungsrechtebündels" getrennt über Regularien, auf die der Wähler direkt keinen Einfluss mehr hat. Zu berücksichtigen ist, dass innerhalb des Verfügungsrechtesystems eines Mehrebenensystems unterschiedliche Agenten verschiedener Ebenen mit unterschiedlichen Interessen tätig werden. Föderale Strukturen bedingen in der Regel lange Prinzipal-Agent-Ketten und deren Verflechtung. Fallen dann noch formelle (formale Entscheidungsgewalt über eine Maßnahme) und materielle Verfügungsrechte (materielle Einflussnahme auf eine Entscheidung) auseinander, sind "accountability"-Probleme auf der horizontalen Ebene intendiert. Um die Demokratie- und Effizienzüberlegungen unter Berücksichtigung institutionenökonomischer Gesichtspunkte operationabel zu machen, wurde auf die klassischen Budgetfunktionen zurückgegriffen. Im Licht der besonderen Strukturen der Europäischen Union wurden europäische Budgetfunktionen neu definiert, um als Untersuchungsinstrumente für den empirischen Teil dieser Arbeit zu dienen.

6.4 Der Status Quo der derzeitigen Haushalts- und Finanzverfassung

Der hohe Grad an allgemein politisch-institutioneller Verflechtung und die bisher überwiegend funktionalen Prägung der Europäischen Union lassen sich auch grundsätzlich in der derzeitigen europäischen Haushalts- und Finanzverfassung feststellen. Die Ergebnisse waren zu vermuten, denn die grundlegenden Mängel sind vielfach beschrieben. Dennoch ist die europäische Haushalts- und Finanzverfassung nachgerade ein Musterbeispiel für einen hohen Verflechtungsgrad und die unzureichende Anbindung der Akteure. Dies lässt sich nicht allein mit der fehlenden Einnahmenautonomie oder der verwaltungsföderalistischen Vollzugsgestaltung erklären. Wie die Untersuchung zeigte, greifen verschiedene nicht hinreichend aufeinander abgestimmte Regeln ineinander, so dass sich die Mängel im Prozess potenzieren.

Es gibt eine Vielfalt und eine Zersplitterung der primären und sekundären Rechtsquellen und damit auch der Steuerungsinstrumente der Haushalts- und Finanzverfassung. Die europäischen Verträge enthalten für die Einnahmenseite nur die grundsätzliche Regel, dass der Haushalt aus eigenen Mitteln zu finanzieren sei. Weder die Verteilung von Ausgabelasten, noch die Frage von Gestaltungs-, "Ertrags"- oder Verwaltungshoheit ist auf "Verfassungsebene" geregelt. Die Kompetenz zum Erlass von Regelungen für diesen Bereich steht dem Ministerrat zu. Dagegen ist der Teil, der die Haushaltsverfassung betrifft, sehr ausführlich in den Verträgen niedergelegt. Es kann vermutet werden, dass die Mitgliedstaaten sich auf diese Weise die horizontale Anbindung von Kommission und Parlament auf der Ausgabenseite sichern. Die geteilten Haushaltsbefugnisse in einer "Gemeinsamen Haushaltsbehörde" führen darüber hinaus zu einer Trennung des formalen Willensbildungsprozesses über die Einnahmen und von dem über die Ausgaben.

Es wurde auch gezeigt, dass die haushaltsrechtlichen Steuerungsinstrumente (Haushaltsordnung, Haushaltsgrundsätze, Haushaltskreislauf, formale Präsentation) nicht in der Lage sind, die Agenten der europäischen Haushalts- und Finanzverfassung so zu binden, dass die Budgetfunktionen in demokratischer und effizienter Weise umgesetzt werden können.

Die konkrete Bereitstellung öffentlicher Güter erfolgt in der Europäischen Union wie in Nationalstaaten über einen Haushaltskreislauf (Aufstellung, Verabschiedung, Vollzug, Kontrolle). Diesem Haushaltskreislauf ist aber eine stark präjudizierende Finanzplanungsphase vorgeschaltet, in der der mittelfristige Ausgabenrahmen (Finanzielle Vorausschau) und Einnahmerahmen (Eigenmittelbeschluss) definiert wird. Während der Haushaltskreislauf sowohl im Primärrecht (Europäische Verträge) als auch im Sekundärrecht (Haushaltsordnung) geregelt ist, finden sich die Regelungen zur Finanzplanungsphase überwiegend in sogenanntem interinstitutionellen Recht. Dieses kommt durch Kooperation der mit dem Haushalt befassten Organe zustande.

Schon auf der Einnahmenseite fehlt es an einer politisch-programmatischen Ausrichtung des Budgets. Die mangelnde Einnahmenautonomie der EU und die Verteilung der Verfügungsrechte zwischen den Organen sind dafür die äußeren Kennzeichen und bedingen eine nicht aufgabenadäquate Zuordnung politischer, finanzieller und juristischer "accountability". Über die Gesetzgebungskompetenz für die Einnahmen haben die Mitgliedstaaten (insbesondere über Ministerrat und Europäischen Rat) einen starken Einfluss, den sie mit Hilfe der Einnahmenlimitierung und der Finanziellen Vorausschau auf die Ausgabenseite ausdehnen. Durch die Abkoppelung des Souveräns (Europäische Bürger) von den über die Einnahmen entscheidungsbefugten Organen fehlt es an Wählereinfluss auf die Finanzierungsseite des EU-Haushalts. Dies wird durch die unzureichende Anbindung des Parlaments an den europäischen Wähler noch verstärkt. Die Ausgestaltung der EU als verwaltungsföderalistisches System dient ebenfalls dem Machterhalt der Mitgliedstaaten, so dass letztlich der Souverän einen nur unbedeutenden Einfluss auf die Produktion europäischer öffentlicher Güter hat. Der "geteilte" Vollzug des Haushalts wird zudem stark durch die EU-Ebene reguliert, was u.a. dazu führt, dass Effizienzvorteile verwaltungsföderalistischer Strukturen (optimale Berücksichtigung regionaler Präferenzen) nicht genutzt werden können.

Durch die Anwendung der Neuen Institutionenökonomik wurde aufgezeigt, dass dies sowohl an den sehr intransparenten, multiplen Prinzipal-Agent-Strukturen im vertikalen Aufbau der EU, als auch an den teilweise sehr langen und geteilten horizontalen Prinzipal-Agent-Strukturen liegt. Dabei ist zu beobachten, dass in der Regel in den meisten Phasen des mittel- oder kurzfristigen Haushaltskreislaufs formelle und materielle Verfügungsrechte bei unterschiedlichen Akteuren angesiedelt werden. Hinzu kommt, dass innerhalb der formellen und materiellen Verfügungsrechte nochmals Abstufungen stattfinden, die Verfügungsrechte insoweit also "doppelt verdünnte" Verfügungsrechte darstellen. Dies schlägt sich auf den politisch-institutionellen Entscheidungsfindungsprozess nieder. Es wurde dargestellt, dass dadurch zusätzliche Verfahren, Abstimmungsprozesse und interorganschaftlicher Koordination zwischen den Organen notwendig wird. Die Transaktionskosten steigen erheblich, ohne dass eindeutig erkennbar wird, ob die Vorteile aus diesen Interorganstrukturen die Transaktionskosten insgesamt wieder senken würden.

Unterschiedliche, intransparente und komplexe Rechtsquellen sowie die Koordinierungsnotwendigkeit der Akteure, die sich aus der Verfügungsrechteverteilung ergibt, führen zudem zu Ausweichmechanismen auf "einfachere" Verfahren. Diese manifestieren sich im sogenannten "interinstitutionellen Recht", welches das Primär- und Sekundärrecht in Teilen erheblich modifizieren. Gleichzeitig wird es zur Bildung horizontaler "Kartelle" genutzt, die den Einfluss des Prinzipals (Bürgers) gänzlich zurückdrängen können. Konsensfindung innerhalb dieser Verfahren bedeutet so Konsensfindung im Interesse der Agenten, also der beteiligten EU-Organe. Die politische Verantwortlichkeit kann durch den Prinzipal (Souverän) zudem nicht sanktioniert werden, da er auf das Interorganrecht keinen Zugriff hat.

Dies zeigt sich vor allem an der Auslagerung der Finanziellen Planung des Haushalts aus dem jährlichen Haushaltskreislauf. Finanzielle Vorausschau und die dazu gehörenden interinstitutionellen Regelungen bieten die Möglichkeit, über "package deals" die Interessen der einzelnen Organe zu befriedigen. Insbesondere kann so der Europäische Rat (der als agierender Akteur in der europäischen Haushalts- und Finanzverfassung gar nicht vorgesehen ist) die wesentlichen Eckdaten bestimmen. Dabei kommt ihm der zunehmende Bedeutungsverlust des Ministerrats (bzw. der vielen Fachministerräte) und die institutionelle Macht des AStV und der Ratsarbeitsgruppen zugute. Innerhalb der Fachministerräte gibt es niemanden, der die Gesamtentwicklung aus einem "generalistischen Interesse" heraus beobachtet. Die Koordination der Fachministerräte ist aufwändig, die einzelnen Ratsformationen verfolgen dabei Eigeninteressen (Ressortinteressen). AStV und Ratsgruppen bestimmen de facto, was in den Ministerräten überhaupt noch verhandelt wird. Das Parlament kann durch die Verhandlungen über die Finanzielle Vorausschau und ihrer interinstitutionellen Regelungen vornehmlich seine Legislativbefugnisse ausweiten und stellt die programmatische Ausrichtung des Gesamthaushalts unter dieses Primat.

Obwohl die Integration das wichtigste politische Ziel der EU ist, welches auch in den Verträgen mehrfach verankert ist, und obwohl verschiedene Instrumente für die Umsetzung dieses Ziels vorhanden sind (z.B. Regionalförderung) scheint es, als ob der politische Begriff teilweise nur dem Verdecken von Kompensationszahlungen dient. Auch hier stellt der Europäische Rat die entscheidenden finanziellen Weichen. Dabei werden weder einzelne Integrationsziele auf einer politischen Ebene entwickelt, noch operationable Zielerreichungsmaßnahmen und Ergebnisse durch diese definiert. Positive Signale kommen hier aber aus der Kommission, deren Budgetmaximierungsinteresse und Abgrenzungsbestreben zu Ministerrat und Parlament dazu führt, dass spezifische, integrationspolitisch intendierte Maßnahmen über mittels des Initiativrechts der Kommission in die legislativen Prozesse eingebracht werden.

Kompensationsleistungen sind im politischen Prozess zur Konsensfindung notwendig und werden aus diesem Grund auch als ökonomisch effizient betrachtet. Gerade die Europäische Union bietet im Rahmen der Haushalts- und Finanzverfassung über den Koordinationsmechanismus der Verhandlung ausreichend Möglichkeiten, Kompensationen für "Integrationsverlierer" zu gewähren. Allerdings wird in der europäischen Haushalts- und Finanzverfassung nicht unterschieden, aus welchen Gründen Kompensationen geleistet werden. Kompensationen aufgrund institutioneller Situationen stehen neben Kompensationen wirtschaftlicher Nachteile aus der Integration oder Kompensationen, die aus dem Verlust von Kompetenzen herrühren. Aussagen dazu sind schwierig, weil diese Kompensationsleistungen weder auf der Einnahmen- noch auf der Ausgabenseite ausgewiesen werden und keine Abgrenzung zu den Integrationsmitteln stattfindet. Dies dient den Interessen der beteiligen Organe, fördert aber aus Sicht der Bürgers die Intransparenz des Systems und dessen Unbehagen gegenüber der Europäischen Union.

In der europäischen Haushalts- und Finanzverfassung findet sich grundsätzlich eine Trennung der Kontrolle über die Einnahmen und die Ausgaben. Sie ist das Spiegelbild der formalen Trennung des Willensbildungsprozesses über die Einnahmen von dem Willensbildungsprozess über die Ausgaben. Obwohl die Haushaltsbehörde aus zwei Organen besteht, ist an der Kontrolle der Einnahmen nur der Ministerrat und an der Kontrolle der Ausgaben nur das Parlament beteiligt. Klare "accountability"-Strukturen finden sich auch hier nicht. Dies hat vor allem seinen Grund in der Ausgestaltung der EU als verwaltungsföderalistisches System. Ein Durchgriff im Rahmen der politischen Kontrolle auf die mitgliedstaatliche Ebene ist nicht möglich. Langfristige Einnahmen- und Ausgabengrenzen, die fehlende Definition politisch-programmatischer Ziele für den EU-Haushalt und die unzureichende Rückkoppelung der Haushaltsbehörde an einen Wähler beeinträchtigen die politische Kontrolle ebenfalls. Die unzureichende Definition der Integration- und Kompensationsmittel schlägt auch auf die politische Kontrolle durch, denn eine Kontrolle dieser Ausgaben findet weder hinsichtlich integrationspolitischer Ziele (z.B. Effizienz) noch hinsichtlich der Kompensationsleistungen statt. Da auch hier die Veränderungskompetenz beim Rat (bzw. den Mitgliedstaaten) liegt, muss eine Absicht hinter den unzureichenden Kontrollmechanismen vermutet werden. Dies ist weniger darauf zurück zu führen, dass dem Parlament weitergehende Kompetenzen nicht eingeräumt werden sollen. Vielmehr dienen solche Strukturen der Verschleierung, die Aufdeckung des eigenen möglicherweise nicht regelkonformen eigenen Verhaltens wird verhindert.

Anders als zum Beispiel im deutschen Verwaltungsföderalismus werden daher in der europäischen Haushalts- und Finanzverfassung die richtungsweisenden Entscheidungen durch politische Organe getroffen, die nur indirekt legitimiert sind und in denen die Regierungen der Mitgliedstaaten repräsentiert werden. Nationale Interessen können so dominieren. Dadurch wird das grundsätzliche Problem verwaltungsföderalistischer Strukturen, die Gewährleistung effektiver politische Kontrolle, in besonderem Maße verschärft. Eine echte "accountability" ist nicht auszumachen. Weder der nationale Wähler (der über seine Steuermittel die Abführung der "Mitgliedsbeiträge" der Mitgliedstaaten ermöglicht) noch der europäische Wähler (der über den Wahlmechanismus Entscheidungsrechte an das Parlament delegiert), hat letztlich die Möglichkeit, die Verwendung der Mittel zu kontrollieren.

Mit vergleichendem Blick auf die Regularien in Nationalstaaten wurde festgestellt, dass die Kommission selbst sehr stark ihre Rolle in der europäischen Haushalts- und Finanzverfassung bestimmen kann. Dazu stehen ihr verschiedene Instrumente zur Verfügung. So ist sie einerseits über ihr Initiativrecht der "agenda-setter" der EU, andererseits hat sie teilweise erhebliche diskretionäre Spielräume im Vollzug. Gleichzeitig ist sie in den Verhandlungsmechanismus in der mittelfristigen Finanzplanung eingebunden und hat in der kurzfristigen Haushaltsplanung die Möglichkeit, eigene politische Prioritäten zu setzen. Dies erschwert eine Lenkung der Kommission, vor allem, da Ministerrat und Parlament sich in vielen Fragen diametral gegenüberstehen und die Kommission dies für sich nutzen kann. Die administrative Kontrolle der Kommission ist aufgrund der Ausgestaltung der EU als verwaltungsföderalistisches System insbesondere deshalb schwierig, weil die Kommission selbst nicht über ausreichende Kontrollmöglichkeiten des mittelbaren Vollzugs verfügt, über den mehr als 80% des EU-Budgets verausgabt werden. Auch der Rechnungshof verfügt nicht über die Befugnisse, diesen Mangel auszugleichen.

Die Untersuchung der bestehenden Haushalts- und Finanzverfassung machte deutlich, dass dieser Mangel vor allem auf die grundsätzliche Verteilung der Verfügungsrechte zurückgeführt werden kann, welche sich an folgenden Mustern orientiert:

- Die Aufteilung der formellen und materiellen Verfügungsrechte folgt der Aufteilung der grundsätzlichen Gesetzgebungskompetenzen über die Einnahmen und Ausgaben.

- Allerdings findet überwiegend eine Splittung der formellen und materiellen Verfügungsrechte auf mehrere Verfügungsrechteinhaber in unterschiedlichen Abstufungen statt.
- Auf der Ausgabenseite kommt nochmals eine Trennung der Verfügungsrechte nach obligatorischen und nichtobligatorischen Ausgaben hinzu.

So steht z.B. in der Finanzplanungsphase auf der Einnahmenseite dem Ministerrat und in abgeschwächter Weise den nationalen Parlamenten das formelle Verfügungsrecht zu Eigenmittelbeschluss). Das materielle Verfügungsrecht wird überwiegend vom Europäischen Rat wahrgenommen, über ihr Initiativrecht hat die Kommission ebenfalls materiellen Einfluss. Auf der Ausgabenseite dominiert das materielle Verfügungsrecht des Europäischen Rates die Finanzplanungsphase und – in abgeschwächter Weise – das der Kommission ("Finanzielle Vorausschau"). Es konnte gezeigt werden, dass die Vorgaben des jeweiligen Europäischen Rates die Verhandlungen und das Ergebnis präjudizieren (nationale Interessen). Die Wahl des Koordiniationsmechanismus der Verhandlung ist aufgrund der fehlenden Regelung der Finanzplanung in den Verträgen notwendig und für alle vorteilhaft, da nicht klar ist, wer für das Setzen dieser Regelungen zuständig ist. Das formelle Verfügungsrecht des Ministerrats über die Einnahmen bietet diesem ein Druckmittel gegenüber Parlament und Kommission. Die beiden Organe haben daher nur die Möglichkeit, über interinstitutionelle Vereinbarungen mehr Befugnisse zu erlangen. Ähnliches konnte insbesondere für die Verabschiedungs- und Vollzugsphase des Haushaltskreislaufs dargestellt werden. So übernimmt z.B. das Parlament zwar die Verabschiedung des Haushalts und Entlastung des Vollzugsorgans, inhaltlich kann es diesen Aufgaben aber nicht gerecht werden. Die Kommission ist zwar für den Vollzug des Haushalts verantwortlich und auch rechenschaftspflichtig, sie hat aber nicht die Handlungsmöglichkeiten, um ihre Funktion auszufüllen.

Die Untersuchungen zeigten, dass die nicht eineindeutige Zuweisung von Verfügungsrechten die betroffenen Verfügungsrechteinhaber um so mehr in ein institutionelles Dilemma bringt, je abgestufter und abgeschwächter die Verfügungsrechte sind. Hier kann von einem "institutionellen Gleichgewicht" der Organe nicht die Rede sein, vielmehr ist eine "institutionelle Abhängigkeit." zu konstatieren.

6.5 Reformbedarf und Reformoptionen

Auf Basis der theoretischen Maßstäbe und des empirischen Befundes dokumentiert die Arbeit, dass es den horizontalen EU-Agenten der Gemeinsamen Haushaltsbehörde (Parlament, Rat) an einer echten Anbindung an den jeweiligen Souverän mangelt, so dass sie ihre diskretionären Spielräume sehr intensiv ausnutzen können. Um diese Spielräume noch weiter zu vergrößern, kooperieren die Agenten in der europäischen Haushalts- und Finanzverfassung schon bei der Regelsetzung.

Forciert wird dies durch das Initiativrecht der Kommission, die so als "Vermittlerin" zwischen den Organen der Haushaltsbehörde auftreten kann. Das führt zu einem hohen Anteil an interinstitutionellem Recht und dies wiederum schafft die Voraussetzung für die formal-rechtliche Absicherung horizontaler Kartelle. Das interinstitutionelle Recht führt teilweise zu einer Umgehung der bestehenden primär- und sekundärrechtlichen Regeln. Die Folge ist eine auch starke horizontale Verflechtung aller Akteure, die zu der typischen vertikalen Verflechtung von Haushalts- und Finanzverfassungen in verwaltungsföderalistischen Systemen hinzu kommt.

Nach der Feststellung dieses Befundes wurden verschiedene Reformvorschläge aus Wissenschaft, Praxis und Politik darauf untersucht, ob sie einen Ausweg aus dem institutionellen Dilemma bieten können.

Der Veränderungsbedarf wurde im Übrigen auch in den europäischen Institutionen erkannt. Jüngstes Signal dafür ist die Verabschiedung einer neuen Haushaltsordnung. Jedoch bleibt dieses Instrument weit hinter dem Reformbedarf zurück. Zwar wird die Transparenz innerhalb der Haushaltsordnung selbst verbessert und der Vollzug stärker systematisiert, der Mangel einer politisch-programmatischen Ausrichtung kann aber über das Sekundärrecht nicht beseitigt werden.

Es gibt eine Vielzahl von darüber hinausgehenden Vorschlägen, die für verschiedene Aspekten einzelner Problembereiche der europäischen Haushalts- und Finanzverfassung Reformoptionen anbieten. Die Vorschläge reichen dabei von reinen Modifizierungen einzelner Regelungen (z.B. Veränderung der Klassifizierung der Ausgaben) bis hin zu Paradigmenwechseln im bisherigen System (z.B. EU-Steuerkompetenz). Bei der Untersuchung dieser Vorschläge zeigte sich, dass viele der Reformvorschläge für sich genommen Optionen für eine Verbesserung des derzeitigen Status Quo darstellen. Gleichzeitig wurde durch den hier verwendeten integrativen Ansatz jedoch deutlich, dass reine punktuelle Reformen schwierig sind, da die Verflechtungen zwischen den Akteuren der europäischen Haushalts- und Finanzverfassung sehr eng sind und die Vielfalt der institutionellen Regeln einzelne Regeländerungen fast unmöglich machen, weil sie andere Regeländerungen quasi automatisch nach sich ziehen. Über einen längeren Zeitraum haben sich in der europäischen Haushalts- und Finanzverfassung institutionelle Strukturen herausgebildet, die nicht mehr durch einzelne, kleinere Regelrevisionen aufzubrechen sind. Ebenfalls deutlich wurde, dass die politische Zielrichtung für einzelne Vorschläge von erheblicher Bedeutung ist. Vorschläge zur Beseitigung der teilweise sehr undemokratischen und ineffizienten Mechanismen müssen demnach das gesamte institutionelle Gefüge der europäischen Haushalts- und Finanzverfassung und ihre Wechselwirkung mit dem übrigen institutionellen Gefüge der Europäischen Union im Blick haben. Dies scheint eine fast unmögliche Aufgabe zu sein.

Aufsetzend auf den Ergebnissen der empirischen Analyse und unter Einbindung verschiedener Reformvorschläge lassen sich dennoch politische Handlungsempfehlungen ableiten. Empfohlen wird hier ein mittelfristiger Reformpfad, der sowohl die politische Umsetzungsfähigkeit und als auch die notwendige Flexibilität der europäischen Haushalts- und Finanzverfassung im Hinblick auf den weiteren Integrationsprozess berücksichtigt. Schlagwortartig zusammengefasst bedarf es

- eines Umbaus des Eigenmittelsystems hin zu wirklichen eigenen Einnahmen,
- einer politisch-programmatischen Ausrichtung des Gesamthaushalts am europäischen Bürger, Wähler und Steuerzahler,
- der Veränderung der verfahrensmäßigen Bedeutung des interinstitutionellen Rechts, insbesondere der Finanziellen Vorausschau,
- der Straffung des Haushaltsverfahrens und der Veränderung der Rolle der Organe darin,
- insbesondere im Bereich des verwaltungsföderalistischen Vollzugs der Beschränkung auf das Setzen von Rahmenregeln durch die EU-Ebene,
- der Verbesserung der politischen Kontrolle,
- der Einrichtung eines impliziten, integrationspolitisch motivierten Finanzausgleichs unter
- der Einbindung eines gedeckelten Kompensationsfonds sowie
- wirksamen Sanktionen zur Durchsetzung der Regeln.

Dabei ist es von entscheidender Bedeutung, nicht nur einzelne Punkte herauszugreifen, sondern tatsächlich einen umfassenderen Reformprozess in Gang zu setzen.

In diesem Rahmen sollte das bisherige Eigenmittelsystems schrittweise durch ein Steuersystem ersetzt werden, jedoch erst, wenn eine tatsächliche Anbindung des Parlaments an den Wählers (Steuerzahlers) erreicht ist. Unter dieser Bedingung kann ein Steuersystem die Voraussetzungen für einen funktionierenden Steuer-Ausgaben-Mechanismus schaffen. Dabei sollte auf die bereits vorhandenen, vielfältigen föderalen Elemente der Europäischen Union aufgesetzt werden. Eine sofortige und vollständige Umstellung des Eigenmittelsystems auf ein echtes Steuersystem scheint jedoch politisch nicht durchsetzbar. Die Organe der Haushaltsbehörde, Ministerrat und Parlament, sollten das neue Eigenmittelsystem gemeinsam verabschieden. Die bisher dazu notwendige Ratifizierung durch die nationalen Parlamente muss durch Referenden abgelöst werden. Damit der allmähliche Übergang auf ein Steuersystem politisch durchsetzbar wird, müssen für die Übergangsphase Regelungen installiert werden, die den Ministerrat für seine Kompetenzverluste entschädigen. Das Parlament kann in der Übergangsphase beweisen, dass es auch bei Mitentscheidung über die Einnahmen einen vernünftigen Umgang mit den Haushaltsmitteln gewährleisten kann.

Auf der Ausgabenseite ist vor allem die tatsächlich programmatisch-politische Orientierung des EU-Budgets sicherzustellen. Zieldefinitionen, die an den Präferenzen der Wähler ausgerichtet sind, und stetige Kontrolle dieser Ziele sind dafür z.B. Voraussetzung. Die bisherigen Elemente der Planung sind neu an einer echten outputorientierten Planung durch die Haushaltsbehörde auszurichten. Zwischen Rat und Parlament ist ein zweistufiger politischer Dialog zu etablieren. Dadurch kann nicht nur der starken Prägung des Programms durch die Exekutive begegnet werden, sondern es können auch die Präferenzen des Wählers sichtbarer gemacht werden. Gleichzeitig muss das derzeitige Hauptinstrument der horizontalen Kooperation, das interinstitutionelle Recht, begrenzt werden. Sowohl der mittelfristigen als auch der kurzfristigen Haushaltsplanung sollten Verhandlungen über die Programmziele des Haushalts zwischen Rat und Parlament vorausgehen, die die Integrations- und Kompensationsziele des Haushalts explizit berücksichtigen. An diesen programmatischen Vorgaben haben sich die Entwürfe der Kommission auszurichten. Die Kommission wird verpflichtet, mittels Risikomanagement und Risikoanalyse auch alternative Szenarien vorzulegen und die Erfolgsaussichten zu beurteilen. Eine grundsätzliche und umfassende Begründungspflicht ist einzuführen. Zusätzlich werden Monitoring- und Evaluierungsinstrumente empfohlen, die die programmatische Ausrichtung des Haushalts begleiten und auswerten. Der allmähliche Übergang in ein steuerfinanziertes Haushaltssystem ist ebenfalls ein wesentliches Element politischer Kontrolle, da darüber die Anbindung an den Wähler erreicht werden kann. Und schließlich trägt ein transparenteres, einfacheres Haushaltsverfahren zur Verbesserung des Status Quo bei. Dabei sind die Willensbildungsprozesse über Einnahmen und Ausgaben formal und institutionell einander anzugleichen.

Neben der Eigenmittelreform und der auf die institutionellen Binnenwirkungen gerichteten Vorschläge wird hier empfohlen, auf der Ausgabenseite einen impliziten Finanzausgleich einzuführen. Vertikale, zweckgebundene und zeitlich begrenzte Transfers können die Erreichung der vorher definierten (politischen!) Integrationsziele sicherstellen. Die bisherige Kofinanzierung ist zu modifizieren, um auch Anreize für die Transferempfänger zu setzen. Innerhalb dieses Finanzausgleichs ist ein Kompensationsfonds einzurichten, der je nach Art der vorzunehmenden Kompensation zweckgebundene oder zweckfreie Transfers vorsieht. Der Kompensationsfonds ist sowohl der Höhe nach als auch zeitlich zu limitieren und kann über besondere Anreize (z.B. Anrechnung auf Kohäsionziele) zusätzlich zu einer weiteren Integration beitragen.

Unbedingt zu verändern sind die Institutionen der Kontrolle, dies gilt gleichermaßen für die politische wie auch für die administrative Kontrolle. Dies ist schon wegen der Gestaltung der EU als verwaltungsföderalistisches System notwendig, denn die Kontrolle ist nach den bisherigen empirischen Befunden die "Achillesferse" des Verwaltungsföderalismus. Mit Rechnungshof, Haushaltsausschuss und Haushaltskontrollausschuss verfügt die Europäische Union bereits über wesentliche politische Kontrollinstitutionen. Deren Stellung im Haushaltsprozess muss aber verbessert werden. Eine verbesserte administrative Kontrolle lässt sich durch straffere Regeln für die Mittelverwaltung auf EU-Ebene und durch eine striktere

Einbindung der mitgliedstaatlichen Verwaltungen in der Verantwortung erreichen. Um die Kontrolle insgesamt zu verbessern, reichen Anreize zu regelgerechtem Verhalten nicht aus. Hier sind zusätzliche Sanktionsmechanismen notwendig.

Natürlich werden diese Vorschläge sich nicht einfach politisch realisieren lassen. Alle Akteure in der europäischen Haushalts- und Finanzverfassung profitieren vom derzeitigen System. Ein weiterer Faktor kommt hinzu. Die europäische Haushalts- und Finanzverfassung ist nur ein Teil des europäischen Regelwerks und unterscheidet sich zudem mit Blick auf die Verfügungsrechte von den anderen Teilen dieses Regelwerks teilweise erheblich. So verfügt insbesondere das Europäische Parlament im Bereich der europäischen Haushalts- und Finanzverfassung über mehr Rechte als in anderen legislativen Bereichen. Diese Diskrepanz gilt es auszuräumen, wenn große Reformen gelingen sollen, weil das Parlament ansonsten seine Kompetenzausweitung in Vordergrund stellt.

6.6 Ein Ausblick

Die Ergebnisse der Nizza-Verhandlungen und die derzeitigen Reformbemühungen im Konvent für eine Europäische Verfassung zeigen, dass am Status Quo im Wesentlichen festgehalten werden soll. Dafür verantwortlich zu machen sind die Nationalstaaten mit ihren Interessen. Dabei muss an dieser Stelle auch klar betont werden, dass diese "nationalen" Interessen sich aber immer nur auf eine spezifische Klientel bezieht. Keinesfalls profitiert der nationale Souverän in seiner Gesamtheit davon. Es geht vielmehr darum, nationale *Regierungs*interessen zu befriedigen. Dies zeigt das Beispiel der sog. "deutsch-französischen Kompromissformel" im Bereich der GAP sehr deutlich. Die Zusage Frankreichs für die Deckelung der Agrarausgaben bekam der deutsche Bundeskanzler nur, weil er zugleich versprach, bis 2006 den Agrarhaushalt nicht antasten zu wollen.[1] Es besteht ein grundsätzliches Dilemma in Bezug auf Reformoptionen, weil gerade diejenigen über Reformen entscheiden müssen, die bisher das größte Interesse am Status Quo haben.

Zudem spielen für die Realisierbarkeit von Reformen auch die Interessen der Beitrittskandidaten eine Rolle. Sollten sie beitreten, bevor eine Reform der europäischen Haushalts- und Finanzverfassung stattgefunden hat, werden sie nach derzeitigen Regeln diejenigen sein, welche am stärksten von diesem System profitieren. Ihr Reforminteresse dürfte daher zumindest mittelfristig als sehr gering eingeschätzt werden. Pessimistische Einschätzungen gehen davon aus, dass es nach einem Beitritt genauso lange dauern wird, die neuen Mitgliedstaaten von Reformen

1 Frankfurter Allgemeine Zeitung, 24.10.02: "Deutsch-französische Kompromißformel im EU-Agrarstreit".

zu überzeugen, wie bei den bisherigen Mitgliedern.[2] Gelingt es nicht, wesentliche Impulse schon vor dem erwarteten Beitritt 2004 in Gang zu setzen, werden Blockaden und Verflechtungen erst einmal weiter zunehmen.

Die derzeitige Haushalts- und Finanzverfassung ist gerade mit Blick auf die Erweiterung der Union kein geeignetes Instrument der Bewirtschaftung von Einnahmen und Ausgaben eines föderal strukturierten Systems. Sie begünstigt die Debatten um die "Nettozahlerpositionen". Dies führt zu Unmut, sowohl bei den bisherigen als auch bei den zukünftigen Mitgliedstaaten und wird auf Dauer eine Streitfrage bleiben. Der Streit um die Finanzierung der Erweiterung hat bereits begonnen.[3] Einig sind sich die Mitgliedstaaten und die Kommission, dass der vorgesehene Finanzrahmen bis 2006 eingehalten werden muss. Differenzen bestehen aber, wer wofür entschädigt werden soll (Kompensationen). Dabei beharren einige Staaten z.B. auf dem Standpunkt, dass der Umstieg auf die Direktbeihilfen in der GAP bloße Kompensationsleistungen für die bisherigen Staaten darstelle. Angesichts der Absorptionsfähigkeit der strukturpolitischen Mittel (Verwendungsraten) wird zudem bezweifelt, ob die Beitrittsländer diese Mittel überhaupt nachfragen würden. Und schließlich wird bereits jetzt über die Finanzierung eines Defizits diskutiert, obwohl ausdrücklich vereinbart wurde, unter den Obergrenzen der Finanziellen Vorausschau 2000–2006 zu bleiben. Die Verhandlungen in Kopenhagen haben gezeigt, dass die Beitrittsländer Kompensationsforderungen erwarten. So wurden nach teils dramatischen Verhandlungen pauschale Zuschüsse zugunsten Polens und Tschechiens in Höhe von 2198 Mio. € gewährt und das Instrument des "vorübergehenden Haushaltsausgleichs" in Höhe von 1087 Mio. € für diejenigen Neumitglieder angeboten, deren finanzielle Situation sich voraussichtlich erst einmal verschlechtert.[4] Die Beitrittsländer beherrschen die derzeitigen Mechanismen recht gut und ihr Standpunkt wird spätestens in den Verhandlungen über eine neue Finanzielle Vorausschau 2007–2013 deutlich werden, für die bereits Anfang 2003 die ersten Modelle vorgelegt werden sollen.

Allerdings werden nach erfolgter Erweiterung viele der bestehenden Institutionen schon aufgrund des Anwachsens der Akteure unpraktikabel und stehen dann unter einem Reformdruck. Aus diesem Blickwinkel heraus scheint es besser, den Status Quo so wenig wie möglich noch weiter zugunsten der nationalen Interessen zu verschieben und auf bessere Ausgangspositionen nach einer erfolgten Erweiterung zu drängen.

---

2 *Heinemann, Friedrich:* Der Preis der Erweiterung, Frankfurter Allgemeine Zeitung, 16.12.2002.

3 Hierzu und zum Folgenden: Vgl. *Rat, Ausschuss der Ständigen Vertreter:* Erweiterung, Dok.-Nr. 6044/02, vom 06.02.2002, S. 3f.

4 Frankfurter Allgemeine Zeitung, 16.12.2002 "Die wirtschaftlichen Folgen der Ost-Erweiterung".

Und schließlich kann über den Ausbau der Beteiligung des Parlaments an den Gesetzgebungsverfahren Reformdruck erzeugt werden. Langsam werden sich – mit Hilfe der in Nizza vereinbarten Regelungen – vielleicht echte europäische Parteien heraus bilden, die eine bessere Anbindung der Parlamentarier an den Souverän versprechen. Dieses ist aber voraussichtlich ein sehr langfristiger Prozess.

Abzuwarten bleibt, ob vom derzeit tagenden "Verfassungskonvent" für die EU neue Impulse ausgehen, die es ermöglichen, grundsätzliche Reformen auf der Ebene der Verfügungsrechte anzugehen. Das öffentliche Interesse an einer umfassenden Verfassung Europas ist nicht zuletzt auch aufgrund der verabschiedeten – wenngleich nicht bindenden – Charta der Grundrechte gestiegen. Eine umfassende Verfassung muss aber auch Grundaussagen zur Haushalts- und Finanzverfassung enthalten. Die Öffentlichkeitswirkung dieses Konvents kann viel ausrichten. Eine solche Öffentlichkeitswirkung herzustellen, liegt daher auch immer im Interesse des Parlaments.

Die Diskussionen um die Ausgestaltung einer europäischen Haushalts- und Finanzverfassung sind daher nötiger denn je. Diese Arbeit soll dazu einen Beitrag leisten. Es gilt auch künftig, was Erwin Reister schon 1968 formulierte. Der in Europa

> *"erreichte Integrationsstand spiegelt sich sehr deutlich in dessen Finanzverfassung wieder. Die Untersuchung von Haushalt und Finanzen der Europäischen Gemeinschaften ist deshalb nicht nur von finanzwissenschaftlichem Interesse, sondern ermöglicht wesentliche Einblicke in den Integrationsprozess."*[5]

5 *Reister, Erwin:* Haushalt und Finanzen, S. 17.

Anhang

Literaturverzeichnis

ABROMEIT, Heidrun: Föderalismus. Modelle für Europa, Österreichische Zeitschrift für Politikwissenschaften (ÖZP), 1993, Heft 2, S. 207–220

ABROMEIT, Heidrun: Ein Vorschlag zur Demokratisierung des europäischen Entscheidungssystems, Politische Vierteljahresschrift (PVS), 1998, Heft 1, S. 80–90

ALBERS, Willi / BORN, Karl Erich / DÜRR, Ernst / HESSE, Helmut u.a.: Handwörterbuch der Wirtschaftswissenschaften – zugleich Neuauflage des Handwörterbuchs der Sozialwissenschaften – (HdWW). Tübingen/Stuttgart/New York/Göttingen/Zürich
2. Bd. : Bildung bis Finanzausgleich, 1980
3. Bd. : Finanzen bis Handelshemmnisse, 1981
5. Bd. : Lagerhaltung bis Oligopoltheorie, 1988

ANDEL, Norbert: Finanzwissenschaft, 4. Aufl. Tübingen 1998

APOLTE, Thomas: Die ökonomische Konstitution eines föderalen Systems: Dezentrale Wirtschaftspolitik zwischen Kooperation und institutionellem Wettbewerb, Tübingen 1999

APOLTE, Thomas: Vertikale Kompetenzverteilung in der Union (S. 13–29). In: Streit, Manfred E. / Voigt, Stefan (Hrsg.): Europa reformieren: Ökonomen und Juristen zur zukünftigen Verfaßtheit Europas. Baden-Baden 1996

ARBEITSKREIS EUROPÄISCHER INTEGRATION: EU-Finanzen und Strukturfonds vor der Reform – Finanzverfassung und Strukturpolitik der EU, Integration 1997, Heft 3, S. 180ff.

ARROW, Kenneth: Essays in the Theory of risk-bearing. Amsterdam 1970

AUSSCHUSS UNABHÄNGIGER SACHVERSTÄNDIGER: Erster Bericht über Anschuldigungen betreffend Betrug, Mißmanagement und Nepotismus in der Europäischen Kommission, vom 15.03.1999 (Sachverständigen-Bericht 1999), Brüssel (http://www.europarl.eu.int/experts/default_de.htm, Stand: 22.07.02)

AUSWERTIGES AMT: Haushalt und Finanzen der EU – Deutschland – Zahlmeister Europas, abrufbar über: http://www.auswaeriges-amt.de/4_europa/11/4-11a.htm (Stand: 23.01.2003)

AXMANN, Michael: Genese Europäischer Rechtsetzungsverfahren. Frankfurt a.M. 2001

BACH, Maurizio: Transnationale Institutionenpolitik: Kooperatives Regieren im politisch-administrativen System der Europäischen Union. In: König, Thomas: Europäische Institutionenpolitik. Frankfurt a.M. 1997, S. 178–199

BARDONG, Otto: Die Einnahmen für den EU-Gesamthaushalt, EGKS-Haushalt und Europäischen Entwicklungsfonds (http://www.europarl.eu.int/ppe/cdu-csu/themen/Haushalt_003.htm, Stand: 23.01.2003)

BARNIER, Michael: Institutionelle Reform für eine erfolgreiche Erweiterung, Brüssel 05/2000 (http://europa.eu.int/comm/igc200/dialogue/info/offdoc/index_de.htm#respons, Stand: 22.05.2002)

BARNIER, Michael: Zwei Phasen und drei Wege für Europa, Brüssel 06/2000, abrufbar über: http://europa.eu.int/comm/igc200/dialogue/info/offdoc/index_de.htm#respons (Stand: 22.05.2002)

BECKER, Peter: Der Nutzen der Osterweiterung für die EU, Integration 4/98, S. 225–237

BEUTLER, Bengt / BIEBER, Roland / PIPKORN, Jörn / STREIL, Jochen: Die Europäische Union, 5. Aufl. Baden-Baden 2001

BENZ, Arthur: Entflechtung als Folge von Verflechtung – Theoretische Überlegungen zur Entwicklung des europäischen Mehrebenensystems. In: Grande, Edgar / Jachtenfuchs, Markus (Hrsg.): Wie problemlösungsfähig ist die EU? Regieren im europäischen Mehrebenensystem, 1. Aufl. Baden-Baden 2000

BERG, Hartmut / SCHMIDT, Frank: Vorschläge zur institutionellen Reform einer erweiterten Europäischen Union, Wirtschaftswissenschaftliches Studium (WiSt) Heft 4, 1997, S. 170–174

BERGMANN, Torbjörn / MÜLLER, Wolfgang C. / STRØM, Kaare: Parliamentary democracy and the chain of delegation. In: European Journal of Political Research 37, 2000, S. 255–260

BERNHOLZ, Peter: Grundlagen der Politischen Ökonomie, 2. Bd. Tübingen 1975

BERTELSMANN-KOMMISSON "Verfassungspolitik und Regierungsfähigkeit": Institutionelle Entflechtung in Zweiten Kammern, Arbeitspapier. Gütersloh 2002

BIEBER, Roland: Kommentierung zu Art. 199ff. In: Groeben Hans van der / Thiesing, Jochen / Ehlermann, Claus-Dieter: Kommentar zum EWG-Vertrag, Bd. IV, 5. Aufl. Baden-Baden 1997

BIEBER, Roland: Das Subsidiaritätsprinzip im europäischen Gemeinschaftsrecht, S. 161–171. In: Evers, Tilman (Hrsg.): Chancen des Föderalismus in Deutschland und Europa. Baden-Baden 1994

BIEHL, Dieter: Die EG-Finanzverfassung: Struktur, Mängel und Reformmöglichkeiten, S. 355–391. In: Wildenmann, Rudolf: Staatswerdung Europas. Baden-Baden 1991

BIEHL, Dieter / PFENNIG, Gero: Zur Reform der EG-Finanzverfassung, Analysen zur Europapolitik des Instituts für Europäische Politik, Bd. 4. Bonn 1990

BIEHL, Dieter / WINTER, Horst: Europa finanzieren – ein föderalistisches Modell: Strategien und Optionen für die Zukunft Europas, Grundlagen 4. Gütersloh 1990

BINDER, Klaus Georg: Der europäische Kohäsionsfonds, Wirtschaftswissenschaftliches Studium, Heft 6, 1995, S. 306–309

BIRK, Dieter: Handbuch des Europäischen Steuer- und Abgabenrechts, Herne/Berlin 1995

BLANKART, Charles Beat: Knut Wicksells Finanztheoretische Untersuchungen 1896–1996. Ihre Bedeutung für die moderne Finanzwissenschaft, Finanzarchiv, N.F: Bd. 52, Heft 4, 1995 S. 437–457

BLANKART, Charles Beat: Öffentliche Finanzen in der Demokratie, 3. Aufl. München 1998

BLECKMANN, Albert: Europarecht, 6. Aufl. Köln 1997

BLUMENWITZ, Dieter: Das Subsidiaritätsprinzip und die Stellung der Länder und Regionen in der Europäischen Union. In: Randelzhofer, Albrecht / Scholz, Rupert / Wilke, Dieter: Gedächtnisschrift für Eberhard Grabitz. München 1995, S. 1–15

BOBBERT, Christian: Interinstitutionelle Vereinbarung im Europäischen Gemeinschaftsrecht, Europäische Hochschulschriften, Reihe II, Bd. 3071. Frankfurt a.M. 2001

BÖGE, Reimer: EU- und EGKS-Haushaltsplan 2000, Rede in der Parlamentsdebatte des Europäischen Parlaments am 26.10.1999, abrufbar über: http://www.boege2004.de/reden/rede03.html (Stand: 23.10.2001)

BÖGE, Reimer: Haushalt 2001, Rede in der Parlamentsdebatte des Europäischen Parlaments am 24.10.2000, abrufbar über: http://www.boege2004.de/reden/rede03.html (Stand: 23.10.2001)

BÖKER, Kathrin: Das Einnahmensystem der Europäischen Gemeinschaften. Nürnberg 1994

BOGDANDY, Armin von: Supranationale Union als neuer Herrschaftstypus: Entstaatlichung und Vergemeinschaftung in staatstheoretischer Perspektive. In: Hrbek, Rudolf / Jopp, Matthias / Lippert, Barbara / Wessels, Wolfgang: Die Europäische Union als Prozeß: Verfassungsentwicklung im Spiegel von 20 Jahren der Zeitschrift Integration. Bonn 1998, S. 506–522

BOGDANDY, Armin von: Supranationaler Föderalismus als Wirklichkeit und Idee einer neuen Herrschaftsform: Zur Gestalt der Europäischen Union nach Amsterdam. Baden-Baden 1999

BOGDANDY, Armin von / NETTESHEIM, Martin: Die Verschmelzung der Europäischen Gemeinschaften in der Europäischen Union, Neue Juristische Wochenschrift (NJW) 1995, S. 2324

BOGDANDY, Armin von / NETTESHEIM, Martin: Die Europäische Union: Ein einheitlicher Verband mit eigener Rechtsordnung, Europarecht (EuR) 1996, S. 3

BOHNET-JOSCHKO, Sabine: Leviathan Europa? Föderalistische und institutionelle Aspekte der Staatswerdung Europas. Marburg 1996

BOKENHAGEN, Franz / FISCHER, Thomas / FRANZMEYER, Fritz u.a. (Hrsg.): Arbeitsteilung in der Europäischen Union – Die Rolle der Region. Gütersloh 1999

BORRIES, Reimer von: Das Subsidiaritätsprinzip im Recht der Europäischen Union – Deutscher Landesbericht für den XVI. FIDE-Kongress 1994 in Rom, Europarecht (EuR), 1994, Heft 4, S. 263–300

BORRMANN, Gero-Falk / SCHWANENBERG, Manfred: Öffentliche Finanzwirtschaft. Köln/Berlin/Bonn 1992

BOTHE, Michael: Die Kompetenzstruktur des modernen Bundesstaates in rechtsvergleichender Sicht. Berlin/Heidelberg/New York 1977

BRINKHORST, Laurens: Demokratische Strukturen im Haushaltsrecht der Europäischen Union, Brüssel/ Straßburg, Zentrum für Europäisches Wirtschaftsrecht (Hrsg.). Bonn 1997

BROK, Elmar: Alle Jahre wieder: die Geschichte vom Nettozahler, S. 63–72. In: Konrad-Adenauer-Stiftung (Hrsg.): Interne Studien Nr. 142/1997: Das Finanzsystem der EU: Neue Ansätze und Perspektiven. Sankt Augustin 1997

BRÜMMERHOFF, Dieter: Finanzwissenschaft, 8. Aufl. München/Wien/Oldenbourg 2001

BUCHANAN, James M.: An Economic Theory of Clubs. In: Economica, No. 32, S 1–14, 1965

BUCHANAN, James M: An Economist's approach to 'scientific politics', S. 77–88. In: Malcolm B. Parsons: Perspectives in study of Politics. Chicago 1968

BUCHANAN, James M: The Public Finances: An Introductory Textbook, Third Edition. Homewood/London/Georgtown 1970

BUCHANAN, James M.: Die Grenzen der Freiheit: zwischen Anarchie und Leviathan. Tübingen 1984

BÜTTNER, Thies: Finanzverfassung und Föderalismus in Deutschland und Europa, ZEW-Wirtschaftsanalysen. Baden-Baden 1999

BUNDESFINANZMINISTERIUM DER BUNDESREPUBLIK DEUTSCHLAND: Europapolitik (http://www.bundesfinanzministerium.de/Europapolitik .532.2414/.htm, Stand: 15. Mai 2002)

BURDA, Michael C. / SEITZ, Helmut / WAGNER, Gert: Europäischer und nationaler Fiskalföderalismus, Beihefte zur Konjunkturpolitik, Heft 50. Berlin 2000

BUSCH, Berthold: Zur künftigen Finanzierung der EU, Beiträge zur Wirtschafts- und Sozialpolitik Nr. 242, Institut der deutschen Wirtschaft. Köln 3/1998

CAESAR, Rolf: Die Verschuldung als Finanzierungsinstrument der Europäischen Gemeinschaften, S. 211ff. In: Biehl, Dieter / Pfennig, Gero (Hrsg.): Zur Reform der EG-Finanzverfassung. Bonn 1990

CAESAR, Rolf: Finanzordnung der EU. In: Ohr, Renate: Europäische Integration. Stuttgart 1996

CAESAR, Rolf: Zur Reform des Einnahmesystems in der Europäischen Union, Universität Hohenheim, Arbeitspapier Nr. 124/1996

CAESAR, Rolf: Haushalts- und Finanzwirtschaft, S. 281ff. In: Hrbek, Rudolf: Die Reform der Europäischen Union. Baden-Baden 1997

CAESAR, Rolf: Benötigt die europäische Wirtschafts- und Währungsunion eine 'Transferunion'? In: List Forum für Wirtschafts- und Finanzpolitik, Bd. 25, 1999, Heft 2, S. 138ff.

CAESAR, Rolf / SCHARRER, Hans Eckart: Die Zukunft Europas im Lichte der Agenda 2000. Baden-Baden 2001

CALLIES, Christian / RUFFERT, Matthias: Kommentar des Vertrages über die Europäische Union und des Vertrages zur Gründung der Europäischen Gemeinschaft. Neuwied 1999

CRAUSER, Guy: Mittelstandsförderung und transnationale Kooperation im Rahmen der Strukturfonds, Konferenz der Industrie- und Handelskammern, 16.11.2000, abrufbar über: http://europa.eu.int/comm/regional_policy/sources(speechescrauser/20001120_de.htm (Stand: 20.12.2002)

CREIFELDS, Carl / WEBER, Klaus / GUNTZ, Dieter: Rechtswörterbuch, 15. Aufl. München 1999

CZADA, Roland: Institutionelle Theorien der Politik. In: Nohlen, Dieter / Schultze, Rainer-Olaf: Lexikon der Politik, Bd. 1: Politische Theorien, S. 205–213. München 1995

DAUDERSTÄDT, Michael: EU-Osterweiterung: Wirkungen, Erwartungen und Interessen in den Beitrittsländern, Integration 3/98, S. 149–167

DAUSES, Manfred: Handbuch des EU-Wirtschaftsrecht, – Loseblattsammlung – Stand 1997. München

DE ALESSI, Louis: The Economics of Property Rights: A Review of Evidence, Research in Law and Economics 1980, 2, S. 1–47

DECKER, Frank: Demokratie und Demokratisierung jenseits des Nationalstaats: Das Beispiel der Europäischen Union. In: Zeitschrift für Politik, Heft 2, 2000, S. 585–629

DEGENHART, Christoph: Staatsrecht, Bd. I, Staatsorgan. R, 18. Aufl. Heidelberg 2002

DICKERTMANN, Dietrich / GELBHAAR, Siegfried: Die Europäische Investitionsbank, Arbeitspapier Nr. 51, Universität Trier, Fachbereich IV. Trier 1998

DICKERTMANN, Dietrich / GELBHAAR, Siegfried: Die EIB – Öffentliche Kreditwirtschaft im Schatten des Europäischen Haushalts, S. 185–227. In: Cox, Helmut (Hrsg.): Daseinsvorsorge und öffentliche Dienstleistungen in der EU. Baden-Baden 2000

DICKERTMANN, Dietrich / GELBHAAR, Siegfried: Finanzwissenschaft: eine Einführung in die Institutionen, Instrumente und ökonomischen Ziele der öffentlichen Finanzwirtschaft. Berlin/Herne 2000

DÖRING, Thomas / STAHL, Dieter: Institutionenökonomische Aspekte der Neuordnung des bundesstaatlichen Finanzausgleichs, S. 1–47. In: Schüller, Alfred: Studien zur Ordnungsökonomik. Stuttgart 2000

DÖRR, Oliver: Zur Rechtsnatur der Europäischen Union, Europarecht (EuR), 1995, Heft 4, 334–348

DOWNS, Anthony: Eine ökonomische Theorie der Demokratie. Rudolf Wildenmann (Hrsg.). Tübingen 1968

DRAHEIM, Antje: Der Vorschlag der Europäischen Kommission für eine neue EG-Haushaltsordnung. Teil 1: Verwaltung & Management, Heft 3, 2002, S. 150–156; Teil 2: Verwaltung & Management, Heft 4, 2002, S. 245–249

ECKHOFF, Rolf: Lastenverteilung in der Europäischen Gemeinschaft, S. 220–237. In: Birk, Dieter: Handbuch des Europäischen Steuer- und Abgabenrechts. Herne/Berlin 1995

EICHENBERGER, Reiner / FREY, Bruno S. : Ein neuer demokratischer Föderalismus für Europa, S. 21–43. In: König, Thomas: Mannheimer Jahrbuch für Europäische Sozialforschung, Vorstand des Mannheimer Zentrums für Europäische Sozialforschung (Hrsg.), Bd. 3: Europa der Bürger. Frankfurt a.M./New York 1998

EICHENER, Volker: Die Rückwirkungen der europäischen Integration. In: Jachtenfuchs, Markus / Kohler-Koch, Beate (Hrsg.): Europäische Integration. Opladen 1996, S. 249–280

EICHENER, Volker: Das Entscheidungssystem der Europäischen Union – Institutionelle Analyse. Opladen 2000

EICKENBOOM, Peter: Haushaltsausschuss. In: Schneider, Hans-Peter / Zeh, Wolfgang: Parlamentsrecht und Parlamentspraxis – ein Handbuch. Berlin/New York 1989

ELSNER, Wolfram: Institutionen und ökonomische Institutionentheorie, Wirtschaftswissenschaftliches Studium (WiSt), 1987, Heft 1, S. 5–14

EPINEY, Astrid / SIEGWART, Karin: Direkte Demokratie und Europäische Union. Freiburg 1997

EPP Convention Group: The Constitution of the European Union, Discussion Paper, 10.11.2002, Art. 109 (http://europa.eu.int/comm/reform/refdoc/index_de-htm).

ERLEI, Mathias / LESCHKE, Martin / SAUERLAND, Dirk: Neue Institutionenökonomik. Stuttgart 1999

ERLEI, Matthias: Finanzausgleich in der Europäischen Union, S. 215–243. In: Kantzenbach, Erhard / Molitor, Bruno / Mayer, Otto: Hamburger Jahrbuch für Wirtschafts- und Gesellschaftspolitik, 43. Jahrgang. Tübingen 1998

EUCKEN, Walter: Grundsätze der Wirtschaftspolitik. Bern/Tübingen 1952

EUROPÄISCHE KOMMISSION: Verordnung (EURATOM, EGKS, EG) Nr. 3418/93 der Kommission vom 09.12.1993 mit Durchführungsbestimmungen zu einigen Vorschriften der Haushaltsordnung vom 21.12.1977, Abl. L 315/1 vom 16.12.1993

EUROPÄISCHE KOMMISSION: Verordnung der Kommission (EG) Nr. 2064/1997 vom 15.10.1997 mit Durchführungsvorschriften zur VO (EWG) Nr. 4253/88 des Rates hinsichtlich der Finanzkontrolle durch die Mitgliedsstaaten bei von den Strukturfonds kofinanzierten Maßnahmen, Abl. L. L 290/1 vom 23.10.1997

EUROPÄISCHE KOMMISSION: Verordnung Nr. 438/2001 mit Durchführungsvorschriften zur VO (EG) Nr. 1260/1999 des Rates in Bezug auf die Verwaltungs- und Kontrollsysteme bei Strukturfondsinterventionen, Abl. L 63/21 vom 02.03.2001

EUROPÄISCHE KOMMISSION: Beschluß der Kommission 1999/352/EG vom 28.04.1999 zur Errichtung des Europäischen Amtes für Betrugsbekämpfung (OLAF), Abl. L 136/20 vom 31.05.1999

EUROPÄISCHE KOMMISSION: Gesamtbericht 2001 – Kapitel VII: Finanzierung der Gemeinschaftstätigkeiten, Verwaltung der Ressourcen, abrufbar über: http://www.europa.eu.int/abc/doc/off/rg/ de/2001/pt1133.htm (15.09.02)

EUROPÄISCHE KOMMISSION: Bericht über die Umsetzung der Interinstitutionellen Vereinbarung vom 29. Oktober 1993 über die Haushaltsdisziplin und Vorschläge für eine neue Vereinbarung, KOM(1998) 165/endg., COS 98/0407

EUROPÄISCHE KOMMISSION: Die Finanzierung der EU – Bericht der Europäischen Kommission über das Funktionieren des Eigenmittelsystems vom 07.10.1998, KOM(1998)560/endg. (Bericht Eigenmittelsystem)

EUROPÄISCHE KOMMISSION: Bericht der Kommission an den Rat und das Europäische Parlament über die Anleihe- und Darlehenstätigkeit der Gemeinschaft im Jahr 2000 vom 26.07.2001, KOM (2001) 435/endg.

EUROPÄISCHE KOMMISSION: Bericht des Finanzkontrolleurs der Kommission über die Tätigkeit im Haushalt 2000, abrufbar über: http://europa.eu.int/comm/dgs/financial_control/ anreport/ rpt2000_de.pdf (Stand: 12.12.2002)

EUROPÄISCHE KOMMISSION: Activity Based Budgeting, Dok.-Nr. BUDG-1999-00654-01-00-DE-TRA-00 (EN) MLG und die Aufnahme des ABB-Systems in die neue Haushaltsordnung

EUROPÄISCHE KOMMISSION: Ablauf der Geltungsdauer des EGKS-Vertrags im Jahre 2002, Dok.-Nr. BUDG/2000/860 vom 30.09.2000

EUROPÄISCHE KOMMISSION: Haushaltsvademekum, SEC (2000)1200-DE, Luxemburg 2000

EUROPÄISCHE KOMMISSION: Die Stärkung der internen Koordinierung, abrufbar über: http://europa.eu.int/comm/reform/operation/coordin_de.pdf (Stand: 23.01.2003)

EUROPÄISCHE KOMMISSION: Durchführungsbestimmungen zur Geschäftsordnung, Art. 2, Abl. L 252 v. 25.09.1999

EUROPÄISCHE KOMMISSION: Vorschlag für eine Verordnung des Rates betreffend die Haushaltsdisziplin, KOM (1999) 364

EUROPÄISCHE KOMMISSION: Reform von Finanzmanagement und -kontrolle in der Kommission, S. 5f., KOM (2000) 560/5 vom 11.04.2000

EUROPÄISCHE KOMMISSION: Ergebnisorientierung: Verstärkte Evaluierung von Kommissionsmaßnahmen, KOM (2000) 1051 vom 26.07.2000

EUROPÄISCHE KOMMISSION: Europäisches Regieren – Ein Weißbuch, vom 25.07.2001, KOM (2001) 428/endg.

EUROPÄISCHE KOMMISSION: Geänderter Vorschlag für eine Verordnung (EG, EGKS, Euratom) des Rates zur Aufstellung der Haushaltsordnung für den Gesamthaushaltsplan der Europäischen Gemeinschaften, KOM (2001) 691/endg.2 (10.01.2002)

EUROPÄISCHE KOMMISSION: Mitteilung der Kommission zum Schutz der finanziellen Interessen der Gemeinschaft und der Betrugsbekämpfung, Jahresbericht 2001, KOM (2002) 348/ endg.

EUROPÄISCHE KOMMISSION: Evaluierung der ausgabenwirksamen Programme der EU: Ein Leitfaden zur Halbzeit- und Ex-post-Evaluierung, S. 16f., 1. Ausgabe. Brüssel 1997

EUROPÄISCHE KOMMISSION: Leitfaden der Gemeinschaftsinitiativen, Strukturfonds der Gemeinschaft 1994–1999. Luxemburg 1994

EUROPÄISCHE KOMMISSION: Jährliche Strategieplanung 2002, SEK (2001) 949/endg.

EUROPÄISCHE KOMMISSION: Allgemeine Einleitung zum Vorentwurf des Gesamthaushaltsplans der Europäischen Gemeinschaften für den Haushalt 2002 – Politische Darstellung (Teil I/II), SEC (2001) 949, Anhang zum Übermittlungsvermerk der Kommission (Stellvertretender Generalsekretär) an den Generalsekretär des Rates vom 15.06.2001, Dok.-Nr. 10034/01

EUROPÄISCHE KOMMISSION: Jährliche Strategieplanung 2003, SEK (2002) 217/9

EUROPÄISCHE KOMMISSION: Vorschlag für eine Verordnung (EG, EKS, Euratom) des Rates zur Regelung der Haushaltsordnung, Vorbereitende Rechtsakte, Dok.-Nr. 500PC0461 (Grundvorschlag)

EUROPÄISCHE KOMMISSION: Planungs- und Koordinierungsgruppe Externalisierung: "Externalisierung der Verwaltung der Gemeinschaftsprogramme", Mai 2000

EUROPÄISCHE KOMMISSION (LAMOUREUX-GRUPPE): Durchführbarkeitsstudie: Beitrag zum Vorentwurf einer Verfassung der Europäischen Union, Arbeitspapier, hier zu: Art. 92 (Durchführbarkeitsstudie), abrufbar über: http://europa.eu.int/comm/reform/refdoc/ index de.htm (Stand: 23.01.03)

EUROPÄISCHE KOMMISSION: Sämtliche interne Dokumente der Kommission (soweit nicht anders angegeben) sind abrufbar über: http://europa.cu.int/comm/budget/furtherinfo/ index de.htm oder mit Angabe der Dok.-Nr. bzw. des Amtsblatts (Abl.) abrufbar über: http://europa.eu.int/eur-lex/de/search/search lif.html

EUROPÄISCHES PARLAMENT, AUSSCHUSS FÜR KONSTITUTIONELLE FRAGEN: Bericht über die Vorschläge des Europäischen Parlaments für die Regierungskonferenz, Dok.-Nr. A5-0086/2000, PE 232.758 (Leinen-Bericht 2000)

EUROPÄISCHES PARLAMENT, AUSSCHUSS FÜR KONSTITUTIONELLE FRAGEN: Arbeitsdokument über Änderungen der Bestimmungen der Geschäftsordnung betreffend das Entlastungsverfahren, S. 11, PE 304.305 vom 27.03.2002

EUROPÄISCHES PARLAMENT, GENERALDIREKTION WISSENSCHAFT: Betrug im Zusammenhang mit dem EU-Haushalt, Themenblätter, Haushaltsangelegenheiten Nr.1, PE 167.114

EUROPÄISCHES PARLAMENT, GENERALDIREKTION WISSENSCHAFT: Kontrolle der Ausführung des Haushaltsplans im Laufe des Haushaltsjahres, Themenpapier Haushaltsangelegenheiten Nr.8, vom 08.12.1998, PE 167.744 (Kontrolle der Ausführung des Haushaltsplans)

EUROPÄISCHES PARLAMENT, GENERALDIREKTION WISSENSCHAFT: Die Parlamentarische Kontrolle der Ausführung des Haushaltsplans, Reihe Haushaltsangelegenheiten, S. 10, PE 168.431/rev

EUROPÄISCHES PARLAMENT, GENERALDIREKTION WISSENSCHAFT: Einzelstaatliche Probleme bei der Verwaltung der Strukturfonds, Reihe Haushaltsfragen, PE 295.602 (Probleme Strukturfondsverwaltung)

EUROPÄISCHES PARLAMENT, HAUSHALTSAUSSCHUSS: Bericht über das in Anhang II betreffend die interinstitutionelle Zusammenarbeit im Haushaltsbereich zur Interinstitutionellen Vereinbarung vom 29. Oktober 1993 über die Haushaltsdisziplin und die Verbesserung des Haushaltsverfahrens vorgesehene "Ad-hoc-Verfahren" für den Haushaltsplan 1998, , PE 222.885/endg. (Tillich-Bericht 1997)

EUROPÄISCHES PARLAMENT, HAUSHALTSAUSSCHUSS: Bericht über den Vorschlag für eine Interinstitutionelle Vereinbarung zwischen dem Europäischen Parlament, dem Rat und der Europäischen Kommission über Vorschriften zur Finanzierung der Gemeinsamen Außen- und Sicherheitspolitik, PE 222.910/endg. (Samland-Bericht 1997)

EUROPÄISCHES PARLAMENT, HAUSHALTSAUSSCHUSS: Bericht über den Vorschlag für eine Interinstitutionelle Vereinbarung zwischen dem Europäischen Parlament, dem Rat und der Kommission zu den Rechtsgrundlagen und der Ausführung des Haushaltsplans, PE 227.335/endg. (Christodoulou-Bericht 1998)

EUROPÄISCHES PARLAMENT, HAUSHALTSAUSSCHUSS: Bericht über den Veränderungs- und Reformbedarf des Eigenmittelsystems der Europäischen Union, PE 228.614/endg., 1999 (Eigenmittelreform-Bericht 1999)

EUROPÄISCHES PARLAMENT, HAUSHALTSAUSSCHUSS: Bericht über den Vorschlag für einen Beschluß des Rates über das System der Eigenmittel der Europäischen Union, PE 231.576/endg. (Haug-Bericht 1999)

EUROPÄISCHES PARLAMENT, HAUSHALTSAUSSCHUSS: Bericht über den Vorschlag für eine Verordnung des Rates betreffend die Haushaltsdisziplin 1999, S. 6, PE 231.592/endg. (Averoff-Bericht 1999)

EUROPÄISCHES PARLAMENT, HAUSHALTSAUSSCHUSS: Arbeitsdokument Nr.1, PE 233.004

EUROPÄISCHES PARLAMENT, HAUSHALTSAUSSCHUSS: Bericht über den Aufschub der Entlastung der Kommission für die Ausführung des Gesamthaushaltsplans der Europäischen Union für das Haushaltsjahr 1998, PE 285.792 (Stauner –Bericht 1999)

EUROPÄISCHES PARLAMENT, HAUSHALTSAUSSCHUSS: Bericht über die Reform der Haushaltskontrollverfahren und -instanzen vom 06.12.2000, PE 285.866 (Morgan-Bericht 2000)

EUROPÄISCHES PARLAMENT, HAUSHALTSAUSSCHUSS: Bilanz der aktuellen Standpunkte von Parlament und Kommission, (Dell'Alba 2000), Arbeitsdokument Nr. 2, 29.02.2000, PE 289.519

EUROPÄISCHES PARLAMENT, HAUSHALTSAUSSCHUSS: Bericht über die Ergebnisse der Konzertierung über die gemeinsame Ausrichtung des Rates im Hinblick auf die Annahme eines Beschlusses über das System der Eigenmittel der Europäischen Union, PE 289.589 (Konzertierungsbericht 2000)

EUROPÄISCHES PARLAMENT, HAUSHALTSAUSSCHUSS: Bericht über die Interinstitutionelle Vereinbarung über die Finanzbögen, PE 289.606 (Colom I Naval-Bericht 2000)

EUROPÄISCHES PARLAMENT, HAUSHALTSAUSSCHUSS: Bericht über das Weißbuch über die Reform der Kommission: die den Haushaltsausschuss betreffenden Aspekte, PE 294.022 (Guy-Quint-Bericht 2000)

EUROPÄISCHES PARLAMENT, HAUSHALTSAUSSCHUSS: Strukturpolitische Maßnahmen (Rubrik 2): Übersicht über die anstehenden Probleme, Arbeitsdokument des Parlaments vom 28.05.01, PE 300.002 (Costa Neves-Bericht 2001)

EUROPÄISCHES PARLAMENT, HAUSHALTSAUSSCHUSS: Arbeitsdokument 2: Haushalt 2002 – Andere Einzelpläne, PE 300.009

EUROPÄISCHES PARLAMENT, HAUSHALTSAUSCHUSS: Entwurf eines Berichtes zu dem Vorschlag für eine Verordnung (EG, EGS, EAG) des Rates zur Regelung der Haushaltsordnung für den Gesamthaushaltsplan der Europäischen Gemeinschaften, PE 300.030 (Berichtsentwurf Dell'Alba 2000)

EUROPÄISCHES PARLAMENT, HAUSHALTSAUSSCHUSS: Überblick über den Haushaltsvollzug in Zahlen, PE 300.044/rev. (Bourlanges-Bericht 2001)

EUROPÄISCHES PARLAMENT, HAUSHALTSAUSSCHUSS: Entwurf eines Berichts über den Berichtigungs- und Nachtragshaushalt 3/2001 und 4/2001, PE 303.586/vorl.

EUROPÄISCHES PARLAMENT, HAUSHALTSAUSSCHUSS: Bericht über die vom Rat beschlossene Gemeinsame Ausrichtung im Hinblick auf die Annahme der VO (EG, EGKS, Euratom) des Rates zur Aufstellung der Haushaltsordnung für den Gesamthaushaltsplan der Europäischen Gemeinschaften, 10.06.2002, PE 318.695 (Dell'Alba-Bericht 2002)

EUROPÄISCHES PARLAMENT, HAUSHALTSKONTROLLAUSSCHUSS: Bericht über die Mitteilung der Kommission über den Schutz der finanziellen Interessen der Gemeinschaft – Betrugsbekämpfung – Konzept für eine Gesamtstrategie, vom 04.12.00, PE 294.368

EUROPÄISCHES PARLAMENT, HAUSHALTSKONTROLLAUSSCHUSS: Stellungnahme des Haushaltskontrollausschusses für den Haushaltsausschuss zum Vorschlag für eine Verordnung des Rates zur Neufassung der Haushaltsordnung, v. 07.05.2001, PE 294.427 (van Hulten-Bericht 2001)

EUROPÄISCHES PARLAMENT, HAUSHALTSKONTROLLAUSSCHUSS: Bericht zum Jahresbericht 2000 der Kommission zum Schutz der finanziellen Interessen der Gemeinschaften und Betrugsbekämpfung, und zur Mitteilung der Kommission über den Schutz der finanziellen Interessen der Gemeinschaften, Betrugsbekämpfung, Aktionsplan 2001–2003, PE 305.609 (Bösch-Bericht 2001)

EUROPÄISCHES PARLAMENT, HAUSHALTSKONTROLLAUSSCHUSS: Bericht über die Reform des Rechnungsabschlussverfahrens vom 10.12.2002, PE 315.808 (Mulder-Bericht 2002)

EUROPÄISCHES PARLAMENT: Sämtliche Dokumente (PE-Nr. oder A-Nr.) sind abrufbar über: http://www.europarl.eu.int/plenary/default_de.htm oder bei internen Dokumenten der Ausschüsse (soweit nicht anders angegeben) über: http:// www.europarl.eu.int/ meetdocs/

EUROPÄISCHES PARLAMENT, RAT DER EUROPÄISCHEN UNION, EUROPÄISCHE KOMMISSION: Gemeinsame Erklärung über verschiedene Maßnahmen zur Gewährleistung einer besseren Abwicklung des Haushaltsverfahrens, Abl. C 194/1 v. 28.7.1982

EUROPÄISCHES PARLAMENT, RAT DER EUROPÄISCHEN UNION, EUROPÄISCHE KOMMISSION: Interinstitutionelle Vereinbarung vom 29.10.1993 über die Haushaltsdisziplin und die Verbesserung des Haushaltsverfahrens, Abl. C 331/1 vom 07.12.1993 (IIV 1993)

EUROPÄISCHES PARLAMENT, RAT DER EUROPÄISCHEN UNION, EUROPÄISCHE KOMMISSION: Interinstitutionelle Vereinbarung vom 06.05.1999 über die Haushaltsdisziplin und die Verbesserung des Haushaltsverfahrens, Abl. C 172/1 vom 18.06.1999. (IIV 1999)

EUROPÄISCHES PARLAMENT, RAT DER EUROPÄISCHEN UNION, EUROPÄISCHE KOMMISSION: Interinstitutionelle Vereinbarung über die Einrichtung von OLAF vom 25.05.1999, Abl. L 136/15 v. 31.05.1999

EUROPÄISCHER RAT: Schlußfolgerungen des Vorsitzes: Europäischer Rat in Berlin 24. und 25.03.1999, abrufbar über: http://ue.eu.int/de/Info/eurcouncil/index.htm

EUROPÄISCHER RECHNUNGSHOF: Jahresbericht zum Haushaltsjahr 1998, Abl. C 349/1 vom 03.12.1999

EUROPÄISCHER RECHNUNGSHOF: Jahresbericht zum Haushaltsjahr 2000, Abl. C 359/1 vom 15.12.2001

EUROPÄISCHER RECHNUNGSHOF: Jahresbericht zum Haushaltsjahr 2001, Abl. C 295/1 vom 28.11.2002

EUROPÄISCHER RECHNUNGSHOF: Stellungnahme 4/97 zu einem Vorschlag für eine Vorordnung (Euratom, EGKS, EG) des Rates zur Änderung der Haushaltsordnung vom 21.12.1977 für den Gesamthaushaltsplan der Europäischen Gemeinschaft, KOM (1996)351/endg., Abl. C 75 vom 23.02.1998

EUROPÄISCHER RECHNUNGSHOF: Stellungnahme 8/99 zu einem Vorschlag für einen Beschluß des Rates über das System der Eigenmittel der Europäischen Union, KOM (1999)333/endg., Abl. C 310 vom 28.10.1999

EUROPÄISCHER RECHNUNGSHOF: Stellungnahme 9/99 zum Vorschlag für eine Verordnung (EG) des Rates betreffend die Haushaltsdisziplin, KOM (1999)364/endg., Abl. C 334/1 vom 23.11.1999

EUROPÄISCHER RECHNUNGSHOF: Stellungnahme 2/02 zu einem geänderten Vorschlag für eine Verordnung des Rates zur Aufstellung der Haushaltsordnung für den Gesamthaushalt der Europäischen Gemeinschaft, KOM (2001) 691/endg., Abl. C 92/01 vom 17.04.2002

EUROPÄISCHER RECHNUNGSHOF: Sonderbericht 6/98 über die Bilanz des Systems der MwSt- und BSP-Eigenmittel, Abl. C 241 vom 31.07.1998

EUROPÄISCHER RECHNUNGSHOF: Sonderbericht 15/98 über die Bewertung der Strukturfonds-Interventionen in den Zeiträumen 1989–1993 und 1994–1999, Abl. C 347 vom 16.11.1998

EUROPÄISCHER RECHNUNGSHOF: Sonderbericht 21/98 über das auf den Rechnungsbeschluß des EAGFL-Garantie 1996 angewandte Zulassungs- und Bescheinigungsverfahren, Abl. C 389/1 vom 14.12.1998

EUROPÄISCHER RECHNUNGSHOF: Sonderbericht 9/99 über Forschungsmaßnahmen im Bereich der Landwirtschaft und der Fischerei, Programm FAIR (Forschung im Bereich der Fischerei, der Landwirtschaft und der Agroindustrie), Abl. C 92 vom 30.03.2000

Europäischer Rechnungshof: Sonderbericht 17/00 über die Überprüfung der Zuverlässigkeit und Vergleichbarkeit der BSP-Angaben der Mitgliedstaaten durch die Kommission, Abl. L 336/1 vom 27.11.2000

EUROPÄISCHER RECHNUNGSHOF: Prüfungsstrategien und Prüfungsmethoden des Europäischen Rechnungshofes, abrufbar über: http://www.euinfo.de/union/union rechnungshof.htm (Stand: 12. Mai 2002)

EUROPÄISCHER RECHNUNGSHOF: Schreiben des Präsidenten des Rechnungshofes an den Präsidenten der Regierungskonferenz, vom 18.04.2000, CONFER 4738/00, S. 1ff.

EUROPÄISCHER RECNUNGSHOF: Sämtliche Jahresberichte, Sonderberichte und Stellungnahmen sind abrufbar über: Http://www.eca.eu.int/de/reports_opinions.htm

EVERLING, Ulrich: Vom Zweckverband zur Europäischen Union – Überlegungen zur Struktur der Europäischen Gemeinschaft. In: Ipsen, Hans-Peter: Festschrift für Hans Peter Ipsen, S. 595. München 1977

EVERLING, Ulrich: Zur föderalen Struktur der Europäischen Gemeinschaft, S. 179–198. In: Hailbronner, Kay: Staat und Völkerrechtsordnung, Festschrift für Karl Doehring. Berlin/Heidelberg 1989

EVERLING, Ulrich: Zur Aufteilung der Kompetenzen in einer föderal gegliederten Europäischen Union. In: Weidenfeld, Werner: Wie Europa verfaßt sein sollte – Materialien zur Politischen Union. Gütersloh 1991

FÄRBER, Gisela: Effizienzprobleme des Verwaltungsföderalismus, Die Öffentliche Verwaltung (DÖV), 2001, Heft 12, S. 485–496

FÄRBER, Gisela: Finanzverfassung. Unbestrittener Reformbedarf – divergierende Reformvorstellungen. In: Bundesrat (Hrsg.): 50 Jahre Herrenchiemseer Verfassungskonvent – Zur Struktur des deutschen Föderalismus, Bonn 1999, S. 89–131

FÄRBER, Gisela: Finanzverfassung, Besteuerungsrechte und Finanzausgleich. In: Färber, Gisela / Fisch, Stefan / von Arnim, Hans Herbert (Hrsg.): Föderalismus: Hält er noch, was er verspricht? Seine Vergangenheit, Gegenwart und Zukunft, auch im Lichte ausländischer Erfahrungen. Berlin 2000, S. 125–166

FÄRBER, Gisela: Anmerkungen zur Politik der europäischen Strukturfonds. In: Schmähl, Winfried / Rische, Herbert (Hrsg.): Europäische Sozialpolitik. Baden-Baden 1997, S. 91ff.

FÄRBER, Gisela / FISCH, Stefan / ARNIM, Hans Herbert von: Föderalismus: Hält er noch, was er verspricht? Seine Vergangenheit, Gegenwart und Zukunft, auch im Lichte ausländischer Erfahrungen, Referate der 67. Staatswissenschaftlichen Fortbildungstagung vom 17. bis 19.03.1999 an der Deutschen Hochschule für Verwaltungswissenschaften Speyer. Berlin 2000

FALKNER, Gerda: Supranationalität trotz Einstimmigkeit: Entscheidungsmuster der EU am Beispiel Sozialpolitik, Institut für Europäische Politik (Hrsg.). Bonn 1994

FELTGEN, Thierry: Veränderte Machtverteilung im Ministerrat nach der EU-Erweiterung, Wirtschaftsdienst 1998, Heft 4, S. 371–376

FISCHER, Klemens H.: Der Vertrag von Nizza – Text und Kommentar, 1. Aufl. Baden-Baden 2001

FISCHER, Robert: Das Demokratiedefizit bei der Rechtsetzung durch die Europäische Gemeinschaft, Karlsruhe 2001

FISCHER-MENSHAUSEN, Herbert: Art. 104a – 109 GG. In: Münch, Ingo von: Grundgesetz-Kommentar, Bd. 32. Aufl. München 1993

FISCHER-MENSHAUSEN, Herbert: Finanzausgleich, Teil 1 und Teil 2. In: Albers, Willi / Born, Karl Erich / Dürr, Ernst / Hesse, Helmut u.a. (Hrsg.): Handwörterbuch der Wirtschaftswissenschaften, Bd. 2. Tübingen 1980

FÖCKING, Jürgen: Die Darlehenspolitik der Europäischen Investitionsbank: eine Untersuchung des Zusammenhangs zwischen Machtstrukturen und Mittelvergabe, Europäische Hochschulschriften, Reihe V, Bd. 2715. Frankfurt a.M. 2001

FOLKERS, Cay: Welches Finanzausgleichssystem braucht Europa?, S. 87–108. In: Karl, Helmut / Henrichsmeyer, Wilhelm: Regionalentwicklung im Prozess der Europäischen Integration. Bonn 1995

FOLKERS, Cay: Die Kompensationsfunktion des Europäischen Haushalts, Zur ökonomischen Analyse de EU-Finanzen im Integrationsprozeß, Institut für Europäische Wirtschaft Ruhr-Universität Bochum (Hrsg.), Diskussionsbeitrag Nr. 4. Bochum 1994

FOX, Klaus Peter: Entwicklungen im Haushaltswesen: Betrachtungen abseits des Mainstreams. Saarbrücken 2001

FRANßEN-DE LA CERDA, Boris: Institutionelle und konstitutive Aspekte der Weiterbildung der EU, Zeitschrift für Politik, 2000, Heft 2, S. 539–583

FRANZMEYER, Fritz: Osteuropa, Kerneuropa, Währungsunion – Zentrale Weichenstellungen in der Integrationspolitik, S. 592–599. In: Hrbek, Rudolf / Jopp, Matthias / Lippert, Barbara / Wessels, Wolfgang: Die Europäische Union als Prozeß: Verfassungsentwicklung im Spiegel von 20 Jahren der Zeitschrift Integration. Bonn 1998

FREY, Bruno S. / KIRCHGÄSSNER, Gebhard: Demokratische Wirtschaftspolitik: Theorie und Anwendung, 2. Aufl. München 1994

FROWEIN, J.A.: Die Verfassung der Europäischen Union aus Sicht der Mitgliedstaaten, Europarecht (EuR), 1995, S. 315–333

FUEST, Clemens: Zur Reform der EU-Fiskalverfassung, S. 168ff. In: Streit, Manfred / Voigt, Stefan (Hrsg.): Europa reformieren: Ökonomen und Juristen zur zukünftigen Verfaßtheit Europas. Baden-Baden 1996

FUGMANN, Friedrich / THEATO, Diemut:. In: Dauses, Manfred (Hrsg.): Handbuch des EU-Wirtschaftsrechts – Loseblattsammlung –, München, Stand: 1997

FUGMANN, Friedrich: Der Gesamthaushalt der EG: Bedeutung, rechtliche Struktur, Vollzug, Notwendigkeit und Möglichkeiten einer Reform. Sindelfingen 1992

FURUBOTN, Eirik G. / PEJOVITCH, Svetozar: Property Rights and Economic Theory: A Survey of Recent Literature, Journal of Economic Literature, 1972, 10 S. 1137–1162

GABLER Volkswirtschafts-Lexikon, Bd. 1 (A-K) Stichwort: Finanzhoheit, S. 350. Wiesbaden 1996

GABLER Wirtschaftslexikon, (begründet von Sellien, Reinhold / Sellien, Helmut), Bd. E-J Stichwort: Finanzhoheit, S. 1090, 15. Aufl. Wiesbaden 2000

GASTER, Jens: Das Subsidiaritätsprinzip im Gemeinschaftsrecht. In: Timmermann, Heiner (Hrsg.): Subsidiarität und Föderalismus in der EU, Berlin 1998, S. 19–40

GAUWEILER, Marijke: Die rechtliche Qualifikation interorganschaftlicher Absprachen im Europarecht. Mainz 1988

GERLOFF, Wilhelm / NEUMARK, Fritz: Handbuch der Finanzwissenschaft, 1. Bd. 3. Aufl. Tübingen 1977 (HdFW)

GÖHLER, Gerhard: Wie verändern sich Institutionen. In: Göhler, Gerhard (Hrsg.): Institutionenwandel (Leviathan Sonderheft 16), S. 21–56. Opladen 1997

GÖRLACH, Willi u.a. (Hrsg.): Thema Europa: Agenda 2000, 1998

GORMLEY, Laurence W.: Europäische Währungsunion und Demokratieprinzip, Zentrum für Europäisches Wirtschaftsrecht, Vorträge und Berichte Nr. 90. Bonn 1997

GRABITZ, Eberhard / HILF, Meinhard: Das Recht der Europäischen Union, Kommentar zum EWG-Vertrag, – Loseblattsammlung –. München 1993/1998

GRAMS, Hartmut A.: Zur Gesetzgebung der Europäischen Union: Eine vergleichende Strukturanalyse aus staatsorganisatorischer Sicht. Neuwied 1998

GRANDE, Edgar: Regieren im verflochtenen Mehrebenensystem: Forschungsstand und Forschungsbedarf, Referat für die gemeinsame Tagung des Arbeitskreises "Integrationsforschung" und der Sektion "Staatslehre und politische Verwaltung" der DVPW am 29.–31.10.1998 in München

GRANDE, Edgar: Das Paradox der Schwäche: Forschungspolitik und die Einflußlogik europäischer Poitikverflechtung. In: Jachtenfuchs, Markus / Kohler-Koch, Beate (Hrsg.): Europäische Integration, Opladen 1996, S. 373–399

GRANDE, Edgar / JACHTENFUCHS, Markus: Wie problemlösungsfähig ist die EU? Regieren im europäischen Mehrebenensystem, 1. Aufl. Baden-Baden 2000

GRIMM, Dieter: Staatsaufgaben, 1. Aufl. Baden-Baden 1996

GROEBEN, Hans van der / THIESING, Jochen / EHLERMANN, Claus-Dieter: Kommentar zum EWG-Vertrag, Bd. II, 3. Aufl. Baden-Baden 1983,

GROEBEN, Hans van der / THIESING, Jochen / BOECKH, Hans von: Kommentar zum EWG-Vertrag, Bd. III, 3. Aufl. Baden-Baden 1983

GROEBEN, Hans van der / THIESING, Jochen / EHLERMANN, Claus-Dieter: Kommentar zum EWG-Vertrag, Bd. IV, 5. Aufl. Baden-Baden 1997

GRÖNER, Helmut / SCHÜLLER, Alfred: Die europäische Integration als ordnungspolitische Aufgabe. Stuttgart/Jena/New York 1993

GUSY, Christoph: Demokratiedefizite postnationaler Gemeinschaften unter Berücksichtigung der EU, Zeitschrift für Parlamentsfragen, Heft 3, 1998 S. , 278ff.

GUTH, Eckart: Der Haushalt der Union: Bilanz und Perspektiven, S. 69–89. In: Caesar, Rolf / Scharrer, Hans Eckart (Hrsg.): Die Zukunft Europas im Lichte der Agenda 2000, 1. Aufl. Baden-Baden 2001

GWOSĆ, Christoph: Ein Verschuldungsrecht für die Europäische Union?. In: Europäische Hochschulschriften Reihe V: Volks- und Betriebswirtschaft, Bd. 2717. Frankfurt a.M. (u.a.) 2001

HAILBRONNER, Kay: Staat und Völkerrechtsordnung. In: Festschrift für Karl Döhring. Berlin/ Heidelberg 1989

HAILBRONNER, Kay / KLEIN, Eckart / MAGIERA, Siegfried / MÜLLER-GRAF, Peter-Christian: Handkommentar zum Vertrag über die EUV/EGV, – Loseblattsammlung –, Bd. 1. Köln 1998

HALLSTEIN, Walter: Der unvollendete Bundesstaat. Düsseldorf/Wien 1969

HALLSTEIN, Walter: Die Europäische Gemeinschaft, 1. Aufl. Düsseldorf/Wien 1973

HAVERLAND, Markus: Europäische Integration im Spannungsverhältnis von Zentralisierung und Dezentralisierung: Die Implementation des Europäischen Fonds für Regionale Entwicklung in Großbritannien und Deutschland, Europäisches Zentrum für Föderalismus-Forschung Tübingen, Occasional Papers Nr. 2. Tübingen 1998

HAUNGS, Peter: Europäisierung Europas? Baden-Baden 1989

HEINEMANN, Friedrich: Staatsverschuldung, Beiträge zur Wirtschafts- und Sozialpolitik, 214, Institut der Deutschen Wirtschaft Köln. Köln 1994

HEINEMANN, Friedrich: Die Finanzverfassung und Kompetenzausstattung der Europäischen Union nach Maastricht, 1. Aufl. Baden-Baden 1995

HEINEMANN, Friedrich: Die ökonomische Föderalismustheorie und ihre Botschaft für die Kompetenzaufteilung im Mehrebenensystem der Europäischen Union. In: König, Thomas u.a.: Das europäische Mehrebenensystem, Bd. 1, 1996, S. 117–132

HEINEMANN, Friedrich: Der Kompensationsfond: Eine neue Finanzverfassung für die EU der 21+, Wirtschaftsdienst 1999, Heft V, S. 293–299

HEINEMANN, Friedrich: EU-Finanzreform 1999: Eine Synopse der politischen und wissenschaftlichen Diskussion und eine neue Reformkonzeption. Gütersloh 1999

HEINEMANN, Friedrich: Die Reformperspektive der EU-Finanzverfassung nach den Beschlüssen zur Agenda 2000, Discussion-Paper 99–48, ZEW. Mannheim 1999

HEINEMANN, Friedrich: EU-Finanzverfassung. In: Caesar, Rolf / Scharrer, Hans-Eckart (Hrsg.): Die Zukunft Europas im Lichte der Agenda 2000, 1. Aufl., S. 91–107. Baden-Baden 2001

HEINIG, Kurt: Das Budget, Bd. 1: Die Budgetkontrolle. Tübingen 1949

HEINIG, Kurt: Das Budget, Bd. 2: Das Budgetwesen. Tübingen 1951

HELLER, Robert: Haushaltsgrundsätze für Bund Länder und Gemeinden. Heidelberg 1998

HENKE, Klaus-Dirk / MILBRANDT, Beate: Die zukünftige finanzielle Lastverteilung in der EU, S. 1119–135. In: Caesar, Rolf / Scharrer, Hans-Eckart (Hrsg.): Die Zukunft Europas im Lichte der Agenda 2000, 1. Aufl. Baden-Baden 2001

HENNEKE, Hans-Günther: Öffentliches Finanzwesen – Finanzverfassung: eine systematische Darstellung. Heidelberg 1990

HERRMANN, Roland: Neue Konzepte der EU-Agrarpolitik und ihre Finanzierung in der EU, S. 156–177. In: List-Forum für Wirtschafts- und Finanzpolitik, Bd. 25, 1999, Heft 2

HICKS, John R.: The Foundation of Welfare Economics, Economic Journal, Vol. 49, 1939, S. 696ff.

HIRSCHMAN, Albert O.: Abwanderung und Widerspruch. Tübingen 1974

HIX, Simon: The Polical System of the European Union. London 1999

HIX, Simon: Public Opinion and Political Cleavages. In: Hix, Simon (Hrsg.): The Polical System of the European Union, S. 133–165. London 1999

HÖRETH, Markus: Die Europäische Union im Legitimationstrilemma: Zur Rechtfertigung des Regierens jenseits der Staatlichkeit, 1. Aufl. Baden-Baden 1999

HÖMIG, Dieter / SEIFERT, Karl-Heinz: Grundgesetz für die Bundesrepublik Deutschland, Taschenkommentar. Baden-Baden 1999

HOFFMANN, Lutz: Erweiterung der EU, Schriftenreihe des Vereins für Socialpolitik, Bd. 274. Berlin 2000

HUBER, Peter M.: Die parlamentarische Demokratie unter den Bedingungen der europäischen Integration. In: Huber, Peter M. (Hrsg.): Das Ziel der europäischen Integration, S. 11–40. München 1996

HUBER, Peter M.: Das Recht der Europäischen Integration. München 1996

HUBER, Peter M.: Das Ziel der Europäischen Integration. München 1996

HUBER, Peter M. / LICHTBLAU, Karl: Die Reform der deutschen Finanzverfassung – die Rolle des Konnexitätsprinzips. In: Hamburger Jahrbuch für Wirtschafts- und Gesellschaftspolitik (Hrsg.), 44. Jahrg. Hamburg 1999

HRADIL, Stefan: Differenz und Integration: die Zukunft moderner Gesellschaften, Kongressband 1 des Kongresses der Deutschen Gesellschaft für Soziologie in Dresden. Frankfurt a.M. 1997

HRBEK, Rudolf: Nationalstaat und europäische Integration: Die Bedeutung der nationalen Komponente für den EG-Integrationsprozeß. In: Haungs, Peter (Hrsg.): Europäisierung Europas? Baden-Baden 1989

HRBEK, Rudolf: Deutungen und Perspektiven aus politikwissenschaftlicher Sicht. In: Hrbek, Rudolf (Hrsg.): Die Entwicklung der EG zur Politischen Union und zur Wirtschafts- und Währungsunion unter der Sonde der Wissenschaft, 1. Aufl., S. 81–91. Baden-Baden 1993

HRBEK, Rudolf (Hrsg.): Die Entwicklung der EG zur Politischen Union und zur Wirtschafts- und Währungsunion unter der Sonde der Wissenschaft, 1. Aufl. Baden-Baden 1993

HRBEK, Rudolf: Die Reform der Europäischen Union, 1. Aufl. Baden-Baden 1997

HRBEK, Rudolf / JOPP, Matthias / LIPPERT, Barbara / WESSELS, Wolfgang: Die Europäische Union als Prozeß: Verfassungsentwicklung im Spiegel von 20 Jahren der Zeitschrift Integration. Bonn 1998

IPSEN, Hans Peter: Hamburg, Deutschland, Europa: Beiträge zum deutschen und europäischen Verfassungs-, Verwaltungs- und Wirtschaftsrecht, Festschrift für Hans Peter Ipsen zum 70. Geburtstag, Rolf Stödter (Hrsg.). Tübingen 1977

ISENSEE, Josef, Der Föderalismus und der Verfassungsstaat der Gegenwart, Archiv des Öffentlichen Rechts (AöR) 1990, S. 248–280

ISENSEE, Josef: Verfassungsrechtliche Würdigung der Schuldengrenze nach Art. 115 Grundgesetz. In: Müller, Udo: Haushaltsreform und Finanzkontrolle, 1. Aufl., S. 113–135. Baden-Baden 1997

ISENSEE, Josef / KIRCHHOF, Paul: Handbuch des Staatsrechts der Bundesrepublik Deutschland, Bd. IV: Finanzverfassung – Bundesstaatliche Ordnung. Heidelberg 1999

JACHTENFUCHS, Markus: Die Europäische Union – ein Gebilde sui generis? In: Wolf, Klaus Dieter: Projekt Europa im Übergang, S. 15–36. Baden-Baden 1997

JACHTENFUCHS, Markus / DIETZ, Thomas / JUNG, Sabine: Regieren jenseits der Staatlichkeit? Legitimitätsideen in der Europäischen Union, Mannheimer Zentrum für Europäische Sozialforschung, Arbeitspapiere, Arbeitsbereich III/Nr. 15. Universität Mannheim 1996

JACHTENFUCHS, Markus / KOHLER-KOCH, Beate: Europäische Integration. Opladen 1996

JANNING, Josef: Frieden in Europa, S. 366–394. In: Weidenfeld, Werner (Hrsg.): Europa-Handbuch. Bonn 1999

JAQUÉ, Jean Paul: Kommentierung zu Art. 148. In: Groeben, Hans van der / Tiesing, Jochen / Ehlermann, Claus-Dieter: Kommentar zum EU/EG-Vertrag, Bd. 4, 5. Aufl. Baden-Baden 1997

JELLINEK, Georg: Allgemeine Staatslehre, 3. Aufl. Berlin 1922

JEZÈ, Gaston / NEUMARK, Fritz: Allgemeine Theorie des Budgets. Tübingen 1927

JÖRG, Alexander: Finanzverfassung und Föderalismus in Deutschland und in der Schweiz. Baden-Baden 1998

JOERGES, Christian: Das Recht im Prozeß der europäischen Integration. In: Jachtenfuchs, Markus / Kohler-Koch, Beate (Hrsg.): Europäische Integration, S. 73–108. Opladen 1996

KALDOR, Nicholas: Welfare Propositions in Economics, Economic Journal, Vol. 49, 1939, S. 549ff.

KAHL, Bruno: Europäische Union: Bundesstaat-Staatenbund-Staatenverbund? Zum Urteil des BVerfG vom 12. Oktober 1993, Der Staat 1994, S. 241ff.

KANTZENBACH, Erhard / MOLITOR, Bruno / MAYER, Otto: Hamburger Jahrbuch für Wirtschafts- und Gesellschaftspolitik, 43. Jahrgang. Tübingen 1998

KARL, Helmut / HENRICHSMEYER, Wilhelm: Regionalentwicklung im Prozess der Europäischen Integration. Bonn 1995

KARL, Helmut: Die Reform der Kohäsionspolitik der Europäischen Union, S. 137–152. In: Caesar, Rolf / Scharrer, Hans Eckart: Die Zukunft Europas im Lichte der Agenda 2000. Baden-Baden 2001

KAUFMANN, Marcel: Europäische Integration und Demokratieprinzip, 1. Aufl. Baden-Baden 1997

KATZ, Alfred: Staatsrecht, 14. Aufl. Heidelberg 1999

KIELMANNSEGG, Peter Graf: Integration und Demokratie. In: Jachtenfuchs, Markus / Kohler-Koch, Beate: Europäische Integration, S. 47–71. Opladen 1996

KIELMANNSEGG, Peter Graf: Vom Bundestag zum Bundesrat, 43–61. In: Bundesrat (Hrsg.): Vierzig Jahre Bundesrat, 1. Aufl. Baden-Baden 1989

KIRCHHOF, Ferdinand: Empfehlen sich Maßnahmen, um in der Finanzverfassung Aufgaben – und Ausgabenverantwortung von Bund, Ländern und Gemeinden stärker zusammenzuführen? Verhandlungen des einundsechzigsten Juristentages, Bd. 1 (Gutachten) Teil D, Karlsruhe 1996, Ständige Deputation des Deutschen Juristentages (Hrsg.). München 1996

KIRSCH, Guy: Föderalismus. Stuttgart/New York 1977

KIRSCH, Guy: Föderalismus: Die Wahl zwischen ... In: Schmidt, Kurt (Hrsg.): Beiträge zu ökonomischen Problemen des Föderalismus, Schriften des Vereins für Sozialpolitik, Bd. 166 N.F. Berlin 1987

KISKER, Gunter: Staatshaushalt, § 89, S. 242. In: Isensee, Josef, Kirchhof, Paul: Handbuch des Staatsrechts der Bundesrepublik Deutschland, Bd. IV: Finanzverfassung – Bundesstaatliche Ordnung. Heidelberg 1999

KLUTH, Winfried: Die demokratische Legitimation der Europäischen Union – Eine Analyse der These vom Demokratiedefizit –, Schriften zum Europäischen Recht, Bd. 12. Berlin 1995

KÖCKRITZ, Sieghardt von / DITTRICH, Norbert / LAMM, Christel: Bundeshaushaltsordnung, Kommentar, – Loseblattsammlung (Stand: 01.09.2000). München/Berlin

KÖNIG, Thomas: Intergouvernementalismus zum Parlamentarismus? Eine institutionelle Analyse der europäischen Mehrkammer-Gesetzgebung, S. 70–98 (S. 79). In: König, Thomas u.a.: Das europäische Mehrebenensystem, Bd. 1. Frankfurt 1996

KÖNIG, Thomas / RIEGER, Elmar / SCHMITT, Hermann: Das Europäische Mehrebenensystem, Mannheimer Jahrbuch für europäische Sozialforschung, Bd. 1. Frankfurt a.M./New York 1996

KÖNIG, Thomas: Europäische Institutionenpolitik, Mannheimer Jahrbuch für europäische Sozialforschung, Bd. 2. Frankfurt a.M. 1997

KÖNIG, Thomas: Europa der Bürger, Mannheimer Jahrbuch für Europäische Sozialforschung, Bd. 3. Frankfurt a.M./New York 1998

KOHL, Eckard / BERGMANN, Jan: Europäischer Finanzausgleich? Gewinner und Verlierer der EU-Politiken. Köln 1998

KOLLER, Heinrich: Der öffentliche Haushalt als Instrument der Staats- und Wirtschaftslenkung: ein Beitrag zur politischen und rechtlichen Bedeutung des haushaltsrechtlichen Instrumentariums und zum Wandel der Haushaltskompetenzen von Parlament und Regierung. Basel/Frankfurt a.M. 1983

KOLLER, Peter: Grundlagen der Legitimation und Kritik staatlicher Herrschaft. In: Grimm, Dieter (Hrsg.): Staatsaufgaben, S. 739–769, 1. Aufl. Baden-Baden 1996

KONRAD-ADENAUER-STIFTUNG: Das Finanzsystem der EU: Neue Ansätze und Perspektiven, Interne Studien 142/1997. St. Augustin 1997

KONRAD-ADENAUER-STIFTUNG: Finanzkontrolle und Betrugsbekämpfung in der EU, interne Studien 127/1996. St. Augustin 1996.

KRAFF, Manfred: Der Finanzausgleich in der Europäischen Union: Theorie, Praxis und Perspektiven. Bonn 1997

KRAFF, Manfred: Wohin führt die Agenda 2000? Die Europäische Integration aus politikökonomischer Sicht, Universität Trier, Fachbereich IV, Arbeitspapier Nr. 52. Trier 1999

KRAFF, Manfred: Perspektiven zur Schaffung eines Finanzausgleich in der Europäischen Union, Universität Trier, Fachbereich IV, Arbeitspapier Nr. 55. Trier 2001

KREILE, Michael: Die Integration Europas, Politische Vierteljahresschrift (PVS), Sonderheft 23

KUHLMANN, Kirsten: Die Haushaltsdisziplin in den Europäischen Gemeinschaften. Sinzheim 1997

LANDESRECHNUNGSHOF NRW: Jahresbericht zum Haushalt 2001, abrufbar über: http://www.lrh.nrw.de/jahresberichte/2001.htm

LÄUFER, Thomas: Die Organe der EG – Rechtsetzung und Haushaltsverfahren zwischen Kooperation und Konflikt – Ein Beitrag zur institutionellen Praxis der EG, Reihe: Europäische Studien des Instituts für Europäische Politik 17. Bonn 1990

LAUTZ, Andreas: Das erste Mißtrauensvotum des Europäischen Parlaments gegen die Europäische Kommission, Zeitschrift für Politikwissenschaft (ZfP), 1999, Heft 2, S. 439–460

LEIBENSTEIN, Harvey: Allocative Efficiency vs. X-Efficiency, American Economic Review 56, 1966, S. 392–415

LENK, Thomas / SCHNEIDER, Friedrich: Zurück zu mehr Föderalismus: Ein Vorschlag zur Neugestaltung des Finanzausgleichs in der BRD unter besonderer Berücksichtigung der neuen Bundesländer, 2000, abrufbar über: http://economics.uni-linz.at/members/Schneider/Finanz98.html

LENZ, Carl Otto: Kommentar zu dem Vertrag der Europäischen Gemeinschaften, 2. Aufl. Köln 1999

LENZEN, Heinz Josef: Der EU-Haushalt: Ein Katalysator für Legislativmaßnahmen? – Zur Auswirkung des Verhältnisses von Haushalts- und Gesetzgebungsverfahren auf Umfang und Intensität der EU-Tätigkeit, Europarecht (EuR), Heft 2 1996, S. 214–224

LEPSIUS, Rainer: Vertrauen zu Institutionen. In: Hradil, Stefan: Differenz und Integration, S. 283–293. Dresden 1997

LESCHKE, Martin: Zur institutionellen Ausgestaltung der Europäischen Union. In: Streit, Manfred E. / Voigt, Stefan: Europa reformieren, S. 100ff. Baden-Baden 1996

LEWIS, Jeffrey: The Institutional Problem-Solving Capacities of the Council: The Committee of Permanent Representatives and the Methods of Community, MPIfG Köln, Discussion Paper 98/1

LICHTERFELD, Frank: Der Wandel der Haushaltsfunktionen von Bundeslegislative und Bundesexekutive. Heidelberg 1969

LIPPERT, Barbara: EU-Osterweiterung als doppelte Reifeprüfung. In: Lippert, Barbara (Hrsg.): Osterweiterung der Europäischen Union – die doppelte Reifeprüfung, S. 17–27. Bonn 2000

LIPPERT, Barbara: Osterweiterung der Europäischen Union – die doppelte Reifeprüfung. Bonn 2000

LOCKE, John: Zwei Abhandlungen über die Regierung. Wien 1967

LÖCHEL, Horst: Ökonomische Institutionen als das Ergebnis von Verteilungskonflikten, Zeitschrift für wirtschaftswissenschaftliche Studien 1996, Heft 6, S. 275–278

LORENZ, Esther: Das Europaparlament auf dem Vormarsch – Initiative für ein Europa im Wandel: Eine empirische Studie zur Übereinstimmung von Parlament und Kommission in politischen Sachfragen. Stuttgart 2000

LUHMANN, Niklas: Legitimation durch Verfahren, 3. Aufl. Darmstadt/Neuwied 1978

MÄDING, Heinrich: Haushaltsplanung, Haushaltsvollzug, Haushaltskontrolle, Schriften zur öffentlichen Verwaltung und öffentlichen Wirtschaft, Bd. 109, 1. Aufl. Baden-Baden 1986

MAGER, Ute: Das Europäische Amt für Betrugsbekämpfung (OLAF) – Rechtsgrundlagen seiner Errichtung und Grenzen seiner Befugnisse, Zeitschrift für europarechtliche Studien (ZEUS) 2/2000

MAGIERA, Siegfried: Föderalismus und Subsidiarität als Rechtsprinzipien der Europäischen Union. In: Schneider, Heinrich / Wessels, Wolfgang: Föderale Union – Europas Zukunft?, S. 71–98. München 1994

MAGIERA, Siegfried: Kommentierung zu Art. 203, Art. 204. In: Grabitz, Eberhard / Hilf, Meinhard: Kommentar zur Europäischen Union. München 1993/1998

MAGIERA, Siegfried / SEIDENTOPF, Heinrich: Die Zukunft der Europäischen Union. Berlin 1997

MAGIERA, Siegfried: Kompetenzverteilung in Europa – Möglichkeiten und Grenzen der Beachtung der dritten Ebene, S. 19–30. In: Borkenhagen, Franz H.U. / Fischer, Thomas / Franzmeyer, Fritz u.a. (Hrsg.): Arbeitsteilung in der Europäischen Union – Die Rolle der Region. Gütersloh 1999

MAJONE, Giandomenico: The regulatory state and its legitimacy problems". In: West European Politics, Vol.22, No. 1 (January 1999), S. 1–24

MALLOSSEK, Jörg: Zur Finanzverfassung der EU – Lehren aus dem fiskalischen Föderalismus? In: Beihefte zur Konjunkturpolitik, Heft 49, S. 221–255. Köln 1999

MANDL, Hella: Legitimität (Stichwort), S. 284–297. In: Nohlen, Dieter / Schultze, Rainer-Olaf: Lexikon der Politik, Bd. 1. München 1995

MARKS, Gary: Politikmuster und Einflußlogig in der Strukturpolitik. In: Jachtenfuchs, Markus / Kohler-Koch, Beate: Europäische Integration, S. 313–343. Opladen 1996

MARTIENSEN, Jörn: Institutionenökonomik. München 2000

MASING, Johannes: Politische Verantwortlichkeit und rechtliche Verantwortlichkeit, Zeitschrift für Rechtspolitik (ZRP) 2001, Heft 1, S. 36–42

MAZAN, Stefan: Das föderative Prinzip in der EU – insbesondere die föderativen Strukturelemente des europäischen Gemeinschaftsrechts, Schriften zum Europarecht , Bd. 19. Zürich 1996

MESSAL, Rüdiger: Das Eigenmittelsystem der Europäischen Gemeinschaft, 1. Aufl. Baden-Baden 1991

MEYER, Alfred: Der Zollverein und die deutsche Politik Bismarcks, Europäische Hochschulschriften, Reihe III, Bd. 288. Frankfurt a.M. 1986

MEYER, Steffen: Zwischenstaatliche Finanzierungszuweisungen im zusammenwachsenden Europa, Finanzwissenschaftliche Schriften, Bd. 97. Frankfurt a.M. 2000

MÖSCHEL, Wernhard: Eine Verfassungskonzeption für die Europäische Union, S. 23–29. In: Gröner, Helmut/Schüller, Alfred (Hrsg.): Die europäische Integration als ordnungspolitische Aufgabe. Stuttgart/Jena/New York 1993

MUELLER, Dennis C.: Public Choice II, Cambridge University Press. Cambridge 1989

MÜLLER, Erika: Theorie und Praxis des Staatshaushalts im 19. Jahrhundert. Opladen 1989

MÜLLER, Udo: Haushaltsreform und Finanzkontrolle, 1. Aufl. Baden-Baden 1997

MÜNCH, Ingo von: Grundgesetz-Kommentar, Bd. 3, 2. Aufl. München 1983

MULGAN, Richard: Comparing accountability in the public an private sectors, Australian Journal of Public Administration, 59, March 2000, S. 87–97

MUSGRAVE, Richard A. / MUSGRAVE, Peggy B. / KULLMER, Lore: Die öffentlichen Finanzen in Theorie und Praxis, Bd. 1–5. Tübingen 1990

NEẞLER, Volker: Europäische Willensbildung: die Fraktionen im Europaparlament zwischen nationalen Interessen, Parteipolitik und europäischer Integration. Berlin 1997

NEẞLER, Volker: Willensbildung im Europäischen Parlament – Abgeordnete und Fraktionen zwischen Konsens und Dissens –, Zeitschrift für europäische Studien 1999, Bd. 2, S. 157–182

NIEDOBITEK, Matthias:. In: *Streinz, Rudolf:* Kommentar zum EUV/EGV, Art. 272 RN 24, unveröffentlichtes Manuskript

NISKANEN, William A.: Bureaucracy and Representativ Government. Chicago 1971

NISKANEN, William A.: Bureaucrats and Politicians. In: Journal of Law and Economics, Vol. 18, S. 617–643, 1975

NISKANEN, William A.: Ein ökonomisches Modell der Bürokratie. In: Frey, Bruno S. / Pommerehne, Werner: Ökonomische Theorie der Politik. Heidelberg/New York 1979

NOHLEN, Dieter / SCHULTZE, Rainer-Olaf: Lexikon der Politik, Bd. 1: Politische Theorien. München 1995

NOLL, Michael: Haushalt und Verfassung: Normen, Reformen, Trends, eine Einführung in das Haushalts- und Verfassungsrecht der Bundesrepublik Deutschland sowie der Europäischen Union, 1. Aufl. Stuttgart/Berlin/Köln 2000

NORTH, Douglass C.: Institutionen, institutioneller Wandel und Wirtschaftsleistung, Tübingen 1992

NOWOTNY, Ewald: Der öffentliche Sektor – Einführung in die Finanzwissenschaft, 4. Aufl. Berlin/Heidelberg 1999

OATES, Wallace E.: Fiscal Federalism, New York, NY: Harcourt/Brace/Jovanoeid, 1972, S. 35ff

OHLER, Christoph: Die fiskalische Integration in der Europäischen Gemeinschaft, 1. Aufl. Baden-Baden 1997

OHR, Renate: Europäische Integration. Stuttgart 1996

OPPERMANN, Thomas: Europarecht, 2. Aufl. München 1999

ORTLIEB, Heinz-Dietrich: Hamburger Jahrbuch für Wirtschafts- und Gesellschaftspolitik, 44. Jahrgang. Tübingen 1999

PAPPENHEIM, Rainer: Neue Institutionenökonomik und politische Institutionen. In: Europäische Hochschulschriften, Reihe V: Volks- und Betriebswirtschaft, Bd. 2733. Frankfurt a.M. (u.a.) 2001

Parlament Européen, Service Juridique: Note sur la majorité requise pour le vote du nouvel accord interinstitutionnel sur les perspectives financières, Strassbourg 05.05.1999 (nicht öffentlich zugänglich)

Parlament Européen, Avis Juridique: Accord interinstitutionnel du 6 mai 1999 – Rèvision des perspectives financierès et recours à l'instrument de flexibilité – Majorité requise au sein du Parlament européen, Luxemburg, 07.12.1999 (nicht öffentlich zugänglich)

PATZIG, Werner: Haushaltsrecht des Bundes und der Länder, Bd. I. Baden-Baden 1981

PECHSTEIN, Matthias: Das Kohärenzgebot als entscheidende Integrationsdimension der Europäischen Union, Europarecht (EuR), 1995, Heft 3, 247–258

PECHSTEIN, Matthias: Rechtssubjektivität für die Europäische Union? Europarecht (EuR), 1996, 137–144

PECHSTEIN, Matthias: Rechtspersönlichkeit für die Europäische Union, Europäische Zeitschrift für Wirtschaftsrecht (EuZW), 1997, S. 225

PEFFEKOVEN, Rolf: Finanzausgleich, Teil 1. In: Albers, Willi / Born, Karl Erich / Dürr, Ernst / Hesse, Helmut (Hrsg.): Handwörterbuch der Wirtschaftswissenschaften, 2. Bd. Tübingen/Stuttgart/New York u.a. 1981

PEFFEKOVEN, Rolf: Die Finanzen der Europäischen Union. Mannheim 1994

PERNICE, Ingolf: Der europäische Verfassungsverbund auf dem Wege der Konsolidierung. In: Jahrbuch des Öffentlichen Rechts, Bd. 48, S. 205–232, 2000

PERSSON, Torsten / ROLAND, Gerard / TABELLINI, Guido: Seperation of Powers and Political Accountability, Quarterly Journal of Economics, November 1997, S. 1163–1202

PETERSEN, Hans-Georg: Finanzwissenschaft Bd. 1: Grundlage – Haushalt – Aufgaben der Ausgaben – Allgemeine Steuerlehre, 3. Aufl. Stuttgart/Berlin/Köln 1993

PETERSEN, Hans-Georg: Finanzwissenschaft Bd. 2: Spezielle Steuerlehre – Staatsverschuldung – Finanzausgleich. Stuttgart 1988

PETERSEN, Hans-Georg / ANTON, Stefan / BORK, Christhart: Mischfinanzierung im deutschen Länderfinanzausgleich: Zur Problematik von Gemeinschaftsaufgaben, Finanzhilfen und Geldleistungsgesetzen. Aachen 2001

PETERSEN, Thomas: Die ökonomische Theorie der Politik und die Verfassung der Freiheit, Kleine Reihe, Walter-Raymond-Stiftung, 63. Köln 1998

PFAHL, Stefanie / SCHULTZ, Elmar / MATTHES Claudia / SELL, Kathrin: Institutionelle Herausforderungen im Neuen Europa: Legitimität, Wirkung und Anpassung. Opladen 1998

PFENNIG, Gero: Eine neue Finanzverfassung für die EG – Basis für eine föderale Europäische Union, S. 143–155 (143), Integration, Heft 4, 1986

PIES, Ingo: Vertrag oder Verfassung – Institutionenökonomische Perspektiven für die europäische Union. In: Streit, Manfred / Voigt, Stefan: Europa reformieren, S. 32ff. Baden-Baden 1996

PIES, Ingo / LESCHKE, Martin: Mancur Olsons Logik kollektiven Handelns. Tübingen 1997

POMMEREHNE, Werner W.: Präferenzen für öffentliche Güter: Ansätze zu ihrer Erfassung. Tübingen 1987

PRODI, Romano: Die neue institutionelle Struktur der Kommission, Rede vor dem Parlament, Speech 02/615, vom 05.12.2002, abrufbar über: Pressemitteilungen der Europäischen Union: http://europa.eu.int/news/indes_de.htm (Stand: 20.12.2002)

RANDELZHOFER, Albrecht / SCHOLZ, Rupert / WILKE, Dieter: Gedächtnisschrift für Eberhard Grabitz. München 1995

RAT DER EUROPÄISCHEN UNION, AUSSCHUSS DER STÄNDIGEN VERTRETER: Haushaltsverfahren 2001 – Aufstellung des Haushaltsplanentwurfs, Operative Ausgaben, Dok.-Nr. 10359/00 vom 13.07.2000, (nichtöffentliches Dokument)

RAT DER EUROPÄISCHEN UNION: Beschluß des Rates 2000/597 EG/Euratom, vom 29.09.2000 über das System der Eigenmittel der Europäischen Gemeinschaft, Abl. L 253/42 vom 07.10.2000

RAT DER EUROPÄISCHEN UNION: Beschluß des Rates 87/373/EWG vom 13.07.1987 zur Festlegung der Modalitäten für die Ausübung der der Kommission übertragenen Durchführungsbefugnisse, Abl. L 197/33 vom 18.07.1987

RAT DER EUROPÄISCHEN UNION: Beschluß des Rates 70/244/EWG, EGKS, Euratom, Abl. L 94/23 v. 28.4.1970

RAT DER EUROPÄISCHEN UNION: Verordnung Nr. 762/2001 zur Änderung der Haushaltsordnung betreffend Art 24 HO, Abl. L 111 vom 20.04.2001

RAT DER EUROPÄISCHEN UNION: Verordnung Nr. 2040/2000/EG betreffend die Haushaltsdisziplin, vom 26.09.2000, Abl. L 244/27 vom 29.09.2000

RAT DER EUROPÄISCHEN UNION: Verordnung (EG, Euratom) Nr. 1150/2000 des Rates vom 22. Mai 2000 zur Durchführung des Beschlusses 94/728/EG, Euratom über das System der Eigenmittel der Gemeinschaften, Abl. L 130/1 vom 31/05/2000

RAT DER EUROPÄISCHEN UNION: Verordnung Nr. 2988/1995 (EG, Euratom) vom 18.12.1995 über den Schutz der finanziellen Interessen der Europäischen Gemeinschaft, Abl. L 312/1 vom 23.12.1995

RAT DER EUROPÄISCHEN UNION: Verordnung (EWG, Euratom) Nr. 1552/89 des Rates vom 29. Mai 1989 zur Durchführung des Beschlusses 88/376/EWG, Euratom über das System der Eigenmittel der Gemeinschaften, Abl. L 155 vom 07/06/1989 S. 0001 - 0008

RAT DER EUROPÄISCHEN UNION, RAT DER REGIERUNGEN DER MITGLIEDSTAATEN AUF DER EBENE DER STAATS- UND REGIERUNGSCHEFS: Beschluss vom 27.02.02 über die finanziellen Folgen des Ablaufs der Geltungsdauer des EGKS-Vertrags, Amtsblatt der EU L 79/42 vom 22.03.02

RAT DER EUROPÄISCHEN UNION, RAT WIRTSCHAFT UND FINANZEN: Protokollentwurf der 2407. Tagung des Rates Wirtschaft und Finanzen, 25.02.02, Dok.-Nr. 6196/02 (nichtöffentliches Dokument)

RAT DER EUROPÄISCHEN UNION, RAT WIRTSCHAFT UND FINANZEN: Tagung des Rates Wirtschaft und Finanzen am 26./27.11.00, Dok.-Nr. 13861/00:2312. (nichtöffentliches Dokument)

REISTER, ERWIN: Haushalt und Finanzen. Baden-Baden 1975

RENZSCH, Wolfgang: Reform der Finanzverfassung zwischen ökonomischer Effizienz, bundesstaatlicher Funktionalität und politischer Legitimität, S. 39–56. In: Büttner, Thies: Finanzverfassung und Föderalismus in Deutschland und Europa, ZEW Wirtschaftsanalysen, Schriftenreihe des ZEW, Bd. 49. Baden-Baden 1999

RICHTER, Rudolf / BINDSEIL, Udo: Neue Institutionenökonomik, Wirtschaftswissenschaftliches Studium (WiSt), 1995, S. 132–140

RICHTER, Rudolf: Sichtweise und Fragestellung der Neuen Institutionenökonomik, Zeitschrift für Wirtschafts- und Sozialwissenschaften (ZWS) 110, S. 571–591, 1990

RICHTER, Rudolf: Institutionen ökonomisch analysiert: zur jüngsten Entwicklung auf einem Gebiet der Wirtschaftstheorie, Tübingen 1994

RICHTER, Rudolf / FURUBOTN, Eirik G.: Neue Institutionenökonomik: eine Einteilung und kritische Würdigung, 2. Aufl. Tübingen 1999

RICHTER, Wolfram / WIEGARD Wolfgang: Zwanzig Jahre 'Neue Finanzwissenschaft', Teil I: Überblick und Theorie des Marktversagens, Zeitschrift für Wirtschaft- und Sozialwissenschaften 1993, Heft 113, S. 169–224; Teil II: Steuern und Staatsverschuldung, Zeitschrift für Wirtschafts- und Sozialwissenschaften 1993, Heft 113, S. 337–400

ROSSI, Matthias: Europäisches Parlament und Haushaltsverfassungsrecht. Berlin/Baden-Baden 1997

RUMMER, Anne: Die Europäische Union nach Amsterdam – Demokratie als Verfassungsprinzip der EU?, Zeitschrift für europarechtliche Studien (ZEUS), 1999, Heft 2, S. 249–280

RUMMER, Anne: Die Europäische Union nach Amsterdam, Zeitschrift für europarechtliche Studien (ZEUS), 2000, Heft 2, S. 270ff.

RÜRUP, Bert: Die Programmfunktion des Bundeshaushaltsplans: die deutsche Haushaltsreform im Lichte der amerikanischen Erfahrungen mit dem Planning-Programming-Budgeting-System. Berlin 1971

RÜRUP, Bert / KÖRNER, Heiko: Finanzwissenschaft: Grundlagen der öffentlichen Finanzwirtschaft, 2. Aufl. Düsseldorf 1985

SAMLAND, Detlev: Agenda 2000 – Das Entscheidungspaket, III. Leitlinien für eine Finanzierung der AGENDA 2000, abrufbar über: http://www.hjmoos.de/archiv/euro99/europapolitik/agenda3.htm (Stand: 23.01.2002)

SAMLAND, Detlev: Leitlinien für eine Finanzierung der Agenda 200, S. 39–56 (46, 50ff.). In: Görlach, Willi, u.a.(Hrsg.): Thema Europa: Agenda 2000, 1998

SAUERLAND, Dirk: Föderalismus zwischen Freiheit und Effizienz: der Beitrag der ökonomischen Theorie zur Gestaltung dezentraler politischer Systeme. Berlin 1997

SCHARPF, Fritz W.: Regieren in Europa: Effektiv und demokratisch? Frankfurt a.M. 1999

SCHARPF, Fritz W.: Die Politikverflechtungsfalle: Europäische Integration und deutscher Föderalismus im Vergleich, Politische Vierteljahresschrift (PVS), 1985, Heft 26, S. 323–356

SCHARPF, Fritz W.: Föderale Politikverflechtung: Was muß man ertragen – was kann man ändern?, MPIfG-Working Paper 99/3, 1999

SCHEIBE, Roland: Die Anleihekompetenzen der Gemeinschaftsorgane nach dem EWG-Vertrag: zu den Möglichkeiten und Grenzen der Kreditfinanzierung der EWG, 1. Aufl. Baden-Baden 1988

SCHMÄHL, Winfried / RISCHE, Herbert: Europäische Sozialpolitik. Baden-Baden 1997

SCHMIDT, Kurt: Beiträge zu ökonomischen Problemen des Föderalismus, Schriften des Vereins für Sozialpolitik, Bd. 166 N.F. Berlin 1987

SCHMIDT, Kurt: Finanzwirtschaft, öffentliche, I: Allgemeines. In: Albers, Willi / Born, Karl Erich / Dürr, Ernst / Hesse, Helmut: Handwörterbuch der Wirtschaftswissenschaften, Bd. 3: Finanzen bis Handelshemmnisse. Stuttgart/New York 1981

SCHMIDT-BLEIBTREU, Bruno / KLEIN, Franz : Kommentar zum Grundgesetz, 9. Aufl. Neuwied/ Kriftel 1999

SCHMITZ, Sven-Uwe / PFAHL, Stefanie: Die Legitimität von Institutionen. In: Pfahl, Steffanie / Matthes, Elmar / Schultz, Claudia / Sell, Kathrin: Institutionelle Herausforderungen im neuen Europa, Legitimität, Wirkung und Anpassung, S. 31–56. Opladen 1998

SCHMÖLDERS, Günter: Finanzpolitik. Berlin 1970

SCHNEIDER, Friedrich: Fünf grundlegende Elemente einer föderalen Verfassung der Europäischen Union, S. 44–63. In: König, Thomas (Hrsg.): Das europäische Mehrebenensystem, Bd. 3: Europa der Bürger. Frankfurt a.M. 1998

SCHNEIDER, Gerald: Auswege aus der Verflechtungsfalle? – Ein Analyse der wichtigsten Reformoptionen. In: König, Thomas (Hrsg.): Das europäische Mehrebenensystem, Bd. 2: Europäische Institutionenpolitik. Frankfurt a.M. 1997, S. 163–175

SCHNEIDER, Heinrich / WESSELS, Wolfgang: Föderale Union – Europas Zukunft? – Analysen, Kontroversen, Perspektiven, Schriftenreihe des Bundeskanzleramtes, Bd. 15. München 1994

SCHNEIDER, Hans-Peter / ZEH, Wolfgang: Parlamentsrecht und Parlamentspraxis – ein Handbuch. Berlin/New York 1989

SCHREYER, Michaele: Die Europäische Finanzverfassung vor der Erweiterung, Rede an der Humboldt-Universität Berlin am 14.01.2000, abrufbar über: http://www.rewi.hu-berlin.de/WHI/deutsch/fce/fce100/schreyer.htm (Stand: 23.01.2003)

SCHUBERT, Klaus / KLEIN, Martina: Das Politiklexikon. Bonn 1997

SCHÜLER, Jürgen: Finanzkontrolle und Betrugsbekämpfung der Europäischen Union aus Sicht der Europäischen Kommission, S. 35–48. In: Konrad-Adenauer-Stiftung (Hrsg.): Finanzkontrolle und Betrugsbekämpfung in der Europäischen Union. St. Augustin 1996

SCHÜLLER, Alfred: Studien zur Ordnungsökonomik. Stuttgart 2000

SCHWARZE, Jürgen: EU-Kommentar. Baden-Baden 2000

SCHWEITZER, Michael / HUMMER, Waldemar: Europarecht: Das Recht der Europäischen Union, 5 Aufl. Berlin 1996

SCHWEITZER, Michael: Staatsrecht III: Staatsrecht, Völkerrecht, Europarecht, 7. Aufl. Heidelberg 2000

SEIDEL Barbara: Die Einbindung der Bundesrepublik Deutschland in die Europäischen Gemeinschaften als Problem des Finanzausgleichs, Finanzwissenschaftliche Schriften Bd. 50. Frankfurt a.M. 1992

SEN, Amartya Kumar: Collective Choice and Social Welfare, San Francisco/Edinburgh 1970

SENF, Paul: Kurzfristige Haushaltsplanung, S. 371–425. In: Gerloff, Wilhelm / Neumark, Fritz: Handbuch der Finanzwissenschaft, 1. Bd. , (HdFW), 3. Aufl. Tübingen 1977

SIUTS, Carl-Gustav: Die öffentlichen Finanzen der Europäischen Union, Europäische Hochschulschriften, Reihe XXXI, Bd. 431. Frankfurt a.M. 2001

SOHMEN, Egon: Allokationstheorie und Wirtschaftspolitik. Tübingen 1976

SPAHN, Paul Bernd / FÖTTINGER, Wolfgang: Fiskalische Disziplin und institutionelle Budgetkoordination, S. 140–159. In: König, Thomas (Hrsg.): Das europäische Mehrebenensystem, Bd. 2: Europäische Institutionenpolitik. Frankfurt a.M. 1997

STAHL, Dieter: Aufgabenverteilung zwischen Bund und Ländern: Ökonomische Kriterien und Bewertung ausgewählter Reformvorschläge, Hochschulschriften, Bd. 69. Marburg 2000

STAHL, Gerd: Haushaltsrechtliche Grundsätze der Europäischen Gemeinschaften unter vergleichender Heranziehung des deutschen Rechts. Heidelberg 1966

STANOWSKI, Jürgen: Budgetprozesse und Budgetdisziplin: Kontrolle staatlicher Defizite. Frankfurt a.M. 1997

STAUFFER, Thomas: Instrumente des Haushaltsausgleichs – Ökonomische Analyse und Rechtliche Umsetzung. Freiburg 2001

STEFFANI, Winfried: Parlamentarische und präsidentielle Demokratie: strukturelle Aspekte westlicher Demokratien. Opladen 1979

STEFFANI, Winfried / THAYSEN, Uwe: Demokratie in Europa: Zur Rolle der Parlamente, Zeitschrift für Parlamentsfragen, Sonderband zum 25jährigen Bestehen. Opladen 1995

STEINHERR, Alfred: Welche Reformen der EU erzwingt die Osterweiterung?. In: Hoffmann, Lutz (Hrsg.): Erweiterung der EU, Schriftenreihe des Vereins für Socialpolitik, Bd. 274, S. 117–128. Berlin 2000

STERN, Klaus: Das Staatsrecht der Bundesrepublik Deutschland, Bd. II: Staatsorgane, Staatsfunktionen, Finanz- und Haushaltsverfassung, Notstandsverfassung. München 1980

STORR, Stefan: Die Bewältigung defizitärer Haushaltslagen in der EU, Europarecht (EuR), Heft 6, 2001, S. 840–871

STRASSER, Daniel: Die Finanzen Europas, 3. Aufl. Brüssel/Luxemburg 1991

STREIT, Manfred E. / VOIGT, Stefan (Hrsg.): Europa reformieren: Ökonomen und Juristen zur zukünftigen Verfaßtheit Europas. Baden-Baden 1996

STROHMEIER, Rudolf: Aktuelle Fragen des Haushaltsrechts der Europäischen Gemeinschaft, Die Öffentliche Verwaltung (DÖV), 1993, Heft 6, S. 217–226

STRØM, Kaare: Delegation and accountability in parliamentary democracies. In: European Journal of Political Research 37, 2000, S. 261–289

STURM, Roland: Haushaltspolitik in westlichen Demokratien: ein Vergleich des haushaltspolitischen Entscheidungsprozesses in der Bundesrepublik Deutschland, Frankreich, Großbritannien, Kanada und den USA, Schriften zur öffentlichen Verwaltung und öffentlichen Wirtschaft, Bd. 114, 1. Aufl. Baden-Baden 1989

STURM, Roland: Vorbilder für eine Bundesratsreform?, S. 25–47. In: Bertelsmann-Kommission: Verfassungspolitik und Regierungsfähigkeit (Hrsg): Arbeitspapier: Institutionelle Entflechtung in Zweiten Kammern. Gütersloh 2000

TERNES, Stefan Johannes: Die Finanzkontrolle in der Europäischen Gemeinschaft, Europäische Hochschulschriften, Reihe II, Rechtswissenschaft. Frankfurt a.M. 1997

THE EUROPEAN CONVENT, WORKING GROUP IX ON SIMPLIFICATION: Budget Procedure, Working Document 20 vom 14.11.2002, abrufbar über: http://european-convention.eu.int/doc_register.asp?lang=DE&Content=Doc

THOMAS, Ingo P.: Finanzausgleich und Kohäsion in der Europäischen Union. In: Die Weltwirtschaft 1994, Heft 4, S. 472–491

THOMAS, Ingo P.: Ein Finanzausgleich für die Europäische Union? Eine allokatonstheoretische und fiskalföderalistische Analyse, Kieler Studien, Bd. 285. Tübingen 1997

THEATO, Diemut R. / GRAF, Rainer: Das Europäische Parlament und der Haushalt der EG. Baden-Baden 1994

THEATO, Diemut R.: Finanzkontrolle und Betrugsbekämpfung der EU aus Sicht das Parlaments. In: Konrad-Adenauer-Stiftung (Hrsg.): Finanzkontrolle und Betrugsbekämpfung der EU, Interne Studien Nr. 127/1996, S. 17–34

THEATO, Diemut R.: Das EP – Anwalt der Steuerzahler, Das Parlament Nr. 21–22, vom 21./28. Mai. 1999, S. 15

THEATO, Diemut R.: Das Europäische Parlament als Teil der Haushaltsbehörde und parlamentarisches Kontrollorgan: Ein Widerspruch?: Haushaltskontrolle, Beziehungen zum Rechnungshof, zur Finanzkontrolle und zur UCLAF, Informationen der CDU/CSU-Gruppe im Europäischen Parlament, abrufbar über: http://222.europarl.eu.int/ppe/cdu-csu/themen/Haushalt_002.htm (Stand: 03.05.3001)

TIEBOUT, Charles M.: A pure theory of local expenditures. In: The Journal of Political Economy 64, 1956

TILLICH, Stanislaw: Der Haushalt der Europäischen Union, abrufbar über: http://www.europarl.eu.int/ppe/cdu-csu/tehmen/Haushalt_001.html (03.05.2002)

TIMMANN, Hans-Jörg: Haushaltsdisziplin und politischen Entscheidungsmechanismen in der Europäischen Gemeinschaft, Europarecht (EuR), Heft 2, 1991, S. 121–139

TIMMANN, Hans-Jörg: Haushaltspolitik, S. 131–138. In: Weidenfeld, Werner / Wessels, Wolfgang (Hrsg.): Jahrbuch der Europäischen Integration 1992/1993. Bonn 1993

TIMMERMANN, Heiner: Subsidiarität und Föderalismus in der EU. Berlin 1998

TRAPP, Georg: Das Veranlassungsprinzip in der Finanzverfassung der Bundesrepublik Deutschland, Schriften zum öffentlichen Recht, Bd. 724. Berlin 1997

TRÜE, Christiane: Rechtspersönlichkeit der Europäischen Union nach den Vertragsänderungen von Amsterdam, Zeitschrift für Europäische Studien (ZEUS), Heft 2, 2000, S. 127–176

TSATSOS, Themistokles: Zur Geschichte und Kritik der Lehre von der Gewaltenteilung, Sitzungsberichte der Heidelberger Akademie der Wissenschaften. Heidelberg 1968

VATTER, Adrian: Eigennutz als Grundmaxime in der Politik. Bern/Stuttgart 1994

VIALON, Friedrich Karl: Haushaltsrecht, Kommentar zur Haushaltsordnung (RHO) und zu den Finanzbestimmungen des Bonner Grundgesetzes, 2. Aufl. Berlin/Frankfurt a.M. 1959

VOGEL, Klaus: Die Finanzverfassung. In: Isensee, Josef / Kirchhof, Paul: Handbuch des Staatsrechts der Bundesrepublik Deutschland, Bd. IV. Regensburg 1996

VOGEL, Klaus / RODI, Michael: Probleme bei der Erhebung von EG-Eigenmitteln aus rechtsvergleichender Sicht – Zum Auseinanderfallen von Ertrags- und Verwaltungszuständigkeit bei Steuern und Abgaben, 1. Aufl. Baden-Baden 1995

VRING, Thomas von der: Die Verteilung der budgetären Kompetenzen in der Europäischen Union, S. 203–224. In: Jahrbuch zur Staats- und Verwaltungswissenschaft. Baden-Baden 1996

WALDHOFF, Christian: Probleme des europäischen Finanzausgleichs im Lichte der Erweiterung der Europäischen Union, S. 201–242, Zeitschrift für Europäische Studien (ZEUS) 2000, Heft 2

WALDHOFF, Christian: Kommentierung zu Art. 268. In: Callies, Christian / Ruffert, Matthias (Hrsg.): Kommentar des Vertrages über die Europäische Union und des Vertrages zur Gründung der Europäischen Gemeinschaft. Neuwied 1999

WEIDENFELD, Werner: Europa-Handbuch, Bundeszentrale für politische Bildung. Bonn 1999

WEIDENFELD, Werner: Wie Europa verfaßt sein sollte – Materialien zur Politischen Union. Gütersloh 1999

WEISE, Christian: EU-Osterweiterung finanzierbar – Reformdruck wächst, DIW-Wochenbericht 36/01, abrufbar über: http://www.diw.de/deutsch/publikationen/wochenberichte/01-36-1.html (Stand: 22.01.03)

WEISE, Christian / BRÜCKER, Herbert, u.a.: Ostmitteleuropa auf dem Weg in die EU: Transformation, Verflechtung, Reformbedarf, Beiträge zur Strukturforschung, Heft 167. Berlin 1997

WELFENS, Paul J.J.: Osterweiterung der EG: Anpassungserfordernisse, Konvergenzprobleme und ordnungspolitischer Reformbedarf in Europa, S. 517ff. In: Gröner, Helmut /Schüller, Alfred (Hrsg.): Die europäische Integration als ordnungspolitische Aufgabe. Stuttgart/Jena/New York 1993

WENZEL, Heinz-Dieter: Aktuelle Fragen der Finanzwissenschaft, BERG Working Paper Nr. 34. Bamberg 2000

WENZLER, Hariolf M.: Institutionenökonomik und öffentliche Finanzkontrolle: eine Analyse am Beispiel der Europäischen Union, Finanzwissenschaftliche Schriften, Bd. 80. Frankfurt a.M. u.a. 1997

WESSELS, Wolfgang: EU-Politik-Koordination zwischen Brüssel und Bonn – eine administrativ-politische Mehrebenenfusion, Tagungsbeitrag zum Kongreß der Vereinigung für Politikwissenschaftler, Bamberg, 1997, abrufbar über: http://www.uni-koeln.de/wiso-fak/powi/wessels/forup/bamberg.htm (Stand: 23.01.03)

WESSELS, Wolfgang: Staat und westeuropäische Integration – Die Fusionsthese. In: Kreile, Michael (Hrsg.): Die Integration Europas, Opladen 1992, PVS-Sonderheft 23, S. 36–61

WESSELS, Wolfgang: Verwaltung im EU-Mehrebenensystem: Auf dem Weg zur Megabürokratie? In: Jachtenfuchs, Markus / Kohler-Koch, Beate: Europäische Integration, S. 165–192. Opladen 1996

WESSELS, Werner: Das politische System der EU. In: Weidenfeld, Werner (Hrsg.): Europa-Handbuch. Bonn 1999

WICHARD, Johannes Christian: Kommentierung zu Art. 1 EGV. In: Calliess, Christian / Ruffert, Matthias (Hrsg.): Kommentar des Vertrages über die Europäische Union und des Vertrages zur Gründung der Europäischen Gemeinschaft. Neuwied 1999

WIESNER, Herbert: Haushaltswesen, Schriften für die Bundeswehrverwaltung, 4. Aufl. Hamburg 1973

WIESNER, Herbert: Öffentliche Finanzwirtschaft I- Haushaltsrecht, 8. Aufl. Heidelberg 1986

WILDENMANN, Rudolf: Staatswerdung Europas? Baden-Baden 1991

WILLIAMSON, Oliver: Markets and Hierarchies: Analysis and Antitrust Implications. A Study in the Economics of International Organization. New York/London 1975

WILMING, Claudia: Institutionelle Konsequenzen einer Erweiterung der Europäischen Union: Eine ökonomische Analyse der Entscheidungsverfahren im Ministerrat, Monographien der List Gesellschaft e.V. Neue Folge Bd. 17, 1. Aufl. Baden-Baden 1995

WISSENSCHAFTLICHER BEIRAT BEIM BUNDESMINISTERIUM FÜR FINANZEN: Gutachten: Nachhaltigkeit in der Finanzpolitik, Konzepte für eine langfristige Orientierung öffentlicher Haushalte, 07.12.2001, abrufbar über: http://www.bundesfinanzministerium.de/BMF-.336.9126/.htm (Stand: 23.01.03)

WISSENSCHAFTLICHER BEIRAT BEIM BUNDESMINISTERIUM FÜR WIRTSCHAFT: Ordnungspolitische Orientierung für die Europäische Union, S. 1693–1790. In: Bundesministerium für Wirtschaft: Gutachten vom August 1994 bis Juni 1997. Göttingen 1997

WITTMANN, Walter: Einführung in die Finanzwissenschaft, Bd. 3: Öffentliche Schuld, öffentlicher Haushalt, Finanzausgleich und regionale Budgetwirkungen, kommunale Finanzen, öffentliche Unternehmen, Sozialversicherung. Stuttgart 1972

WOLF, Klaus Dieter: Projekt Europa im Übergang? Probleme, Modelle und Strategien des Regierens in der Europäischen Union, 1. Aufl. Baden-Baden 1997

ZBINDEN, Martin: Die Institutionen und das Entscheidungsverfahren der Europäischen Union nach Amsterdam. Bern 1999

ZIMMERMANN, Horst / HENKE, Klaus-Dirk: Finanzwissenschaft – Eine Einführung in die Lehre von der öffentlichen Finanzwirtschaft, 8. Aufl. München 2001

ZIPPELIUS, Reinhold: Allgemeine Staatslehre (Politikwissenschaft), 11. Aufl. München 1991

ZÜRN, Michael: Über den Staat und die Demokratie im europäischen Mehrebenensystem, Politische Vierteljahresschrift (PVS), Heft 1, 1996, S. 27–55

ZULEEG, Manfred: Die Rolle der rechtsprechenden Gewalt in der europäischen Integration, Juristische Zeitung (JZ), 1993, S. 6ff.

Abkürzungsverzeichnis

aaO	am angegebenen Ort
ABB	activity-based-budgeting
Abb.	Abbildung
ABM	activ-based-management
Abs.	Absatz
AdR	Ausschuss der Regionen
AKP	Afrika, karibischer Raum, Pazifischer Ozean
Anm.	Anmerkung
APS	Annual Policy Strategy
Art.	Artikel
AStV	Ausschuss der Ständigen Vertreter
Aufl.	Auflage
BAEM	Beratender Ausschuss für Eigenmittel
Bd.	Band
BIP	Bruttoinlandsprodukt
BSP	Bruttosozialprodukt
BSP-EM	Bruttosozialprodukt-Eigenmittel
bzw.	beziehungsweise
DAS	Zuverlässigkeitserklärung (déclaration d'assurance)
d.h.	das heißt
ders.	derselbe
dies.	dieselben
Dok.	Dokument
Dok.-Nr.	Dokumentennummer
EAG	Europäische Atomgemeinschaft
EAGFL	Europäischer Ausrichtungs- und Garantiefonds
EAGFL-A	Europäischer Ausrichtungsfond- und Garantiefonds, Abteilung Ausrichtung
EAGFL-G	Europäischer Ausrichtungs- und Garantiefonds, Abteilung Garantie
EAGV	Vertrag zur Gründung der Europäischen Atomgemeinschaft
ebd.	ebenda
ECOFIN-Rat	Wirtschaft- und Finanzministerrat
ECU	European Currency Unit
EEF	Europäischer Entwicklungsfonds
EFRE	Europäischer Fonds für Regionale Entwicklung
EG	Europäische Gemeinschaft
EGKS	Europäische Gemeinschaft für Kohle und Stahl
EGKSV	Vertrag zur Gründung der Europäischen Gemeinschaft für Kohle und Stahl
EGV	Vertrag über die Europäische Gemeinschaft
EIB	Europäische Investitionsbank
EIF	Europäischer Investitionsfonds
EMB	Eigenmittelbeschluss
endg.	endgültig
EP	Europäisches Parlament
EPPD	Einheitliches Programm- und Planungsdokument
ESF	Europäischer Sozialfonds

ESVGR	Europäisches System Volkswirtschaftlicher Gesamtrechnung
EU	Europäische Union
EuGH	Europäischer Gerichtshof
EUR	Euro
EUV	Vertrag über die Europäische Union (Amsterdamer Fassung)
EVP	Europäische Volkspartei
EWG	Europäische Wirtschaftsgemeinschaft
EZB	Europäische Zentralbank
FIAF	Europäischer Fonds für die Ausrichtung der Fischerei
f.	folgende
ff.	fortfolgende
FN	Fussnote
GAP	Gemeinsame Agrarpolitik
GASP	Gemeinsame Außen- und Sicherheitspolitik
GD	Generaldirektion
GFK	Gemeinschaftliches Förderkonzept
GG	Grundgesetz
GM	Getrennte Mittel
GMS	Gewogener Mittlerer Satz
GO	Geschäftsordnung
GOBT	Geschäftsordnung des Deutschen Bundestags
HHE	Haushaltsentwurf
HHP	Haushaltsplan
HVE	Haushaltsvorentwurf
HO	Haushaltsordnung
Hrsg.	Herausgeber
IAD	Interner Auditdienst
IIV	Interinstitutionelle Vereinbarung
InVeKoS	Integrierte Verwaltungs- und Kontrollsysteme
Jg.	Jahrgang
Kap.	Kapitel
KMU	Kleinere und Mittlere Unternehmen
KOM	Dokumentenbezeichnung für Dokumente der Europäischen Kommission
MdEP	Mitglied des Europäischen Parlaments
Mio.	Millionen
m.w.N.	mit weiteren Nachweisen
Mrd.	Milliarden
MS	Mitgliedstaaten
MwSt	Mehrwertsteuer
MwSt-EM	Mehrwertsteuer-Eigenmittel
MOE	Mittel- und Osteuropa
MOEL	mittel- und osteuropäische Länder
NBHH	Nachtrags- und Berichtigungshaushalte
NGI	Neues Gemeinschaftsinstrument
NGM	Nichtgetrennte Mittel
NKB	Nationale Kontrollbehörden
NOA	nichtobligatorische Ausgaben
Nr.	Nummer
OA	obligatorische Ausgaben
o.g.	oben genannte/r
OLAF	Anti-Betrugsbehörde (Office européen de lutte antifraude)
OP	Operationelle Programme
PE	Dokumentenbezeichnung für Dokumente des Europäischen Parlaments
RAC	reste á contracter (Altlasten)

RAL	reste á liquider (Altlasten)
rev.	revidiert
RN	Randnummer
S.	Seite
SEC	Dokumentenbezeichnung für Dokumente der Europäischen Kommission
Slg.	Sammlung
sog.	sogenannte
SPP	Strategische Planungs- und Programmierungsstelle (Europäische Kommission)
Tab.	Tabelle
TEM	Traditionelle Eigenmittel
TEN	Transnationale Netze
UA	Unterabsatz
u.a.	und andere
v.a.	vor allem
VE	Verpflichtungsermächtigung
Vgl.	vergleiche
VO	Verordnung
Vorbem.	Vorbemerkung
vorl.	vorläufig
WSA	Wirtschafts- und Sozialausschuss
WTO	Welthandelsorganisation
z.B.	zum Beispiel
ZBIJ	Zusammenarbeit in den Bereichen Inneres und Justiz
ZE	Zahlungsermächtigung
Ziff.	Ziffer
ZFD	Zentraler Finanzdienst

Abbildungs- und Tabellenverzeichnis

ABBILDUNGEN

A.
Finanzplanungsphase des EU-Haushalts

Einnahmenseite	- Diskussionen und Verhandlungen im Europäischen Rat - Schlussfolgerungen des Europäischen Rates sind Vorgabe für
Eigenmittelbeschluss	- (Minister)Rat beschliesst einstimmig über Art und Höhe der Eigenmittel - Rat empfiehlt den Mitgliedstaaten die Annahme dieses Beschlusses - einzelstaatliche Ratifizierungsverfahren

Ausgabenseite	- Diskussionen und Verhandlungen im Europäischen Rat (gleichzeitig mit Einnahmen)

Finanzielle Vorausschau	- wird im Rahmen einer Interinstitutionellen Vereinbarung von Rat, Parlament und Kommission beschlossen
	    - auf Vorschlag der Kommission
	    - Trilogverhandlungen
	    - Abstimmungen in den Organen
	- verweist auf Eigenmittelbeschluss, die Obergrenze der Eigenmittel ist die Obergrenze der Ausgaben
	- enthält Ausgabenrubriken, die plafondiert sind

Gültigkeitsdauer von Eigenmittelbeschluss und Finanzieller Vorausschau:

7 Jahre

Eigene Darstellung

B.
Aufstellungsphase des EU-Haushalts

Monat	Phase	Vorgänge
Dezember n-1	Abstecken des Haushaltsrahmens, Federführung GD Haushalt	- erste Debatte in der Kommission über die politischen Prioritäten
Januar		- Prioritätensitzung der **Kommission**, APS-Beschluss (annual policy strategy) der **Kommission**
		- **GD Haushalt** fordert am 01.02. alle GDs zur Übersendung ihrer Mittelanforderungen auf
Februar		- **Kommission** macht Vorschlag zur Aktualisierung der Finanziellen Vorausschau - Mittelanforderungen gehen bei der GD Haushalt ein - **Organe** übersenden Vorentwürfe ihrer eigenen Haushalte
März		- **Rat** und **Parlament** beschließen ihre Prioritäten - Hearings in allen Dienststellen der **Kommission** - Anhörung des Beratenden Ausschuss Eigenmittel - Trilog von **Rats-, Parlaments-** und **Kommissionspräsidenten**
April	Erstellung des Haushaltsvorentwurfs	- **Rat** legt Bezugsrahmen für obligatorische Ausgaben fest - erste Vorlage des Haushaltsvorentwurfs - in **Rat, Parlament** und **Kommission** Debatte über die politischen Leitlinien zum Haushalt - bis 01.05. Entscheidung von **Rat** und **Parlament** über Aktualisierung der Finanziellen Vorausschau
Mai		- **Kommission** legt Höchstsatz für nicht-obligatorische Ausgaben fest - Beschluss der **Kommission** über HVE - erste Sitzungen des Haushaltsausschusses Parlament
Juni		- bis 15.06. Übersendung des Haushaltsvorentwurfs an **Rat** und **Parlament**

Eigene Darstellung

C.
Verabschiedungsphase des EU-Haushalts

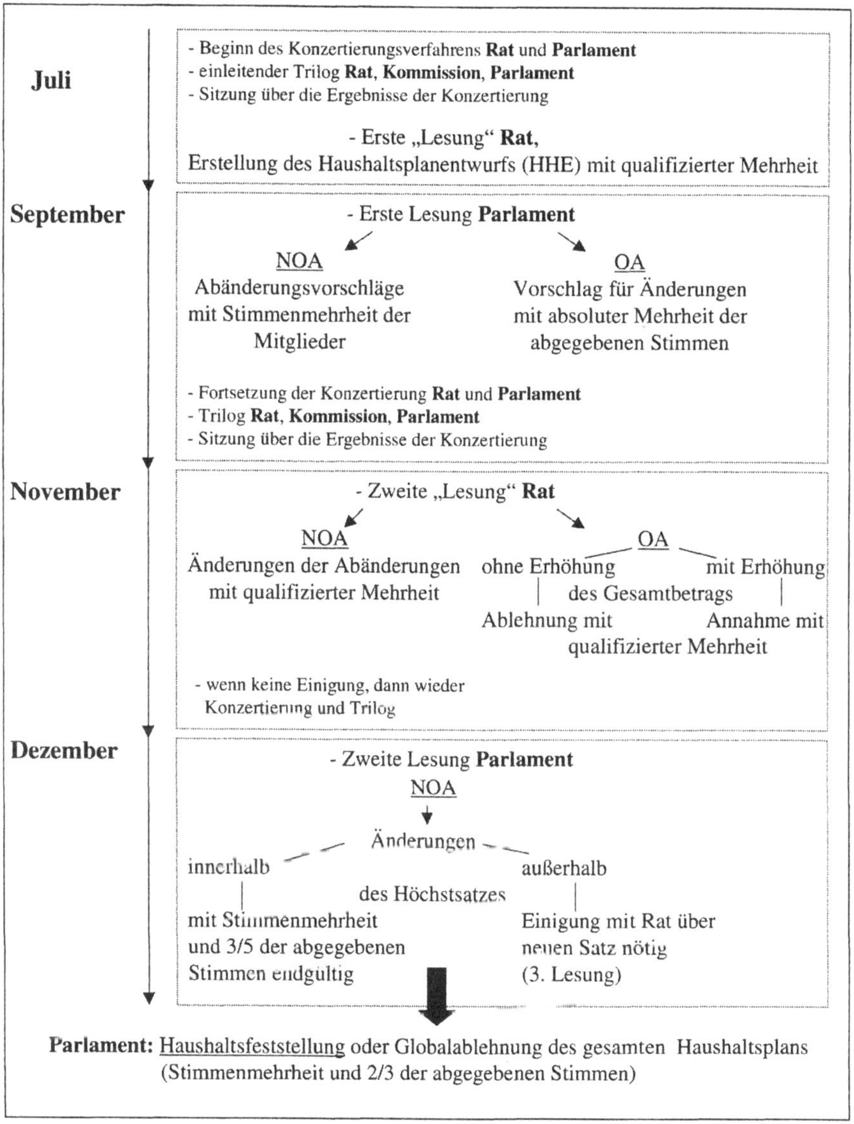

Eigene Darstellung

D.
Vollzugsphase des EU-Haushalts

Vollzugsbefugnis	- grundsätzlich Kommission - aber: Komitologie-Verfahren: Ausschüsse (Vertreter der Mitgliedstaaten) haben Einfluss auf konkrete Vollzugsnormen

Vollzugsarten

direkter Vollzug	- Mittelbindung: Kommission - Auszahlung: Kommission - Kommission kann aber auch Dritte einschalten
dezentraler Vollzug	- Mittelbindung: Kommission - Auszahlung: Zahlstellen der Mitgliedstaaten - Erstattung der Beträge mittels Vorschüssen - Rechnungsabschlussentscheidung: Kommission
geteilter Vollzug	- Planung: Kommission und Mitgliedstaaten - Genehmigung des Grundkonzepts: Kommission - Auswahl der Projekte: Mitgliedstaaten - Umsetzung der Projekte: Mitgliedstaaten - Mittelbindung: Kommission - Überweisung an Zahlstellen: Kommission - Auszahlung: Zahlstellen der Mitgliedstaaten - Rechnungsabschlussentscheidung: Kommission

Eigene Darstellung

E.
Kontrollphase des EU-Haushalts

im laufenden Haushaltsjahr n	- interne Kontrolle in der **Kommission**: - Sichtvermerk des Finanzkontrolleurs - Interner Prüfer - monatliche Berichte mit Zahlenangaben an Rat und Parlament - vierteljährliche Berichte über den Haushaltsvollzug an Rat und Parlament - begleitende Kontrolle durch das **Parlament**: - Haushaltsausschuss - Notenboom-Verfahren im Herbst

ex-post Kontrolle

bis 01. März n+1	- **alle Organe** übersenden die Entlastungsdaten an die Kommission
bis 01. Mai n+1	- **Kommission** legt die Übersicht über die Haushaltsausführung vor - Übermittlung an **Rat**, **Parlament** und **Rechnungshof**
bis 15. Juli n+1	- **Rechnungshof** erstellt Bemerkungen zum Haushalt n
bis 31. Oktober n+1	- Antworten **aller Organe** auf die Bemerkungen des Rechnungshofes - Konsultationen aller Organe
bis 30. November n+1	- **Rechnungshof** erstellt Jahresbericht zum Haushalt n
bis 30. April n+2	- Prüfung der Dokumente in **allen Organen** - **Rat** empfiehlt mit qualifizierter Mehrheit die Entlastung der Kommission (oder nicht) - Debatte im **Parlament**, Entlastungsbeschluss oder Aufschub oder Verweigerung der Entlastung mit absoluter Mehrheit der abgegebenen Stimmen (EGV)
im Jahr n+3	- Schlussbericht der **Kommission** über Folgemaßnahmen zum Haushalt des Jahres n

Eigene Darstellung

F.
Das ABB-System

Activ-Based-Budget

Die Arbeit der Kommission wird in 200 Tätigkeiten gegliedert, diese werden in 30 Politikbereichen zusammengefasst. Dafür gibt es verschiedene Darstellungsarten:

früher	ABB-System
1) Mittel des Teil B des Haushaltsplans und Zuschüsse aus Teil A	Finanzinterventionen
2) Mittel Teil A (Dienstbezüge, Gebäude) und Mittel des Teil B mit administrativem Charakter	Verwaltungs- und Unterstützungsaufgaben
3) Titel A-1 bis A-6 (im Stellenplan) ausgewiesenes Personal und Aushilfspersonal A	Humanressourcen

So sieht ein Vergleich zwischen dem Haushaltsplan und dem Haushaltsvorentwurf aus

Beispiel:

	HHP 2001		HVE 2001		Unterschiede	
	1	2	3	4	(zwischen 3 und 1)	(zwischen 4 und 2)
Politikbereich	Mittel insgesamt	Humanressourcen	Mittel insgseamt	Humanressourcen	Mittel insgesamt	Humanressourcen
Wettbewerb	66,9	553	74,1	595	10,80%	42
Beschäftigung	10033,9	661	9735,2	671	-3%	10
Landwirtschaft	48005,9	870	49556,7	884	3,20%	14

Quelle: Eigene Darstellung – angelehnt an das Dokument 10034/01 der Europäischen Kommission vom 15.06.2001

G.
Einzelplan III der Kommission (ABB-System)

Politikbereich	Haushaltsplan 2003			
	Finanz-interven-tionen	Management und Unter-stützung (1)	Insge-samt	Human-ressour-cen (2) (3)
Wirtschaftliche und finanzielle Angelegenheiten	401,3	50,6	451,9	517
Unternehmen	186,7	102,0	288,7	945
Wettbewerb	0,0	73,9	73,9	772
Beschäftigung und soziale Angelegenheiten	9 738,3	88,7	9 827,0	795
Landwirtschaft und Entwicklung des ländlichen Raums	48 275,4	123,2	48 398,7	1 080
Energie und Verkehr	914,5	106,2	1 020,7	1 015
Umwelt	227,7	73,2	300,9	615
Indirekte Forschung	2 493,3	218,3	2 711,6	1 675
Informationsgesellschaft	890,2	113,0	1 003,2	1 057
Direkte Forschung	47,8	221,9	269,6	2 133
Fischerei	887,8	35,1	923,0	317
Binnenmarkt	12,9	49,5	62,4	495
Regionalpolitik	21 809,1	71,2	21 880,3	603
Steuern und Zollunion	43,8	47,8	91,7	480
Bildung und Kultur	721,2	95,3	816,5	717
Presse und Kommunikation	60,7	81,3	142,0	693
Gesundheit und Verbraucherschutz	282,8	92,8	375,6	830
Justiz und Inneres	130,4	34,4	164,8	338
Außenbeziehungen (4)	2 896,2	401,9	3 298,1	3 047
Handel	9,4	57,4	66,7	547
Entwicklung und Beziehungen zu den AKP-Staaten (4) (5)	944,7	207,6	1 152,3	2 182
Erweiterung (4)	1 843,7	127,0	1 970,7	785
Humanitäre Hilfe	651,4	22,4	673,8	158
Betrugsbekämpfung	7,2	39,4	46,6	348
Koordinierung der Politiken und rechtliche Beratung der Kommission	36,1	144,3	180,4	1 198
Verwaltung der Kommission	24,7	645,9	670,6	4 329
Haushalt	0,0	66,0	66,0	517
Audit	0,0	11,4	11,4	120
Statistik	41,0	73,3	114,3	749
Versorgungsbezüge	0,0	745,8	745,8	58
Nicht zugeordnet (6)	11,0	5,1	16,1	
Insgesamt	**93 589,3**	**4 225,8**	**97 815,1**	**29 115**

(1) Einschließlich BA-Linien, Verwaltungsausgaben für Forschung und Minibudgets der Strukturfonds, sowie Gehälter, Gebäudekosten usw. und allgemeine Verwaltungskosten.
(2) Umfasst Staatspersonal und Aushilfspersonal.
(3) HVE 2003.
(4) Einschließlich der Mittel für das in den EG-Delegationen tätige Personal.
(5) Einschließlich EEF-Personal.
(6) Dezentrale Ausgaben, noch keinem Politikbereich zugewiesen.

Quelle: Entnommen aus dem Gesamthaushaltsplan der Europäischen Union für das Haushaltsjahr 2003, Übersicht in Zahlen

H.
Traditionelles und ABB-Haushaltsverfahren

Phasen des Haushaltsverfahrens	Traditioneller Haushalt	ABB-Haushalt	Zeitplan (unverbindlich)
1. Kommission Orientierungsdebatte-Rundschreiben(OD) der GD Haushalt	Dokument von 2 Seiten mit allgemeinen Leitlinien für die Dienststellen	Umfangreicheres Dokument mit Leitlinien und Zahlenübersichten für frühere Haushaltsjahre (n-2 und n-1) aufgeschlüsselt nach Politikbereichen.	November
2. Antwort der Dienststellen auf das OD-Rundschreiben	Kurzer Text mit vorwiegend qualitativen Angaben.	Nach Politikbereichen aufgeschlüsselte Bedarfsanmeldungen für finanzielle Interventionen, Verwaltungs- und Unterstützungsausgaben sowie für Humanressourcen	Dezember
3. OD-Vorschläge der GD Haushalt	Dokument mit vorwiegend qualitativen und nur wenigen quantitativen Festlegungen nach Rubriken der Fi-Vo., d.h. Trennung zwischen operativen und Verwaltungsmitteln. Keine Erörterung der Humanressourcen. Kein Hinweis auf Ziele, Ergebnisse und Bewertung.	Indikative quantitative Orientierungen für die einzelnen Politikbereiche, aufgeschlüsselt nach Art der Mittel. Punkte, in denen Divergenzen mit den Dienststellen fortbestehen, werden zusammen mit dem durch Ergebnisübersichten und Bewertungselementen ergänzten Vorschlag der GD Haushalt vorgelegt.	Januar
4. Kommission OD	Beschränkte Debatte (ohne längere Beratungen).	Umfassende, potentiell schwierige Verhandlungen über die globale Haushaltspolitik. Angabe der Variationsindikatoren für die drei Ressourcenarten eines Politikbereichs	Ende Januar/ Anfang Februar
5. Haushaltsrundschreiben der GD Haushalt	Dokument von siebzig Seiten mit Begleitschreiben, technischen Anweisungen und technischen Anhängen.	Beschluss der Kommission aufgeschlüsselt nach Politikbereich/Dienststelle. Bedarfsanmeldung nach Tätigkeiten. Anweisungen für die Begründungen.	Anfang Februar
6. Bedarfsanmeldungen der Dienststellen nach dem Rundschreiben für die Haushaltshearings	Finanzbögen mit Zuweisungen und Begründungen nach Haushaltslinien.	Haushaltsvorschlag für eine Dienststelle/einen Politikbereich. mit den nach Tätigkeiten aufgeschlüsselten Zweckbindungen und Begründungen. sowie den als Anlage beigefügten Finanzbögen für die operativen Linien.	Februar
7. Haushaltshearings	Dauer: fast 6 Wochen mit Vertretern der Generaldirektionen Haushalt und Personal sowie der mittelbewirtschaftenden Dienststellen. Debatte über Haushaltslinien	Verkürzter Prozess. Sitzungen nur bei Divergenzen über Beträge auf Tätigkeitsebene.	März
8. Beschluss HVE	Potentiell kompliziert mit häufig noch offenen Fragen, die der Kommission zur Regelung vorgelegt werden.		April

Quelle: Tabelle entnommen aus *Europäische Kommission, Generaldirektion Haushalt*: Activity Based Budgeting, Box 4, S. 18, Dok.-Nr. BUDG-1999-00654-01-00-DE-TRA-00 (EN)

I.
Beispiel für die Vergabe im Rahmen von Equal

Im Frühjahr 2000 bestätigte die Europäische Kommission die Leitlinien für die Gemeinschaftsinitiative "EQUAL" und forderte die Mitgliedstaaten auf, ihre Programmentwicklungen vorzustellen. Für "EQUAL", ein Beschäftigungsprogramm, war in Deutschland das Bundesarbeitsministerium zuständig. Es leitete ein nichtoffenes, beschleunigtes Vergabeverfahren ein, um die Programmunterstützung für "EQUAL" komplett an einen Dritten zu vergeben. Das Verfahren wurde nach 6 Monaten wegen Rechtswidrigkeit aufgehoben. Das Bundesarbeitsministerium startete eine neue Ausschreibung einzelner Teilaspekte des Programms. Mehrere Firmen und Vereine bekundeten Interesse. Im Dezember 2000 teilte das Bundesarbeitsministerium mit, die Bonner efp GmbH (Europabüro für Projektbegleitung) habe den Zuschlag für XENOS – ein Teilprogramm mit einem Gesamtvolumen von ca. 75 Mio. € – erhalten. Im Sommer 2001 stellte sich heraus, dass das Bundesarbeitsministerium an dieselbe Firma weitere Programmteile vergeben hatte und zwar in Form einer Beleihung nach § 44 III BHO. Dafür lag die Zustimmung des Bundesfinanzministeriums vor. Die Mitbewerber legten Klage dagegen ein, das OLG Düsseldorf gab ihnen Recht: die Beleihung diente der Umgehung der Vergabe und wurde für rechtswidrig erklärt. Weitere Verfahren sind anhängig.

Die schlussendliche Auftaktveranstaltung für "EQUAL" fand dann endlich im Juli 2001 statt – mehr als ein Jahr Zeit war durch die Vergabepraktiken des zuständigen Ministeriums vergangen. Abgesehen davon, dass die Mitbewerber weitere Verfahren angestrengt haben (die – sollten sie gewinnen – der Steuerzahler zu finanzieren hat), ist ein Teil der EQUAL-Gelder wahrscheinlich verloren.

Quelle: Eigene Recherche, siehe auch z.B. Zeitschrift "Stern", 46/2001; 02/2002 und Erklärung des Vereins zur Förderung kultureller und beruflicher Bildung Jugendlicher und junger Erwachsener, Berlin (BBJ): http://www.bbj.de/equal/.

J.
Beispiel für die Vergabe im Rahmen von Urban

Die Mitgliedstaaten waren im Zuge des Genehmigungsverfahrens gehalten, nationale URBAN-Vorschläge an die Kommission zu übermitteln. Die Gesamtfördersumme wurde von der Kommission in einer indikativen Finanzliste nach Fördersummen aufgeteilt, danach sollten Projekte in Deutschland mit insgesamt 280 Millionen Mark gefördert werden. In Deutschland beschloss das Bundeswirtschaftsministerium, dass 11 Gebiete (6 in Ostdeutschland/5 in Westdeutschland) daraus gefördert werden könnten und teilte der Kommission diese Zahl als geplante Projektzahl mit. Zwischen dem deutschen Bundeswirtschaftsministerium und den zuständigen Länderministerien wurde dann vereinbart, dass ein bundesweite Vorauswahl stattfinden solle. Dabei könne jedes Bundesland einen Projektvorschlag machen. Für die Erarbeitung der Projektentwürfe seien die betreffenden Kommunen zuständig. In Baden-Württemberg und Rheinland-Pfalz gab es ebenfalls ein Vorauswahlverfahren innerhalb der Länder. Aus diesem Vorentscheid ging der gemeinsame Projektentwurf der Städte Mannheim und Ludwigshafen als "Sieger" hervor[1]. Dementsprechend reichten die Länder Baden-Württemberg und Rheinland-Pfalz diesen Antrag für die Entscheidung auf Bundesebene ein, die am 30.03.2000 in einer gemeinsamen Sitzung von Bund und Ländern fallen sollte. Auf dieser Sitzung stellte sich dann heraus, dass es 22 Bewerber gab, also einige Länder mehr als einen Antrag eingereicht hatten. Das Bundeswirtschaftsministerium schlug zudem die Anwendung eines nationalen Prüfkriteriums mit Blick auf die Gemeinschaftsaufgabe von Bund und Ländern "Verbesserung der regionalen Wirtschaftsstruktur" zusätzlich zu den EU-Mindestkriterien[2] vor. Eine additionale Anwendung nationaler Kriterien ist nach EU-Vorgaben dann möglich, wenn sie den EU-Vorgaben weder widerspricht, noch sie verändert oder überlagert. Da das nationale Kriterium die Situation in großräumigen, städteübergreifenden Regionen zur Grundlage der Befürwortung eines Antrags macht, fiel der rein auf die beiden Städte bezogene Projektantrag Mannheim/Ludwigshafen durch. Die beiden Städte legten Protest gegen diese Entscheidung ein. Sie begründeten dies unter anderem

---

1 Zuständig für die Erarbeitung des Projektes waren das Europabüro der Stadt Mannheim und das Amt für Wohnungswesen der Stadt Ludwigshafen.

2 Die Städte/Stadtviertel müssen einheitliche Probleme und einheitliche räumliche Merkmale aufweisen. Drei der folgenden Kriterien müssen mindestens erfüllt sein: hohe Langzeitarbeitslosenquote, geringe Wirtschaftstätigkeit, hohes Armutsniveau und erhöhtes Maß an Ausgrenzungen, besonderer Umstellungsbedarf aufgrund lokaler wirtschaftlicher und sozialer Schwierigkeiten, hoher Anteil an Einwanderern, verschiedenen ethnischen Gruppen, Minderheiten oder Flüchtlingen, niedriges Bildungsniveau, erhebliches Defizit an Qualifikationen in der Bevölkerung und hohe Schulaussteigerraten, hohe Kriminalitätsrate, problematische Bevölkerungsentwicklung, in besonderem Maße geschädigte Umwelt. Es muss der Nachweis erbracht werden, dass eine wirtschaftliche und soziale Wiederbelebung erforderlich ist.

damit, dass keine qualitative und quantitative Bewertung der EU-Kriterien stattgefunden habe, sondern allein das nationale Kriterium zum Tragen kam. Zudem ziele URBAN nach EU-Kriterien gerade auf die kleinräumige Situation innerhalb einer Stadt oder eines städtisches Gebietes ab und nicht auf die gesamte Region. Im Falle von Mannheim und Ludwigshafen würden so nämlich zum Beispiel auch die wirtschaftlich stärkere Gebiete ("Speckgürtel") der hessischen Bergstraße und die Gebiete in Richtung Speyer/Neustadt an der Weinstraße mit in die Situationsbewertung einbezogen. Die beiden Oberbürgermeister der Städte Mannheim und Ludwigshafen schrieben nach der Entscheidung auf Bundesebene an den Bundeswirtschaftsminister und baten um Revision der Entscheidung. Der Mannheimer Oberbürgermeister schrieb an die beiden Mannheimer Bundestagsabgeordneten und den parlamentarischen Staatssekretär im Bundeswirtschaftsministerium und bat in der Sache um Unterstützung. Zusätzlich schrieben die Oberbürgermeister von Mannheim und Ludwigshafen auch die Ministerpräsidenten Baden-Württembergs und Rheinland-Pfalz an und machten auf die Probleme aufmerksam. In der Folge teilte das Bundeswirtschaftsministerium am 13.04.2000 allen Bundesländern mit, dass die Bundesregierung das Projekt der Städte Mannheim/Ludwigshafen als weiteres deutsches Projekt der EU-Kommission vorgeschlagen habe. Der Bundeswirtschaftsminister wandte sich zudem direkt an den zuständigen Kommissar Barnier und bat um eine Erhöhung der deutschen Projektzahl. Diese wurde von der Kommission genehmigt.[3] Der Vorschlag Mannheim/Ludwigshafen wurde auch von der Kommission genehmigt (wie im übrigen alle anderen 11 vorgeschlagenen Projekte auch).

Quelle: Eigene Recherche, siehe auch: Dezernat II der Stadt Mannheim, Europabüro: Gemeinderatsvorlage 168/00 vom 13.04.2000: EU-Gemeinschaftsinitiative URBAN/Gemeinsamer Projektvorschlag der Städte Mannheim und Ludwigshafen; Dezernat II der Stadt Mannheim, Europabüro: Ergänzungsvorlage zu 168/00 vom 05.05.2000.

3 Die Fördermittel sollten nach EU-Vorgaben auf maximal 10–12 Projekte verteilt werden.

K.
Strukturfondsverwaltung in Deutschland und Irland

	Irland	Deutschland

1. Zuständigkeiten	– für die GFK = das Finanzministerium
	– bei regionenübergreifenden Programmen = das zuständige Fachministerium
	– bei regionalen Programmen = die Regionalversammlung
		– für die GFK = das Bundesministerium für Wirtschaft und Technik
		– für die OP = gibt es jeweils eine separate Verwaltungsbehörde
		  – bei Multifondsprogramme in der Regel die Landeswirtschaftsministerien
		  – bei sektoralen Programmen in der Regel das jeweilige Bundesfachministerium

2. Zahlstellen	– EFRE = Finanzministerium – ESF = Ministerium für Unternehmen, Handel & Beschäftigung – EAGFL-A = Ministerium für Landwirtschaft, ländliche Entwicklung und Ernährung – FIAF = Ministerium für Meeres- und Naturressourcen	– EFRE = Bundesamt für Wirtschaft – OP Verkehr = Bundesfinanzministerium – ESF = Bundesanstalt für Arbeit – FIAF/EAGFL-A: Bundesministerium für Ernährung, Landwirtschaft und Forsten
3. Begleitausschüsse	– werden im Einvernehmen der Verwaltungsbehörden und der Partner eingesetzt – bestehen aus Vertretern der Verwaltungsbehörde, der Durchführungsstellen, der Regionalversammlungen, der Sozialpartner, der Kommunen, der Zentralen Bewertungsstelle, des Gleichstellungsreferats und des Nationalen Entwicklungsplans	– werden im Einvernehmen der Verwaltungsbehörden und der Partner ernannt
4. Durchführungsstellen	– sind zuständig für die Bescheinigung der Ausgaben und der Validierung der Zahlungen	– in der Regel subnational

Eigene Darstellung

FINANZWISSENSCHAFTLICHE SCHRIFTEN

Band 1 Werner Steden: Finanzpolitik und Einkommensverteilung. Ein Wachstums- und Konjunkturmodell der Bundesrepublik Deutschland. 1979.

Band 2 Rainer Hagemann: Kommunale Finanzplanung im föderativen Staat. 1976.

Band 3 Klaus Scherer: Maßstäbe zur Beurteilung von konjunkturellen Wirkungen des öffentlichen Haushalts. 1977.

Band 4 Brita Steinbach: "Formula Flexibility" - Kritische Analyse und Vergleich mit diskretionärer Konjunkturpolitik. 1977.

Band 5 Hans-Georg Petersen: Personelle Einkommensbesteuerung und Inflation. Eine theoretisch-empirische Analyse der Lohn- und veranlagten Einkommensteuer in der Bundesrepublik Deutschland. 1977.

Band 6 Friedemann Tetsch: Raumwirkungen des Finanzsystems der Bundesrepublik Deutschland. Eine Untersuchung der Auswirkungen der Finanzreform von 1969 auf die Einnahmenposition der untergeordneten Gebietskörperschaften und ihrer regionalpolitischen Zieladäquanz. 1978.

Band 7 Wilhelm Pfähler: Normative Theorie der fiskalischen Besteuerung. Ein methodologischer und theoretischer Beitrag zur Integration der normativen Besteuerungstheorie in der Wohlfahrtstheorie. 1978.

Band 8 Wolfgang Wiegard: Optimale Schattenpreise und Produktionsprogramme für öffentliche Unternehmen. Second-Best Modelle im finanzwirtschaftlichen Staatsbereich. 1978.

Band 9 Hans P. Fischer: Die Finanzierung des Umweltschutzes im Rahmen einer rationalen Umweltpolitik. 1978.

Band 10 Rainer Paulenz: Der Einsatz finanzpolitischer Instrumente in der Forschungs- und Entwicklungspolitik. 1978.

Band 11 Hans-Joachim Hauser: Verteilungswirkungen der Staatsverschuldung. Eine kreislauftheoretische Inzidenzbetrachtung. 1979.

Band 12 Gunnar Schwarting: Kommunale Investitionen. Theoretische und empirische Untersuchungen der Bestimmungsgründe kommunaler Investitionstätigkeit in Nordrhein-Westfalen 1965-1972. 1979.

Band 13 Hans-Joachim Conrad: Stadt-Umland-Wanderung und Finanzwirtschaft der Kernstädte. Amerikanische Erfahrungen, grundsätzliche Zusammenhänge und eine Fallstudie für das Ballungsgebiet Frankfurt am Main. 1980.

Band 14 Cay Folkers: Vermögensverteilung und staatliche Aktivität. Zur Theorie distributiver Prozesse im Interventionsstaat. 1981.

Band 15 Helmut Fischer: US-amerikanische Exportförderung durch die DISC-Gesetzgebung. 1981.

Band 16 Günter Ott: Einkommensumverteilungen in der gesetzlichen Krankenversicherung. Eine quantitative Analyse. 1981.

Band 17 Johann Hermann von Oehsen: Optimale Besteuerung. *(Optimal Taxation)*. 1982.

Band 18 Richard Kössler: Sozialversicherungsprinzip und Staatszuschüsse in der gesetzlichen Rentenversicherung. 1982.

Band 19 Hinrich Steffen: Zum Handlungs- und Entscheidungsspielraum der kommunalen Investitionspolitik in der Bundesrepublik Deutschland. 1983.

Band 20 Manfred Scheuer: Wirkungen einer Auslandsverschuldung des Staates bei flexiblen Wechselkursen. 1983.

Band 21 Christian Schiller: Staatsausgaben und crowding-out-Effekte. Zur Effizienz einer Finanzpolitik keynesianischer Provenienz. 1983.

Band 22 Hannelore Weck: Schattenwirtschaft: Eine Möglichkeit zur Einschränkung der öffentlichen Verwaltung? Eine ökonomische Analyse. 1983.

Band 23 Wolfgang Schmitt: Steuern als Mittel der Einkommenspolitik. Eine Ergänzung der Stabilitätspolitik? 1984.

Band 24 Wolfgang Laux: Erhöhung staatswirtschaftlicher Effizienz durch budgetäre Selbstbeschränkung? Zur Idee einer verfassungsmäßig verankerten Ausgabengrenze. 1984.

Band 25 Brita Steinbach-van der Veen: Steuerinzidenz. Methodologische Grundlagen und empirisch-statistische Probleme von Länderstudien. 1985.

Band 26 Albert Peters: Ökonomische Kriterien für eine Aufgabenverteilung in der Marktwirtschaft. Eine deskriptive und normative Betrachtung für den Allokationsbereich. 1985.

Band 27 Achim Zeidler: Möglichkeiten zur Fortsetzung der Gemeindefinanzreform. Eine theoretische und empirische Analyse. 1985.

Band 28 Peter Bartsch: Zur Theorie der längerfristigen Wirkungen 'expansiver' Fiskalpolitik. Eine dynamische Analyse unter besonderer Berücksichtigung der staatlichen Budgetbeschränkung und ausgewählter Möglichkeiten der öffentlichen Defizitfinanzierung. 1986.

Band 29 Konrad Beiwinkel: Wehrgerechtigkeit als finanzpolitisches Verteilungsproblem. Möglichkeiten einer Kompensation von Wehrungerechtigkeit durch monetäre Transfers. 1986.

Band 30 Wolfgang Kitterer: Effizienz- und Verteilungswirkungen des Steuersystems. 1986.

Band 31 Heinz Dieter Hessler: Theorie und Politik der Personalsteuern. Eine Kritik ihrer Einkommens- und Vermögensbegriffe mit Blick auf die Leistungsfähigkeitstheorie. 1994.

Band 32 Wolfgang Scherf: Die beschäftigungspolitische und fiskalische Problematik der Arbeitgeberbeiträge zur Rentenversicherung. Eine Auseinandersetzung mit der Kritik an der lohnbezogenen Beitragsbemessung. 1987.

Band 33 Andreas Mästle: Die Steuerunion. Probleme der Harmonisierung spezifischer Gütersteuern. 1987.

Band 34 Günter Ott: Internationale Verteilungswirkungen im Finanzausgleich der Europäischen Gemeinschaften. 1987.

Band 35 Heinz Haller: Zur Frage der zweckmäßigen Gestalt gemeindlicher Steuern. Ein Diskussionsbeitrag zur Gemeindesteuerreform. 1987.

Band 36 Thomas Kuhn: Schlüsselzuweisungen und fiskalische Ungleichheit. Eine theoretische Analyse der Verteilung von Schlüsselzuweisungen an Kommunen. 1988.

Band 37 Walter Hahn: Steuerpolitische Willensbildungsprozesse in der Europäischen Gemeinschaft. Das Beispiel der Umsatzssteuer-Harmonisierung. 1988.

Band 38 Ulrike Hardt: Kommunale Finanzkraft. Die Problematik einer objektiven Bestimmung kommunaler Einnahmemöglichkeiten in der gemeindlichen Haushaltsplanung und im kommunalen Finanzausgleich. 1988.

Band 39 Jochen Michaelis: Optimale Finanzpolitik im Modell überlappender Generationen. 1989.

Band 40 Bernd Raffelhüschen: Anreizwirkungen der sozialen Alterssicherung. Eine dynamische Simulationsanalyse. 1989.

Band 41 Berend Diekmann: Die Anleihe- und Darlehenstransaktionen der Europäischen Gemeinschaften. 1990.

Band 42 Helmut Kaiser: Konsumnachfrage, Arbeitsangebot und optimale Haushaltsbesteuerung. Theoretische Ergebnisse und mikroökonometrische Simulation für die Bundesrepublik Deutschland. 1990.

Band 43 Rüdiger von Kleist: Das Gramm-Rudman-Hollings-Gesetz. Ein gescheiterter Versuch der Haushaltskonsolidierung. 1991.

Band 44 Rolf Hagedorn: Steuerhinterziehung und Finanzpolitik. Ein theoretischer Beitrag unter besonderer Berücksichtigung der Hinterziehung von Zinserträgen. 1991.

Band 45 Cornelia S. Behrens: Intertemporale Verteilungswirkungen in der gesetzlichen Krankenversicherung der Bundesrepublik Deutschland. 1991.

Band 46 Peter Saile: Ein ökonomischer Ansatz der Theorie der intermediären Finanzgewalten – Die Kirchen als Parafisci. 1992.

Band 47 Peter Gottfried: Die verdeckten Effizienzwirkungen der Umsatzsteuer. Eine empirische allgemeine Gleichgewichtsanalyse. 1992.

Band 48 Andreas Burger: Umweltorientierte Beschäftigungsprogramme. Eine Effizienzanalyse am Beispiel des "Sondervermögens Arbeit und Umwelt". 1992.

Band 49 Jeanette Malchow: Die Zuordnung verteilungspolitischer Kompetenzen in der Europäischen Gemeinschaft. Eine Untersuchung aufgrund einer Fortentwicklung der ökonomischen Theorie des Föderalismus. 1992.

Band 50 Barbara Seidel: Die Einbindung der Bundesrepublik Deutschland in die Europäischen Gemeinschaften als Problem des Finanzausgleichs. 1992.

Band 51 Ralph Wiechers: Markt und Macht im Rundfunk. Zur Stellung der öffentlich-rechtlichen Rundfunkanstalten im dualen Rundfunksystem der Bundesrepublik Deutschland. 1992.

Band 52 Klaus Eckhardt: Probleme einer Umweltpolitik mit Abgaben. 1993.

Band 53 Oliver Schwarzkopf: Die Problematik unterschiedlicher Körperschaftsteuersysteme innerhalb der EG. 1993.

Band 54 Thorsten Giersch: Bergson-Wohlfahrtsfunktion und normative Ökonomie. 1993.

Band 55 Li-Fang Chou: Selbstbeteiligung bei Arzneimitteln aus ordnungspolitischer Sicht. Das Beispiel der Bundesrepublik Deutschland. 1993.

Band 56 Harald Schlee: Einkommensteuerliche Behandlung von Transferzahlungen. Zur Neuordnung der Familienbesteuerung sowie der Besteuerung von Versicherungsleistungen und Sozialtransfers. 1994.

Band 57 Alexander Spermann: Kommunales Krisenmanagement. Reaktionen baden-württembergischer Stadtkreise auf steigende Sozialhilfekosten und Einnahmenausfälle (1980-92). 1993.

Band 58 Otto Roloff / Sibylle Brander / Ingo Barens / Claudia Wesselbaum: Direktinvestitionen und internationale Steuerkonkurrenz. 1994.

Band 59 Claudia Wesselbaum-Neugebauer: Internationale Steuerbelastungsvergleiche. 1994.

Band 60 Stephanie Miera: Kommunales Finanzsystem und Bevölkerungsentwicklung. Eine Analyse des kommunalen Finanzsystems vor dem Hintergrund der sich abzeichnenden Bevölkerungsentwicklung am Beispiel Niedersachsens unter besonderer Berücksichtigung des Landkreises Wolfenbüttel und seiner Gemeinden. 1994.

Band 61 Wolfgang Scherf: Die Bedeutung des kaldorianischen Verteilungsmechanismus für die gesamtwirtschaftlichen Wirkungen der staatlichen Neuverschuldung. 1994.

Band 62 Rainer Volk: Vergleich der Vergünstigungseffekte der verschiedenen investitionsfördernden Maßnahmen. 1994.

Band 63 Hans-Georg Napp: Kommunale Finanzautonomie und ihre Bedeutung für eine effiziente lokale Finanzwirtschaft. 1994. 2., unveränderte Auflage 1994.

Band 64 Bernd Rahmann / Uwe Steinborn / Günter Vornholz: Empirische Analyse der Autonomie lokaler Finanzwirtschaften in der Europäischen Gemeinschaft. 1994.

Band 65 Carsten Kühl: Strategien zur Finanzierung der Altlastensanierung. 1994.

Band 66 Stephan Boll: Intergenerationale Umverteilungswirkungen der Fiskalpolitik in der Bundesrepublik Deutschland. Ein Ansatz mit Hilfe des Generational Accounting. 1994.

Band 67 Karl Justus Bernhard Neumärker: Finanzverfassung und Staatsgewalt in der Demokratie. Ein Beitrag zur konstitutionellen Finanztheorie. 1995.

Band 68 Christian Haslbeck: Zentrale versus dezentrale Internalisierung externer Effekte bei unvollständiger Information. 1995.

Band 69 Regina Müller: Horizontale oder vertikale Transfers zur Durchsetzung eines horizontalen Finanzausgleichs. 1995.

Band 70 Christian Hockenjos: Öffentliche Sportförderung in der Bundesrepublik Deutschland. Darstellung und finanztheoretische Analyse. 1995.

Band 71 Manfred Rosenstock: Die Kontrolle und Harmonisierung nationaler Beihilfen durch die Kommission der Europäischen Gemeinschaften. 1995.

Band 72 Christian Rüsch: Wohnungsbau- und Wohneigentumspolitik im Rahmen der Einkommensteuer. Eine Analyse unter steuersystematischen, verteilungspolitischen und fiskalischen Aspekten. 1996.

Band 73 Stephan Winters: Die kollektive Vorsorge für den Pflegefall im Alter. Eine Untersuchung am Beispiel der gesetzlichen Pflegeversicherung in den Niederlanden. 1996.

Band 74 Knut Blind: Allokationsineffizienzen auf Sicherheitsmärkten: Ursachen und Lösungsmöglichkeiten. Fallstudie: Informationssicherheit in Kommunikationssystemen. 1996.

Band 75 Barbara Petrick-Rump: Ökonomische Wirkungen von Steueramnestien. Untersuchung konkreter Erfahrungen ausgewählter Länder mit dem Einsatz von Steueramnestien anhand eines effizienten Steueramnestieprogramms. 1996.

Band 76 Georg Hirte: Effizienzwirkungen von Finanzausgleichsregelungen. Eine Empirische Allgemeine Gleichgewichtsanalyse für die Bundesrepublik Deutschland. 1996.

Band 77 Ulrike Kirchhoff: Die rheinland-pfälzischen Gemeinden im System des Finanzausgleichs. 1996.

Band 78 Kerstin Keil: Der soziale Mietwohnungsbau: Mängel und Alternativen. 1996.

Band 79 Bernhard Manzke: Kinderlastenausgleich versus verstärkte Einwanderung. Alternative Ansätze zur langfristigen Sicherung der Gesetzlichen Rentenversicherung. 1997.

Band 80 Hariolf M. Wenzler: Institutionenökonomik und öffentliche Finanzkontrolle. Eine Analyse am Beispiel der Europäischen Union. 1997.

Band 81 Joachim Nagel: Supply-Side Policy in den USA. Eine theoretische und empirische Analyse der angebotsorientierten Wirtschaftspolitik Reagans unter besonderer Berücksichtigung steuerlicher Aspekte. 1997.

Band 82 Heinz Lampert: Krise und Reform des Sozialstaates. 1997.

Band 83 Monika Hanswillemenke / Bernd Rahmann: Zwischen Reformen und Verantwortung für Vollbeschäftigung. Die Finanz- und Haushaltspolitik der sozial-liberalen Koalition von 1969 bis 1982. 1997.

Band 84 Berthold Fürst: Die Maastrichter Budgetkriterien im Konflikt mit der Verschuldungsautonomie der deutschen Gebietskörperschaften. 1997.

Band 85 Burkhard Pahnke: Einkommensorientierte Förderung des sozialen Mietwohnungsbaues. Bestandsaufnahme und Kritik. 1998.

Band 86 Judith Safford: Staatsverschuldung im Vereinigten Königreich. Die öffentliche Verschuldung unter der Konservativen Regierung von 1979-1994. Ursachen und Auswirkungen. 1998.

Band 87 Ralf Oberheide: Die Bekämpfung der Steuerumgehung. 1998.

Band 88 Achim Truger: Die neue Finanzwissenschaft zwischen Realitätsferne und Irrelevanz der Annahmen. Eine methodologische Analyse potentieller Verteidigungsstrategien der neuen Finanzwissenschaft gegen den Vorwurf der Realitätsferne ihres entscheidungstheoretischen Fundamentes. 1998.

Band 89 Karin Bickel: Familienbezogene Elemente im System der gesetzlichen Rentenversicherung. Unter besonderer Berücksichtigung von Ein-Eltern-Familien. 1999.

Band 90 Wolfgang Scherf: Schlüsselzuweisungen und Kreisumlage. Die Problematik der Finanzierung der Landkreise am Beispiel des kommunalen Finanzausgleichs von Rheinland-Pfalz. 1998.

Band 91 Sandra Ehmann: Familienpolitik in Frankreich und Deutschland – ein Vergleich. 1999.

Band 92 Hendrik Suermann: Einkommensteuerliche Behandlung von Währungsgewinnen und -verlusten. Eine finanzwissenschaftliche Analyse des Steuerrechts in den USA und in Deutschland. 1999.

Band 93 Rolf Bösinger: Die Neuordnung des bundesstaatlichen Finanzausgleichs 1995. Eine theoretische und empirische Analyse unter Berücksichtigung von allokationstheoretischen und polit-ökonomischen Gesichtspunkten. 1999.

Band 94 Ulrich Ermschel: Finanzwirtschaftliche Konsequenzen beim Übergang auf das Ursprungslandprinzip im Europäischen Binnenmarkt. Eine Untersuchung am Beispiel des unvollkommenen oligopolistischen Neufahrzeugmarktes. 1999.

Band 95 Ute Hansen: Überwälzte Leistungen der Administration. Eine empirische und theoretische Analyse. 2000.

Band 96 Hans-Werner Seiler: Zur Durchsetzung der Einmalbesteuerung deutscher Körperschaftsgewinne. Strategien zur Vermeidung der im deutschen Körperschaftsteuersystem angelegten Benachteiligung ausländischer Anteilseigner. Eine finanzwissenschaftliche Analyse. 2000.

Band 97 Steffen Meyer: Zwischenstaatliche Finanzzuweisungen im zusammenwachsenden Europa. Zur Gestaltung eines Finanzausgleichs für die Europäische Union. 2000.

Band 98 Marion Hübner: Ökodumping? Umweltpolitik in internationalen Oligopolmärkten. 2000.

Band 99 Christhart Bork: Steuern, Transfers und private Haushalte. Eine mikroanalytische Simulationsstudie der Aufkommens- und Verteilungswirkungen. 2000.

Band 100 Norbert Eichler: Die Probleme des Gemeindefinanzausgleichs im Kooperativen Föderalismus. Eine ökonomische Analyse am Beispiel des Bundeslandes Nordrhein-Westfalen. 2000.

Band 101 Wolfgang Scherf: Der Länderfinanzausgleich in Deutschland. Ungelöste Probleme und Ansatzpunkte einer Reform. 2000.

Band 102 Stefan Dietrich Josten: Staatsverschuldung, intertemporale Allokation und Wirtschaftswachstum. Eine theoretische Analyse staatlicher Verschuldungspolitik in Modellen exogenen und endogenen Wachstums. 2000.

Band 103 Axel Breitbach: Steuerhinterziehung und Schattenwirtschaft aus gesamtwirtschaftlicher Sicht. 2000.

Band 104 Alexander Spermann: Negative Einkommensteuer, Lohnsubventionen und Langzeitarbeitslosigkeit. 2001.

Band 105 Michael Broer: Der kommunale Finanzausgleich in Hessen. Historische Darstellung und ökonomische Analyse unter besonderer Berücksichtigung der Schlüsselzuweisungen. 2001.

Band 106 Jan-Paul Ritscher: Der Einsatz von Finanzderivaten unter einer modernisierten Schuldenstrukturpolitik des Bundes. 2002.

Band 107 Martin Gasche: Dynamische Fiskalpolitik. Makroökonomische Wirkungen der Fiskalpolitik in einem Real Business Cycle-Modell. 2003.

Band 108 Felix Brosius: Internationaler Steuerwettbewerb und Koordination der Steuersysteme. 2003.

Band 109 Claudia Hensberg: Eigennützige Regierungen im fiskalischen Wettbewerb um Kapital. 2003.

Band 110 Hans-Martin Grambeck: Konsumsteuerreformen und Konsumbesteuerung. Eine vergleichende Analyse und Bewertung verschiedener Konsumsteuermodelle unter besonderer Berücksichtigung der Probleme in offenen Volkswirtschaften. 2003.

Band 111 Antje Draheim: Probleme der finanzpolitischen Willensbildung in Europa. Eine kritische Analyse der europäischen Haushalts- und Finanzverfassung. 2004.

wwwpeterlang.de

Norbert Geiger

Globalisierung, Integration und effiziente Finanzpolitik in Europa

Zur Aufgabenverteilung zwischen der Europäischen Union und den EU-Mitgliedstaaten aus allokativer Sicht

Frankfurt am Main, Berlin, Bern, Bruxelles, New York, Oxford, Wien, 2003.
380 S., zahlr. Abb. u. Tab.
Europäische Hochschulschriften: Reihe 5, Volks- und Betriebswirtschaft. Bd. 2987
ISBN 3-631-50934-0 · br. € 56.50*

Der weltweite Globalisierungsprozess und die voranschreitende europäische Integration haben die Rahmenbedingungen für nationale Wirtschafts- und Finanzpolitik und die internationale Zusammenarbeit nachhaltig verändert. Dies beinhaltet für die Staaten und Regionen Europas (Wachstums-) Chancen, birgt aber gleichzeitig erhebliche Gefahren, die mit dem steigenden Wettbewerbsdruck einhergehen. Vor diesem Hintergrund stellt sich für die Mitgliedstaaten der Europäischen Union die zentrale Frage, auf welchen Politikfeldern ein autonomes Handeln überhaupt noch möglich ist und in welchen Bereichen eine Kooperation mit anderen Staaten, insbesondere eine Übertragung hoheitlicher Befugnisse auf die EU-Organe, geboten erscheint. Die Beantwortung dieser Frage aus *effizienztheoretischer* Sicht ist die Aufgabe dieser Arbeit.

Aus dem Inhalt: Internationaler Standortwettbewerb · Arbeitskräftemigrationen · Kooperativer und kompetitiver Föderalismus · Regionalentwicklung · Neoklassische und neue Wachstumstheorie · Europäischer Finanzausgleich · Neue Politische Ökonomie · Quellen- und Wohnsitzprinzip der Faktorbesteuerung · Konsumorientierte Besteuerung · Neuordnung des EU-Finanzsystems

Frankfurt am Main · Berlin · Bern · Bruxelles · New York · Oxford · Wien
Auslieferung: Verlag Peter Lang AG
Moosstr. 1, CH-2542 Pieterlen
Telefax 00 41 (0) 32 / 376 17 27

*inklusive der in Deutschland gültigen Mehrwertsteuer
Preisänderungen vorbehalten

Homepage http://www.peterlang.de

Kolibri 360 GmbH
Ferdinand-Jühlke-Straße 7
99095 Erfurt, Deutschland
produktsicherheit@kolibri360.de

Druck:
CPI Druckdienstleistungen GmbH
im Auftrag der
Kolibri 360 GmbH
Ferdinand-Jühlke-Str. 7
99095 Erfurt